W0066748

FELIX
MITTERER

FELIX MITTERER

Mein Lebenslauf.

HAYMON verlag

Gefördert von  KULTUR NIEDERÖSTERREICH 

Gedruckt mit freundlicher Unterstützung durch
die Abteilung Kultur der Tiroler Landesregierung
und die Abteilung Kunst und Kultur der
Niederösterreichischen Landesregierung.

Auflage
4 3 2 1
2021 2020 2019 2018

© 2018

HAYMONverlag
Innsbruck-Wien
www.haymonverlag.at

Alle Rechte vorbehalten. Kein Teil des Werkes darf
in irgendeiner Form (Druck, Fotokopie, Mikrofilm oder
in einem anderen Verfahren) ohne schriftliche Genehmigung
des Verlags reproduziert oder unter Verwendung
elektronischer Systeme verarbeitet, vervielfältigt oder
verbreitet werden.

ISBN 978-3-7099-3425-8

Umschlag- und Buchgestaltung, Satz: Hana Hubálková
Umschlaggestaltung unter Verwendung
eines Fotos von Robert Jäger / APA / picturedesk.com
Bildnachweis: Seite 527

Gedruckt auf umweltfreundlichem,
chlor- und säurefrei gebleichtem Papier.

Statt eines Vorwortes

Lieber Felix,

ein Vorwort brauchst Du nicht, ich weiß. Du brauchst auch keine Erklärung dafür, warum ein so dickes und umfassendes Buch schlicht und einfach »Mein Lebenslauf« heißt. Du wolltest es so. Wolltest keine tiefschürfend sein wollende oder Aufmerksamkeit heischende Worthülse, die dann durch das bedeutungsschwere Fremdwort »Autobiographie« ergänzt werden muss. Nein: schlicht und einfach und bescheiden sollte der Titel sein, und du hast eine für viele wohl bürokratisch und leicht antiquiert wirkende Bezeichnung gewählt, die einerseits die Bedeutung des Werks charmant unterspielt, andererseits Sachlichkeit und Poesie in sich vereint. Wie es Dir und Deinem Wesen entspricht.

Und kein Vorwort, das ohnehin niemand liest. Wenn ich trotzdem ein paar Sätze vorausschicke, dann deshalb, weil ich Dir danken möchte für dieses Buch. Und zwar stellvertretend für alle, die mit Dir zusammenarbeiten durften und dürfen und als Theater-, Buch- und Medienleute die Brücke schlagen helfen zwischen Dir und Deinem Publikum. Gleichzeitig stellvertretend für dieses Publikum, zu dem ich mich selbst natürlich auch rechne. Danke, dass Du Dir die Mühe gemacht hast, uns so ausführlich von Deinem Leben und Schreiben zu erzählen.

Es ist ein Geburtstagsgeschenk, das einmal nicht der Jubilar bekommt, sondern das Du uns zu Deinem Siebziger machst. Uns allen. Denn es wird jeder etwas darin finden, das ihn interessiert, berührt, das Verständnis für Dein Schaffen vertieft und neugierig macht auf Neues. Über Deine Herkunft aus einfachen Verhältnissen und wie aus dem Landarbeiterkind ein Dichter wurde, ist einiges aus so manchem Interview bekannt. Wie Du es aber hier erzählst, ist nicht nur fesselnd und aufschlussreich, sondern selbst ein Stück Literatur.

Dasselbe gilt für die Suche nach der Herkunft Deines Vaters, dessen Spuren Dich in die Bukowina führten, und noch mehr für die Textpassagen über Deine so tragisch zu Tode gekommene Frau, die Malerin Chryseldis, die ein bewegendes literarisches Denkmal geworden sind. Die Kurzporträts vieler Deiner Wegbegleiter und künstlerischen Partner sind Zeugnisse Deiner Freundschaft und

Deines Verständnisses vom Gesamtkunstwerk Theater und Film. Sie erweitern unser Wissen darüber genauso wie der immer wieder gewährte Blick in die »Werkstatt« des Dichters. Mit welch prosaischen Details der Schaffensprozess oft gespickt ist, wird nicht nur im Tagebuch der außergewöhnlichen Aufführung am Gipfel der Hohen Munde deutlich. Wenig wusste man bisher über Deine Jahre in Irland, warum Du Dich zeitweise dort niedergelassen und wie Du dort gelebt hast, ob und welche Einflüsse Irland und seine Menschen, vor allem die literarische Szene der Insel, auf Dein Schreiben gehabt haben.

Es ist nicht nur unser aller Neugierde, die Du befriedigst, Du legst mit diesem Buch – weit über einen »Lebenslauf« hinausgehend – ein Werk zur österreichischen Theater- und Fernsehgeschichte vor. Dies wird die Literaturwissenschaft ebenso freuen wie die Praktiker des Theaters, nicht zuletzt die vielen Volksbühnen in Österreich und auch in Deutschland. Du nennst sie alle, die bei Ur- und Erstaufführungen Regie führten und Bühnenbilder schufen, genauso wie die vielen Schauspielerinnen und Schauspieler, die Deine Figuren auf die Bühnen stellten und das Publikum mit Deinen Texten in ihren Bann zogen. Dass über 700 Namen von Theaterleuten im Register aufscheinen, kündet allein schon von Deiner tiefen Verbundenheit, Dankbarkeit und – ja, man kann es ohne Pathos sagen – Deiner Liebe zu ihnen allen.

Umgekehrt sind Dir alle vom Theater und Fernsehen zu großer Dankbarkeit verpflichtet – für die großartigen Rollen, die Du ihnen geschrieben hast und hoffentlich noch lange schreibst, und für die unkomplizierte Zusammenarbeit bei Stückaufträgen und bei der Verwirklichung von neuen Werken; dankbar müssen auch die Medienleute für Deine Geduld und das Verständnis bei Interviewanfragen sein; dankbar die Verlagsleute beim Bühnenverlag Kaiser und bei Haymon – und da kann ich mich als Dein langjähriger Verleger und heutiger Lektor ganz persönlich einklinken – für Dein Vertrauen und Deine heutzutage nicht selbstverständliche Treue.

Danke, Felix, und zum Geburtstag alles Gute für Dein weiteres Leben und Schaffen.

Innsbruck, am 1. Jänner 2018
Michael Forcher

Inhalt

9
EIN BUB VOM LAND WIRD DICHTER
1948–1978

76
CHRYSELDIS. MALERIN

95
ERFOLGE, ERFAHRUNGEN, ERLEBNISSE
1978–1995

260
IRLAND: SCHREIBEN IM LAND DER DICHTER
1995–2010

436
WIEDER ZURÜCK IN ÖSTERREICH
2010–2017

Anhang

514
Werkverzeichnis

520
Auszeichnungen

521
Register

527
Bildnachweis

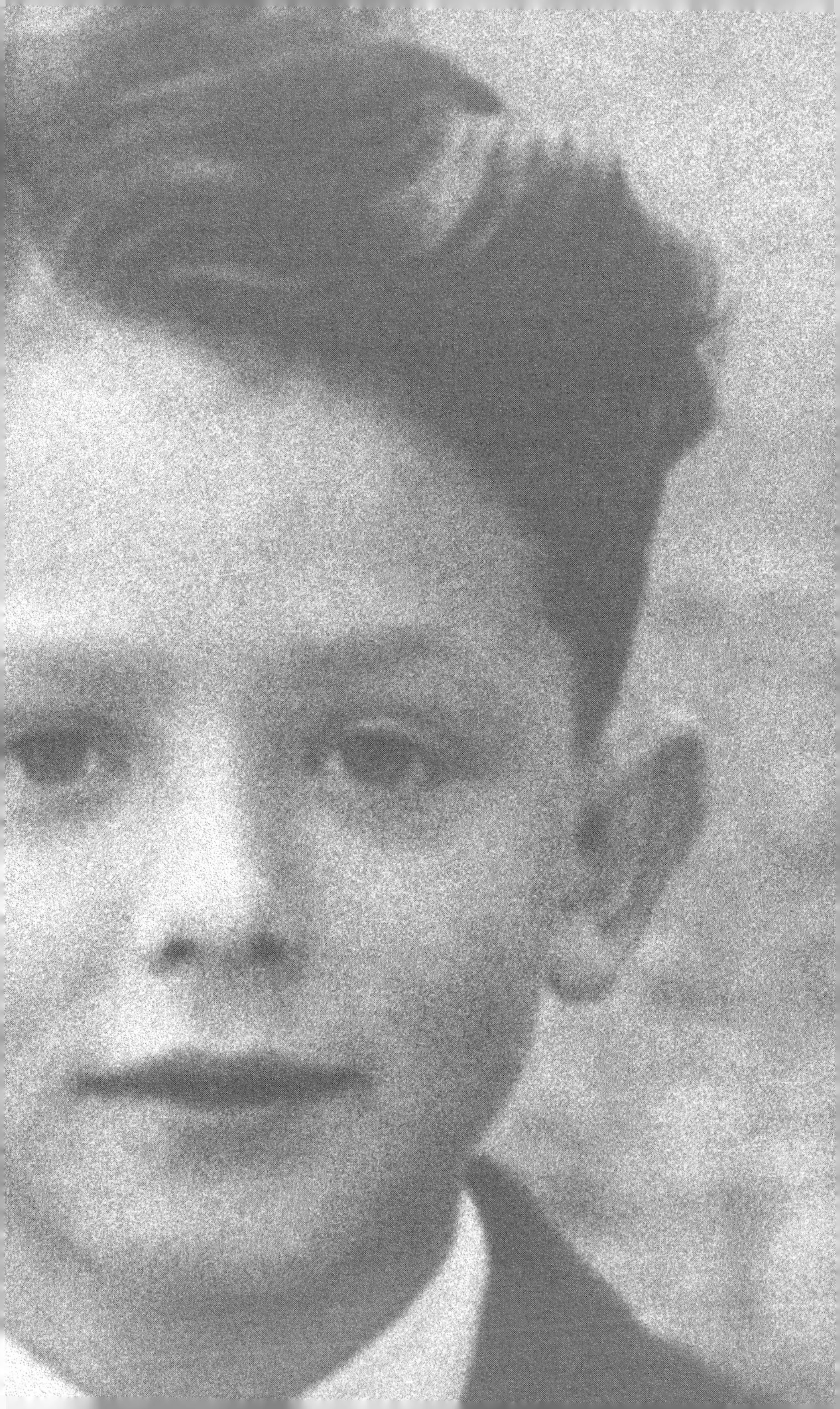

EIN BUB VOM LAND WIRD DICHTER

1948–1978

Mütter und Väter

Meine Mutter Adelheid Marksteiner wurde am 17. Juli 1911 im Unterinntaler Bergdorf Brandenberg als Bauerntochter geboren. Sie kam später als Landarbeiterin nach Achenkirch und brachte 1940 das erste Kind zur Welt. 1942 heiratete sie den verwitweten Kleinbauern Karl Lamprecht, der zwei Kinder mit in die Ehe brachte. 1943 und 1944 gebar sie je eine Tochter. Karl Lamprecht starb im August 1945 in jugoslawischer Kriegsgefangenschaft.

Adelheid war sehr schön und vielbegehrt. Am 6. Februar 1948 kam ich infolgedessen zur Welt. Zur Auswahl standen drei Väter. Einer wollte es unbedingt sein, und so ließ ihm Adelheid den Willen. Zusammenleben tat sie aber bald einmal (und bis zu seinem Tod) mit einem Johann Prem, von dem sie im Laufe der Zeit noch sechs Kinder empfing, vier kamen lebend zur Welt; als das letzte kam, war sie 45 Jahre alt.

Felix Mitterers Mutter Adelheid Marksteiner im Jahr 1937

Eine Zwillingsschwester hätte ich gehabt, die starb aber bei der Geburt. Anwesend neben der Hebamme war eine Landarbeiterin namens Juliane Mitterer, geborene Schneeberger, die beste Freundin von Adelheid, zu dieser Zeit in Achenkirch bei einem Bauern beschäftigt. Es war abgemacht, dass sie mich bekommt. Irgendwann stand fest, dass es Zwillinge werden, auch für das zweite Kind war dann schon ein Platz gefunden. Heißen sollten wir Adam und Eva, hatte meine Mutter beschlossen. Eva lebte aber jetzt nicht mehr, was zu langwierigen Überlegungen betreffs meines Namens führte, denn Adam ging ja nun wohl nicht mehr. Die Freundin Julie band meiner verstorbenen Schwester eine rote Masche in die schwarzen Locken, packte sie in einen Schuhkarton und stellte sich damit beim Lebensmittelgeschäft an. Alle bewunderten das schöne tote Kind im Schuhkarton. Es wurde dann angeblich vom Totengräber in den Sarg eines verstorbenen Erwachsenen geschmuggelt, weil ihm als ungetauftem Menschenkind kein christliches Begräbnis in geweihter Erde zustand. (Später tagträumte ich oft, meine Schwester und ich würden uns zufällig im Zug treffen, würden uns ineinander verlieben und heiraten, würden draufkommen, dass wir Geschwister sind, und dennoch zusammenbleiben.)

Geboren wurde Julie am 20. Juni 1917 in Schwendau im Zillertal, ihre Eltern waren Kleinhäusler, der Vater starb früh. Mit neun Jahren kam sie bereits als Landarbeiterin zu einem Bergbauern. Einmal – sie war mondsüchtig – ging sie in einer Winternacht barfuß im Nachthemd durch den Schnee nach Hause, ins Tal. Bei Vollmond nagelte man in Zukunft die Fensterbalken zu. Einmal prügelte sie einen Mitschüler blutig, weil er sie wegen ihrer roten Haare ständig aufzog. Oftmals musste die sture kleine Julie die Hände ausstrecken, und die unterrichtende Klosterschwester schlug mit dem Stock zu. Da rieb Julie ihre Hände eines Tages mit Salz ein, worauf sie unförmig anschwollen. Der Schuldirektor sah es, die Klosterschwester kam weg.

Anfang der 1930er Jahre, im Sommer auf der Alm, wollten sie zwei hungrige Arbeitslose überfallen, hatten es auf die Käselaibe abgesehen. Durch die geschlossene Hüttentür schoss sie mehrmals mit einer Pistole, einen der Räuber traf es ins Bein, sie verzogen sich jammernd. In diesen schlimmen 30er Jahren, als die Not sehr groß war und keine Arbeit, da geschah es auch, dass die junge Julie Sozialistin wurde und es bis zu ihrem Lebensende blieb. Das kam daher, dass die Mutter mit ihren Kindern ins Gemeindeamt ging und dem Bürgermeister ihre Not klagte; sie und ihre Kinder seien am Verhungern. Da sagte der Bürgermeister: »Geh in' Wald und tu dir a Pech zamm, des brutzelt a schön in der Pfannen.« Meine Adoptivmutter konnte das nie vergessen, hat es mir oft erzählt.

Als Julie mit 18 schwanger wurde, band sie ihren Leib derart ab, dass die Mutter bis kurz vor der Geburt nichts merkte. Dann aber wurde sie von der Mutter gezwungen, den Kindsvater zu heiraten. Das Kind war von Geburt an in einem schlechten Zustand und starb im zweiten Lebensjahr. Der Mann schlug seine Frau ständig, stieß sie während der Schwangerschaft die Stiege hinunter, das zweite Kind starb, dann eine Bauchhöhlenschwangerschaft, Operation, sie kann nie mehr Kinder bekommen. In der NS-Zeit wurde sie von ihrem Mann geschieden, weil er »asozial und lungenkrank« war.

1947 heiratete Julie in Achenkirch den Landarbeiter Michael Mitterer, der zu dieser Zeit am bischöflichen Gut als Rossknecht beschäftigt war. Er stammte aus Kitzbühel, geboren 1895, Sohn einer Tiroler Landarbeiterin und eines italienischen Hausierers, als Ziehkind – behandelt wie ein leiblicher Sohn – beim »Exenwoader«-Bauern in Kitzbühel aufgewachsen. Er war ein fescher Mann, ein richtiger Paradetiroler, sah viel jünger aus, als er war, galt in seiner Jugend als der beste Glockenläuter in der Pfarrkirche von Kitzbühel, war von 1904 bis zu seinem Tod 1976 Mitglied der Blasmusikkapelle, wurde von den Fremdengästen sehr gerne in seiner schönen Tracht fotografiert, verachtete die »Tschinggeler« (die Italiener), kämpfte im Ersten Weltkrieg gegen sie, vielleicht auch gegen seinen Vater.

Michael wünschte sich sehnlich Kinder, aber Julie konnte keine mehr bekommen. Da die »Kriegerwitwe« Adelheid einfach nicht noch mehr Mäuler durchzufüttern in der Lage war, wurde ich also an das Mitterer-Ehepaar verschenkt, so hatten beide Teile etwas davon. (Trotzdem hat Michael der Julie nie verziehen, dass sie keine eigenen Kinder bekommen konnte, hat ihr nie zum Muttertag gratuliert, was sie schmerzte.) Mit meinen Zieheltern kam ich – wahrscheinlich Ende 1948 – in die Gegend von Kitzbühel und Kirchberg, wo wir im Laufe der Jahre von einem Bauernhof zum anderen zogen. Der häufige Wechsel kam daher, dass meine rabiate Mutter sich oft mit dem Bauern oder mit der Bäuerin zerstritt und dann den Dienst wechselte; mein Dati trottete notgedrungen

Felix an der Hand seiner Adoptivmutter Juliane Mitterer bei einer Prozession, 1951

hinterher. Es gab dann aber auch wieder Versöhnung und Rückholung, denn meiner Mutter tat ihr Aufbrausen leid und die Bauern wollten auf die tüchtige Frau, die so gut mit den Tieren umgehen konnte, nicht verzichten. Meistens arbeiteten meine Zieheltern am Pöllhof im Weiler Gundhabing, gelegen zwischen Kitzbühel und Kirchberg, wechselten dann bei allfälligem Streit über die Straße zum benachbarten Neuhauser-Bauer, zerstritten sich mit dem auch wieder und kehrten reumütig zum Pöllhof zurück.

Übrigens sah (und sieht) dieser Hof nicht wie ein typischer Unterinntaler Bauernhof aus und war ursprünglich auch nicht als solcher gedacht. Seit 1858 bestand eine Bahnlinie, die den Osten Österreichs mit Tirol verband, führte aber von Salzburg über das bayerische Rosenheim nach Wörgl. Auf Grund von Spannungen mit Bayern wurde 1873 die Tiroler Bahn von Salzburg über Sankt Johann im Pongau und Kitzbühel nach Wörgl gebaut. Da die Kitzbüheler Bürger (wohl in erster Linie die Frächter) in Kitzbühel keinen Bahnhof erlauben wollten, plante man einen solchen in Gundhabing. Ein Spekulant errichtete dort daher ein riesiges, dreistöckiges Steingebäude, das als Hotel dienen sollte. Schlussendlich wurde der Bahnhof aber doch in Kitzbühel gebaut, und das Gebäude in Gundhabing hatte als Hotel keinen Sinn mehr. Ein Großbauer erwarb es ziemlich günstig, baute hinten einfach einen ebenso riesigen

Stall und darüber die Tenne an, und fertig war der Superbauernhof. Seit ein paar Jahren wird es jetzt als nobles Appartementhaus für Touristen betrieben, wurde also doch 140 Jahre später seiner ursprünglichen Bestimmung zugeführt, nun auch mit einem Golfplatz. Zu meiner Kindheit aber war es der wohl größte Bauernhof und landwirtschaftliche Betrieb Tirols.

Die Mutter diente dort als Stalldirn, betreute mit anderen Knechten und Mägden an die siebzig Kühe und viele Kälber, der Vater diente als Rossknecht, was das Pflügen, Eggen und Ansäen des Getreides sowie auch seine Ernte mit einschloss, ebenso die Mithilfe bei der Heuarbeit im Sommer. Im Winter schlägerte mein Dati, wie ich ihn nannte, mit anderen Knechten riesige Bäume im Wald oben, entastete und entrindete sie, brachte sie dann auf einem Schlitten in rasender Fahrt zu Tal, dass der Schnee nur so staubte. Als Bremsen dienten Steigeisen an den Schuhen und zwei links und rechts eingehängte Sapine, die mit den Händen betätigt wurden. Ich bewunderte meinen Dati sehr für diese lebensgefährliche Arbeit, die er so bravourös meisterte.

Der Mann, der unbedingt mein Vater sein wollte, zahlte brav die Alimente. Als er merkte, dass Adelheid wirklich nichts mehr von ihm wissen wollte, trug er sich mit dem Gedanken, ins Wasser zu gehen, suchte sich aber dann doch stattdessen eine andere Freundin. Diese forderte ihn bald auf, eine Blutuntersuchung der möglichen Väter zu beantragen, weil es sie ärgerte, dass er Alimente zahlen musste, wo man doch wisse, wie es die Adelheid treibe. Das Gericht untersuchte das Blut der möglichen drei Väter und auch meines; keiner der drei Männer kam in Frage. Daraufhin stellte der Wunschvater seine Zahlungen ein, schickte mir aber dennoch alle Jahre zu Weihnachten ein Früchtebrot, denn er war Bäcker. Auch wollte er mir seine Harfe, die er vorzüglich spielte, nach seinem Tode zukommen lassen, daraus wurde aber nichts. Sonst wäre ich vielleicht Harfenist geworden, aber wohl eher einer von der irischen Art, ein Balladensänger.

Da das Gericht Anstalten machte, noch weitere Untersuchungen durchzuführen, beschlossen meine Zieheltern, mich zu adoptieren, damit die Sache ein für alle Mal ein Ende habe. Daher hieß ich ab nun nicht mehr Marksteiner, sondern Mitterer. Dennoch glaubte meine Adoptivmutter weiterhin, der Bäcker sei mein Vater; dies deshalb, weil sie ebenfalls ein wenig in den Bäcker verliebt gewesen war. Apropos Liebe: Dass ich nach langen Beratungen Felix genannt wurde, kommt daher, dass Julie während des Krieges in einer Waffenfabrik arbeitete, die im Achenseetunnel untergebracht war. Dort lernte sie einen französischen Kriegsgefangenen namens Felix kennen, der sich in sie verliebte, und sie sich in ihn. Einmal fiel das Licht aus und ein Kriegsgefangener (angeblich Mongole) wollte sie unter der Drehbank erwürgen, da wurde sie von Felix gerettet und der Angreifer auf der Stelle erschossen. Da dem Felix aber durch ein Schrapnell die Hoden zerfetzt worden waren und Julie unbedingt Kinder wollte, wurde nichts aus der Beziehung. Nach dem Krieg haben sich die beiden trotzdem eine Zeitlang Briefe geschrieben.

Dass Julie und Michl nicht meine leiblichen Eltern waren, wurde mir schon als kleines Kind bewusst gemacht, und zwar auf eine ziemlich unangenehme Weise. Immer, wenn ich angeblich unartig war, sagte meine Adoptivmutter zu mir: »Wie hat mi der Herrgott nur so strafen können, dass i di hab aufnehmen müssen!« Außerdem schimpfte sie immer wieder über meine leibliche Mutter, was das für eine leichtfertige Person sei, wie sie mich am Bahnhof Jenbach lachend übergeben habe, dabei nur Augen für ihren neuen »Loder« habend, und nicht einmal »Patschelen« hätte ich angehabt, mitten im Winter. Es sei schon eine Ungerechtigkeit auf dieser Welt, dass die einen so viele Kinder bekämen und sie lachend herschenken, und anderen bleibe der Kindersegen versagt.

Das Bauernleben

Das Aufwachsen bei den Bauern war zu Beginn der fünfziger Jahre noch ein Leben wie im 19. Jahrhundert. Viele Dienstboten, viele Pferde, noch keine motorbetriebenen Maschinen. Ich erinnere mich an das tägliche Frühstück, es bestand aus einer riesigen Pfanne »Türkenkoch« mit einem Trumm Butter drauf. Die Knechte und Mägde und ich saßen um den Tisch und löffelten den Maisbrei aus der Pfanne, die in der Mitte stand. Mir war das manchmal zu deftig, und so wartete ich meistens, bis der Pfannenboden zum Vorschein kam und ich die Kruste abkratzen durfte, die überaus köstlich schmeckte. Neben der Eingangstür, unter dem »Weichbrunn«, befand sich ein kleiner Klapptisch, an dem fast jeden Tag ein Bettler saß, der hier auch etwas zu essen bekam.

Bei den Großbauern gab es eine gewisse Distanz zu den Dienstboten, die Herrschaft aß in einem anderen Raum, und aß auch etwas Besseres. Die Privatstube der Herrschaft war off limits. Zu Weihnachten sah ich im Vorbeigehen den mächtigen, wunderschön mit bunten Glaskugeln geschmückten Christbaum, die Eisenbahn darunter. Ansonsten ritt ich mit dem gleichaltrigen Bauernsohn auf den Kälbern, und wir trieben gemeinsam Unkeuschheit, da gab es keine sozialen Unterschiede. Bei den Klein- und Bergbauern waren sowieso alle gleich.

Der kleine Felix 1951 mit dem »Dati« Michael Mitterer

Auf der Alm, ca. 1955

Das Glück auf der Alm

Im Sommer ging ich mit der Mutter auf die Alm, der Vater blieb unten bei der Heuarbeit. Die Julie war eine sehr gefragte Sennerin, so wie sie konnte kaum jemand mit den Kühen umgehen. Auch die Julie war eine schöne Frau, aber sie war strenger zu sich als die Adelheid. Sie lachte gern, sang und tanzte gern, aber dann war Schluss. Das war wohl auch einer der Hauptgründe für die ambivalente Beziehung zu ihrer Freundin Adelheid; sie selbst hatte doch auch so viele Sehnsüchte, konnte sie aber nicht zulassen. Auf der Alm war Julie jedenfalls am glücklichsten, da war sie die Chefin und absolut frei; kein Bauer redete ihr drein. Es waren immer Gruppenalmen mit fünf, sechs Hütten, mit zwölf bis vierzehn Leuten, fast wie ein kleines Dorf, mit einer engen Gemeinschaft. Anfangs – im Alter von zwei, drei Jahren – musste mich meine Adoptivmutter auf der Grießalm (hinter dem Hahnenkamm) mit einem Strick wie eine Ziege anbinden, damit ich nicht abkugelte im steilen Gelände, während sie auf der Suche nach den Kühen war.

Am glücklichsten war ich auf der Fleckalm bei Kirchberg und auf Lämmerbichl über Kitzbühel. Die Fleckalm liegt auf einem ausgesetzten Hügelzug und man sieht in der Ferne den gesamten Wilden Kaiser. Obwohl natürlich kein Landmensch von der Schönheit seiner von ihm bewohnten Landschaft spricht, nimmt er die Schönheit trotzdem wahr und ist dankbar. Auch ich habe diese Schönheit, als Kind schon, tief empfunden. Lämmerbichl liegt in einer geschützten Mulde hinter dem Kitzbüheler Horn und war das Paradies meiner Kindheit. Barfuß, mit langem Stock, kurzer Lederhose und grünem Hütl lief ich auf den Matten umher, sammelte das Vieh ein, lauschte auf die Rufe der Greifvögel und die Pfiffe der Murmeltiere. Wenn die Sommerfrischler aus dem Tal heraufwanderten, lief ich vor ihnen her und zeigte ihnen die Enziane, die Almrosenbüsche, die begehrten Edelweiß an den Felsen. Wie gern produzierte ich mich ihnen gegenüber als »Naturkind«, wurde dementsprechend oft fotografiert, vor allem von Holländerinnen, und meine Ziehmutter freute sich darüber, denn sie hatte mich mit voller Absicht als »Naturkind« gekleidet. Die Fremden wurden natürlich von mir zur Hütte geführt, bekamen Almbutter und Almkäse und Buttermilch und hinterließen manchen Gulden oder Schilling.

In den letzten Jahren habe ich ein paarmal mit den »Kindern vom Pöllhof« (etwa gleich alt wie ich) die Lämmerbichlalm besucht. Erstaunlicherweise hat sich dort kaum etwas geändert, und die

Felix (ganz rechts) mit den Kindern vom Pöllhof (von links Hanni, Klaus und Leni Gasteiger), ca. 1956

Hütte, in der ich einige Sommer mit meiner Mutter lebte, ist – wie durch ein Wunder – vollkommen unverändert, sogar die offene Feuerstelle befindet sich noch dort, die uns bei schlechtem Wetter wärmte und wo meine Mammi das wunderbare »Melchermuas« zubereitet hatte. Natürlich, hier ist kein Schigebiet möglich, das mag eine Rolle spielen, aber die unveränderte Hütte gab mir dennoch ein Rätsel auf. Bis ich die Fotos an den rohgezimmerten, rußgeschwärzten Holzwänden sah: die Pöllkinder mit dem kleinen Felix, und dann Fotos mit dem erwachsenen Felix. Da wusste ich, sie hatten es für mich getan. Und war dementsprechend fertig. Danke, Hanni, Leni, Klaus.

Kinderarbeit

Als ich so acht, neun wurde, durfte ich nicht mehr mit auf die Alm, musste am Hof beim Heuen helfen, die Pferde führen, Wasser tragen, Gras wenden, das Heu am Leiterwagen und in der Tenne niedertreten. Unmengen von riesigen Bremsen quälten die Pferde und mich, Gottseidank hatte ich einen Wedel aus Rossschwanz, damit konnte ich die Bremsen immer wieder etwas verjagen. Und die Heublumen juckten höllisch unter der verschwitzten Pfoad (Hemd). Einmal hatte ich Fieber und wollte offenbar im Bett bleiben. Da versprach mir die Bäuerin (der Bauer war schon früh verstorben) eine Zweischillingmünze, wenn ich trotzdem aufs Feld ginge. Ich tat's, die zwei Schilling erhielt ich nicht. Anscheinend hab ich das unnötigerweise viele Jahre später bei einem Interview erzählt. Ein paar Wochen darauf absolvierte ich irgendwo in Österreich eine Lesung und eine Besucherin legte mir ein Kuvert hin und verschwand sofort wieder in der Menge. Ich öffnete das Kuvert, es befand sich eine Zweischillingmünze drin. Danke, liebe Frau.

Vom früh verstorbenen Bauern, der mir vollkommen aus dem Gedächtnis entfallen ist, will ich noch etwas berichten. Mit seinem kleinen Sohn Klaus ist er im Herbst auf eine »Ast« gegangen. Das ist eine Art Niederalm, eine einzelne Hütte, in die im Sommer Heu eingebracht wurde; und unter dem Heuboden befand sich ein kleiner Stall, in dem nach dem Almabtrieb etliche Kühe durchgefüttert wurden. Da der Bauer mit seinem Sohn nicht zurückkehrte, gingen Dati und einige Knechte ihn suchen. Plötzlich kam ihnen im Nebel eine riesenhafte männliche Gestalt entgegen, bekleidet mit einem schwarzen Viehhütermantel. Die dunkle Gestalt blieb einige Meter vor den Knechten stehen und deutete ihnen etwas. Die Männer waren erschrocken, wussten nicht, warum, und waren keiner Reaktion fähig. Da verschwand die Gestalt wieder mit Riesenschritten im Nebel, aber fast schwebend. Als die Knechte zur Hütte kamen, fanden sie den Bauern tot im Heu, zugedeckt mit seinem Viehhütermantel. Und daneben kniete der kleine Sohn des Bauern, der an seinem Vater rüttelte und immer wieder sagte: »Dati, aufwochn! Dati, aufwochn!«

Eine Anmerkung zu meinem Dasein als Dienstbotenkind ist zu machen: In all den vergangenen Jahrhunderten hatten es Mägde immer schwer, wenn sie ein Kind bekamen. (Abgesehen von der »schweren Sünde« eines ledigen Kindes.) Noch schwieriger wurde es, wenn der Vater ein Knecht war. Und ganz problematisch, wenn der Bauer sich als Vater herausstellte. Da musste sich die Mutter samt Kind sehr schnell einen anderen Posten suchen. Das war ja offenbar auch der Mutter vom Dati passiert, die ihren Michl bei einem Bauern unterbringen musste, um wieder einen Posten zu kriegen. Meine Zieheltern hatten dieses Problem bei all unseren Bauern anscheinend nicht. Ich erfuhr nie Ablehnung oder auch nur ein Gefühl der Duldung. Dafür bin ich sehr dankbar, und das waren sicher meine Zieheltern auch.

Trotzdem hieß es eines Sommers, man brauche mich nicht bei der Arbeit, ich solle woanders hingehen. Dati fand einen Platz auf einem Bauernhof am Sonnberg, in Sichtweite gelegen, Hennleiten wird er genannt. Dort half ich die Woche über bei der Heuarbeit an den steilen Hängen. Jeden Sonntag aber ging ich heim zu meinem Dati. Zu diesem Zeitpunkt wohnten wir nicht mehr in einer Dienstbotenkammer des Stammbauernhauses, sondern in einem kleinen, uralten Bauernhaus in der Nähe, das als Dienstbotenhaus dazugekauft worden war. Und mein Dati, der wohl ein »richtiges Familienleben« wollte, kochte jeden Sonntag Tirolerknödel für uns zwei. Damit sie besonders gut wurden, nahm er sehr viel altes Brot. Leider zerfielen die Knödel jedes Mal, übrig blieb »Knödelschlamm«. Das ergraute Wasser, in denen die Knödel gekocht wurden, diente zugleich als Suppe, der Geschmack entstand durch etwas Maggiwürze. Jeden Sonntag musste ich nun diese Schlammknödel essen, dabei war der Sonntag der einzige Tag, wo auf Hennleiten zu Mittag Fleisch serviert wurde. Abends gab es vor dem Abschied beim

Dati noch eine Dose Sardinen mit Tee, und wenn ich dann bei meinem Hof ankam, waren sie gerade beim kalten Schweinsbraten. Die Folge war, dass mir später Tirolerknödel jahrelang ein Gräuel waren.

Öbrist-Wast, der Firmgöd

Im nächsten Jahr wurde ich über den Sommer bei Sebastian »Wast« Krimbacher und seiner Frau Burgl untergebracht. Der mit gutem Grund so genannte »Öbrist«-Hof (oberster Hof) ist von furchtbar steilen Hängen umgeben, was das Mähen mit der Sense und die Heuarbeit sehr erschwerte. Das Heu wurde grundsätzlich zu einem großen Ballen zusammengeschoben, den Wast sich dann auf den Rücken lud und zur Tenne heruntertrug. Wenn Wast um fünf Uhr morgens mähte, hatte ich die Aufgabe, die Graszeilen mit einem Rechen zu verteilen, aber ich ließ es mir nicht nehmen, und Wast gestattete es gerne, auf dem steilen feuchten Hang mit meiner Lederhose mehrmals in rasender Geschwindigkeit herunterzurutschen.

In meinem ganzen Leben habe ich keine so liebreizenden und fürsorglichen Menschen kennengelernt wie Wast und Burgl. Er hatte schon damals einen kleinen Buckel von der schweren Arbeit, aber Burgl traf es noch viel härter, ihr wurde das Kinn immer mehr förmlich auf die Brust gezogen. Am Abend gab es Pfefferminztee mit Minze aus dem eigenen Garten, wir saßen auf der Hausbank, lauschten dem Plätschern des Brunnens und betrachteten staunend die Tausenden von Glühwürmchen, die vor uns in der Luft tanzten. Strom gab es noch keinen, das Licht kam von Petroleumlampen.

Wast wurde später mein »Göd« (Firmpate). Ich fürchtete mich etwas vor der »Watschen« des Bischofs, die uns Firmlingen gerüchteweise als sehr deftig vermittelt wurde, aber es war dann nur die sanfte Andeutung eines Backenstreichs. Wie üblich gab es nachher ein Wiener Schnitzel im Wirtshaus, die wiederum gerüchteweise übliche Armbanduhr blieb aus, die konnte sich mein Göd wohl nicht leisten; ich legte auch keinen Wert darauf, denn ich konnte damals die Uhr noch gar nicht lesen, begriff den Sinn der Zeiger einfach nicht.

Neben dem Brunnen des Öbrist-Hofes stand (und steht) ein schöner, alter Birnbaum, der immer noch süße, saftige Früchte trägt.

Viele Jahre später besuchte ich wieder einmal Göd und Godl, sie waren alt geworden, und im Stall, der mir immer »golden« erschienen war, weil Wast ihn so gründlich säuberte und das Sonnenlicht ihn am Nachmittag derart durchflutete, stand nur noch eine einzelne, einsame Kuh. Ohne Kuh könne er einfach nicht sein, sagte Wast. Und dann erfuhr ich, dass die einzige Tochter aufs »Land« hinunter geheiratet hatte und dass es den Vorschlag an die Eltern gab, dorthin nachzufolgen. Aber Wast hatte zu seiner Tochter gesagt: »Grab den Birnbam beim Brunnentrog aus und pflanz ihn unten im Land wieder ein. Wenn er tuat, kimm i nach.« Und so blieben die beiden alten Leute bis zu ihrem Tode auf dem Hof. Einige Jahre lang stand er dann leer, mittlerweile hat ihn ein Enkelsohn mit seiner Frau übernommen und umgebaut, ein neuer Stall beherbergt eine Haflingerzucht.

Die weiße Haut von Dati

Nach der Almabfahrt musste ich wieder zurück zu meinen Adoptiveltern auf den Pöllhof. Die Mammi war missgelaunt, weil sie das Almparadies hatte verlassen müssen, der Dati war wie immer lieb zu mir und freute sich, dass er mich wieder bei sich hatte. Fasziniert haben mich an meinem Dati übrigens immer seine schneeweißen Gliedmaßen. Damals war es ja nicht üblich, kurze Hosen und Hemden zu tragen. Dati hatte ein von der Sonne tiefdunkel gebräuntes Gesicht und ebensolche Unterarme. Die Beine aber und die Oberarme wie auch der gesamte Oberkörper sahen niemals das Licht der Sonne und waren also vollkommen weiß, die Haut von einer unglaublichen Zartheit und auch Jugendlichkeit bis zu seinem Tode. Selbst die Füße waren schneeweiß, obwohl er nie Strümpfe (ausgenommen zur Musikantentracht) oder Socken trug, immer nur Fußfetzen, die er kunstvoll um seine Füße legte, sodass sie nicht verrutschten und drückten. Von den Fußfetzen hatte er viele, jeden Abend wusch er die getragenen mit Seife im Brunnentrog und hing sie zum Trocknen auf. Aber nicht nur weiß waren seine Gliedmaßen, sondern auch ohne Schmutz, was ziemlich erstaunlich war, denn wir pflegten nur etwa zweimal im Jahr zu baden, nämlich vor Weihnachten und vor Ostern. Dem Vollbad unterzogen wir uns in der Moorbadeanstalt am Schwarzsee, wo man auch ganz normale Wannenbäder nehmen konnte.

Außer zum Wannenbad kam ich nie zum Schwarzsee, erst viele Jahre später schwamm ich in ihm und genoss das wunderbar weiche, tiefschwarz wirkende Wasser, in dem sich der Wilde Kaiser spiegelte. Damals wurde nicht geschwommen, das war etwas für die Fremden. Auch das Schifahren – obwohl in Kitzbühel aufgewachsen – lernte ich erst später, nämlich bei der Schiwoche, als ich in die Mittelschule ging. Wir konnten uns keine Schier leisten. Einmal bekam ich vom Bauernsohn die abgefahrenen Schier geschenkt, sofort ging ich damit über die tiefverschneiten Abhänge nach Kitzbühel hinein, zum Ganslernhang bei der Streifabfahrt, stieg ein Stück hinauf, fuhr hinunter, landete in einem Graben, ein Schi brach ab, damit Schluss.

Das Brauchtum

Viele eindrucksvolle Erinnerungen habe ich an meine Kindheit am Pöllhof: das geheime Spielen mit den anderen Kindern zwischen Brombeersträuchern im Wald; der angstvoll-faszinierte Blick aus dem Stubenfenster hinaus zum verschneiten Brunnentrog, an dessen Pfosten sich zu Nikolaus ein riesiger, zottliger, gehörnter Krampus den Rücken rieb wie ein von Ungeziefer geplagter Stier, und auch dementsprechend aufbrüllte; die von der Küchenmagd geköpften Hendln, die sie vor meinen Augen lachend in die Luft warf und die dann lange noch herumflatterten, Ströme von Blut aus dem Hals verspritzend; der Kirchtag mit seinem knusprigen Schweinsbraten, dem dampfenden Kraut, den keifen Knödeln, den gezuckerten, glühheißen Krapfen; der »Antlassritt« zu Fronleichnam, bei dem die Bauern des Brixentals auf ihren geschmückten Pferden mit wehenden Kirchen- und Schützenfahnen bis zur Schwedenkapelle beim Weiler Klausen ritten (»Bis hierher und nicht weiter kamen die schwedischen Reiter«), voran der Feldpater mit wallendem Bart, die Monstranz immer wieder segnend erhoben, der Straßenasphalt in der Sonnenhitze von den Pferdehufen aufgestampft, oh, war das schön!

Überhaupt, die religiösen Bräuche faszinierten mich sehr als Kind, besonders die Flurprozessionen über die Felder, am Abend um die Tischbank kniend das Rosenkranzbeten, das einen in einen entrückten Zustand versetzte, der lateinische Gottesdienst in der halbdunklen barocken Kirche, das rotglimmende Ewige Licht, der

Fronleichnamsprozession in Kirchberg, 1960,
Felix ganz links mit kurzer Hose

betäubend und süß duftende Weihrauch, die Mädchen und Buben, die in Ohnmacht fielen, der Epileptiker, der aus der Kirchenbank kollerte und zuckte, das Geflüster und Gemurmel, der Gesang und das Orgelspiel. Und draußen die Pfeife rauchenden Bauern, die schon vor der Predigt das Gotteshaus verlassen hatten. Daneben die Lourdes-Kapelle, in deren Grotte eine wunderschöne Madonna stand, die erste Frau, in die ich mich als 12-Jähriger unsterblich verliebte.

Ministrant war ich übrigens nicht, vielleicht, weil wir zu weit weg von der Kirche wohnten. Sonntags wurde jedenfalls immer in die Kirche gegangen, Mammi tat das wohl eher aus Konvention, denn sie war ja Sozialistin und mochte weder Pfarrer noch Klosterschwestern, der Dati war sehr fromm und gläubig, verlor aber nie ein Wort darüber.

Das Ende der Landarbeiter

Ende der fünfziger Jahre brach unvermittelt das 20. Jahrhundert herein mit Traktoren und Mähmaschinen, die Dienstboten wurden abgebaut. Dati arbeitete in einem Sägewerk in Kirchberg und dann als Straßenkehrer an der Hornseite in Kitzbühel. Dadurch konnte er sich auch eine kleine Rente erwarten. Er und Julie waren nämlich draufgekommen, dass mehrere Großbauern, bei denen sie arbeiteten, jahrelang keine Kranken- und Pensionsversicherungsbeiträge abgeliefert hatten. Das Verhältnis zwischen den beiden war übrigens all die Jahre manchmal sehr angespannt, denn der Dati spielte gern Karten, war aber völlig unraffiniert und verlor daher oft sein ganzes Geld. Nicht genug damit, ging er auch noch zum Bauern und holte das Geld seiner Frau, die sich gerade auf der Alm befand, und verspielte auch dieses. Mutter verbitterte das, denn ihr Lebenstraum war ein eigenes kleines Häuschen, dafür hatte sie einen Wüstenrot-Bausparvertrag abgeschlossen, dafür sparte sie sich jeden Groschen vom Mund ab, dafür spann sie nächtelang für andere Leute Wolle, strickte Socken und wusch die Wäsche der Knechte.

Schulzeit und lesen, lesen, lesen

Mit sechs Jahren (1954) kam ich in die 1. Klasse Volksschule in Kitzbühel. Jeden Morgen holte mich ein Straßenkehrer ab, der ebenfalls nach Kitzbühel musste, weil er dort im Zentrum die Straßen reinigte. Die kurze Wanderung, vorbei am Schwarzsee, gefiel mir außerordentlich. Und dann Kitzbühel! Nie war ich vorher in Kitzbühel gewesen, obwohl die Stadt nur etwa drei Kilometer von Gundhabing entfernt liegt. Kitzbühel erschien mir von märchenhafter Schönheit, jedes dieser großen, alten, bunt bemalten Häuser beeindruckte mich über alle Maßen. Und nicht nur eine, sogar zwei Kirchen besaßen die, oben auf dem Hügel. Und es waren schon viele Fremde da, ganz edle Damen darunter, wie ich sie nur aus Katalogen und Illustrierten kannte, mit roten Lippen, wunderschön gekleidet, in rasanten, offenen Automobilen sitzend. Eine winkte mir lächelnd zu, der Seidenschal flatterte hinter ihr meterlang im Wind. Und Auslagen gab es, also große Fensterscheiben, hinter denen sich mir unbekannte Wunderwaren darboten, auch zauberhaftes, nie gesehenes Spielzeug. (Für eine Weile bedeutete mir mein Kasperl, den der Dati aus Papiermaché und Fetzen hergestellt hatte, gar nicht mehr so viel, aber der Kasperl bemerkte das und wurde sehr traurig, da weinte ich, knuddelte ihn und versicherte ihm meine immerwährende Zuneigung. So geschah es auch.)

In der Schule wurde nach der sogenannten »Ganzheitsmethode« unterrichtet, also nicht einzelne Buchstaben wurden gelehrt, sondern ganze Wörter und Sätze. Mir behagte das sehr, nachdem ich endlich diese vollkommen neue Sprache, das »Hochdeutsch«, gelernt hatte. Denn es hieß ja zum Beispiel nicht »Äpfö«, sondern »Apfel«. Was mich wunderte war, dass es bestimmte Dialektwörter im Hochdeutschen gar nicht gab, zum Beispiel das Wort »Neidäh«, was das zärtliche Aneinanderlegen von zwei Wangen bedeutet. »Gibst ma a Neidäh«, fragt die Tante den Buben. Ab der 2. Klasse ging ich in Kirchberg zur Schule, warum, weiß ich nicht mehr. Vielleicht, weil ich zu lange vor den Kitzbüheler Auslagen stand statt heimzugehen, vielleicht, weil meine Adoptivmutter in Kirchberg ein sumpfiges Grundstück gekauft hatte, um dort eines Tages ihr ersehntes Häuschen zu errichten.

Ich war immer schon ein fantasievolles Kind und erzählte den anderen Kindern gerne Geschichten, die von ihnen mit lächelndem Vergnügen angehört wurden, aber die Erwachsenen hätten sie wohl als unnütze bis bedenkliche Lügengeschichten angesehen.

Erstkommunion
1956

Vor dem Lesen waren die Bilderbücher, aber da natürlich keine gekauft wurden, behalf ich mir mit dem Reimmichl-Kalender, dem populärsten aller Tiroler Bauernkalender, in dem es auch zahlreiche Zeichnungen, Fotos und Reproduktionen von Gemälden zu sehen gab. Eine Fundgrube der »Augenlust« (Ausdruck aus dem klerikalen Bereich) stellte der Versandhauskatalog von Kastner & Öhler dar. Was für herrliche Dinge gab es da zu sehen! Spielzeuge, Werkzeuge, Kleider, Möbel, alle Dinge, die man sich nur vorstellen kann. Aber nicht nur Dinge waren im Katalog zu sehen, sondern auch Menschen. Schön angezogene Männer, lachende Kinder in Pyjamas, und auch Frauen in Unterwäsche. Das gefiel mir schon sehr gut. Stundenlang blätterte ich oft in diesem Katalog. Mir war zwar bewusst, dass man all diese Sachen kaufen konnte, weil Mammi zwei Monate vor Weihnachten immer einen Bestellzettel ausfüllte, trotzdem kam es mir nicht so vor, als könne man diese Dinge besitzen. Sie waren nur zum Anschauen da. Wie die Bilder in einem Bilderbuch eben.

Irgendwie kam ich eines Tages auch zu einem Kunstbuch, in dem alte Skulpturen in Schwarz-Weiß-Fotos abgebildet waren. Eines davon zeigte eine Mann-Frau-Verschlingung, nackte Leiber, besonders auch ein schöner Frauenpopo regte mich auf, sowas hatte ich noch nie gesehen. Es musste sich wohl um den »Raub der Sabinerinnen« gehandelt haben. Ich nahm das Buch im Herbst zum Kühehüten mit, und beim Anblick der Leiber rührte sich etwas in meiner Lederhose, also dürfte sich diese »Augenlust« wohl etliche Jahre später abgespielt haben. Unvergesslich.

Sobald ich lesen konnte, las ich, was ich zwischen die Finger bekam. Den Bauernkalender, die Schundhefte der Knechte und die Zeitung des Vaters, der übrigens der einzige Knecht war, der damals eine Tageszeitung abonniert hatte, nämlich den Wiener »Kurier«. Das viele Lesen wurde von der Umgebung nicht allzu gern gesehen, denn es hielt ja von der Arbeit ab, kostete am Abend Strom fürs Licht, und überhaupt wurde es für etwas Überflüssiges gehalten, manchmal sogar für etwas Schädliches, weil es einen auf absonderliche Gedanken bringen konnte. Meine Adoptiveltern bildeten da aber eine Ausnahme. Mutter las mit Leidenschaft Romanhefte, in denen Grafen und arme Landmädchen, Wilderer und Sennerinnen vorkamen; alles erstunken und erlogen, sie wusste es ja, sie lebte ja in dieser Welt, aber es war ihr egal, sie brauchte den Traum. So wie auch ich von Tagträumen lebte, mit Tagträumen überlebte, nun unterstützt vom Lesestoff. Dati las seine Tageszeitung und die diversen Kalender, für die Schundhefteln der Mutter interessierte er sich nicht. Ich auch nicht. Mich interessierten andere Schundhefte. Einer der Knechte las »Rolf Torring«, die Abenteuer eines – wohl kolonialistisch angehauchten – deutschen Helden in Afrika und Indien, wenn ich mich recht erinnere. Ein riesiger Schwarzer kam auch vor, der hatte unheimliche Kräfte und half dem deutschen Helden immer wieder aus der Klemme. »Massa ganz ruhig sein, Pongo schon machen!« pflegte er zu sagen.

Dann gab's da noch die »Jörn Farrow«-Hefte, die Titelfigur war ebenfalls ein deutscher Held und hatte nach dem Krieg sein U-Boot nicht bei den Alliierten abgeliefert. Stattdessen setzte er sich in den Dienst der guten Sache und galt für die Bösewichte aller Art als Schrecken der Meere. Westernhefteln interessierten mich natürlich ebenfalls eine Weile, und ich konnte nicht ganz nachvollziehen, weshalb wir nicht ebenfalls auf Pferden hinter den Kühen her waren. Auch die ersten Comics kamen mir unter, sie spielten im Weltraum; mit gebündeltem Licht wurden Wände durchschnitten, unfassbar faszinierend.

Ganz war meine Mutter anscheinend doch nicht einverstanden mit meiner übertriebenen Lesesucht. Als sie eines Tages in einem Futterbarren im leeren Stall des Dienstbotenhofes eine Menge Schundhefte entdeckte, war eine Tracht Prügel und die Verbrennung des Lesestoffs die Folge.

Danke, Sommerfrischlerin!

Es waren Fremdengäste, die mir die ersten guten Bücher schenkten. Eine Verlagslektorin aus Wien (von den Pöllhof-Leuten wurde mir kürzlich der Name Dr. Margarethe Dyer genannt), die mit ihrer Tochter zur Sommerfrische auf unseren Hof kam, schenkte mir fast alles von Mark Twain, den Tarzan-Roman von Edgar Rice Burroughs und anderes mehr. Das gefiel mir alles außerordentlich. Ein Buch – den Titel habe ich vergessen – handelte von einem Hexer. Ich erinnere mich an eine bestimmte Szene: Der Hexer reitet auf einem Rappen durch ein furchtbares Ungewitter. Er ist bekleidet mit einem langen schwarzen Mantel, der im Wind flattert, und er trägt einen schwarzen Schlapphut, unter dem die Augen hervorglühen. Bäche treten über ihre Ufer, Muren reißen Häuser mit, die Menschen bringen verzweifelt ihr Vieh in Sicherheit. Aufjauchzend reitet der Hexer durch Sturm, Blitz und Donner. Ich liebte den Hexer, ich bewunderte ihn. Man verbrannte ihn zum Schluss, aber noch in den Flammen lachte er. (Tags darauf versuchte ich heimlich, eines der Zugpferde – es war schwarz – zu besteigen, aber es warf mich ab.) Da meine Leserei immer unangenehmer auffiel, zog ich mich auf die Tenne zurück, schwänzte manchmal die Schule, machte mich zwar auf den Weg dorthin, bog aber kurz vor Kirchberg in ein Feld ab, verkroch mich in einen Heustadel, las dort, was zu lesen war, und ging nach Unterrichtsschluss wieder nach Hause. Das fiel gar nicht sehr auf, denn zu dieser Zeit fehlten die Bauernkinder immer wieder, weil sie daheim arbeiten mussten; der Lehrer hatte sich damit abzufinden.

Wie mir später von den Schulkameraden erzählt wurde – mir war es aus dem Gedächtnis entschwunden –, handelte ich in der Schule mit Altwaren, bevorzugt mit Messern (sogenannte Finnendolche waren offenbar gefragt); einmal hatte ich sogar eine Pistole dabei. Bekommen hätte ich das alles von einem alten Hausierer; keine Ahnung mehr. Es handelte sich wohl um Kriegsbeutestücke.

Herbert Sojer, der große Förderer

Meinem Lehrer in Kirchberg – Herbert Sojer hieß er, gestorben 2016 – fiel ich durch meine Aufsätze auf. Immer viel zu lang, meistens das Thema verfehlt, aber er sah eine Begabung. Zweimal beleidigte er mich schwer. Einmal – bei einem Ausflug – tat ich irgendetwas und tat dann so, als wäre nichts gewesen. Worauf mich der Lehrer, ein hochbegabter, rothaariger, jähzorniger Mensch, als falschen Hund bezeichnete. Das war ich auch. Was er aber nicht wusste: ich musste es sein, um zu überleben. Ein andermal schrieb ich einen anscheinend derart ungewöhnlichen Aufsatz, dass der Lehrer stur behauptete, das sei nicht von mir, sondern ich hätte es irgendwo gelesen und nur nacherzählt. Erst nachdem auch weitere Aufsätze ähnlich ungewöhnlich ausfielen, zog der Lehrer vor der Klasse seine Behauptung zurück.

In der Pfarrbibliothek von Kirchberg fand ich neue Schätze: die gesammelten Werke von Karl May. Ich fraß sie alle in mich hinein, besonders jene, die im Orient spielen; aber natürlich war ich auch dem edlen Winnetou zugetan. Den Pfarrer und Besitzer dieses

Schulausflug 1956/57, Felix in der vordersten Reihe (von links der erste Bub nach den Mädchen)

Schatzes erlebte ich auch im Religionsunterricht als angenehmen Menschen, weil er so spannende biblische Geschichten erzählte. Das änderte sich auch später nicht, obwohl mir meine Mammi einmal anvertraute, er sei ein passionierter Witwentröster und hätte auch ihr ein dementsprechendes Angebot gemacht.

Die ersten Geschichten

Mit etwa zwölf Jahren begann ich, in der Freizeit Geschichten zu schreiben. Bis auf eine spielten sie im Wilden Westen, in Chicago, in Londons Soho, im Weltraum. Die eine Ausnahme spielte in meiner Umgebung und handelte davon, dass die Menschen plötzlich im festen Boden versanken, verschwanden; eine Art Epidemie. Ich selbst versank nicht.

Dass ich meine Geschichten überall auf der Welt ansiedelte, nur nicht daheim, hatte damit zu tun, dass ich mich fortträumen wollte, vorher mit Tagträumen, dann mit dem Lesen, jetzt auch mit dem Schreiben, denn ich liebte meine Welt nicht und wollte ihr entfliehen. Versponnen war ich, sehr klein, und zeitweise so mager, dass der Schularzt Unterernährung konstatierte, was gar nicht zutraf, denn am Essen mangelte es nie; vielleicht vergaß ich manchmal drauf, vielleicht fehlte mir manchmal der Appetit. Einzelgänger war ich trotz allem keiner, ich spielte sehr wohl mit anderen Kindern, allerdings wählte ich immer die Rolle des Passiven. Beim Völkerball schoss ich niemals jemanden ab, aber ich selbst wurde auch nicht abgeschossen, ich war einfach zu schnell und wendig. Dasselbe beim Indianerspiel: nie war ich der Jäger, immer der Gejagte. Aber nie erwischte man mich, nie wurde ich gefangen, ich war ein Meister in der blitzschnellen Umgehungstaktik.

Obwohl ich mir relativ unverwundbar vorkam, erwischte es mich doch zweimal. Mit fünf stürzte ich auf der Fleckalm beim Heimtreiben der Kühe und stieß mir meinen Hüterstock so unglücklich in den linken Oberarm, dass er zweimal brach. Mammi trug mich zu meinem späteren Firmpaten Sebastian »Wast« Krimbacher, dessen Bauernhof nur ein paar hundert Meter unterhalb der Alm liegt. Wast bettete mich auf einen Heuschlitten und zog mich (was im Sommer mühselig ist) ins Dorf hinunter zum Arzt. In dieser Zeit – weil ich lange einen Gips tragen musste – wurde ich endgültig vom Links- zum Rechtshänder. (Links galt als die »schlechte« Hand.) Mit ungefähr zehn stürzte ich an einem Abhang beim Ballspiel auf denselben Arm, spürte starke Schmerzen, der Gemeindearzt hielt es aber für eine Prellung und legte mir nur einen Verband an. Als ich Mutter auf der Alm besuchen ging, untersuchte sie den Arm und erschrak über den dicken, unförmigen Ellbogen. Im Krankenhaus Wörgl stellte man fest, dass der Arm wiederum gebrochen und jetzt falsch zusammengewachsen war. Nichts mehr zu machen. In der Folge litt der linke Oberarm unter starkem Muskelschwund, den schließlich ein Wunderheiler behob.

Lehrer oder Pfarrer

Als ich dreizehn war, meinte mein Lehrer Herbert Sojer, für einen wie mich gebe es zwei Möglichkeiten, die Berufswahl betreffend: Lehrer oder Pfarrer. Im Geheimen hatte ich jedoch schon beschlossen, Schriftsteller zu werden, wagte dies aber natürlich nicht auszusprechen. Da ein Setzer von der »Tiroler Tageszeitung« des öfteren auf unserem Bauernhof die Sommerfrische verbrachte, erkundigte ich mich bei ihm, wie denn das so mit dem Beruf des

Journalisten sei. Der Setzer setzte sofort meine Eltern davon in Kenntnis und riet ihnen heftig ab, mich so einen Hungerleiderberuf, wie er meinte, ergreifen zu lassen. So kam ich auf den Vorschlag des Lehrers zurück und sagte, ich wolle Lehrer werden. (Pfarrer lieber nicht, denn jetzt war ich dreizehn und unsterblich verliebt in eine Schülerin, die das natürlich nie erfuhr.) Die Eltern erhoben Einwände wegen der Kosten, der Lehrer aber versprach, sich um ein Stipendium zu kümmern. So fuhr ich nach Abschluss der acht Jahre Volksschule mit ihm nach Innsbruck, um die Aufnahmeprüfung an der Lehrerbildungsanstalt abzulegen. Das war an einem wunderschönen Sommertag im Juli 1962. Innsbruck erschien mir wie eine riesige Großstadt, wie die große, weite Welt, die ich mir immer erträumt hatte. Nie zuvor war ich in einer Stadt gewesen, außer im Städtchen Kitzbühel, das mir nach wie vor als unwirklich, quasi als Fata Morgana erschien.

Ich bestand die Aufnahmeprüfung, allerdings mit einem durchschnittlichen Ergebnis in Deutsch, was mich entsetzlich giftete, war ich doch in der Dorfschule der absolute Superstar gewesen. Zur Feier des Tages lud mich der Lehrer im Biergarten des Wirtshauses »Stiftskeller« auf eine Portion Spaghetti ein, die mir ganz ausgezeichnet schmeckten, denn noch niemals zuvor hatte ich so wunderlich lange Nudeln gesehen. Anschließend besorgte der Lehrer noch einen Heimplatz für mich, und zwar in einem katholischen Internat, das von einem Kaplan geleitet wurde.

Das süße Leben

In den Ferien arbeitete ich dann in einer Bäckerei in Kirchberg als Brotausträger, am frühen Morgen hatte ich per Fahrrad die Fremdenpensionen mit frischen Semmeln und Schwarzbrot zu beliefern. Hier lernte ich endgültig das süße Leben kennen. Dazu muss vorausgeschickt werden, dass mittlerweile der Lebenstraum meiner Adoptivmutter in Erfüllung gegangen war. Sie hatte in der Nähe von Kirchberg, im Weiler Zeinlach, an einem steilen Abhang, an der Schattseite, am Rande des Waldes, wo sich das kleine, sumpfige Grundstück befand, mit Hilfe des Wüstenrot-Bausparvertrages, ausgeführt »im Pfusch«, von Dati und etlichen Freunden, ein graues Einfamilienhäuschen hingestellt. Dati war seit 1960 in Pension, hatte also Zeit, außer im Sommer, wo er als Putzer (einer, der die

Zäune ausbessert, die Steine entfernt, die Wassergräben ausputzt) auf die Fleckalm ging. Auch Mutter – die als eine der wenigen Dienstboten geblieben war – kündigte beim Bauern und ging in Zukunft in Fremdenpensionen putzen. So waren sie beide Putzer. 1962 wurde das Haus bezogen, ich habe nie wirklich darin gelebt. Es bestand damals auch nur aus drei winzigen Räumen (Küche, Stüberl, Schlafzimmer) und es gab kein Bad, der erste Stock, zugleich Dachgeschoss, blieb jahrelang unverputzt, der Wind pfiff durch das einzige Fensterloch. Wenn ich auf Besuch war, schlief ich im Doppelbett bei Dati. Hinter dem Haus fließt ein kleiner Bach herunter, der damals noch ungesichert war, bei jedem Gewitter ungeheuerlich anschwoll, jedes Mal die Kellertür mit grollenden Steinen aufbrach und den Keller überschwemmte und vermurte. Da Mutter immer auf Vorrat kaufte und alle Sonderangebote nutzte, vor allem Waschmittel, Zucker, Mehl, Butter, Kartoffel betreffend, wurden auch ständig diese Vorräte vernichtet. (Aber auch einmal meine ganzen Jugendwerke, die im Keller gelagert waren.) Außerdem schlug bei jedem Gewitter mindestens ein Blitz ins Haus ein, was immer wieder Risse in den Mauern und das Verschmoren sämtlicher elektrischer Leitungen zur Folge hatte.

Das süße Leben also. Die Bäckerfamilie besaß ein großes Haus, in deren vielen Zimmern nicht nur sie, sondern auch die Bäckergesellen und die Lehrlinge untergebracht waren. Da man mich mochte, fand ich Familienanschluss. Mutter Anni war die gelernte Bäckerin und eine herzensgute, sehr mütterliche Frau, ihr Mann war ein Deutscher, vor dem ich Spundus hatte, und die Tochter war 18 Jahre alt und unsagbar schön. Alles war so groß und freundlich und sauber. Ein richtiges Wohnzimmer mit Polstersesseln und niedrigem Couchtisch; sowas hatte ich noch nie gesehen. Eine Bibliothek. Ein Klavier. Ein Aquarium. Geraffte Vorhänge. Ein großer Garten mit kurzgeschnittenem Rasen. Sonnenschirme, Liegestühle. Und die schöne Tochter setzte sich ans Klavier und spielte für mich »Für Elise« von Beethoven. Ich saß in der Dämmerung im Polstersessel und weinte vor Ergriffenheit. Nicht genug damit, bekam ich von ihr auch noch »Der kleine Prinz« von Saint-Exupéry zu lesen. Da war es ganz aus. Ich verliebte mich in die Tochter und begann zu spinnen. Meine Unterkunft war ein Mansardenzimmer unterm Dach, mit eigenem Waschbecken, fließend Wasser, kalt und warm. Nie zuvor in meinem Leben hatte ich ein Zimmer nur für mich allein gehabt. Und Süßigkeiten aus dem Geschäft, soviel ich wollte. Frische, duftende Semmeln, soviel ich wollte; nie zuvor hatte ich Semmeln gegessen. Dieses himmlische Dasein führte dazu, dass ich absolut keine Lust mehr verspürte, meine Mutter aufzusuchen, auch am Wochenende nicht. Fast den ganzen Sommer sah sie mich nicht, war ganz allein in ihrem grauen Häuschen, denn der Dati befand sich ja auf der Alm. Das schmerzte meine Mutter natürlich, sie sagte jedoch nichts.

Aber alles wurde noch himmlischer. Das hatte ich dem Film und der katholischen Kirche zu verdanken. In diesem Sommer kam ein Filmteam nach Kirchberg und drehte den späteren Kassenschlager »Ich kauf mir lieber einen Tirolerhut«. Billy Mo, Interpret des Titelsongs, spielte mit, außerdem Gus Backus, Hannelore Auersperg, Hubert von Meyerinck und Hugo Lindinger, den ich zwanzig Jahre später bei den Volksschauspielen in Telfs kennenlernte und sehr ins Herz schloss. Sowie es meine Zeit erlaubte, war ich schon am Drehort und schaute mit klopfendem Herzen zu. Nein, schaute nicht nur zu, sondern verfotografierte einen Film nach dem anderen. Und da muss ich jetzt etwas vom Himmlischen abschweifen, denn etwas Finsteres kommt ins Spiel, das mich dann jahrelang belasten

Dreharbeiten zu »Ich kauf mir lieber einen Tirolerhut« in Kirchberg, fotografiert 1963 vom Filmfan Felix

sollte. Die Bäckersfrau hatte mir die Aufgabe übertragen, jede Woche das angesammelte Kleingeld zu zählen, das sich in Plastiksäcken befand. Ich zählte also und zählte – und ließ ab und zu eine Münze verschwinden. Mit diesem gestohlenen Geld und einem Teil meines Lohnes kaufte ich mir eine Kodak Instamatic und zehn Filme und fotografierte damit ununterbrochen das Filmteam. In dem Moment, in dem ich das Geld stahl, hatte ich absolut kein schlechtes Gewissen, irgendwie gehörte das zu meinem himmlischen Dasein, und irgendwie musste ich mir wohl eingeredet haben, dass diese paar Schillinge keine Rolle spielen konnten bei diesen – wie mir schien – so übermäßig reichen Leuten. Ich musste selber staunen über meine eiskalte Gewissenlosigkeit, denn ich war von der Mammi dahingehend erzogen worden, dass Stehlen die allerschlimmste Schandtat ist, die es auf Gottes Erde gibt. Als ich einmal – ich war wohl etwa sechs Jahre alt – unerlaubt eine Süßigkeit nahm, sagte Mammi, sie werde mir das nächste Mal die Hand abhacken, was seine Wirkung damals nicht verfehlte. Nun aber dachte ich an keinerlei solche Folgen, klaute in aller Unschuld. Später allerdings begann ich mich schrecklich dafür zu schämen, dass ich diese Menschen, die mich mochten, die mir vertrauten, auf so unverschämte Weise bestohlen hatte. Von den ungefähr zehn Filmen, die ich verschoss, konnte ich übrigens nur einen entwickeln lassen, für die anderen fehlte mir das Geld, und irgendwie hatte ich dann wohl auch das Interesse daran verloren. Immerhin gelang es mir, den Darstellern ein paar meiner Fotos zu zeigen, und ich wurde sehr für eines gelobt, auf dem ich über die Kamera hinweg zwei Schauspieler fotografiert hatte. Da war ich sehr stolz. Aber es kam noch besser. Durch meine immerwährende Anwesenheit bei den Dreharbeiten ergatterte ich natürlich auch eine Rolle, nämlich die eines (diesmal) Verfolgers bei einer rasanten Verfolgungsjagd vor dem Gemeindeamt. Zwanzigmal sprang ich mit zwanzig anderen Statisten über ein Gebüsch, ich als letzter, und so geschah es auch, dass ich mich weggeschnitten sah, also nicht vorhanden, als der Film in Kirchberg anlief und ich begierig auf meinen Auftritt wartete.

Zurück aber zum zweiten himmlischen Ereignis in diesem Sommer, das mit der katholischen Kirche zu tun hat. Die Bäckerei lag (liegt immer noch) direkt neben der Dorfkirche. Manchmal setzte ich mich für eine halbe Stunde hinein, weil es dort so angenehm ruhig und kühl war und die Atmosphäre mir zusagte. Eines Tages fielen mir an einem Ständer neben dem Eingang kleine Heftchen auf, die sich laut Titel mit der moralischen Festigung junger Menschen beschäftigten. Gegen Geldeinwurf nahm ich so ein Heftchen mit und las es abends im Bett. Ich fand das Ganze eigentlich ziemlich fad, bis ich an eine Stelle kam, wo beschrieben wurde, wie man das Verlangen nach »Selbstbefleckung« am besten bekämpfe und wie man ungewollte »Ergüsse« verhindern könne. Es hieß da, man solle gegen unkeusche Gelüste viel Sport treiben, seinen Körper abhärten, sich häufig kalt duschen, im Gebet Zuflucht suchen. Gegen ungewollte geschlechtliche Vorkommnisse wurde ein hartes Bett empfohlen sowie eine einfache Decke, denn ein dickes, flauschiges Federbett, so hieß es, verursache zu viel wollüstiges Wärmegefühl. Wie ich das nun las, wurde ich mir plötzlich meines dicken, flauschigen Federbettes bewusst, schob dieses auch alsogleich zwischen meine Beine – und da passierte es. Unsagbar schön war es und ewig bin ich der Kirche zu Dank verpflichtet. Ich verdanke dem katholischen Aufklärungsschrifttum die Entdeckung der Masturbation, etwas, das gewiss kein Mensch auf der Welt missen möchte. Bei den geheimen Spielen im Wald hatte ich – wie die anderen Buben auch – schon als Sechsjähriger an mir herumgespielt, es war mir aber entsetzlich fad dabei, ich wusste nicht, was das soll, schämte mich auch, folgte nur dem Beispiel der anderen und vergaß dann völlig darauf. Die sensationelle Entdeckung führte nun dazu, dass ich mich noch mehr in die Bäckerstochter verliebte, und das gar nicht mehr platonisch, dass ich noch mehr zu spinnen begann, sogar manchmal in ihrer Gegenwart in Tränen ausbrach, was sie zuerst verwunderte und dann nervte. Gut, dass ich dann nach Innsbruck musste, an die Lehrerbildungsanstalt.

Innsbruck – Asphalt statt Kuhdreck

Das Schüler- und Lehrlingsheim Ecke Anichstraße/Innrain wurde von einem sehr beleibten Kaplan geleitet und war wie alle katholischen Internate, mit einigem katholischen Druck also, aber das kümmerte mich nicht. Ich war überglücklich, in dieser wunderbaren Stadt zu sein, wo es nach Asphalt roch und nicht nach Kuhdreck. Endlich weg von daheim, von der Enge, von der Armut, von den ewigen Krankheiten der Mutter und von ihrem ununterbrochenen Redeschwall. Der Kaplan hielt zwar abendliche Predigten, legte uns aber weiter nichts in den Weg. In der Rückschau ist es mir eine Erleichterung, dass er offenbar – so ging die Rede – mit seiner Sekretärin auf Urlaub fuhr. Von anderen Internaten hat man ja dann Jahrzehnte später viel Schlimmeres vernommen. Als Erzieher fungierten Schüler im Maturajahr, auch sie ließen uns weitgehend in Ruhe, nur selten spielte sich einer auf. Natürlich gab es am Sonntag den gemeinsamen Marsch zum Gottesdienst im Dom zu Sankt Jakob, aber dem entging ich bald, indem ich mich (wie andere auch) in der zugeklappten Bettbank versteckte.

Vollkommen neu und faszinierend war für mich natürlich auch das Fernsehen. Im Freizeitraum gab es einen Tischtennistisch und einen Fernseher. Am Abend durften allerdings nur die Erzieher schauen, was ich aber manchmal umging, indem ich mich unter einem Tisch verbarg. Dort sah ich aus einem ungünstigen Blickwinkel und zu Tode erschrocken den Film »Herr der Fliegen« von Peter Brook, nach dem Roman von William Golding. Aber neben dem kleinen, in Schwarz-Weiß flimmernden Kastl wurde mir etwas Ähnliches, aber monumental Bedeutenderes viel wichtiger.

Süchtig nach Kino

Ich wurde geradezu süchtig nach dem Kino, nach der großen Leinwand. Bevor ich nach Innsbruck kam, hatte ich – in Kitzbühel und in Kirchberg – nur drei Filme gesehen. Mit der Schule »Die Wüste lebt« von Walt Disney, einen Film namens »Weiße Rosen aus Athen« (davor eine Wochenschau über die Olympischen Spiele in Cortina – Toni Sailer!) und einen Fremdenverkehrswerbefilm über Kirchberg (Mitwirkung der Dorfbewohner, Gratisvorführung, großes Gelächter und Hallo). Ich erinnere mich auch noch an eine Bibelverfilmung mit Charlton Heston, die ich aber möglicherweise erst später sah, wahrscheinlich in Westendorf. Im Gedächtnis blieb mir dieser Kinobesuch deshalb, weil mich mein Dati begleitete. Es war dies der erste Kinobesuch seines Lebens, und er wurde derart überwältigt vom Geschauten, dass er sich schwor, niemals mehr ein Kino zu betreten. Wie sich das Meer vor den Israeliten teilte und dann das Heer des Pharao darin ersoff, wie brutal mit Menschen umgegangen wurde, das alles machte ihn – der zwei Weltkriege erlebt hatte – geradezu verrückt. Für ihn war das alles nicht Illusion, sondern pure Wirklichkeit, Realität.

Für mich war das Kino Traumwelt wie die Bücher der Kindheit. Allerdings galt es zwei Widerstände zu überwinden, um überhaupt in diese Traumwelt eintauchen zu können. Ich hatte einen winzigen Betrag als Taschengeld zur Verfügung und einen größeren für Lehrbehelfe, Hefte, Schreibmaterial. Alles Geld aber musste in die Heimkasse abgeliefert werden, um Missbrauch hintanzuhalten. Um mir den Kinobesuch zu erschleichen, holte ich mir deshalb das Geld dafür unter allen möglichen Vorwänden – Schulisches betreffend – aus dieser Heimkasse. Die zweite Hürde war mein Alter. Viele Filme, die ich sehen wollte, waren nicht jugendfrei, was mir oftmalige Abweisung eintrug. Selbst bei Filmen ab 14 musste ich meistens meinen Heimausweis vorzeigen, weil ich aussah wie 12. So sah ich denn hauptsächlich Literaturverfilmungen; solche nach Bühnenstücken (Shakespeare, Raimund, Anouilh, Miller, Williams, Dürrenmatt) und solche nach Romanen (Greene, Hemingway). Aber auch in ein paar für mich unfassbar grausame und faszinierende japanische Filme konnte ich mich hineinschmuggeln. Western

Mit Adoptivmutter und Nachbar auf der Innsbrucker Messe, 1963

interessierten mich eine Zeitlang nicht (Kuhdreck!), aber als ich »Der Mann, der Liberty Valance erschoß« von John Ford gesehen hatte, verfiel ich auch diesem Genre mit Haut und Haar. Jeder Kinobesuch war natürlich mit schlechtem Gewissen verbunden, weil ich ja das sauer verdiente Geld meiner Adoptiveltern – vor allem der Mutter – sozusagen beim Fenster hinauswarf. Noch heute habe ich ein schlechtes Gewissen, wenn ich ins Kino gehe.

Professor Heller und Reinhold Stecher

Ein weiteres Faszinosum blieb trotz Fernsehen und Kino das Lesen, welches nun dadurch erleichtert und sogar gefördert wurde, dass es eine hervorragende Heimbibliothek mit der gesamten Weltliteratur gab. Diese fraß ich förmlich in mich hinein; die Russen, die Franzosen, die Amerikaner. Vieles kapierte ich nicht, alles aber gab mir viel. Meine Schule – die Lehrerbildungsanstalt – kam dadurch natürlich ins Hintertreffen. Ich war schlicht und einfach faul, lernte nur, wenn es unbedingt sein musste. Das führte dazu, dass ich in Latein und Mathematik immer mehr zurückfiel und diese beiden Fächer auch immer mehr hasste. Einzig in Deutsch fiel ich sehr positiv auf, aber nicht durch Lernen, sondern durch Begabung. Meinem Deutschprofessor – Heller war sein Name – gefielen meine Aufsätze derart, dass er mich auf jede Weise bevorzugte. Er war ein kleiner, gutmütiger Mann, über den sich die meisten Schüler lustig machten, weil er ganz und gar unautoritär agierte. Im Gegensatz dazu hatten sich die meisten seiner Kollegen den Schüler gegenüber eine gewisse zynische Ausdrucksweise angewöhnt, die mir als Bub vom Lande unbekannt war, die mich daher verletzte und wehrlos machte. Man kann vermuten, dass damals, zu Beginn der 60er Jahre, immer noch Nazi-Gedankengut in den Köpfen mancher Lehrer rumorte, denn schließlich waren sie mit diesem Gedankengut aufgewachsen. Besonders den Mathematiklehrer mochte ich nicht, weil er ein so kalter Mensch war und weil er mich zutiefst getroffen hatte, als er in Betrachtung meines schlingenlosen Zweiers an der Tafel feststellte, ich hätte kriminelle Anlagen. (Was ja stimmte, aber nicht wegen der fehlenden Schlinge.) Anders mein lieber Professor Heller. Da ich immer noch sehr mager wirkte, bürgerte es sich ein, dass mich Professor Heller zu Beginn jeder Deutschstunde um Fleischkäse schickte, 15 Deka und zwei Semmeln für mich,

10 Deka und eine Semmel für ihn. Er starb leider bald, auch sein Nachfolger, Professor Niedermayr, förderte mich sehr.

Auch Reinhold Stecher darf ich nicht vergessen, den späteren Bischof von Innsbruck, der als solcher den autoritären katholischen Mief aus Tirol vertrieb. Zu dieser Zeit war er unser Religionslehrer, ein sehr guter sogar, aber vielleicht gerade deshalb vermeinte ich, ihm nicht zuhören zu müssen. In jeder Religionsstunde las ich unter der Bank »Also sprach Zarathustra« von Friedrich Nietzsche. Und das nicht ganz unauffällig. Stecher beachtete mich nicht, »überführte« mich nicht, was mich ein wenig giftete und was schließlich dazu führte, dass ich das Buch auf das Pult legte und ganz offen daraus las. Nun reichte es ihm, er trat an mich heran, blickte auf das aufgeschlagene Buch, identifizierte es sofort und meinte, da ich nun das Buch schon beinah fertiggelesen hätte, könnten wir ja eigentlich ein wenig darüber diskutieren. Damit war ich erledigt. Ich brachte kein Wort heraus. Daraufhin sagte er aber keineswegs, man solle vielleicht nicht lesen, was man nicht verstünde, sondern er hielt uns einen kleinen Vortrag über Nietzsche und seinen Zarathustra. Da verstand ich schon etwas mehr. Damit war die Sache erledigt und ich wurde ein aufmerksamer Teilnehmer von Stechers Religionsstunden. Fünf Jahre später gab ich ihm mein erstes Stück (über Judas) zu lesen und er lobte mich auf seine kühle Weise ein wenig. Danke, Herr Bischof, mögen Sie längst die Graberde verlassen haben und auf Ihren geliebten Tiroler Bergen wandeln.

Krimis, ausgesucht von Alfred Hitchcock

So lebte ich also mein Leben, zwischen Kino, Schule und Heim, und schrieb auch immer wieder Kurzgeschichten, jetzt fast ausschließlich Krimis, in der Art derer, wie sie in der »Bunten Illustrierten« standen, »ausgesucht von Alfred Hitchcock«. Einmal fand ich in einer Zeitung das Inserat einer Agentur, die Kurzgeschichten suchte und gegen geringes Entgelt deren Vertrieb an Zeitungen und Zeitschriften versprach. Ich schickte also meine handgeschriebenen Texte samt Entgelt (verdient mit meiner Ferialarbeit) dorthin, bekam dann auch maschingeschrieben dieselben wieder zurück, hörte aber in der Folge nie mehr etwas (Gott sei's gedankt). Auch in der Schülerzeitung schrieb ich, aber bestimmt nur Blödsinn.

Im Gegensatz zu meinen Kollegen, die oft Heimweh hatten, besonders die Osttiroler, fuhr ich in den vier Jahren meiner Schulzeit sehr selten nach Hause, nur wenn es nicht zu vermeiden war, zu Weihnachten nämlich, zu Ostern, und in den Ferien.

In der Schule geht's bergab

Nach Ende des dritten Schuljahres befand sich in meinem Zeugnis ein Fünfer in Latein, das bedeutete eine Wiederholungsprüfung vor Schulbeginn im Herbst. In den Ferien arbeitete ich in einem Spar-Lebensmittelgeschäft in Kirchberg, schlief aber zu Hause bei meiner Mutter. Auch im »Spar« stahl ich, nämlich Zigaretten, und zwar eine Packung der teuersten und exklusivsten Marke, »Simon Arzt«. Ich gab die Schachtel in ein Plastiksackerl und vergrub dieses im Wald oberhalb des grauen Einfamilienhauses. Vater war den ganzen Sommer als Putzer auf der Fleckalm, so hatte ich das Schlafzimmer für mich allein, denn Mutter schlief auf einem Sofa im Stüberl. Des Nachts schraubte ich vorsichtig, und voller Angst, die Mutter zu wecken, das Fliegengitter am Schlafzimmerfenster ab, stieg

Schulschiwoche 1964,
Felix ganz vorne, mit Sonnenbrille

hinaus, ging in den Wald hinauf und rauchte dort meine erste Zigarette. Es war ein himmlisches Erlebnis. Mir wurde schwindlig, aber keineswegs schlecht. Das machte ich nun jede Nacht. Dann stahl ich wieder eine Packung, wurde aber von der Geschäftsbesitzerin erwischt. Ich begann vor Angst zu zittern, konnte wegen meines trockenen Mundes nur um Verzeihung stammeln, da hatte sie Mitleid mit mir, wohl weil sie das Temperament meiner Mutter kannte, und beließ es bei einer Verwarnung. Das ließ ich mir eine Lehre sein.

Die Flucht: Auf nach England!

In diesem Sommer reifte der Plan in mir, meine Adoptivmutter und dieses garstige Land überhaupt zu verlassen und auszuwandern. Am 30. August 1965 teilte ich um acht Uhr morgens den Leuten vom Lebensmittelgeschäft mit, dass ich nun Ferien machen wolle, kassierte mein Geld, ging nach Hause und verfasste einen ellenlangen Brief an meine gerade in einer Pension putzende Mammi, und in diesem Brief warf ich ihr alles vor, was sie mir tatsächlich und angeblich in meinem bisherigen Leben angetan hatte. Nachdem sie inzwischen gestorben ist, kann ich sagen, wie's war, sie schlug mich von klein auf ganz entsetzlich. Wie schlimm es wirklich war, erfuhr ich erst 1984, als ich mit Frau und Tochter eine kleine Reise durch meine Kindheit antrat, von Hof zu Hof, zwischen Kirchberg und Kitzbühel. Überall wurde mir dasselbe berichtet, nämlich, dass Schlagen damals üblich war, aber nie habe man jemanden erlebt, der sein Kind so prügelte wie meine Mutter mich; mit jedem erdenklichen Gegenstand, der sich gerade in Reichweite befand, ob Holzscheit oder Holzschuh. Einige erzählten, sie hätten ein paarmal eingegriffen, wären dann aber selbst mit Schlägen bedroht worden. Die Leute glaubten sogar, meine Mutter hätte mir den Arm gebrochen, es sei keineswegs ein Unfall gewesen.

Einmal muss wohl jemand Meldung beim Jugendamt erstattet haben, denn es kam zu einer Verhandlung vor dem Richter in Kitzbühel. Meine Adoptivmutter, die zuerst vor Empörung fast platzte, kam von dieser Verhandlung mit großem Stolz und einiger Genugtuung zurück. Der Richter habe nämlich nach wenigen Minuten gesagt, einen Baum müsse man biegen solange er möglichst jung sei, später könne man ihn nur noch brechen.

Diese übermäßige Prügelei führte dazu, dass ich ein verschlagenes Kind wurde, denn lieber log ich natürlich, als wegen jeder Kleinigkeit verprügelt zu werden. Mein Adoptivvater, mein lieber Dati, war nicht in der Lage, der Mutter das Schlagen abzugewöhnen, denn wenn sie wütend war, fürchtete sogar er sich vor ihr. Trotzdem war er meine Rettung, weil er umso liebevoller mit mir umging. Bevor wir einschliefen, gab es immer einen kurzen Dialog zwischen uns, ein Gute-Nacht-Zeremoniell. Dati: »Guat Nacht, Mandl.« Ich: »Guat Nacht, Dati.« Dati: »Schlaf gsund, in Gotts Nam.« Ich: »Du a, Dati.« Noch heute sage ich jeden Abend zu mir, in Gedanken, bevor ich einschlafe: »Guat Nacht, Dati, schlaf gsund, in Gotts Nam.«

Das Schlimmste, das Allerschlimmste an der ganzen Sache aber war, dass es meiner Adoptivmutter jedes Mal sofort ganz furchtbar leid tat, dass sie mir das Blut abwischte, mich umarmte und um Verzeihung bat. Natürlich verzieh ich ihr. Ich verzieh ihr in dem Bewusstsein, dass es am nächsten Tag wieder passieren würde, einschließlich der neuerlichen Bitte um Verzeihung. Trotzdem hing ich sehr an ihr, wohl im Sinne von Abhängigkeit. Sie war – oder fühlte sich jedenfalls – oft krank (legte sich aber niemals ins Bett, ging immer zur Arbeit), glaubte auch immer wieder, an einer tödlichen Krankheit zu leiden, an Krebs zumeist, und vermittelte mir das derart eindringlich, dass ich von einer heillosen Angst um sie ergriffen wurde. Oft betete ich für sie, flehte die Jungfrau Maria um Gnade an, legte einmal sogar ein Gelübde ab, nämlich, dass ich, wenn das mit dem Krebs nicht zutreffe, ein ganzes Jahr lang auf meinem Schulweg beten würde, und zwar von der Schwedenkapelle in Klausen bis zum Schulhaus in Kirchberg, das sind ungefähr vier Kilometer.

In dem besagten Brief warf ich der Mutter – neben den vielen Schlägen – ein ganz bestimmtes Ereignis vor, das mich zutiefst gekränkt hatte. Einmal im Sommer, ich dürfte acht Jahre alt gewesen sein, traf ich vor einem Nachbarbauernhaus einen Bettler, der in der brütenden Sonne erschöpft auf der Hausbank saß und zu mir sagte, er sei so durstig. Daraufhin nahm ich den Hausschlüssel, den ich in einer Holzfuge neben der Tür wusste, schloss auf und sagte zum Bettler, er solle in die Küche gehen und dort am Trog Wasser trinken, auch könne er sich ruhig hinter dem Tisch auf die Bank legen und ausrasten. Der Bettler bedankte sich und tat wie geheißen;

gegen Abend fanden ihn die Hausleute – von der Feldarbeit zurückkehrend – schlafend auf der Bank. Irgendwie kam auf, dass ich ihn ins Haus gelassen hatte, daraufhin bezog ich wieder Prügel und musste mich außerdem mitten auf der Bundesstraße, die vor dem Haus vorbeiführte, niederknien und die Hausleute um Verzeihung bitten. Das war denen sehr peinlich.

Ach ja, im folgenden Winter geschah noch etwas, das ich der Mammi nun ebenfalls in kleinlicher Weise vorwarf. Zu dieser Zeit glaubte ich noch immer ans Christkind. Am ersten Adventsonntag sagte mein Dati: »Mandl, heuer gibt es leider den Matador-Baukasten noch nicht, weil heuer hat das Christkind zu wenig Geld.« Das gab mir zu denken. Armes Christkind, kann die Kinder nicht ausreichend beschenken und würde es doch so gerne tun. Schließlich hatte ich eine Idee, wie dem Christkind vielleicht ein klein wenig zu helfen war. Mammi kaufte immer den Feigenkaffee »Titze Gold«. Und in jeder Packung befand sich die Figur eines Indianers. Ich sammelte leidenschaftlich diese Figuren und spielte mit ihnen die allerspannendsten Spiele. Gleich am Abend schritt ich zur guten Tat. Ich packte die Figuren in einen kleinen Karton und schrieb einen kurzen Brief in meiner schönsten Schrift: »Liebes Christkind, ich bin der Felix aus Kirchberg in Tirol. Da mein Dati mir erzählt hat, dass Du heuer nicht gar so viel Geld für Geschenke hast, will ich Dir ein Geschenk machen, das Du an einen Buben weiterschenken kannst, wenn Du magst. Viele herzliche Grüße und Hochachtungsvoll, Dein Felix.« Und dann legte ich den Karton mit dem Brief vors Fenster. Am nächsten Morgen wollte ich natürlich sogleich nachschauen gehen, ob das Christkind mein Geschenk abgeholt hatte. Als ich ins Zimmer trat, hörte ich meine Mutter lachen. Sie hielt meinen Karton in der Hand. Und lachend sagte sie zum Dati: »Nein, sowas, jetzt hat der dumme Bub seine Indianer dem Christkind geschenkt.« Ich lief hinaus, warf mich in den Schnee und weinte bitterlich. Heute weiß ich, dass es nicht stimmte, doch damals war ich fest davon überzeugt, dass mich meine Mutter auf höhnische und abfällige Weise ausgelacht hatte.

Nachdem ich also der Mutter dies und anderes in meinem Brief vorgeworfen hatte, packte ich einen riesigen Pappkoffer mit meinen Manuskripten und Kleidungsstücken, ging zu einem Weg, wo ich das Moped eines Nachbarburschen abgestellt wusste, hinterließ ihm einen Zettel, dass er sich das Moped am Bahnhof in Kitzbühel abholen könne, fuhr damit dahin und begann meine Reise. Da ich keine Ausweispapiere hatte, stieg ich in Kufstein aus dem Zug, fuhr mit einem Taxi zum Hechtsee, den ich von einem Schulausflug kannte, und ging von dort zu Fuß über die grüne Grenze nach Kiefersfelden. Natürlich voll der Angst, irgendwelche Grenzwächter würden auf mich schießen. In Kiefersfelden machte ich Autostopp und kam so nach Rosenheim. Dort kannte ich Fremdengäste, die bei uns am Bauernhof Urlaub gemacht hatten. Ich suchte sie auf, wurde sehr freundlich empfangen und sagte ihnen, ich wolle bei ihnen den Rest meiner Ferien verbringen, wenn das möglich sei. Natürlich war das möglich, sie schöpften keinerlei Verdacht. In der Familie gab es auch eine gleichaltrige Tochter, in die ich mich ein wenig verliebte und mit der ich in den Zirkus ging. Ich fragte die Zirkusleute, ob sie mich mitnehmen könnten, als Stallbursche oder so, aber sie lachten nur und lehnten ab.

Als meine Ferien vorbei waren, verabschiedete ich mich von meinen Gastgebern und machte mich per Autostopp auf den Weg Richtung Norden. Nach England wollte ich, dort ein neues Leben beginnen, Schriftsteller werden. Irgendwann landete ich in Bremen, ein holländisches Ehepaar nahm mich mit nach Holland, bei Dunkelheit fuhren wir über die Grenze, es regnete, niemand fragte nach einem Ausweis. In einer Kleinstadt wurde ich abgesetzt, übernachtete, weil es regnete, in einer Pension, und erhielt Weißbrot mit Butter und bunten Schokobröseln zum Frühstück, natürlich auch einen Kakao. In Amsterdam dann sprach mich ein freundlicher älterer Herr an und wollte mich bei sich übernachten lassen, aber ich ging lieber ins Raucherkino, das die ganze Nacht offen hatte. Irgendwann landete ich in Rotterdam, wo ich mich auf ein Schiff schmuggeln wollte, das nach England fuhr. Allerdings war es nun Ende September, ich war einen Monat unterwegs gewesen und sah unweigerlich aus wie ein typischer Ausreißer. An einer Straßenkreuzung hielt ein Polizeiauto neben mir, ein freundlicher Polizist stieg aus und lud mich ein, mitzufahren. Man war wirklich sehr nett zu mir, obwohl ich keine Auskunft gab, stellte auch bald meine Identität fest und fand mich auch prompt auf einer Ausreißerliste der Interpol.

Ich wurde zum österreichischen Konsul gebracht, der Wiener war und seinen Winterurlaub in Kirchberg zu verbringen pflegte, was natürlich sofort zu einem Naheverhältnis führte. Um meinen

Eltern die Kosten der Abschiebung per Bahn zu ersparen – ich selber hatte kein Geld mehr –, wollte er sich darum kümmern, einen Lastwagenfahrer zu finden, der bereit wäre, mich gratis nach Österreich mitzunehmen. Während er das versuchte, wurde ich in einer Einzelzelle bei der Fremdenpolizei untergebracht. Als die Wachebeamten hörten, dass ich aus Tirol sei, begannen sie sofort zu jodeln und deckten mich mit furchtbar starken holländischen Zigaretten ein sowie auch mit einem ganzen Stapel Bücher von Hedwig Courths-Mahler, auf Deutsch natürlich. So fühlte ich mich eigentlich recht wohl, nur den Hofspaziergang scheute ich, denn die anderen Abschiebehäftlinge waren zum Teil ganz wild aussehende Typen, afrikanische und ostasiatische, meistens Matrosen, bestimmt auch Seeräuber, vor denen ich mich nicht wenig fürchtete. Sie selber fürchteten sich zum Teil aber offenbar auch, denn manche hörte ich die ganze Nacht durch elendiglich in ihren Zellen lamentieren.

Nach gut einer Woche war der Lastwagenfahrer gefunden, der Konsul stellte mir einen auf sechs Tage befristeten Pass aus, dann ging es zurück in die Heimat. Dem Fahrer – er beförderte Kakao nach Salzburg – hatte man zur Vorsicht meinen Pass übergeben, den er mir aber sofort überreichte mit der Bemerkung, ich könne gehen, wohin ich wolle, und nach England käme ich am besten mit einer Fähre von Hoek van Holland, er könne mir da einige gute Ratschläge geben. Ich lehnte dankend ab. Ein langer Monat auf den Straßen reichte mir. Unter Obdachlosen in Klosettanlagen hatte ich geschlafen, in Parks, auf Hamburgs Reeperbahn (Hamburg wollte ich sehen, wenn es auch nicht gerade am Weg lag) in einer Tornische, zugedeckt mit der Landkarte Europas.

Zuhause erwartete mich Dati mit Freuden, die Mutter verbittert. Ich bat nicht um Entschuldigung, aber Mammi sagte, wie so oft schon: »Ich verzeih dir, aber vergessen werd' ich dir das nicht.« Von meinem vorwurfsvollen Brief wurde nicht gesprochen. Dennoch hat sie ihn bis zu ihrem Tod aufbewahrt. Als sie ihn gefunden hatte, war sie sofort zur Gendarmerie gegangen, um die Abgängigkeitsanzeige zu erstatten. Die Gendarmen meinten aber, ich sei bestimmt nur im Wald oben und werde sicher in ein, zwei Tagen wieder auftauchen. Als dies nicht eintraf, gaben sie die Interpolfahndung durch, die dann auch von Erfolg gekrönt war.

Schon am Tag nach der Rückkehr fuhr ich nach Innsbruck in die Schule. Da der Termin für die Wiederholungsprüfung ungenützt verstrichen war, musste ich das Jahr wiederholen. Auch ein anderes Heim musste ich mir suchen, denn im alten nahm mich der Kaplan nicht mehr auf. Nach ein paar Monaten hatte ich es endgültig satt, lernte überhaupt nicht mehr, ging im Pyjama zur Schule, spielte den Kasperl, fiel schließlich in Mathematik und Latein durch, ging von der Schule ab.

Beim Zoll und schreiben, schreiben, schreiben

Ich musste mich also schleunigst nach Arbeit umsehen, zufällig erfuhr ich durch einen Bekannten von einer freien Stelle beim Zollamt Innsbruck, meldete mich, wurde angenommen, trat sofort nach Schulschluss – es war Sommer 1966 – die Stelle an. Selbstverständlich betrachtete ich das als Übergangslösung, denn ich wollte ja bald ein berühmter Schriftsteller werden. Meine Eltern machten mir nicht die geringsten Vorwürfe, dass ich die Schule nicht geschafft hatte. Im Gegenteil, sie waren eher froh, dass sie nicht mehr die Kosten tragen mussten, da ich mir nun mein Geld selbst verdiente. Ob Lehrer oder Zöllner, das war ihnen egal. Ein schlechtes Gewissen hatte ich nur meinem Volksschullehrer Herbert Sojer gegenüber, der mich immer so gefördert und mir auch Stipendien verschafft hatte, dem ich immer vorgelogen hatte, dass es mir gut gehe in der Schule. Jahrelang ging ich ihm dann aus dem Weg; erst als einigermaßen bekannter Autor wagte ich es, ihm wieder unter die Augen zu treten.

Da ich anfänglich beim Zoll sehr wenig verdiente (1740 Schilling), musste ich eine billige Wohnmöglichkeit finden und kam im Kolpinghaus Innsbruck in der Dreiheiligenstraße unter. Die Arbeit, die ich im Zollamt Frachtenbahnhof zu verrichten hatte, war recht einfach: ich saß an einer Rechenmaschine und rechnete die Zölle aus. Nach Dienstschluss ging ich heim, setzte mich hin und schrieb. Aber jetzt war eine Wandlung eingetreten. Ich schrieb keine Krimis mehr, meine Themen wurden andere. Es begann mit einem Monolog über Judas, betitelt »Plädoyer für einen Verräter«. Das Ein-Mann-Stück wurde sogar aufgeführt, nämlich im Pfarrsaal gegenüber, ich selbst spielte den Judas, ein Kollege vom Zoll bediente hinter der Bühne das Tonband mit der Geräuschkulisse, als Zuschauer fungierten die Besucher der Maiandacht, die der mir gutgesinnte Pfarrer und Heimleiter nach dem Gottesdienst in den Saal lotste. Ob's

Im Kolpinghaus Innsbruck, 1966

ein Erfolg war, weiß ich nicht mehr, das Manuskript selber ging mir später verloren. Zum Tonband muss noch etwas gesagt werden, das gehörte mir, das hatte ich mir – natürlich ohne Wissen der Eltern – von einem Stipendium gekauft, das merkwürdigerweise im Tiroler Landhaus direkt an mich ausbezahlt worden war, wofür ich dem zuständigen Herrn heute noch dankbar bin.

Plötzlich aufgewacht – kein Fortträumen mehr

Dann trat eine Schreibpause ein, ich las nur noch. Aber jetzt las ich fast keine Bücher mehr, sondern hauptsächlich Zeitungen und Zeitschriften. »Konkret«, »Pardon«, »Twen«, den »Spiegel«. '68 lag in der Luft und kam. Und ich war plötzlich aufgewacht, war kein Kind mehr, war mittendrin. Nicht aktiv natürlich, ich war ja kein Student, ging jeden Tag ins Büro, hatte keinerlei Kontakt zu irgendwelchen Intellektuellen. Aber geistig war ich drin, geistig sympathisierte ich, begann mich mit Gesellschaftspolitik zu befassen, begann den

Verhältnissen auf den Grund zu gehen und die Zusammenhänge zu durchschauen, begann über meine Herkunft nachzudenken und sie anzunehmen, begann über das Schicksal meiner leiblichen und meiner Adoptivmutter nachzudenken und beide zu verstehen. Und jetzt, jetzt konnte ich auch endlich wieder nach Hause fahren und den Panzer ablegen und offen reden. Meine Adoptivmutter war sehr froh darüber, denn sie wusste, dass mit meinem Brief an sie die Abhängigkeit vorbei gewesen war, dass ich mich gelöst hatte, dass ich vielleicht nie mehr heimkehrte.

Jetzt war ich aber da, und die Dinge wurden ausgesprochen. Und sie bekannte, dass sie darunter litt, mich derart geschlagen zu haben in meiner Kindheit. Dass sie sich schämte dafür, dass sie es bedauerte. Und ich ließ mir ihr ganzes Leben erzählen und begriff. Und beiden war uns klar, dass zwar Verständnis möglich ist, dass aber der Schmerz der Kindheit nicht ausgelöscht werden kann; nicht meiner, nicht ihrer. Dati hörte nur zu und war froh. Das alles, dieses Aufwachen, dieses Verstehenlernen, dieses Heimkehren führte dazu, dass ich mich in meiner Literatur nicht mehr fortträumen musste in andere Welten, sondern dass ich endlich schreiben konnte und wollte über meine Welt, meine Herkunft, meine Menschen; zuerst in Kurzgeschichten, dann in Hörspielen, Stücken und Drehbüchern.

Mein bester Freund Max

Im Kolpinghaus hatte ich einen Zimmerkameraden, der hieß Max Gruber, war aus Völkermarkt in Kärnten, hatte Tischler gelernt und bei der Blaskapelle die Tuba gespielt, war nun aber nach Innsbruck aufgebrochen, um bei Wacker Innsbruck ein berühmter Fußballer zu werden. Er spielte in der Jugendmannschaft und verdiente sein Geld als Lagerarbeiter bei der Firma Mautner Markhof. Ich ging dem Max furchtbar auf die Nerven. Erstens interessierte ich mich nicht für Fußball, zweitens las ich ununterbrochen, drittens beachtete ich ihn nicht, weil ich mich mit einem Palästinenser aus Bethlehem anfreundete, der in Innsbruck einen Schweißerkurs absolvierte. Er hieß Najib Awad Hannun. Mit Najib ging ich ins Olympia-Eisstadion eislaufen, lieh mir von ihm seinen Kopfumhang samt Reif und spielte den anwesenden Mädchen einen arabischen Jungscheich vor, weil ich glaubte, damit würde ich auf jeden Fall gut ankommen.

Dem war aber nicht so. Najib hat sich jedenfalls köstlich amüsiert bei meiner Maskerade. Leider verblitzte er sich bald die Augen, weil er den Schutzschild nicht benutzte und musste dann sowieso nach Hause fahren.

Eines Tages brachte Max von seiner Firma einen Karton mit sechs Flaschen Likör mit, die wir des Nachts gemeinsam austranken. Es handelte sich um Kirsch-, Eier- und Kaffeelikör. Am Morgen wachten wir in einem komplett verwüsteten Zimmer auf, hatten alles vollgekotzt, der Boden voll mit zerbrochenem Glas und klebrigen Likörresten, in der Tür steckte ein Wurfmesser, unzählige Einstiche rundherum. Max wurde gekündigt, weil er die Schuld auf sich nahm. Ich selber, der verführte Jungdichter, hätte bleiben können. Aber ich zog ebenfalls aus und Max und ich mieteten uns eine Zweizimmerwohnung ohne Bad in Pradl. Wir wurden die besten Freunde, die man sich vorstellen kann. Max hatte einen unglaublichen Humor, ich kam mit ihm einfach nicht aus dem Lachen heraus. Da er viel mehr Geld verdiente als ich, lud er mich immer wieder zu den Drinks in den Kaffeehäusern und Discos ein. Schließlich bezahlte er grundsätzlich alles für mich, und ich ließ es zu. Wir hatten wirklich ein gutes Leben miteinander. Auf dem Steilhang unterhalb der Seegrube brachte ich Max das Schifahren bei, was bei ihm letztlich hieß, dass er geradeaus fuhr, bis er stürzte, dann wieder aufstand und die Prozedur auf gleiche Weise fortsetzte, bis er die Nase voll oder blutig hatte. Ich selber genoss es sehr, im rasenden Ritt über die unzähligen Mugel hinunterzudonnern, obwohl die langen Schier das ständige Abschwingen ziemlich erschwerten, weshalb die meisten anderen Seegrubenfanatiker »Figl« (Firngleiter, Kurzschier) bevorzugten. Wenn Max und ich von den Abfahrten im sulzigen Schnee erschöpft waren, legten wir uns in der Märzsonne auf unsere Schier in ein Schneeloch und ließen uns braten.

Seit ich Max kannte, hatte ich ihn immer wieder dabei beobachtet, wie er etwas auf kleine Zettel schrieb und diese in einem Einsiedeglas aufbewahrte. Schließlich lüftete er sein Geheimnis. Was er da penibel aufschrieb, waren Erfindungen, unzählige Erfindungen. Ich erinnere mich leider nur noch an zwei davon. Max hatte beobachtet, dass man bei eingerüsteten Häusern die Niveauunterschiede des Bodens mit Holzkeilen ausglich. Das erschien ihm mühselig und unsicher. Also entwickelte er verstellbare Metallschuhe, die leichter an den Metallständern anzubringen und effizienter waren.

Felix und sein bester
Freund Max, 1967

Der zweite Einfall betraf Zigarettenpackungen, die er mit 20 angebrachten flachen Zündhölzern und einer rauen Fläche zum Entzünden der Hölzchen ausstatten wollte. Da Max Angst hatte, man würde ihm die Erfindungen stehlen, erzählte er niemandem davon, außer mir.

Max, damals ein ausnehmend fescher und charmanter Bursche, hatte großen Erfolg bei den Mädchen, was man von mir nicht behaupten konnte, weil ich so furchtbar schüchtern war. Er hatte eine Freundin namens Regina, in die ich ebenfalls verliebt war, und wir gingen zu dritt in die Disco und ins Kino. Dort, im dunklen Kino, durfte ich ihre Hand halten. Max hielt die andere. Regina hat dann einen Eisenbieger aus Osttirol geheiratet. Max lernte andere Mädchen kennen, die er auch in unsere Wohnung mitnahm, deren Hand durfte ich dann nicht mehr halten. Einmal kam eine Schwester von Max auf Besuch, die in einem Nachtlokal in Salzburg arbeitete, sie schlief bei mir im Bett, weil Max in seinem die Freundin hatte. Natürlich packte mich gewaltig die Sehnsucht, aber die Schwester von Max meinte, sie sei zu müde, wir könnten das aber gerne morgen in der Früh ordentlich nachholen. Als ich aufwachte, war sie schon weg. Aber ich traf dann doch eine Frau, die sich in mich verliebte, und ich mich in sie, das war dann sehr schön und innig und süß.

Ins Theater gingen Max und ich übrigens zusammen nie, ich konnte ihn einfach nicht dazu bewegen, und ich allein hatte wenig Lust, beziehungsweise hatte ich Schwellenangst. Zur Jungbürgerfeier war ich wie alle von der Landesregierung ins große Haus des Tiroler Landestheaters zu einer Oper eingeladen worden, aber da ich keine Krawatte trug, ließ man mich nicht hinein. In die kleineren Kammerspiele ging ich manchmal, und sah dort spannende Aufführungen, unter anderem »Der Mann mit der Blume im Mund« von Luigi Pirandello. Dann entdeckte ich das »Theater am Landhausplatz«, die Alternativbühne, besuchte dort, immer ohne Max, der derweil nebenan im »Stiegl-Bräu« saß, zum Beispiel »Der Architekt und der Kaiser von Assyrien« von Fernando Arrabal, »Die Stühle« von Eugène Ionesco und »Glückliche Tage« von Samuel Beckett. Letztere Aufführung blieb mir deshalb unvergesslich, weil mir plötzlich schwindlig wurde und ich glaubte, gleich in Ohnmacht zu fallen; die Wand, an die ich mich lehnte, schien zu schwanken. Erst als die Darstellerin der Winnie aus ihrem Erdhügel krabbelte und taumelnd hinter der Bühne verschwand, wurde mir bewusst, dass es sich um ein Erdbeben handeln musste. Es war – wie ich dann aus dem Radio erfuhr – das schwere Erdbeben in Friaul, dessen Ausläufer auch Innsbruck erreichten.

Da mein bester Freund Max zu viel rauchte und trank, wurde er bald aus der Fußballmannschaft ausgeschlossen. Er schien nicht darunter zu leiden, sein Humor nahm keinerlei Schaden. In Wahrheit litt er aber doch. Es gab in Pradl einen sehr heruntergekommenen Sandler mit langem Bart und langen Haaren, der die Müllkübel durchstöberte. Einmal zerschnitt er sich an zerbrochenem Glas die Finger und wickelte sie in irgendwelche schmutzigen Fetzen. Max und ich nannten ihn daher »Bluathand Joe«. Und das Erstaunliche war, dass Max immer mehr diesem Sandler ähnelte, dieselbe Haartracht, derselbe schmutzige Vollbart, dieselbe achtlose Kleidung. Eines Tages verschwand der Sandler und Max meinte: »Jetzt bin i der Bluathand Joe.«

Inzwischen war Max zu einer Bestattungsfirma gewechselt und musste an einem ungemütlichen Herbstmorgen einen Sarg nach Düsseldorf bringen. Einen Tag später wollte er wieder zurück sein. Aber er kam nicht. Nach ein paar Tagen fragte ich bei der Bestattungsfirma nach, aber auch die wussten nicht, was mit ihm geschehen war; er hatte sich nicht – wie ausgemacht – telefonisch aus Düsseldorf gemeldet. Monatelang hörte ich nichts von Max und machte mir die größten Sorgen. Dann dachte ich, er sei vielleicht samt dem Leichenwagen ausgewandert, davon hatte er nämlich manchmal gesprochen. Aber plötzlich bekam ich eine Postkarte von ihm, aus Düsseldorf. Er habe einen schweren Unfall gehabt, sei lange im Koma gelegen und habe – wieder aufgewacht – weder sprechen noch sich bewegen können. Sein Pass sei samt dem Leichenwagen verbrannt, so sei es auch unmöglich gewesen, seine Identität festzustellen. Nun sei aber alles gut, er sei wieder komplett gesund und habe in einem Düsseldorfer Hotel einen Job als Haustischler angenommen. Viele Jahre sahen wir uns nicht wieder. Aber dann ausgiebig.

»Die Blaue Blume von Wien« und die Ö3 Musicbox

Die Kollegen beim Zoll fanden mich inzwischen etwas merkwürdig. Meine Haare wurden immer länger, die Kleidung immer ungewöhnlicher, mein Zuspätkommen am Morgen immer häufiger. Ein paar der älteren Kollegen von der Zollwache taten sich naturgemäß am schwersten mit mir. Doch wie das so ist, wenn man lange Zeit nebeneinander im Büro sitzt, gewöhnt man sich auch an das ungewöhnlichste Aussehen, und so kam es, dass mir ein Kollege auf meine Bitte hin seinen alten Uniformrock schenkte, den ich etwas mit Tand aufputzte und dann mit ihm bekleidet, aber barfuß, meinen Dienst versah, einem Mitglied von Sergeant Pepper's Lonely Hearts Club Band immer ähnlicher.

In der Freizeit, besonders des Nachts (das ist bis heute so), schrieb ich fleißig meine Texte, das waren meist Kurzgeschichten, auch ein »Roman« war darunter, »Die Blaue Blume von Wien«. In Wien war ich noch nie gewesen, daher behalf ich mir mit einer Straßenkarte, damit meine Ortsangaben auch stimmten. Es handelte sich um einen etwas obskuren, satirischen Text, der sowohl in der Vergangenheit, Gegenwart und auch Zukunft spielte. Ich will nicht näher drauf eingehen, es war ein ziemlicher »Kas«. Jedenfalls schickte ich diesen »Roman« an einen Verlag und wartete auf Antwort. Jeden Tag um 10 Uhr 30 fuhr ich von meinem Zollamtsbüro mit dem Fahrrad in die Wohnung nach Pradl, öffnete den Briefkasten und schaute nach, ob schon Antwort vom Verlag da sei. Die Antwort kam so nach drei, vier Monaten, und war eine freundliche Absage. Dann schickte ich den »Roman« an den nächsten Verlag und wartete wieder. So verfuhr ich etliche Jahre lang. Jetzt stellt sich natürlich die Frage, warum ich den Text nicht an zehn Verlage gleichzeitig schickte, das hätte die Warterei etwas abgekürzt. Die Antwort ist ganz einfach: Ich hatte Angst, dass dann vielleicht zwei, drei Verlage gleichzeitig das Buch machen wollen, und für wen sollte ich mich dann entscheiden? Und: würden die anderen über meine Absage nicht gekränkt sein?

Aber dann geschah doch das, was auch die allerreserviertesten Kollegen auf meine Seite zog. Meine Sachen wurden veröffentlicht. Aber zuerst nicht meine Prosa, die interessierte niemanden. Irgendwie kam ich endlich drauf, dass mir die direkte Rede am meisten lag, das Drama, das Dialogische, aber auch der Monolog. So schrieb ich in der Adventzeit den Monolog eines einsamen, alten Mannes zu Weihnachten, sprach ihn selber auf ein Tonband und schickte ihn an den erst ein paar Jahre vorher gegründeten ORF-Sender Ö3. Und siehe da: Am 23.12.1971 wurde mein Tonband in der Ö3-Musicbox abgespielt. Weitere Auftragstexte für Ö3 folgten. Dann wurde endlich mein »Roman« veröffentlicht, die obskure »Blaue Blume von Wien«, und zwar in Fortsetzungen in der Wiener Literaturzeitschrift »Die Pestsäule«, herausgegeben von Reinhard Federmann. Ich habe Herrn Federmann nie kennengelernt, nie kennenlernen wollen, obwohl ich ihm doch zu Dankbarkeit verpflichtet war, aber zu schnell erkannte ich eben, dass der Text nicht gerade viel wert war.

Aber durch die Veröffentlichungen in der »Pestsäule« wurde Wolfgang Pfaundler (gestorben 2015) auf mich aufmerksam, der Volkskundler, Fotograf, Filmemacher und Herausgeber der berühmten (inzwischen längst eingestellten) Tiroler Kulturzeitschrift »das Fenster«. Pfaundler gestand mir später, er habe meinen Namen für ein Pseudonym gehalten, habe gemeint, es gäbe mich überhaupt nicht, wo er doch alle Tiroler Schriftsteller, auch jeden Anfänger, genau kenne, denn an ihn würden die Nachwuchsautoren zuallererst ihre Texte schicken. Da ich aber in keinem Kulturmilieu verkehrte, sondern einfach im Zollamt Innsbruck Frachtenbahnhof am Schreibtisch saß, wusste ich von der Existenz eines Wolfgang Pfaundler gar nichts. Wie auch immer, ab 1973 erschienen meine Texte im »Fenster«, und zwar regelmäßig über Jahrzehnte hin. Wolfgang Pfaundler wurde mit der Zeit von einem Förderer zum guten Freund. Davon wird noch die Rede sein.

Jedenfalls erschienen dann meine Texte auch in anderen Zeitschriften und Zeitungen, auch in der Kulturbeilage der Tiroler Tageszeitung, von Krista Hauser betreut und »horizonte« geheißen; es begann also der übliche Weg eines Schriftstellers.

Das Aufatmen

Als meine Kollegen die ersten Veröffentlichungen mitbekamen, indem ich sie ihnen vor die Nase hielt, ging geradezu ein Aufatmen durchs Büro, ein allgemeines Verstehen: »A Künstler is er, der Felix!« Damit war die Sache geritzt. Endlich konnten sie mich einordnen, endlich wussten sie, wohin mit mir. Ein Künstler! Sie waren vollkommen damit einverstanden, dass ein Künstler nicht wie ein gewöhnlicher Zöllner aussehen und sich auch nicht wie so einer verhalten konnte. Ab diesem Zeitpunkt genoss ich Narrenfreiheit. Ich konnte angezogen sein, wie ich wollte, ich konnte zu spät kommen, sooft ich wollte, sie tolerierten alles. Selbst der Herr Amtsrat, der mir früher manchmal einen Zettel auf den Schreibtisch gelegt hatte – »Lieber Herr Mitterer, der Dienst beginnt um halb acht!« –, unterhielt sich mit mir jetzt über Literatur und gestand, früher einmal Gedichte geschrieben zu haben. Nicht genug damit, die Kollegen entwickelten sogar – je öfter ich in der Zeitung stand – einen gewissen Stolz auf mich. Und es kam noch etwas sehr Wichtiges hinzu: am selben Schreibtisch, an dem ich saß, war vor mir schon einmal ein Schriftsteller gesessen, der hieß Walter Kalkus und hatte einen unsterblichen Bauernschwank geschrieben, betitelt »Die Ledigensteuer«. Dass nun wiederum ein Schriftsteller am selben Schreibtisch saß, konnte nur schicksalhafte Fügung sein. Erst fünf Jahre später glaubte auch ich an diese schicksalhafte Fügung. Denn kurz bevor ich den Zoll verließ, wurde ich auf meine Bitte hin in die Telefonvermittlung im ersten Stock versetzt, weil ich dort auch in der Dienstzeit ungestört schreiben konnte. Und wer kam an meinen Schreibtisch unten im Parterre? Es war Gerold Foidl, ein Osttiroler Dichter, der leider schon früh (1982) verstarb und zwei bedeutende Romane der Nachwelt schenkte: »Der Richtsaal« und »Standhalten«. So ist das Leben.

Auch die Adoptivmutter verfolgte meine schriftstellerische Laufbahn mit großem Interesse, besonders, als dann Franz Hölbing im Studio Tirol des ORF meine ersten Hörspiele produzierte. Das hatte mit Theater zu tun, und Theater war jahrelang ein wichtiger und erfreulicher Teil ihres Lebens gewesen, denn sie spielte mit großer Begeisterung bei der Kirchberger Heimatbühne mit. Am liebsten spielte sie in den diversen Bauernschwänken die bösen, keifenden Weiber, die mit dem Nudelwalker bewaffnet auf den vermeintlich ungetreuen Ehegespons warten. Meinen Dati berührte die ganze Angelegenheit weniger, Hauptsache, ich verdiente mir auf ehrliche Weise mein täglich Brot, und das tat ich ja immer noch beim Zoll. Auch mein lieber Firmpate Wast Krimbacher, der Öbrist-Bauer, war nicht sehr beeindruckt, er meinte nur: »Ah so? Büacheln schreiben tuast du? Naja, is ja nix Schlechts.«

1973 übersiedelte ich in die Haspingerstraße 18 in Wilten, zusammen mit einem Studenten der Erziehungswissenschaft, sein Name war Peter Klein. Er gründete mit anderen die schnell sehr wichtig werdende Zeitschrift »Erziehung heute« und legte mir seine ersten Artikel vor. Ich las sie und urteilte hochmütig, was mir dann sehr leid tat. Peter und ich verstanden uns sehr gut, er war eine große Bereicherung für mich, ich lernte von ihm. Später wechselte er zum ORF-Studio Vorarlberg, arbeitete dort auch mit Michael Köhlmeier, wurde eines Tages Ö1-Chef und dann im Jahre 2017 Radiodirektor.

Nun gelang es mir endlich, Anschluss an andere kulturinteressierte Menschen zu finden, hörte in einem Jazzclub in Hötting zum ersten Mal Werner Pirchner an seinem Vibraphon, lernte durch eine Italienerin Norditalien und das ligurische Meer kennen, kam auch zum ersten Mal nach München, wo ich das Musical »Hair« sehen konnte, was mich mit meinem Haarwuschel naturgemäß sehr beeindruckte.

Mit meiner Ernährung, das muss man auch festhalten, war es nicht zum Besten bestellt. Zu Mittag verspeiste ich bei der Fleischerei Neuböck in der Rhombergpassage jahraus, jahrein köstliche Fleischlaibchen mit Kartoffelsalat, abends nahm ich beim Würstelstand unter dem Goldenen Dachl eine Sankt Johanner mit Senfragout zu mir, später dann regelmäßig eine balkanische Bosna am Würstelstand neben der Triumphpforte. Mit Gemüse, Salat und Obst hatte ich es nicht wirklich. Das rächte sich dann eines Tages beziehungsweise eines Morgens. Ich wachte auf und mein Kopfpolster war voller Blut. Skorbut, Zahnfleischentzündung, Zahnfleischschwund. Jahre später wurde ich von meiner Tochter Anna regelrecht aufgepäppelt, die sich zu einer hervorragenden Köchin entwickelte und sehr auf eine gesunde Ernährung achtete.

Wastl

Von Wastl soll ebenfalls berichtet werden, mit vollem Namen Sebastian Aigner. Als ich 1962 Kirchberg verließ und auf die Lehrerbildungsanstalt nach Innsbruck kam, musste in der Mammi eine große Leere entstanden sein, die darauf wartete, gefüllt zu werden. Aber wie? Zufällig lernte sie eines Tages eine Kellnerin kennen, die von einem sogleich flüchtigen Vater ein lediges Kind erwartete. Wie sollte sie weiter ihren Beruf ausüben, fragte sich besorgt die werdende Mutter. Julie nahm ihr den Buben ab und zog ihn auf.

Felix Mitterer mit Wastl, dem Ziehsohn seiner Adoptiveltern, 1976 in Ligurien

Nie schlug sie ihn, war immer geduldig, kümmerte sich fürsorglich um sein Fortkommen. Wastl besuchte mich dann später öfter in Innsbruck, wir nahmen lustige, improvisierte »Live-Hörspiele« auf mein Tonband auf, wir fuhren gemeinsam nach Italien, wo ich ihm das Schwimmen beibrachte, auch lehrte ich ihn auf dem Hang gegenüber des Häuschens das Schifahren; wir waren wie Brüder. Als er groß wurde, erfüllte er alles, was sich seine Zieheltern ursprünglich von mir gewünscht hatten: Er verließ nie seinen Heimatort Kirchberg, er lernte Trompete spielen und trat in die Musikkapelle ein, er wurde im Winter zu einem hervorragenden Schilehrer, im Sommer arbeitete er für die Erdbewegungs-Firma seines Freundes Robert W., welche Arbeit bedeutete, im steilen, gefährlichen Gelände mit einem speziell abgestützten Bagger Löcher und Baugruben für neue Schiliftstützen und Bergstationen auszuheben sowie Kanäle für Rohre und Leitungen zu graben. Als Robert viel zu früh verstarb, übernahm Wastl die Firma und besitzt heute vier eigene Bagger für jedes Gelände. Auch das Häuschen der Mutter erbte er, richtete es schön her, baute den ersten Stock aus und sorgte für ein Badezimmer. Die Bagger stehen stolz auf einem dazugekauften Grundstück.

Samson!?

Mitte der siebziger Jahre starb der Bäckermeister, den sich meine Adoptivmutter als meinen Vater einbildete. Wir fuhren zum Begräbnis nach Achenkirch. Meine leibliche Mutter hatte ich viele Jahre nicht mehr gesehen, hatte auch nicht das Bedürfnis danach gehabt, da die Adoptivmutter sie ja immer ein wenig schlechtmachte. Beim Totenmahl – Julie war gerade nicht am Tisch – fragte ich meine Mutter, ob sie den Verstorbenen für meinen Vater halte. Nein, meinte sie, der sei es bestimmt nicht gewesen, das wisse sie auch ohne Bluttest. Wer dann? Ein Ausländer sei es gewesen, antwortete sie, ein »Jugoslab« oder irgendsowas, jedenfalls habe er mit Vornamen Samson geheißen. Er sei schrecklich in sie verliebt gewesen, habe die zwei Gitterstäbe an ihrem Schlafzimmerfenster auseinander gebogen und habe sie dann »völlig überschäumt«. In diesem Moment kam meine Adoptivmutter an den Tisch zurück, und meine Mutter verstummte sofort. Als wir wieder im Bus saßen, erzählte ich der Adoptivmutter davon, und sie griff sich an den

Kopf. Natürlich, der Samson! Ein Flüchtling sei er gewesen, erzählte sie, bei der Adelheid einquartiert sei er dann gewesen, den »Goldenen« hätte man ihn genannt, weil er den Mund voller Goldzähne hatte. Die Adoptivmutter konnte sich nicht fassen. Mit dem hatte sie es also auch noch, die Adelheid! Gerade, dass ihr das Wort »Luder« nicht entfuhr. Für mich war die Sache damit erledigt, obwohl ich mir natürlich gleich dachte, dass Samson ein eher ungewöhnlicher Name für einen »Jugoslawen« ist.

Dati gibt es nur einen!

Aber was kümmerte mich mein leiblicher Vater, den ich nie kennengelernt hatte? Mein lieber Dati war mein Vater, und aus. Am 18. November 1976 starb er leider im 81. Lebensjahr an Herzversagen. Vorher hatte man ihm, der immer pumperlgsund und nie in seinem Leben in einem Krankenhaus gewesen war, einen Herzschrittmacher eingesetzt, er bekam Wasser in den Beinen und Wasser in der Lunge, es ging ihm die letzten Monate wirklich miserabel. Dann wollte er einfach nicht mehr, vielleicht hat ihm auch ein gütiger Mensch den blöden Herzschrittmacher abgeschaltet, der den Motor mit aller Gewalt am Laufen hielt.

Am Grab blickte ich zum Sonnberg hinüber und erinnerte mich an ein schönes Erlebnis mit Dati.

Als ich noch ein kleiner Bub war, besuchte ich mit ihm einen Tag vor Weihnachten am Sonnberg eine Bergbauernfamilie, deren Hof Leiten hieß. Die Bäuerin gab mir selbstgebackene Kekse mit, und auch Walnüsse, einen ganzen Sack voll. So beschenkt war ich noch nie worden, das war ja schon wie Weihnachten! Es war schon Nacht, als wir den Heimweg antraten. Diesmal brauchten wir aber keine Taschenlampe, denn es war unwirklich hell. Der Mond stand voll am Himmel, und die Sterne glitzerten. Auch der Schnee glitzerte und funkelte, durch den wir talwärts schritten. Ich erinnere mich noch heute an das Knirschen des gefrorenen Schnees unter unseren genagelten Schuhen. Irgendwie war alles wie verzaubert und ich geriet in eine ganz ergriffene Stimmung. Weit unten sah ich die warmen Lichter des Dorfes. Aus den Kaminen stieg heller Rauch auf. Plötzlich sah ich auf der anderen Talseite ein kleines Lichtlein sich talwärts bewegen. Das Lichtlein glitzerte genauso wie die Sterne am Himmel. Plötzlich begriff ich: Das Licht kam ja vom Öbrist-Hof, von meinem zukünftigen Göd! »Was mag das wohl sein?« fragte ich meinen Vater und zeigte mit weit ausgestrecktem Arm hin. Mein Vater wusste die Antwort: »Mandl, das ist das Christkind.« Ich erstarrte vor Ehrfurcht und blickte hinüber auf das glitzernde Licht, das sich Richtung Kirche bewegte. Unglaublich, durfte ich das leibhaftige Christkindl sehen! »Aber warum kommt es vom Öbrister?« fragte ich. Auch darauf wusste mein Vater eine Antwort: »Es hat wahrscheinlich ein Geschenk für dich abgeholt, Mandl.« Da war ich sehr glücklich, und meine Augen wurden so nass, dass das Lichtlein mit dem Licht der Sterne verschwamm.

Ich hätte meinen Dati gern noch eine Zeitlang gehabt. Alles, was er je besessen hatte, waren ein Waldhorn, ein Steyr-Puch-Waffenrad (mit dem ich dann noch lange fuhr) und seine Musikantentracht (das Häuschen gehörte immer irgendwie der Julie).

Um der Mammi gerecht zu werden und nicht nur Schlimmes von ihr zu berichten, will ich wiedergeben, was sie mir einige Jahre nach dem Tod von Dati erzählt hat. Genau zum Zeitpunkt seines Ablebens, im Krankenhaus Kitzbühel, wachte Mammi auf, weil sie zu hören glaubte, dass Dati sie rufe. Sie weckte meinen Pflegebruder Wastl und sagte zu ihm: »I glab, jetzt is der Dati gangen.« Und: Einige Monate später saß sie weinend und allein in der Küche. Sie sehnte sich nach Dati, es ging ihr nicht gut, sie war verzweifelt. »Auf oamol hör i hinter mir die Tür aufgehn, i dreh mi um, siech den Dati einakommen. Er setzt si auf sein Stuahl und sagt: Bist verzogt, Mammi? – Jo, sog i, soviel verzogt bin i. – Brauchst nit verzogt sein, sogt er. Werd olles besser. Werst scho sechn. I bin eh bei dir. – Und streicht ma üwan Orm und steht auf und geht wieder.«

Der Durchbruch mit »Superhenne Hanna« und »Schießen«

Es kam das Jahr der Entscheidung. 1977 erschien mein erstes Buch, »Superhenne Hanna«, ein Kinderbuch bei Jugend & Volk, Wien. Es handelt von einer glücklich am Bauernhof lebenden 99-jährigen Henne, die durch ihr perfektes Krähen den stolzen Hahn Alex fertigmacht, die fliegen kann und die menschliche Sprache beherrscht, und dann mit Hilfe der Kinder und des Fuchses Bartl ihre Schwestern aus den Batteriekäfigen befreit. Angeregt zu dem Kinderbuch

Die Superhenne Hanna brachte Felix Mitterer 1977 den ersten großen Erfolg. (Umschlag der Erstausgabe: Helga Meinhart)

hatte mich der Produktionschef des Verlags, Dr. Helmut Leiter, der mich gegen Mitte der 70er Jahre mit seiner Frau Hilde, einer bekannten Kinderbuchillustratorin, in Innsbruck aufsuchte. Ich mochte die beiden sehr, sie wurden wichtig für mich, leider leben sie nicht mehr. Helmut Leiter vermittelte mir auch den Zugang zu Otto Breicha, der im selben Verlag die Kulturzeitschrift »Protokolle« herausgab, in der ich dann in den Folgejahren einiges veröffentlichte, nicht nur Texte, sondern auch etliche Fotos aus meiner Kirchberger Lebenswelt. Als die »Superhenne« damals erschien, dachte ich nicht, dass sich das Buch lange auf dem »Markt« halten würde. Bestärkt wurde ich in dieser Meinung auch dadurch, dass ich den bedeutendsten österreichischen Kinderbuchpreis nur deshalb nicht bekam, weil die Entführung der qualvoll eingesperrten Hühner »als Aufforderung zum Terrorismus aufgefasst werden könnte«, wie ich aus der Jury erfuhr. Na ja, wir sind im Jahre 1977 und die Rote Armee Fraktion ist unterwegs; wer kann das also diesen Jurymitgliedern verübeln?

Wider Erwarten gibt es aber auch heute noch (jetzt beim G&G-Verlag), 40 Jahre nach seinem Erscheinungsdatum, »Die Superhenne Hanna«. Unzählige Briefe haben mir im Laufe dieser Jahrzehnte die Kinder geschickt, viele Zeichnungen auch, und in den Schulen wurden zahlreiche dramatisierte Aufführungen gespielt. Zu verdanken habe ich das den Lehrerinnen und Lehrern, die in den Schulen das Buch mit den Kindern lasen, bis heute lesen, zu verdanken natürlich auch den Eltern, die ihren Kindern das Buch kauften, die dann als Erwachsene wiederum das gleiche taten. Und am Schönsten ist, dass in diesen 40 Jahren immer wieder Kinder nach Lesen des Buches ihre Eltern fragten, woher denn die Eier in der Frühstückspfanne und im Kuchen kämen.

Im Jahr 1977 wurde auch mein erster Fernsehfilm vom ORF produziert. Ausgangspunkt war eine Drehbuchausschreibung des ORF, betitelt »Geschichten aus Österreich«. Man wollte neue Drehbuchautoren finden und die Bücher von Nachwuchsregisseuren verfilmen lassen. Michael Köhlmeier gewann zum Beispiel für Vorarlberg, Reinhard P. Gruber für die Steiermark und ich für Tirol. Viele Autoren/Autorinnen und Regisseure/Regisseurinnen, die später bekannt wurden, entdeckte man bei dieser Filmreihe. Ich freute mich natürlich ungemein über diese Ehre, über diesen Aufstieg, und war nicht wenig stolz darauf. »Schießen« hieß mein Drehbuch, und die Geschichte spielte in meinem Büro. Der junge Redakteur Alexander Vedernjak und der gerade von der Filmakademie kommende, ebenso junge Regisseur Lucky Stepanik holten mich beim ersten Treffen sogleich vom hohen Ross. Mein Drehbuch sei eigentlich ein Theaterstück und würde keineswegs einen Film ergeben. Also bitte: umschreiben. Ich sah eigentlich nicht ein, warum ein Film nicht ausschließlich in einem Büro spielen konnte, gab aber dann doch nach. Um die Wahrheit zu sagen: ich hatte erst zu lernen, ein Drehbuch zu schreiben. Viele Jahre später, zu meinem 50. Geburtstag, schenkte mir mein Redakteur diesen meinen ersten Film. Ich hielt ihn nur wenige Minuten aus. Ich konnte es damals wirklich noch nicht, alles, was gut daran ist, hab ich dem Regisseur zu verdanken; vergebt mir bitte! Kommt hinzu, dass ich selber mitspielte, mit geschwollener Backe, weil ich so Zahnweh hatte, und mich selber hielt ich jetzt schon gar nicht aus. Aber der Reihe nach:

Ich selbst spielte in dem Film praktischerweise mich selber, einen langhaarigen Typen, der jeden Tag zu spät zur Arbeit kommt und am Ende des Films kündigt und weggeht. Kurt Weinzierl spielte einen Kollegen, der Intendant des Tiroler Landestheaters, Helmut

Wlasak, den Bürochef, und Volkmar Seeböck die Hauptfigur. Und diese Hauptfigur war im wirklichen Leben mein Kollege Hans, am Nebenschreibtisch sitzend, der sich den Bürofrust in einem Weltkriegsbunker von der Seele zu schießen pflegte. »Combat« nannte man dieses Schießen in ständiger Bewegung auf bewegliche Ziele. Hans, den dieser Bürojob genauso anzipfte wie mich, redete ständig davon, dass er nun bald kündigen und um die Welt segeln werde. Das sagte er viele Jahre lang, und deshalb hänselten ihn die Kollegen, indem sie eine Weltkarte aufhängten und dort seine Route einzeichneten, auch die Stelle in der Südsee, wo er samt seinem Segelschiff quasi unterging. Hans machte Bodybuilding und war daher äußerst muskulös. Wenn er sich wegen der Hänseleien ärgerte, stellten sich ihm die Nackenhaare auf, und es kam vor, dass er einen Kollegen mit einer Hand packte und auf den Aktenschrank setzte. Oder er holte seine Smith & Wesson aus dem Schreibtisch und drückte ab. Gottseidank machte es nur »klick«, denn die Waffe war nicht geladen. Später bekam er Probleme, weil man ein Waffenlager bei ihm daheim entdeckte, und in seinem Auto ebenfalls mehrere Pistolen und eine Pumpgun. (Ich gebe übrigens zu, dass ich, obwohl kein Waffennarr, so eine automatische Schrotflinte, die damals bei Bankräubern in Mode war, ausgesprochen faszinierend fand, als ich nämlich den Film »Getaway« mit Steve McQueen sah, in dem der Held mit dieser Waffe ganze Hotellobbys und den Motorblock eines Autos zerfranste. Und auch ein rundes Dutzend Bösewichte, Entschuldigung, dass ich das erst als Zweites erwähne.) Obwohl ich als einziger den Hans niemals pflanzte, mochte er mich trotzdem nicht, und zwar deshalb, weil ich ständig zu spät kam, er aber glaubte, überpünktlich sein zu müssen. Eines Tages schlug ich ihm vor, er solle meine Arbeit mit übernehmen, bis ich gegen Mittag auftauchte, dafür könne er zu Mittag gehen, und ich würde seine Arbeit mit übernehmen. So machten wir es dann auch. (Also bitte, es soll jetzt nicht der Eindruck entstehen, dass in allen Ämtern so verfahren wurde, wir waren da wirklich eine Ausnahme, das Zollamt Frachtenbahnhof ziemlich abgelegen und daher offenbar außerhalb jeder Kontrolle stehend. Das änderte sich alles nach meinem Abgang, am Computer ließ sich jetzt ja jeder Arbeitsprozess zeitlich leicht nachverfolgen. Also nicht alle Beamten als Faulenzer hinstellen. Nur ich war faul. Außerdem war ich nur »Vertragsbediensteter«, ich hatte mich immer geweigert,

Fortbildungskurse zu besuchen, was die Voraussetzung für die Erlangung des unkündbaren Beamtenstandes darstellte. Ich gestehe auch, dass ich die damaligen lockeren Sitten sehr schätzte, verpasste aber trotzdem durch unterlassene Information den »Gang zum Gleis 21«, welcher – wie ich erst viel später erfuhr – die Ankündigung zu einem kurzen Abstecher ins nächste Bierlokal bedeutete. Aber Bier mochte ich sowieso nicht.)

Von all diesen Dingen handelte also das Drehbuch, Hans stand uns bei den Dreharbeiten als Schießexperte zur Seite und stellte uns auch den Weltkriegsbunker zur Verfügung. Im Film nimmt die Sache eine tragische Wendung, der »Waffennarr« erschießt nämlich »versehentlich« einen alten Mann. Als der Film schließlich im Fernsehen gelaufen war, sagten die Kollegen am nächsten Tag zu Hans: »Du warst ja gestern in der Glotzkiste, Gratulation!« Hans war bass erstaunt und meinte, er sei doch da nicht aufgetreten, habe nur als Berater hinter der Kamera mitgewirkt. Er hatte also nicht erkannt, dass er selber die Hauptfigur des Filmes war. Das

Dreharbeiten zum TV-Film »Schießen«
im Frühjahr 1977 (sitzend von links Kurt Weinzierl,
Volkmar Seeböck und Felix Mitterer, dahinter
stehend Regisseur Lucky Stepanik)

erleichterte mich ungemein, denn ich hatte mich schon vor seinen aufgestellten Haaren gefürchtet. Übrigens kamen Hans und ich uns mit der Zeit immer näher, er stellte sich als warmherziger Mensch heraus, der mit seinen Waffen nur seinen Frust abreagierte. Die letzte Chance für einen Ausstieg nahm er leider nicht wahr. Mit einem Freund hatte er nun tatsächlich die Absicht, die Welt zu umsegeln. Dieser Freund charterte in Rotterdam ein Segelschiff und wartete am ausgemachten Tag auf Hans. Aber dieser kam leider nicht, blieb im Büro hocken. Wegen der Freundin, sagte er uns mit bitterer Miene. Da legte der Freund allein ab und segelte los. Er kam nie mehr zurück, blieb irgendwo auf den Weltmeeren verschollen, die Besitzerfirma musste das Segelschiff abschreiben. Hans kündigte im Gegensatz zu mir tatsächlich nie, blieb bis zur Pensionierung beim Zoll, aber er machte später eine Ausbildung als Heilmasseur und war damit sehr erfolgreich. Seine Hände konnten also nicht nur mit Waffen umgehen, sondern auf sensible Art auch die Leiden der Mitmenschen lindern. Happy End also. Hoffentlich.

»Kein Platz für Idioten«

Im Jahre 1974 wurde in einem Tiroler Fremdenverkehrsort eine Mutter mit ihrem behinderten Kind aus einem Gasthaus gewiesen, weil der Wirt befürchtete, sein Geschäftsgang würde durch die Anwesenheit des Kindes leiden. Angeregt von diesem Vorfall, schrieb ich ein Hörspiel, das 1975 vom ORF-Studio Tirol produziert (Regie: Franz Hölbing) und 1976 gesendet wurde. Die Sprecher waren fast ausschließlich Mitglieder der Volksbühne Blaas in Innsbruck, ich selbst sprach den behinderten Buben, weil der Regisseur meinte, ich hätte so eine junge Stimme, eine bessere könne er gar nicht finden.

Vom Darsteller des »Alten« (Albert Peychär) und von Helene Blaas, der Direktorin dieser Volksbühne, kam schließlich der Vorschlag, aus dem Hörspiel ein Theaterstück zu machen. Die Tiroler Volksbühne Blaas (1966 bis 2005) befand sich über einem »Wienerwald«-Lokal in der Maria-Theresien-Straße und war ein ganzjährig bespieltes, halbprofessionelles Theater mit einigen der besten Volksschauspieler des Landes. (Etliche der Darsteller tauchten dann später immer wieder in meinen Filmen auf und spielten auch bei den Tiroler Volksschauspielen in Telfs mit.) Der Spielplan bestand hauptsächlich aus traditionellen Bauernschwänken, aber einmal im Jahr, zur Eröffnung im Herbst, wurde auch ein anspruchsvolles Stück aufgeführt. Im Zuschauerraum standen Tische mit Stühlen, während der Vorstellung wurde gegessen (vorwiegend »Wienerwald«-Hendln), Bier getrunken und geraucht. Ich erkannte die Chance, dass ich an dieser Bühne vielleicht ein Publikum erreichen könnte, das sonst und an einem anderen Theater viel schwerer oder gar nicht zu erreichen war. (Weil viele Menschen aus mir ganz verständlichen Gründen sich scheuen, einen der offiziellen Musentempel aufzusuchen. Ich selbst hatte ja auch lange Zeit das Gefühl, dort nichts verloren zu haben.) Nachdem ich dem Hörspiel einen 1. Akt vorangestellt hatte, kam das Stück im September 1977 zur Uraufführung, wieder mit mir in der Rolle des Buben, weil es keinen so jung aussehenden Darsteller gab. (Und schließlich hatte ich ja auch schon das Hörspiel geschafft.)

Es wurde ein sogenannter großer Erstlingserfolg. Der Kampf ums Publikum war allerdings manchmal hart, denn es befanden sich immer einige Besucher darunter, die gar nicht genau wussten, was auf dem Spielplan stand, die sich einen der üblichen Schwänke erwarteten und sofort zu lachen begannen, wenn ich zu Beginn des 1. Aktes mit einer Faschingsmaske vor dem Gesicht und in verkrümmter Haltung auf die Bühne kam. Das kränkte mich anfangs sehr. Aber das Lachen verstummte jedes Mal bald, am Ende des 1. Aktes war es mucksmäuschenstill, das Besteckgeklapper und Gläserklingen hatte aufgehört. Keiner verließ unbeeindruckt die Aufführung, am Ende flossen – selbst bei »gestandenen« Männern – immer wieder Tränen. Ich fuhr übrigens jeden Abend mit dem Bus ins Stadtzentrum, und neben mir saß eine junge Frau, die ebenfalls zu ihrer Theateraufführung musste. Es handelte sich um die Darstellerin der »Beppi« im Stück »Stallerhof« von Franz Xaver Kroetz, das im Theater am Landhausplatz auf dem Spielplan stand. Zwei Deppen also in einem Bus. Es war mir damals schon bewusst, dass Kroetz gewiss das größere und auch radikalere Kunstwerk geschrieben hatte, aber, so behaupte ich, mit der geringeren Wirkung. Dort im Alternativtheater saßen die Studenten, die Intellektuellen, die ohnehin und von vorneherein der Meinung des Autors waren. Hier aber, an der Volksbühne, waren die Besucher ganz normale Menschen, mit ganz normalen Vorurteilen. Und manche von ihnen begannen nachzudenken, nachdem sie die Geschichte des ausgestoßenen Buben gesehen hatten, und das war zumindest ein Beginn. Viele Diskussionen fanden statt, Behinderte kamen, erzählten von sich und wie sie von der Gesellschaft behindert wurden.

Natürlich soll man die Wirkung eines Theaterstückes – der Literatur insgesamt – nicht überschätzen. Es kann diese Wirkung immer nur ein winziger Bestandteil der Bemühungen all jener Menschen sein, die guten Willens sind, die zu einer positiven Veränderung in unserer Gesellschaft beitragen wollen. Und »Kein Platz für Idioten« stellte damals so einen Bestandteil dar. Noch wichtiger war allerdings, dass damals die Behinderten selbst zum ersten Mal aufstanden – im wahrsten Sinn des Wortes – und sich zur Wehr setzten. Einiges hat sich zum Positiven gewendet inzwischen, vieles liegt jedoch noch im Argen, das Stück hat leider seine Aktualität nicht verloren, Vorurteile haben ein langes Leben.

Übrigens hat das Stück »Kein Platz für Idioten« den Spielplan der Volksbühnen revolutioniert, das kann ich mit Stolz und Genugtuung feststellen. Und zwar geschah das nicht nur in Österreich, sondern auch in Bayern, in Baden-Württemberg, in Norddeutschland und in der Schweiz. Glaubte man bisher, ausschließlich Schwänke spielen zu müssen, weil man sonst Besucherrückgang

Uraufführung von »Kein Platz für Idioten« im September 1977 durch die Volksbühne Blaas in Innsbruck mit Albert Peychär (links) und Felix Mitterer

befürchtete, wagten sich jetzt viele an »Kein Platz für Idioten« und stellten fest, dass noch mehr Besucher kamen als bei den Lustspielen. In unzählige Dialekte wurde das Stück übersetzt, als mir allerdings eines Tages Otto Grünmandl, der legendäre Tiroler Kabarettist, aus der plattdeutschen Fassung vorlas, war es um das »ernste Stück« geschehen.

Albert Peychär, schon im Hörspiel und jetzt auch an der Volksbühne Blaas der schlichte und ganz wahrhaftige Darsteller des gütigen »Dati«, starb bald danach, ich hätte gerne noch mehr für ihn geschrieben. Pepi Pittl spielte ebenfalls mit, er sollte mich dann mein ganzes Leben lang als Schauspieler und Regisseur meiner Stücke (vor allem bei den Schlossbergspielen Rattenberg) begleiten.

Eine der Vorstellungen besuchte die Wiener Theaterverlegerin Kitty Stanek, die viele der Bauernschwänke im Programm hatte, wie sie an der Volksbühne Blaas gespielt wurden. Es gefiel ihr und sie trug sich an, das Stück zu vertreten. Ich stimmte gerne zu und bin immer noch bei ihrem liebenswerten, familiären Österreichischen Bühnenverlag Kaiser & Co., der heute von ihrem Enkel Zeno Stanek – zugleich begnadeter Regisseur – geleitet wird. Kitty arbeitete bis zum 85. Lebensjahr im Verlag, zog sich dann konsequent zurück, suchte, um sich nützlich zu machen, zahlreiche Altersheime in Wien auf und las dort den Bewohnern Geschichten vor. Bei der Feier zu ihrem Hunderter sagte sie: »Ich weiß eigentlich nicht, wozu das gut sein soll, dass ich so lange lebe«, und verstarb am 13. Juni 2017 im 103. Lebensjahr.

Kitty schrieb in der Folge an alle Wiener Theater, man möge doch die Mühe auf sich nehmen und nach Innsbruck fahren, dort sei ein neuer, vielversprechender Dramatiker zu entdecken. Es kam schließlich nur einer, nämlich Otto Ander, Direktor des kleinen, aber feinen Theaters »Die Tribüne« in Wien, gelegen im Keller des Café Landtmann. Das Stück gefiel ihm, aber er meinte, er wolle es nur machen, wenn ich auch bei ihm die Rolle des ausgestoßenen Buben übernehme. Ich war natürlich begeistert, und er engagierte mich auf der Stelle für eine Aufführungsserie des Stückes an seinem Theater, geplant für den Zeitraum Herbst 1978 bis Frühjahr 1979.

Nun kündigte ich wirklich beim Zoll. Die Kollegen rieten mir zum Teil ab (»Du hast doch einen sicheren Job bei uns, schreiben kannst du doch auch nebenbei!«), zum Teil stimmten sie mir zu und meinten, sie würden ebenfalls alles sofort hinschmeißen, wenn sich eine andere Chance ergäbe. Kollege Hans, der Bodybuilder und Schießexperte, sagte nur, er werde mich vermissen. Danke, Kollegen, dass ihr so tolerant gewesen seid, ich werde euch ebenfalls vermissen. Den Job aber nicht.

Friedl Brehm

Zu berichten ist noch von Friedl Brehm, dem ersten Verleger von Buchausgaben meiner Stücke. In der von ihm verlegten Ausgabe von »Kein Platz für Idioten« sind Zeichnungen meiner Adoptivmutter abgedruckt, die sie zu jedem Akt anfertigte. Und das kam so: Ich besuchte sie einmal, als sie gerade mit Buntstiften einen Weihnachtsbaum für ein KURIER-Preisausschreiben zeichnete. Da ich davon beeindruckt war, bat ich sie, zu meinem Theaterstück, das bald als Buch erscheinen sollte, Zeichnungen zu machen. Mammi hatte die Aufführung in Innsbruck gesehen und begann sofort mit der Arbeit. Die Zeichnungen waren auf gewisse Weise »naiv«, aber derart treffend (wie genau hatte sie doch hingeschaut!), dass ich ganz begeistert war. Der Nachbarbauer Robert kam vorbei, schaute sich die Zeichnungen an und meinte, dass es so aber nicht

Zeichnung von Juliane Mitterer
zum Stück »Kein Platz für Idioten«,
abgedruckt in der Buchausgabe

ginge. Mammi hatte nämlich Menschenbeine hinter Tischbeinen gezeichnet und auch an den Stellen das Menschenbein durchgezeichnet, wo es eigentlich vom Tischbein verdeckt ist. Dies wiederholte sich auch bei anderen Szenen. Mammi nahm sofort einen Radiergummi und wollte den Fehler beheben. Gott sei Dank war ich da und konnte das verhindern. Letztlich war ich auch froh darüber, das muss ich sagen, dass Mammi bei Betrachten des Stückes nicht bemerkte, dass die »böse«, verbitterte Mutter im 1. Akt, die den Buben misshandelt, eigentlich sie selber ist. So wie ich erst nach oftmaligem Spielen bemerkte, dass der gütige alte Mann, der sich um den ausgestoßenen Buben kümmert, ein Denkmal für meinen Dati darstellt.

Später erschienen auch die Stücke »Stigma«, »Besuchszeit« und (schon beim Nachfolger Joseph Berlinger) »Die Wilde Frau« im Friedl-Brehm-Verlag. Friedl lebte in Feldafing in Bayern, war dort Redakteur bei der Starnberger Landkreis-Redaktion der Süddeutschen Zeitung und ein ganz außerordentlicher, unkonventioneller Mensch. Den Verlag gründete er schon 1957, gab die Zeitschrift »Der Edelgammler« heraus und später die Literaturzeitschrift »Schmankerl«, die den neuen, sozialkritischen Mundartdichtern aus Bayern und Österreich zur Verfügung stand. Ebenso veröffentlichte er Theaterstücke und längere Prosawerke. Sein ganzes Geld steckte er in den Verlag und lebte vollkommen anspruchslos. Die meisten seiner Autoren lernte ich bei ihm im Garten kennen, das waren vor allem Joseph Berlinger, Hanns Meilhamer, Bernhard Setzwein, Ossi Sölderer, Josef Wittmann und der Kärntner Bernhard C. Bünker.

Friedl war eher klein von Statur, trug lange, schneeweiße Haare, war das ganze Jahr über mit Jeanshemd oder Leiberl (auf dem »Mundartrocker« stand), Jeanshosen und Holzpantoffeln unterwegs. Nie trug er Socken, niemals auch einen Wintermantel oder wenigstens eine warme Jacke. Geboren war er in Duisburg, was man auch hörte, er verbarg es nicht, trotzdem bezeichnete er sich als »bairischen Monarchisten mit kommunistisch-anarchistischer Färbung«. Er war schwul und hatte in seinem klapprigen Auto zahlreiche Fotos seines Geliebten angebracht; zwar Unterhose tragend, aber doch einen gewissen Erregungszustand anzeigend. Seine Wohnung in Feldafing war zugleich Verlag, es herrschte ein unglaubliches Chaos mit aberhunderten Manuskripten, Heften und Büchern.

Wir alle mochten Friedl sehr. Leider starb er schon im Frühling 1983, er wurde 66 Jahre alt. Ich fuhr natürlich zu seinem Begräbnis nach Feldafing. Das Wetter spielte total verrückt. Für ein paar Minuten brennheiße Sonne auf unsere Köpfe und die übertrieben grünen Wiesen hinter dem Friedhof, dann auf einmal schwarze Wolken, dann ein kurzer Regenschauer, wieder Sonne, zuletzt graupliger Schneefall. In Friedls Garten feierten wir am Lagerfeuer bis in die Nacht hinein. Wir alle haben dich bis zum heutigen Tag nicht vergessen, geliebter Mundartrocker!

Michael Forcher

Zu berichten ist natürlich auch von meinem zweiten Buchverleger. Begonnen hatte es so: Der damalige KURIER-Journalist Dr. Michael Forcher (promovierter Historiker), besuchte mich im Herbst 1977 am Zollamt Frachtenbahnhof, interviewte mich aus Anlass der ORF-Ausstrahlung von »Kein Platz für Idioten« zu meinem Leben und zum Stück, machte auch etliche Fotos, das letzte vor dem Zollamt zusammen mit dem alten Waffenrad meines Dati (im Kurierarchiv leider nicht mehr auffindbar). Was folgte, war die erste Doppelseite über mich in Farbe im KURIER-TV-Magazin.

Michael Forcher gründete 1982 den Haymon Verlag, zuerst mit seiner Gattin Christine als einziger Mitarbeiterin, später dann mit größerem Team. Manchmal zahlte Michael an sich und seine Gattin kein Gehalt aus, weil einfach das Geld nicht da war. Inhaltlich entwickelte sich der Verlag vom regionalen Tirolensien-Hersteller zum angesehenen internationalen Literaturverlag. 2004 übernahm der Studienverlag von Markus Hatzer den Verlag und führte ihn im Sinne Michaels weiter, der auch nach seiner Pensionierung im Jahre 2006 dem Verlag bis heute als Lektor einiger Stammautoren und Autor zahlreicher historischer Bücher erhalten blieb. Ich selber wurde ebenfalls bald Autor des Haymon Verlags. Seit »Kein schöner Land« (1987) brachte Michael, der auch die vorher bei Friedl Brehm erschienenen Stücke neu auflegte, und später Markus alle meine Stücke (auch bis jetzt fünf Sammelbände) und die meisten Fernseharbeiten als Bücher heraus. Die versprochene Prosa, die sich leichter verkaufen ließe als Theaterstücke, hab ich Michael leider nicht geliefert. Er ist mir nicht harb deswegen und betreut auch dieses Buch als Lektor.

Besuch bei der Mammi

Am 25. März 1978 besuchte ich Mammi in ihrem grauen Häuschen in Kirchberg. An diesem Tag, sie hatte gerade bei Nachbarn zu tun, saß ich allein in der winzigen Wohnküche und betrachtete alle Gegenstände. Und da kam mir die Idee, eine schriftliche Bestandsaufnahme zu machen. Ich nahm mir einen Zettel und beschrieb in allen Einzelheiten die Wohnküche und damit natürlich auch Mammi. Ich war noch lange nicht fertig, da tauchte sie auf, wunderte sich zuerst darüber, was ich da tat, und ich erklärte ihr mein Vorhaben. Durch einen Raum einen Menschen und seine Umstände beschreiben. Sie nickte, setzte sie sich hin und schaute mir zu. Und dann betrachtete auch sie – vielleicht zum ersten Mal bewusst – diesen Raum. Auf einmal war mir, als wüsste sie alles. Emotion zeigte sie keine. Und ich schämte mich plötzlich.

Vielleicht entstand so mein sozialkritischster Text. Er erschien in der Geschichtensammlung »An den Rand des Dorfes« bei Jugend & Volk, betreut von Helmut Leiter. (Heute ist das Buch beim Haymon Verlag, denn Jugend & Volk gibt es schon lange nicht mehr.)

Inventur

Ein Weihwasserbehälter aus Plastik, mit Relief, den Heiligen Dominikus darstellend. Ein Kasten für das Feuerholz; darauf: zwei Spülmittelflaschen; ein kleiner Plastikkübel für Speiseabfälle; ein benutzter Teller; ein Löffel; ein Topf mit einem Rest Milchreis. Ein blumenverziertes Salzbecken aus Steingut. Ein Herd, elektrisch und mit Holz beheizbar; darauf: ein Topf mit dampfendem Wasser; an der Herdstange hängend ein Schürhaken und ein Geschirrhangerl; über dem Herd eine eingeschaltete Lampe ohne Schirm; unter dem Herd Holzspäne zum Feuermachen und ein Paar hohe, gefütterte Winterschuhe. Ein Waschbecken aus Zinkblech mit Kaltwasserhahn; darüber ein an den Rändern teilweise blinder Spiegel und Toilette-Utensilien; daneben an einem Nagel zwei zerschlissene Handtücher. Ein brauner Wandteppich, einen röhrenden Hirschen und zwei Rehe auf einer Waldlichtung darstellend. Ein Kühlschrank; darauf: eine leere Weinflasche; eine halbvolle Flasche Himbeersaft; ein Topf; mehrere Gläser. Ein Muttergotteswinkel mit einem Muttergottesmarterl aus Holz; rechts davon eine kleinere, weiße Plastikmuttergottes, in der Dunkelheit leuchtend; im schwarzen Sockel befindet sich ein Auge, gegen das Licht haltend und hineinschauend sieht man ein winziges Dia des Wallfahrtsortes Maria Taferl. Ein Fenster mit geblümten Vorhängen, diese geschlossen. Ein Radio; auf ihm ein geblümtes, weißes Spitzentuch; darauf stehend eine Wachskerze mit eingegossenem, dreidimensional erscheinendem Bild, darstellend zwei auf Kamelen reitende Wüstenbewohner. Ein Plattenspieler aus der Nachkriegszeit; darauf liegend drei verstaubte Langspielplatten; Titel: Das ist Tirol; Grüße aus Tirol (Musical Greetings from Tyrol); Die kreuzfidelen Oberkrainer. Ein Herrgottswinkel mit Kruzifix; dahintersteckend einige Palmkätzchenzweige; darunter ein Strohblumensträußlein; links und rechts zwei kleine Engel aus Plastik, zugleich als Kerzenhalter dienend. Ein Bilddruck mit der Aufschrift: *Bewahret einander vor Herzeleid – kurz ist die Zeit, die Ihr beisammen seid.* Eine Wanduhr aus Schmiedeeisen mit verschnörkelten Zeigern. Ein gerahmtes Foto, darauf abgebildet ein ernst blickender junger Mann in deutscher Wehrmachtsuniform, vor einer Haustür stehend, auf der mit Kreide die Zeichen K + M + B aufgemalt sind. Ein gerahmtes Andenkenbild; darauf Foto einer streng blickenden alten Frau mit Gretlfrisur (um den Kopf gerankte Zöpfe); Text: *Christliches Andenken an unsere liebe Mutter, Großmutter und Urgroßmutter, Frau Katharina Sailer, Hausbesitzerin in Zell am Ziller, welche am 3. September 1970 nach langem, schwerem Leiden, versehen mit den hl. Sterbesakramenten, im Alter von 84 Jahren verstorben ist. Sie ruhe in Frieden! Kinder, auch ich muß Euch verlassen / Und folgen Eurem Vater nach, / Auch Ihr werdet reisen diese Straßen / Durch des Lebens Ungemach. / In Gottes Ratschluß sich ergeben, / Der Glaube lehrt ein Wiederseh'n, / Friede führt dem Himmel zu, / Mir aber gönnt die ewige Ruh'.* Ein weiteres gerahmtes Andenkenbild; darauf Foto eines freundlich blickenden alten Mannes mit weißem Schnurrbart; Text: *Christliches Andenken an meinen lieben Gatten, unseren guten Vater und Pflegevater, Herrn Michael Mitterer, welcher am 10. November 1976 nach längerem, schwerem Leiden, versehen mit den hl. Sterbesakramenten, im 82. Lebensjahr selig im Herrn verschied. Viel zu früh uns noch Dein Tod, / Doch bist Du befreit vom Leiden, / Befreit von jeder Erdennot.* Eine gerahmte Ehrenurkunde; Text: *Ehrenurkunde für Herrn Michael Mitterer, Musikkapelle Kirchberg. Der Landesverband der Tiroler Blasmusikkapellen hat der Landesregierung zur Kenntnis gebracht, daß Sie durch mehr als 60 Jahre einer Blasmusik angehören. Für dieses vieljährige gemeinnützige Wirken im Dienste der Heimat spreche ich Ihnen Dank und Anerkennung aus. Innsbruck, am 22. November 1970. Der Landeshauptmann von Tirol, Wallnöfer (eigenhändig).* Ein gerahmtes Foto; darauf abgebildet ein freundlich blickender, etwa fünfjähriger Junge, bekleidet mit Lederhose und Tirolerhütchen. Ein Kalender des Verlags für Mund- und Fußmalerei; zu sehen ist die Woche vom 20. bis 26. März 1978 und Bild eines Kükens mit Ostereiern und Blumen. Eine Eckbank mit rotem Plastiküberzug; in der Ecke aufgestapelt bestickte Pölster. Ein Tisch mit rot-weiß karierter Plastikdecke; darauf: eine Schale mit Bananen und Orangen; ein geöffnetes Brillenetui; ein Kitzbüheler Anzeiger – Wochenblatt für den Bezirk Kitzbühel, vom Samstag, 25. März 1978; über dem Tisch eine ausgeschaltete Lampe mit blau geblümtem Glasschirm. Zwei Stühle mit Sitzpolstern. Ein Fenster mit geblümten Vorhängen, diese geschlossen; auf dem Sims: eine Flasche Substral-Pflanzennahrung; ein Paket Spielkarten; eine Packung Vogelfutter; eine Dose Vogelpulver – gegen alles Ungeziefer. Eine braune Kommode; darauf: fünf Blumenstöcke; ein

Käfig mit zwei japanischen Ziervögeln, einer davon fast federlos. Eine Kredenz; auf deren Oberteil: eine Zuckerdose; eine Kaffeedose; eine Filterschachtel; ein Raumspray; eine Flasche mit angesetzten Arnikablüten; auf deren Unterteil: ein geblümter Brotkasten; Strickzeug; ein Paar graue Wollhandschuhe; eine Flasche Diana mit Menthol; eine Dose Tiroler Steinöl-Haussalbe; ein Dutzend Schachteln mit Tabletten und Tinkturen; ein weißer Plastikbehälter zum Einlegen der dritten Zähne; eine Packung Kukident 2-Phasen-Schnellreiniger; eine Tiroler Tageszeitung vom Samstag, 25. März 1978; ein Rupertusblatt – Kirchenzeitung der Erzdiözese Salzburg vom Palmsonntag, 19. März 1978; eine FREIZEIT REVUE – Die große Zeitschrift für die Frau, vom 9. März 1978, Titelbild: Farah Diba, Text: *Traumhafte Farbfotos – Farah Diba in Indien / Das ist unglaublich: Morddrohungen gegen eine wehrlose Katze / Arme Margaret – wird sie von Roddy nur ausgenutzt? / Mode: Der Petticoat kommt wieder*; eine FREIZEIT REVUE vom 24. Juni 1976, Titelbild: König Carl XVI. Gustaf von Schweden und die deutsche Bürgerstochter Silvia Sommerlath, Text: *Aktuell! – Die Hochzeit des Jahrhunderts!*; drei Heftromane, Titel: *Dem Wilderer auf der Spur (Herzen, hart wie die Felsen), Tragödie um einen Steinbock (Jagdleidenschaft zerstörte ein Leben), Das Geheimnis der schönen Arztfrau (Wird sie es Dr. Frank anvertrauen?)*; zwei Rätselhefte; ein Kreuzworträtsellexikon; ein Busreisenprospekt; ein Quelle-Katalog; ein Blumenversandkatalog. Zwischen Glas und Rahmen des Kredenzoberteiles sind eingeklemmt: eine Ansichtskarte mit Abendstimmung in der ALAM-KUH-TAKAHT-E-SULEIMAN-Gruppe (4840 m), Zentralelbrus, Iran; Stempelaufdruck: *Wir danken allen Gönnern, Freunden und Förderern und grüßen herzlichst aus dem Arbeitsgebiet, Iran-Rundfahrt 1975* – zwei Unterschriften; mehrere Karten mit Ostergrüßen, zum Beispiel: *Ein schönes gesegnetes Osterfest wünscht Dir von ganzem Herzen Familie Klotz. Wir danken Dir für die Karte und wünschen recht gute Besserung. – Wie geht es Dir mit dem Holz, hast Du noch etwas aufgearbeitet? Neues gibt es nicht viel bei uns. Siegfried fangt an zu bauen und Seppi wird heiraten, da sind wir halt wieder allein. Aber es geht allen so. – Vielleicht komme ich einmal. Viele Grüße, Deine Traudl. … wünscht Dir Kathi. Daß Dir Michl abgeht, das kann ich Dir sehr gut nachfühlen, auch mir geht es nicht anders, seit mein Robert die Augen zugemacht hat. Aber Dein Mann hat ja so viel leiden müssen, vergönne ihm die Erlösung. Aber wenn man niemanden mehr hat, ist es schlecht, weiß schon. Liebe Grüße. ... wünscht Dir von Herzen Sylvia mit recht viel Freude und Frieden. Jetzt haben wir wieder den Großputz im ganzen Hause und am Donnerstag muß ich in den Pfarrhof gehen, Kelche putzen. Viele Grüße.*; weiters sind eingeklemmt: ein Postautofahrplan; ein ausgefülltes Konsum-Preisausschreiben, zu gewinnen drei Kaffeeservice; ein Postanweisungsabschnitt der Pensionsversicherungsanstalt der Arbeiter, ausgestellt auf Juliane Mitterer, datiert vom 1. März 1978, über 3.029,20 öS. Ein eingeschaltetes Schwarz-Weiß-Fernsehgerät; Titel der Sendung: Das Schönste aus Musik ist Trumpf – Die Höhepunkte Ihres Fernsehwunschkonzertes, präsentiert von Peter Frankenfeld; folgende Lieder werden vorgetragen: *Frühling in Wien; Heut kumman d'Engerln auf Urlaub nach Wean; Wien, Wien, nur du allein; Tennessee-Waltz; Bonanza; Wenn die Sonne scheint in Texas; Für mich soll's rote Rosen regnen; Ganz ohne Männer geht die Chose nicht; Liebling, mein Herz läßt dich grüßen; Eine Nacht in Monte Carlo; So schön wie heut'; Zeig mir den Platz an der Sonne; Steig in das Traumboot der Liebe; Ganz Paris träumt von der Liebe; Das ist der Zauber von Paris; Das ist der Pariser Tango; Hier ist ein Mensch; Die kleine Kneipe; So richtig nett ist's nur im Bett; Powidltatschkerln aus der schönen Tschechoslowakei; Wie Böhmen noch bei Österreich war; Ich hab' im Traum getanzt heut' Nacht; Mit 'nem kleen' Stück vom Glück; Es ist mal bei mir so Sitte; Glücklich ist, wer vergißt, was doch nicht zu ändern ist.*

CHRYSELDIS. MALERIN

Ein Bild von Chryseldis ist unter Tausenden zu erkennen, denn sie hat sich ihre eigene, unverwechselbare Bildwelt erschaffen, und zwar schon sehr früh, als Akademiestudentin schon. Die Abbildung von Natur ist ihr Lebensthema: Chryseldis-Bäume, Chryseldis-Mauern, Chryseldis-Wolken. Aber nie realistisch, immer symbolisch, immer reduziert auf das Wesentliche. Das hat dazu geführt, dass manche Chryseldis für eine naive Malerin halten, aber das ist sie nicht, ganz im Gegenteil, ihre Einfachheit ist gleichzeitig von einer großen Raffinesse, sie weiß unglaublich viel von Farbe und Form, sie weiß viel von Archetypen, sie weiß viel vom Leben. Und wenn sie ein Thema gestellt bekommt oder sich selber eines stellt, dann absolviert sie vorher ein regelrechtes Studium, wie zum Beispiel über die heiligen Frauen ihrer Glasfenster in Eben, oder sie reist sogar nach Kreta, um bei Ikonenmalern zu lernen, als sie von Hubert Rietzler den Auftrag für die Lichtwegtafeln erhält. Aus all dem Wissen, aus all der Erfahrung und aus all der Intuition filtert sie aber dann wieder die Essenz heraus. Karl Kraus hat gesagt: »Künstler ist nur einer, der aus der Lösung ein Rätsel machen kann.« Das ist auch der Weg von Chryseldis. Ihre Werke haben ein Geheimnis, das der Betrachter mit dem Herzen versteht, aber nicht formulieren muss, selbst wenn er dazu in der Lage ist. Würde er es formulieren, könnte er die Lösung benennen, wäre das eine Banalisierung, eine Entzauberung.

Ein eigenartiges Mädchen

1955. Die Bezirksstadt Landeck im Tiroler Oberland. Eingezwängt zwischen Bergen die Häuser und Menschen, die Enge des Talkessels spiegelt sich in der inneren Enge vieler Bewohner dieser Stadt. Landeck ist das Einkaufszentrum für die Bauern aus den Tälern und Verkehrskreuz zum Arlberg und zum Reschenpass. Volksschule,

Hauptschule, Gymnasium. Auf einem kleinen Plateau über der Stadt gelegen der Ortsteil Perfuchs, dörflich, bäuerlich, mit Dorfplatz und Brunnen, wo die Kinder spielen. Ein schüchternes, mageres, siebenjähriges Mädchen, das immer wieder sehr krank ist, lebt dort im Gasthaus Andreas Hofer, so benannt nach dem Vater und auch nach dem Freiheitskämpfer. Als Baby schon drohte das Mädchen zu sterben, es behielt die Muttermilch nicht, erbrach sich, wurde immer apathischer. Der Hausarzt sah keine Chance mehr für das Überleben des Kindes. Da tat der Vater etwas Eigenartiges. Er schnallte das Baby auf eine Rückenkraxe und ging jeden Tag mit ihm stundenlang auf den Hausberg hinauf, Thial genannt. Und tatsächlich, das Baby kommt zu sich, die würzige Bergluft haucht ihm neues Leben ein. Der Vater hat dem Kind zum zweiten Mal das Leben geschenkt. Und verfolgt immer mit leichter Sorge seinen Weg. Denn die Mutter ist auch krank, hat es schon lange mit dem Magen zu tun.

Das siebenjährige Mädchen hat eine tiefe Sehnsucht nach Musik in sich. In der Nachbarschaft leben vier Bauernkinder, die haben wunderbare Stimmen, die singen wunderschöne Volkslieder. Das Mädchen geht mit diesen Kindern oft auf eine Berghütte am Thial und bittet sie immer wieder, ihm vorzusingen, es kann nicht genug bekommen. Das Mädchen selbst singt nicht mehr. In der Schule forderte die Musiklehrerin das Mädchen zum Singen auf. Das Mädchen erhebt sich aus seiner Bank und will sein Lieblingslied singen: »Grüß Gott, du schöner Maien.« Die ganze Klasse starrt es an, die

Gesangslehrerin starrt es an, die Gesangslehrerin hat strenge, senkrechte Falten auf der Stirn. Das Mädchen beginnt zu singen, aber schon nach den ersten, zaghaften Tönen versagt ihm vor Angst die Stimme. Die Lehrerin ist sehr unwillig: »Setzen, Hofer! Und wage es nicht, noch einmal zu singen. Ich will deine Stimme nie mehr hören.« Die Lehrerin ist vor allem deshalb so unwillig, weil der Schulinspektor zu Besuch gekommen ist. Der Schulinspektor kennt den Vater des Mädchens und er fragt, was dieser denn zurzeit mache. Das Mädchen steht wieder auf und antwortet: »Der Vater ist im Holz«, denn der Vater ist Waldarbeiter. Der Schulinspektor grinst und bohrt nach: »Im Holz? Im Holz drinnen ist er? Interessant. Hoffentlich gelingt es ihm, wieder herauszukommen.« Die ganze Klasse kichert.

Solche Dinge passieren dem Mädchen öfter. Die Kleinbürger demütigen das Mädchen, weil sie sich erhaben fühlen über das Kind eines Mannes, der »im Holz ist«. Später, im Gymnasium, wird das noch schlimmer werden. Als das Mädchen auf die Frage des Direktors, was der Vater von Beruf sei, »Magazineur« zur Antwort gibt (was er in der Tat war, beim Kaunertaler Kraftwerksbau), da amüsiert sich der Herr Direktor: »Ach, so nobel drückt sich die Hofer aus? Auf Deutsch heißt das wohl: Der Vater ist ein Baraber, nicht wahr?« (»Baraber«: abfälliges Wort für Arbeiter) Die ganze Klasse kichert. So ist das eben. Das Mädchen kommt mit der Sprache unten in der Stadt nicht zurecht. Oben in Perfuchs, da ist die Sprache bildhaft, bäuerlich, unten in der Stadt ist sie kleinbürgerlich korrekt, spitz, überheblich. Das Mädchen ist aber auch wirklich sehr eigenartig. Sitzt und schaut und schweigt. Es bürgert sich ein, zu ihm zu sagen: »Schau nicht so langsam!« Das Mädchen wird sich diese Aufforderung nicht zu Herzen nehmen. Sein ganzes Leben lang wird es »langsam schauen«. Und deshalb Malerin werden. Denn wer langsam schaut, sieht mehr.

Von klein auf hat das Mädchen gerne gemalt und gezeichnet, damit kommt es viel besser zurecht als mit dem Reden. Und als einmal die Zeichenlehrerin (die ist keine Spitze, Kleinbürgerliche) sagt: »Die Chryseldis malt so wie sie ist – zart«, da ist das Mädchen so glücklich, dass es weint. Dann passiert noch etwas Schönes. Das Mädchen hat eine gleichaltrige Freundin, die beiden verbindet eine Art Hassliebe. Das Mädchen ist sehr abhängig von der Meinung der Freundin, und die Freundin nützt das auch aus. Das Mädchen macht zum Erntedankfest eine Art Kranz, eine Collage. Die Arbeiten der Schülerinnen werden ausgestellt. Die Freundin hat gefehlt zu der Zeit und weiß nicht, welche Arbeit vom Mädchen stammt. Das Mädchen fragt, welcher Kranz der Freundin am besten gefalle. Und die Freundin zeigt auf die Arbeit des Mädchens.

In dieser Zeit trifft ein schwerer Schicksalsschlag das siebenjährige Mädchen. Die Mutter war immer mehr verfallen, lag nun schon lange im Krankenhaus. Magenkrebs. Mit der Oma besucht das Mädchen die Mutter. Sie ist schwarz im Gesicht, die Augen gelb, abgemagert zum Skelett. Das Mädchen sitzt am Schoß der Oma und schaut erschreckt auf die so fremd wirkende Frau. Die Mutter sagt mit leiser Stimme: »Sei ein gutes Mädele und pass auf den Papa auf.« Am nächsten Morgen kommt der Vater vom Krankenhaus heim und sagt zum Mädchen und zu den beiden Brüdern, die schon »groß« sind, dreizehn der Heinz, siebzehn der Andi: »Die Emma hat es überstanden.« Die erste Reaktion des Mädchens ist, dass es hysterisch lacht. Die Brüder verstört dieses Lachen im Moment mehr als die Todesnachricht. Das Mädchen wird zur Schule geschickt. Es geht hinunter in die Stadt, geht über die Innbrücke, eine Mitschülerin begegnet ihr, legt den Arm um sie und sagt: »Arme Chryseldis, deine Mama ist gestorben.« Da beginnt das Mädchen furchtbar zu weinen, kann gar nicht mehr aufhören, bis vors Schulgebäude nicht. Zuhause aber muss das Mädchen dann sehr stark sein, denn der Vater ist vollkommen zusammengebrochen. Nächtelang weint er nach seiner Frau: »Emmale, Emmale, Emmale!« Das Mädchen legt sich zu ihm ins Bett und hält seine Hand. In der Folge sitzt der Vater immer öfter unten in der Gaststube, trinkt schlechten Rotwein, starrt stundenlang schweigend ins Glas. Das Mädchen holt ihn jeden Abend gegen elf aus der Stube, nimmt ihn einfach an der Hand und führt ihn hinauf in die Wohnung im ersten Stock, legt ihn ins Bett und tröstet ihn.

Da der Vater untertags »im Holz« ist, und auch die Oma kränklich, wird das Mädchen nun zur Kostgängerin bei Nachbarsfamilien. Eine Arztfamilie will das Mädchen sogar bei sich zu Hause aufnehmen. Zum ersten Mal sieht es ein Klavier, einen schönen alten Flügel. Die Arztfrau spielt dem Mädchen Schubert vor, das Mädchen ist verzaubert. Aber bleiben kann das Mädchen nicht, denn es hat Sehnsucht nach dem Vater und Angst um ihn. Dann will die Verwandtschaft das Mädchen ins Kinderdorf in Imst geben. Die

Häuser findet das Mädchen wunderschön, alles ist geordnet und sauber, auch einen Spielplatz gibt es, die Kinderdorfmutter ist lieb, aber das Mädchen hält es trotzdem nicht aus, es läuft davon, heim zum Vater.

Heinz beginnt eine Mechanikerlehre, Andi arbeitet schon seit vier Jahren am Bau, beide haben keine Zeit für das Mädchen. Dieses bewundert die Brüder sehr. Heinz ist ein sehr fröhlicher junger Mensch, nur manchmal packt ihn der Jähzorn, dann beginnt er zu pfeifen, das Mädchen weiß, jetzt muss man sich besser zurückziehen. Andi ist ein stiller und melancholischer Mensch, einer, der allein in Rekordzeit auf den Berg rennt und am Gipfel dann Jack London liest. Beide Brüder werden bald sterben und das Mädchen wird das nie verwinden. Außer der Zuneigung zum Vater gibt es noch einen Grund, warum das Mädchen es weder im Kinderdorf noch bei einer Pflegefamilie aushält. Es ist das Haus. Das Vaterhaus. Dieses Haus zieht das Mädchen in den Bann, in seinen meterdicken Steinmauern fühlt es sich geborgen. Ein sehr altes Haus, hoch aufragend wie eine Festung, mit gotischem Eingangsbogen, aus Stein gemeißelt. Gebaut als Poststation und Pferdewechselstätte am Ende des 15. Jahrhunderts. Immer war es Gasthaus, hat noch die maria-theresianische Ausschankkonzession.

Der Vater des Vaters hatte um die Jahrhundertwende dieses Haus erworben. Er war Schmied in Fulpmes im Stubaital, machte die berühmten »Hofer-Pickel«, wurde wohlhabend, zog nach Landeck, eröffnete eine Eisenwarenfabrik, im Ersten Weltkrieg wurde Menagegeschirr für die Soldaten hergestellt, ein gutes Geschäft, dann aber ging es bergab, die Fabrik verkaufte immer weniger, die Inflation fraß das Vermögen, der Großvater starb, die Armutsgeschichte der Familie begann. Der Vater des Mädchens besuchte noch ein gutes Internat, das er dann aber aus Geldmangel verlassen musste. Er lernte das Wagnerhandwerk, einen aussterbenden Beruf.

Nach dem Zweiten Weltkrieg versuchten Vater und Mutter das bisher verpachtete Gasthaus selber zu betreiben, benannten es vom »Gasthaus zum Veteranen« zum »Gasthaus Andreas Hofer« um, aber das ging nicht lange gut, denn zu Wirtsleuten muss man geschaffen sein, die beiden waren es leider nicht. Also wird die Gaststube neuerlich um wenig Geld an eine alte Frau verpachtet, die einmal angeblich in Paris ein Bistro betrieben hatte, sehr viel intensives Parfüm aufträgt, nach dem sogar das Bier schmeckt, und von Brigitte Bardot (von ihr so ausgesprochen wie hier geschrieben) schwärmt. Zu essen gibt es nichts, das alte Gasthaus wird zur Spelunke und Spielerhöhle. Oft bekommt das Mädchen Schlägereien mit, nächtliches Poltern und Geschrei reißen es aus dem Schlaf. Wenn es seinen Vater aus der Gaststube abholt, flößen ihr Betrunkene mit Gewalt Schnaps ein.

Aber für das Mädchen ist dieses Haus die Mitte der Welt. Von den Fenstern aus sieht man auf die Wiesen des Thial, auf die Kalkalpen, auf die Dörfer drüben am Berghang. Als das Mädchen später in Wien wohnt, in einer Wohngemeinschaft, im siebten Stock eines Neubaus, das Bett an der Außenwand, diese so dünn wie Papier, da muss das Mädchen das Bett von der Wand wegstellen, weil es Angst hat, mitsamt dem Bett aus dem Haus zu fallen. Für den Vater aber ist das alte Haus eine große Belastung, er mag es nicht, er hasst es beinah. Vater, Heinz und das Mädchen müssen zu dritt in der Stube schlafen, denn das Haus ist voll bis obenhin mit Mieterschutzparteien. Diese zahlen eine derart niedrige Miete, dass es dem Vater nicht möglich ist, irgendetwas am Haus zu reparieren. Voller Zorn schlägt er die verschimmelten alten Fresken von den Gewölben und weißelt alles aus. Auch die alten Kachelöfen, die sich in jedem Raum befinden, zerschlägt er und reißt die Täfelungen heraus. Der Badeofen ist längst kaputt, das Mädchen wird von der Oma im Schaff gewaschen. Das Dach ist desolat, die Eingangstür verrottet, die Fensterrahmen verfault. Als das Mädchen einmal in Begleitung von Fahrschülern unterwegs ist, die zum Bahnhof Perfuchs gehen, um in die Dörfer am Arlberg zu fahren, geht es am Haus vorbei, tut so, als würde es woanders wohnen, so sehr schämt es sich für den Zustand des geliebten Hauses. An den Wänden hängen aber immer noch die Ölgemälde mit Schiller und Goethe, mit Beethoven und Liszt, denn der neureiche Großvater hielt etwas auf die bürgerliche Bildung. Ein bäuerlicher Besucher sagt beim Anblick der Porträts mit den langhaarigen Typen: »Habt ihr aber komische Verwandte.« (Später wird das Mädchen dieses Haus und seine Räume immer wieder malen. Und sie wird, obwohl sie als einziges Kind des Vaters übrig bleibt, obwohl sie die Erbin ist, das Haus an Verwandte verlieren.)

Nun stirbt auch die geliebte Oma, die große, starke Frau mit dem warmen Schoß, die Meisterköchin. Das Mädchen liegt neben dem Vater im Bett, starrt zur Decke, spricht nicht, weint nicht, draußen wird es schon hell, und die Vögel beginnen zu zwitschern, in der Nachbarschaft krähen die Hähne, da nimmt der Vater endlich die Hand des Mädchens, und es dreht den Kopf zu ihm und sagt leise nur einen Satz. »Papa, mir verbrennt die Lunge.«

Da der Vater weiß, dass sein Mädchen die Musik liebt, denkt er sich eine Tröstung aus, und er schenkt dem Mädchen ein Kofferradio. Ein gutes Geschenk, gerade das richtige Geschenk, ab nun sieht man das Mädchen nur noch mit dem Transistorradio in der Hand. Es geht hinauf auf den Hausberg Thial, setzt sich auf einen Baumstrunk und hört sich die Konzertübertragungen von den Salzburger Festspielen an. Die anderen Kinder finden das verständlicherweise höchst merkwürdig und lachen das Mädchen aus. Auch Hörspiele sind im Radio zu hören. Das Mädchen kommt auf die Idee, Schauspielerin zu werden. Schiller, »der komische Verwandte an der Wand«, hat plötzlich eine Bedeutung, Bruder Andi weiß von ihm zu erzählen. Die Texte zum Spiel erfindet das Mädchen aber selber, dazu braucht sie den langhaarigen Typen nicht. Unglückseligerweise deklamiert das Mädchen am liebsten auf dem Nachttopf sitzend. Den darf es trotz seines fortgeschrittenen Alters benutzen, weil nämlich im Winter das Fallklo draußen am Flur vereist ist. So werden eines Tages nicht nur der Vater und die Brüder, sondern auch ein Onkel Zeuge der dramatischen Szenen. »Was, Schauspielerin willst du werden?«, sagt der Onkel. »Ja, du wohl, Schauspielerin auf der Kachel!«

Dieser Ehrentitel spricht sich schnell in der Nachbarschaft herum. »Schauspielerin auf der Kachel, Schauspielerin auf der Kachel!« wird dem Mädchen von den Kindern nachgerufen. Aber das Mädchen lässt sich dadurch keineswegs irremachen, es lädt die Nachbarsmädchen zu einer Sondervorstellung ein. In der Küche ist es schon fast ganz dunkel, das Mädchen macht das Licht aus, fordert die Freundinnen auf, sich auf den Boden zu setzen, setzt sich mitten unter sie und schaut. Schaut einfach langsam im Raum umher. Und plötzlich sieht das Mädchen in einem dunklen Eck etwas ganz außerordentlich Grauenerregendes, reißt in Panik die Augen auf, zeigt mit dem Finger hin und stößt einen markerschütternden Schrei aus. Die Nachbarsmädchen erschrecken natürlich wirklich und stimmen unisono und gellend in den Schrei ein. Diese Sondervorstellung stellt sich als derart effektiv heraus, dass die Kinder eine sofortige Wiederholung verlangen, und noch eine und noch eine, bis der Vater erschrocken wegen des Geschreis bei der Tür hereinstürmt. Das aufgeführte Stück wird von den Kindern »Derschreckerlix« getauft und das Mädchen muss noch viele Sondervorstellungen geben.

Auch die katholischen Schauspiele, die Liturgie, liebt das Mädchen. Vor allem liebt es die Muttergottes, die Maiandacht und die Marienlieder. Das wird immer so bleiben im weiteren Leben des Mädchens. Für den »Herr-Gott« interessiert sich das Mädchen nicht besonders, der sagt ihr wenig. Der Religionslehrer fragt: »Wer ist der Vater von Jesus?« Und das Mädchen antwortet: »Der heilige Josef«, obwohl es weiß, dass die Antwort: »Der liebe Gott« heißen müsste. Das Mädchen bekommt in Religion einen Dreier. Auch mit der Beichte tut sich das Mädchen schwer, denn schon sehr früh fragt der Beichtvater nach der »Unkeuschheit«. Das Mädchen weiß aber nicht, was Unkeuschheit ist und verharrt in ratlosem Schweigen.

Und dann hätte das Mädchen beinah den gleichaltrigen Buben getroffen, der später ihr Mann werden sollte. Sie besucht eine Tante in Kitzbühel und man geht zum Schwarzsee. Das Mädchen springt kurzerhand ins Wasser, droht zu ertrinken, zappelt und rudert, die Tante schreit um Hilfe, das Mädchen aber kann plötzlich schwimmen (und wird später zur Tiroler Schwimmmeisterin). Tausend Meter entfernt arbeitet zur gleichen Zeit der kleine Felix auf dem Feld eines Bauernhofes. Zum Schwarzsee kommt er nicht, denn Schwimmen ist nichts für ein Landarbeiterkind. So treffen sich das Mädchen Chryseldis und der Bub Felix erst 25 Jahre später.

Berge am Himmel über Wien

1966. Die junge Malerin beginnt ihr Studium an der Akademie der Bildenden Künste in Wien. Herbert Danler hieß der Zeichenlehrer von Chryseldis am Gymnasium Landeck. Ein zweiter Vater ist Herbert für sie geworden, ihm, sagt sie selbst, hat sie alles zu verdanken. Herbert öffnet seinen Schülern die Augen für die Kunst, auf unglaublich spannende und lebendige Weise. Er fährt mit ihnen regelmäßig nach Innsbruck, Chryseldis sieht im Landesmuseum die ersten Weiler-Bilder, in der Taxis-Galerie die ersten von Arnulf Rainer. Herbert Danler hat – bezogen auf alle Mittelschulen Österreichs – die meisten Architekten und Künstler hervorgebracht.

Chryseldis schloss das Gymnasium nicht ab, sondern verließ es vorzeitig, trotz guter Noten. Manche Lehrer hatten sich und ihr Gedankengut herübergerettet aus der Nazizeit, das ertrug sie einfach nicht. Schon mit 14 las sie das Tagebuch der Anne Frank, und sie konnte es nicht hören, wenn davon die Rede war, die Judenvernichtung hätte es nie gegeben. Ihr Vater, der als junger Mensch selbst ein Nazi gewesen war, hatte ihr schon früh erzählt, dass es diese Vernichtung wirklich gegeben hat. Auch sonst war sie rebellisch, mehr durch Schweigen als durch Reden, schnitt sich die Haare ganz kurz, trug eine Bluejean mit »Hosentür«, das wurde nicht geduldet, der Direktor schlug ihr den Schlüsselbund auf den Kopf und schickte sie nach Hause, einen Rock anziehen. Das, was sie lernte, lernte sie von Herbert Danler und von Professor Steinacker, dessen Tochter ihre Schulfreundin war. Oft wurde sie von ihm und seiner Frau zum Essen eingeladen, und nachher las er Adalbert Stifter vor, Georg Trakl, Christine Lavant.

»Ich will weg von der Schule, ich will Malerin werden«, sagt Chryseldis zum Vater, und der nickt ergeben. Den ganzen Sommer 1966 zeichnet und malt Chryseldis wie eine Besessene, Lehrer Danler hilft ihr eine Mappe zusammenzustellen, gibt ihr einen Brief an Max Weiler mit. Chryseldis fährt mit dem Zug nach Wien und spricht bei Weiler vor. Er liest den Brief, schaut sich die Mappe an und sagt: »Wir nehmen Sie, Fräulein Hofer.« Viele Jahre später erfährt Chryseldis von Weiler, was in diesem Brief stand: »Wenn dieses Mädchen nicht aufgenommen wird, bedeutet es ihren Untergang.« Chryseldis will natürlich zu Weiler, aber dieser kann keine Schüler mehr aufnehmen. Und Rudolf Hausner nimmt nicht gerne Frauen auf, und zwar wegen der »Erotismen«, die dabei entstehen und Unruhe in die Klasse bringen, wie er meint. Chryseldis kommt zu Professor Hessing, einem alten Praktiker, Chryseldis findet das gar nicht schlecht, sie will von der Pike auf lernen, Naturstudien machen, das Handwerk beherrschen.

Die erste Zeit in Wien ist ganz schrecklich für die junge Frau. Furchtbares Heimweh, monatelang, ein Brennen in der Brust, ein Würgen im Hals, das kaum auszuhalten ist. Die Menschen auf der Straße schauen sich nicht an, grüßen nicht. Die junge Malerin grüßt sie, erntet meistens befremdetes Erstaunen, aber manche sind doch froh, angesprochen zu werden. Sehnsucht nach ihrem Vater, nach den Brüdern, aber vor allem Sehnsucht nach Landschaft, nach ihrem Hausberg Thial, der immer Makro- und Mikrokosmos zugleich für sie gewesen war. Sie imaginiert sich ihren Berg in die Wolken über Wien. In der Akademie verstummt sie immer mehr. Vor allem die Studenten aus Deutschland reden so schnell wie Maschinengewehre, sind unglaublich gebildet, wissen alles, haben zu allem eine Meinung. Nein, da kann die langsame Tirolerin mit ihrem langsamen »G'schau« nicht mithalten. Aber sie findet dennoch Freunde: Franz Ringel, Zeppel-Sperl; Gerald Nitsche aus Landeck ist da, auch mit Peter Pongratz versteht sie sich gut.

Im Café Hawelka hat sie eine eher unangenehme Begegnung. Schwarz gekleidet, mit Hamletfrisur, ein mexikanisches Kreuz am Hals hängen, sitzt sie da und isst ein Paar Frankfurter, unterhält sich mit einem Tiroler in ihrem Perfuchser Dialekt. Da kommt ein selbstbewusster Mensch herein, hört sie reden, sieht sie essen, sieht ihr Kreuz und sagt im Vorbeigehen grimmig: »Der Tiroler Katholik sitzt im Hawelka und frisst Würstel.« Kurze Zeit später trifft sie diesen Mann wieder, in einer Wohnung in der Berggasse. Der grimmige Mensch liest Gedichte vor, und die gefallen ihr derart gut, sie kann nicht genug davon bekommen. Die Lesung dauert Stunden, die anderen Gäste leiden schon sehr und schütten sich zu. Zur Belohnung wäscht Chryseldis das Geschirr für den grimmigen Menschen, denn dieses schimmelt seit Monaten in der Badewanne. Der grimmige Mensch heißt Robert Schindel, ab diesem Tag versteht er sich hervorragend mit der Würstel fressenden Tiroler Katholikin.

Zum Heimweh kommen finanzielle Sorgen, denn Vater kann die Akademiestudentin kaum unterstützen. Sie verdient sich Geld mit Zettelaustragen fürs Moulin Rouge und mit ähnlichen Jobs.

In den Weihnachtsferien hängt sie in ihrem Zimmer in Landeck die Akte auf, die sie gezeichnet hat, und sitzt mit ihren Jeans am Boden. Die geliebte Tante Anna kommt, sieht die Bilder von nackten Menschen. Tief seufzt sie auf: »Chryseldis, wenigstens zur Adventszeit hängst bittschön das Zeug weg.« Und schüttelt den Kopf über die am Boden Sitzende: »Na, na, na, ihr Studenten mit eurer Bodenkultur!« Und räumt die Unordnung auf und wäscht ihr die Wäsche und füttert das magere Mädchen, das ausgehungert aus Wien kommt, mit Leckerbissen. Tante Anna schaut immer sehr darauf, dass die jungen Leute genug zum Essen bekommen. Als Andi, der Bruder von Chryseldis, einen Sportwagen kaufen will, meint die Tante lakonisch: »Ja, ja, und zaundürrer hinterm Lenkrad sitzen.«

Chryseldis ist sehr glücklich in dieser Weihnachtszeit, mit den Brüdern macht sie Schitouren, sie genießt den glitzernden Schnee, die Sonne, die Bläue des Himmels, die weißummantelten Bäume. Da erfährt sie von Bruder Heinz, dass in Landeck Tratschgeschichten über sie kursieren. Sie liege in Wien auf der faulen Haut, arbeite nichts, nehme Drogen, feiere Orgien. Der spießigen Kleinstadt ist nicht zu entkommen, nicht damals, 1966. Chryseldis fährt zurück nach Wien, mit Erleichterung fast lässt sie Landeck hinter sich. Aber die bösen Gerüchte holen sie in Form eines Briefes ein. Im Haus des Vaters wohnt eine bigotte alte Frau, eine Heuchlerin, diese schreibt den Brief. Sein Tenor lautet, der Vater von Chryseldis habe Selbstmordgedanken wegen des Treibens der zügellosen Tochter. Chryseldis ist empört und verzichtet auf jede weitere finanzielle Unterstützung, keinen Groschen will sie mehr. Oft muss sie nun hungern, und den vereiterten Zahn zieht sie sich selbst mit der Kombizange.

Und dann passiert etwas ganz Schlimmes, etwas, das die Vorurteile der bösen alten Frau, die Vorurteile all dieser Spießer zu bestätigen scheint. Chryseldis verliebt sich in einen Studienkollegen. Der ist ein feiner, schöner Mensch, wie ein Engel kommt er ihr vor. Sie zieht zu ihm in die heruntergekommene Akademiewohnung in der Franzensgasse, illegal, denn Mädchen sind dort nicht erlaubt. Einen Monat lang liegen sie nebeneinander im Bett, streicheln sich nur, tauschen Zärtlichkeiten aus, sonst passiert nichts. Chryseldis, diese eigenartige Jungfrau, hat eine Aura um sich wie eine unberührbare Nonne. Und dann passiert es doch, muss es ja passieren. Und die junge Malerin wird schwanger. Gleichzeitig überwachen die wohlhabenden Eltern des Freundes die Malerin mit Hilfe eines Privatdetektivs, lassen ihre Herkunft erforschen. »Oh Gott, der Vater im Holz! Oh Gott, ein Magazineur, ein Baraber!« Die Eltern beschwören den jungen Mann, von diesem unwürdigen Mädchen abzulassen, er gehorcht nicht, so kümmern sie sich darum, dass er sofort zum Bundesheer eingezogen wird, nach Salzburg-Siezenheim, ans andere Ende der Welt, denn Zugfahren kostet Geld und Chryseldis hat keines. So ist sie nun allein. Und dort oben in Landeck das Damoklesschwert, die angeblichen Drogen, die angeblichen Orgien, der »selbstmordgefährdete« Vater.

Die junge Malerin leiht sich unter viel Mühen das Geld zusammen und fährt mit dem Bus nach Bratislava, in eine Klinik, die ihr eine Studienkollegin genannt hat. Entsetzliche Angst, entsetzliche Schuldgefühle. Als es vorbei ist, als sie aufwacht aus der Narkose, überfällt sie ein schrecklicher Weinkrampf. Eine Schwester ist bei ihr, und diese fragt, ob die junge Malerin katholisch sei, die Malerin nickt weinend, die Schwester umarmt sie, küsst sie und sagt: »Mädchen, dein Leben beginnt erst. Hörst du das, da draußen singen die Vögel. Sie singen für dich.« Zu Fuß zurück über die tschechische Grenze, denn sie hat kein Geld mehr für den Bus, dann Autostopp nach Wien. Sie fällt in ein tiefes Loch. Nach Hause, nach Hause. Die letzte Rettung der Vater, das Vaterhaus. Obwohl dort auch die böse, alte Verleumderin hockt wie eine Spinne. Per Autostopp nach Landeck. Sie sagt es dem Vater, erzählt ihm alles. Er macht ihr keine Vorwürfe, ist nur traurig. Sie sperrt sich in ihr Zimmer ein. Drei lange Wochen schläft sie nicht, macht niemandem auf. Tante Anna stellt ihr das Essen vor die Tür. Im Haus tobt die Spinne, sie hat es erfahren: »Mord! Mord!« Die junge Malerin beschließt, sich umzubringen. Vater steht vor der Tür und redet auf sie ein. Dass er alles verstehe. Dass sie ohne Schuld sei. Sie öffnet ihm. Er schläft nun bei ihr, lässt sie des Nachts nicht mehr allein.

Nach drei Monaten geht sie zum ersten Mal wieder auf ihren Berg. Dazu muss sie an einem Gasthaus vorbei. Einheimische sehen sie. Einer legt in der Jukebox »Ich bin der Weltverdruss« auf. Chryseldis glaubt, die Männer grinsen zu sehen, bezieht das Lied als Verhöhnung auf sich, verkriecht sich am Berg oben. In den Ferien dann jobbt sie in einem Hotel, um die Schulden zurückzahlen zu können. Sie lernt einen Gast kennen, eine reiche amerikanische Witwe. Diese sucht ein Kindermädchen für ihre zwei Buben.

Chryseldis fliegt mit ihr nach Amerika. Kommt vom Regen in die Traufe. Sie wird wie eine Sklavin gehalten, der Pass wird ihr weggenommen, sie muss putzen und waschen und wischen und bügeln, die Frau hat einen Sauberkeitswahn. Die sauber gebügelte und gefaltete Wäsche kommt in den Kühlschrank, wegen der Keimfreiheit, der Swimmingpool ist so überchlort, dass ein Schwimmen ohne Brille unmöglich ist. Der ältere der Buben schlägt die »bloody German bitch«, beklagt sich ständig bei der Mutter über sie. Heimweh, entsetzliches Heimweh, nach drei Monaten räumt Chryseldis die Hausapotheke aus und unternimmt einen Selbstmordversuch.

Vom Krankenhaus wird sie direkt zum Flughafen gebracht und abgeschoben. Als sie in Wien ihre Bilder wieder sieht, erkennt sie diese nicht mehr als eigene Werke, so einen Identitätsverlust hat sie erlitten.

Ein ganzes Jahr lang fährt sie nicht mehr nach Hause. Sie stürzt sich in die Arbeit, ins Studium, verdient sich Geld als Modell für den Bildhauer Pillhofer. Dann hat sie einen Alptraum. Sie sieht ihren Bruder Heinz tot im Auto. Und bekommt furchtbare Angst. Am Nachmittag in den Prater zu den Bildhauerateliers. Und Pillhofer sagt: »Heute stehen Sie aber sehr unruhig.« Sie entschuldigt sich und erzählt von ihrem Traum, dass ihr Bruder verunglückt sei. In der Wohnung erhält sie das Telegramm des Vaters: »Heinz tödlich verunglückt, Begräbnis am Freitag«. Sie leiht sich Geld aus, fährt mit dem Zug nach Landeck. Als der Zug bei Imst an der Bundesstraße vorbeifährt, die hoch über dem Inn aus dem Felsen gesprengt ist, am sogenannten »Galgenbühel«, sagt ein Mann im Abteil zu seiner Frau: »Da war vor ein paar Tagen ein schlimmer Unfall. Ein Mechaniker aus Landeck. Da oben die Leitschranke durchbrochen, durch die Luft hinaus in den Inn hinunter.« Da weiß Chryseldis, dass von ihrem Bruder die Rede ist, und es dreht ihr das Herz um. Sie trifft einen vollkommen verstörten Vater an. Er weint die ganze Nacht: »Heinzele, mein Heinzele!«

Auch Andi, der zweite Bruder von Chryseldis, wird tödlich verunglücken. Er gilt als Indianer, als absolut schwindelfrei, nie seilt er sich an, auf den höchsten Gebäuden nicht. In Wilhelmshaven wird er von einem Gerüst in die Tiefe stürzen, und auch diesen Tod wird Chryseldis vorausträumen.

Zurück in Wien kommt Chryseldis immer weniger mit Professor Hessing zurecht. Er ist ihr zu akademisch, lässt ihr zu wenig Freiheiten. Eines Tages stellt sie sich beim Aktzeichnen selbst die Aufgabe, den Rücken einer Frau mit einem ganz harten Bleistift nur in den Umrissen darzustellen. Hessing kommt in die Klasse, sieht das und fährt ihr mit einem Kohlestift korrigierend in die Zeichnung. Sie wird wütend, protestiert heftig. Sechzig Jahre vor ihr hat dasselbe im selben Raum Egon Schiele veranstaltet. Auch er beschimpfte einen Professor, der ihm die Zeichnung ruinierte, auch er wollte nur möglichst genau die Umrisse darstellen. Schiele wurde damals aus der Akademie geworfen, Chryseldis nur aus der Klasse von Hessing.

Nun steht sie ohne Lehrer da. Sie geht von Professor zu Professor, zuletzt probiert sie es bei Rudolf Hausner, schimpft kräftig über die Professoren und die Akademie, und Hausner nimmt »das interessante Frauenzimmer« tatsächlich in seine Klasse auf. Aus der Schülerin-Lehrer-Beziehung wird eine lebenslange Freundschaft werden. Aber auch Max Weiler interessiert sich immer mehr für die »Landsfrau«, lädt sie in sein Atelier ein, unterhält sich stundenlang mit ihr über die Kunst, über Tirol und über die Selbstzweifel, die Chryseldis befallen haben. Sie hängt irgendwie in der Luft, sie weiß nicht mehr, was richtig ist. Sie zweifelt an ihrer Berufung. Sie zweifelt daran, dass sie mit der Malerei etwas Sinnvolles tun kann in ihrem Leben. Sinnvoll für sich selber, ja, das schon. Aber zum Beispiel sinnvoll für »einen Mann im Holz«?

Es gibt zwei Strömungen unter den Kunststudenten. Die einen sind die Selbstverliebten, die aus ihrem Leben Kunst machen, sich selbst zum Kunstwerk machen, mit Drogen experimentieren, das Bewusstsein erweitern wollen. Chryseldis fühlt sich ihnen nicht zugehörig. Sie ist eher der Meinung, das Bewusstsein dieser Leute werde platzen wie eine Seifenblase und nichts werde übrig bleiben außer Luft. Die anderen sind die »Politischen«, die nicht mehr malen, sondern hauptsächlich theoretisieren. Auch denen fühlt sich Chryseldis nicht zugehörig. Sie glaubt ihnen nicht, sie hält vieles für pure Theorie, für leere Schlagworte, nicht erfüllt von Wahrheit und wirklichem Wollen. So wird die junge Malerin für die einen zur Spießerin (da sie keine Drogen nimmt), für die anderen aber zur »Tiroler Katholin«, zur »bürgerlichen Malerin«, die sich nicht entblödet, in politisch so bedeutsamen Zeiten Bäume zu malen, statt auf die Barrikaden zu steigen. Das ärgert Chryseldis, denn die meisten dieser Marxisten, Leninisten, Maoisten kommen aus wohlhabendem bürgerlichen Hause, und sie, das Arbeiterkind, muss sich nun Bürgerin schimpfen lassen. Und Marx und Bloch hat sie schon daheim in Landeck gelesen.

Eines Tages entscheidet sich Chryseldis. Sie lässt die Selbstverliebten und die Politischen an der Akademie zurück und geht in die Schweiz, wo sie in einer Sonderschule mit geistig Behinderten arbeitet. Sie bekommt kein Geld dafür, da sie quasi inoffiziell da ist, aber die Bilder, zu denen Chryseldis diese Kinder animiert, sind so beeindruckend, dass alle Lehrer der Schule Geld zusammenlegen und den Gast aus ihrer eigenen Tasche bezahlen. Dann aber kommt der Schulinspektor und setzt dem illegalen Treiben ein Ende. Chryseldis bewirbt sich nun ganz offiziell, wird aber aus »Mangel an hauswirtschaftlichen Kenntnissen« abgelehnt. Also wieder zurück an die Akademie nach Wien, wohin sonst. Und gar nicht einmal so ungern, denn etwas sehr Schönes ist passiert in dieser Schweizer Sonderschule: Diese Kinder haben in Chryseldis die Lust an der Malerei wieder wachgeküsst.

Wasserfrau auf Sifnos

1971. Der Architekt Fritz Achleitner (Professor an der Akademie) hält einen Dia-Vortrag über anonyme Inselarchitektur auf der Kykladen-Insel Sifnos. Und die Malerin ist hin und weg. Sie sieht ihre eigenen Bilder, sie sieht auch ihr Haus in Landeck, sie sieht eine ganz und gar harmonische, einfache Architektur. Achleitner fährt mit einer Studentengruppe hinunter nach Sifnos, um die Insel zu vermessen. Chryseldis will unbedingt mitfahren, und sie darf schließlich. Die Schönheit nimmt ihr den Atem. Alles blau und weiß. Die Mauern weiß gekalkt, auch die Pflasterwege. Die Türen, die Fensterrahmen blau. Blau das Meer. Hunderte von Kapellen. Immer, wenn sie von Wien nach Hause fuhr, litt Chryseldis darunter, dass wieder ein schönes Stück alter Architektur verschwunden oder verschandelt war, und alles neu Gebaute abscheulich. Und hier auf Sifnos die absolute Harmonie. Zum ersten Mal ist sie wirklich und auf längere Zeit glücklich. Die Malerin lernt nicht nur die Architektur, die Landschaft kennen, sondern auch die wunderbaren Inselmenschen. Bauern, Keramiker, Fischer. Kein Tourismus. Gastfreundschaft ist heilig. In der Unterkunft Tisch, Bett, Stuhl. Die Malerin war immer für die Einfachheit. Als der Autor sie später kennenlernt, sieht es in ihrer Küche mit den weißen Wänden und den blaugestrichenen Möbeln aus, als würde sie in einem ihrer Bilder wohnen, als würde sie in Sifnos wohnen. Die Malerin lernt sofort die Sprache. Sie, die Schweigsame, Schüchterne, spricht mit den Einheimischen. »In Österreich mein Herz Stein, in Sifnos Blume«, sagt sie in gebrochenem Inselgriechisch zum Wirt Kostas bereits nach vier Tagen.

Drei Wochen nur dauert der Aufenthalt. Aber Chryseldis hat hier ihr unzerstörtes Tirol wiedergefunden, es ist ihr, als hätte sie schon einmal hier gelebt, glücklich gelebt. Als sie wieder in Wien ist, bleibt eine unstillbare Sehnsucht nach dieser Insel Sifnos. Jedes Jahr fährt sie nun mehrmals dorthin. Die Luft, das Wasser, die Olivenhaine, die Musik, der Retsina, alles wie ein einziges Erotikon. Sie verliebt sich in einen Seemann, und er sich in sie. Sie schwimmt aus der Sonne heraus auf ihn zu, taucht unter wie ein Delphin, verschwindet für eine Weile. Und taucht dann plötzlich direkt vor ihm aus dem Wasser, schön wie eine Venus, mit glücklichem Lachen. Und er umfängt und küsst die Wasserfrau. Alles ist ohne Tragik nun, alles ist schön. Seemänner machen den Frauen keine ungewollten Kinder, Seemänner sind verantwortungsbewusst. Alle auf der Insel machen Witze über die Erotik, über das »Liebemachen«, Männer wie Frauen, Junge wie Alte, aber nie frauenfeindlich, immer nur darauf abzielend, dass Erotik etwas Schönes, Wunderbares ist, ein Geschenk der Götter für alle Menschen, ganz gleich, ob arm oder reich. Chryseldis beginnt in ihrem Glück sogar wieder zu wachsen, wird drei Zentimeter größer, ihre Haut wird wie Samt, die matten, spröden Haare beginnen zu glänzen.

Bald bemerkt die Malerin, dass die Liebesbeziehung nicht von Dauer sein kann. Der Seemann wird wieder zur See fahren, und wenn er heiratet, wird er eine Sifniotin heiraten. Auf der Insel herrscht nämlich noch das alte Frauenrecht, die matrilineare Vererbung. Immer erbt die älteste Tochter das Haus, und wenn also ein Mann ein Haus will, muss er eine Sifniotin heiraten. Und die Malerin ist gar so sehr nicht traurig darüber, denn sie bemerkt, dass sie mehr noch als in den Seemann in seine Familie verliebt ist, in Mutter und Vater. Sie wird von denen behandelt wie eine geliebte Tochter. Zärtliche Menschen, in Worten und Taten. »Gorimu, Gorizakimu, Gorizimu, puisane? – Mein Mädchen, mein Mädele, mein Mädemädele, wo warst du?« (Für diese zärtliche Abwandlung des Wortes »Mädchen« gibt es keine Entsprechung in der deutschen Sprache.) Kein Ausrichten der Menschen wie im kleinbürgerlichen Landeck, kein böser Tratsch, obwohl auch hier jeder von jedem alles weiß. Als der Seemann seine Griechin findet, und Chryseldis doch das Herz wehtut, da sagt der Busfahrer zu ihr: »Ist dir kalt?« Die Malerin nickt. »Die Trennung vom Andonis, ich weiß. Jetzt ist dir zu kalt«, sagt der Busfahrer und legt ihr die Hand an die Wange.

Es wird die Sonne sein, das Meer, das Licht, die Wärme, all das wird wohl dazu führen, dass die Menschen dort so zärtlich sind. Wie dunkel und kalt ist es in diesem Landeck doch im Winter. Von

Dezember bis Februar erreicht das Haus der Malerin kein einziger Sonnenstrahl. Und welch eine Armutsgeschichte, welch ein Überlebenskampf durch die Jahrhunderte. Auch auf Sifnos ist der Boden karg, gewiss, aber die Sonne wiegt vieles auf, und die Früchte gedeihen unter ihren Strahlen, und als Ausweg bleibt immer die weite See. Der Tiroler Oberländer hatte keinen Ausweg, er musste, was ging, aus dem steilen Hang kratzen, mit blutigen Fingern, bis zu seinem Tode. Dann noch das Ausgeliefertsein an einen alttestamentarischen Katholizismus, in dem ein verzeihender, liebender Jesus Christus nicht vorzukommen schien. Der Vater gibt der Tochter nach langer Trennung zur Begrüßung die Hand, das ist alles, was an Berührung möglich ist. Im Tiroler Unterland gibt's ein Bussl oder zumindest ein Wangenstreicheln. Aber treu sind die Oberländer, treu wie kaum Menschen irgendwo sonst.

Über all diese Dinge denkt die Malerin nach, auf der griechischen Insel, die ihr zur zweiten Heimat wird. Sie lernt buchstäblich alle Einwohner kennen, verkehrt in allen Bauernhäusern, lernt sogar die griechischen Tänze, denn auf Sifnos tanzen auch die Frauen. Ein Bauer bringt ihr zur Begrüßung ein Lamm: »Das soll dir gehören.« Die Malerin freut sich, streichelt das Lamm. Der Bauer zückt sein Messer und schneidet dem Lamm die Gurgel durch. Die Malerin erhält dann als erstes die Augen, die gelten als Delikatesse, und sie empfindet das auch so, verspürt keinerlei Widerwillen. Und Retsina wird getrunken und Ouzo, der Friseur, dessen Frau Turandot heißt, spielt auf seiner Laute, man singt und tanzt. Und der Bürgermeister ruft: »Bleib, Chryseldis, wir machen dich zur Sifniotin, die Gemeinde gibt dir ein Grundstück!« Und der Friseur ruft: »Chryseldis, Tochter der Insel, du sollst leben!«

Oben am Berg ist ein altes Kloster, »Muttergottes zum Walde«, ein heiliger Platz, wo jeder Mensch ruhig wird. Die Malerin darf dort wohnen, ganz allein, monatelang, in einer der Klosterzellen, und sie ist glücklich wie noch nie zuvor in ihrem Leben. Die Bauern kommen, legen ihr Körbe mit Eiern, Schafkäse, Gemüse, Obst, Brot und Wein vor die Tür. Und dann erfährt die Malerin: Nikos Kazantzakis hat in diesem Kloster das Konzept zu seinem berühmten Roman »Mein Franz von Assisi« geschrieben. Die Malerin hat sich – schon lange vorher – als Diplomarbeit Franz und Klara (»dieses grandiose christliche Liebespaar«) als Thema gewählt. So schließt sich wieder einmal der Kreis, es gibt keinen Zufall.

Warum also bleibt sie nicht für immer auf Sifnos, die Wasserfrau, die »Tochter der Insel«? Es zieht sie heim, dorthin, wo von Dezember bis Februar kein Sonnenstrahl hinfällt. Es zieht sie heim, dorthin, wo ein Vater zur Begrüßung nur die Hand gibt.

1974 macht Chryseldis das Diplom und erhält für den Franz-und-Klara-Zyklus den Meisterschulpreis. Sie geht mutterseelenallein den Preis feiern, sucht das Wirtshaus »Smutny« neben der Akademie auf, isst ihr geliebtes Kalbsgulasch mit Nockerln und trinkt ein Viertel Weißwein dazu. Am Naschmarkt besucht sie dann ein Kino, es läuft »Rio Bravo«, der Lieblingsfilm ihres Bruders Andi. Im Zug nach Landeck lernt sie einen hochgebildeten Schweizer Jesuiten kennen, der auch Film studiert hat. Er hat die Absicht, einen Film über Franz und Klara zu drehen, auf die heutige Zeit übertragen. Chryseldis steigt in Landeck nicht aus. Sie spielt im Film des Jesuiten die Klara, »die Schauspielerin auf der Kachel« hat nun sogar das erreicht. Der Film wird auch in Landeck gezeigt, in ihrer Anwesenheit.

Und plötzlich fällt alle Last von ihr ab. Sie hat das Diplom gemacht, sogar mit der höchsten Auszeichnung, sie hat bewiesen, dass sie sich durchkämpfen kann, und sie bemerkt nun auch, was zu bemerken sie lange nicht mehr in der Lage war, nämlich wie viele ihr gutgesinnte Menschen in dieser Stadt leben. Und immer schon gelebt haben. Sie vergisst die Tratschmäuler, die Spießer, die Heuchler, und erinnert sich an die Menschen, die immer zu ihr gehalten hatten, die Familien Schönherr, Huber, Frieden, Walser und viele andere mehr. Und hier, in ihrem Heimatort Landeck, erhält die nun akademische Malerin Chryseldis Hofer den ersten Auftrag ihres Lebens, die Stadtgemeinde beauftragt sie, vier Bildtafeln für das Altersheim zu malen.

Dann sieht der Autor in Innsbruck einen der Bildbriefe der Malerin. Ein Baum, aus dem es herunterregnet, ist der Schrift unterlegt. Eine merkwürdige Anziehung geht von dieser eigentümlichen Schrift und von diesem Bild aus. Kurze Zeit später in Landeck eine neuerliche Begegnung. Im Wohnzimmer der Galeristin Monika Lami hängt ein Selbstporträt von Chryseldis. Und der Autor verliebt sich in dieses Bildnis. Und will die Malerin kennenlernen. Die aber, so stellt sich später heraus, kommt gerade von Kreta und hat dort mit einem Mann eine schlechte Erfahrung gemacht. Sie war nicht sonderlich an ihm interessiert gewesen, er aber sehr an ihr.

Und eines Abends umarmte er sie und flüsterte, er wünsche sich nichts sehnlicher als ein Kind von ihr. Damit war es um sie geschehen. Aber noch während sie mit diesem Mann schlief, wusste sie, dass er gelogen hatte, dass er intuitiv ihren wunden Punkt getroffen hatte. Sie sollte recht behalten. Am nächsten Abend schon hatte er eine andere.

Das ist der Grund, warum sich Chryseldis in ihre blau-weiße Küche zurückzieht und lieber für eine Weile keinen Mann kennenlernen will. Und dennoch – sie hat ja im Fernsehen das erste Stück des Autors gesehen, mit ihm selbst in der Rolle eines verstoßenen, angeblich geistig behinderten Buben, und war sehr berührt davon. Und darum steht sie plötzlich doch vor mir, im Juni 1978, an einem Feuer im Garten von Gerald und Brigitte Nitsche, im »Karrnerwaldele« in Landeck/Graf.

Bildbrief von Chryseldis
an Felix vom 13. November 1978

ERFOLGE, ERFAHRUNGEN, ERLEBNISSE

1978–1995

Der Idiot auf der Wiener Ringstraße

Die Malerin Chryseldis Hofer aus Landeck/Perfuchs und ich verliebten uns ineinander. Im September 1978 zogen wir nach Wien. Otto Ander stellte uns seine ruhige Theaterwohnung in einem Innenhof in der Lichtenfelsgasse, gleich neben dem Rathaus gelegen, zur Verfügung. Sehr angenehm, ich brauchte also nur den Rathausplatz überqueren, um ins Theater zu kommen. Ich spielte in der »Tribüne« den Idioten, jeden Tag, außer Sonntag und Montag, Chryseldis malte. Nachdem sie an der Akademie der Bildenden Künste in Wien studiert hatte, kannte sie die Stadt sehr gut, hatte auch Bekannte und Freunde, und so fühlte auch ich mich nicht fremd. Wir wurden Nachtvögel.

Um 18 Uhr frühstückten wir im Café Landtmann, um 20 Uhr absolvierte ich im Keller die Aufführung, später zogen wir durch die Lokale. Gegen Mitternacht nahmen wir regelmäßig im Balkanlokal »Beograd« (Schikanedergasse) unser Mittagessen ein. Es handelte sich dabei meistens um Carpaccio oder Ražnjići, was uns beides ausgezeichnet schmeckte. Vom Carpaccio aß ich zu oft, ich konnte es dann jahrelang nicht mehr sehen. Damals spielte dort eine Zigeunerkapelle Balkanweisen, die uns begeisterten. Der Primas war auf seiner Geige ein Gott, und er sah aus wie mein älteres Ebenbild. Wir mochten ihn sehr, und er uns ebenfalls. (Auch heute komme ich gerne ab und zu in dieses Lokal, das immer noch seine Originalität bewahrt hat, mit den alten Bildern und Fotos an den Wänden; Kapelle aber gibt es keine mehr, dafür einen Ziehharmonikaspieler, der ebenso originär ist und manchen Besucher aufjuchzen lässt.) Später landeten wir im Café Anzengruber, zogen die ganze Nacht weiter, auch in die Naschmarktgegend, um etwa 6 Uhr morgens machten wir uns auf den Heimweg.

Übrigens spielten in Wien außer mir noch zwei andere Tiroler mit, nämlich Franz Mössmer und Thomas Egg. Beide traf ich später

Felix Mitterer in seinem Stück »Kein Platz für Idioten« im Wiener Theater »Die Tribüne«, links Paul Mühlhauser

bei den Tiroler Volksschauspielen wieder. Der Darsteller des »Dati« stand übrigens zum ersten Mal auf der Bühne. Er hieß Paul Mühlhauser, war in seinem vorigen Leben Handlungsreisender und der Vater des Regisseurs Peter Vilnai vom Wiener Volkstheater. Peter hatte sich seinen Vater selber für diese Rolle ausgesucht, quälte diesen dann aber auf furchtbare Weise. Paul war nämlich anfangs nicht in der Lage, gleichzeitig einen Rucksack auszupacken und dazu seinen Text zu reden; immer wieder kam er durcheinander, entweder mit dem Auspacken oder mit dem Reden. Oh, wie traktierte Peter meinen armen Paul! Aber schließlich schaffte er es und wurde nach Albert Peychär mein zweitliebster Dati, als Mensch aber zu einem guten, väterlichen Freund.

Von den zirka 160 Vorstellungen waren kaum die Hälfte abgespielt, da begannen meine Kollegen auf der Bühne aus Langeweile Faxen zu machen. In der Wirtshausszene des 2. Aktes tranken sie echten Wein, spielten echt Karten und rissen Witze. Das kränkte mich, den Autor und Darsteller, über alle Maßen. Was natürlich damit zu tun hatte, dass ich in meiner Rolle vollkommen aufging. Ich spielte das »Mandl« nicht, ich war es jeden Abend tatsächlich. Ich weinte wirklich vor Freude, wenn ich mir das von Dati bestellte Lied im Wunschkonzert anhörte, schrie tatsächlich weinend auf, wenn ich als Übeltäter abgeschleppt wurde. Kommt hinzu, dass mein Kostüm kein Kostüm war wie bei den anderen, sondern die Kleider und die Zipfelmütze meines verstorbenen Dati. Und der Mantel, den ich im 2. Akt trug, sowie die Pantoffeln im 3. Akt stammten von meiner Mammi. Nachdem der Vorhang gefallen war, nachdem ich das Gebäude verlassen hatte, ging ich nicht als Felix über die Ringstraße, sondern als Mandl. Das heißt, ich behielt den schiefen Mund bei (den hab ich noch heute), ich bewegte weiterhin die Arme und Hände in seltsamer Weise und hatschte dahin wie der Glöckner von Notre-Dame. Ich wusste es natürlich schon damals: So verhält sich ein Laiendarsteller, und nur ein solcher. Der Profi tritt aus seiner Rolle heraus, sobald der Vorhang gefallen ist, wird wieder ganz er selber. Muss er auch, sonst könnte er seinen Beruf auf die Dauer nicht durchhalten. Der Profi spielt ja oft an seinem Theater drei Rollen in drei Stücken gleichzeitig, und probt eine vierte, wie könnte er sich auf eine einzige Rolle so drastisch einlassen und sie nicht ablegen, wie ich es tat? Und noch etwas fiel mir schließlich auf, und das erklärt ebenfalls, warum ich mich derart auf diese Rolle einließ: Ich spielte mich selber. Zwar war ich nicht wirklich behindert, aber in irgendeiner Weise doch. Denn ich spielte mich als Kind, das sich so oft ausgestoßen und wehrlos und schlecht behandelt gefühlt hatte.

Zwei neue Aufträge

Nach Ende der Spielserie, im Frühling 1979, kehrten Chryseldis und ich nach Innsbruck zurück. Schon vorher, im Sommer 1978, war ich mit Peter Klein in eine größere Wohnung übersiedelt, in der Karl-Innerebner-Straße 54, am westlichen Rand von Innsbruck gelegen, auf der Höhe des Flughafens. Ich war glücklicherweise mit zwei Aufträgen heimgekehrt. Denn wie hätte es sonst weitergehen sollen?

Der erste Auftrag betraf ein weiteres Theaterstück, denn nach dem Erstlingserfolg wartete man gespannt auf das zweite Mitterer-Stück. Beauftragt wurde ich dazu vom Josefstadt-Direktor Ernst Haeussermann und zugleich vom ORF-Fernsehspielchef Gerald Szyszkowitz. Die Uraufführung sollte beim Steirischen Herbst 1980 in Graz stattfinden und dort auch vom Fernsehen aufgezeichnet werden. Was für ein Auftrag, welche Ehre! Vom Kellertheater in die Josefstadt! Titel und Inhalt hatte ich mir schon in Wien ausgedacht, »Veränderungen« sollte das Stück heißen und handeln von einem alten Gärtner (der große Schauspieler Guido Wieland wurde dafür besetzt), seiner Tochter (Dorothea Parton) und deren Freund

(Friedrich Schwardtmann), einem Computerspezialisten. Als Regisseur der Theateraufführung und zugleich Bildregisseur der Aufzeichnung hatte man Zoltán Pataky engagiert, der mir bald ein lieber Freund wurde; unsere Wege sollten sich, auch beruflich, noch öfter kreuzen. Ich habe keine Ahnung mehr, wie ich auf Computer kam, ich selbst kaufte mir erst 1994 einen PC, der die Schreibarbeit tatsächlich erheblich erleichterte. Damals, 1979, bezog ich mein »Wissen« hauptsächlich aus dem Buch »Die Macht der Computer und die Ohnmacht der Vernunft« von Joseph Weizenbaum, einem deutsch-amerikanischen Informatiker und Technikpionier, Professor am Massachusetts Institute of Technology, als solcher aber schon damals ein heftiger Kritiker der Computerwelt.

Der zweite Auftrag kam vom Fernsehpionier, Fernsehspiel-Chef und Drehbuchautor des Norddeutschen Rundfunks, Dieter Meichsner. Eines Abends, im Winter 1979, besuchten zwei Männer die Vorstellung in der »Tribüne« und luden mich danach zu einem Gespräch oben im Café Landtmann ein. Es waren Dieter Meichsner und der Filmproduzent Walfried Menzel. Eine sechsteilige Fernsehserie mit dem Titel »Die 5. Jahreszeit« sei geplant, erzählt werden sollte die Geschichte eines Tiroler Dorfes von 1880 bis 1980, zugleich auch Geschichte des Schilaufs und des Wintertourismus. Drei Bücher (über die Jahre 1880, 1900 und 1915) seien bereits fertig, ich solle die nächsten drei schreiben. Ich freute mich sehr über das Angebot.

Mit dem Theaterstück tat ich mir blutig hart. Ich wollte aber unbedingt aus dem Milieu meines ersten Stückes ausbrechen und beweisen, dass ich auch über andere Themen schreiben konnte. Ich schloss es schließlich ab und schickte es an die Josefstadt und an den ORF. Die Reaktion war positiv, wenn auch nicht hellauf begeistert.

Wieder Schauspieler: Egon Schiele

Bevor ich mich an die Arbeit zur »5. Jahreszeit« begeben konnte, erhielt ich ein überraschendes und sehr verlockendes Angebot als Schauspieler. Ich sollte den Maler Egon Schiele spielen. Wie kam denn das? Ganz einfach oder doch nicht. Der Regisseur John Goldschmidt, in London lebend, Sohn eines Emigranten, der in den 50er Jahren nach Wien zurückkehrte, hatte Wolfgang Georg Fischer kennengerlernt, ebenfalls Emigrant und von Beruf Kunsthistoriker und Betreiber einer angesehenen Galerie, die 1964 die erste Schieleausstellung in London organisierte. John animierte Fischer, ein Drehbuch über Egon Schiele zu schreiben, und dieses sollte nun von ORF und ZDF verfilmt werden. Angekommen in Wien, machte sich John auf die Suche nach einem Hauptdarsteller. Er schaute alle Agentur-Kataloge durch, schaute sich viele Fernsehfilme beim ORF an, Schiele war für ihn keiner dabei. Schließlich kam ihm eine Videokassette unter, auf der ein offenbar behinderter Junge mit einer seltsamen Gestik auftrat. Der Junge schaute Egon Schiele ähnlich und hielt seine Finger so, wie sie der Maler oft in Selbstporträts dargestellt hatte. John wollte das Video sehen, aber man sagte ihm, das könne er sich ersparen, dieser Junge sei ein Tiroler Bauernbub, ein Laiendarsteller, der habe da in einem Theaterstück sich selber gespielt, eh passabel, aber bestimmt nicht in der Lage, Egon Schiele darzustellen, den Skandalmaler der Jahrhundertwende in Wien. Aber John bestand darauf, sich die Innsbrucker Aufzeichnung von »Kein Platz für Idioten« anzusehen, fand sich bestätigt, ließ mich holen, wir verstanden uns sofort ausgezeichnet, er engagierte mich für die Rolle, außerdem, meinte er, soll ich doch gleich ein wenig das Drehbuch umschreiben, denn Fischer habe etwas zu sehr einen anbetungswürdigen Helden aus Schiele gemacht.

Als Egon Schiele 1979 im gleichnamigen Film von John Goldschmidt

Gesagt, getan. Ich übersiedelte mit Chryseldis wieder nach Wien, wir durften im Atelier ihres Malerfreundes Wassil Dimow wohnen, und los ging's mit der Arbeit. Wenig Ahnung von Schiele habend las ich schnell einige Fachbücher und seine Briefe und erweiterte ein wenig das Drehbuch, allerdings nur innerhalb der schon existierenden Szenen, denn der Drehplan war schon gemacht. Auch bat mich die Filmfirma, aus urheberrechtlichen Gründen auf die Nennung als Mit-Drehbuchautor zu verzichten, was ich gerne tat. Mir war nur die Rolle wichtig, und das aus einem bestimmten Grund. Nach »Kein Platz für Idioten« hatte ich viele Angebote, im Film und am Theater Idioten zu spielen. Ich wollte es aber mit meinem eigenen Idioten bewenden lassen. Schiele war ganz etwas anderes, Schiele konnte verhindern, dass ich in ein Rollenklischee verfiel.

Im August und September 1979 drehten wir in Wien, Tulln und Umgebung den Film, die Profikolleginnen und Kollegen Karoline Zeisler (Wally Neuzil), Jeannette Hirschberger (Edith Harms) und Otto Tausig sahen es mir nach, dass ich länger brauchte als sie, auch ein Dialektcoach wurde mir zur Seite gestellt, der mir das Tirolerische abgewöhnen sollte, was nicht schlecht gelang. Wolfgang Treu war der Kamerameister, Gottfried von Einem steuerte seine wundervolle Musik bei.

Umzug und Arbeit an der Fernsehserie »Die 5. Jahreszeit«

In Wien war Chryseldis schwanger geworden und wir freuten uns sehr auf das Kind. Nach Abschluss der Dreharbeiten kehrten wir nach Innsbruck zurück, trennten uns – schweren Herzens – von Peter Klein und mieteten eine eigene Wohnung im Stadtteil Hötting, Sternwartstraße 4c. Hötting liegt am Nordkettenabhang über Innsbruck, war früher ein eigenes Dorf und ist es eigentlich im Bewusstsein der Einwohner noch immer, obwohl Hötting bereits 1938, nach dem Anschluss, in die Stadt Innsbruck eingemeindet worden war.

Wir hatten kaum Möbel, ein paar nordische Regale und billige Strohsessel im Wohnzimmer, aber ich wollte unbedingt einen Fernseher. Chryseldis allerdings bestand auf einem Schwarz-Weiß-Gerät, weil sie die Farben im Fernseher nicht ausstehen konnte.

(Das blieb auch so, die Malerin konnte diese Farben einfach nicht ertragen.) Nach langem Suchen fand ich ein altes, gebrauchtes Schwarz-Weiß-Gerät, sehr hässlich, mit Umrahmung aus Eiche und sogar mit einem verschließbaren Rollo, wie ein Büroschrank. Der Kameramann Christian Berger musste sehr lachen, als er das Ding sah.

Ich begann die »5. Jahreszeit« zu recherchieren und zu schreiben. Meine drei Folgen spielten Winter 1933/34, Mitte der 60er Jahre und zuletzt 1980. Die 30er Jahre waren die Zeit der großen Not und deshalb auch des großen Schmuggels von der Schweiz herüber, da konnten mir einige der älteren Zollkollegen gut Auskunft geben. Ohne jede Erfahrung beim Drehbuchschreiben (abgesehen vom ersten Lehrlingsstück) tat ich mich sehr schwer, aber ich hatte in Dieter Meichsner einen überaus geduldigen Lehrmeister. Ich recherchierte besonders in Ladis, Fiss und Serfaus, am sogenannten Sonnenplateau im »Oberen Gericht«, und schlug diese drei Orte auch als Drehplätze vor. Im sehr ursprünglich gebliebenen Ladis die Jahre 1880 bis 1933, die anderen Folgen im schon touristischeren Fiss und zuletzt im Hoteldorf Serfaus, das gerade seine U-Bahn zur Seilbahnstation gebaut hatte.

Ende März 1980 kam Zoltán Pataky auf Besuch, um mit mir über das Stück »Veränderungen« zu sprechen, denn er wollte im September mit den Proben beginnen. Ich wunderte mich über sein frühes Auftauchen, aber dann nicht mehr, denn er schlug zahlreiche Kürzungen vor. Ich versicherte ihm, jeder Satz sei von großer Bedeutung und kämpfte verbissen um jedes einzelne Wort, was uns beide sehr ermüdete. Ein paar Jahre später begriff ich endlich, dass Stücke und auch Drehbücher immer zu lang sind und Kürzungen daher vonnöten. Seitdem mische ich mich kaum mehr ein, aber es gibt auch Regisseure, die bis heute jeden gestrichenen Satz getreulich mit mir absprechen und sich dann auch an die Abmachung halten. Dazu gehört meine Lieblingsregisseurin Stephanie Mohr, die die letzten fünf Stücke von mir in Wien inszeniert hat. (Beim Fernsehen tun sie sowieso, was sie wollen, aber auch hier gibt es Ausnahmen.)

Während ich noch mit Zoltán verhandelte, setzten bei Chryseldis plötzlich die Wehen ein. Sofort kutschierte uns Zoltán in seinem Mini Cooper ins Sanatorium der Kreuzschwestern, wo unsere Tochter Anna Magdalena am 5. April 1980, Karsamstag, kurz vor

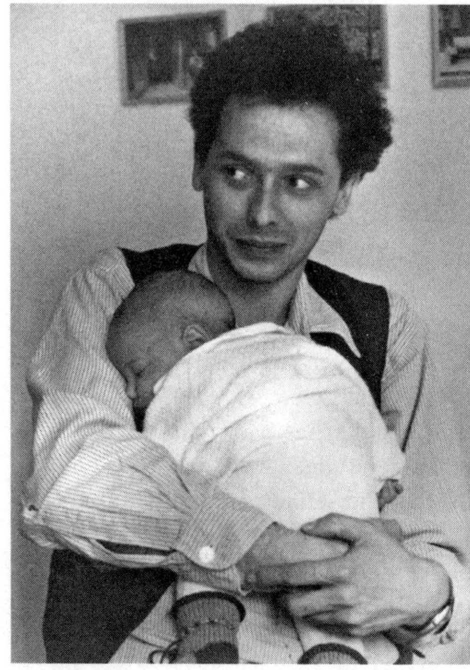

Freude über Tochter Anna, 1980

Mitternacht zur Welt kam, was Chryseldis und mich sehr glücklich machte.

Autor oder Schauspieler

Nach Ausstrahlung des Schiele-Films erhielt ich zahlreiche Angebote als Schauspieler, diesmal nicht mehr Idioten, sondern vorwiegend Salontypen der dekadenten Art. Sogar das Hamburger Schauspielhaus (oder das Deutsche Theater, weiß nicht mehr genau) meldete sich bei mir, in einem Ibsen sollte ich auftreten. Ich musste den Leuten erst klarmachen, dass ich Laiendarsteller bin und nicht einmal die hochdeutsche Bühnensprache beherrsche. Das war ihnen aber wurscht. Ich musste mich nun wirklich entscheiden: Was war mir wichtiger? Schreiben oder spielen? Denn beides zugleich war nicht zu schaffen. Die Wahl fiel mir nicht schwer. Es zog mich nicht wirklich zur Schauspielerei, obwohl ich absolut Lust zum Spielen verspürt und auch von seiner therapeutischen Wirkung profitiert hatte. Gewiss hatte ich auch eine gewisse Begabung. Aber ohne eine profunde Ausbildung (vor allem die Sprache betreffend) hätte ich nicht weitermachen wollen. Kommt hinzu, dass ein Schauspieler ständig unterwegs ist – jedenfalls beim Film – und dass sein fixes Engagement an einem Theater ebenfalls nicht bedeutet, dass er für immer in einer Stadt verbleiben kann, denn wechselt der Intendant, schmeißt er normalerweise die meisten Schauspieler hinaus und sie müssen sich nach einem neuen Engagement umschauen, vielleicht 800 Kilometer weiter weg. Wenn man Familie hat, wird das schwierig, besonders für die Kinder. Ein Schreiber aber ist wie ein Bauer, er kann seine Arbeit zuhause erledigen. Also entschied ich mich fürs Schreiben und spielte nur noch selten in meinem Leben.

Theatererfahrungen in Deutschland

Einmal musste ich aber doch noch spielen, und zwar sogleich; ich hatte es versprochen. Otto Ander hatte 1979 im Herbst eine Österreich- und Südtirol-Tournee mit »Kein Platz für Idioten« gemacht, und ich sollte natürlich wieder den Buben spielen. Aber ich wollte doch Schiele sein! Großzügig entließ mich Otto aus meinem Vertrag, engagierte einen anderen Schauspieler für die Rolle, nahm mir aber das Versprechen ab, an der Herbsttournee 1980 durch Deutschland teilzunehmen.

Schweren Herzens verließ ich also im September Chryseldis und unsere kleine Tochter Anna und begab mich auf Tournee. Paul Mühlhauser spielte wieder meinen Dati, auch Franz Mössmer war dabei, zusammen mit seiner Frau Linda Feer, mit dem kleinen Martin und dem Baby Markus. Die Familie fuhr im Privatauto, wir anderen samt Bühnenbild im Autobus. Tournee heißt, an einem Abend in Bayern aufzutreten, am nächsten Abend in der Nähe von Kiel, dann geht's wieder Richtung Süden, nach Baden-Württemberg, dann ins Ruhrgebiet, und so weiter. Mühselige drei Monate. So kamen sie mir jedenfalls vor. Von jedem Auftrittsort eine Ansichtskarte nach Hause, sehnsüchtige Telefonate. Paul Mühlhauser liebte die Reise, erkundete alle Städte, besuchte Museen und Ausstellungen. Als wir in der Nähe von Hamburg auftraten, gingen die Kollegen auf die Reeperbahn, Paul natürlich ins Museum, und ich selber an einem freien Sonntag ins Theater, ins Schauspielhaus. Nachmittags gab's eine Antikriegsrevue von Jérôme Savary, die mich begeisterte und mir zeigte, dass es auch ein ganz anderes

Theater gab als jenes, das ich zu schreiben vermochte. Da ich nicht auf die Reeperbahn wollte, schaute ich am Spielplan nach, was es am Abend im Schauspielhaus gab. »Bunbury oder Ernst sein ist alles« von Oscar Wilde. Regie Peter Zadek. Klang nicht sehr verlockend für mich. Von Oscar Wilde hatte ich nur gehört, nie etwas von ihm gelesen, dekadenter Engländer, das Stück wohl im höheren Milieu, was geht mich das an? (Übrigens ging's mir mit Arthur Schnitzler damals ähnlich, erst später begriff ich, was für ein unglaublicher Dramatiker der war.) Ich ging trotzdem hinein, weil ich schon einmal da war. Was ich nun vollkommen überrascht und perplex erlebte, war ein Höhepunkt der Schauspielkunst. Nicole Heesters spielte, Ulrich Wildgruber, Alfred Tetzlaff (das »Ekel Alfred« aus der Fernsehserie »Ein Herz und eine Seele« von Wolfgang Menge) und noch einige der besten Schauspieler aller Zeiten. Ich war hingerissen und fassungslos, auch vom furiosen und geistreichen Stück. Der Regisseur Zadek (2009 gestorben) war mir bis dahin völlig unbekannt, erst an diesem Abend erkannte ich, dass es sich bei ihm wohl um den größten aller Meister handeln musste. Etliche Jahre später sah ich von ihm in München »Baumeister Solness« von Henrik Ibsen, mit Barbara Sukowa, Hans-Michael Rehberg und Paulus Manker, auch diese Aufführung überwältigte mich mit seiner Regie und den unglaublichen Darstellern. Dass ich später erfuhr, er sei ein Schinder gewesen, irritierte mich, machte mich traurig (gute Regie sollte auch ohne Schinden der Schauspieler möglich sein, ist es auch), änderte aber nichts an meiner Bewunderung.

Späte Einsicht

Während ich auf Deutschland-Tournee war, probte Zoltán Pataky in der Josefstadt mein Stück »Veränderungen«. Immer wieder flehte er mich am Telefon an, streichen zu dürfen, denn es bestehe des Öfteren die Gefahr der Langeweile. »Nein, jedes Wort ist wichtig!« Am Grazer Premierenabend spielte ich irgendwo in Deutschland selber, auch während der Aufführungsserie in der Josefstadt war ich noch mit dem fahrenden Volk unterwegs. Mein Verlag schickte mir die Kritiken, sie reichten von mäßig bis zum Totalverriss. Ein Kritiker empfahl mir, schleunigst wieder zum Zoll zurückzukehren. Mir schwante Schlimmes.

Zuhause dann sah ich die Fernsehaufzeichnung und war erschüttert, peinlichst berührt. Wie Schuppen fiel es mir von den Augen: Was für ein miserables Stück! Die Hälfte hätte man streichen können, so ein langweiliger Schmarrn! Der Regisseur hatte sich alle Mühe gegeben, Dorothea Parton und Friedrich Schwardtmann machten ihre Sache gut, und Guido Wieland war grandios, konnte das Stück aber auch nicht retten. Es war das typische, vollkommen misslungene Zweitwerk. Zuerst trug ich mich noch mit dem Gedanken, das Stück zu überarbeiten, dann aber ließ ich es bleiben und erließ eine absolute und immerwährende Aufführungssperre.

»Die 5. Jahreszeit«

Gottseidank waren die Drehbücher zur »5. Jahreszeit« dank der Hilfe von Dieter Meichsner einigermaßen gelungen. Kam hinzu, dass ich ja eine Welt beschrieb, die ich kannte. Als Schauspieler wurden Elfi Eschke, Doris Goldner, Regina Sattler, Maria Singer, Dietmar Schönherr, Klaus Rohrmoser, Karl Merkatz, Horst Kummeth, Bernd Spitzer, Alexander Strobele, Axel Corti und viele andere engagiert. Für die Rolle des berühmten Schirennläufers der 1930er Jahre konnte Werner Grissmann gewonnen werden. In den letzten Folgen (als nun älteren Mann) verkörperte ihn der unvergessliche Richard Haller.

Man hatte beschlossen, das Pferd von hinten aufzuzäumen, beginnend also mit der letzten Folge, immer weiter zurückgehend. Im Winter '80/'81 wurden vom Regisseur Reinhard Schwabenitzky in Ladis die Folgen 1980 und 1965 gedreht. Reinhard hatte beschlossen, entgegen meinem Vorschlag alle sechs Folgen in Ladis zu drehen. Also baute er das sehr ursprüngliche (ist es heute noch) Ladis mit Scheinbauten auf einen Ort mit vielen Hotels und Pensionen um. Es gab Fremdengäste, die empört diese Bauten sahen und sofort wieder umdrehten. In so einem Ort wollten sie nicht Urlaub machen.

Dass alle Folgen naturgemäß im Winter spielten, hatte nun aber schlimme Folgen. Entweder war zu viel Schnee oder gar keiner. Manchmal herrschte höchste Lawinengefahr und es durfte nicht gedreht werden. Dies alles und schlechte Organisation führten dazu, dass mit den beiden Teilen das Budget für vier Folgen verbraucht war und der Filmproduzent Walfried Menzel den Konkurs anmelden musste. (Er hat sich nie davon erholt, sein früher Herztod hängt bestimmt auch damit zusammen.)

Da war nun guter Rat teuer. Aber Dieter Meichsner hatte die rettende Idee: ich solle noch drei Folgen schreiben, und zwar so günstig, dass die zwei wegen des fehlenden Budgets nicht gedrehten Folgen mitfinanziert werden konnten. Gesagt, getan. Ich schrieb noch drei Folgen, die im Winter 1935/36 (die große Not), 1937/38 (»Anschluss«) und in der Besatzungszeit 1951/52 spielten. Als neuer Produzent (mit guter Aussicht auf finanzielle Verluste) sprang Michael Wolkenstein ein, Reinhard Schwabenitzky war inzwischen im Streit ausgeschieden, und es kam der alte Routinier Franz Josef Gottlieb, der die erfolgreichen Edgar-Wallace-Filme und auch einige Karl-May-Filme gedreht hatte. Gottlieb drehte ohne Ton, alles wurde später synchronisiert, beinah jede Einstellung in der Bauernstube begann mit einer Fahrt vom Kruzifix auf die Leute am Tisch und endete auch auf die gleiche Weise. Auch viele deutsche Schauspieler brachte Gottlieb mit, Hans Clarin, Udo Wachtveitl, Hellmut Lange, Heidy Forster etc., die Tiroler Schauspieler behielt er bei, aber zum Teil in anderen Rollen. Als ich alle neun Folgen sah, war ich sehr deprimiert. Lieblos heruntergenudelt schien mir alles, die Synchronstimmen hatten mit dem Tirolerischen nichts mehr zu tun. Als unmöglichste Handlungsweise erschien mir, dass zum Beispiel Klaus Rohrmoser in Folge 7 als Schmuggler erschossen wurde, in den Folgen 8 und 9 aber in einer völlig anderen Rolle – als Hotelier – wiedererstand. Die letzten beiden Folgen, die Reinhard Schwabenitzky vorher gedreht hatte, waren natürlich die besten. Aber immerhin – Gottlieb hatte die ganze Produktion gerettet, niemand anderer wäre wahrscheinlich dazu in der Lage gewesen. Als die Serie dann in der ARD lief, hatte sie mehr Zuschauer als »Dallas«, ich war fassungslos. Aber natürlich auch erleichtert.

Als ich kürzlich – nach 36 Jahren – mir zum ersten Mal wieder Teile einzelner Folgen anschaute (auf DVD unter dem Übertitel »Große Geschichten 3« in der ARD-Videoreihe), um mir die Schauspieler wieder zu vergegenwärtigen, war ich von Gottliebs Arbeit positiv überrascht und muss ihm Abbitte leisten. Man merkt seinen Folgen den ungeheuren Druck überhaupt nicht an, unter dem sie entstanden. Die Schauspieler beeindrucken, die Geschichten gehen ans Herz, wir erfahren Zeitgeschichte auf spannende Weise, und die Gebirgslandschaft des Tiroler Oberlandes wurde überwältigend schön ins Bild gesetzt. Zwar wirken die Gottlieb-Folgen heute »altmodischer« als die von Schwabenitzky, aber sie erzählen auch von der alten Zeit, und der Bruch zu den letzten beiden »modernen« Folgen hat sogar etwas Positives an sich. Das drückt auch die Filmmusik aus, die bei den »alten« Folgen von Rolf A. Wilhelm stammt, dem damals berühmtesten deutschen Filmkomponisten, und bei den beiden letzten vom bedeutenden Tiroler Komponisten Bert Breit. Im Grunde waren die letzten zwei Teile der Serie eine Vorwegnahme beziehungsweise Wegbereiter zur späteren »Piefke-Saga«, die durch ihre satirische Aufbereitung beim Publikum viel mehr auslösen und bewirken sollte.

Die Taufe von Anna

Eigentlich wollten wir Anna nicht taufen lassen, sie sollte sich später selber entscheiden, aber meine Adoptivmutter sagte wiederholt, sie werde sich aufhängen, wenn die Taufe nicht bald stattfinde, und die Landecker Galeristin Monika Lami, die Chryseldis als erste ausgestellt hatte, meinte ebenfalls immer wieder, es müsse halt sein. Da wir befürchteten, Anna würde spätestens in der Volksschule unangenehm als »Heidenkind« auffallen, gaben wir schließlich nach und ließen Anna am 31. Jänner 1981 in der Fließer Kirche von Hubert Rietzler taufen. Das war jener Pfarrer, der Chryseldis Mitte der 70er Jahre den Auftrag zu ihrem »Lichtweg« gegeben hatte. Alle Künstlerfreunde waren gekommen, wir saßen dann noch im Hotel Sonne in Landeck/Perfuchs beisammen, und es war sehr schön.

Die Tiroler Volksschauspiele – Wie es 1981 begann

In Tirol geschah inzwischen etwas, das für mich und meine Arbeit von ganz großer Bedeutung werden sollte. Dafür muss etwas zurückgegriffen werden.

Mein Freund Kurt Weinzierl (gestorben im Herbst 2008) war ein ewiges Kind und hatte viele Ideen und viele Träume. Manchmal ging etwas davon in Erfüllung. So träumte er seit etwa 1974 davon, alle über die deutschsprachigen Lande verstreuten Tiroler (Profi-)

Schauspieler einmal im Jahr (natürlich im Sommer, während der Theaterferien) nach Tirol zu bringen, um hier in der Heimat zu spielen. Jahrelang lag er uns allen damit in den Ohren, aber keiner biss so recht an, ein genaues Konzept hatte er ja nicht, und wir anderen waren zu träge, zu beschäftigt auch, um uns darüber Gedanken zu machen. Bis Kurt wieder einmal den Dietmar Schönherr trifft, den in Zürich gerade das Heimweh plagt.

Es konkretisiert sich. Otto Grünmandl wird eingebunden, fände das spannend. Aber wo spielen? Und mit welchem Geld? Kurt Weinzierl pilgert zum Kulturreferenten des Landes. Diesmal mit Konzept. Die Tiroler Klassiker sollen gespielt werden, aber auch neue Stücke, vor allem Uraufführungen, auch Nicht-Tiroler Dramatiker selbstverständlich – Brecht, Horvath, Büchner, Shakespeare, Nestroy, Raimund usw. Der Begriff »Volkstheater« solle ausgelotet, ausgeweitet werden, mit neuen Inhalten gefüllt. Als Beginn »Erde« von Karl Schönherr, mit Dietmar Schönherr in der Hauptrolle. Als Spielort wird Innsbruck vorgeschlagen. Der Kulturreferent beißt aber nicht an (»die Kosten, die Kosten«), die Sache scheint wieder einzuschlafen. Dann aber, es ist 1980, geht's plötzlich schnell. Otto Grünmandl ruft Kurt Weinzierl in München an: »Komm schnell, ich glaub, wir haben den richtigen Mann!« Weinzierl kommt, im ORF Studio Tirol wartet FS1-Intendant Wolf in der Maur (gestorben 2005), der dem Volksstück via Fernsehen zu neuem Ansehen, zu neuer Publizität verhelfen will. Lange wird debattiert. In der Maur will etwas Großes, Exemplarisches, einen starken Auftakt zu Beginn. Und da hat der Kurt eine Eingebung:

Felix Mitterer 1981 mit FS1-Intendant Wolf in der Maur

»Die sieben Todsünden« und »Totentanz« von Franz Kranewitter, insgesamt acht Einakter, verteilt auf zwei Abende, inszeniert von acht Regisseuren. Rollen genug für alle Schauspieler, die wieder einmal heimkehren wollen, und auch für die, die daheim geblieben sind, auch für den Nachwuchs.

In der Maur ist begeistert und sagt über die Fernsehaufzeichnung den Hauptteil des benötigten Geldes zu. Aber wo spielen? Die Sport-, Olympia- und Europastadt Innsbruck will nicht so recht. (Schon damals wollte sie nicht, als Max Reinhardt kam, mit Hugo Hofmannsthal, Richard Strauß und Bernhard Baumgartner im Gefolge. Sie gingen nach Salzburg. Auch Oskar Werner konnte nicht landen in Innsbruck, so gerne wäre er vor dem Dom aufgetreten.) Während noch ein Spielort gesucht wird, ruft Kurt Weinzierl alle Kollegen an, Hans Brenner bekommt sogar einen Brief: »Ohne Dich wäre es, als ob man der Frau Hitt das Roß stehlen würde!« Und alle, fast alle, sagen zu. Otto Grünmandl ist es, der schließlich einen Spielort findet. Seine Heimatgemeinde Hall. Bürgermeister Posch nimmt uns mit offenen Armen auf. Die mittelalterliche Burg Hasegg – ein wunderbarer Spielplatz.

Im Herbst geht es an die Vorbereitungen. Ein Organisationskomitee wird gegründet, Leitung Dietmar Schönherr, Kurt Weinzierl, Otto Grünmandl und als Hauptorganisator Josef (»Joschi«) Kuderna, zugleich Bindeglied zum ORF und Bildregisseur der Aufzeichnungen. Unser Bühnenbildner Heinz Hauser bringt uns den besten Lichtmann, den es bis heute gibt (auch wenn er inzwischen lieber auf den Weltmeeren segelt), nämlich Max Keller von den Münchner Kammerspielen und vom selben Theater den Maskenbildner Jürgen Fischer und den Kostümbildner Otto Kollross.

Otto starb leider bald, Max und Jürgen sind uns jahrzehntelang treu geblieben (obwohl die Salzburger einmal zu Max sagten, er solle endlich diese »Tiroler Ritterspiele« bleiben lassen und zu den Festspielen überwechseln).

»Tiroler Volksschauspiele in Hall 1981«

So lautet am Beginn die offizielle Bezeichnung unserer Spiele, und dass es nicht heißt »Tiroler Volksschauspiele Hall«, sondern »... in Hall«, wird noch eine Bedeutung bekommen, der Wechsel ist irgendwie schon in diesem Titel inkludiert. Im Juli also Einzug in den Hof der Burg Hasegg. Von Haller Seite kommt hervorragende professionelle Hilfe für Organisation und Bühnenbau, vor allem den Franz Wegscheider haben wir bis heute nicht vergessen. Die Proben verlaufen in angenehmster Stimmung, Alf Brustellin (Autor und Kameramann aus Hall) hat die Gesamtkoordination über die zwei Abende inne, die Zusammenarbeit zwischen den (nun) sieben Regisseuren und all den vielen Darstellern geht reibungslos vonstatten.

Plötzlich, kurz vor den Premieren, kommen wir von zwei Seiten unter Beschuss. Junge Leute (zum Teil meine Freunde und Bekannten) geben ein Antiprogrammheft und ein Antiplakat heraus, gerichtet gegen den »Nazidichter« Franz Kranewitter (gestorben 4. Jänner 1938) und gegen uns »Großverdiener« und »politische Verräter«. Auf der anderen Seite treten ebenso unerwartet einige Funktionäre des Verbandes der Tiroler Volksbühnen gegen uns auf. Ihr Protest richtet sich (in Leserbriefen und Anfragen an Politiker) erstens ebenfalls gegen uns »Großverdiener«, zweitens wird gesagt, Volkstheater könne nur vom Volk gemacht werden, und man wüsste außerdem selber, wie Schönherr und Kranewitter zu spielen seien, da bräuchte man uns nicht.

Unsere Stellung ist dann eher ein verzwickte, den jungen Leuten stehen wir eigentlich mit Sympathie gegenüber (auch bei genauerem Hinsehen findet sich kein Faschistenfreund unter uns), und die großen Leistungen der Tiroler Volksbühnen hinsichtlich der Pflege der Tiroler Klassiker wissen wir natürlich ebenfalls zu schätzen. (Nicht so sehr die damals noch landauf landab grassierenden, selbstdenunziatorischen Blödelschwänke.) Was den »Nazi« Kranewitter betrifft, ist nichts mehr zu sagen, er wurde inzwischen rehabilitiert, nicht zuletzt durch das 1985 im Haymon Verlag erschienene Buch des Univ.-Dozenten Dr. Johann Holzner über ihn. Damals, 1981, sind uns Kranewitters Schwächen, Zwänge und Obsessionen ebenfalls nicht unbekannt, wir hielten und halten ihn trotzdem für den wichtigsten, radikalsten und kompromisslosesten Tiroler Dramatiker, der uns heute noch etwas zu erzählen hat.

Verdienen tun wir in diesem ersten Sommer natürlich alle nicht schlecht, aber den Löwenanteil berappt ja der ORF, keinerlei Subventionen von Stadt, Land und Bund waren notwendig. Außerdem würden Brenner, Schönherr, Reyer, Weinzierl & Co. bei den diversen Festspielen jederzeit das Dreifache bekommen.

Dass Karl Schönherr und Franz Kranewitter nur von Laien aufgeführt werden sollen, das allerdings können wir bei aller Wertschätzung der Volksbühnen nicht akzeptieren. Natürlich hat sich ein Quasi-Monopol dadurch ergeben, dass beide Autoren außerhalb Tirols nicht mehr gespielt wurden (was sich inzwischen bei Schönherr – nicht zuletzt durch unser Beispiel – geändert hat), und innerhalb Tirols nur von den Laienbühnen, da das Tiroler Landestheater mangels genügend Tiroler Schauspieler im Ensemble nicht in der Lage war, das zu tun. Aber selbstverständlich war es der Wunsch beider Autoren, an großen, professionellen Theatern gespielt zu werden, was wenig beim armen Franz Kranewitter, aber immer beim erfolgreichen Karl Schönherr der Fall war. Letzterer war sogar eine Zeitlang der meistgespielte Dramatiker im deutschen Sprachraum, auch das Wiener Burgtheater riss sich um seine Stücke. Unser aller Ansicht war, dass eine Laienbühne bestimmt (vor allem den Dialekt betreffend) eine authentischere Aufführung zustande bringen kann, aber was zeitgemäße Interpretation, was eine neue Sicht anbetrifft und einen neuen Spielstil, da braucht es Berufsregisseure, Berufsschauspieler. (Ich selbst gestehe aber gern ein, dass mir Laienaufführungen meiner Stücke oft besser gefallen haben – weil ehrlicher und authentischer –, als so manche durchschnittliche Aufführung von Routiniers an irgendwelchen Stadttheatern. Was dazu führte, dass ich auch weiterhin all die Jahrzehnte eigene Stücke für Amateurbühnen schrieb. Wenn ein Bauer einen Bauern spielt, und er übertreibt dabei nicht, hat der Profi wenig Chancen.)

Bei der Premiere des ersten Abends kommt es zu einem Zwischenfall. Ein junger Student aus Liechtenstein namens »Guggi« (ebenfalls ein Bekannter von mir) betritt während des Einakters »Der Joch« von hinten die Bühne, schwarz gekleidet, weiß geschminkt und mit einem großen Kruzifix, und trägt einen Text gegen den »Nazi« Kranewitter vor. Er hat geglaubt, den richtigen Augenblick für seinen Text gewählt zu haben, denn Julia Gschnitzer befindet sich gerade allein auf der Bühne. Bevor er allerdings geendet hat, nimmt ihm Julia das Kreuz weg und erhebt es drohend – ganz in Kranewitter-Manier – gegen ihn. Gleichzeitig rennen drei unserer Leute in Richtung Bühne, worauf Guggi die Flucht ergreift. Beim Hinterausgang der Burg fällt er über einen Zaun und zieht sich unglücklicherweise einen Unterschenkelhalsbruch zu. Am übernächsten Tag steht in den Münchner Zeitungen, unsere Leute hätten den armen »Links-Demonstranten brutal von der Bühne gefegt, sodass er sich das Bein brach«. Unsere jungen Freunde reiben sich darob die Hände, uns aber plagt natürlich das schlechte Gewissen und wir wollen dem Guggi den Krankenhausaufenthalt bezahlen, weil er, wie wir hören, nicht versichert ist (oder nur im fernen Liechtenstein).

Die ersten Spiele in diesem Sommer werden trotz aller Unkenrufe und Proteste zum unglaublichen Publikumserfolg, alle Vorstellungen sind ausverkauft, und jetzt in der Rückschau kann man ohne Überheblichkeit von einer Sternstunde des Theaters sprechen. Manche Szenen, manche Schauspieler werden unvergesslich bleiben. Hans Brenner als depperter Tomele in der »Eav«, als stolzer Bauer mit Julia Gschnitzer im »Giggl«, Markus Völlenklee als sein verfolgter, keuchender Sohn, Krista Posch als Eav, Kurt Weinzierl und Ruth Drexel im »Totentanz«, Dietmar Schönherr als zorniger »Seastaller«, Walther Reyer als Joch, Richard Haller und Franz Mössmer als Komikerduo im »Gafleiner« und nicht zuletzt die tief zu Herzen gehende Hackbrettmelodie von Bert Breit.

Ich selbst mache etwas, was ich noch nie gemacht hatte, ich singe. Das war die Idee von Kurt Weinzierl. »Du schreibst uns verbindende Moritaten zu den Einaktern, und singen tust sie gleich selber.« – »Kurt, ich hab in meinem Leben noch nie gesungen!« – »Mir wurscht, du machst das.« – Gesagt, getan. Der Haller Bert Breit (gestorben 2004) komponiert eine Melodie zu meinen Moritaten, der geniale junge Geiger Peter Lefor (gestorben 2017, ach, Peter!), spielt diese Melodie und begleitet mich geigend über die Bühne, mich, der quasi in der Rolle des Teufels mit provozierenden Liedern durch das Spiel führt. Wie oft ging mir die Luft aus! Peter und ich saßen ja am Rande der unendlich langen Bühne an einem Tisch, während einer der Einakter ablief. Ein kalter August war das damals, unsere Glieder wurden beim Warten klamm. Dann plötzlich mussten wir aufspringen, Peter hatte trotz seiner eisigen Finger die Geige zu spielen und ich musste aus dem Stand heraus singen. Irgendwie ging das auf, aber ich schwor mir, nie wieder auf einer Bühne zu singen.

Noch während wir spielen, stellen wir Überlegungen für das nächste Jahr an. Die Politiker – immer bedacht auf Image und Wählerstimmen – sind wegen der Proteste von zwei Seiten wankelmütig geworden. Wolf in der Maur macht uns aber ungerührt die

Felix Mitterer als der die Einakter verbindende Moritatensänger, hinter ihm der Geiger Peter Lefor

Mauer und verspricht auch für das nächste Jahr TV-Aufzeichnungen (und damit das nötige Geld). Dietmar Schönherr schlägt »Glaube und Heimat« (über die Vertreibung der Tiroler Protestanten) von Karl Schönherr vor, Ruth Drexel will die Satire »Kaiser Joseph und die Bahnwärterstochter« von Fritz von Herzmanovsky-Orlando inszenieren, und ich soll ein neues Stück schreiben, Alf Brustellin es inszenieren. Am 29. August ist die letzte Vorstellung, und wir scheiden etwas wehmütig von der Burg Hasegg, von unserem Publikum und all den Kollegen vor und hinter den Kulissen. Aber nächstes Jahr soll es ja ein Wiedersehen geben.

Am 13. Oktober wird in einem Gespräch mit Bürgermeister Posch und Wolf in der Maur der Spielplan für das nächste Jahr fixiert. »Stigma« soll mein Stück heißen, ich gebe einen Inhaltsüberblick, es existiert vorerst nur in meinem Kopf.

Am 11. November 1981 stirbt in München unser Freund Alf Brustellin an den Folgen eines (unverschuldeten) Autounfalls. Ein Schock. Unser erster schwerer Verlust. Alf fehlt uns immer noch sehr. Als Freund und Künstler, als gescheiter Mensch, dem viel an unserer Veranstaltung lag. Dies, obwohl er ganz und gar vom Film kam, an der Hochschule für Film und Fernsehen in München unterrichtete, mit Bernhard Sinkel und Edgar Reitz als Drehbuchautor und Kameramann gearbeitet hatte. Im Jahr seines Todes kam der Fünfteiler »Bekenntnisse des Hochstaplers Felix Krull« heraus, zu dem er mit Sinkel die Bücher geschrieben hatte. Jahre später traf ich Hannelore Elsner, die lange mit Alf zusammengelebt hatte, und es stellte sich heraus, dass sie immer noch schwer an dem Verlust von Alf trug.

Am 5. Dezember, nach dem Begräbnis von Alf in Hall, gibt es eine neuerliche Aussprache mit den Gemeindevätern. Widerstände gegen das Herzmanovsky-Stück. Mehrfach wird mit der Absage der Spiele gedroht. Wir geben nicht nach. Später erfahren wir, dass Bürgermeister Posch sich die Mühe machte, das Stück zu lesen. Er konnte leider nicht lachen. Irgendwie beschleicht uns das Gefühl, wir selbst sollten die Veranstalter sein, und nicht das theaterfremde Gemeindeoberhaupt, denn nicht jeder kann Stücke lesen, sogar manche Theatermenschen nicht.

Weihnachten 1981 gibt es wieder Gespräche, die Gemeinde Hall zeigt wenig Lust, die Spiele weiter zu betreiben. Am 31. Dezember spricht Gernot Friedl, einer unserer Regisseure, mit dem Haller Bürgermeister über eine von den Spielern getragene Genossenschaft, sodass wir selber Rechtsträger, also Veranstalter werden könnten.

Das aufregende Jahr 1982

Am 14. Jänner wieder ein Treffen. Die Stadtgemeinde Hall will doch Rechtsträger bleiben, der Terminplan der Aufführungen wird vereinbart. Bürgermeister Posch hat sich inzwischen »Kaiser Joseph« irgendwo in Bayern angeschaut und konnte doch lachen. Ich brüte über »Stigma«, die Leidensgeschichte einer Dienstmagd, die sich mit Christus vermählt, seine Wundmale empfängt und in der Folge zwischen den Mühlen von Kirche, Wissenschaft und Gesetz zermahlen wird. Erst am 22. Februar liefere ich vier Fünftel des Stückes beim ORF und bei unserer Organisationsleiterin Helga Berger ab.

Am 27. Februar kommt bei einem Treffen zwischen In der Maur und ORF-Tirol-Intendant Hauser der Haller Bürgermeister hereingeschneit und erklärt, er habe »Stigma« gelesen und könne dieses

Stück in Hall nicht aufführen lassen, weil es eine Ansammlung von Schweinereien und Religionsverhöhnung sei. In der Maur sagt, er kenne das Stück noch nicht, aber wenn die Beschreibung von Dr. Posch stimme, sei es auch für eine Sendung im Fernsehen nicht geeignet.

Am 1. März treffe ich in Wien In der Maur, der mir sagt, der zuständige Redakteur Peter Mertz und auch er selber hätten das Stück gelesen, beide fänden es sehr beeindruckend, es könne durchaus auch im Fernsehen gezeigt werden. Der Haller Bürgermeister aber weigere sich nach wie vor, wir müssten uns wohl einen anderen Spielort suchen, wenn wir auf »Stigma« nicht verzichten wollen. Ich treffe mich auch mit Dieter Berner (Regisseur der »Alpensaga« von Turrini/Pevny), der interessiert ist, die Regie für »Stigma« zu übernehmen. Wir beschließen, mit der Stadt Innsbruck Kontakt aufzunehmen, konkret mit dem Kongresshaus, das im Sommer nicht so gut ausgelastet ist. Am 18. März treffen wir Direktor Zwicker, der sich interessiert zeigt. Dr. Peter Sterzinger ist für den ORF dabei. Am 22. März bin ich endlich mit »Stigma« ganz fertig und verschicke es an die zuständigen Leute.

Am 26. März beschließt der Aufsichtsrat des Kongresshauses (Stadt Innsbruck, Land Tirol und Handelskammer) mehrheitlich, die Spiele nur ohne »Stigma« zu akzeptieren. Jetzt schauen wir blöd drein. Das Geld ist da, die Stücke sind da, aber Spielort haben wir keinen. Wohin jetzt? Wenn uns die Landeshauptstadt nicht nimmt, wer soll uns dann nehmen?

Am 28. März treffen sich rund zwanzig Mitwirkende der Spiele im Café Central in Innsbruck und beschließen nach langer Diskussion einstimmig, lieber die Idee der Volksschauspiele sterben zu lassen, als sich der Zensur zu beugen. Es kommt der Vorschlag, Paul Blaha vom Wiener Volkstheater um Zuflucht zu bitten: »Tiroler Volksschauspiele« in Wien? Ist das nicht absurd? Wolfgang Pfaundler, bei der Besprechung anwesend, meint plötzlich, wenn es einen Ort gäbe in Tirol, der sich vielleicht trauen würde, dann sei das Telfs. Er würde uns gern mit dem Bürgermeister Helmut Kopp und dem Kulturreferenten Emil Ladstätter zusammenbringen. Wegen der fortgeschrittenen Zeit wird dieser Vorschlag an die zweite Stelle geschoben und zuerst mit dem Wiener Volkstheater Kontakt aufgenommen. (Spielte da etwas Trotz bei uns mit? Wenn man uns in Tirol nicht will, dann gehen wir eben nach Wien?)

Paul Blaha, der 1978 als damaliger KURIER-Theaterkritiker eine Hymne über »Kein Platz für Idioten« geschrieben hatte, ist sofort sehr interessiert und lässt Kostenrechnungen anstellen. Es kommt dabei heraus, dass die Verlegung nach Wien rund drei Millionen Schilling mehr kosten würde als die Veranstaltung in Tirol. Die gesamte Technik müsste nämlich aus den Ferien zurückgeholt werden etc. etc. Am 7. April teilt mir das Joschi Kuderna am Telefon mit.

Gut. Als letzte Chance Telfs. Wir rufen Bürgermeister Kopp an und fahren sofort hinauf. Der Bürgermeister ist durch Wolfgang Pfaundler bereits informiert. »Wenn ihr wollts, könnts kommen«, sagt er einfach. Wir sind baff. Ob er das Stücke kenne? »Na, des brauch i a nit, bei uns gibt's koa Zensur.« Große Erleichterung, wir schlagen ein. Das Stück gebe ich ihm trotzdem. Auch Emil Ladstätter, Hauptschuldirektor, Pfarrgemeinderat und Kulturreferent, taucht auf. Ich erkenne ihn. Vor Jahren schon, ich war noch ganz unbekannt, hat er mich nach Telfs zu einer Lesung eingeladen. Er freut sich wie ein Kind, dass die Volksschauspiele nach Telfs kommen wollen.

Wir besichtigen den Rathaussaal, der sich als Spielort anbietet. Ein riesiger Bau aus der Nazizeit, ein düsterer, dunkler »Gausaal«. Schwere Balken, pathetische »Blut und Boden«-Fresken, eine große Bühne, darüber ein gusseiserner Adler, von dem unten was abgesägt ist. Natürlich, das Hakenkreuz war dran. Einige der dicken Nagelköpfe an den Balken haben noch immer das Hakenkreuz eingeprägt. »Na, servas«, sagt Joschi Kuderna, »da hätt ma den Kranewitter spielen sollen, dann hätt ma alles beinander g'habt.«

Am 12. April, Ostermontag, kommt Dietmar Schönherr aus Zürich, schaut sich mit dem Bühnenbildner Peter Paul Tschaikner den Saal an. Grauenhaft, findet Dietmar. Emil Ladstätter sagt, im Herbst werde der Saal endlich abgerissen, ein neues Gemeindezentrum soll errichtet werden. »Was, abg'rissen?« sagt Dietmar. »Ja, dann könn ma ja glei a Wand niederreißen, oder? Dann kommt wenigstens Luft und Licht herein. Die Zuschauer im Saal, die Spieler im Freien.« – »Natürlich«, sagen Bürgermeister und Kulturreferent, »alles könnts machen.« Dietmar ist begeistert. Für ihn ist der Ausbruch des alten Nazi-Saales ein Symbol, ein Aufbruch aus dem »tausendjährigen Mief«. Wo sonst, wenn nicht hier, sollte man zu einer Neuinterpretation des von den Nazis bewusst umgedeuteten Stückes »Glaube und Heimat« kommen?

Entwurfskizze von Heinz Hauser
zu seinem Simultanbühnenbild

Ein paar Wochen später stimmt der gesamte Marktgemeinderat Telfs dem Vorhaben zu. Die Gemeindearbeiter beginnen sofort ihr Werk und reißen die Ostwand des Saales nieder, der Blick zum Pilatushof, zur Kirche und zur Hohen Munde wird frei. Heinz Hauser wird hier sein großartiges Simultanbühnenbild für Stigma hereinbauen.

Ruth Drexel, der »Stigma« sehr gefällt, inszeniert nun mein Stück, Kurt Weinzierl übernimmt »Kaiser Joseph und die Bahnwärterstochter«, Dietmar Schönherr »Glaube und Heimat«. Anfang Juli beginnen die Proben, und gleichzeitig beginnt eine Hetzkampagne gegen »Stigma«. Ausgelöst wird sie ungewollt durch eine gute Tat von Wolfgang Pfaundler. Nachdem es so ausgesehen hatte, dass die Volksschauspiele wegen »Stigma« gestorben sind, machte er den Vorschlag, das Stück wenigstens in seiner Kulturzeitschrift »Das Fenster« abzudrucken. Ich war damit natürlich einverstanden.

Nach Erscheinen der Zeitschrift kommt eine Lawine ins Rollen. Irgendjemand schickt ein Exemplar an den »Pornojäger« Martin Humer, der daraufhin eine österreichweite Flugblattaktion gegen

»Stigma« startet und Strafanzeige erstattet (wegen »Herabwürdigung religiöser Lehren«) gegen mich, gegen Wolfgang Pfaundler, Intendant In der Maur, Bürgermeister Helmut Kopp, Kulturreferent Emil Ladstätter, Vizebürgermeister Erwin Müller und Bezirkshauptmann-Stellvertreter Dr. Bernd Stampfer (der die Veranstaltung nicht verbietet). Die aus dem Zusammenhang gerissenen »Stigma«-Zitate (meist aus dem Exorzismus) bringen viele Leute gegen das Stück auf, das sie nicht kennen. Immer neue Protestbriefe kommen an die Gemeinde, ich und meine Frau erhalten Drohanrufe, auch Humer selbst beehrt mich (natürlich anonym, ich identifiziere später seine Stimme) mit telefonischen Beschimpfungen (»Impertinente Drecksau, Verführer der Jugend«). Schließlich kommt es zu Bombendrohungen gegen den Bürgermeister und den Kulturreferenten samt Familie.

Ruth Drexel ist noch nicht da, sie probt, um Ruhe zu haben, im Pfarrsaal von Zorneding bei München. Die Zeitungen nehmen sich der Sache an, es ist ja Saure-Gurken-Zeit. In der Tiroler Tageszeitung ein empörter Leserbrief nach dem anderen. Nur die Telfer selbst lassen sich nicht beirren. Zwar gibt es ebenfalls ein paar Gegner, die Flugblätter verteilen, und Dekan Saurer fühlt sich unbehaglich unter dem Druck, trotzdem wird die Solidarität im Ort immer größer. Die Mitglieder der Volksbühne machen bei allen drei Stücken mit.

Inzwischen sind im Auftrag der Kirche und der Tiroler Landesregierung mehrere Gutachten über das Stück angefertigt worden. Autoren sind Germanisten und Universitätsdozenten. Die Gutachten sprechen alle für das Stück, das Land erklärt sich daher nicht bereit, die Aufführung zu verbieten. Bischof Reinhold Stecher hält sich ebenfalls mit Kritik zurück, obwohl er sehr bedrängt wird, etwas zu unternehmen. Da die Drohanrufe nicht mehr auszuhalten sind, flüchte ich Mitte Juli mit Frau und Kind in das Wochenendhaus von Wolfgang Pfaundler nach Alpbach.

Am 7. August dann mit »Kaiser Joseph« die 1. Premiere, am 8. August »Glaube und Heimat«. Bei all dem Wirbel um »Stigma« sind diese zwei Aufführungen etwas ins Hintertreffen geraten. Zu Unrecht. Noch nie gab es eine so wundervolle Inszenierung von »Kaiser Joseph«, wie die von Kurt Weinzierl, mit der kongenialen Musik von Werner Pirchner. Und Dietmar Schönherr liefert mit Richard Haller in der Hauptrolle die erste moderne, zeitnahe Interpretation von Schönherrs »Glaube und Heimat«.

Am 9. August kommt Ruth Drexel mit ihrem Team nach Telfs zu den Schlussproben. Die Stimmung wird immer aufgeheizter, die Schauspieler sind nervös. Wir vermissen die protestierenden Freunde vom letzten Jahr. Jetzt bräuchten wir ihren Beistand, ihre Unterstützung. Sie kommt nicht. Einzig die »Südtiroler Autorenvereinigung« schickt eine Solidaritätsadresse. In den Gasthäusern von Telfs gibt es nur noch dieses eine Thema – »Stigma«.

Premiere »Stigma«

Am 18. August 1982 die Premiere. Ein unglaublicher Andrang, die gesamte deutsche Presse ist angerückt. Wegen der Gewaltandrohungen kontrollieren Gendarmen am Eingang jeden Besucher, auch sämtliche Damenhandtaschen. Im Hof unten, beim Rathauscafé, warten die Schauspieler auf ihren Auftritt. Einer der Darsteller hielt die Anspannung nicht mehr aus und wurde umbesetzt. Jetzt verlangt er von seinem Ersatzmann, dass der ihn auf den Mund küsse. Dieser mag aber nicht, worauf der Darsteller sagt: »Dann spiel ich, dann geh ich auf die Bühne. Küsst du mich jetzt, oder nicht?« Der Ersatzmann läuft weg, der Darsteller ruft ihm nach: »Du Judas! Ich bin gekreuzigt! Ich bin gekreuzigt!«

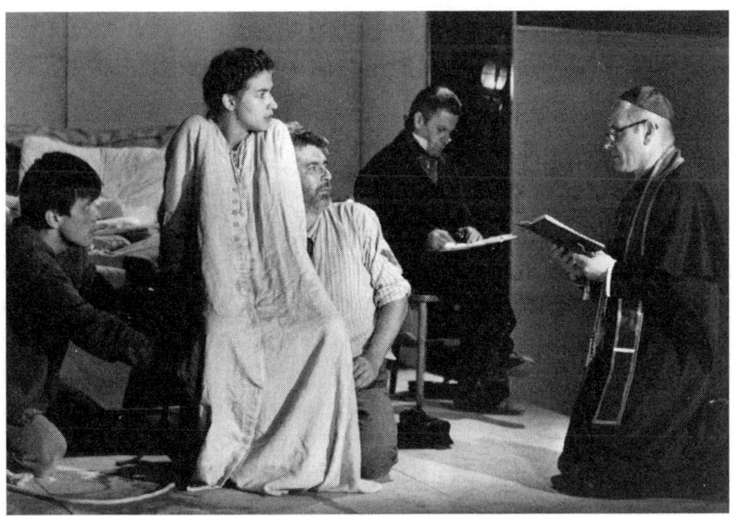

Szene aus »Stigma« mit Markus Völlenklee, Krista Posch, Thomas Egg, Franz Mössmer und Klaus Löwitsch

Krista Posch als Moid

Die Aufführung beginnt. Ruth Drexel hat in ihrer Inszenierung jede Provokation vermieden, die Zuschauer merken, dass es sich wirklich um eine Passion handelt, um eine weibliche Passion. Hauptdarstellerin Krista Posch, Hans Brenner als gütig-verzweifelter Pfarrer, Klaus Löwitsch als besessener Monsignore, Markus Völlenklee als hitziger Bauernsohn und all die anderen Spielerinnen und Spieler nehmen dem Publikum schier den Atem. Der Applaus nimmt dann kein Ende, gefeiert wird bis in den Morgen. Siggi Haider (von da an mein Freund und Begleiter bis heute) muss immer wieder auf seiner Ziehharmonika die Bühnenmusik von Werner Pirchner spielen, die inzwischen (anders orchestriert) längst auf Tonträgern erschienen und unsterblich geworden ist.

Die Kritiken erscheinen. Die Provinzzeitungen haben sich zu einem Großteil anstecken lassen von der Hetzkampagne und erregen sich, die (hauptsächlich deutschen) Feuilletonisten der großen Zeitungen sind (bis auf wenige Ausnahmen) zutiefst enttäuscht, dass es sich um so ein »harmloses Stück« handelt. Nix Pornographie, nix Blasphemie, »nur« ein Stück über die Leidensgeschichte einer Frau. Die Magazine und Boulevardzeitungen machen sich außerdem über die »hinterwäldlerischen« Gegner lustig, was mir ebenfalls nicht recht ist. Während jeder Vorstellung finden Wallfahrten (nach Locherboden und Kaltenbrunn) und Messen statt, in denen gegen das Stück gepredigt, aber auch manchmal um mein Seelenheil gebetet wird, wofür ich in gewisser Weise sogar dankbar bin. Jahre später werden sich einige der Teilnehmer bei mir entschuldigen und sagen, sie hätten erst später bemerkt, wie sie manipuliert und aufgehetzt wurden, ohne das Stück zu kennen.

Jede Vorstellung natürlich ausverkauft, manchmal ärgere ich mich darüber. Jeder will das »Skandalstück« sehen. Der Kasse kommt es zugute, aber der Skandalgeruch führt auch dazu, dass drei Jahre lang kein Theater sich an »Stigma« heranwagt. Intendant Stögmüller in Linz bricht dann 1985 den Bann, aber auch er muss sich noch mit massiven Protesten herumschlagen. Dann wird es allerdings Schlag auf Schlag gehen, das Stück wird endlich nachgespielt. 1986 ist es im Jura-Soyfer-Theater am Wiener Spittelberg in der Regie von Claus Homschak zu sehen, der nach Linz und Graz nun bereits zum dritten Mal (!) das Stück inszenierte, unter den Besuchern Hans Weigel, der daraufhin mein größter Förderer und ein guter Freund wurde. Die aufregendste Inszenierung dann wohl 1987 am Bayerischen Staatsschauspiel in München, wo Franz Xaver Kroetz das Stück mit einer solchen Radikalität auf die Spitze treibt, dass den Zuschauern (unter denen ich sitze – oh, Qual!) zum Teil schlecht wird, zum Teil zerreißen sie unter Protest ihre Programmhefte. Die Tirolerin Olivia Grigolli ist eine Herzweh verursachende Moid, Gregor Bloéb spielt ebenfalls eine Hauptrolle, er wird in den späteren Jahren (und bis heute) noch ganz wichtig werden für mich.

Aber noch sind wir in Telfs, es ist nämlich noch nicht alles ausgestanden. Ende August taucht plötzlich Martin Humer mit 19 Getreuen auf. Die Telfer haben von seinem Kommen Kenntnis und machen sich ein Volksfest daraus. Mindestens 400 Menschen drängen sich auf der Hauptstraße. Die Vorstellung beginnt, vor dem »Gausaal« stehen die Demonstranten mit Schrifttafeln und beten, Anführer Humer mit Mikrofon über Lautsprecher. Plötzlich taucht die Telfer Musikkapelle auf und marschiert mit klingendem Spiel auf sie zu, hält an, übertönt mit Pauken und Trompeten das Beten. Mir ist gar nicht wohl. Immer mehr Leute kommen, ganz Telfs scheint auf den Beinen, ein paar nehmen mich auf die Schultern (unter ihnen Reinhard, ein riesiger Schwarzer – Besatzungskind) und tragen mich zu Humer hin. Neben diesem steht Frau Dr. Elisabeth Schmitz, ruft: »Sie atheistischer Rotzbub!« und schlägt mit dem Regenschirm nach mir. Da Reinhard ausweicht, trifft sie aber leider einen Gendarmen, worauf ihr dieser wutentbrannt den Schirm entreißt und entzweibricht. Ich winde mich von den Schultern der Telfer und versuche, mit Humer zu reden. Der aber will nicht, meint nur, dass Gottes Strafe mich treffen werde. Die Telfer beginnen zu schreien: »Humer – Heuchler! Humer – Heuchler!« Humer geht ganz nahe auf sie zu und fotografiert seelenruhig einen nach dem anderen. Um 22 Uhr ist das Ende der Demonstration angesetzt und Punkt 22 Uhr taucht ein Straßenreinigungswagen auf und »reinigt« mit Wasser die Straße. Die Demonstranten müssen flüchten, um nicht nass zu werden. Die Sache beginnt mir über den Kopf zu wachsen. Immer, wenn viele auf wenige losgehen, fühle ich mich zu den Wenigen hingezogen. Ich begleite die Demonstranten ein Stück, beschwichtige die nachdrängenden Telfer, in einer Seitengasse kommt es beinahe zu einer Prügelei, aber Gottseidank nur beinahe. Humer würde nichts mehr freuen als ein blaues Auge. Der Bus mit den Demonstranten fährt wieder ab, ein Gejohle und Gepfeife gellt ihm nach. Drinnen im Saal geht die Passion der Moid zu Ende.

Eine Woche später verschickt Humer ein doppeltes Flugblatt mit zahlreichen Fotos der »Telfser Rauhnacht«, wie er es bezeichnet. Mit Weitwinkel aufgenommen die verzerrten Gesichter der Gotteslästerer. Aber da sind die Spiele schon beendet und Telfs verlassen. Die »Kasperln«, wie Hans Brenner den Schauspielerstand bezeichnet, sind alle wieder an die Theater zurückgekehrt, wo sie engagiert sind. Ende des Spiels.

Drehbücher

Die Turbulenzen um »Stigma« waren nicht das einzige Berichtenswerte aus dem Jahr 1982. Nachdem der Schiele-Film gut angekommen war, beschlossen John Goldschmidt und ich, noch zwei weitere Filme zu drehen und so eine Trilogie über Wien um 1900 herzustellen. Der zweite Film (1982 gedreht) hieß »Der Narr von Wien«

und handelte vom Kaffeehausdichter Peter Altenberg, den Kurt Sowinetz auf geniale Weise verkörperte. Er wurde dafür bei den Filmfestspielen in Cannes neben Bette Davis als bester Schauspieler ausgezeichnet. Beim dritten Film wollte ich das damalige Arbeitermilieu zeigen, was mir ganz wichtig schien. Ich hatte schon zu recherchieren begonnen, da kam mir der autobiografische Roman »Das rauhe Leben« des Arbeiterdichters Alfons Petzold unter. Besser als er konnte ich es nicht machen, er hatte ja »Das rauhe Leben« schmerzvoll am eigenen Leib erfahren. So erstellte ich aus seinem Roman ein Drehbuch. Da John Goldschmidt keine Zeit mehr hatte, übernahm später Heide Pils die Regie und drehte in Schwarz-Weiß einen beeindruckend wahrhaftigen Film, der auf großartige Weise dokumentarisch wirkte.

In München hatte der Medien-Mogul Leo Kirch die Rechte zu allen Werken von Peter Rosegger erworben, bevor sie 1988 (70 Jahre nach seinem Tod) frei wurden und jeder sie verfilmen konnte. Ein Monsterprojekt lief an, ORF und ZDF waren die Auftraggeber, die österreichische Firma von Kurt Mrkwicka (MR-Film) führte die Produktionen in der Steiermark durch. Das erste Drehbuch sollte ich schreiben, und zwar nach »Erdsegen«, Roseggers »grünstem« Roman. Ein Wiener Journalist schließt zu Silvester mit seinen Kollegen eine Wette darüber ab, dass er sich als Bauernknecht in der Steiermark verdingen und ein Jahr lang durchhalten würde, was er dann auch unter großen Schwierigkeiten meistert; so die Handlung. Mein Drehbuch gefiel aber nicht, der »Chef-Producer«, gerade von einem Kurs in Los Angeles zurückgekehrt, bescheinigte ihm unerträgliche Langeweile. Jan Mojto, ein enger Mitarbeiter von Kirch, und auch Kurt Mrkwicka waren nicht dieser Meinung, aber es half nichts.

Telfs 1983: »Karrnerleut« und »Weibsteufel«

Der alte Saal war abgebrochen, an seiner Stelle eine Baugrube. Wo also spielen? Wir sprechen wieder einmal in anderen Orten vor, aber es klappt nicht. Bürgermeister Kopp weist uns auf den Pilatushof hin, den wir im letzten Jahr offenbar nicht wahrgenommen hatten. Also zurück nach Telfs. Pilatushof, wunderbar. Er heißt deshalb so, weil an diesem Ort in früherer Zeit Passionsspiele abgehalten

Felix Mitterer (links) in Karl Schönherrs »Der Weibsteufel« (mit Tatjana von Radetzky und Sebastian Baur)

wurden. Es handelt sich dabei um eine sonnenverbrannte, riesige Scheune aus dem Jahr 1683. Ruth Drexel inszeniert dort die alte Tiroler Moritat »Die Räuber am Glockenhof« und fährt damit einen unglaublichen Erfolg ein. Hans Brenner und Franz Mössmer werden in diesem Sommer zu Tiroler Theatergöttern.

Kurt Weinzierl hat vorgeschlagen, den Einakter »Karrnerleut« von Karl Schönherr in der Baugrube zu spielen, und ich soll, damit der Theaterabend nicht zu kurz wird, einen weiteren Einakter schreiben, der hundert Jahre später, also 1983 spielt, und dabei dasselbe Thema abhandeln. Schönherr beschreibt das Aufeinanderprallen von Fahrenden, in Tirol Karrner genannt, mit den sesshaften Bauern. Da schon damals keine Karrner mehr unterwegs sind, schreibe ich also ein Stück über einen Burschen (dargestellt von Tobias Moretti), der von daheim ausbrach und nun mit seiner deutschen Freundin auf der Durchreise – natürlich mit dem Motorrad – in seinem Heimatort hängenbleibt, weil sie im Supermarkt etwas mitgehen lässt, was ziemlich üble Folgen mit sich bringt. Der Supermarktfilialleiter (Klaus Rohrmoser) ist nämlich schwer gekränkt über den Diebstahl und drängt den Gendarmen (Kurt Weinzierl) einzuschreiten. Der Gendarm aber ist der Vater des Ausreißers. Regie führt der Norddeutsche Gunnar Klattenhoff, den Kurt mitgebracht hat.

Ich selber habe mich von Dietmar Schönherr zum Spielen breitschlagen lassen. (Warum tu ich das, fix nochamol!?) Er inszeniert »Der Weibsteufel« von Karl Schönherr, ein Dreipersonenstück über einen schwächlichen Mann, einen Schmuggler, der seine Frau gegen einen jungen Grenzjäger ausspielt, was schlimm endet. Der Titel ist irreführend, denn Schönherr stellt eine Frau dar, die von zwei Männern schamlos ausgenützt wird, also dreht sie den Spieß um. Ich spiele das Manndl. Vor der Premiere bin ich derart aufgeregt, dass ich ein Schlafmittel nehme, worauf ich beinahe auf der Bühne einschlafe und meinen Text wie ein Automat aufsage. So kam's mir jedenfalls vor. Oben auf dem Balkon unterstützte uns ein Geiger beim Spiel. Sein Name war Hannes Thanheiser, und dieser hagere Mann sollte noch wichtig werden für mich.

Anna und das Leben in Hötting

Unsere Tochter Anna Magdalena war inzwischen drei Jahre alt und das Glück unseres Lebens. Da wir keinen Garten hatten, stellte es sich als große Wohltat heraus, dass nur fünf Minuten Fußweg entfernt eine Freundin von uns wohnte, Monika Frühling, die einen wunderschönen, verwilderten Garten zur Verfügung hatte. Monika war (ist) Keramikerin, ihr Mann hieß Lute und war Maler. Die beiden Töchter Sofie und Therese waren etwas älter als Anna und wurden ihre liebsten Spielgefährtinnen. Der Garten stellte sich als Paradies heraus, das zu großen Abenteuern einlud. Bei schlechtem Wetter kamen die Freundinnen oft zu uns und es wurden improvisierte Stücke aus dem Stegreif gespielt, auch solche aus Kinderbüchern, zum Beispiel »Oh, wie schön ist Panama!« von Janosch, natürlich mit aus Karton gebastelten und angemalten Bühnenbildern.

Im Nebenhaus wohnte eine Osttiroler Familie mit mehreren Kindern, bei denen Anna sein konnte, wenn Chryseldis und ich beide arbeiten mussten und ein Besuch bei den Frühlings nicht möglich war. Aber auch alte Freunde wohnten in diesem Nebenhaus, nämlich der Maler Wilfried Kirschl mit seiner Frau Heidi Birkner, die Sprecherin bei Radio Tirol war. Wir besuchten uns oft gegenseitig. Wilfried war ein großer Egger-Lienz-Kenner und brachte ein zweibändiges Standardwerk über diesen berühmten Osttiroler Maler heraus. Zur Geburt von Anna hatte er ihr ein kleines Blumenbild geschenkt, an dem sie noch heute sehr hängt.

Im nächsten Stockwerk dieses Hauses lebten auch Fritz Philipp und seine Frau Hedy Danneberg. Fritz und Hedy waren vor vielen Jahren mit ihrem alten Auto und allen Habseligkeiten aus Oberösterreich nach Innsbruck gekommen, wo Fritz zu einem sehr gefragten Zahnarzt wurde, obwohl er »nur« Dentist war. Aber seine Begabung war so groß, dass das niemanden interessierte. So richtete er schließlich allen Schauspielern die Zähne, auch mir. Ich suchte ihn aber nur gezwungenermaßen auf, und zwar im Sommer 1979, da die Filmfirma, die den Schiele-Film produzierte, mir zur Auflage machte, ich solle wegen meiner schlechten Zähne zum Zahnarzt gehen, sonst würde ich die Rolle nicht bekommen, da möge sich John Goldschmidt noch so sehr für mich in die Bresche werfen. Das tat ich denn auch. Fritz hatte seine eigene, witzige Ausdrucksweise, so sagte er zum Beispiel sehr oft: »Und, Beistrich, warum denn nicht?« Seine Frau Hedy war im Kochen nicht die Beste, liebte es aber sehr, und jedes Mal, wenn wir Gäste tapfer im Essen stocherten, meinte Fritz: »Hedylein, das hast du wieder überaus köstlich gemacht! Und, Beistrich, warum denn nicht?«, und aß mit bestem Appetit. Hedy wäre eigentlich gern Profischauspielerin geworden, aber sie schaffte es nur einmal in ein Stück von mir. Schließlich teilte sie uns mit, dass sie nun (mit über 50) Medizin studieren wolle. Wir waren fassungslos. Aber sie zog es eisern durch, absolvierte mit Vorzug das Medizinstudium, studierte dann noch Zahnmedizin und bekam bei Fritz einen eigenen Behandlungsraum. Wir alle bewunderten Hedy sehr für ihre Durchhaltekraft. Da es ihr aber beim Zähnerichten ähnlich erging wie beim Kochen (und auch beim Autofahren), flehten immer wieder Patienten mit verschwollenem Gesicht den Fritz an, er möge sie doch wieder selber behandeln, worauf er ihr die Kinder mit den Zahnspangen überließ, womit die aber auch nicht viel Freude hatten. Und die Eltern auch nicht. (Ach, Hedy!) Jedenfalls wurde Fritz sehr reich und ein großer Kunstsammler. In seinem Haus am Hattinger Berg durfte ich in einem bitterkalten Winter ein Theaterstück schreiben, und zwar »Die verlorene Heimat«.

Ganz in der Nähe wohnte ein anderer Freund, nämlich Othmar Costa, der Abteilungsleiter für »ernste« Musik beim ORF Tirol war und sich besonders deshalb Verdienste erwarb, weil er den Komponisten Bert Breit immer wieder zum Komponieren überredete, obwohl dieser meinte, Komponieren könne die Welt nicht verändern und sei zu nichts gut, weshalb er lieber Radio-Features und Dokumentarfilme über Dienstboten, Roma und andere Ausgestoßene machte. Anna mochte Othmar sehr und nannte ihn »Otmapf«; Sohn Bernhard wurde Geigenbauer, Sohn Stefan berühmter Jazzmusiker.

Hötting war gut für uns, Hötting war schön. Im Winter gingen wir auf einem nahegelegenen Bühel rodeln, im Februar erschienen dort die Geiselschnalzer, die mit ihrem Peitschenknallen den Winter austrieben. In Hötting und unten am Inn, im alten Stadtteil Sankt Nikolaus (»Koatlacken« genannt), wurde von den Kindern übrigens das »Totzenhacken« betrieben. Als Anna zur Welt kam, war dieses Spiel leider schon fast ausgestorben. Eines Tages sah ich aber drei türkische Buben, die es eifrig betrieben, und da wusste ich, das »Totzenhacken« wird weiterleben. Bei dem Spiel geht es nicht nur um Treffsicherheit, sondern auch um eine kleine Spende, die dann meistens vom Kaugummiautomaten geschluckt wird. Der Spruch dazu lautet: »Bittschön, der Herr, setzen S' an Groschen in mei Kreisl, mei Totzen singt wia a Tannenmeisl.« Man braucht dazu einen kleinen Metallkegel, der mit einer Schnur umwickelt wird. Setzt ein Spender einen Groschen, wirft ihn also auf den Boden, dann schnellt der Spieler mittels der Schnur den Kegel (Totzen) blitzschnell in Richtung Münze. Wenn er sie trifft, gehört sie ihm. Aber die Spender waren sowieso immer großzügig, keiner verlangte je den Groschen zurück. Im Radio Tirol gab es übrigens jahrzehntelang eine satirische Sendung, die »Der Totzenhacker« hieß, eine Bubenstimme sagte zu Beginn immer den Spruch auf. Der Bub war Hans Brenner, der als Kind in Sankt Nikolaus den Spruch ins Mikrofon rief.

Bevor Anna schreiben konnte, diktierte sie mir Geschichten, die sie mit Bildern versah. Oder wir spielten Märchen nach, immer wieder auch »Schneewittchen«, wobei Anna die unangenehmen Rollen immer mir zuschob, denn die böse Königin und den Jäger, der das Schneewittchen töten und ihm die Leber herausschneiden soll, wollte sie nicht spielen. Ich nahm einmal das Spiel auf Tonband auf und schrieb es ab. Jahre später (Anna war zwölf) duften wir es bei Ö1 als Hörspiel aufnehmen. Ich schrieb aber auch immer wieder kurze Wechselreden auf, die sich zwischen uns ergaben.

Drei sollen als Beispiele folgen:

Der Schnaggl

Das Kind kommt gerannt, hat einen Schluckauf.

»Papa, hick, Papa, ich hab einen, wie heißt das?«

»Schnaggl!«

»Ich hab das! Einen Schnaggl! Du musst mich erschrecken! Hick!«

»Wieso erschrecken?«

»Die Mama hat gesagt, da geht er weg, der Schnaggl!«

»Da! Schau! Eine Spinne!«

»Wo? Hick!«

»Nirgends. Ich wollte dich nur erschrecken.«

»Ich bin aber, hick, nicht erschreckt! Noch einmal!«

»Dreh dich um! Nicht schaun! – Buh!«

»Nicht erschreckt.«

»Ja, das ist nicht so einfach. Du bist ja drauf gefasst.«

»Was ist gefasst?«

»Du weißt, dass ich dich erschrecken will. Geh in dein Zimmer. Ich komm dann und erschreck dich.«

»Aber bald! Das ist so lästig!«

Das Kind geht in sein Zimmer, wartet, wird vom Schluckauf geplagt.

»Papa, jetzt komm doch!«

Der Vater meldet sich nicht.

»Papa! Hick! Kommen! Papa! Hörst du nicht?«

Der Vater meldet sich nicht, das Kind kommt verärgert aus seinem Zimmer, sucht den Vater.

»Papa! Wo bist, hick, du denn? He! Ja, du musst was sagen! Ich sag auch immer was, wenn, hick, du fragst! Hardigatti! Wo ist er denn? Herrgottmalschaft, muss ich mich ärgern! Hick!«

Der Vater springt hinter einer Tür hervor.

»Buh!«

Das Kind erschrickt furchtbar.

»Jetzt hast du mich aber erschreckt!«

»Ja, das wolltest du doch!«

Das Kind beginnt zu weinen.

»Aber nicht so fest! Ich bin ganz furchtbar erschreckt! Ganz furchtbar!«

»Das tut mir leid! Entschuldige, Schatzl! Aber der Schnaggl ist jetzt weg, nicht?«

»Aber du musst mich doch nicht so fest erschrecken! Die Mama hat mich auch nicht so fest erschreckt!«

»Ja, bitte, dann lass dich in Zukunft von der Mama erschrecken!«

»Buh!«

»Was?«

»Ich wollt dich erschrecken! Bist du nicht erschreckt?«

»Nicht wirklich.«

»Geh in die Küche und tu was!«

Der Vater geht in die Küche, setzt sich hin, liest die Zeitung.

Das Kind ruft von draußen:

»Du musst mich suchen!«

Der Vater geht hinaus und sucht.

»Wo bist du denn? Ja, wo ist sie denn, wo kann sie denn sein?«

Das Kind springt hinter der Tür hervor.

»Buh!«

Der Vater fällt um vor Schreck, das Kind – noch die Tränen auf den Wangen – hüpft lachend um ihn herum.

Das Hasi

Der Vater schaut fern. Das Kind will spielen:

»Bitte, Papa! Schneewittchen! Du bist die böse Königin, ich bin das Schneewittchen.«

Der Vater:

»Geh, lass mich Nachrichten schaun!«

Das Kind:

»Einmal noch! Du bist der Spiegel und der Jäger und ich bin die Zwergeln!«

Der Vater:

»Ich will Nachrichten schaun! Jeden Tag um dieselbe Zeit will ich Nachrichten schaun. Verstehst du das nicht? Lass mich in Ruh!«

Das Kind verzieht sich, kommt nach einer Weile mit einem leeren Joghurtbecher zurück.

»Schau, Papa, ich hab ein Hasi gefunden!«

Kurzer Blick vom Vater.

»Ja, fein.«

Das Kind reicht ihm den Becher.

»Tu's streicheln.«

Der Vater nimmt den Becher, behält ihn achtlos in der Hand, starrt zum Fernseher.

»Streicheln!«

Der Vater lässt den Becher fallen. Das Kind schaut empört, stürzt zum Becher, hebt in sachte auf, birgt ihn an der Brust.

»Du hast mein Hasi weggeschmissen!«

»Was?«

»Du hast mein Hasi weggeschmissen!«

Der Vater schaut auf den Becher.

»Das ist ein Hasi?«

»Ja! Mein armes Hasi!«

»Entschuldige. Das hab ich nicht gewusst.«

»Ich hab's dir gesagt! Das arme Hasi! Es hat sich den Fuß gebrochen! Hörst du, wie es jammert?«

»Das tut mir leid. Entschuldige, Hasi.«

»Das sag ich aber der Mama, wenn sie heimkommt!«

»Geh, lass mich fernsehen!«

»Der Fuß ist gebrochen! Schau doch!«

»Aber wo! Nur ein bissel verstaucht! Gell, Hasi?«

»Gebrochen!«

»Gell, Hasi, nur ein bissel verstaucht! Hast du gehört? Das Hasi sagt, es ist schon wieder gut!«

»Es ist nicht gut! Das Hasi weint!«

»Das Hasi weint nicht mehr!«

Das Kind weint.

»Das Hasi weint! Böser Papa! Böser Papa! Da, schau, der ganze Fuß ist auseinandergebrochen!«

»Geh, lass mich doch in Ruh' mit deinem blöden Becher!«

Das Kind weint noch mehr.

»Das ist kein blöder Becher! Das ist mein Hasi!«

»Ja, von mir aus, ist es halt dein Hasi. Aber der Fuß ist nicht gebrochen! Es ist schon wieder gut!«

»Nix ist gut! Ich muss in die Klinik mit dem Hasi!«

»Ja, dann verschwind!«

»Tü-ta, tü-ta, jetzt sind wir in der Klinik. Du bist der Arzt.«

»Ich bin kein Arzt! Ich will Nachrichten schaun! Bitte!«

»Komm, Hasi, war fahren in eine andere Klinik, wo ein lieber Arzt ist!«

»Also gut. Komm her, Hasi! Was ist denn passiert?«

»Der böse Papa hat das Hasi auf den Boden geschmissen! Da war der Fuß kaputt!«

»So? Das war aber nicht lieb von deinem Papa! Gar nicht lieb! Da muss ich ihn leider bei der Polizei anzeigen!«

»Bei der Polizei? Nein, nein, brauchst du nicht. Er hat geglaubt, das ist ein Joghurtbecher.«

»So? Merkwürdiger Papa! Verwechselt ein Hasi mit einem Joghurtbecher! So, Verband herum … Alles wieder in Ordnung! Vierzehn Tage liegen.«

»Danke, lieber Arzt! Jetzt darfst du Nachrichten schaun.«

»Jetzt sind die Nachrichten aus!«

»Dann spielen wir Schneewittchen! Der Becher ist meine Krone!«

Die Gutenachtgeschichte

Das Kind liegt im Bett, der Vater sitzt bei ihm.

»Erzählst du mir noch eine Geschichte?«

»Ich bin müde.«

»Ganz eine kleine! Eine winzig kleine!«

Zeigt es mit zwei Fingern:

»So klitzeklein!«

»Ich bin müde, mir fällt nichts ein.«

»Immer fällt dir nichts ein! Aber schreiben tust schon immer so viel!«

»Ja, deswegen fällt mir dann oft nichts mehr ein.«

»Tun wir wenigstens kuscheln?«

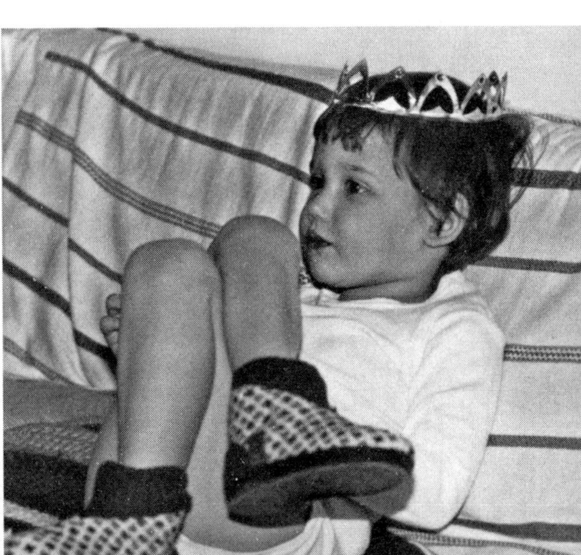

Märchenprinzessin Anna

Der Vater legt sich zum Kind, das Kind bohrt in der Nase.

»Bohr doch nicht immer so fest in der Nase! Sonst bekommst du Nasenlöcher wie eine Kuh!«

»Wirklich?«

»Ja, wirklich!«

»Dann geh ich zum Bauern auf die Wiese, was sagt dann die Kuh?«

»Grüß Gott, sagt sie, du hast ja so große Nasenlöcher wie ich!«

»Dann zieh ich mir ein Kuhfell an, und die Kuh glaubt dann, ich bin auch eine Kuh! Was sagt sie dann?«

»Muh-Kuh! Muh-Kuh!«

»Nein, nicht Muh-Kuh! – Muh! Muh! sagen die Kuhs!«

»Kü-he!«

»Nein, nicht Kü-he, Kü-e heißt das! Und dann geht die Kuh mit mir nach Hause! Was sagt dann der Bauer?«

»Dem geht die Kuh ab, der sucht sie mit dem Hund.«

»Nein, der sucht sie nicht, der hat eh so viele, das macht nichts! Und zu Hause tu ich mit ihr spielen und sie melken, dann machen wir einen Milchreis und geben ihr auch einen Milchreis und sagen: Schau, Kuh, der Milchreis ist aus deiner Milch gemacht!«

»Aber Heu kriegt sie auch.«

»Nein, leider, haben wir nicht. Aber ich geh mit ihr auf den Spielplatz, da ist ein Gras. Und dann kriegt sie den großen Kübel und ich den kleinen, dann spiel ich mit ihr. Was sagen dann die Leute?«

»Da werden die Leute staunen.«

»Dann kann sie bei mir schlafen und ich erzähl ihr eine Gutenachtgeschichte. Erzählst du mir auch eine Gutenachtgeschichte?«

»Ich kann leider nicht so gut Geschichten erzählen wie du. Jetzt schlaf. Heute hast du mir eine Geschichte erzählt, morgen erzähl ich dir wieder eine.«

»Erzählst du mir, wie ich auf dem Spielplatz mit der Kuh spiele? Wie ich mit ihr bei der Rutsche herunterrutsche? Und wie sie auf der Schaukel sitzt und ich schupf sie an und sie lacht so lustig? Erzählst du mir das?«

»Ja, das erzähl ich dir. Gute Nacht, mein Schatz, schlaf gut.«

»Gute Nacht, Papa!«

Besuch bei Künstlerfreunden

Natürlich besuchten wir auch die Künstlerfreunde von Chryseldis. Zuerst ist da Herbert Danler in Landeck zu nennen, der Chryseldis im Perjenner Gymnasium unterrichtet hatte und für sie ein so wichtiger Förderer war wie bei mir Herbert Sojer. Landeck wurde durch ihn und die Galeristin Monika Lami zu einem »Künstlernest«. Reinhold Traxl, Nobert Pümpel, Elmar Peintner, Gerald Nitsche sind zu nennen. Letzterer lud mich schon Ende der 70er Jahre zu Lesungen im Gymnasium ein, ebenso Monika Lami. Und das »Gemeindeblatt« wurde damals von Oswald Perktold geleitet, der eine fortschrittliche und sehr unübliche Zeitung daraus machte. »Superhenne Hanna« wurde noch vor ihrem Erscheinen in Fortsetzungen abgedruckt, und etliche Jahre später wurde mir eine Artikelserie der Zeitung zur Inspiration für das Theaterstück »Kein schöner Land«. Oswald Perktold unterrichtete in einer einklassigen Volksschule oberhalb von See im Paznauntal und wurde als »erster und einziger liegend unterrichtender Lehrer« einigermaßen berühmt, bei den Schulinspektoren eher berüchtigt. Oswald besorgte sich nämlich ein »schwedisches Sofa«, stellte es im Nebenraum auf und gab den Schülern sozusagen Fernunterricht, machte aber auch hin und wieder ein Schläfchen, was die Mädchen und Buben sehr zu schätzen wussten. Trotzdem lernten sie bei Oswald mehr über die Welt und das Leben, über Rechnen und Schreiben und Geschichte und Geografie als bei vielen anderen Lehrern, die stehend unterrichteten.

Einen ganz besonders guten, alten Freund von Chryseldis besuchten wir ebenfalls immer wieder. Er lebte mit seiner Familie im Dorf Hatting und hieß Walter Nagl. Als junges Mädchen hatte Chryseldis den kleinen Sohn der Nagls gehütet. Walter beeindruckte mich sehr als Mensch und Künstler, tut es heute noch. Im Dezember 2016 stellte er im Wallfahrtsort Maria Waldrast aus (weit oben im Wipptal gelegen), und auf Bitten der Veranstalter schrieb ich gern ein Vorwort zum Katalog, das ich hier wiedergeben möchte.

Über meinen Freund Walter Nagl

In all den Bubengestalten von Walter Nagl sehe ich ihn selber, ihn, den 14-jährigen Bergbauernsohn aus Grinzens, der unbedingt Maler werden möchte, aber Maler, das ist doch so etwas Fremdes in dieser Welt, wie kann man nur auf so eine abwegige Idee verfallen, und Walter wird krank und eine tiefe Grube gräbt sich in seine Brust, schwer herzkrank wird er. Das erinnert mich an Hans Brenner, aus der Innsbrucker »Koatlacken« stammend, der die genauso abwegige Idee hatte, Schauspieler zu werden, und erinnert mich auch an den gerade verstorbenen Komponisten Werner Pirchner, Haller Fuhrmannssohn, der mit 15 daheim einen Zettel auf den Tisch legte, auf dem stand: »Ich bin Musiker«. Alle drei, der Maler, der Schauspieler, der Musiker, hatten also den unbändigen Wunsch, Künstler zu werden, und sie wurden es auch, sie haben ihren Weg gemacht. Am Ausgangspunkt so eines Weges stehen meistens ein oder zwei Menschen, die als Lebensretter – im wahrsten Sinne des Wortes – auftreten und eine junge Begabung erkennen. Bei Walter waren das Marianna und Paul Hauser aus Innsbruck, die ihn an die Gewerbeschule brachten und vier Jahre lang am Mittagstisch durchfütterten. Ähnliches geschah bei Hans Brenner und Werner Pirchner. Alle drei verbindet aber nicht nur ihre Herkunft, ihre Begabung und ihre beharrliche Konsequenz, sondern auch ihre Anschauung von dem, was man Kunst nennt. Sie kamen aus dem Volk, sie blieben beim Volk – alle drei haben daher auch nie ihren angestammten Dialekt abgelegt – und sie haben Kunst für das Volk gemacht, verständliche Kunst, aber auf höchster handwerklicher und intellektueller Ebene, alle drei außerdem mit einem großen Maß an Bildung, die sie aber, so gut es ging, stets versteckten, denn sich erheben über andere, das war nicht ihre Sache. So wie es kein konservatives oder modernes, sondern nur gutes oder schlechtes Theater gibt, so gibt es auch keine E- und U-Musik, sondern nur gute oder schlechte, so gibt es auch keine konservative oder moderne bildende Kunst, sondern nur eine gute oder schlechte. Walter Nagl war immer unerschütterlich gegenständlich, denn es liegt in seinem Wesen, etwas über den menschlichen Körper, etwas über Landschaften und Architektur zu erzählen, auf seine ganz eigene, unverwechselbare Weise. Viele Modeströmungen gab es, seit Walter bildhauert und malt, das Tafelbild, die gegenständliche Plastik wurden weiß Gott wie oft schon totgesagt, es gibt Videos und Installationen und Performances, und all das hat seine Berechtigung, und unter den vielen Scharlatanen, die da den Galeristen, den Betrachter, den Kunstkritiker, den Museumsdirektor bluffen, sind natürlich auch große Begabungen zu finden, deren Werke für immer Bestand haben werden. Trotzdem tut es mir weh, dass der große Maler und Bildhauer Walter Nagl, der ganz bewusst nach seinem Studium aus Wien wieder nach Tirol zurückkehrte, sich nie an den Kunstmarkt anbiederte, sich nie verkaufte, sich nie in den Vordergrund spielte, dass dieser Mann so lange auf seinen verdienten Erfolg warten musste. Nur wer freischaffender Künstler ist, weiß, wie groß die Freiheit ist, die man hat; die Freiheit, ausschließlich seiner Kunst nachzugehen, die Freiheit aber auch, ein Hungerleben zu führen. Walter Nagl war von Jugend an ein unglaublich begabter Bildschnitzer, er hat die wunderbarsten Krippen für das Tiroler Heimatwerk geschnitzt, sie fanden reißenden Absatz, Walter hätte neben seiner künstlerischen Tätigkeit eine Menge Geld damit verdienen können. Aber er wusste, Kunsthandwerk und Kunst lassen sich nicht vereinbaren, also hat er das Kunsthandwerk bleiben lassen und sich ausschließlich auf seine Kunst konzentriert. Als Erleichterung im Existenzkampf, vor allem, wenn man Familie hat, bietet sich auch der Lehrerberuf an, aber darauf hat Walter ebenfalls verzichtet, denn Kunst, wirkliche Kunst kann man nicht als Freizeitbeschäftigung betreiben. Wenn dann Walter manchmal hinter der Ladenbudel stand, im Geschäft seiner aufopferungsvollen Frau Gerda, dann hat das hin und wieder dazu geführt, dass manch ein Dorfbewohner leicht abschätzig vergaß, dass er die Ehre hatte, von einem großen Künstler bedient zu werden. Solche Augenblicke muss man ertragen, Walter ertrug sie, denn vielen großen Künstlern der Vergangenheit erging es ja ähnlich.

Ein paar Worte noch möchte ich zur Kunst von Walter sagen, obwohl ich kein Kunsthistoriker bin, sondern nur Kunstliebhaber, und zwar ein besonders leidenschaftlicher, wie ich versichern darf. So möchte ich festhalten, dass die Kunst von Walter für mich Erholung bedeutet, Erholung vom aufdringlichen Lärm unserer Zeit, Erholung von der Bilderflut, die über die Medien auf uns einstürmt, Erholung von der Unruhe und Unrast und Hässlichkeit in unserer einstmals heilen Landschaft. Walters Bilder sind im höchsten und besten Sinne einfach, sie strahlen eine meditative

Stille aus, sie bergen ein Geheimnis, das unserem Auge und unserer Seele wohl tut. Und seine weiblichen Plastiken verzaubern und wecken ein tiefes, zärtliches Gefühl in uns. Man möchte diese Frauen streicheln, sie zart an der Schulter berühren, am Bauch, an den Brüsten, und das alles hat mit Innigkeit zu tun, mit Liebe, mit Sehnsucht nach dem verlorenen Paradies. Woher kommt das? Es kommt daher, dass dieser Künstler, dieser Meister seine Bilder, seine Plastiken mit eben dieser Innigkeit, Liebe und Sehnsucht aus seiner tiefen Seele heraus für uns erschafft. Und so bin ich sehr glücklich, dass ich diese drei Freunde, diese drei Brüder im Geiste, Hans Brenner, Werner Pirchner und Walter Nagl, in meinem Leben kennenlernen durfte. Als Schriftsteller zuletzt die Anmerkung, dass Walter, der Maler der Stille, überraschenderweise ein Erzähler von Gottes Gnaden ist, ein Erzähltalent ohnegleichen, also das kann, was vor der Schrift, vor uns Schriftstellern war, nämlich durch Rede zu erheitern, in den Bann zu ziehen, zu verzaubern.

Als Schauspieler und mit Chryseldis als Bühnenbildnerin am Münchner Volkstheater

Und gleich noch einmal ließ ich mich zum Spielen breitschlagen, warum nur? In München wurde im Herbst 1983 das Münchner Volkstheater wieder eröffnet, Ruth Drexel übernahm die erste Inszenierung, und zwar »Glaube und Heimat« von Karl Schönherr. Dieses Stück faszinierte sie, aber sie hatte eine andere Auffassung davon als Dietmar Schönherr, der dasselbe Stück im Jahr davor in Telfs gemacht hatte. Ich selber sollte, alternierend mit Markus Völlenklee, der auch woanders aufzutreten hatte, den »Wilden Reiter« spielen, der die Protestanten drangsaliert. Nein, bitte nicht. »Ich will außerdem, dass Chryseldis das Bühnenbild macht«, sagte Ruth Drexel. Das fand Chryseldis spannend, denn noch nie hatte sie ein Bühnenbild gemacht. Ruth mochte ihre Bilder sehr, und sie wünschte sich also eigentlich ein Bild von Chryseldis, aber ein Dreidimensionales, in dem die Menschen herumgingen und spielten.

Gesagt, getan. Wir übersiedelten für einige Monate mit unserer dreieinhalbjährigen Tochter Anna nach München. In Schwabing stand eine Wohnung für uns bereit, sogar einen Kindergarten für Anna hatte man uns besorgt. Es war ein alternativer Kindergarten, was uns gut erschien. Allerdings wurde Anna dann mehrmals von einem Buben mit einem Hämmerchen auf den Kopf geschlagen (»Aggressionen muss man ausleben«), was wir dann nicht so toll fanden. Chryseldis machte also ihr Bühnenbild, und ich probte alternierend mit Markus den »Wilden Reiter«.

Einmal ging ich mit Anna ins Kino und ich habe deswegen noch heute ein schlechtes Gewissen. Es handelte sich um den Puppenfilm »Der dunkle Kristall« des Muppets-Erfinders Jim Henson. Während der Vorstellung befürchtete ich immer mehr, der Film sei zu unheimlich für die kleine Anna. Als ich sie fragte, ob sie gehen wolle, reagierte sie nicht, starrte nur auf die Leinwand. Und als es aus war, und wir das Kino verließen, wollte sie sofort wieder zurück und den Film noch einmal sehen. Später sagte sie mir, dass sie sich tatsächlich sehr gefürchtet hatte, aber wie durch einen Bann am Sessel klebte. Entschuldige, Anna.

Die Premiere kam, und ich stand mit Hans Brenner und den besten bayerischen Darstellern auf der Bühne. Vor dem Auftritt hatte ich jedes Mal entsetzliche Angst und sagte mir ständig den ersten Satz vor. Einmal draußen, verschwand die Aufregung urplötzlich. Aber ich schwor mir ein für alle Mal, nie mehr als Schauspieler auftreten zu wollen. Wie unendlich lange hatte ich doch bei den Proben gebraucht, bis ich endlich soweit war, wie ich es für notwendig hielt. Und wie schnell war Hans Brenner dort gewesen, wo er sein wollte. Auf der Stelle, am ersten Probentag. Mit den Bühnenarbeitern gewitzelt, die Bierflasche hingestellt, auf die Bühne gegangen und wie ein Gott gespielt. Am Ende gab es in Ruths Inszenierung eine furchtbare Schlägerei zwischen dem protestantischen Bauern (Hans) und dem »Wilden Reiter«. Für die Zuschauer sah es

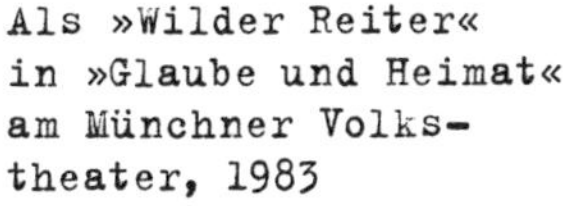
Als »Wilder Reiter« in »Glaube und Heimat« am Münchner Volkstheater, 1983

schrecklich aus, aber Hans behandelte mich in Wahrheit wie ein zartes Küken. Allerdings kam ich immer knapp am Eisernen Vorhang zu liegen, was nicht ungefährlich ist, weshalb mir die Bühnenarbeiter eine Markierung hingemacht hatten. Wenn aber dann der Eiserne Vorhang knapp neben meinem Kopf herunterkam, hatte ich doch jedes Mal Angst. Das kam daher, dass mir Kurt Weinzierl einmal erzählte, er habe mit eigenen Augen gesehen, wie der Eiserne Vorhang einen Darsteller köpfte. Ich danke schön!

Erzählen muss ich auch von meinem Kollegen Martin Sperr. Er war mit »Jagdszenen aus Niederbayern« ein berühmter Dramatiker geworden, Ruth Drexel und Hans Brenner spielten in seinen Stücken und Filmen. Doch eines Tages wechselte er bei seinem Auto ein Rad, in seinem Gehirn platzte eine Ader, das Blutgerinnsel richtete Furchtbares an. Ab diesem Zeitpunkt konnte er nicht mehr schöpferisch arbeiten, konnte kein einziges Stück mehr schreiben, musste sich mit Übersetzungen aus dem Englischen über Wasser halten. Aber es kam noch etwas sehr Unangenehmes hinzu. Er hatte epileptische Anfälle, außerdem sagte ihm sein Gehirn nicht mehr, wann er genug hatte. Das heißt, Martin musste ununterbrochen essen und trinken, und er nahm deshalb hundert Kilo zu. Ein riesiger, dicker Mann war er, als ich ihn kennenlernte. Riesige Bierkrüge mit zahlreichen Schnäpsen trank er aus, gleich mehrere Schweinsbraten auf einmal mussten es sein, einer genügte nicht. Fast sein ganzes Geld gab also Martin für Essen und Trinken aus. Ruth Drexel hatte ihn schon im Sommer bei den »Räubern vom Glockenhof« in Telfs als Schauspieler engagiert, am Münchner Volkstheater wurde er nun festangestellt. Seinen aberwitzigen Witz hatte Martin allerdings nicht verloren, und so wurden wir zu Freunden. Er besuchte uns auch in der Wohnung in Schwabing. Chryseldis weckte mich gegen Morgen und führte mich ins Wohnzimmer, wo Martin schlafend auf der Couch lag. Sie zeigte mir etwas, das sich auf dem Teppichboden befand, ich hatte es schon gerochen. Aussehen tat es wie ein Haufen, den ein Elefant gemacht hatte. – Martin spielte auch noch später in Telfs mit, wir mussten ihm allerdings einen Wohnwagen besorgen, weil die Zimmervermieter sich weigerten, ihn aufzunehmen. Was soll man dazu sagen? 2002 starb er in Landshut, Chryseldis fuhr (da ich in Irland war) allein zu seinem Begräbnis, der Sarg war riesig und musste von acht Männern getragen werden. Die Erde sei dir leicht, Martin.

Da mit der Premiere die Arbeit von Chryseldis getan war, kehrten wir gleich am nächsten Tag mit Anna nach Innsbruck zurück, ich selbst fuhr in der Folgezeit mit dem Auto zu den Vorstellungen hinaus, es war ja nicht weit. Allerdings wurde ich jedes Mal von den deutschen Grenzpolizisten aufgehalten und kontrolliert, was mir früher fast nie passiert war. Ich wusste natürlich, woran es lag. Ich hatte mir schon für die Rolle des »Manndl« im »Weibsteufel« einen Vollbart wachsen lassen, und den behielt ich nun für die Rolle des »Wilden Reiters« bei. Das war der Grund für die Kontrollen. Ein bärtiger Mann ist verdächtig. So einfach geht das.

Als ich in der Vorweihnachtszeit wieder einmal in München spielte, erzählte mir Chryseldis bei der Rückkehr, der Exekutor sei dagewesen, weil ich eine Steuerrate offenbar nicht bezahlt hatte. Da wurde mir erneut bewusst, dass ich das Spielen lieber bleiben lassen, und mich auf das Schreiben konzentrieren sollte. Tatsächlich war mir das Geld ausgegangen. Allerdings war der Exekutor ein ganz Lieber, er wollte uns vor Weihnachten keine Probleme machen, man könne die Sache auch im neuen Jahr regeln.

Etwas verspätet besorgte ich also einen kleinen Christbaum, vergaß aber das Kreuz zum Aufstellen, deshalb machte ich am Weihnachtsabend in einen Tisch ein Loch und stellte den Baum in die Lade. Ging auch. Jahre später sah ich genau denselben pfiffigen Vorgang bei einem Karl-Valentin-Sketch mit Hans Brenner und Ruth Drexel. Zu helfen muss man sich wissen.

1984: Endlich Roseggers »Erdsegen«

Die Rettung kam unvermutet, ich konnte das Finanzamt befriedigen. Kurt Mrkwicka rief mich an und sagte, es habe ihm einfach keine Ruhe gelassen, er sei immer von meinem Rosegger-Drehbuch angetan gewesen. Und deshalb habe er nun der Kirch-Firma die Vorkosten abgegolten und werde mit ORF und ZDF die Verfilmung noch in diesem Jahr 1984 angehen. Das bis dahin mir vorenthaltene Honorar würde ich sofort erhalten. Hurra!

Und so geschah es auch. Peter Mertz vom ORF und Alfred Nathan vom ZDF fungierten als Redakteure, Karin Brandauer übernahm die Regie, Dietrich Siegl spielte den Journalisten, Alexander Wagner (bisher immer nur am Theater Könige spielend) war ein zu Herzen gehender Bauer, Barbara Petritsch seine Frau, Gudrun Trummer mit ihrem runden Gsichtl eine unglaublich authentische Tochter, Christian Spatzek spielte den Lehrer Winter, der das Landleben nicht aushält. Der Fernsehfilm wurde ein Erfolg, auch Preise gab es, ich war rehabilitiert; was wollte ich mehr? Und Karin Brandauer sollte noch eine große Rolle in meinem Leben spielen.

Die Rutschpartie

Im August 1984, während die Tiroler Volksschauspiele in Telfs liefen, machte ich mit Tobias Moretti von Zams aus eine Tour zur Steinseehütte. Tobias ging es viel zu langsam, er war ja durchtrainiert; über fünf Stunden brauchten wir wegen meiner schwachen Kondition bis zur Hütte. Dort gab es eine feriale Mitarbeiterin namens Sabine, die es dem Tobias angetan hatte. Der Hüttenwirt lud uns in die Küche ein, Sabine servierte uns eine Knödelsuppe. Da ich so fertig war, legte ich mich nach dem Essen auf der Bank nieder. Da kam der Wirt herein, eine große Autorität dort, sah mich missmutig an und fragte: »Brauchsch an Polster?« Das war mir furchtbar peinlich und ich richtete mich blitzartig wieder auf.

Nach etwa einer Stunde wollten Tobias, Sabine und ich zum Steinsee gehen und wanderten bergauf. Wir kamen zu einer steilen Schotterhalde, die weiter oben von einem Schneefeld bedeckt war, stiegen hinauf und postierten uns auf einem Aussichtsfelsen. Da hatte Tobias eine Idee. Er sprang vom Felsen in den Schnee, zückte seinen Fotoapparat, kniete sich in Position und rief uns zu: »Hupfts owa!« Sabine und ich sprangen, Tobias drückte auf den Auslöser (später sah ich das ziemlich unscharfe Foto – Sabine und ich in der Luft), wir landeten im Schnee, und dann ging es schon blitzschnell abwärts Richtung Schotterhalde. Beide machten wir denselben Fehler. Wenn sich jeder von uns auf den Bauch geworfen und mit Schuhen und Fingern gebremst hätte, wäre wahrscheinlich nichts passiert. Wir aber umarmten uns und rasten immer schneller auf die Steine zu. Die hielten uns dann auf. Glück gehabt, nicht viel passiert. Ja, Sabine hatte eine blutige, aufgeschürfte Hand. »Gehen wir zum Hüttenwirt, der verarztet uns«. Beim Gehen hinkte ich unwillkürlich. Was war denn das? Zerrissene Hose am linken Knie, Blut quillt heraus. Der Hüttenwirt schaut uns nur lakonisch an. Es ist uns furchtbar peinlich. Haben uns wie unbedarfte deutsche Touristen verhalten. Die Finger von Sabine sind inzwischen auf den doppelten Umfang angeschwollen, der Ring am Finger schon fast im Fleisch verschwunden. Der Hüttenwirt holt eine Eisensäge und sägt den Ring durch. Ein bissl Fleisch geht auch mit. Sabine ist erleichtert. Mein Knie schaut er sich ebenfalls an. »Kunn i nix machen. Geahts ins Spital, boade.«

Also hatschen wir hinunter zum Krankenhaus Zams, Theo Ljubanovic, ein befreundeter Arzt und ebenfalls Bergsteiger, hat gerade Dienst, er lacht uns netterweise nicht aus, Sabine wird von ihm versorgt und verbunden, meine Wunde am Knie genäht. Dann fahren wir nach Telfs, zu einer Veranstaltung des Rahmenprogramms im Kastaniengarten des Gasthofs Traube. Sigi Zimmerschied, der Passauer Kabarettist, kann zwölf Personen spielen, und alle kennt man sie auseinander. Die Wirkung der Spritze lässt nach, das Knie tut ein bissl weh, plötzlich beginnt es mich am ganzen Körper durchzuschütteln, ich verabschiede mich von Sabine und Tobias, fahre heim nach Innsbruck. Im Bad zieh ich mich aus und Chryseldis schlägt die Hände zusammen. Mein ganzer Rücken zerkratzt und voller blauer Flecken, auch am Hintern. Oje, wie wird es wohl Sabine ergehen?

Zwei Jahre später schreibe ich folgende Szene in die »Piefke-Saga« hinein: Sabine (ah, deshalb hab ich ihr diesen Namen gegeben!) geht mit ihrem Vater Karl-Friedrich auf den Berg, rutscht am Eis aus und zieht sich exakt dieselbe Verletzung an der Hand zu. Der Hüttenwirt muss den Ring durchsägen. Sabine geht heulend talwärts. Ihr Freund Joe (dargestellt von Tobias) kommt mit seiner Motocross-Maschine und nimmt Sabine mit. (Hab ich aber nicht aus Rache hineingeschrieben, sondern weil man halt seine Erlebnisse als Autor verarbeitet. Tut jeder.)

»Besuchszeit«

So lange schon hatte ich Otto Ander, dem ich ja in Wien den Durchbruch zu verdanken hatte, ein neues Stück versprochen. 1984 hielt ich endlich mein Wort. Der Einakterzyklus »Besuchszeit« entstand aus Hörspielen, die alle im Laufe der 70er Jahre vom ORF Studio Tirol produziert wurden.

Die vier Einakter sind Zweipersonenstücke und spielen im Krankenhaus (»Man versteht nichts«), im Altersheim (»Abstellgleis«), in der Psychiatrie (»Weizen auf der Autobahn«) und im Gefängnis (»Verbrecherin«). In jenen Anstalten also, in denen man

Menschen unterbringt, die krank sind oder alt oder irgendwie aufsässig oder kriminell. In jeder dieser Anstalten ist der Mensch ausgeliefert und entmündigt, in der einen mehr, in der anderen weniger. Vor allem ist er ausgeliefert, wenn er ein Mensch zweiter Klasse ist, im wahrsten Sinn des Wortes. Diejenigen, die Geld haben und Einfluss, die können sich wehren, die haben Privilegien. Nicht nur im Krankenhaus, wo sie Erster Klasse liegen und vom Herrn Primar persönlich betreut werden; auch in der Psychiatrie, selbst im Gefängnis. Und ins Altersheim brauchen sie natürlich auch nicht. Die Mächtigen, die Einflussreichen, die Wohlhabenden sind ausgestattet mit einer Zusatzversicherung für alle Lebenslagen. Meine Putzfrau im Krankenhaus, mein Beamter im Altersheim, mein Bauer in der Psychiatrie und meine Ehefrau im Gefängnis, sie alle haben keine Zusatzversicherung, keine Privilegien, keine einflussreichen Freunde. Eingeschlossen sind sie, zur Ohnmacht verurteilt. Aber auch die Besucher, die sich frei dünken, auch sie sind arm dran, sind Eingeschlossene, Gefangene im gesellschaftlichen Zwang, können nicht heraus aus ihrer Haut.

Alle Figuren des Stücks haben reale Vorbilder. Der Mann und die Frau in »Man versteht nichts« sind meinen Adoptiveltern nachgebildet. Die Ansichtskarten, die verlesen werden, stammen von meinem Dati, ich hab sie eines Tages abgeschrieben, bevor ich sie für ihn bei der Post aufgab.

Die Uraufführung fand am 16.4.1985 im Theater »Die Tribüne« statt. Regie führte Oskar Willner, es spielten unter anderen Kurt Radlecker und Brigitte Slezak. Ich war nicht zufrieden. Im Schnellzugtempo ratterten die Darsteller ihre Dialoge herunter, wahrscheinlich hatte der alte Theaterhase Willner befürchtet, es könnte langweilig werden. Ich fand es auch im Schnellzugtempo langweilig. Da war mir wieder einmal wohl etwas nicht gelungen. Ob ein anderes Theater die Einakter nachspielt? Ich bezweifelte es.

Aber ich sollte mich täuschen. »Besuchszeit« entwickelte sich in der Folge zu meinem bis dahin meistaufgeführten Stück, wurde auch in mehrere Sprachen übersetzt. Es gab Fernsehaufzeichnungen vom ORF, von RAI Bozen, vom Bayerischen Rundfunk. BBC Wales verfilmte die englische Fassung, auch das ZDF machte einen Fernsehfilm, und zwar mit bekannten Schauspielern wie Gustl Bayrhammer und Monika Baumgartner, Dietrich Siegl und Gaby Dohm, Ida Krottendorf und Franz Buchrieser.

Oh, wie viele großartige Aufführungen sah ich in den Folgejahren!

Gottfried Pfeiffer und Claudia Wipplinger 1986 in Linz. Ilse Neubauer und Hans Brenner (der Beste von allen) 1988 am Münchner Volkstheater. Marianne Mendt und Hannes Thanheiser (der Geiger von Telfs 1983), Adelheid Picha und Wolfgang Böck, Sylvia Eisenberger und Fritz Holzer 1990 zur Eröffnung des Josefstadt-Ablegers »Rabenhof«. 1992 lief das Stück sogar im New Yorker Elysium Theatre, aber da fuhr ich nicht hin.

Eine der Aufführungen ging zum renommierten Theaterfestival in Mülheim/BRD, es war die des Tiroler Landestheaters Innsbruck 1985, eine Koproduktion mit dem Südtiroler Ensembletheater, inszeniert von Erich Innerebner, Theaterlegende aus dem südlichen Tirol, der etliche Stücke von mir hervorragend auf die Bühne brachte. Die Darsteller sollten dann in vielen Stücken und auch Filmen von mir auftreten, sie sind meine Freundinnen und Freunde geworden. Zuallererst ist Peter Mitterrutzner zu nennen, der »den meisten Mitterer« gespielt hat, sowohl am Theater als auch im Film. Es wird von ihm noch die Rede sein. Dann spielten: Isolde Ferlesch und Rudolf Hiessl, Linde Spitaler und Theo Rufinatscha, Rita Frasnelli und Ludwig Dornauer, und mit Peter Mitterrutzner die Witwe meines Förderers beim ORF Tirol, Franz Hölbing, nämlich Pine Fenz. Klaus Gasperi baute die Bühne, er ist schon viele Jahre Leiter des Brunecker Stadttheaters und fleißiger Mitterer-Spieler, danke, Klaus.

1988 sah ich in Klagenfurt eine Aufführung (Regie: Rudi Ladurner), und die stach aus allen anderen deshalb hervor, weil ich bei einem der Einakter so viel lachen musste. Das sollte Folgen haben. Ich erzähle später davon.

Und ganz nah an die Wirklichkeit kam ich auch, das freute mich besonders. Rudolf Neurauter von der Domanigbühne im geplagten Dorf Schönberg wollte eine erweiterte Fassung von »Weizen auf der Autobahn«. Die schrieb ich ihm, und sie wurde dann direkt an der Schallmauer der Brennerautobahn im Herbst 1989 von Evi Kerber und Franz Volgger gespielt. Die Handlung: Eine Frau besucht ihren Vater in der Nervenheilanstalt, einen alten Bauern, der es nicht ertrug, dass seine Gründe der Autobahn geopfert wurden, dass sein Schwiegersohn aus dem Hof ein Hotel machte. Der alte Bauer bricht aus der Anstalt aus, setzt sich auf die Bank vor der Autobahn, auf die Bank, die er selbst gezimmert hat, zwischen zwei Birken, die er selbst vor Jahren pflanzte. Seine Tochter findet ihn, will ihn überreden, freiwillig in die Anstalt zurückzukehren. Die Aufführung führte zu heftigen Diskussionen. Dafür und dawider. Viele Schönberger haben von der Autobahn profitiert, viele leiden darunter. Am Schluss rollte ein Bagger auf den Bauern zu, hob drohend die Schaufel. Bei der nächsten Vorstellung war der Bagger nicht mehr dabei. Der Fahrer und zugleich Besitzer bangte um seine Aufträge. Nachher standen die Zuschauer herum und diskutierten miteinander. Nie gab es einen besseren, passenderen Aufführungsort. Das ist die Aufgabe der Literatur. Zu den Leuten kommen. An den richtigen Ort. Dorthin, wo es brennt. Eine Aufführung 1:1 mit der Wirklichkeit.

Übersiedlung 1986

1986 übersiedelten wir vor Schulbeginn einige hundert Meter weiter höher in die Steinbruchstraße 8 in Hötting. Es handelt sich um ein ehemaliges »Gasthaus zur schönen Aussicht«, das ein Südtiroler Zahnarzt namens Penn erworben und zu einem Wohnhaus umgebaut hatte. Das Haus lag wie auf einem umgekehrten Schiff mit spitz zulaufendem Grund über Innsbruck, die steilen Abhänge links und rechts hatte Frau Penn mit Terrassen versehen, auf denen sie Gemüse und Blumen anpflanzte. Der ebene Teil des Gartens, bewachsen mit Kastanienbäumen, durfte von allen Bewohnern benützt werden. Auch war die Wohnung jetzt größer, sodass Chryseldis nun endlich ein eigenes Atelier hatte und ich wie bisher mein Arbeitszimmer. Im Herbst sollte Anna in die Volksschule kommen, und der Weg von der Steinbruchstraße in die Schule war viel kürzer als der von der Sternwartestraße. Wir fühlten uns sehr wohl in dieser Wohnung, es gab eine atemberaubende Aussicht über ganz Innsbruck, dem Schispringen auf der Bergisel-Schanze konnten wir mit dem Fernglas zuschauen. Die Nachbarn Hanni und Klaus waren entzückend, deren Kinder Christian und Lisa nicht weniger. Obwohl Christian von Chryseldis »des Teufels Ministrant« geheißen wurde, aber nur im Spaß. Allerdings – das ist wahr – hatte er in einem Schupfen gezündelt und dann die Untat Anna in die Schuhe geschoben. Hanni war eine Meisterköchin und Klaus Rechtsanwalt, aus einer alten Innsbrucker Bäckerei in der Maria-Theresien-Straße stammend.

»Drachendurst oder Der rostige Ritter oder Schwarz und Weiß, Geld und Brot, Leben und Tod«

Im Sommer 1986 wird bei den Tiroler Volksschauspielen in Telfs mein Zaubermärchen »Drachendurst« uraufgeführt. Gunnar Klattenhoff, der 1983 Schönherrs und meine »Karrnerleut« inszeniert hatte, machte damals den Vorschlag, wir sollten doch einmal bei den Volksschauspielen ein Märchenstück bringen. Er, der von Norddeutschland kam, war beeindruckt von der Landschaft Tirols, besonders von der Hohen Munde, dem Telfer Hausberg. Klattenhoff vermutete, dass sich die Naturgeister in der Ebene auf ein paar Irrlichter und Ähnliches beschränken würden, hier im Gebirge aber, in den Schluchten und Höhlen, in den Wäldern und Dickichten, da müsste es doch immer schon mehr dieser Wesen gegeben haben.

Tobias Moretti (rechts) als der rostige Ritter Niklas und Gregor Bloéb als sein blinder Knappe Jakob

Nun, das ist wohl wahr, wenn auch ziemlich vorbei, denn die Berge sind erschlossen, die Wälder vergiftet und gerodet, die Sümpfe trockengelegt, die Dickichte ausgerottet – wo sollen sich da noch Geister aufhalten können? Man erzählt, dass an den Autobahnen manchmal eine weiße Frau steht und den Autos Zeichen gibt. Nimmt einer die Frau mit, so sitzt sie stumm neben dem Fahrer und ist plötzlich verschwunden. Vielleicht ist das die weiße Göttin, die Feenkönigin, die Mutter des Waldes, die Hirschkuh, die ratlos sich über Beton dahinfahren lässt, worunter ihre Landschaft begraben liegt. Aber das ist eine andere Geschichte, die ich vielleicht ein andermal erzählen werde.

Mit »Drachendurst«, bin ich zurückgegangen in frühere Zeiten, oder auch in die Zukunft oder in eine zeitlose Zeit, wo in einer anderen Dimension – das heißt, in uns selbst – ein ewiger Kampf tobt, der Kampf Gut gegen Böse, Schwarz gegen Weiß, Geld gegen Brot, Liebe gegen Hass, Leben gegen Tod. Der Drache – zugleich dunkler Zauberfürst – und die Hirschkuh – zugleich weiße Feenkönigin –, die beiden vertreten in »Drachendurst« diese Prinzipien. Beide gehören zusammen, beide sind nicht zu trennen und müssen sich trotzdem bekämpfen. Mittendrin in diesem Kampf stehen die Menschen des Stückes – Drachentöter und Knappe, Jungfrau, Mutter und Gaukler, sind getrieben und geworfen, versuchen sich mit rührendem Mut zu behaupten in dieser chaotischen Welt. Zum Schluss siegt das Gute – wie in allen Märchen –, aber das Böse wird sofort wiedergeboren, der Kreislauf beginnt von Neuem, das Spiel nimmt niemals ein Ende.

Als wir 1982 in Telfs ankamen, war die Textilindustrie gerade von der Billigware aus Asien zugrunde gerichtet worden, was für Telfs eine Katastrophe bedeutete, denn die Webereien waren die größten Arbeitgeber gewesen. Hohe Arbeitslosigkeit und die verzweifelte Suche des Bürgermeisters Helmut Kopp nach neuen Betriebsansiedlungen waren die Folge. Wir aber spielten in den leeren Fabrikshallen, bevor sie abgerissen oder umgebaut wurden.

»Drachendurst« spielen wir im ehemaligen Wolle-Magazin der Textilwerke Schindler, unser Bühnenbildner Heinz Hauser lässt 60 Lastwagen Erde hineinführen und damit eine Landschaft in Form eines Ringes bauen, in dessen Mitte auf Baumstümpfen die Zuschauer sitzen. Im Zentrum kommt ein riesiger Felsblock dazu. Als dann noch der Rundhorizont aus Stoff aufgespannt wird, ist die nüchterne Betonhalle vollständig verschwunden und dafür ein Zauberreich entstanden. Die Hauptdarsteller Tobias Moretti (rostiger Ritter) und Gregor Bloéb (sein Knappe) donnern gleich mit ihren Motorrädern in die Halle und befahren probeweise das Bühnenbild, dass es nur so staubt.

Die Proben sind das absolute Chaos, wie immer, wenn Kurt Weinzierl Regie führt. Jeden lässt er mitreden, er selbst gebiert jede Minute neue Ideen. Manchmal ganz wunderbare, manchmal der reinste Blödsinn. Für den dunklen Zauberfürsten (zugleich Drache) hat Kurt den Klagenfurter Schauspieler Charles Elkins engagiert, weil dieser einmal Zirkusartist war. Die Wunschvorstellung von Kurt ist, dass der Zauberfürst durch die Luft fliegt. Bis zur Generalprobe glaubt Kurt fest daran, dass er durch die Luft fliegt. Aber er fliegt nicht. Trotzdem – dieser Traum vom Fliegen, vom Abheben liegt dann spürbar über der ganzen Inszenierung. Telfer Kinder spielen und musizieren ganz wunderbar unter der Anleitung des bayerischen Komponisten Toni Prestele; Olivia Grigolli, Doris Goldner, Silvia Freund und Barbara Weinzierl sind bezaubernd, Didi Mössmer spielt unvergesslich einen witzig-bösen Norg (Kobold), Lothar Dellago mit komischer Verzweiflung einen gutmütigen Zauberer, der eher ein Gaukler ist, dem die meisten Zauberkunststücke misslingen. Tobias als naiver Drachentöter, der am letzten Drachen scheitert, ist zum Niederknien, ebenso Gregor als sein blinder, fatalistischer Knappe. Die aufgeheizte Luft flirrt, eine magische Welt tut sich auf. Das Publikum sitzt auf den rohen Baumstümpfen (manche Damenstrumpfhose muss daran glauben), hautnah um sich herum das dramatische Geschehen, so hautnah, dass sie über und über staubig werden von der aufgewirbelten Erde, dass sie vollgespritzt werden, wenn der rostige Ritter die Melonen köpft. Die Zuschauer sind begeistert, kleine wie große, alle Vorstellungen ausverkauft. Und der ORF, der sich zurückzuziehen beginnt, zeichnet das Stück am Ende doch auf. In den nächsten Jahren wird »Drachendurst« oft nachgespielt.

Das zweite Stück in diesem Sommer wird in einem Obstanger (Zoblanger) aufgeführt, es handelt sich um »Tanneneh«, eine »Sage« vom Untergang des sündigen Ötztals, geschrieben von Hans Haid, inszeniert von Ruth Drexel, musikalisch begleitet von den »Guglhupfa«, in den Hauptrollen Julia Gschnitzer, Hans Brenner und Franzi Mössmer.

Und das dritte Stück ist – ebenfalls im Wolle-Magazin – ein Monolog, die Satire »Oh Tyrol oder Der Letzte auf der Säule« von Herbert Rosendorfer, der auch selbst Regie führt. Der Darsteller Robert Grass sitzt und steht während der ganzen Aufführung auf einer hohen Säule, was ein ziemliches Durchhaltevermögen verlangt.

Ach, die Schule!

Im September 1986 besuchte unsere Tochter Anna die 1. Klasse der Volksschule Hötting. Sie ging guten Mutes hin, wurde aber immer enttäuschter und trauriger. Die Lehrerin mochte sie nicht, verstand sie nicht, schrieb Briefe an uns Eltern, das Kind sei zu abwesend und verträumt, und wahrscheinlich auch legasthenisch. Eines Tages kam Anna mit einem Bild nach Hause, das sie gemalt hatte und stolz darauf war, aber die Lehrerin hatte mit rotem Stift hineingezeichnet und kritisiert, dass die Wolken immer wieder über den sauber gezogenen Rand hinausragten. Und das passiert Anna, die gezeichnet und gemalt hatte (die Mutter ja Malerin), seit sie einen Stift halten konnte. Chryseldis und ich sind vom Bild begeistert, besonders über die Wolken, die sich nicht von einem Rand einsperren lassen. Anna ist getröstet. Als aber wieder einmal ein Brief von der Lehrerin kommt, in dem sie sich darüber beklagt, dass Anna nicht exakt in einer Zweierreihe marschieren kann oder will, da reicht es mir. Ich gehe in die Schule und stelle die Lehrerin zur Rede. Das hätte ich nicht tun sollen, sondern stattdessen freundlich mit ihr reden, denn nun ist sie stockbeleidigt und behandelt Anna noch schlechter. Später erfahren wir, dass sie Krebs hatte und schreckliche Qualen litt, bald darauf starb sie auch. Tut mir leid für sie. Aber auch für die Schüler, die sie malträtierte, manchmal sogar schlug.

»Die Wilde Frau«

Im Jahr 1986 gab es in Tirol noch eine zweite Uraufführung von mir. Schon 1977 hatte ich ein Drehbuch mit dem Titel »Die Wilde Frau« geschrieben, aber niemand interessierte sich dafür. Lange Zeit vergaß ich darauf, erst 1985 holte ich das Buch wieder hervor, las es, fand es vertretbar und machte ein Theaterstück daraus.

Angeregt zu Film und Stück hatten mich Sagen über sogenannte »Wilde Frauen«, auch Salige oder Waldfräulein genannt. Die Geschichten laufen immer auf dieselbe Weise ab. Eine Frau kommt aus den Wäldern, ein Mann – meist ein Bauer – verliebt sich in sie und will sie heiraten. Die Frau stimmt zu, warnt aber den Mann davor, ein bestimmtes Tabu zu brechen. Entweder darf er sie nicht nach ihrem Namen fragen oder sie nicht auffordern zum Tanzen und Singen, oder in der Nacht nicht ihre Haare, die auf den Boden hängen, ins Bett zurücklegen. Solange der Mann sich daran hält, widerfährt ihm großes Glück in Haus und Hof, wenn er aber das Tabu verletzt, dann verschwindet die Frau auf Nimmerwiedersehen, und Unglück bricht über den Mann herein. Natürlich bricht er das Tabu in jeder dieser Geschichten.

Es ist schwierig, die Tabuvorschriften auszulegen, ich jedenfalls habe sie in meinem Stück dahingehend interpretiert, dass der Mann die Frau nicht besitzen und ihr nicht die Freiheit nehmen darf. Bei mir sind es fünf Holzfäller, zu denen die Frau kommt, und sie spricht kein Wort. Unter den fünf Männern – deren Gemeinschaft wie unsere Gesellschaft hierarchisch gegliedert ist – bricht nun im Wettstreit um die Frau vollends der schon vorher schwelende Machtkampf aus. Nur der Jüngste von ihnen will sich nicht beteiligen, und als einziger überlebt er auch das Massaker, in dem sich die Männer gegenseitig vernichten.

Ich ging mit dem Theaterstück zu Joschi Kuderna, der bereits mein erstes Stück »Kein Platz für Idioten« aus der Taufe gehoben hatte, und bot ihm die Regie an. Wir suchten uns die besten Tiroler Volksschauspieler zusammen, mieteten das Alt-Innsbrucker Bauerntheater und brachten das Stück im Herbst 1986 in Koproduktion mit dem Innsbrucker Kellertheater heraus. Es spielten Ursula Obleitner, Pepi Pittl, Pepi Griesser, Karl Obleitner, Guntram Brattia und Peter Kluibenschädel. (Letzterer spielte dann kurz vor seinem Tod den alten Andreas in der »Piefke-Saga«, ich habe den Mann geliebt.)

Die Aufführung war atemberaubend, aber wegen der Kämpfe zwischen den Männern auch sehr gefährlich. Einer der Schauspieler wurde mit einem Messer am Handgelenk verletzt, spielte aber blutend weiter (die Zuseher hielten es für Theaterblut), während hinter der Bühne schon das Rettungsteam wartete. Es war ein großer Zuschauerandrang mit manchen Lachern an den falschen Stellen.

Auch Günther Beelitz, Intendant des Bayerischen Staatsschauspiels, kam in die Vorstellung, war angetan vom Stück, ganz besonders aber vom Darsteller Guntram Brattia. Er engagierte ihn sofort nach München, wo Guntram zum Theaterstar wurde und 1988 noch einmal dieselbe Figur (den unschuldigen Wendl) in einer herausragenden Inszenierung von »Die Wilde Frau« spielte. Sein größter Erfolg in München war der Romeo in »Romeo und Julia«, inszeniert von Leander Haußmann. Guntram trat in den Folgejahren noch an vielen großen Theatern auf, auch im Deutschen Theater Berlin, bei uns in Telfs 2001 als Michael Gaismair und 2008 als Alpenkönig in »Alpenkönig und Menschenfeind« von Ferdinand Raimund, in den letzten Jahren war er auch als Regisseur und Vorstandsmitglied bei uns tätig. Leider starb er im September 2014 an einem unverschuldeten Motorradunfall. Er hinterließ eine Frau und drei Kinder. Gregor Bloéb, enger Freund von Guntram, hat die Familie bei sich aufgenommen und kümmert sich um sie.

Der ORF plante eine Aufzeichnung der »Wilden Frau«, Joschi und ich schlugen aber vor, mit demselben Budget das Drehbuch zu verfilmen, was auch akzeptiert wurde. So zogen Ensemble und Team im Jänner 1987 in den tiefverschneiten Hochwald über dem Zillertaler Ort Uderns, wo eine schon 1977 für den geplanten Film gefundene Holzfällerhütte immer noch stand. In der Mitte dieser Hütte gab es eine lange Feuerstelle, auf der jeder der Holzknechte sein eigenes Essen kochte. Der eine hatte Speck und Eier, der andere nur Mehl und Wasser. Jeder schaute dem anderen in die Pfanne. Das baute ich natürlich in den Film ein. Hans Abendstein, Bauer und Kramer aus Uderns, stand uns während der Dreharbeiten helfend zur Seite. (Seine Tochter Bernadette heiratete übrigens viele Jahre später den Wiener Schauspieler und Regisseur Hakon Hirzenberger, und Hansl stellte seine Heutenne für ein jährliches Theaterfestival zur Verfügung, genannt »Steudltenn«, das inzwischen längst mit Erfolg spannende Aufführungen und Gastspiele bringt. Auch ich trat dort schon auf, und heuer, im Sommer 2017, produzierte Hakon mein Stück »Munde« – hier »Gilfert« genannt, da dieser Berg vom Spielplatz aus zu sehen ist –, und zwar vor dem Sporthotel Lamark in Hochfügen, geleitet vom berühmten Fernsehkoch Alex Fankhauser und seiner Gattin. Regie führte Klaus Rohrmoser, es spielten Tamara Burghart, Francesco Cirolini, Gregor Kronthaler, Pepi Pittl und Ivan Pantner; Bühne Gerhard Kainzner. Es war eine hervorragende Aufführung mit feinster Figurenzeichnung. Und Alex kochte wunderbar; danke.)

Ich weiß, ich schweife immer wieder ab, wo es doch eine Struktur braucht, aber man muss die Dinge doch erzählen, wie sie kommen, nicht? Also zurück zur Sache. In eisiger Kälte und unter großen Strapazen aller Beteiligten drehte Joschi Kuderna den Film innerhalb von zwölf Tagen ab. Er wurde etwas ganz Besonderes, zu verdanken nicht nur Joschi, sondern auch dem Kameramann Heinz Fechner, dem ganzen Ensemble und nicht zuletzt der atemberaubenden Naturkulisse mit dem meterhohen Schnee. So war nach zehn Jahren doch noch alles zustande gekommen.

Joschi Kuderna ist 2012 verstorben. Bei der »Piefke-Saga« spielte er noch einen gewitzten Tourismusobmann, danke, Joschi. Tut mir leid, dass ich von so vielen berichte, die nicht mehr unter uns sind. Aber die Zeit vergeht, auch ich bewege mich blitzschnell auf den 70er zu; hab mich eh lang und gut gehalten, denn gesund leb ich ja nicht, hab ich nie getan, ich rauch zu viel, trink gern einen Veltliner.

Es gab dann in den Folgejahren noch ein paar sehr gute Aufführungen der »Wilden Frau«, die ich sehen konnte. Die Münchner ist schon genannt, in Bozen machte Erich Innerebner eine (beinahe verbotene) Inszenierung mit Christine Mayr, Peter Mitterrutzner, Lothar Dellago (die bald darauf alle drei in der Südtiroler Familiensaga »Verkaufte Heimat« mitwirkten) und Markus Soppelsa.

Ulli Fißlthaler, Charly Rabanser, Helfried Hassfurther und Hans Stadler spielten »Die wilde Frau« in Salzburg. Charly Rabanser – ich schweife schon wieder ab – führte in seinem Theater in Neukirchen am Großvenediger schon seit 1980 fast alle meine Stücke auf, er ist mir ein guter, wichtiger Freund geworden. Übrigens auch dem Uli Brée (Drehbuchautor der »Vorstadtweiber«), der vor vielen Jahren mit Charly in einem Zweimannstück durch Österreich tourte. Uli spielte einen Don Quichotte auf Motorrad, Charly seinen Knappen Sancho Pansa. Dann hat Uli, zusammen mit Charly, etliche Jahre lang in Neukirchen lustig-spannendes Sommertheater für Kinder gemacht, Piratenstücke vor allem. Auch das Folgende muss ich erzählen, obwohl von meinem Stück »In der Löwengrube« erst später die Rede sein wird: Einmal hat Uli in Neukirchen dieses Stück mit Charly in der Hauptrolle inszeniert und selbst den Theaterdirektor gespielt. Es gab kein Bühnenbild, rein gar nichts, alles war schwarz ausgeschlagen, als Requisit gab es nur einen Kübel mit Wasser und Bürste, denn die Hauptfigur, der jüdische Schauspieler Arthur Kirsch, wird von den Nazikollegen gezwungen, den Bühnenboden zu schrubben. Grandioser Einfall. Freund Charly setzt Uli auch immer wieder in seiner Serie »Vier Frauen und ein Todesfall« ein. Danke, Uli, dass du so ein treuer Mensch bist.

Eine großartige feministische Aufführung der »Wilden Frau« fand 1991 im Wiener Ensembletheater am Petersplatz statt. Michaela Scheday führte Regie, Werner Pirchner komponierte die Musik, es spielten Erika Deutinger, Heinz Wustinger, Hubert Wolf, Clemens Aap Lindenberg, Wolfgang Müllner und Siegmar Bergelt (von dem noch ausführlich die Rede sein wird). Michaela siedelte das Stück in einer Wellblechbaracke an, und die Männer schlachteten sich gegenseitig mit Motorsägen ab. »The Austrian Chain Saw Massacre«. Im April 2004 verstarb Michaela Scheday an einem Hirntumor. Ich war in Irland und schrieb folgenden kurzen Nachruf:

Ich habe Michaela Scheday nicht sehr gut und nicht lange gekannt, das aber eindrücklich. Ich habe sie vielleicht zehnmal im Leben getroffen, fühlte aber trotzdem eine große Nähe. Auch in ihrem Auto durfte ich mitfahren, dieses glich einer Mülldeponie. Da in meinem Auto irisches Moos wächst (die Gummidichtungen haben Affen eines Freiluftzoos gefressen) und auch ansonsten genug Material vorhanden ist, um Kartoffeln anzupflanzen, war auch dies mir äußerst sympathisch. Michaela, die Feministin, hat ein Stück von mir am Petersplatz inszeniert, das bei manchen Feministinnen auf Ablehnung gestoßen war – »Die Wilde Frau«. Es wurde die intelligenteste, wachste Inszenierung von allen, hervorragend gespielt auch, ich werde diese Aufführung nie vergessen. Merkwürdig und eindrucksvoll war, dass das Stück von den Besuchern nachher an der Bar weitergespielt wurde. Besonders die Paare gerieten sich in die Haare. Aber alles offenbar Paare, bei denen es schon vorher gekriselt hatte. Ich schreib doch kein Stück, nach dessen Besuch sich die Leute in die Haare kriegen! Aber so machtvoll kann eben Theater sein, dass es die Dinge an die Oberfläche bringt, wo es vorher vielleicht nur im Untergrund kochte und brodelte. Danke, Michaela, das ist deine Inszenierung. Dann war da noch »Ein Fest für Frida Kahlo«, sie hat selbst die Texte geschrieben und inszeniert. Da hat sie eine Schwester gefunden, Besseres wird es nicht geben zu der wundersamen Mexikanerin.

Auch als Schauspielerin hab ich sie erlebt – ein Mensch mit einem Gesicht, ein Mensch mit einem Körper. Und bei allem ein großes Engagement. Hineinschaun in unsere Gesellschaft, in unser Handeln und Nichthandeln. Und so viel Witz, soviel Humor. »Bitte sei so gut«, sagte sie, »schreib mir eine Komödie.« Eine Komödie, das Schwierigste überhaupt... Ich behielt's im Hinterkopf. Und hab's versäumt. Wusste ja nicht einmal, dass sie erkrankt war. Tut mir sehr leid, Michaela. Ich träum ja immer davon, dass wir dann ein Ensemble gründen, da drüben, und alle spielen, auf Teufel komm raus. Und du bist die Regisseurin. Sei umarmt.

Soweit der Nachruf auf Michaela Scheday. Inzwischen sind Ruth Drexel und Stephanie Mohr meine Lieblingsregisseurinnen dazugekommen. Ruth inszeniert aber auch schon dort oben.

»Kein schöner Land«, 1987

Als ich 1980 für die Fernsehserie »Die 5. Jahreszeit« recherchierte, stieß ich im Gemeindeblatt von St. Anton auf einen Artikel von Ing. Hans Thöni, der das Schicksal des Rudolf Gomperz behandelte. Gomperz war jüdischer Abstammung, geboren 1878 in Wien, und er liebte die Berge über alles. 1904 arbeitete er als Ingenieur beim Bau der Bagdadbahn, holte sich dabei die Malaria und kam 1905 nach St. Anton, um dort in der frischen Gebirgsluft sein Leiden auszukurieren. Der Ort gefiel im derart gut, dass er sich hier ansiedelte und in den Folgejahren maßgeblich am Aufbau des Fremdenverkehrs mitwirkte. Er heiratete eine – »arische« – Frau aus Bayern, die Söhne Hans und Rudolf wuchsen in den 30er Jahren auf und entwickelten sich zu begeisterten Nazis. Denn Gomperz hatte seine Familie nicht über seine jüdische Herkunft informiert, sah sich ohnehin als »Deutscher« und war evangelischen Glaubens. 1938, nach dem Anschluss, wurde Rudolf Gomperz aller Ämter enthoben und so behandelt, wie man eben Juden damals behandelte. Fast alle Bewohner von St. Anton, die ihm doch alles zu verdanken hatten, wandten sich nun von Gomperz ab. Um die Söhne zu retten, gab Frau Gomperz an, sie seien einem ehebrecherischen Verhältnis mit einem »Arier« entsprungen. Das wurde nach einigen Querelen akzeptiert, die Söhne durften begeisterte Nazis bleiben. Hans fiel als Soldat der deutschen Wehrmacht, Rudolf trat in die SS ein und erschoss sich nach dem Krieg.

Da die Gattin von Gomperz sich vom Kreisleiter bis zum Gauleiter immer wieder für ihren Mann stark machte, wurde er lange nicht deportiert, war schließlich der letzte Jude in Tirol (viele hatte es nicht gegeben), hatte dann aber im schönen Wintersportort St. Anton den Judenstern zu tragen. Am 20. Jänner 1942 musste er aber schließlich doch sein geliebtes Bergdorf verlassen und nach Wien reisen. Es war der Tag der Wannseekonferenz in Berlin, wo die »Endlösung der Judenfrage« beschlossen wurde. Seiner Frau schrieb Gomperz einen Abschiedsbrief, in dem er optimistisch anmerkte, dass einem, der die Bibel und den Faust im Rucksack habe, nichts passieren kann. Gomperz verschwand dann in irgendeinem Konzentrationslager im Osten und tauchte nie mehr auf, also hatte man ihn ermordet. Übrigens wurde 2015 von einer anonymen Person eine große silberne Lokomotive an die Israelitische Kultusgemeinde Innsbruck übergeben, die – wie so vieles andere – aus dem Haus von Gomperz gestohlen worden war. Gomperz hatte die Lokomotive als Ehrengeschenk erhalten.

Das traurige Schicksal dieses Mannes berührte mich so sehr, dass ich beschloss, eines Tages darüber zu schreiben. 1986 fragten mich Peter Mitterrutzner und Erich Innerebner, ob ich nicht ein Stück für eine geplante Koproduktion des Südtiroler Ensembletheaters mit dem Tiroler Landestheater schreiben wolle. Da es in Tirol bis dahin nie eine Auseinandersetzung mit der NS-Zeit nur in Ansätzen gegeben hatte, schlug ich dieses Thema vor und machte mich an die Arbeit. »Kein schöner Land« ist freilich kein Dokumentarstück geworden, denn das Theater eignet sich schlecht fürs Dokumentarische. Vor allem ist dies dann der Fall, wenn ein Ereignis erst relativ kurze Zeit zurückliegt und es noch lebende Beteiligte gibt, auf die man aus persönlichen und juristischen Gründen Rücksicht nehmen muss. So ist der Fall Gomperz zwar Anlass und Vorbild für das Stück, aber Personen, Namen, Berufe und zum Teil auch Ereignisse sind anders dargestellt. Ich habe auch mit Zeitzeugen gesprochen und Gerichtsprotokolle aus der Kriegs- und Nachkriegszeit studiert und in der Folge noch zwei Hauptpersonen eingeführt, die ebenfalls von den Nazis ermordet wurden: einen Geistlichen und einen geistig Behinderten. So ist dies eine Geschichte über Opportunismus, Feigheit, Mitläufertum, Eigennutz und politische Verblendung geworden. Die Opfer sind »die Anderen«. Und diese »Anderen« – die Außenseiter, die Ausgestoßenen – sind ein durchgehendes Thema meiner literarischen Arbeit. Ein großer Teil der Menschen hat ständig Angst vor »den Anderen«, hegt ständig Aggressionen gegen sie, ganz gleich, auf welche Art sie anders sind (und es beginnt ganz harmlos): andere Frisur, andere Kleidung, anderes Gehabe, andere Neigungen, andere Ansichten, andere Sprache, andere Hautfarbe, andere Religion, andere Sitten und Gebräuche. Und so geschieht selbst das Absurdeste, dass nämlich im Umkehrschluss ein bisher beliebter, geachteter und verdienter Mitbürger plötzlich zum Schurken und Volksschädling gestempelt und zuletzt ermordet wird, weil sich herausstellt, dass er Jude ist.

Jahrzehntelang wollte sich St. Anton nicht mit dem Schicksal von Rudolf Gomperz auseinandersetzen, schwieg ihn lieber tot. Die Artikelserie von Hans Thöni allerdings rüttelte viele Menschen auf. Es begannen Diskussionen in der Gemeinde. Als dann auch noch das Stück herauskam, entschloss man sich endlich, dem Fremdenverkehrspionier Gomperz ein Denkmal zu setzen. Und dort, gleich im Nebenhaus, wurde eines Tages von der Volksbühne »Kein schöner Land« aufgeführt. Damit wurde nichts gutgemacht, denn wie sollte man den Massenmord an Millionen wiedergutmachen, aber immerhin bekannten sich die St. Antoner Bewohner nun vollends zu ihrem großen Förderer.

Die Uraufführung von »Kein schöner Land« fand am 12. April 1987 im Tiroler Landestheater statt. Erich Innerebner führte – wie schon bei »Besuchszeit« – Regie, von Werner Pirchner stammte die – nun längst unsterblich gewordene – Musik (»Kann die Geige weinen?«), Heinz Hauser schuf ein großartiges Bühnenbild, es spielten Theo Rufinatscha, Rita Frasnelli, Christine Mayr, Isolde Ferlesch, Rosa Mich, Ludwig Dornauer, Rudolf Hiessl, Markus Soppelsa, Lothar Dellago und Peter Mitterrutzner. Nach Ende der Aufführung blieb es unendlich lang still, dann kam der Applaus. Eine Kritikerin schrieb, sie habe zum ersten Mal im Theater etwas erlebt, was man als »stillen Applaus« bezeichnen könnte, auch wenn das scheinbar einen Widerspruch darstellt.

Um die Zuschauer über die historischen Fakten aufzuklären, die der erfundenen Handlung zugrundeliegen, wollte ich im Programmheft nicht nur die Geschichte des Rudolf Gomperz erzählen, sondern auch eine Dokumentensammlung über die NS-Zeit in Tirol unterbringen. Der damals in der Dramaturgie des Tiroler Landestheaters tätige Historiker und Journalist Michael Forcher, der mit mir zehn

»Kein schöner Land«: Szene aus der Uraufführung am Tiroler Landestheater mit (von links) Theo Rufinatscha, Markus Soppelsa, Christine Mayr, Isolde Ferlesch, Rita Frasnelli, Rudolf Hiessl und Lothar Dellago

Jahre vorher das erste große Interview gemacht hatte, meinte aber, so eine umfangreiche Dokumentation sprenge den Rahmen eines Programmheftes und verschwinde nach der Aufführungsserie wieder in den Archiven. Und er bot mir an, das Stück samt Gomperz-Biographie und den vielen Dokumenten zur Naziherrschaft, die ich gesammelt hatte, in seinem inzwischen gegründeten Haymon Verlag als Taschenbuch herauszubringen. Ich stimme gerne zu. Das Buch wurde pünktlich zur Premiere fertig und war der Beginn einer bis heute währenden Zusammenarbeit.

Die Produktion des Tiroler Landestheaters ging anschließend auf Tournee in Südtirol. Viele Theater im deutschsprachigen Raum spielten das »Kein schöner Land« nach, 1988 schon das Volkstheater Wien, Regie Claus Homschak, mit Hermann Schmid in der Hauptrolle und Peter Uray als Pfarrer, der sich mit seinem religiösen Antisemitismus zuerst versündigt, dann aber gegen die Nazis protestiert, endlich den Juden als Bruder betrachtet und auch von den Nazis ermordet wird. Bühnenbild wieder von Heinz Hauser, die Musik ebenfalls wieder von Werner Pirchner. Da gerade eine heftige Diskussion um einen Bundespräsidenten in Gang war, der anscheinend nicht selber, sondern nur sein Pferd bei der SA gewesen war (das Wort »Herrenreiter« passt hier gut), kam das Stück gerade zur rechten Zeit.

Eine andere Aufführung will ich noch erwähnen, weil da etwas Erfreuliches geschah. Das Brixenthaler Volkstheater spielte 1991 in meinem Heimatort Kirchberg »Kein schöner Land«. Hauptdarsteller Melchior Gratt ergriff die Zuschauer zutiefst. Das Schöne aber war, dass meine Adoptivmutter endlich in einem Stück von mir spielen konnte, was sie sich sehr gewünscht hatte. Eine passende Rolle gab es auch für sie, die am liebsten »böse« Weiber spielte, nämlich die resolute Pfarrershäuserin Rosa. Leider starb sie am 18. Februar 1992, und ist daher in der ORF-Fernsehaufzeichnung, die erst kurz danach stattfand, nicht zu sehen.

»Verlorene Heimat – Die Zillertaler Auswanderer 1837«

Im Jahr 1985 traten die Zillertaler Heinz Tipotsch und Friedl Wildauer an mich heran und fragten, ob ich nicht ein Stück über die Vertreibung der Zillertaler Protestanten schreiben könne, welches Ereignis sich 1987 zum 150. Mal jähren würde und woran man erinnern wolle. Da ich es für wichtig halte, über die Vergangenheit, über die begangenen Fehler möglichst viel zu erfahren, und vielleicht doch ein wenig daraus zu lernen, erklärte ich mich sofort bereit, hier mitzumachen. Die Zillertaler äußerten zudem den Wunsch, das alleinige und ausschließliche Aufführungsrecht für das Stück erwerben zu wollen, womit ich einverstanden war, da mir das die Chance gab, auf die Lokalgeschichte wirklich genau einzugehen. Als Schauplatz der Aufführung wurde der Dorfplatz von Stumm vorgeschlagen, der sich dann tatsächlich als einziger Platz im Zillertal herausstellte, wo man mit nur einer Retusche (Abdeckung der Glasfront einer Gemischtwarenhandlung) das Jahr 1837 herstellen konnte. Ein Gasthaus liegt am Platz, die Kirche mit dem Friedhof, das Pfarrwidum und ein Schloss, das die Rolle des Landgerichtes übernehmen konnte. Nach langen Recherchen und Studien lag das Stück Anfang 1987 vor.

Am meisten hatte mich an der Geschichte konsterniert, dass die Ausweisung der Zillertaler Protestanten eigentlich illegal war, denn seit dem »Toleranzpatent« von Kaiser Josef II. (1781) gab es gesetzlich in der Monarchie die Religionsfreiheit. Die Bischöfe von Brixen und Salzburg (der Zillerbach ist bis heute die kirchliche Grenze) behalfen sich aber dadurch, dass sie behaupteten, die Zillertaler Protestanten hätten ja keine Pfarrer, seien also nur eine Sekte. Evangelische Pfarrer allerdings erlaubte man ihnen keine. Ganz schlimm war auch, dass nur die Männer bestimmen durften, ob man auf dem Evangelischen Glauben beharrt und daher gehen muss, oder ob man wieder katholisch wird und bleiben kann. Dies führte oft zu einem tiefen Riss und viel Streit innerhalb der Familie. Kinder unter vierzehn Jahren mussten zurückbleiben, wurden zu katholischen Pflegeeltern gegeben. Es war der König von Preußen, der die evangelischen Zillertaler aufnahm, er baute ihnen sogar auf ihr hartnäckiges Verlangen Bauernhäuser im Zillertaler Stil, bevor sie sich auf den Weg machten.

Was nun folgte, war mein schönstes und wichtigstes Theatererlebnis bisher. Die Zillertaler gründeten einen Verband, in dem sich alle Volksbühnen des Tales zusammenschlossen, um gemeinsam dieses große Projekt durchzuführen. Das ganze Tal arbeitete mit dem Regisseur Ekkehard Schönwiese an der Entstehung der Produktion. 150 Schauspieler, Sänger, Musiker und Statisten wurden ausgesucht, Pferde, Widder, Kühe und Hunde wurden engagiert, geputzt, gepflegt und für ihre Auftritte trainiert. Der Linde-Wirt Ebster kaufte sogar einen Ochsen. Alte Gerätschaften, Schuhe, Kleider trug man (unter Anleitung der Kostümbildnerin Agnes Büchele) zusammen, Kutschen und Leiterwagen trieb man auf, und hinter der Bühne werkten noch einmal 50 Mitarbeiter am Tribünenbau, an den Lichtanlagen, in der Kostüm- und Bühnenwerkstatt, in der Organisation. Und dies alles neben der täglichen Berufsarbeit, die jeder der Mitwirkenden natürlich trotzdem absolvieren musste.

Am 27. Juni 1987 fand nach einem Jahr Vorbereitungszeit die Uraufführung statt. Als das Stück begann, leuchteten hinten am Talende die Gletscher des Olperer im letzten Sonnenlicht. Das Interesse war enorm. Alle Talbewohner wollten das Stück sehen, wollten etwas erfahren über ihre Geschichte, über den Schmerz ihrer Vorfahren. Selbst viele Nachkommen der damaligen Auswanderer reisten von weither an, lernten Verwandte kennen, sprachen über die damaligen Ereignisse. Die Zustimmung war einhellig, ausgenommen ein paar konservative Pfarrer und deren Schäfchen, die immer noch meinten, die Vertreibung der Protestanten sei damals rechtmäßig und richtig gewesen, und außerdem solle man die alten Geschichten nicht aufwärmen und damit – wie sie meinten – neuerlichen Zwiespalt schaffen.

Bei der Premiere passierte etwas Überraschendes. Die Evangelischen zogen am Ende des Stücks mit Ross und Wagen, mit Sack und Pack davon, verschwanden am Ortsanfang im Dunkel. Die Katholischen blieben traurig zurück. Applaus setzte ein, verstärkte sich. Niemand kam. Der Applaus verstärkte sich noch mehr. Ich schaute mir die Augen aus. Auch die Katholischen schauten alle ins Dunkel und reagierten deshalb ebenfalls nicht auf den Applaus. Warum kamen die nicht zurück? Das Publikum will sich doch bedanken. Später wurde ich aufgeklärt: »Wir sind ausgewandert, wir kommen nicht zurück. Das wär doch blöd.« Und so hielten sie es auch weiterhin. Sie kamen nicht zum Applaus zurück.

Übrigens gab es auch bei jeder Aufführung einen Widderkampf, das heißt, wenn die Widder Lust dazu hatten, und das war nicht immer der Fall. Auch hier handelte es sich um eine wahre Begebenheit, denn 1837 hatte man einen katholischen Widder einem evangelischen die Stirn bieten lassen, und der katholische gewann, was als deutliches Zeichen angesehen wurde. Die Zillertaler Zuschauer tobten jedes Mal beim Widderkampf, denn beim berühmten jährlichen Gauder Fest in Zell am Ziller (das auch heute noch stattfindet) durften sie das aus Tierschutzgründen nicht mehr sehen.

Auch mein Kollege Franz Xaver Kroetz reiste zur Premiere mit seiner Osttiroler Mutter an. »Sowos soist schreim«, sagte sie nachher zu ihm. Oje! Aber er lachte nur und gab ihr recht. Wir besuchten ihn dann auf seinem Bauernhof in Bayern, lernten seine spätere Frau Marie Theres Relin kennen, die Tochter von Maria Schell und Veit Relin. Irgendwo stand seine Schreibmaschine, auf der er »Stallerhof« geschrieben hatte, das erste Blatt war eingespannt. Nach der Jause nahm er Anna mit auf eine wilde Traktortour über die Wiesen.

Da der Andrang auf das Stück immer mehr zunahm, wurden zwei Tieflader abgestellt und Bänke drauf verfrachtet, um noch mehr Platz für Zuschauer zu schaffen. Bis in den September hinein wurde an den Wochenenden gespielt, erst Kälte und Dauerregen setzten der Sache ein Ende. Als es um die Verlängerung der Aufführungen ging, hatte die Darstellerin Margit Wierer gesagt, sie könne leider wirklich nicht, denn ihr Mann Franz habe in Rimini den Urlaub gebucht. Also versprachen Heinz Tipotsch und ich dem Ehemann, wir würden sofort nach der letzten Vorstellung seine Frau nach Rimini bringen. Gesagt, getan. Wir feierten mit den anderen im Gasthof Linde bis 2 Uhr nachts, dann packten wir die Margit in mein Auto und düsten nach Rimini. In der Poebene graute der Morgen, knapp über dem Boden schwebten dünne Nebelschwaden dahin. Mir drohten immer öfter die Augen zuzufallen. Endlich ging die Sonne auf und ich wurde wieder munterer. In Rimini lieferten wir Margit bei ihrem Ehemann Franz ab, frühstückten in der Pension, gingen kurz ins Wasser und fuhren wieder zurück. Heinz saß nun am Steuer und ich schlief. Als wir wieder in Stumm ankamen, feierten die immer noch. Die Zillertaler machen das so.

Eine ORF-Aufzeichnung des lokalen Ereignisses war nicht geplant, kam aber dann doch wie durch ein Wunder zustande. Im Stummer Schloss wohnt nämlich ab und zu der Filmproduzent Jan Mojto (jener, der mich damals bei meinem Roseggerdrehbuch verteidigt hatte), er schaute sich eine Vorstellung an, telefonierte sofort mit dem damaligen ORF-Chef Ernst Wolfram Marboe und muss derartig geschwärmt haben, dass dieser ein Aufzeichnungsteam schickte. Der eigentlich zuständige Kulturchef fühlte sich zu Recht übergangen und trug mir das noch lange nach, obwohl ich nichts damit zu tun gehabt hatte.

Ekkehard Schönwiese

Zum Regisseur Ekkehard Schönwiese ist noch etwas zu sagen. Als er 1987 vom Grazer Schauspielhaus, wo er Dramaturg war, nach Tirol kam, machte er sich natürlich mit der Zillertaler Aufführung gleich einen guten Namen. 1990 wurde er beim Volksbühnenverband »Landesspielberater« von Tirol. Irgendwo früher im Text habe ich etwas angeberisch behauptet, mein erstes Stück habe den Spielplan der Volksbühnen verändert. In Wahrheit hat das hauptsächlich Ekkehard Schönwiese geschafft. Unermüdlich reiste er 25 Jahre lang von Volksbühne zu Volksbühne, setzte sich für eine Anhebung des Niveaus ein, nicht nur Stücke betreffend, sondern auch Maske, Kostüm und Bühnenbild (die übertrieben geschminkten Gesichter, die angeklebten Bärte, die haarsträubenden Perücken, die angemalten Pappendeckelbühnen hab ich noch selbst gesehen), ließ sich lokale

Ereignisse erzählen und machte Theaterstücke daraus, inszenierte in öden Sälen, in alten Bauernstuben, in atemberaubenden Naturkulissen. Auch mit seiner Zeitschrift »Darstellendes Spiel«, die jede Volksbühne zugeschickt bekam, hat er viel bewirkt. Das Stück in Stumm sollte nicht unsere einzige Zusammenarbeit bleiben.

Telfs abgesagt!

Im Sommer 1987 fanden keine Tiroler Volksschauspiele in Telfs statt. Es war einfach nicht genug Geld da. Beim ORF hatte sich schon 1985 Entscheidendes geändert. Es gab jetzt nicht mehr einen FS1- und einen FS2-Intendanten, sondern einen Informations- und einen Programmintendanten. Unser bisheriger Gönner Wolf in der Maur schied aus, Ernst Wolfram Marboe (bisher FS2) wird Programmintendant. Die Volksstückleiste von In der Maur ist damit ausgelaufen. Nun sind wir zum ersten Mal wirklich auf Subventionen von Bund, Land und Gemeinde angewiesen. Mit »wir« meine ich unseren Verein, denn schon 1983 hatten wir uns selbständig gemacht, waren Veranstalter geworden, mit einem Vorstand, der auch die Verantwortung für einen eventuellen Verlust übernahm.

Im Vorstand waren damals: Dietmar Schönherr als Obmann, Kurt Weinzierl als Stellvertreter, der Steuerberater Alfred Konzett als Kassier, als Schriftführer der Bühnenbildner Peter Paul Tschaikner, weiters im Vorstand Hans Brenner, Ruth Drexel, Gernot Friedl, Otto Grünmandl, der Bühnenbildner Heinz Hauser und ich. Nach Dietmars Weggang (die Not in Nicaragua rief ihn) wurde Hans Brenner Obmann, nach seinem Tod Ruth Drexel, nach deren Tod Markus Völlenklee (bis heute). Vorstandsmitglieder wurden später der Bühnenbildner Karl-Heinz Steck, Schauspieler und Regisseur Klaus Rohrmoser und Regisseurin Susi Weber und ab 1984 unsere Geschäftsführerin Silvia Wechselberger.

Zurück zu den finanziellen Nöten. Die Gemeinde Telfs war kein Problem, die unterstützte uns sowieso, so gut es ging, auch mit nicht berechneten Leistungen des Bauhofs. Der Bund zeigte sich nobel, aber das Land Tirol gar nicht. Dies hatte auch damit zu tun, dass unser lieber Freund Kurt Weinzierl in Zeiten, als der ORF uns durch die Aufzeichnungen voll finanzierte, sich im Radio über den Kulturreferenten des Landes lustig gemacht hat, was dieser nicht so schnell vergaß. Schon 1985 hatten wir im Rohbau des Rathaussaales nur ein einziges Stück gespielt, eigentlich ein Notprogramm, nämlich »Dahoam is dahoam« von Fitzgerald Kusz, das ich aus der fränkischen Mundart ins Tirolerische übertragen hatte. Großartige, witzige Aufführung, aber das Publikum war unzufrieden, vertrat die Meinung, dass eine »Urlaubskomödie« für »Volksschauspiele« ein bisschen wenig sei, man erwartete sich auch eine richtige, handfeste »Tragödie«.

Außerdem fanden die Zuschauer den feuchten, kalten Rohbau so richtig ungemütlich, waren regelrecht deprimiert von diesem Schauplatz. Sie schwärmten vom Stadel des Pilatushofes, vom Zobl-Anger mit seinen Apfelbäumen, von der Baugrube mit dem alten Kloster darüber. Ja, ist schon gut, natürlich war es schöner! Überhaupt ist es schöner im Freien. Das ganze Jahr über gehen die Leute in die diversen Musentempel, wo alles abgesichert ist, wo nichts passieren kann. Warum kommen die Zuschauer so gerne zu uns? Weil wir ihnen bieten, was das Stadttheater nicht zu bieten hat. Kunst in der Natur. Gras und Bäume und den Himmel mit dem Mond. Und dann und wann einen Regenguss. Wenn die Vorstellung einmal begonnen hat, wollen die Leute, dass weitergespielt wird. Auch bei strömendem Regen. Auch bei Kälte. Kunst und Natur vereint. Das Abendlicht der Sonne und dann das Scheinwerferlicht von Max Keller. Und dann noch lange beisammensitzen und trinken und sich unterhalten mit dem Publikum. Es lebe das Freilichttheater!

So dachte ich damals, so dachten wir alle. Heute spielen wir längst nicht mehr im Freien. Das Klima hat sich gewandelt, zu viel Regen und Kälte im August schon. Wenn es in Innsbruck regnet, fahren die Besucher nicht einmal los. Bei Schillers »Die Räuber« zum Beispiel, vor einigen Jahren, da war es so kalt, dass manchmal nur vierzig Zuschauer auf der Tribüne saßen. Das können wir uns nicht leisten, wir brauchen einfach die Einnahmen.

Zurück aber zu den Notzeiten, zur mangelnden Unterstützung. So schlimm kam es dann doch nicht, es war noch nicht aller Tage Abend. Ernst Wolfram Marboe, selber ein Theaternarr, zeichnete dann doch immer wieder Stücke auf und wurde zu unserem Freund. Und irgendwann zog auch das Land mit Subventionen nach. Und irgendwann waren wir zu einer Institution geworden. Dennoch ist es jedes Jahr wieder ein neuerlicher Kampf ums Geld, wie bei allen anderen Kulturveranstaltern auch. Vorbei aber die Zeit, wo wir die

Schauspieler um Gagenreduzierung bitten mussten, wo Ruth Drexel auf ihre Regiegage verzichtete und zum Beispiel das Stück »Job und der Frieden« (nach Aristophanes) von Dietmar Schönherr im September dann auf Einladung des Münchner Volkstheaters und des Kulturreferates in einem Münchner Zirkus aufgeführt wurde, was dann durch den Publikumsandrang tatsächlich unser Defizit von 800.000 Schilling um die Hälfte verminderte. Überhaupt hat uns die Direktionszeit von Ruth am Münchner Volkstheater sehr geholfen. Sie übernahm alle Hauptstücke nach München, was eine Teilung der Kosten bedeutete und auch deshalb angenehm war, weil dann die Stücke nicht nach 15 Sommervorstellungen in der Versenkung verschwanden, sondern noch 30-mal dem Münchner Publikum gezeigt werden konnten.

»Heim« in Linz

Im Gegensatz zum Mitverantwortlichen für die Volksschauspiele in Telfs, war für den Autor Felix Mitterer 1987 ein gutes Jahr mit drei Uraufführungen. Denn das Linzer Landestheater, das schon die ersten meiner Stücke nachgespielt hatte, wollte ein neues Stück von mir. Aber die Zeit war etwas knapp. Deshalb schlug ich vor, den Einakter »Karrnerleut 83«, der nie nachgespielt worden war, weil keine Einakter mehr aufgeführt werden, in ein abendfüllendes Stück umzuschreiben. Man akzeptierte und ich war schnell fertig. Die Handlung blieb dieselbe, nur das Personal erhöhte sich von vier Personen auf acht. Die Uraufführung fand unter dem Titel »Heim« am 26. September 1987 in den Kammerspielen des Linzer Landestheaters statt. Regie führte der oberösterreichische Autor, Film- und Theaterregisseur Leopold Huber, der dann 1991 mit Dietmar Schönherr in der Hauptrolle seinen bezaubernden Film »Mirakel« drehte. Das atemberaubende Bühnenbild von Brigitte Erdmann zeigte eine Autobahnbrücke mit einem echten Autowrack.

Das Stück wurde nicht oft nachgespielt, möglicherweise verdientermaßen. Im Kärntner Dorf Radise (Radsberg) sah ich allerdings im Jahr 1990 eine sehr ungewöhnliche Aufführung des slowenischen Kulturvereins in slowenischer Sprache; der Titel des Stücks war »Domov«, als Regisseur fungierte Nuži Wieser. Zuerst besuchten wir alle gemeinsam einen Gottesdienst in der Kirche, dann strömte die ganze Dorfbevölkerung samt Großeltern, Vätern und Müttern mit Babys ins Gemeindehaus, wo am helllichten Tag die Vorstellung stattfand. Es war wie ein Volksfest, mit Babygeschrei, mit ständigem Kommen und Gehen. Am Ende Jubel, Getrampel und rasender Beifall. Der wohl nicht dem Stück, sondern den Darstellern galt. Ich war sehr beeindruckt und erfreut. Und – wie mir schien – vom Heiligen Geist erleuchtet, denn ich verstand jedes Wort. Dasselbe passierte mir später in Budapest (»Sibirien«), in Prag (»Besuchszeit«) und in Krakau (ebenfalls »Besuchszeit«). Da man ja seinen eigenen Text kennt und aufpasst, versteht man tatsächlich fast jedes Wort, auch in einer gänzlich fremden Sprache.

Verkaufte Heimat – ein Stück Südtiroler Geschichte

Unter Mussolini wurde in Südtirol die deutsche Sprache verboten, tausende von italienischen Arbeitern wurden vom Süden in die neu gebaute Bozner Industriezone gebracht, die nicht bäuerlichen Südtiroler hatten kaum Arbeit und Wohnungen, wer Arbeit wollte, musste seinen Namen italianisieren lassen (aus Josef Rabensteiner wurde Giuseppe Pietracorvo), sogar Namen auf Grabsteinen wurden italianisiert. Da die Südtiroler Kinder in den italienischen Schulen (unterstützt von den Eltern) oft passiven Widerstand leisteten und nichts lernen wollten, die geheimen Deutschschulen aber immer wieder von den Faschisten ausgehoben wurden (die Lehrerinnen nach Süditalien deportiert), waren Sprache und Kultur in höchster Gefahr.

Wegen seines »Stahlpaktes« (Wirtschaftsabkommen) mit Mussolini, verzichtete Hitler nach dem Einmarsch in Österreich (den Mussolini unwillig duldete) endgültig auf Südtirol und es wurde das »Optionsabkommen« geschlossen. Nach diesem Abkommen mussten sich die Südtiroler 1939 entscheiden, ob sie italienische Staatsbürger bleiben wollten und damit auf ihre Sprache und Kultur offiziell verzichteten, oder ob sie für die deutsche Staatsbürgerschaft und damit für die Auswanderung ins Deutsche Reich stimmten. Beide Länder starteten vor der Abstimmung eine Propagandaschlacht ohnegleichen. Die Deutschen versprachen den Südtirolern geschlossene Siedlungsgebiete und machten sie glauben, sie würden nach Süditalien deportiert, wenn sie fürs Bleiben stimmten. Die italienischen Faschisten unterstützen diese Gerüchte, um die Südtiroler loszuwerden. Erst als nicht nur die Armen und Arbeitslosen, sondern auch die Bergbevölkerung immer mehr fürs Auswandern stimmte, bekamen sie es mit der Angst zu tun und dementierten die Gerüchte, aber da glaubte ihnen kaum mehr jemand, es war zu spät.

So waren diejenigen, die für ein Verbleiben in der Heimat eintraten und überzeugt waren, auch innerhalb Italiens Tiroler bleiben zu können, auf verlorenem Posten. 86 Prozent der Südtiroler stimmten bis Ende 1939 für die deutsche Staatsbürgerschaft, also für die Auswanderung in ein Land, das sich bereits im Kriegszustand befand. Für die Kinder stimmten die Väter ab. Nazideutschland hielt seine Versprechen nicht, es gab dann nie ein geschlossenes Siedlungsgebiet, allerdings zahlreiche »Südtiroler-Siedlungen« in Österreich, besonders in Tirol und Vorarlberg, was die einheimische Bevölkerung verbitterte, da sie zunehmend unter Wohnungsnot litt. Die Südtiroler Männer wurden bei ihrer Ankunft in Innsbruck sofort in die deutsche Wehrmacht einberufen und in den Krieg geschickt. Nach dem Krieg gab es große Probleme für die »Rückwanderer«, da sie offiziell deutsche Staatsbürger waren und Italien sie nicht mehr wollte. Erst nach vielen diplomatischen Verhandlungen zwischen Österreich und Italien durften sie – wenn sie wollten – zurückkehren. Viele, besonders die Kinder, blieben in Österreich.

Ende 1985 kam von Dr. Franz von Walther (RAI Bozen) an den ORF die Anregung, einen Fernsehfilm über die Option zu drehen und 1989 zum 50-jährigen Gedenken zu senden. Dr. Peter Mertz vom ORF schlug mich als Drehbuchautor vor. Nun begann eine langwierige Arbeit, die sich über zwei Jahre erstreckte. Studium von Literatur und Dokumenten, Nachforschung in Archiven, zahlreiche Interviews mit Zeitzeugen, auch weite Reisen. Bis in die Tschechoslowakei kam ich und sprach mit Leuten, die damals von ihren Höfen vertrieben wurden, um Platz für Südtiroler Bauern zu schaffen.

Schließlich hatte ich eine Unmenge an Informationen und eine Unmenge an Material. Jetzt musste daraus eine Geschichte entstehen, jetzt musste ich all die vielen Standpunkte und Positionen bestimmten Figuren zuordnen und mit ihnen und über sie das Leiden der damaligen Zeit so darstellen, dass die Fernsehzuschauer es nachempfinden und verstehen konnten. Da gab es die Italiener und die Südtiroler, die »Dableiber« und die »Geher«, die Armen und die Wohlhabenden, die Nazis und die Faschisten, den großen Krieg und dieses kleine Volk, das von der Politik unterdrückt und manipuliert wurde, bis es nicht mehr wusste, wie ihm geschah.

Eines war mir wichtig: Ich wollte versuchen, gerecht zu sein, ich wollte nicht wieder neue Gräben aufreißen. Ich versuchte auch die »Geher« zu verstehen, denn die »Dableiber« zu verstehen, ist für einen unbeteiligten Außenstehenden einfach nach 50 Jahren; sie hatten ja recht. Aber wie hätte man selber entschieden, damals? Wäre man nicht ebenfalls in die Propagandafalle der Nazis und Faschisten gelaufen? Damals, als ich die Drehbücher recherchierte und schrieb, gab es noch eine große, unsichtbare Kluft zwischen den

Szenen aus dem 1. Teil des Fernsehfilms »Verkaufte Heimat«:

oben mit Helmut Haidacher (Pfarrer) und Ivano Marescotti (Podestà, 2. von links),

darunter mit Christine Mayr (Anna, Mitte), Paolo Magagna (Ettore, ganz rechts) und von links Barbara Weber (Kathl), Otto Donner (Altbauer Tschurtschenthaler), Helmut Haidacher (Pfarrer)

Das Filmteam (Karin Brandauer vorderste Reihe, 6. von links) in Niedersulzbach, wo die mährischen Szenen gedreht wurden

Familien der einstigen »Geher« und der »Dableiber«. Zu viel hatte man sich gegenseitig zugefügt, damals. Besonders die Mehrheit der Geher der Minderheit der Dableiber. Man sprach nicht gern darüber, zu sehr schmerzten immer noch die Wunden. Aber man muss darüber reden, auch wenn es weh tut. Nur was ausgesprochen wird, kann überwunden, kann »verschmerzt« werden. Heute sind fast alle Zeitzeugen gestorben, viele der Kinder aber tragen den Schmerz immer noch weiter. Aber die Kluft ist geschlossen.

Im Frühjahr 1988 waren die beiden Drehbücher fertig und wurden von Karin Brandauer als Regisseurin von Herbst 1988 bis Frühjahr 1989 an Originalschauplätzen in Südtirol verfilmt: in Glurns, im Ultental, in Meran und Bozen. Kameramann war der wunderbare Helmut Pirnat.

Die Handlung hatte ich auf drei Familien gelegt: die »Geher« Tschurtschenthaler, die »Dableiber« Oberhollenzer, die »Anpassler« Rabensteiner. Dazu kamen die Italiener: der faschistische Bürgermeister und Schuldirektor, der Gemeindesekretär, die Carabinieri sowie der Straßenarbeiter aus dem Trentino, der mit den Tirolern sympathisiert. Die Darsteller waren eine Mischung aus Tiroler Profis und Laien, die großartig und authentisch spielten: Anna Pircher, Christine Mayr, Rita Frasnelli, Linde Gögele-Spitaler, Barbara Weber, Peter Mitterrutzner, Ludwig Dornauer, Otto Donner,

Helmut Haidacher, Theo Rufinatscha, Pepi Pittl, Johann Spiss und viele andere. Auch die italienischen Darsteller waren hervorragend, besonders Ivano Marescotti als Podestà (Bürgermeister) und Paolo Magagna als Carabiniere Ettore, der sich in eine Südtirolerin verliebt, womit beide zwischen die Fronten geraten.

Ich danke den Redakteuren der beteiligten Rundfunkanstalten, vor allem Dr. Peter Mertz (ORF) und Dr. Franz von Walther (RAI Bozen) sowie der von mir unglaublich geschätzten Regisseurin Karin Brandauer. Dank auch den Auskunft gebenden Südtirolerinnen und Südtirolern, besonders Hanna Goldmann, sowie Anna und Josef Engl und den gastfreundlichen Bürgern von Sumvald (Mähren). Von der vielen Literatur, die ich studiert habe, soll als erste und ganz wichtige Unterlage für meine Arbeit das Doppelheft der Zeitschrift »Föhn« über die Option genannt werden, erschienen 1980, mit zahlreichen Dokumenten und Beiträgen von Leopold Steurer, Claus Gatterer, Friedl Volgger, Gerhard Mumelter und anderen.

Der Zweiteiler hatte 1989 sehr viele Zuschauer in Österreich und Deutschland, in Südtirol – so kann man sagen – sahen überhaupt alle zu. Und es entstand eine gute Früchte tragende Diskussion zwischen »Dableibern« und »Gehern«, und die Eltern klärten endlich ihre Kinder über diese finstere, tragische Zeit auf. Karin Brandauer und ich erhielten zahlreiche Preise, so den »Telestar« der deutschen Fernsehanstalten, den »Bayerischen Filmpreis«, den Österreichischen Volksbildungspreis und nicht zuletzt den »Goldenen Enzian« des Bergfilmfestivals in Trient.

Die Fortsetzung: »Feuernacht« und »Komplott«

Nach den erfolgreichen, so viel bewegenden zwei Fernsehfilmen sprachen Karin Brandauer, ORF-Redakteur Peter Mertz und ich über eine Fortsetzung. Denn nach dem Krieg war ja die Sache für die Südtiroler noch nicht ausgestanden. Es kamen die sogenannten »Bombenjahre«.

Als ich 1990 in Köln bei einer Live-Übertragung der ARD für die beiden ersten Drehbücher ausgezeichnet wurde, kündigte ich in der Dankesrede die nächsten zwei Teile an und hatte dabei einen teuflischen Freud'schen Versprecher. »Sie werden während der ›Bumserzeit‹ spielen«, sagte ich. Bevor noch ein allgemeines Gelächter des ganzen Auditoriums losbrach, war mir das schon äußerst peinlich, denn erstens verstanden die Deutschen unter »Bumser« natürlich etwas anderes, zweitens sollte ein Mensch, der sich ernsthaft mit der Südtirolproblematik der 60er Jahre beschäftigen will, den Ausdruck »Bumser« lieber vermeiden, wurde er doch in oberflächlicher, eher leicht abwertender Weise für die Südtirolaktivisten verwendet. So geht's eben mit Vorurteilen, und die hatte ich, wie fast jeder liberale Mensch, dem Nationalismus in jeder Form unheimlich ist.

Im Laufe der zweijährigen Recherchen musste ich mich allerdings eines Besseren belehren lassen. Ich sprach mit vielen ehemaligen Aktivisten (das Wort »Freiheitskämpfer« scheue ich bis heute, obwohl es für manche in der Tat zutraf), ich sprach mit Angehörigen, besonders mit den Frauen, las Zeitungsberichte und Akten, und da stellte ich fest, dass die Dinge nicht so einfach waren, wie sie mir früher als gestandenem »Alt-68er« erschienen, schwarz-weiß sind sie ohnehin niemals.

Die italienische Zentralmacht dachte nach dem Krieg nicht im Traum daran, den Südtirolern ihre im Pariser Vertrag eingeräumten Autonomierechte zuzugestehen. Ganz im Gegenteil – man plagte sie mit Schikanen, verwehrte ihnen vor der Polizei, vor Gericht und in den Ämtern die Muttersprache, hatte sie mit der Provinz Trient in einen Topf geworfen, wodurch im Regionalparlament die Südtiroler wieder in der Minderheit waren, vor allem aber schickte man – wie zur Mussolinizeit – Abertausende von Italienern aus dem Süden in die Provinz Bozen, gab nur ihnen die Arbeitsplätze, baute nur für sie die Wohnblocks. Nicht ohne Grund fanden die ersten Sprengstoffattentate gegen Rohbauten dieser sogenannten Volkswohnungen statt, in denen die Südtiroler nicht wohnen durften.

Hatte ich nun sehr bald verstanden, wie es zur späteren Eskalation kommen musste, so wunderte ich mich immer mehr über die sogenannten »Terroristen«, die »Dinamitardi«, wie sie von den Italienern genannt wurden. Der Anführer Sepp Kerschbaumer (im Film Sepp Rabensteiner) war gläubiger Katholik und von einer derartigen Herzensgüte, dass ich befürchten musste, der Fernsehzuschauer würde mir so einen Charakter gar nicht abnehmen. Ein »Terrorist«, der als Gemischtwarenhändler den armen italienischen Zuwanderern ständig Kredit gewährt, der nach jedem Anschlag beichten geht, der seine Leute beschwört, ja keine Menschenleben zu gefährden, so einer passt nicht ins Klischeebild, das man sich allzu gerne macht. Auch die meisten anderen entsprachen diesem Klischee in keiner Weise. Arbeiter, Bauern, Handwerker waren sie, zumeist Familienväter, zumeist verantwortungsbewusste und an sich autoritätsgläubige Menschen, auf keinen Fall raffinierte, brutale, hinterhältige Guerillas. Wen wundert es, dass nach der »Feuernacht« (Sprengung von 37 Strommasten am 12. Juni 1961) fast alle verhaftet wurden (keine Decknamen, zu wenig Geheimhaltung, eingeschleuste Spione) und unter oft schrecklicher Folter gestanden, was zu gestehen war.

Georg Klotz (im Film Hermann Tschurtschenthaler) und Luis Amplatz (Bruder Toni Tschurtschenthaler) – die beiden anderen Anführer – waren zwar ganz andere Charaktere als Kerschbaumer, aber auch sie vermieden es, Menschen zu töten, obwohl der Schützenmajor Klotz oft in Guerillafantasien schwelgte. Von einem Tiroler Agenten des italienischen Geheimdienstes wurde auf beide ein Mordanschlag verübt, Amplatz starb dabei, Klotz gelang schwerverletzt die Flucht nach Nordtirol, war in Österreich immer wieder eingesperrt, vermisste schmerzlich seine Familie, endete als Köhler in der Sillschlucht bei Innsbruck, wo er unter schlimmen Umständen verstarb. Er war sicher die tragischste Figur dieser Zeit, einer, der – wie Andreas Hofer – nicht wusste, wann man aufhören muss, wann es keinen Sinn mehr hat. Dass der damalige Südtiroler Widerstand bis heute in schlechtem Geruch steht, liegt aber hauptsächlich an den deutschnationalen bis rechtsradikalen Aktivisten aus Österreich und Deutschland, die bald als Trittbrettfahrer mitmischten und mit Wort und Tat (man schreckte auch vor hinterhältigen Sprengfallen nicht zurück) die ehrlichen Absichten und gemäßigten Handlungen der Südtiroler desavouierten.

Jetzt, 33 Jahre nach der »Feuernacht«, war es für mich an der Zeit, den Kampf der Südtiroler um ihre Rechte endlich objektiv darzustellen und zu zeigen, dass es der Nationalismus des italienischen Staates war, der zum Aufruhr führte, und nicht der Nationalismus der Südtiroler. Selbst Politiker, die sich damals von den Anschlägen distanziert hatten, räumen nunmehr ein, dass es ohne diese noch immer kein Autonomiestatut, keine Erfüllung des »Paketes« geben würde. Natürlich auch nicht ohne Kreisky und Magnago. Jeder tut an seiner Stelle eben, was er kann. Dass sich Bruno Kreisky als österreichischer Außenminister vor der UNO für Südtirol einsetzte, wurde von den Südtirolern nicht vergessen. Bezüglich der Sprengstoffanschläge wird ihm ein Satz zugesprochen, der nicht belegt, aber auch nicht unwahrscheinlich ist: »Ich sag euch nicht, tut's was, ich sag euch aber auch nicht, tut's nix.«

Ich danke den damals aktiv Beteiligten und deren Frauen, Kindern und Verwandten, die mir ihr Vertrauen schenkten und bereitwillig Auskunft gaben. Danken möchte ich auch Elisabeth Baumgartner, Hans Mayr und Gerhard Mumelter, die im selben Zeitraum wie ich für ihr zeitgeschichtliches Lesebuch »Feuernacht« (Edition Raetia, Bozen 1992) recherchierten und mir uneigennützig all ihre Informationen zur Verfügung stellten.

Am 13. November 1992 starb Karin Brandauer, die auch die nächsten beiden Teile der »Südtirol-Saga« drehen sollte. Es war ein furchtbarer Schock für uns alle. Besonders natürlich für ihren Ehemann Klaus Maria, aber auch ich fühlte mich im Stich gelassen, denn mein Herzenswunsch war es, alle meine folgenden Filme nur mit ihr zu drehen. Wie holte sie doch auf ihre sanft-bestimmte Weise mehr aus den Schauspielern heraus, als viele andere es zustande gebracht hätten, und wie bestand sie doch darauf, jeden einmal fixierten Satz aus dem Drehbuch genau so zu sprechen und nicht anders. Das passiert einem Drehbuchautor selten, heute sowieso kaum mehr. Ich versteh dich nicht, Karin, schon damals hätte man doch nicht an Brustkrebs sterben müssen! Ich fass es immer noch nicht.

Gernot Friedl übernahm die Regie, mit Kameramann Jiri Stibr. Dass ich nicht ganz zufrieden war mit den beiden nächsten Folgen, obwohl es atemberaubende und auch sehr berührende Szenen gibt, hat wohl damit zu tun, dass ich mir immer vorstellte, wie wohl Karin das gemacht hätte. Ein großer Trost war mir, dass mein Freund Werner Pirchner eine ganz unglaubliche Filmmusik komponierte. Und es spielten natürlich wieder dieselben Schauspielerinnen und Schauspieler, sie waren (fast) genauso großartig wie in den beiden ersten Teilen.

Vor der Präsentation in Meran bat mich Gerd Bacher, ein vom ORF aufgezeichnetes Gespräch mit acht Zeitzeugen zu führen. Das dauerte endlos, ich bekam ständig Zeichen von der Technik, endlich aufzuhören. Das lag daran, dass all diese Menschen, die zum Teil gefoltert wurden und dann jahrelang im Gefängnis saßen, die Chance nutzen wollten, sich alles von der Seele zu reden. Und da ich kein professioneller Moderator bin, gelang es mir nicht, sie zu bremsen, wollte es auch nicht. Nachher saßen wir zusammen im

Wirtshaus, und Reinhold Messner sagte plötzlich: »Mitterer, du musst endlich einen Hofer schreiben.« Ich antwortete: »Ja, eh interessant, aber zuerst muss ich über Michael Gaismair schreiben.« Bacher hörte nur das Wort Hofer, war begeistert und ließ mir dann von Wien aus sofort einen Vertrag zukommen. Dann aber wurde Bacher als Generalintendant abgelöst und die Redakteure baten mich händeringend, auf den Hofer zu verzichten, das interessiere heute keinen mehr und sei außerdem viel zu teuer. Ich stimmte gerne zu und machte etwas anderes. Jahre später sollte es aber dann doch dazu kommen.

1994 wurden die zwei ersten Teile der »Verkauften Heimat« wiederholt und danach die beiden neuen gesendet, etliche meiner fortschrittlichen Freunde wendeten sich danach von mir ab, weil sie nicht richtig zusahen oder frühzeitig abschalteten, um ihr Vorurteil, dass alle Südtirolkämpfer Nazis seien, ja nicht zu gefährden. Kann man nichts machen. Dass der Autor zwischen allen Stühlen sitzt, ist ihm Auftrag.

Um nicht negativ zu enden: Schon 1995 wurden alle vier Teile in den deutschsprachigen Südtiroler Schulen im Fach Geschichte als Unterrichtsfilme verwendet. Zehn Jahre später erhielt ich dann die Nachricht vom italienischen Schulamt in Bozen, man habe alle vier Filme mit Untertiteln versehen und setze sie nun in den italienischen Mittelschulen beim Unterricht ein. Wer hätte das gedacht? Wie schön, wenn sich Gräben schließen, wie schön, wenn alle Beteiligten wissen wollen wie es war und es weitergeben an die nächsten Generationen. Ein wirkliches Zusammenleben zwischen den deutschsprachigen und den italienischsprachigen Südtirolern wird es wohl nie geben, aber wohl gegenseitigen Respekt.

Neues von Samson

1988 gratulierte mir der Bürgermeister von Achenkirch zu meinem 40. Geburtstag, worauf ich ihm zurückschrieb und ihn bat, er möge doch im Meldeamt nachschauen lassen, ob da ein gewisser Samson aufscheine. Der Bürgermeister forschte sofort nach und schickte mir Unterlagen, aus denen hervorging, dass 1944 ein gewisser Samson Tichoniuc mit einem 14-jährigen Sohn namens Andreas und einem Bruder namens Michael in Achenkirch aufgetaucht war. Die drei Flüchtlinge lebten bis zu Beginn des Jahres 1949 in Achenkirch und verzogen dann unbekannten Aufenthalts. Laut der beigelegten und vom Gemeindesekretär in Kurrentschrift ausgefüllten Meldezettel waren sie rumänische Staatsbürger, allerdings konnte niemand bis jetzt den Geburtsort entziffern, selbst der damalige Gemeindesekretär nicht, der noch lebt. Alles konnte ich schließlich lesen, nur nicht das wichtigste, eben den Geburtsort, denn er ist auf allen drei Zetteln etwas anders geschrieben, und keiner dieser Ortsnamen ist auf der heutigen Landkarte von Rumänien zu finden. Als Beruf ist bei Samson Restaurator angegeben, bei seinem Bruder Michael Landwirt.

Als ich meiner leiblichen Mutter die Meldezettel zeigte, fiel ihr noch ein, dass Samson sehr wohlhabend und gebildet gewirkt habe, dass er fast akzentfrei Deutsch gesprochen habe und nach eigenen Angaben Bürgermeister seiner rumänischen Heimatgemeinde gewesen sei. Seine Frau habe er zurücklassen müssen, warum, das wisse sie nicht mehr. Auch habe er ihr nicht gesagt, wohin er gehe, als er sie verließ. Sie habe ihm allerdings auch nicht mitgeteilt, dass das Kind – ich – von ihm sei. Auf meine nun schon etwas ärgerliche Frage – immerhin stehen jetzt etwa vier Väter zur Auswahl –, ob sie sich denn sicher sei mit dem Samson, antwortete sie, ja, ganz sicher, ich sehe ihm ja auch ganz ähnlich, auch meine Körperhaltung sei dieselbe.

Im Frühjahr 1990 drehte ich mit Robert Dornhelm in Timişoara den Film »Requiem für Dominic«. Die Meldezettel hatte ich mitgenommen und zeigte sie einigen rumänischen Mitarbeitern. Sie konnten mir aber ohne Verifizierung des Geburtsortes auch nicht helfen. Allerdings meinten sie, der Name Samson Tichoniuc klinge eher nach einem, der aus Bessarabien komme, und dieses gehört seit 1941 zur Sowjetunion. Wie auch immer, ich kam im Moment nicht weiter, es war mir auch nicht sehr wichtig, irgendwann würde sich alles aufklären.

»Die Kinder des Teufels«, 1989

1987 nahm Tristan Berger, Dramaturg vom Theater der Jugend in München, Kontakt mit mir auf und erzählte mir von einem Hexenprozess gegen Kinder und Jugendliche, der 1675 bis 1681 in Salzburg stattfand und der größte und blutigste Prozess seiner Zeit war. Im Zentrum stand dabei ein junger Mann namens Jakob Koller, genannt Zauberer-Jackl, der als Hexenmeister und Verführer der Jugend galt. Trotz umfangreicher Fahndung in halb Mitteleuropa und trotz Aussetzung einer hohen Belohnung konnte der Jackl nie gefasst werden. Dafür sperrte man Hunderte Kinder und Jugendliche ein, die bettelnd durch das Land zogen. Man presste ihnen unter der Folter die schauerlichsten Geständnisse ab und verurteilte 133 von ihnen wegen Teufelspakt, Schadenzauber und anderer Delikte zum Tod auf dem Scheiterhaufen. Die ermordeten Kinder fielen bald der Vergessenheit anheim, nur der Zauberer-Jackl ist bis heute in Salzburg eine bekannte Figur und taucht in zahlreichen Sagen auf.

Mich interessierte das Thema sehr – auch mich hätte man damals wahrscheinlich als Bettelbuben verhaftet und verbrannt –, ich gab nur zu bedenken, dass ich keine Rücksicht nehmen könne auf eine gewisse Altersstufe der Besucher des Theaters der Jugend, dass ich die Geschichte so schreiben werden müssen, wie sie sich zugetragen habe, in all ihrer Schrecklichkeit. Dies wurde akzeptiert, und ich begann die Akten zu studieren, die im Hauptstaatsarchiv München und im Salzburger Landesarchiv liegen. Als ich so einen Originalakt zum ersten Mal in den Händen hielt, wurde mir fast schlecht dabei. Die Vorstellung, dass dieses Papier im Augenblick des Verhörs geschrieben wurde, im Zentrum des Terrors, diese Vorstellung war mir fast unerträglich. Dann stellte sich ein anderes Problem ein, ich konnte nämlich die zum Teil schlampige und flüchtige Handschrift (offenbar fehlte aus Personalmangel die Zeit, die Akten sauber in Reinschrift zu übertragen) nur sehr schwer entziffern. Ich würde Jahre brauchen, um die Akten durchzuarbeiten und abzuschreiben. Schon nahe am Aufgeben kam ich schließlich drauf, dass ein Dr. Heinz Nagl mir diese Arbeit schon abgenommen hatte, denn von ihm war an der Universität Innsbruck 1966 eine Dissertation erschienen, für die er sämtliche Prozessakten ausgewertet hatte. Infolgedessen war ich nun doch in der Lage, das Stück zu schreiben. Trost- und ausweglos erschien mir das Schicksal der Kinder dadurch, dass viele unter der Folter gestanden, dann aber widerriefen, worauf sie wieder gefoltert wurden.

Darum war es mir wichtig, großes Augenmerk auf zwei Jugendliche zu richten, die dem Ankläger widerstanden, denn zu niederschmetternd wäre sonst das Stück geworden. Es handelte sich zum einen um den Tiroler Andre Mayer (genannt der »Stadtschmeisser«), der trotz grausamer Folter alles abstritt und deshalb freigelassen werden musste. Zum anderen gab es da eine Magdalena Pichlerin (genannt »Fetzen-Leni«), die den Ankläger durchschaute und mit ihren Vorhaltungen und Provokationen vollkommen aus der Fassung brachte. Zwar musste sie trotzdem oder gerade deswegen sterben, aber das änderte nichts daran, dass sie aus dem Rededuell als Siegerin hervorging und zur Legende wurde. Da die Kosten des Prozesses überhandnahmen (man musste sogar ein Gefängnis bauen), stellte der Fürstbischof schließlich kurzerhand den Prozess ein. – Alle »Geständnisse« der Angeklagten in diesem Stück sind authentisch und in den beiden genannten Archiven nachprüfbar.

Die Uraufführung fand am 8. April 1989 im Theater der Jugend (Schauburg) in München statt, und war von solcher Qualität (Regie Rudolf Seitz), dass ganz ein neues (Erwachsenen-)Publikum kam, das sonst nur die Kammerspiele oder das Residenztheater aufsuchte. Das war auch notwendig, denn viele Mittelschullehrer weigerten sich leider, mit ihren Jugendlichen in dieses Stück zu gehen. Heute verstehe ich das irgendwie, denn auch Erwachsene kamen bei Betrachten des Stückes manchmal aus dem Gleichgewicht. Meine Frau Chryseldis zum Beispiel, die sich eingehend mit der Hexenverfolgung beschäftigt hatte, konnte dann nächtelang nicht schlafen und kam in einen kritischen Zustand. Ich erinnere mich noch an ein riesiges Kreuz aus Eis, das während der Aufführung beständig schmolz, sodass am Ende nichts mehr übrig blieb, außer einem unförmigen Herzklumpen.

Natürlich wurden auch die Kinder von jungen Erwachsenen gespielt, und sie machten es so beeindruckend, dass man glaubte, tatsächlich Kinder vor sich zu haben. Franz Xaver Kroetz wurde übrigens angefragt, ob er das Stück woanders inszenieren wolle, bestand aber darauf, Kinder im Originalalter als Darsteller einzusetzen, was abgelehnt wurde, da die Kinder ein Alter von sechs bis zwölf Jahren hatten, was so jungen Darstellern nicht zumutbar wäre. Es gab dann doch eine Aufführung mit Kindern (aber alle über zwölf), und zwar 1994 bei den Rittner Sommerspielen in Südtirol. Regisseur Rudi Ladurner schickte vor der Aufführung seine Darsteller zum Betteln auf die Straße und ins Gasthaus Amtmann, was die Passanten und Gäste ziemlich irritierte. Damit schwappte eine Geschichte aus dem 17. Jahrhundert ins Heute herüber. Ich sah noch zwei hervorragende Aufführungen, und zwar 1990 im Wiener Volkstheater (Regie Claus Homschak) und 1991 in Salzburg;

Regie Maurus Mosetig, mit Charly Rabanser als Ankläger, Wilfried Scheutz (der Sänger) als Freimann und Ulli Fißlthaler als Fetzen-Leni.

Was die Bettelkinder betrifft, so werden diese noch heute beiseitegeräumt, zum Beispiel in Südosteuropa und in lateinamerikanischen Metropolen. Auch dass viele Flüchtlingskinder spurlos verschwinden, ist inzwischen leider eine traurige Tatsache.

»Sibirien«, 1989

Am Stadttheater Klagenfurt inszenierte Rudolf Ladurner 1988 meinen Einakterzyklus »Besuchszeit«. Ich schaute mir eine der Vorstellungen an und war vollkommen überwältigt vom Darsteller des alten Mannes im Einakter »Abstellgleis«, der im Altersheim spielt. Vor allem hatte ich diese Figur noch nie so unsentimental-komisch dargestellt gesehen. Einige der Zuschauer um mich herum waren richtig konsterniert und unangenehm berührt, weil ich aus dem Lachen nicht mehr herauskam. Sie hielten mich wohl für einen ganz unbedarften Menschen, der die Tragik des Stückes nicht verstand. Nach der Vorstellung lernte ich den Schauspieler kennen, der mich so überrascht hatte. Es war Siegmar Bergelt, geboren 1923 in Teplitz-Schönau, Abkömmling einer Theaterfamilie. Schon als Kind stand er auf der Bühne, war Schauspieler bis 1949, wechselte dann den Beruf und wurde Konzertmanager (unter anderem von Friedrich Gulda). Jetzt, nach 40 Jahren, stand er zum ersten Mal wieder auf einer Bühne und feierte einen großen Erfolg.

Siegmar Bergelt war es, der mir vorschlug, aus dem Einakter »Abstellgleis« ein abendfüllendes Ein-Mann-Stück zu machen. Er selbst hatte ein persönliches Interesse an diesem Thema, denn er war langjähriger Mitarbeiter der Arbeitsgemeinschaft »Haus des Friedens« (Betreuung Schwerkranker und Sterbender im Sinne der Schweizer Ärztin und Sterbeforscherin Elisabeth Kübler-Ross) sowie Mitbegründer der von Dr. Paul Becker initiierten »Internationalen Gesellschaft für Sterbebegleitung und Lebensbeistand«. Ich nahm den Vorschlag gerne an, informierte mich, und traf dann durch Vermittlung von Bergelt die ehemalige Pflegeschwester und nachmalige Leiterin von »Pro Senectute Österreich«, Magdalena Stöckler, die mir ihr Insiderwissen zur Verfügung stellte. Auch eine andere Auskunftsperson hatte ich, das war Paul Hauser, der

Vater der Kulturjournalistin Krista Hauser, den ich im Innsbrucker Altersheim besuchte und dessen originellen Sprechduktus ich in das Stück übernahm.

Das Stück spielt nun im Pflegeheim. Bei der Uraufführung nahm es einen Teil der später ans Licht gekommenen Ereignisse von Lainz vorweg. Nur Teile deshalb, weil ich mir vorsätzlichen Mord – wie in Lainz geschehen – nicht vorstellen konnte. Die Wirklichkeit hat dann (wie so oft) die Literatur in den Schatten gestellt. Ich nannte das Stück deshalb »Sibirien«, weil der alte Mann seinen Aufenthalt im Heim mit seiner Kriegsgefangenschaft in Sibirien in Zusammenhang bringt, die beiden Örtlichkeiten zu vermischen beginnt und sich dann am Ende tatsächlich in sibirischer Gefangenschaft wähnt. Es geht um den Kampf eines tapferen Mannes, der nichts weiter will als einen würdigen Abgang.

Am 6. August 1989 fand die Uraufführung von »Sibirien« bei den Tiroler Volksschauspielen in Telfs statt, natürlich gespielt von Siegmar Bergelt, dem das Stück gewidmet ist. Da die Kollegen und ich der Meinung waren, dass sich so ein tristes Stück nur wenige Menschen anschauen würden, fanden die Aufführungen in der Garage des Hotels »Hohe Munde« statt, wo nur etwa 50 Zuschauer Platz hatten. Regie führte Rudi Ladurner, die Bühne gestaltete Karl-Heinz Steck, die Musik komponierte Peter Lefor, der Jazzer Joe Malinga interpretierte sie am Saxophon.

Wir sollten uns täuschen. Das Publikum kam in Strömen, viele Vorstellungen wurden eingeschoben, aus Platzmangel spielte Joe Malinga dann vor der Garage, statt in deren Inneren. Offenbar hatte ich »zufällig« ein Thema erwischt, das gerade in der Luft lag und dringend darauf wartete, aufgearbeitet zu werden. Zuletzt kam sogar das Fernsehen und zeichnete den Monolog auf. »Sibirien« löste »Besuchszeit« als mein meistgespieltes Stück ab, bald danach sah ich einen wunderbaren Otto Tausig am Münchner Volkstheater, auch nach Bonn und Zürich kam ich. Über 40 Bühnen im deutschsprachigen Raum spielten das Stück, übersetzt wurde es in zwölf Sprachen.

Übrigens habe ich »Sibirien« einmal sogar in Hollywood gesehen. Ich flog ausschließlich deshalb hin, weil mir der Regisseur Louis Fantasia (was für ein toller Name, bitte!) brieflich mitgeteilt hatte, dass die Aufführung in Hollywood stattfinde. Also nichts wie hin. Ich erlebte allerdings eine herbe Enttäuschung. Dieses Hollywood stellte sich als total dreckige, heruntergekommene Gegend heraus, in der es so eine Art alte Baracken gab, die vortäuschten, viktorianisch zu sein. Ich wurde in eine dieser Baracken geführt, innen war sie zu einem 99-Sitze-Theater ausgebaut, hochprofessionell. Und dann die Aufführung. Ein ziemlich alter Herr spielte den Pflegeheiminsassen als König Lear. Ich war hingerissen, ich konnte es nicht fassen. Wo haben die den hergenommen? Ich erfuhr es von Louis Fantasia. Der Mann war einer der berühmtesten Theaterschauspieler von Los Angeles. Man hatte zu seiner Würdigung eine aufwendige »König-Lear«-Aufführung in einem großen Theater geplant. Aber letztlich kam das Geld nicht zusammen, das Projekt scheiterte. Und so spielte dieser herrliche Darsteller, der sehr enttäuscht war und für den man schnell eine Ersatzrolle finden wollte, eben »Sibirien«, und er tat dies als König Lear. Ich bereute meine lange Reise nicht.

Den größten Erfolg mit »Sibirien« feierte der bisher hauptsächlich als Komiker gehandelte Fritz Muliar, der das Stück am Akademietheater in Wien, am Berliner Schlossparktheater und am Salzburger

Fritz Muliar in »Sibirien«
(Wiener Akademietheater,
aus einer Fotoserie von
Joseph Gallus Rittenberg)

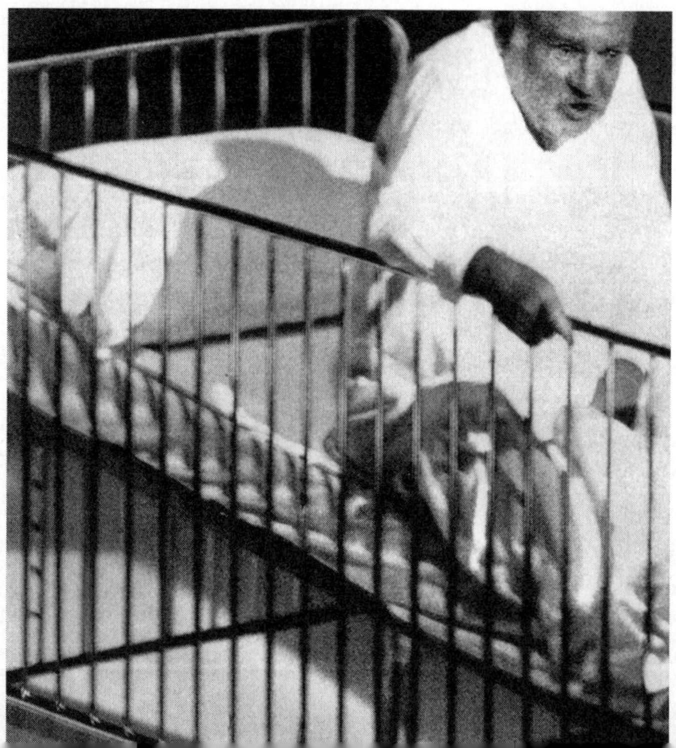

Landestheater über 150-mal spielte. Die Akademietheater-Aufführung wurde von Regisseur Franz Morak außerdem an Originalschauplätzen verfilmt (Kamera Helmut Pirnat, Musik Christian Kolonovits), Muliar vollbringt darin die größte schauspielerische Leistung seines Lebens. Nein, da spielt einer nicht mehr, er ist es. Die Intensität ist kaum zu ertragen. Eine Kreatur versucht das Straflager zu überleben. Und geht dann in eine bessere Welt. Da können sie ihm nichts mehr tun. Und er trifft vielleicht seine Liebe wieder. Und seinen Hund. Am Flussufer dann laufen, laufen …

Einem Autor widerfährt unerwartetes Glück: »Die Piefke-Saga«

Zu berichten ist hier, dass manche Autoren Glück haben, und wenige ganz großes Glück. Dazu gehöre ich. Dass die »Piefke-Saga« eine derartige Aufmerksamkeit im gesamten deutschsprachigen Raum, besonders aber natürlich in Tirol, bekommen würde, hatte ich mir nicht erwartet, hatte sich keiner von den Beteiligten erwartet. Es begann ja damit, dass dieses Projekt gestorben schien. Doch von Anfang an: Im Juli 1983 riefen mich der Produzent Walfried Menzel und Dieter Meichsner vom NDR nach Wien. Ob ich vom »Piefke-Skandal« gehört hätte? Nicht, dass ich wüsste. Also spielten sie mir eine Joachim-Fuchsberger-Sendung vor, und zwar die Spiel-Show »Auf los geht's los« vom 28. August 1982, ausgestrahlt von der Wiener Stadthalle. Gäste sind Arnold Schwarzenegger, Bud Spencer und Rainhard Fendrich mit einem Gesangsauftritt. – Warum soll ich mir das Anschauen? – Und da kommt's. Fuchsberger stellt eine verhängnisvolle Frage: »Wie viele der neun Geschworenen nennen die Deutschen prinzipiell Piefke?« Sechs der neun »Geschworenen« antworten mit ja. Von Fuchsberger befragt erklären sie, die Piefkes wären die eingebildeten Deutschen, die mit ihrer Mark um sich schmissen und glaubten, sie seien etwas Besseres. Aha.

Walfried Menzel und Dieter Meichsner erzählen mir, dass es noch während der Sendung einen Aufstand der Tourismusmanager und Hoteliers – vor allem in Tirol – gegeben habe, dass man verlangt habe, die Fernsehsender ORF und ARD hätten sich bei den deutschen Gästen zu entschuldigen, außerdem langten in den nächsten Tagen Waschkörbe voller Protestbriefe bei den Fernsehanstalten ein. Dann wurde mir eine Ausgabe des Wiener Magazins

»Wochenpresse« vom 12. Juli 1983 vorgelegt. Auf dem Titelfoto ein »typischer« deutscher Tourist mit Schildkappe, Fotoapparat und BILD-Zeitung, dazu der Schrifttitel: »Wer braucht die Piefkes? – Österreich im Ausverkauf«. Das hatte ich allerdings mitbekommen. Der österreichische Handelsminister musste ja, stand in allen Zeitungen, wurde im Radio verlautbart, in den Hubschrauber der BILD-Zeitung steigen, wurde zu vielen Tourismusorten, besonders in Tirol, geflogen und entschuldigte sich bei den deutschen Gästen pflichtschuldigst und höchstpersönlich für die Verunglimpfungen.

»Das ist doch eine unglaubliche Realsatire!« sagte Meichsner. »Mitterer, da müssen Sie was schreiben!« Ich wimmelte ab. Immerhin hatte ich ja gerade die »5. Jahreszeit« geschrieben, mit dem gleichen Thema in den letzten beiden Folgen. »Wir wollen ja ein Lustspiel!«, rief Menzel. »Das ist doch ganz etwas anderes!« Und Meichsner legte nach: »Neunmal sechzig Minuten will ich haben!« – »Ja, aber warum denn gegen die Deutschen?« fragte ich. »Sind doch immer dieselben Mechanismen. Bei den Wienern in Caorle oder den Innsbruckern am Gardasee ist es auch nicht anders. Der Massentourismus produziert das eben.« – »Die Deutschen sind aber die Schlimmsten!« beharrte der Deutsche Meichsner.

Nach drei Kaffee, einer Cremeschnitte und einer Sachertorte gab ich endlich nach, recherchierte ein Jahr lang in Ischgl, in Sölden und in Mayrhofen, dann schrieb ich die neun Folgen. Übertitel war »Sattmanns Reisen«, Untertitel »Komödie einer vergeblichen Zuneigung«. Dann war Sendepause. Ziemlich lange. Warum das? Dieter Meichsner teilte mir schließlich mit, dass seine Chefs ihn ernsthaft ermahnt hatten. Nämlich, endlich in der Lüneburger Heide und auf Sylt zu drehen, in Hamburg und in Kiel, und nicht dauernd in den Alpen. Dazu muss man wissen, dass Meichsner ein Bergfex war, der sich am liebsten in den Alpen aufhielt und dort auch gern seine Stoffe ansiedelte. Somit war das Projekt gestorben. Aber nur fünf Jahre lang. Denn die Chefitäten wechselten und Meichsner gab nicht nach. 1988 rief er mich an und sagte: »Mitterer, schneidern Sie einen Vierteiler draus, neunmal sechzig machen wir nicht mehr. Und der Titel ist langweilig, klingt nach Literaturverfilmung, der muss geändert werden.« ??? »Ja, was schon? Piefke-Saga natürlich, darum geht's ja.« Gesagt, getan. Dramaturgisch war ich nicht ganz auf Zack, muss man im Nachhinein sagen. Der 1. Teil war eine Satire, der 2. Teil eine Komödie, der 3. Teil eine

Tragikomödie, der 4. Teil (kam im Neunteiler gar nicht vor) eine Horrorvision zum Totlachen. Meichsner trieb mir das schnell aus. »Wenn das gesendet wird, können wir alle einpacken, Mitterer. Außerdem ist das vollkommen überzogen, irgendein Gleichgewicht muss doch gewahrt werden.« Ich sah es ein, der 4. Teil ist wirklich zu viel, Entschuldigung.

Der Deutsche Wilfried Dotzel kam als Regisseur hinzu, und da er keine Tiroler Schauspieler kannte, schlug ich ihm diese vor, er akzeptierte auch jeden und jede, dafür suchte er die deutschen Schauspielerinnen und Schauspieler aus, die ich wiederum nicht kannte. Es kam eine perfekte, wenn nicht geniale Besetzung zustande. Dietrich Mattausch (bisher »nur« als Shakespeare-Darsteller bekannt) war Karl-Friedrich Sattmann, Brigitte Grothum seine Frau Elsa, Sabine Cruso seine Tochter Sabine, Ralf Komorr der Sohn Gunnar und Ferdinand Dux der Großvater Heinrich. Bei den Tirolern brillierten dann Kurt Weinzierl, Josef Kuderna, Tobias Moretti und Gregor Bloéb, Ludwig Dornauer, Hans Richter, Pepi Grießer, Pepi Pittl, Brigitte Jaufenthaler, Doris Goldner, Barbara Weber. Peter Kluibenschädl und Else Anderka spielten das alte Liebespaar Andreas und Lena, das nach 50 Jahren doch noch zusammenkommt und die schönste Zillertaler Hochzeit feiert, die man sich vorstellen kann.

Tobias Moretti als Joe und Sabine Cruso als Feriengast Sabine im zweiten Teil der »Piefke-Saga«

Nachdem Walfried Menzel inzwischen verstorben war, produzierte Michael Wolkenstein die Filme, denn er hatte mit der Fertigstellung der »5. Jahreszeit« tatsächlich große Verluste erlitten, man war ihm also was schuldig. 1989/90 drehte Wilfried Dotzel den Dreiteiler in Mayrhofen und Umgebung. Nach der Sendung im Jahre 1991 – die ein Straßenfeger war – dann der bekannte Aufruhr, die vielen Diskussionen in jedem Wirtshaus, auf der Straße, im Fernsehen. Viel Ablehnung von der Tourismusbranche, viel Zustimmung von »denen da unten«, den Zimmer- und Küchenmädchen, den Schilehrern, den Seilbahnmitarbeitern. Nur einmal – wenn überhaupt – in seinem Leben hat ein Autor so ein Glück. Dass eine Arbeit so viel an Diskussion auslöst, dass manche Menschen anders zu denken beginnen. Natürlich waren die »Alten«, die den Tourismus unter vielen Opfern, Verzicht und mit jahrzehntelanger Schufterei aufgebaut hatten, nicht mit mir einverstanden, aber deren Kinder waren ganz anderer Meinung, sagten ihren Eltern diese auch; vor allem, dass sie nie und nimmer im Tourismus arbeiten werden. Manche taten es dann doch, aber klüger, organisierter, mit anderen Voraussetzungen.

Der »Piefke-Saga« vierter Teil

Nach diesem »Riesenerfolg« wollte man – vor allem der ORF – eine Fortsetzung von mir. Aber das war nicht möglich, die Geschichte war ja fertig erzählt. Nein, wie konnte ich das vergessen, es gab da ja noch einen 4. Teil. Und das sagte ich denen. Eben war Gerd Bacher wieder als Generalintendant eingesetzt worden und er gab den strikten Auftrag, sofort diesen 4. Teil zu drehen, den er gar nicht gelesen hatte. Besuch in Hamburg, Meichsner ist schon in Pension, sein Nachfolger stellt die Haare auf, gibt aber dann nach, produziert mit. Später sollte dafür der arme Mann ordentlich eine auf den Deckel bekommen, obwohl er nichts dafür konnte. (Die Buchfassung der Piefke-Saga, die 1991 zugleich mit der Erstausstrahlung der Serie bei Haymon erschien, enthielt übrigens auf meinen Wunsch hin auch den nicht verfilmten vierten Teil, den ich dann zur Verfilmung noch einmal überarbeitete und seine Absurdität steigerte.)

Leider erkrankte der Regisseur Wilfried Dotzel an einem Krebsleiden und verstarb viel zu jung im November 1993. Schon 1992 war er so geschwächt und litt solche Schmerzen, dass an Dreharbeiten nicht zu denken war. Die Regie des 4. Teiles übernahm daher mein Freund Werner Masten, der vom »Lehrer Dr. Specht« bis »Liebling Kreuzberg« alles an Serien gedreht hatte, was damals erfolgreich war im deutschen Fernsehen. Aber auch zwei beeindruckende Filme nach Romanen von Joseph Zoderer hatte er gedreht, und zwar »Das Glück beim Händewaschen« und »Die Walsche«. Werner Masten drehte im Sommer 1992, wieder in und um Mayrhofen, aber auch in Alpbach. Nach der Ausstrahlung des 4. Teiles war nun wirklich die Hölle los. Während die ersten drei Teile bis heute oft wiederholt wurden, geschah das beim 4. Teil nur einmal, und zwar im August 2005, als der ORF nur drei Teile ausstrahlen wollte, aber auf Grund von Publikumsprotesten schließlich doch den 4. Teil nachschob.

Dazu muss man sagen, dass bei den jungen Leuten schon damals der 4. Teil »Kult« war, heute sind es alle Teile. Die Wogen sind längst geglättet, viele Hoteliers haben mir inzwischen gesagt, es sei alles viel schlimmer gewesen, ich hätte untertrieben. Und in vielen Hotels liegen die DVDs auf und die deutschen Gäste können heute drüber lachen. Und heute bemerken sie auch – was damals nicht der Fall war –, dass ich mit meinen Landsleuten viel ärger ins Gericht ging als mit ihnen.

Im Zillertal traf ich letztes Jahr eine Gruppe junger Leute, die bei der Erstsendung noch gar nicht das Licht der Welt erblickt hatten. Sie alle trugen Leibchen mit dem aufgedruckten »Sattmann«-Logo (für dessen Schneekanonen nämlich), und sie erzählten mir, dass sie einmal im Monat zusammentreffen und sich alle vier Teile reinziehen.

Unzählige Dramatisierungen von Amateurbühnen hat es inzwischen gegeben, was nicht einfach ist, denn wie macht man aus viermal hundert Minuten ein Theaterstück? Aber es scheint zu funktionieren, zuletzt im Paznauntal und in Westendorf. In dieser Brixentaler Gemeinde spielte übrigens der größte Hotelier am Platz mit verblüffend Berlinerischer Aussprache den Karl-Friedrich Sattmann, die Bude (eine große Heutenne) war zwei Sommer lang gerammelt voll, aber trotzdem, als er seine eigenen Gäste zur Vorstellung einlud, gingen ihm dann doch manche etwas griesgrämig aus dem Weg. Na ja. Friede, Freude, Eierkuchen wäre mir auch nicht recht. Es liegt noch genug im Argen beim Massentourismus. Diejenigen, die die meisten Pistenkilometer anbieten, sind die Gewinner. Daher werden zum Beispiel alle neuen Superseilbahnen nicht als Neuerrichtungen deklariert, sondern als »Zusammenschlüsse«. Bald sind die ganzen Alpen zusammengeschlossen.

Übrigens sah ich in diesem Sommer 2017 über der Fleckalm (eines meiner Kindheitsparadiese) eine lange, schmale, offenbar schneebedeckte Fläche mit einer dunklen Stelle. Da ich mich wunderte, warum dort in dieser geringen Höhe im Sommer Schnee lag, erkundigte ich mich bei einem Einheimischen, und dieser klärte mich auf. Es handelte sich um ein sogenanntes Schneedepot vom letzten Winter. Damit der Schnee im Sommer nicht wegschmilzt, wird er mit einem Fließ abgedeckt. Aber leider schlug dort ein Blitz ein und der Schnee begann zu brennen. Manches könnte sich ein Autor nie ausdenken, ich jedenfalls nicht, dazu fehlt mir die Fantasie. Da ist die »Piefke-Saga 4« gar nichts dagegen.

Gefährliche Dreharbeiten in Temeswar: »Requiem für Dominic«

Im Frühling 1990 ruft mich Robert Dornhelm an. Ich soll dringend mit ihm nach Temeswar fahren, in die Stadt seiner Kindheit und Jugend, um dort einen Kinofilm zu drehen. Als Autor und Hauptdarsteller. Die Geschichte ist folgende: Ende 1989, während der Revolution, wurde Dornhelms Jugendfreund Dominic Paraschiv angeschossen und im Krankenhaus der Weltpresse als »Schlächter von Temeswar« vorgeführt. 80 Revolutionäre soll er erschossen haben. Dornhelm konnte das nicht glauben, begann zu recherchieren, beauftragte seinen Freund Michael Köhlmeier mit dem Drehbuch, das aber unvollendet blieb, weil noch viele Informationen fehlten. Obwohl ich mit den Vorbereitungen zur Aufführung des Stückes »Munde« am Gipfel des Telfer Hausberges beschäftigt war, nahm ich dieses spannende Angebot an. Norbert Blecha, der Produzent, hatte inzwischen alles in Temeswar vorbereitet, die Firma Ottakringer spendete eine Ladung Bier und Austria Tabak eine Ladung »Memphis«, um diverse Leute, deren Unterstützung man brauchte, freundlich zu stimmen. Das ging dann schon einmal schief, denn die Rumänen tranken lieber Heineken und rauchten ausschließlich Marlboro. Am Schwarzmarkt dann vier Schachteln »Memphis« für eine »Marlboro«.

Das ganze Team wurde im Hotel Timişoara untergebracht, das Büro lag gleich auf der anderen Straßenseite, nämlich in Räumen des »Deutschen Theaters«, dessen Schauspieler (des Rumänischen und Deutschen mächtig) auch einige der Rollen verkörperten. Die lebensfrohe Helga Leb, des Nachts gern in öffentlichen Brunnen tanzend, führte das Büro und munterte uns in dunklen Stunden auf. Antonia Rados, Georg Hoffmann-Ostenhof sowie der Fotograf und Kriegsberichterstatter Nikolas »Nick« Vogel, die alle drei vor ein paar Monaten aus Temeswar über die Revolution berichtet hatten, spielten nun praktischerweise sich selber, August Schmölzer spielte Dominic Paraschiv, Angelica Schütz seine Frau Codruta, Viktoria Schubert eine weitere Journalistin und ich selber trat quasi als Robert Dornhelm auf, der die Wahrheit über Dominic herausfinden will.

Wir drehten am Tag, recherchierten am Abend und ich schrieb das Drehbuch in der Nacht weiter. Insofern war es schwierig, einen Drehplan zu erstellen. Auch verhielten sich die Behörden, insbesondere die Militärs, sehr merkwürdig. Einmal bekamen wir Panzer und fünfzig bewaffnete Soldaten, dann wieder bekamen wir gar nichts, es wurde uns sogar Drehverbot angedroht. Und immer wieder bemerkten wir dunkle Gestalten und dunkle Autos, die uns zu verfolgen schienen. Langsam kam die Paranoia. Nicht bei Robert, aber bei uns anderen. Jeden Abend wurden die belichteten Filmrollen nach Belgrad gebracht, um vor einer eventuellen Beschlagnahme sicher zu sein.

Auch machten uns Diebe zu schaffen, einiges an Material verschwand. Die Taschendiebe waren auch ziemlich lästig. Einmal gingen wir auf den Gemüsemarkt, und ich merkte, wie sich die Menge immer mehr verdichtete, bis ich vollkommen eingekeilt war. Panisch befreite ich mich, flüchtete in eine Seitengasse und kontrollierte meine Hosentaschen. Sie waren geleert. Aber nicht von Geld, sondern von Notizzetteln, auf die ich Gespräche mit Informanten stichwortartig aufgeschrieben hatte. Die Diebe mussten die gefalteten Zettel für Geldscheine gehalten haben und waren bestimmt sehr enttäuscht. Dann gab es einen jungen Mann, der uns ebenfalls ständig nachstieg und angrinste, auch in den Hotelgängen. Ich sprach ihn schließlich an, aber er verstand kein Deutsch, redete nur auf Rumänisch auf mich ein. Das nächste Mal ließ ich ihn von einem unserer »Donauschwaben« ansprechen.

Es stellte sich heraus, dass der junge Mann, er hieß Romi (und war bestimmt ein Roma), unbedingt bei uns mitmachen wollte, in welcher Form auch immer. Erkundigungen im Hotel brachten zutage, dass Romi der berühmteste Taschendieb der Stadt war. Also engagierten wir ihn als Leibwächter, der uns vor Taschendieben schützte. Das funktionierte hervorragend, und letztlich freundete ich mich mit Romi an. Natürlich war auch er in einem der berüchtigten Kinderheime der Ceaușescu-Ära gewesen und hatte Furchtbares mitgemacht. Sein Gesicht war voller Narben, ebenso sein Bauch. Er wohnte ebenfalls – anscheinend dauerhaft – in unserem Hotel und zeigte mir eines Tages sein Zimmer. Es war voll mit Kartons, die Zigaretten (natürlich Marlboro), Kaffee, Damenstrümpfe, Fernseher und Kofferradios enthielten.

Als am Opernplatz (wo die Revolution begonnen hatte) eine Großdemonstration angekündigt wurde, benutzte Robert natürlich hocherfreut die 50.000 Gratisstatisten. Die Kamera wurde am Balkon im oberen Stockwerk eines Hauses positioniert, ich selber hatte unten durch die Menge zu gehen, »verfolgt« von einem Securitate-Agenten, den Romi darstellte. (Er wollte unbedingt mitspielen, und ich setzte das durch.) Damit ich wusste, wohin ich zu gehen hatte, wurde in meiner Manteltasche ein Sprechfunkgerät untergebracht. Und dieses bereitete mir nun ziemliche Sorgen. Denn immer, wenn aus meiner Tasche ein Knacken und eine schnarrende Stimme zu hören war, drehten sich Demonstranten suchend um, weil sie den »Geheimpolizisten« (von denen es hier sicher viele gab) enttarnen und erschlagen wollten. Als dann ein Demonstrant herausfand, dass die schnarrende Stimme aus meinem Mantel kam, wollte er schon die anderen aufmerksam machen und auf mich losgehen. Gottseidank hatte aber Robert auch einen Rumänen zu meinem Schutz mitgeschickt, der den Mann aufklärte und ihm die Kamera hoch oben am Balkon zeigte. Der Demonstrant gab sich zufrieden, aber etwas ungläubig.

Später wurde es dann noch ungemütlicher. Robert nutzte die Situation noch mehr aus, nicht zuletzt auf Grund einer Szene, die ich ins Drehbuch geschrieben hatte: Meine Figur wird von Rumänen verfolgt, weil sie in mir einen Securitate-Mann vermuten. Was ja gerade fast in Wirklichkeit passiert wäre. Robert engagierte zwanzig Statisten und positionierte sie am Rande der Demonstration. Romi hatte auf mich zu zeigen und »Securitate!« zu rufen, ich lief davon, die Statisten verfolgten mich. Da diese beim Verfolgen immerzu lachten, musste Robert die Szene mehrmals wiederholen. Und jedes

Mal, wenn Romi »Securitate!« rief, drehten sich ein paar Männer am Rande der Demonstration um, und ich befürchtete, nicht ganz ohne Grund, dass mich letztlich 50.000 Demonstranten verfolgen und in der Luft zerreißen würden. Es geschah nicht.

»Gerettet« wurde ich schließlich laut Drehbuch von ein paar Roma, die mich in einem Pickup in ihr Dorf südlich von Temeswar mitnahmen und in ihrer Hütte versteckten. Zu diesem Zweck hatte Norbert Blecha mit einem Familienoberhaupt einen Deal gemacht, sodass uns der Dreh in seiner Hütte erlaubt wurde. Romi kam zum Schutz mit, ich gab ihm meinen Fotoapparat, da er die Manteltasche zu sehr ausbauschte. Als wir ankamen, wurden wir sofort von zahlreichen bettelnden Buben umringt, besonders ich. Also teilte ich rumänische Leu-Scheine aus, um Ruhe zu haben. Es kamen aber immer mehr. Plötzlich lief ein kleines Mädchen auf uns zu, sie war vielleicht neun Jahre alt, schimpfte die Buben sehr streng zusammen und zeigte auf mich. Die Buben sahen sie missmutig an, das Mädchen schimpfte noch lauter. Und da gaben mir alle Buben das erbettelte Geld zurück. Das kleine Mädchen küsste meine Hand und legte sie sich an die Stirn. Ich war so gerührt, dass ich beinah zu heulen anfing. Ich habe dieses Mädchen bis heute nicht vergessen.

Damit war aber die Sache noch nicht ausgestanden. Mehrmals mussten wir die Einfahrt ins Dorf drehen, weil immer wieder jemand in die Aufnahme hineinblitzte. Schließlich entdeckte ich den Verursacher. Es war Romi, der mit meinem Fotoapparat Aufnahmen machte. Er wurde von einem unserer Rumänen ermahnt und entschuldigte sich tausendmal. Noch einmal die Zufahrt, das Auto bleibt stehen, ich gehe mit den Roma in die Hütte. Aber dazu kam es nicht. Unser Team hatte auf der anderen Seite der Gasse Schienen für die Kamerafahrt verlegt. Plötzlich kam aus der Hütte, vor deren Eingang die Schienen endeten, ein zorniger Mann heraus und brüllte uns an, auf die Schienen deutend. Das Familienoberhaupt »unserer« Hütte brüllte zurück. Ein heftiger Streit entbrannte, in den sich zahlreiche Familienmitglieder einmischten. Der Erstbrüllende verschwand in seiner Hütte, kam mit einer Sense zurück und bedrohte damit »unser« Familienoberhaupt. Beinah wäre es zu Mord und Totschlag gekommen, wenn nicht unser Romi eingegriffen hätte. Er ließ sich von Norbert ein paar Dollarscheine geben, redete besänftigend auf den Wüterich mit der

Sense ein, schob ihm heimlich das Geld in die Hand, und augenblicklich war Friede. Wir drehten die Szene in der Hütte, immer mehr Roma kamen herein, man sang und tanzte, gab mir Unmengen von Schnaps zu trinken, und ich schlief selig ein, natürlich alles stoisch aufgenommen von unserem wunderbaren Kameramann Hans Selikovsky.

In einer Filmszene wurde mir eine Videokassette verkauft, die ich mir dann im Hotelzimmer anzuschauen hatte. Und das war wirklich schrecklich. Denn ich hatte, anders als Robert, diese Aufnahmen noch nie gesehen. Sie waren dieselben dokumentarischen Bilder, die man der Weltpresse zugespielt hatte. Dominic Paraschiv ist darauf zu sehen. Er liegt nackt auf einem Krankenhausbett, hat drei unbehandelte Einschüsse, sein ganzer Körper ist mit einem Fischernetz niedergefesselt, Blut rinnt aus seinem Mund, und er sagt mit brechender Stimme auf Französisch, wie sehr er sich Frieden wünscht und ein Ende der Gewalt. Und er bettelt um Wasser. Bald danach stirbt er.

Und das ist die Wahrheit: Dominic war Vorarbeiter in einer Fabrik in Temeswar. In den Nächten der Revolution drehte er durch und zwang mit dem Gewehr in der Hand seine Kollegen, um Frieden zu beten. Ein Soldat kam und schoss dreimal auf ihn. Schon am Tag nach unserer Ankunft hatten wir Codruta Paraschiv kennengelernt, die Witwe, die uns viel erzählte. Und auch ihren Sohn Mircea, der geschockt und versteinert war und seinen Vater tatsächlich für einen Securitate-Schlächter hielt.

Wir hatten noch ein paar Kampfszenen zu drehen, aber die verbot man uns. Auch am Bahnhof durften wir plötzlich nichts mehr aufnehmen. Und irgendjemand empfahl uns, so schnell wie möglich abzureisen. Das taten wir dann auch und drehten den Film in Wien-Ottakring fertig. Einer der Rumänen wollte unbedingt mitkommen und wurde nach Österreich geschmuggelt, wo er heute noch lebt. Auch Mircea nahmen wir mit, den Sohn von Dominic, da er in Temeswar durchzudrehen drohte.

Robert Dornhelm hatte eine Mischung aus Polit-Thriller und Dokumentarfilm gedreht, denn er schnitt viele dokumentarische Aufnahmen hinein, die manchmal von den »gespielten« kaum zu unterscheiden sind. Es wurde ein Film über ein unheimliches Lügennetz, über eine zum Teil getürkte, zum Teil missbrauchte Revolution. Denn es scheint, dass die beginnende Revolution von

Teilen des Militärs und der Securitate zu einem Putsch gegen den Diktator Ceaușescu und seine Frau genutzt wurde, deren man sich ohnehin entledigen wollte, weil ihr Steinzeitkommunismus das Land in eine schlimme Lage gebracht hatte. Wofür sind die vielen Menschen gestorben, fragte man sich bald danach. Die Securitate lebte unter anderem Namen weiter, die Männer im Hintergrund waren bald die Demokraten im Vordergrund. Die Ratten kamen wieder aus ihren Löchern, Ceaușescus ehemalige Schergen hielten noch lange die Fäden in der Hand. Dennoch war es letztlich das Volk Rumäniens, das unter großen Opfern die Diktatur durch seinen Mut hinwegfegte.

Codruta hat sich der furchtbaren Geschichte zu entziehen versucht, indem sie nach Schweden auswanderte und dort heiratete. Sohn Mircea sah schließlich ein, dass sein Vater unschuldig verdächtigt worden war, dass er als Sündenbock einen furchtbaren

Felix Mitterer bei den Dreharbeiten zum Film »Requiem für Dominic«. Aufnahme von Nick Vogel, der bald darauf während des Krieges in Slowenien ums Leben kam

Martertod sterben musste, und deshalb wollte er nach Temeswar zurück, um sich an den Verantwortlichen zu rächen. Es ging nicht gut aus.

Bereits im Herbst 1990 wurde der Film bei den Filmfestspielen in Venedig gezeigt und dann für den Golden Globe nominiert.

Der Schauspieler und Fotograf Nick Vogel (Sohn von Gertraud Jesserer und Peter Vogel), der mir während der Dreharbeiten ein guter Freund geworden war, starb am 28. Juni 1991 während des 10-Tage-Krieges in Slowenien bei einem Bombardement des Flughafens von Ljubljana.

Ich selber konnte die schrecklichen Ereignisse nie vergessen, sie blieben wie ein Alptraum immer für mich gegenwärtig. Erst viele Jahre später kam ich wieder nach Temeswar, weil dort im »Deutschen Theater« von einer Frau »Sibirien« gespielt wurde. Das Wiederkommen half mir ein wenig, den Alptraum zu überwinden.

Das Munde-Projekt 1990 – Was passiert, wenn man auf einem Berggipfel Theater spielt?

Ein Tagebuch

Mittwoch, 3. August 1983 ~ 20 Uhr 30. Ich stehe mit Dietmar Schönherr und Vivi Bach auf der Zuschauertribüne im Pilatushof. Ein alter Stadel aus dem Jahre 1683, einer unserer schönsten Spielorte, drei Jahre später leider abgerissen. Um 21 Uhr beginnt die Einleuchtprobe für »Weibsteufel« von Karl Schönherr. Ich spiele das »Manndl«. Drüben in der Baugrube, wo voriges Jahr noch der alte Rathaussaal stand, läuft die Probe zu »Karrnerleut« von Schönherr und »Karrnerleut 83« von mir. Man hört das Motorrad von Tobias aufheulen. Wir schauen zur Munde hinauf. Die Sonne geht bald unter. Jetzt ist uns die Munde schon sehr vertraut. Die Telfer sind stolz auf sie. »Da oben spielen …«, sage ich. Dietmar und Vivi schauen mich an, Dietmar lacht. »Machen wir die Generalprobe oben?«, fragt er dann. Es kommt natürlich nicht dazu. Aber irgendwie lässt mich dieser Berg nicht in Ruhe. Könnte man nicht wirklich dort oben spielen?

Dienstag, 10. Juni 1986 ~ Die »Außerferner Nachrichten« haben mich eingeladen, den Beginn einer Erzählung für einen Literaturwettbewerb zu schreiben. Literarisch ambitionierte Leser sollen die Geschichte weiterschreiben. Ich beginne also. Die Erzählung trägt den Titel »Sonnwendfeuer«. Fünf Leute gehen auf den Berg, um ein Sonnwendfeuer zu machen. Die Munde kommt nicht vor. Aber wieder ist ein Schritt getan.

Sonnwendfeuer ~ Es ist fünf Uhr nachmittags. Drei Autos und eine Motocross-Maschine fahren auf einer Forststraße bergwärts. Im ersten Auto – ein grauer Audi 100 –, sitzt Franz, der Meister. Auf dem Beifahrersitz ein Rucksack, gefüllt mit Bierdosen und zwei Flaschen Schnaps. Im Kofferraum zwei alte Autoreifen und ein Kanister Diesel. Die Frau von Franz hat sich vor ein paar Monaten scheiden lassen. Hat behauptet, er säuft. Natürlich säuft er. Wer nicht? Auch seine Frau säuft, hat er der Richterin gesagt. Die macht es halt heimlich. Magenbitter. Fernet. Überall hat sie die kleinen Fläschchen versteckt. Was das kostet. Aber die Richterin hat ihm nicht geglaubt. Und die Hand ist ihm ein paarmal ausgerutscht. Wem nicht? Eine Richterin! Eh logisch, dass sie der Frau recht gibt und ihr die Kinder zuspricht! Eine Frau als Richterin! Das hätte es früher nicht gegeben! Franz hat einen Sohn, der ist schon neunzehn, der ist eh schon aus dem Schneider. Grad beim Barras. Aber die anderen zwei. Die Doris – neun, die Angelika – dreizehn. Zwei so süße Fratzen. Auf die soll er verzichten? Nie! Die holt er sich schon! Und wenn's mit Gewalt sein muss. Im zweiten Auto – ein weißer Golf GTI mit Heckspoiler – sitzt Rudi, der Geselle. Neben ihm Manuela, die Freundin. Eine neue Freundin, ziemlich jung. Friseurin. Dem Rudi geht's gut. Er macht sich gern einen Lenz und nicht viel draus. Heiraten erst, wenn gar nichts mehr läuft! Zweimal die Woche Taekwondo, asiatischer Kampfsport. Aber nicht sehr ernsthaft. Sollst nix trinken und nix rauchen. Und Asket ist der Rudi keiner. Im Kofferraum fünf Tetrapack Weißwein und zehn Schweinskoteletts, zum Grillen. Im dritten Auto – ein alter, oranger Opel Kadett – sitzt Ali, der türkische Gastarbeiter, der Hilfsarbeiter, der Dreckwegputzer. Wie er wirklich heißt, weiß niemand in der Firma, außer die in der Buchhaltung. Alle sagen Ali, wenn man gut gelaunt ist, sagt man Ali Baba, ist man schlecht gelaunt, heißt es: »Geh her, Knoblauchfresser! Tua weiter, Kümmeltürk!« Sonst sind die Kollegen nicht übel, sie haben sich an ihn gewöhnt; man gewöhnt sich ja an alles. Manchmal machen sie sich halt einen Spaß mit ihm, aber das hält er aus. Nur einmal, da haben sie ihm heimlich Schweinefett in die heiße Suppe gegeben, die er immer in einer Thermosflasche mitbringt. Er hat von der Suppe gegessen, es hat abscheulich geschmeckt, Ali hat sich erbrechen müssen. Sie haben furchtbar gelacht und ihm ihren Streich gestanden. Da ist Ali sehr böse geworden und hat sie auf Türkisch mit der Strafe Allahs bedroht. Aber sie haben ihn ohnehin nicht verstanden und nur noch mehr gelacht. Alis Frau sitzt ständig in der dunklen Wohnung und kann noch immer nicht Deutsch. Sie hat Heimweh; Anatolien liegt am anderen Ende der Welt. Die drei Kinder gehen in die Sonderschule. Eines hat ein Hüftleiden und humpelt. Die Haut der Kinder ist entsetzlich dunkel, Ali schämt sich manchmal direkt; er selber ist nicht so dunkel. Sonst geht es ganz gut. Ali besitzt nun einen Videorecorder. Da schaut er sich mit seiner Familie Kassetten mit türkischen Kinofilmen an. Das ist sehr schön. Auch macht es Ali froh, dass die Kollegen ihn heute eingeladen haben, auf den Berg mitzukommen. In seiner Rocktasche hat Ali ein Pornoheft. Sowas schaut er sich ebenfalls gern an. Die Frau darf es nicht wissen. Sie würde sich schämen. Aber das ist Europa. In Europa gibt es solche Sachen. Da wird man süchtig. Im Kofferraum hat Ali ein Bündel Brennholz und in einem Rucksack türkische Süßigkeiten und zwei Flaschen Raki – das ist Branntwein aus Rosinen mit Anissamen –, das Lieblingsgetränk von Ali. Auf der Motocross-Maschine fährt Thomas, der Lehrling. Alle nennen ihn den Stift, nur Ali darf das nicht sagen, Ali sagt Tommi zu ihm. Tommi ist froh, dass es Ali gibt in der Firma, denn sonst müsste er selbst die ganze Drecksarbeit tun, wie es eben einem Lehrling zusteht. Tommi ist von daheim ausgezogen, hat sich ein Zimmer gemietet; das kann er sich schon leisten, weil er ja am Wochenende im Pfusch arbeitet. Da kommt schon was herein. An den Ohren trägt Tommi Kopfhörer, der Walkman hängt am Gürtel, Tina Turner hämmert ihm ins Trommelfell. Auf dem Rücken trägt Thomas einen Rucksack, in dem sich zehn Coladosen und eine Flasche Rum befinden. Außerdem ein paar Jausenbrote von der Oma. Die Oma ist sehr fürsorglich und eine Nervensäge. Aber nicht so schlimm wie die Eltern. Und sie gibt ihm heimlich was von der Rente. Alle vier Männer arbeiten in derselben Karosseriewerkstätte. Da wird gespengelt und lackiert, da werden kaputte, demolierte Autos wieder instandgesetzt. Manchmal sind Blutflecke auf den Sitzen. Das

Geschäft lässt nach zurzeit, der Chef will ein paar Arbeitskräfte abbauen. Wen wird es erwischen? Die Forststraße endet an einem Holzlagerplatz. Alle halten an und machen sich für den Aufstieg bereit. Es nieselt leicht, Nebelfetzen hängen zwischen den Bäumen. »Scheiße!« sagt Franz. »Hoffentlich tuats auf. Sonst sieht ma ja unser Feuer nit!« – »Logisch tuats auf!« sagt Rudi. – »Me, wär i doch daheimblieben«, sagt Manuela. »So eine Schnapsidee!« – Rudi nimmt den Rucksack über. »Tua nit maulen, sonst kannst glei z'Fuaß heimgehen!« – Ali nimmt ebenfalls den Rucksack über, lädt sich das Brennholzbündel auf und bekommt von Franz noch einen Reifen und den Dieselkanister zum Tragen. Er ist jetzt vollbepackt wie ein Esel. Franz sieht die Halbschuhe von Manuela. »Mit de Schuach willst du da auffi?« – »Ja, mei, i hab glaubt, wir können ganz hinauffahren!« – Franz dreht sich missmutig um und geht los. Die anderen folgen. Es ist Samstag. Sie wollen auf den Gipfel. Ein Sonnwendfeuer machen.

*

Wie geht diese Geschichte weiter? Welche Konflikte entstehen? Sie werden Feuer machen, ihre Koteletts grillen, trinken, singen, reden. Ihre Probleme werden zum Vorschein kommen, und ihre Antipathien. Es wird Auseinandersetzungen geben. Wird sich etwas am anderen Morgen verändert haben? Ist einer zum Opfer geworden?

August 1988 ~ Wir spielen zum ersten Mal im neuen, nun fertiggestellten Rathaussaal. Fast ein Kongresshaus. Eigentlich zu groß für Telfs. Zwei Uraufführungen. Im großen Saal »Maria Magdalena Traum« von Lothar Greger, im kleinen Saal »Brot« von Luis Zagler. Ruth Drexel inszeniert im Zobl-Anger »Die Glückskuh« des armen, vergessenen Hermann Essig. Die Premiere verregnet. Am nächsten Tag wieder Regen. Am nächsten Tag wieder. Endlich, am 14. August, klappt es. Ärgerlich. Auch weitere Vorstellungen wegen Regen abgesagt. Auch die Fernsehaufzeichnung fast ins Wasser gefallen. Allgemeiner Tenor: »Nördlich des Brenners sind Freilichtaufführungen unmöglich!« Gottseidank haben wir zwei Stücke im Saal. Die Munde meistens von Wolken verhangen. Wie hab ich nur an sowas denken können?! Nein, man darf es wirklich nicht tun. Wozu denn ein Stück auf dem Berggipfel? Wenn ein Gewitter kommt, werden alle vom Blitz erschlagen, Schauspieler und Zuschauer; wie eine

Schafherde. Und überhaupt – Theater gehört ins Theater, Kunst ist künstlich, die Natur lenkt ab, diese Freilichtspielerei geht mir ohnehin schon manchmal auf die Nerven.

Samstag, 26. August 1989 ~ 14 Uhr. Vorstandssitzung im Gasthof Traube in Telfs. Anwesend Hans Brenner, Ruth Drexel, Kurt Weinzierl, Heinz Hauser, Silvia Wechselberger, Alfred Konzett und ich. Von der Gemeinde Bürgermeister Helmut Kopp, Kulturreferent Hubert Auer und Thomas Thöni von den Gemeindewerken. Heuer war wieder eine prekäre finanzielle Situation. Wir nahmen das Angebot von Innsbruck an, bei den dortigen ersten Sommerspielen ein Stück aufzuführen. Ruth Drexel inszenierte im Hof der Fennerkaserne »Woyzeck«. Wieder viel Regen. Sehr kalt. Bei einer Hauptprobe leichter Schneefall. Auf der Nordkette bleibt der Schnee lange liegen. In Telfs »Erde« im Rathaussaal, »Sibirien« in der Garage des Hotels Hohe Munde. Auf der Hohen Munde ebenfalls Schnee. Alle drei Stücke waren erfolgreich. Beschluss des Vorstandes, dass unser Ausflug nach Innsbruck der erste und letzte war. Zu viel Bürokratie. Telfs bleibt Telfs. Kommen uns sowieso als Verräter vor, weil wir ein Stück in Innsbruck spielten. Entweder in Telfs oder gar nicht. Was machen wir nächstes Jahr? Vorschlag von Kurt: Ein neues Stück von Lothar Greger. Angenommen. Ruth Drexel will endlich die »Frau Suitner« machen. Und weiter? Es gibt einen neuen Kulturlandesrat, der uns endlich angemessen unterstützen will. Vielleicht können wir uns diesmal wieder drei Stücke leisten. Durch das Ostfenster kann ich die Munde sehen. Ich spreche es aus: »Ich möchte ein Stück für die Munde schreiben. Und oben spielen.« Zuerst Verblüffung, dann lachen sie alle. Ruth und Silvia sind hellauf begeistert. Frage an die anwesenden Telfer: »Geht das? Kann man es verantworten?« Die Telfer sind auch dafür. Genau planen muss man es. Und wahrscheinlich müssen die Zuschauer oben übernachten, das Heruntergehen in der Dunkelheit ist zu gefährlich. Wir werden Zelte brauchen. Und einen sicheren Blitzschutz, sagt Thomas. Vorschlag einstimmig angenommen. Nach der Sitzung frage ich Rudi Ladurner, der »Sibirien« in der Garage des Gasthauses Hohe Munde inszeniert hat, ob er auch auf der wirklichen Munde ein Stück inszenieren würde. Er kann es zuerst nicht glauben, schaut hinauf zum Gipfel, schaut seinen wohlbeleibten Körper an und fragt: »Muaß i dann da auigehn?« – »Ja,

dann muaßt auigehn!« sage ich grinsend. Eine Weile noch überlegt der Rudi, dann schlägt er ein.

Freitag, 6. Oktober 1989 ~ Um 10 Uhr fahren Rudi Nagiller (ORF-Tirol-Intendant) und ich nach Leutasch-Moos, mit dem Sessellift auf die Rauth-Hütte, gehen von dort auf die Munde. Es ist steil. Sehr steil. Hätte ich nicht gedacht. Bis zur Hälfte Latschen. In der Mitte, knapp über den Latschen, machen wir eine Pause. Leutasch, Seefeld, das Inntal, alles liegt unter uns. Die Dohlen kommen. Ich füttere sie mit Brotkrumen. Wir gehen weiter. Jetzt nur mehr Steine und Geröll. Manchmal braucht man die Hände. Die Einheimischen haben es mir ja gesagt – ein »Stoanerhaufen«. Mühselig zum Gehen. Immer glaubt man, bald oben zu sein. Aber das täuscht. Nach drei Stunden am Ziel. Der Ostgipfel (2.592 m), der unser Spielort sein soll, ist ein weitläufiges Plateau, das sich nach hinten absenkt. Nach Norden hin noch ein paar Schneeflecken. Ein kleines, eisernes Gipfelkreuz. Fast wie ein Grabkreuz. Der Sendeturm des Telfer Kabelfernsehens. Wir setzen uns auf einen Stein, rasten, jausnen. Zwei junge Männer sind da. Einer hat einen Fallschirm umhängen, den der Freund jetzt sorgfältig auslegt. Das ist nicht leicht, weil ziemlich starker Wind geht. Plötzlich ein Windstoß, der Schirm bläht sich auf und zerrt den jungen Mann ein paar Meter über den Boden. Wieder stellt er sich dann vor den Abgrund; der Freund versucht, den Schirm neuerlich aufzulegen, der Wind zerrt daran, Rudi geht hin, hält den Schirm an einem Ende fest. »Los, spring jetzt!«, ruft der Freund. Der Paragleiter hat Angst. Ich hoffe, er tut es nicht. Der Wind kommt aus dem Süden. Wenn er Pech hat, dann klatscht es den jungen Mann nach dem Absprung zurück an die Wand und er stürzt hinunter nach Telfs. Das sind mindestens 1.500 Meter. Gottseidank, er bricht nun sein Vorhaben ab und packt den Schirm wieder ein. Also wieder zu Fuß hinunter. Der junge Mann ist enttäuscht und auch beschämt. Rudi und ich schauen uns um. Eine unglaubliche Aussicht. Im Süden das Inntal, der Inn wie ein silbernes Band. Direkt unter uns Telfs. Weiter hinten die Ötztaler Alpen, die Zillertaler Alpen. Im Norden das Wettersteingebirge, die Zugspitze. Im Osten das Karwendel. Drüben der Westgipfel, etwa 60 Meter höher. Es ist zu spät, um hinüberzugehen. Ich halte Ausschau nach einem passenden Spielplatz. Vor dem Sender ist ein natürliches Amphitheater. Hier wäre es gut. Aber wieder beschleichen mich Zweifel. Darf man das tun? Entsetzlich ausgesetzt ist man hier oben; der höchste Punkt weit und breit. Als wir wieder absteigen, beginnt es leicht zu regnen. Die nassen Steine sind glitschig. Das ist gefährlich.

Freitag, 12. Jänner 1990 ~ 10 Uhr 30. Vom Feuerwehrhaus Telfs fliegen wir mit dem Hubschrauber auf die Hohe Munde. Wir, das sind Georg Stefan Troller mit Kameramann Arno Scheffler, Bürgermeister Helmut Kopp und Thomas Thöni. Georg dreht für das ZDF eine »Personenbeschreibung« über mich. Ich erzählte ihm vom Munde-Projekt, und da wollte er unbedingt hinauf. Als wir aus dem Hubschrauber steigen, versinken wir bis zu den Oberschenkeln im Schnee. Oben beim Gipfelkreuz geht es dann, da ist der Schnee zum Teil weggeweht, zum Teil gefroren. Unglaublich schön ist es und ganz unerwartet warm. Wir sind beinahe zu dick angezogen. Auch ein paar Gemeindearbeiter sind da, es wurden nämlich heute auch die Gasflaschen für das Aggregat heraufgeflogen, das den Fernsehsender betreibt. Neben dem Sender ist ein Aufenthaltscontainer, wir trinken mit den Arbeitern Tee. Sie können zuerst nicht recht glauben, dass wir da heroben Theater spielen wollen, finden aber die Idee sehr gut. Einer hat im Sommer schon mehrmals im Container übernachtet und schwärmt vom Sternenhimmel über der Munde. Wir sitzen in der Sonne, machen ein Interview, fliegen dann wieder nach Telfs hinunter. Zum ersten Mal im Leben bin ich mit einem Hubschrauber geflogen. Ein tolles Gefühl, viel schöner als im Flugzeug.

Um 15 Uhr begleitet mich Georg mit seinem Team in das türkische Sportlokal in Telfs. Das Lokal ist überfüllt, alle warten neugierig, was passiert. Der Bürgermeister stellt mich vor, ich erzähle von unserem Projekt und frage dann, ob jemand den türkischen Gastarbeiter spielen möchte, der in meinem Stück vorkommen wird. Als erster tritt Ibrahim Kalin vor und sagt: »Ich glaube, ich werde diese Rolle übernehmen.« Noch drei melden sich dann, alle schreiben mir Namen und Adresse auf. Ich sage, dass ich mich wieder melden werde, um mit den »Kandidaten« zu sprechen. Dann werden wir eingeladen, uns hinzusetzen, man serviert uns Tee, und der Bürgermeister, der sehr viel für die Gastarbeiter tut, bekommt einen Blumenstrauß. Die Freundlichkeit und Aufgeschlossenheit der Türken rührt mich. Wir Tiroler sind leider nicht so gastfreundlich.

Donnerstag, 18. Jänner ~ Volkstheater Wien. Interviews für »Die Kinder des Teufels«. Nach Projekten befragt, gebe ich die Munde-Idee bekannt. Einen Tag später steht's in allen Zeitungen.

Montag, 22. Jänner ~ In einer Presseaussendung geben wir unser Gesamtprogramm für den heurigen Sommer bekannt. Viele glauben nicht, dass wir tatsächlich auf der Munde spielen wollen. Ich beschließe mit Michael Forcher (Haymon Verlag), ein Buch über das Munde-Projekt herauszugeben.

Sonntag, 4. Februar ~ Mit Georg Stefan Troller und Team beim Schleicherlaufen in Telfs. Ein wunderschöner Tag. Ganz früh am Morgen werden in den Feldern am Ortsrand die »Bären« gefangen, nur Einheimische sind da. In einem Obstgarten vor einem alten Bauernhaus drehen wir dann das Aufsetzen der »Hüte«. Einer trägt die Hohe Munde auf seinem Kopf. Arno filmt den »Hut« und schwenkt dann auf die tatsächliche Munde hinauf. Seit ich mich entschlossen habe, geht mir übrigens die Munde nicht mehr aus Kopf und Sinn. Wenn ich in Telfs bin, wenn ich auf der Autobahn vorbeifahre, immer schaue ich hinauf.

Samstag, 17. Februar ~ Café Central, Innsbruck, 14 Uhr. Treffen mit Sepp Dreissinger, legendärer Thomas-Bernhard-Abbilder, der ein Fotobuch macht mit dem Titel »Hauptdarsteller – Selbstdarsteller«, Porträts österreichischer Dichter, Maler, Musiker, Schauspieler. In Tirol fotografiert er Paul Flora, Werner Pirchner und mich. (Es wird dann auf meinen Wunsch hin kein Porträt von mir im Buch geben, sondern die Abbildung des Meldezettels von Samson, meinem angeblichen Vater. Der Grund: ich posiere so ungern, hasse es, fotografiert zu werden, weil ich immer so verspannt dabei bin.)

20 Uhr Treffen in Telfs mit Albert Schatz und Freunden. Jedes Jahr am 23. Juni machen sie das Herz-Jesu-Feuer ungefähr in der Mitte der Munde, knapp oberhalb der Waldgrenze. Oben am Gipfel wird kein Feuer mehr gemacht, weil es zu mühsam ist, das Holz hinaufzuschleppen. Die Feuermacher erzählen mir von ihren Abenteuern und wie man das halt so macht, geben Anekdoten zum Besten. Einiges davon werde ich später in das Stück einbauen. Wir beschließen, dass ich sie am 23. Juni begleite, um es selbst zu erleben.

Sonntag, 18. Februar ~ 13 Uhr Treffen mit Ibrahim Kalin in Telfs. Ihn habe ich mir als ersten zum Interview ausgesucht, weil er mir am besten für die – noch zu schreibende – Rolle geeignet erscheint. Ibrahim lebt mit der Telferin Gertrud zusammen, sie haben zwei Kinder. Zwei Stunden lang berichtet mir Ibrahim aus seinem Leben, von seiner Heimat Anatolien, wie es ihm erging, all die Jahre in der Fremde. Früher hat er in der Textilindustrie gearbeitet, heute ist er bei Liebherr Baumaschinen als Hilfsarbeiter beschäftigt. Ein lieber, sanfter, kluger Mensch. Nach zehn Minuten habe ich mich für ihn entschieden. Ich sage es ihm aber noch nicht, vorher muss ich noch mit den anderen sprechen.

Montag, 19. Februar ~ 14 Uhr Treffen mit dem Gemeindearbeiter Tuncay Alas in unserem Büro im Gemeindeamt Telfs. Auch er erzählt mir aus seinem Leben. Von seinen Tiroler Kollegen wird er Alex genannt. Ein schöner junger Mann. Für die Rolle nicht geeignet, ich brauche einen »Familienvater«. Aber was er erzählt, ist wichtig.

Dienstag, 20. Februar ~ 12 Uhr Büro der Tiroler Ausländerberatung in Innsbruck. Gerhard Hetfleisch berichtet mir von den Problemen der Gastarbeiter. 17 Uhr Café Köberl, Innsbruck. Dr. Peter Kilga von der Arbeiterkammer berichtet mir über Probleme von Lehrlingen, die er vor dem Arbeitsgericht vertritt. Er erzählt mir einen Fall aus der Spenglerbranche, wo ein Lehrling von seinem Chef ausgenützt und schikaniert wurde. 18 Uhr 30: Ich besuche den Lehrling, lasse mir berichten.

Donnerstag, 22. Februar ~ Noch einmal Kilga im Café Köberl. Ich habe beschlossen, das Stück im Spenglermilieu spielen zu lassen. Brauche Informationen darüber. Er fährt mit mir zu einem Spenglergesellen, den er kennt. Nur die Mutter ist da. Sonntag sei der Sohn wieder zu Hause.

Freitag, 23. Februar ~ 16 Uhr. Im türkischen Sportlokal in Telfs treffe ich Hasan Kerpic. Wir fahren hinauf zum Restaurant »Stefan« nach Mösern, reden dort miteinander. Ebenfalls ein sehr sympathischer Mensch, für die Rolle vielleicht etwas zu jung. Nachher kehren wir ins Lokal zurück, Hasan serviert mir eine Hamburgersemmel und saure Milch. Es schmeckt wunderbar.

Sonntag, 25. Februar ~ 14 Uhr. Ich fahre zur Wohnung des Spenglergesellen. Er macht mir auf, ist von seiner Mutter informiert, führt mich ins Wohnzimmer, wo seine Freundin auf der Couch liegt. Der Fernseher läuft, die Vorhänge sind zu. Draußen strahlend schönes Wetter. Der Geselle erzählt mir vom Spenglerhandwerk und zeigt mir dann verschiedene Werkstücke, die er in der Berufsschule gemacht hat. 20 Uhr: Ich rufe bei Ibrahim an und sage ihm, dass ich mich für ihn entschieden habe. Er freut sich.

Montag, 26. Februar ~ Ich beginne, das Stück zu schreiben. Noch heißt es »Sonnwendfeuer«.

Mittwoch, 28. Februar ~ Um 17 Uhr ist das Stück fertig, es ging sehr schnell, ich hatte alles schon im Kopf. Chryseldis sagt: »Du bist ja der Abraham des Dramas! Ich geh dir da nicht hinauf! Das ist ja furchtbar! Ich bin jedenfalls nicht da im August, das halt ich nicht aus!«

Freitag, 2. März ~ In Wien, weil ich an dem Dokumentarfilm »Überwintern« von Curt Faudon mitarbeite. 16 Uhr Treffen mit Sepp Dreissinger in Café Eiles. Ich frage ihn, ob er das Munde-Projekt für das geplante Buch fotografieren möchte. Ob eine Seilbahn hinaufgehe? Nein, leider nicht. Hubschrauber? Nein, leider zu teuer. Nach zwei Großen Braunen sagt Sepp zu. Wir sprechen noch über den Titel. Bei »Sonnwendfeuer« meinen einige Leute, es handle sich um was »Mythisch-Völkisches«. Ich möchte den Titel ändern. »Munde« fällt mir plötzlich ein. Das Stück heißt wie der Berg, auf dem es spielt. Sepp findet das auch hervorragend. Wie ein Bernhard-

Titel, sagt er. 17 Uhr 30, Café Landtmann: Treffen mit Hermann Beil vom Burgtheater wegen »Sibirien«, das im Oktober mit Fritz Muliar im Akademietheater herauskommt. Fragt, ob man »Munde« auch im Theater spielen kann. Natürlich, viel leichter. Keine Ablenkung durch die Natur.

Sonntag, 4. März ~ 13 Uhr 30. Silvia Albrich kommt zu mir, ich diktiere ihr das Stück. (Schreibe immer noch mit der Hand.) Es gefällt ihr. Sie ist immer mein erstes Publikum. Chryseldis schiebt das Lesen hinaus, weil sie sich vor dem ganzen Projekt fürchtet.

Dienstag, 6. März ~ Ich schicke das Stück an Hans und Ruth, an den Bürgermeister und den Kulturreferenten von Telfs, an Rudi und die Schauspieler. Letztere habe ich mir schon vorher ausgesucht, ihnen die Rollen auf den Leib geschrieben. Pepi Grießer (ein Telfer) spielt den Meister Willi, Tobias Moretti den unguten Gesellen Gerhard, sein Bruder Gregor Bloéb den Lehrling Tommi, Ibrahim Kalin den Gastarbeiter Mehmet, Veronika Eberl die Sekretärin (und Freundin des Gesellen) Petra, die lieber bei zugezogenen Vorhängen und bei schönstem Wetter vor dem Fernseher sitzt, statt hinauszugehen.

Auch die Redakteurin Hedda Egerer und der Bildregisseur Zoltán Pataky vom ORF (der damals »Veränderungen« inszenierte!) bekommen das Stück. Der ORF wird aufzeichnen. Sonst könnten wir uns dieses Projekt nicht leisten. Der NDR kommt dann noch hinzu, dafür sorgt natürlich Dieter Meichsner.

Freitag, 16. März ~ Seit Montag wegen des Films »Überwintern« in Wien. Treffen mit Hedda Egerer um 15 Uhr im Café Tirolerhof. Das Stück gefällt ihr. Wir besprechen die Einzelheiten. Meine Idee war, das Stück live vom Gipfel zu übertragen. Zu riskant, wegen des Wetters. Jedenfalls soll auch das ganze Drumherum gefilmt werden; Aufstieg von Schauspielern und Zuschauern, Übernachtung in den Zelten, Abstieg am Morgen.

Samstag, 31. März ~ In München wegen der Premiere von »Sibirien« am Volkstheater. 18 Uhr Treffen im Rosenwirt mit Anderl Lippl vom Bayerischen Rundfunk. Sind an »Munde«-Koproduktion interessiert. Es wird nicht dazu kommen, weil die Bayern nur ein Programm tauschen wollen, aber nicht Produktionskosten übernehmen. Anderl Lippl kenne ich schon, er hat viele Stücke der Rittner Sommerspiele aufgezeichnet und auch (an Originalschauplätzen) ganz hervorragend die Südtiroler Aufführung von »Besuchszeit«.

Samstag, 14. April ~ 14 Uhr, Rathauscafé Telfs. Treffen mit Bernhard Mariani und Josef Hueber von der Bergrettung, Hermann Wolf von der Bergwacht, Kulturreferent Hubert Auer und Ing. Thomas Thöni, Direktor der Gemeindewerke und seit Jahren technischer Direktor der Volksschauspiele. Bergwacht und Bergrettung wissen natürlich schon längst über unser Projekt Bescheid, ich erzähle nun die Einzelheiten und ersuche offiziell um Rat und Unterstützung. Die Bergrettung hat sich eigentlich schon entschlossen, uns zu helfen, dem Bergwachtchef Hermann Wolf steht aber die Skepsis ziemlich deutlich ins Gesicht geschrieben. Ich frage noch einmal nach, zur Vorsicht: »Wenn ihr mir sagt's, des is alles a Blödsinn und i bring Menschenleben in Gefahr, dann lass i's sofort bleiben!« Gefährlich ist es schon, meint Bernhard Mariani, aber bei Beachtung aller Vorsichtsmaßnahmen könnten wir es riskieren. Die größte Gefahr ist natürlich der Blitzschlag, aber darum wird sich Thomas Thöni kümmern, er ist ein Experte. Die Zelte werden einen absolut sicheren Blitzschutz erhalten.

Freitag, 20. April ~ 9 Uhr. Bergwacht, Bergrettung, Regisseur Rudi Ladurner, Thomas Thöni und unsere Produktionsleiterin Silvia Wechselberger fliegen mit dem Hubschrauber auf die Munde, um einen Lokalaugenschein abzuhalten. Ich bin nicht da, ich bin in Temeswar, einen Monat lang, um dort mit Robert Dornhelm den Kinofilm »Requiem für Dominic« zu drehen. Chryseldis und Anna haben es heuer schwer. Zuerst Rumänien, dann die Munde.

Freitag, 25. Mai ~ Seit drei Tagen in Wien, immer noch beschäftigt mit dem Rumänienfilm, aber Anna und Chryseldis sind mit. Um 8 Uhr fliege ich mit den ORF-Leuten nach Tirol. Eine »technische Begehung« mit dem ganzen Aufzeichnungsteam ist auf der Munde angesetzt. Der Flug nach Innsbruck ungemütlich, gegen Westen zu immer mehr Regenwolken und starke Windböen. In Innsbruck Regen. Wir fahren nach Telfs. Die Munde ist von Wolken verhüllt. Im Gasthaus Hohe Munde besprechen wir mit Zoltán, Hedda Egerer und den anderen ORF-Leuten die Aufzeichnungsmodalitäten, schauen zwischendurch immer wieder auf die Hohe Munde, aber es tut nicht auf. Der Hubschrauberpilot zieht schließlich unverrichteter Dinge ab, um 16 Uhr 05 fliegen wir alle wieder nach Wien zurück.

Montag, 25. Juni ~ Seit einer Woche in Wien für Nachdreh »Requiem für Dominic«. In Temeswar haben wir nicht schießen dürfen, außerdem war die Securitate hinter uns her, nun spielen wir die rumänische Revolution in Ottakring nach. Am 23. Juni wollte ich mit den Feuermachern in die Mundewand gehen, das fiel aber wegen starken Regens ohnehin ins Wasser. Vor ein paar Tagen hat Tobias telefonisch seine Mitwirkung im »Munde«-Stück abgesagt. Der »Verschwender« im Volkstheater, wo er den Flottwell spielt, war eine irgendwie sehr frustrierende Angelegenheit. Tobias hat im Moment absolut keine Lust mehr zum Theaterspielen. Würde am liebsten umsatteln auf Fernfahrer. Kommt hinzu, dass ihm die Rolle des angeberischen Gesellen nicht sonderlich gefällt. Um 16 Uhr treffen wir uns in einem Schanigarten am Judenplatz. Ich versuche Tobias umzustimmen, sage ihm, dass es keinen Sinn hat, wenn er sich jetzt verkriecht, um seine Wunden zu lecken. Wenn ihm jetzt etwas guttut, dann so ein Theaterprojekt wie unseres. »Auf der Munde wirst du wieder zu dir selbst finden, glaub mir.« Es nützt nichts, er will nicht. Ich fühle mich im Stich gelassen. Ich telefoniere mit Silvia, sage ihr Bescheid und erkundige mich dann nach geeigneten Schauspielern. Aber alle, die in Frage kämen, sind diesen Sommer schon besetzt.

Donnerstag, 28. Juni ~ Aus Wien zurück. Silvia sagt, Gregor, der Bruder von Tobias, vorgesehen für die Rolle des Lehrlings, sei auch ausgestiegen. Erstens Probleme, weil er bis zum 25. Juli an seinem Theater in Nürnberg spielen muss, zweitens hat er für den August ein lukratives Filmangebot in Spanien. Will mit der Kohle im Herbst nach Amerika auswandern. In drei Tagen beginnen die Proben und es fehlen uns zwei der fünf Schauspieler! Klaus Händl käme für den Lehrling in Frage. Klaus ist aber schon in »Stuka«, einer Uraufführung von Lothar Greger im Großen Rathaussaal. Regisseur Joschi »Kuderna gibt ihn nicht her. Chryseldis schlägt Winfried Platzgummer vor. Den haben wir im Treibhaus gesehen in »Torch Song Trilogy«. Ich rufe ihn an, treffe ihn im Café Central in Innsbruck. Er gefällt mir, ist vielleicht sogar besser geeignet als Gregor, weil er jünger ist. Er überlegt eine Nacht, sagt dann zu.

Freitag, 29. Juni ~ 9 Uhr 30 Treffen in Telfs im Rathauscafé. Anwesend Regisseur Rudi Ladurner, Ing. Thomas Thöni, Lichtmeister Max Keller von den Münchner Kammerspielen, Requisiteur Michael »Stoani« Steinlechner und Bühnenbildner »Charly« Karl-Heinz Steck. Wir wollen auf die Munde fliegen, um den Gipfel zu vermessen, den genauen Spielplatz und den Standpunkt der Lichtgerüste festzulegen, und auch, wo die Zelte und die Container hinkommen. Thomas sagt mir, dass es Probleme mit den Hubschrauberflügen gibt. Er hat aus dem Landhaus erfahren, dass man sie uns verbieten will. Ich versuche, den zuständigen Verkehrsreferenten, LhStv. Hans Tanzer, anzurufen. Er ist nicht da, kommt erst am Montag wieder. Wir fahren zum Parkplatz des Munde-Liftes nach Leutasch-Moos. Der Hubschrauber kommt, der Pilot will uns aber nicht mitnehmen, es sei ihm untersagt worden. Vor kurzem hat ein deutscher Industrieller seinen Polterabend auf einem Tiroler Gletscher veranstaltet; Festzelt, russisches Ballett, Palmen und 200 Leute hinaufgeflogen. Das habe böses Blut gemacht. Wir telefonieren herum, endlich, nach zwei Stunden, kommt das Okay aus dem Landhaus, wir dürfen mit. Ich würde am liebsten zu Fuß hinaufgehen, aber Max Keller hat keine Zeit, muss dann wieder zurück ins Theater nach München. Oben wunderschönes Wetter, fast das ganze Plateau noch voller Schnee. Charly und Stoani beginnen den Gipfel zu vermessen.

Sonntag, 1. Juli ~ Um 18 Uhr trifft sich das gesamte Munde-Team zum ersten Mal im Gasthaus Hohe Munde in Telfs. Alle sind da – Regisseur Rudi Ladurner, Dramaturgin Stefanie Stümpel, Kostümfrau Elisabeth Rauner, die Schauspieler Pepi Grießer, Winfried Platzgummer, Veronika Eberl und Ibrahim Kalin. Nur Gesellen haben wir noch keinen. Wir reden über das Stück. Ibrahim ist noch ganz befangen.

Montag, 2. Juli ~ In Telfs Probenbeginn im Turnsaal der alten Hauptschule. Um 8 Uhr rufe ich Hans Tanzer im Landhaus an. Wo sind die Probleme? Es gibt Proteste von Naturschützern, sagt er. Anrufe und Briefe, das ganze Projekt betreffend. Die Hubschrauberflüge, Verschmutzung des Gipfels, Störung der Bergruhe. Tut sich schwer, die Flüge zu genehmigen. »Mein Gott na, warum spielt's denn nit herunten im Saal?« fragt er genervt. Ich ärgere mich. Abertausende von Touristen keuchen in diesem Moment durch die Tiroler Berge, belasten die Umwelt. Tag für Tag fliegen die Hubschrauber zu den Liftbaustellen im Hochgebirge. Beim Hahnenkammrennen in Kitzbühel fliegen die Hubschrauber tonnenweise den Schnee auf die Streif. Aber das alles regt niemanden auf, es ist ja für die Wirtschaft. Wir aber machen das nur einmal. Ein einziges Mal im Leben. Um den 18. Juli ca. 15 Flüge hinauf, die Container mit den 20 Zelten und dem ganzen Material; Anfang September wird alles wieder heruntertransportiert und der Gipfel bestimmt sauberer verlassen als er je zuvor war. Und natürlich fliegt der ORF zur Aufzeichnung hinauf. Eine große Mannschaft, eine zu große Mannschaft, ein kleines Tiroler Team wäre mir lieber gewesen. Nach längerer Diskussion sagt Tanzer zögerlich die Genehmigung der Flüge zu. »Aber wenn i ang'riffen wer', dann steht's schon auf meiner Seiten, bittschön!«

Um 17 Uhr Treffen auf dem Kirchplatz in Vill (bei Igls) mit Rudi und Silvia. Wir fahren zu Tobias, der am Westhang des Ortes ein Bauernhaus gepachtet hat. In der Laube serviert er uns guten toskanischen Wein und französischen Käse. Als Besteck verschiedenste Arten von Taschenfeiteln, die er sammelt. Bevor wir noch ein Wort darüber verloren haben, hat Tobias eigentlich schon zugesagt. Er kennt unsere Situation, er lässt uns nicht im Stich. »Also guat, i mach's enk!«, Umarmung. Tobias schenkt mir einen merkwürdigen Taschenfeitel, ein griechisches Fischermesser, Made in Germany. Heinz Bennent hat es ihm bei einem Gastspiel der Münchner Kammerspiele in Athen geschenkt. Alle meine Wurstradeln werden dann auf der Munde mit diesem Messer geschnitten.

Dienstag, 3. Juli ~ Nun sind alle vollzählig bei der Probe. Im Turnsaal liegen auf dem Boden die ganzen Utensilien – Holzscheite, Reifen, Bierdosen, Rucksäcke. Ich verabschiede mich. Bei Proben bin ich nie dabei. Auch hier in Telfs nicht.

Donnerstag, 5. Juli ~ Pressekonferenz im Berggasthof Lehen, am Fuße der Hohen Munde. Ich stelle die Stücke vor. Die Proben laufen. Klaus Rohrmoser arbeitet zurzeit am Münchner Volkstheater mit Ruth Drexel und Hans Brenner an der »Frau Suitner«, Joschi Kuderna probt »Stuka« im Innsbrucker Kellertheater. In zwei Wochen werden alle nach Telfs übersiedeln. Gerhard Prantl, Mitarbeiter unseres Freundes Hans Haid, stellt das Rahmenprogramm »Widerständigkeit« vor, das Lesungen kritischer Literatur und echte Volksmusik aus dem ganzen Alpenraum bietet und außer in Telfs in vielen anderen Tiroler Orten stattfinden wird. Gerhard stellt fest, dass auch er und Hans Haid aus Umweltschutzgründen gegen das Munde-Projekt sind. Ich hege keinen Groll. Manchmal denke ich mir, wär's nicht meine Idee gewesen, wär ich vielleicht auch dagegen.

Sonntag, 8. Juli ~ Wir möchten alle auf die Munde gehen, aber es regnet fürchterlich, die Munde ist nicht zu sehen.

Donnerstag, 19. Juli ~ In fast allen österreichischen und einigen deutschen Zeitungen erscheinen Berichte, dass die Bergwacht Telfs aus dem Munde-Projekt ausgestiegen ist. Die Bergwacht hat selbst eine Aussendung an die APA gemacht. Einsatzstellenleiter Hermann Wolf wird zitiert: »80 Hubschrauberflüge! … Durch den Besucherstrom wird ein erheblicher Schaden an der Alpenflora befürchtet … Für uns sind die Berge heilig! Wir wollen nicht, dass dieser Blödsinn Schule macht.« Ab nun werden diese »80 Flüge« ständig durch die Medien geistern und in aller Munde sein. Wir fragen uns, wie die Bergwacht auf genau diese 80 Flüge kommt, halten diese Zahl aber dann selber für möglich, wenn man die zahlreichen ORF-Flüge einberechnet. Besprechung mit den Leuten von der Bergrettung Telfs und Leutasch. Sie bleiben selbstverständlich weiterhin auf unserer Seite, keine Frage. Manche scheinen sogar erleichtert zu sein, dass die Bergwacht ausgestiegen ist. Die Aufgabe der Bergwacht ist ja das Wachen (über die Alpenflora) und nicht das Retten.

Freitag, 20. Juli ~ Heute sollen die Container mit den Zelten und dem anderen Material auf die Munde geflogen werden. Um 13 Uhr 30 ruft Sepp Dreissinger an, er ist auf der Durchreise nach Vorarlberg in Innsbruck. Trifft sich gut, er soll gleich den Hubschraubertransport für das Buch fotografieren. Wir fahren zum Parkplatz des Munde-Liftes nach Leutasch-Moos hinaus. Die Transportflüge sind schon im Gang. Mit dem Funktelefon des Piloten rufe ich Thomas Thöni auf dem Gipfel an und bitte ihn, den Sepp mitfliegen zu lassen. Thomas sagt, ich soll mit hinaufkommen, ich möchte lieber nicht, sonst heißt es gleich, der Mitterer fliegt ständig auf die Munde. Thomas sagt, Blödsinn, ich müsse doch von Anfang an dabei sein. Also gut, ich fliege mit. Der große Transporthubschrauber wirbelt auf dem nicht asphaltierten Parkplatz eine Menge Staub auf. Ein schwarzer Range Rover mit Münchner Nummer braust heran, der Fahrer beschimpft uns als »Saubären«, weil sein Auto staubig wurde. Es scheint, als käme es mit den Gemeindearbeitern zu einer Schlägerei, da kommt der Hubschrauber vom Gipfel zurück und der Range Rover flüchtet schleunigst. Sepp und ich fliegen mit hinauf.

Oben stehen schon die ersten Container, liegt Material herum. Die Gemeindearbeiter, Stefan Mariani (Sohn des Bergrettungschefs Bernhard), Stoani und Charly schuften. Immer noch viel

Schnee. Ich gehe zum Spielplatz hinauf, auch dort noch Schnee. Hoffentlich schmilzt er bis zur Premiere weg. Ein Gemeindearbeiter zeigt uns die Stellen, wo bevorzugt der Blitz einzuschlagen pflegt. Ganz schwarz seien die Steine hier. Mir wird wieder leicht schwummrig. Mit einem elektrischen Ortungsgerät suchen zwei Arbeiter die Erdungsbänder, die unterirdisch vom Kabelfernsehsender strahlenförmig über den Gipfel verlaufen. Der Blitzschutz für die Zelte und Container wird an diese Bänder angeschlossen werden, damit sich die Elektrizität möglichst schnell verteilt. Vom Aufstieg her kommt eine Schafherde, gemütlich beginnen die Schafe, Schnee zu fressen. Der Hirt erzählt mir später, dass sie immer auf den Gipfel gehen, wenn sie Durst haben. Es gibt keine einzige Quelle an der ganzen Mundeflanke. Gegen 19 Uhr 30 fliegen Sepp und ich mit dem letzten Hubschrauber wieder hinunter. Die Gemeindearbeiter, Thomas, Stefan, Charly und Stoani bleiben bis Sonntag oben, um alles aufzubauen. Ich würde gerne bleiben. Morgen muss ich aber in München sein, Bayerisches Staatsschauspiel, Besprechungen für die deutsche Erstaufführung meines neuen »Jedermann«-Stückes.

22. bis 25. Juli ~ Ich fahre zum Gardasee, wo meine Familie seit einer Woche auf einem Campingplatz Urlaub macht. Ein paar Tage muss ich wenigstens bei ihnen verbringen. Es ist entsetzlich heiß, ich weiß eigentlich nicht, was ich hier soll. Lieber wäre ich auf der Munde.

Montag, 23. Juli ~ In der Lokalzeitung erscheint ein Artikel gegen das Mundeprojekt mit der Überschrift: »Warum lügt Felix Mitterer?« Darin wird behauptet, ich hätte von zwei Flügen gesprochen, dabei seien es 80. Ein Missverständnis – ich habe von zwei Flugterminen gesprochen. »Nur um ein Theaterstück zur Sensation zu machen, das ohne diesen ausgefallenen Spielort wahrscheinlich erfolglos wäre.« In der Folge gibt es weitere Artikel in diversen, vor allem lokalen Zeitungen. Einer wünscht uns, »dass die Munde zornig wird und mit Blitz und Donner die Sensationsmacher abschüttelt«.

Donnerstag, 26. Juli ~ Um 6 Uhr früh sind wir alle beim Munde-Lift in Leutasch verabredet. Ich komme 15 Minuten zu spät, als Letzter. Das frühe Aufstehen ist mir immer schon schwergefallen. Und dann trödle ich auch noch herum die längste Zeit. Auch Silvia geht heute mit, und Katja Schröder, die Kostümassistentin. Das ganze Munde-Team hat sich gemeinsam Strohhüte gekauft, um die Sonneneinstrahlung da oben auszuhalten. Sie schauen nun eher wie eine Schnitzler-Gesellschaft am Semmering aus, nicht wie Tiroler Bergsteiger. Das gefällt mir. Ein Team vom ORF-Studio Tirol begleitet uns. Wir fahren mit dem Sessellift zur Rauth-Hütte hinauf. Morgennebel. Wunderschönes Wetter kündigt sich an. Wir stehen bei der Hütte und schauen auf die Munde. Pepi Grießer, ein Telfer, ist seit 30 Jahren nicht mehr oben gewesen. Aber er weiß, wie steil es ist. Später gesteht er, dass er Zweifel hatte, ob er es überhaupt schaffen wird. Schließlich ist er über Fünfzig und geht sonst auch nur Auto-retour. Auch Rudi, nicht gerade ein Leichtgewicht, ist kein Berggeher. In der letzten Zeit ist er immer wieder allein ein Stück hinaufgegangen. Immer weiter. Ganz oben war er aber zu Fuß noch nicht. Ibrahim schaut auch skeptisch hinauf. Noch nie in seinem Leben war er auf einem Berg. Er kommt aus der anatolischen Hochebene. Vroni hat sich auf Grund der Gerüchte über diesen »Stoanerhaufen« mindestens vier Tage lang in Bezug auf Rauchen und Trinken kasteit, hat es aber dann wieder gelassen, »weil's eh schon wurscht is«. Tobias kennt den Berg am besten. Er ist sogar im Winter mit den Schiern heruntergefahren; entsetzlich. Wir gehen los. Viel zu schnell. Bald sind wir in Schweiß gebadet, obwohl es zu dieser frühen Tageszeit noch schön kühl ist. Sepp Dreissinger, der absolute Stadtmensch, tut sich am schwersten. Er vergisst auf's Fotografieren und verflucht den Tag, an dem er mir zugesagt hat. Die Gruppe fällt auseinander. Tobias ist mit seinem Hund Pico längst entschwunden. Auch ich hab's nicht leicht. Mit den Beinen gut beisammen, aber leider Kettenraucher. Ungefähr in der Mitte machen wir auf einem kleinen Plateau Rast, warten auf die ORF-Leute, die ihre schweren Geräte schleppen müssen. Nachdem wir dann für die Kamera ein wenig »Bergsteiger« gespielt haben, gehen wir wieder weiter. Um 10 Uhr 30 sind dann endlich alle oben.

Der Anblick ist überwältigend, im Positiven wie im Negativen. Die 20 Zelte sind bereits aufgebaut, silberne und blaue, sie schauen wunderschön aus. Wie ein Expeditionslager. Die sieben Container (drei für den ORF) sind weniger hübsch. Ich bin ein wenig erschrocken über den Aufwand, aber er ist wohl notwendig. Über den Zelten fehlt noch der Blitzschutz. Tobias II (Mitarbeiter von Max Keller), Stefan und Stoani arbeiten am Aufbau der Lichtgerüste. Sie schuften wie die Berserker. Das neue Gipfelkreuz, das uns der

Aluminiumhersteller Arthur Thöni für die Aufführung gespendet hat, und das dann stehenbleibt, wird aufgestellt. Vor den Containern stehen Tische und Stühle, wir holen uns aus dem Küchencontainer etwas zum Trinken, ruhen uns aus. Dann richtet sich das ganze Team in den Containern ein. Die Schauspieler und Betreuer, die immer wieder mehrere Tage hier oben sein werden, können zu dritt in den bequemeren Containern schlafen. Zum Kochen gibt es einen kleinen Gasherd. Das Wasser braucht sehr lange hier oben, bis es heiß wird; dünne Luft.

Am Nachmittag dann ist eine Probe. Zum ersten Mal auf dem Originalspielplatz. Die Umstellung von der Turnhalle auf den Gipfel fällt den Schauspielern schwer. Überall Steine, nichts als Steine, sie stolpern ständig herum, ich habe Angst, dass sie sich verletzen. Die Lichtleute bauen am Gerüst, machen Lärm, gereizte Stimmung. Die ORF-Leute drehen bei der Probe mit, das ist nicht so günstig heute. Zum ersten Mal sehe ich mein Stück, wenn auch nur einen Teil davon und unter ungünstigen Bedingungen. Ibrahim ist ein absoluter Glücksfall, die anderen haben mir schon davon erzählt. Vollkommen identisch mit der Figur, die er spielt. Auch Winfried macht sich ausgezeichnet als Lehrling, Vroni ist hinreißend, Pepi kenn ich seit vielen Jahren, er hat mich immer überzeugt. Nur mit Tobias, der an sich der beste Schauspieler ist, komme ich nicht zu Rande. Er distanziert sich in seinem Spiel vollständig von seiner Figur, spielt den Gesellen als Schurken und Volltrottel. Ich muss abwarten, ich muss ihm Zeit lassen, er wird schon noch selber draufkommen, dass es nicht gut ist, wenn man mit der Figur, die man spielt, nichts zu tun haben will. Die Probe ist zu Ende, Rudi schaut mich an. Es wird schon werden, ich kann zur Aufführung noch nichts sagen. Morgen schau ich mir einen ganzen Durchlauf an. Ein kühler Wind kommt auf, Christoph Rohrbacher vom ORF hat kurze Hosen an und friert. So um 15 Uhr machen sie sich wieder auf den Weg, mit ihrem schweren Gerät. Um 16 Uhr 30 gehen auch Silvia und ich wieder hinunter. Silvia muss ins Büro, und ich habe Zoltán, dem Bildregisseur für die Aufzeichnung, versprochen, dass ich ihn morgen auf die Munde begleite. Er könnte fliegen, möchte aber lieber mit mir hinaufgehen. Hinunter tu ich mich viel leichter als hinauf, die Knie sind in Ordnung. In 75 Minuten sind Silvia und ich auf der Rauth-Hütte, wo sich die ORF-Leute ausrasten. Zur Premiere werden sie sich aber

Wie ein Expeditionslager. Der Blitzschutz über den Zelten ist aufgebaut.

Träger mieten – nie mehr dieses schwere Zeug hinaufschleppen! Aber trotzdem – fliegen wollen sie nicht, obwohl der ORF eine Daueraußenlandegenehmigung besitzt. Christoph sagt, vor 15 Minuten seien Max Keller und Charly hinaufgegangen. Wir haben sie nicht getroffen, weil es herunten in den Latschen zwei Wege gibt, einen steilen und einen gemäßigten. Hinauf nimmt man üblicherweise den gemäßigten. Max leuchtet heute Abend ein.

Freitag, 27. Juli ~ Um 13 Uhr gehe ich mit Zoltán wieder auf die Munde. Heute fällt es mir schon viel leichter. Ich gehe gern. So ein tolles Wetter. Es könnte ja auch regnen. Die Munde ist wirklich gut zu uns, obwohl uns so viele Blitz und Donner wünschen. Als wir ankommen, proben die Schauspieler gerade. Sie sind müde. Den ganzen Vormittag haben sie mitgeholfen, den Blitzschutz über den Zelten aufzubauen; ein Faradayscher Käfig aus verzinktem Stahldraht. Es musste schnell gehen, weil heute der Gutachter von Elin kommt, um den Blitzschutz zu überprüfen und abzunehmen. Er kommt mit dem Hubschrauber. Wieder ein Flug mehr als ich dachte. Die Schauspieler legen sich alle ein wenig hin, ruhen sich aus. Unser Gipfelwächter taucht nun auf, Ossi Trenkwalder mit Hund Nadja. Er ist bei der Bergrettung und hat sich freiwillig zur Verfügung gestellt. Er wird bis Ende August auf der Munde bleiben. Ich bewundere ihn. Einen Monat lang kein richtiges Bett und keine Dusche – entsetzlich! Man erzählt mir vom ersten Unfall, der schlecht ausgehen hätte können. Gestern gegen Abend schießt plötzlich hinter der Munde ein Drachenflieger hoch, versucht auf dem Gipfelplateau zu landen, strampelt knapp über dem Boden mit den Füßen dahin, ein Windstoß reißt ihn wieder hoch und dann stürzt er ab, verschwindet hinter Steinblöcken am Abgrund. Alle rennen hin, glauben schon, er liegt in Telfs unten, aber er liegt zwei Meter vor dem Abgrund am Rücken auf seinem kaputten Drachen. Ein Gemeindearbeiter. Er ist von der Rauth-Hütte gestartet, hat sich vom Aufwind herauftreiben lassen, wollte seine Kollegen besuchen. Er ist unverletzt, sein Absturz ist ihm aber furchtbar peinlich. Er hat dann auf dem Gipfel übernachtet, heute morgen hat er sich mit dem reparierten Drachen todesmutig von der Munde gestürzt und ist hinunter auf Telfs geflogen. Rehabilitiert. Um 17 Uhr 30 kommen die ORF-Techniker mit dem Hubschrauber. Die Aufzeichnung ist aus Termingründen erst Ende August möglich. Hoffentlich hält das Wetter. Ohne Aufzeichnung kein Geld. Dann schauen wir schön drein.

Um 20 Uhr 30 ist eine Probe für Zoltán und seine Leute angesetzt, damit sie sich ein Bild machen können. Stefan Mariani, der zugleich Bergrettungsmann ist, fährt das Licht. Sepp fotografiert. Die Probe beginnt. Zum ersten Mal sehe ich mein Stück vollständig. Heute Abend ist die Aufführung schon viel besser, gestern haben sie in Ruhe noch einmal geprobt und auch heute wieder. Vor allem gab es ein sehr konstruktives Gespräch mit Tobias, der irgendwie selber bemerkt hat, dass er auf dem falschen Weg war. Allerdings ist die Aufführung bei aller Qualität viel zu schnell und hektisch. In kaum 60 Minuten ist alles vorbei. Der ganze Schluss funktioniert noch nicht. Viel flauer, als von mir geschrieben. Zu viel gestrichen, auch am Ende. Der Kampf zwischen Ibrahim und Tobias findet direkt am Abgrund statt. Da geht es 1.500 Meter hinunter. Mir wäre lieber, sie würden es nicht so weit draußen machen, die Zuschauer sehen es sowieso nicht.

Um 21 Uhr 30 fliegen die ORF-Techniker wieder hinunter, Zoltán bleibt noch bei uns, um die Aufzeichnung zu besprechen.

Im Küchencontainer spielen die Schauspieler Karten; Pepi mit Vroni, Ossi mit Ibrahim. Vroni kann es nicht, der Watterprofi Pepi ärgert sich. Gegen Mitternacht gehen wir schlafen. Zoltán bekommt einen Schlafplatz auf Styropor im ORF-Container, Sepp und ich schlafen in einem Zelt. Unter dem Zelt sind ebenfalls Styroporplatten, damit man die Steine nicht spürt; auf dem Zeltboden ist außerdem Stroh ausgebreitet. Ein gemütlicher Schlafplatz. Aber da sollen fünf Personen rein, da ist es wahrscheinlich nicht mehr so gemütlich. Sepp schläft gleich ein, ich bin noch lange wach. Das Vordach ist nicht befestigt, die ganze Nacht wird es vom Wind gegen das Zelt geschlagen. In der Früh plötzlich eine laute Stimme: »He, schlaft's ihr no', die Sonn geht ja schon auf!« Ich mache den Reißverschluss auf und schaue hinaus. Draußen steht der Schafhirte mit seinem halbwüchsigen Sohn und macht gleich ein Foto. Schon um 4 Uhr früh ist er heraufgegangen, um den Schafen Salz zu bringen. Draußen vor dem Zelt brennt noch die italienische Straßenbeleuchtungsfackel. Wir haben ein paar Dutzend gekauft und um die Zelte und den Spielplatz aufgestellt, damit in der Nacht keiner verkugelt in der Dunkelheit. Die Sonne geht gerade auf. Man kann es nicht beschreiben, wie schön. Ich hole einen Apfel aus meinem Rucksack, beiße hinein, gehe zu den Containern hinunter, wasche mir mit Schnee das Gesicht. Es ist 5 Uhr 30. Bald tauchen die anderen auf, Stoani macht Tee für uns alle. Zoltán spaziert mit nacktem Oberkörper herum, wäscht sich mit Schnee. Es schüttelt mich; muss ich nicht haben. Die anderen machen Katzenwäsche mit Wasser aus einem der blauen Kanister. Man muss sparsam umgehen mit dem Wasser. Keiner hat an eine Waschschüssel gedacht, nur Ibrahim hat eine Plastikflasche mit, die er jedem leiht. Überhaupt ist Ibrahim am besten ausgerüstet. Er hat alles, was der Mensch da heroben braucht. Auch leichte Turnschuhe hat er sich mitgenommen und genug Kleidungsstücke zum Wechseln. Überhaupt ist er der Sauberste von allen. Jeden Morgen rasiert er sich sorgfältig und schaut gar nicht aus wie ein Mensch, der auf einem Berggipfel lebt. In den ersten zwei Tagen war er deprimiert, sagte kaum ein Wort. Als Tobias ihn fragte, ob er mit auf den Westgipfel gehen wolle, sagte er: »Na, dankschön, da werd i bezahlt, da drüben nit!« Aber jetzt geht es ihm gut, er ist der Ausgeglichenste von allen. Spielen tut er wie ein Profi. Es gibt keine Versprecher, seine Einsätze sitzen haargenau am Punkt. Pico, der Hund von Tobias, und

Nadja, der Hund von Ossi, haben sich angefreundet, tollen herum. Die Sonne beginnt uns zu wärmen, das Leben freut mich. Charly und ich bringen die restlichen Strohballen zu den Zelten, legen sie hinein. Um 9 Uhr kommt der ORF-Hubschrauber wieder, es ist noch Platz für Sepp Dreissinger und mich. Sepp ist herzlich froh, nicht gehen zu müssen, aber mich packt plötzlich eine unbändige Lust, da hinunterzurennen, ich verabschiede mich und gehe los. Unterwegs treffe ich an die 20 Einheimische und Touristen, die hinaufgehen. Fast alle wissen Bescheid über unser Projekt, einige gehen aus reiner Neugierde herauf, um zu sehen, was wir da machen. Fast jeder fragt, wie lange man noch geht, mit dem Stolz des Wissenden gebe ich Auskunft und mache den Weg grundsätzlich länger, als er ist, weil sich dann alle freuen, wenn sie schneller oben sind. In kaum einer Stunde bin ich unten auf der Rauth-Hütte, bekomme von den Wirtsleuten einen Schnaps spendiert, esse Schinken mit Ei und trinke eine Kanne Kaffee. Als ich dann unten am Parkplatz zu meinem Auto komme, sehe ich an der Windschutzscheibe einen Zettel: »Wir sind Anrainer an den Parkplatz und haben Zimmervermietung. Wir sind überrascht über die vielen Hubschrauberflüge und bitten deshalb um eine Aussprache.« Unterschrift. Ich fahre nach Telfs in unser Büro und rufe bei der angegebenen Telefonnummer an. Es meldet sich niemand. Silvia redet später mit den Leuten. Sie haben ja recht. Der Hubschrauber hat wirklich viel Staub aufgewirbelt. Aber jetzt ist ja Ruhe.

Sonntag, 29. Juli ~ Zu Mittag fahre ich mit Tochter Anna zum Möserer See. Alle sind sie da. Die »Stuka«-Schauspieler, die »Suitner«-Schauspieler, unsere Leute. Sie sind heute morgen von der Munde heruntergegangen, weil Gewitter angekündigt wurden. Ossi blieb natürlich mit Nadja oben. Rudi erzählt, dass bei den Proben gestern an die 30, 40 Leute zugeschaut haben. Die meisten waren wohlwollend, einige ärgerten sich. Ein deutsches Ehepaar ging quer über die »Bühne«, blieb mitten unter den Spielenden stehen, der Mann mit einer Wanderkarte in der Hand. Rudi bat die beiden, den Spielplatz zu verlassen, darauf sagte der Mann, auf den Boden deutend: »Hier ist die rote Markierung, und hier gehe ich!« Die beiden gingen dann Richtung Westgipfel, bezwangen ihn in Rekordzeit, kamen zurück und gingen wieder über die Bühne. Die neugierigen Beobachter befinden sich aber nicht nur am Boden, erzählt Rudi, sondern auch in der Luft. Manchmal vier, fünf Segelflugzeuge kreisen über dem Gipfel, dazu noch etliche Paragleiter und Drachenflieger. Nachmittags fahren wir alle nach Telfs hinunter, treffen uns beim Rathauscafé. lbrahim und Pepi sind auch da. Pepi hat ein geschwollenes Knie, das Heruntergehen macht ihm Probleme. Aber er ist glücklich, dass er es geschafft hat. Ibrahim ist beim Heruntergehen plötzlich von Höhenangst befallen worden, Schwindel packte ihn, zwei mussten ihn in die Mitte nehmen. Beim nächsten Mal allerdings wird diese Höhenangst wie weggeblasen sein und auch nie mehr auftreten. Ibrahim hat einen Kollegen getroffen und mit ihm über das Stück geredet. Als der Kollege erfährt, dass Ibrahim im Stück anders heißt, wirft er ihm vor, er habe keine Ehre, weil er sich seinen Namen wegnehmen ließ. Wir schauen zur Munde hinauf. Wunderschönes Wetter. Also doch kein Gewitter. »Wenn es so bleibt, gehen wir morgen wieder hinauf«, sagt Rudi.

Montag, 30. Juli ~ Die Flugwetterwarte hat Gewitter vorhergesagt, das Team ist deshalb nicht hinaufgegangen, probt in der Turnhalle. Am Abend schaue ich vom Balkon unserer Höttinger Wohnung ins Oberland, der Himmel ist schwarzgelb. Schwere Gewitter. Sie kommen zu uns. Um 22 Uhr fällt mir ein, dass man ja auf dem Gipfel anrufen kann. Es meldet sich nur eine Damenstimme vom Band: »Dieser Anschluss ist derzeit nicht erreichbar.«

Dienstag, 31. Juli ~ Ich rufe um 10 Uhr wieder am Gipfel an. Hansjörg Randl meldet sich. Ossi musste heruntergehen, weil er Flugrettungsdienst hat. Hansjörg wird die »Gemse von Tirol« genannt. Ein kleiner, zarter Mann. Läuft in 45 Minuten auf die Munde, in 20 wieder hinunter. Ich frage, wie es gestern Abend gewesen sei. »I bin im Kuchlcontainer g'sessen und hab beim Fenster aussig'schaut. Droben im Käfig über die Zelte hat ständig der Blitz eing'schlagen. Der Käfig hat g'leuchtet wia a Christbam. Hat wirklich toll ausg'schaut. Aber aufg'lupft hat's mi ordentlich im Container, des kannst ma glab'n. Tuscht hat des gewaltig!« Hansjörg meint noch, im Falle eines Gewitters werde man die Zuschauer wohl in die Container pferchen müssen, in den Zelten könnte nämlich leicht eine Panik ausbrechen. Der Käfig funktioniert allerdings tadellos, kein Zelt ist beschädigt.

Mittwoch, 1. August ~ Um 6 Uhr geht unser Team samt Anhang wieder auf die Munde. Ina Lautsch aus der Kostümwerkstatt geht mit. Sie hat sich freiwillig gemeldet, um unsere Leute zu betreuen und manchmal zu kochen. Bisher hat jeder für sich seine Wurstradeln abgeschnitten, nach ein paar Tagen ist das nicht mehr so lustig. Um 10 Uhr 30 ruft bei mir in Innsbruck das Büro Hawlicek an. Frau Minister, die zur Premiere kommen wollte, kann leider nicht kommen, weil sie sich den Fuß verstaucht hat. Ich muss lachen. »Nein, wirklich wahr!«, sagt die Dame vom Büro. »Sie hat eine Bandage!« Na gut, brauch ich am Premierentag nicht mehr heruntergehen; ich hätte sie nämlich hinaufbegleiten sollen. Ich informiere Silvia in Telfs. Sie hat gerade mit der Wetterwarte telefoniert. Heute Abend Gewitter, Donnerstag und Freitag wird es schön. Hoffentlich. Am Freitag ist Premiere.

Ich fahre mit Chryseldis und Anna um 16 Uhr nach Telfs, möchte mir eine Probe von »Stuka« anschauen. Anna und Chryseldis besuchen inzwischen unseren Schneider Walter in der Kostümwerkstatt in der Hauptschule. Anna hat einen Nachdruck alter Puppenkleiderschnitte geschenkt bekommen. Walter soll den Schnitt vergrößern, denn er ist für Puppen mit 29 cm Größe, Paulinchen aber – die Puppe von Anna – ist 60 cm groß. Um 20 Uhr 45 fahren wir von Telfs nach Innsbruck zurück. Auf der rechten Talseite ist ein arges Gewitter, das nun die Autobahn erreicht. Ich schaue zur Munde hinauf. Der Westgipfel ist hinter Wolken verschwunden, der einzige freie Fleck ist über dem Ostgipfel, wo gerade unsere Leute proben, wie ich vermute.

Später erzählen mir Stefan und Moritz (der für Max Keller alles fotografiert), dass oben tatsächlich kein Gewitter war, aber dafür ein derartiger Nebel, dass sich die Schauspieler bei der Probe auf drei Meter Entfernung nicht mehr sahen. Als es dunkler wurde und die Scheinwerfer stärker ins Spiel kamen, wirkten sie wie aufgeblendete Autoscheinwerfer im Nebel. Man sah überhaupt nichts mehr. Dieses Nichts sah aber toll aus. Tobias und Veronika erzählen, dass sie sich im Nebel auf dem Weg zu den Containern verirrten und auf den Abgrund zugingen. Erst als sie zufällig zurückblickten, sahen sie schemenhaft einen der Container. Um 22 Uhr höre ich daheim den Wetterbericht. Es bleibt schön, die Luft wird trockener, daher weniger Gewitter. Um 24 Uhr trete ich auf den Balkon hinaus und schaue gegen den Himmel. Es tut auf, die Sterne blinken. Ich juble.

Donnerstag, 2. August ~ Um 8 Uhr bin ich mit Sepp Dreissinger und der ORF-Reporterin Yvonne Schrott beim Munde-Lift in Leutasch verabredet. Um 7 Uhr trete ich wieder auf den Balkon und schaue, wie das Wetter ist. Starker Nebel. Aber es wird schön. Wie immer trödle ich herum und rase dann über Buchen nach Leutasch. Sepp und Yvonne warten schon. Wir fahren mit dem Lift hinauf, der wegen uns heute früher in Betrieb gesetzt wird. Der Liftwart ist unser Schafhirte, der mich letzte Woche aufgeweckt hat. Um 8 Uhr 45 gehen wir von der Rauth-Hütte los. In den Latschen oben wird es wieder fürchterlich heiß. Zu Mittag kommen wir an, es läuft gerade eine Probe. Immer noch zu schnell, der Schluss immer noch nicht gut. Aber spielen tun sie wirklich hervorragend. Um 15 Uhr kocht Tobias Spaghetti. Ossi mit seiner Nadja ist auch wieder da. Stoani füllt die Requisitenbierdosen mit Apfelsaft, versiegelt die Dosen dann wieder.

Ein Hubschrauber mit einem Filmteam kommt. Ein Österreich-Film wird gedreht, der »Jedermann« in Salzburg kommt vor, eine Wallfahrt, und wir auch. Sie filmen uns gleich beim Spaghettiessen. Die schmecken wirklich gut, auch der Salat, Tobias ist ein italophiler Meisterkoch. Die Sonne scheint, wir sitzen vor dem Küchencontainer am Tisch, wunderschön ist es. Und dann mache ich eine Runde um das ganze Gipfelplateau. Das habe ich mir so angewöhnt. Immer wieder muss ich diesen Gipfel abgehen. Ibrahim spielt mit Ina sein Lieblingsspiel Tabla; später mit einem Mann vom Filmteam. Ein wunderschöner Abend kommt. Tobias hat sich eine »Fußballer«-Frisur für seine Rolle schneiden lassen. Vorne etwas struppig, hinten lang. Er will sich vor der Generalprobe richtig frisieren, aber es ist weder Bürste noch Spiegel da. Ibrahim hat beides. Ibrahim hat alles. Ina ruft Silvia im Büro an, jemand soll morgen Spiegel, Bürste und einen Fön bringen. Silvia erzählt vom ungeheuren Andrang. Alle wollen auf die Munde, möglichst zur Premiere. Aber mehr als 75 Leute haben nicht Platz in den Zelten. Die Einheimischen kündigen uns an, dass Scharen von Besuchern ohne Karten kommen werden. Man kann ja den Gipfel niemandem verbieten. Er gehört allen. Und keinem. Wir werden sehen.

20 Uhr 40 Generalprobe. Einige Bergrettungsleute aus Telfs und Leutasch sind als Zuschauer gekommen. Ein hervorragendes Publikum. Über dem »Bühnenbild« der Mond. Gute Probe, Tobias jetzt wirklich hervorragend, die Aufführung immer noch zu schnell. Um 22 Uhr ist es noch relativ mild. Die Bergrettungsleute sagen,

Die Vorstellung beginnt bei Tageslicht, am Ende des Stücks ist Nacht.

so warm war es da heroben noch selten. Um diese Zeit hat es sonst schon Minustemperaturen. Später wird im ORF-Container wieder gewattet. Ich schaue zu, bekomme plötzlich auch wieder Lust zu spielen. Seit vielen Jahren habe ich es nicht mehr getan. (Eine Woche später beginne ich dann tatsächlich wieder zu watten und zu jassen, daheim in Innsbruck, mit der Familie, mit Raffael, unserem kleinen Besucher aus Wien, und mit Thomas, dem Sohn unseres Hausherrn.) So um 2 Uhr gehen wir zu Bett, ich schlafe im Zelt Nr. 13. Auch die Filmleute suchen sich Zelte aus. Noch ist ja genug Platz. Lange kann ich nicht einschlafen. Der Gipfel regt mich auf.

Freitag, 3. August ~ Bei Sonnenaufgang, kurz vor 6 Uhr, weckt mich Tobias. Wir haben ausgemacht, auf den Westgipfel zu gehen. Ich krieche aus dem Zelt. Ein Wahnsinnsmorgen. So schön! So schön! Ich esse einen Apfel, will mir das Gesicht mit Schnee waschen, aber er ist gefroren. Also verschwende ich ein wenig Wasser aus dem Kanister. Wir gehen los, Pico läuft voraus, immer der roten Markierung nach. Kluger Hund. In einer halben Stunde sind wir drüben. Nur der oben war, kann beschreiben, wie schön es ist. Im Inntal unten liegt Nebel, in Telfs ist alles noch ruhig. Wir sitzen beim Gipfelkreuz, Tobias hat seinen Walkman um, hört Musik. Ich schaue ihn an und er setzt mir den Kopfhörer auf. Mozart, Konzert für Fagott und Orchester in B-Dur. Schön. »Es ist merkwürdig«, sagt Tobias. »Mozart passt immer. Zu jeder Stimmung. Zu jeder Tätigkeit. Sogar für jede Art von Bewegung, die man macht. Wenn man läuft, wenn man geht, wenn man sich gar nicht bewegt.« Wir tragen uns ins Gipfelbuch ein. »Heute Uraufführung Munde«, schreibe ich. »Der schönste Tag des Sommers. Der Berg mag uns.«

Soweit das Tagebuch, zumindest sein erster Teil. Das ganze abzudrucken (wie im Buch »Munde. Das Stück auf dem Gipfel. Mit Photos von Sepp Dreissinger«, Haymon 1990), würde – so wichtig das Ereignis war – den Rahmen einer Autobiographie sprengen. Den zweiten Teil erzähle ich kurz zusammengefasst:

Der Andrang zu den Vorstellungen war ein geradezu unglaublicher, obwohl sich die Zuschauer drei Stunden lang eine steinige und steile Bergflanke hinaufquälen mussten und nach der Aufführung zu fünft in Zelten übernachten mussten. Bei Gewittergefahr sagten wir die Vorstellung natürlich frühzeitig ab, trotzdem kam es zweimal zu gefährlichen Situationen, weil wider allen Wettervorhersagen (wir hielten ständig mit dem Flugwetterdienst Kontakt) ein Gewitter die Zuschauer beim Aufstieg überraschte. Ganz schlimm war es bei der vorletzten Vorstellung. Ich bin daheim und sehe vom Balkon aus die schwarzen Wolken im Oberland. Und setze mich wieder einmal sinnlos ins Auto, fahre nach Pfaffenhofen, steige aus und schaue zur Munde. Blitze, Donner; Regenschwaden gehen auf die Mundeflanke nieder, dort wo eben die Zuschauer hinaufgehen. Entsetzlich. Ich beginne alle Nothelfer anzurufen. Gelobe eine Wallfahrt, wenn alles gut ausgeht. Beschimpfe mich wegen meiner blöden Idee. Warum hat mich niemand gestoppt? Der reine Größenwahnsinn ist das doch! Es beginnt auch bei mir zu regnen, in ein paar Sekunden bin ich waschelnass. Ich steige ins Auto, fahre zu einer Telefonzelle in Pfaffenhofen, rufe Silvia im Büro an. Sie sagt mir, Tobias und Winfried seien hinuntergelaufen, um den Zuschauern die Rucksäcke abzunehmen und sie anzutreiben. Ich fahre ins Büro. Dann endlich der Anruf vom Gipfel. Alle wohlbehalten angekommen unter dem Blitzschutzkäfig. Einmal fanden wir am nächsten Morgen beim Abstieg zwölf tote Schafe; ein Blitz hatte sie erschlagen. Mir wurde fast schlecht dabei. Wenn abends ein Gewitter kam und das Publikum war schon oben, spielten wir dafür am Morgen, gleich nach dem Sonnenaufgang. Dadurch erhielten die Zuschauer für ihr Geld gleich zwei Schauspiele – unseres und das Naturschauspiel.

Nachdem der Sommer vorüber war, hatte ich wirklich sämtliche Sünden abgebüßt. Mir war bewusst, dass ich verantwortungslos gehandelt hatte. Und die Hubschrauberflüge lagen mir schwer im Magen. Wie naiv war ich doch gewesen! Mehr Glück als Verstand hatte das Unternehmen begleitet, das muss man wirklich sagen. Nichts war passiert, absolut nichts. Ringsum kugelten die Touristen von den Bergen herab, verirrten sich, wurden vom Blitz erschlagen, jedoch bei uns auf der Munde – kein einziges Unglück, nicht einmal ein verstauchter Knöchel. Fast ein Wunder. Vergessen werden wir alle diesen Sommer nie. Nicht das Team, nicht die Zuschauer, Der schweißtreibende Aufstieg, das Erlebnis des Stücks, das Sitzen und Reden nachher am Lagerfeuer, das Betrachten des Sternenhimmels, die unglaubliche Ruhe, das Schlafen mit unbekannten Menschen im Zelt – und dann der Sonnenaufgang, und wieder der Abstieg, nicht zu vergessen das wunderbare Frühstück auf der Rauthhütte, das alles wird für immer im Gedächtnis bleiben. Und nie mehr werde ich einen so verrückten Vorschlag machen. (Zwei Jahre später veranstaltete ich schon wieder etwas Ähnliches, ich werde davon berichten.)

Die Fernsehaufzeichnung erschien mir dann übrigens ziemlich unbefriedigend. Das lag daran, dass die umliegenden Berge alle im Dunst lagen und kaum zu sehen waren. Genauso hätte man die Aufführung im Studio machen können, manchmal sah sie genau danach aus. Allerdings entschädigte mich, dass Zoltán auch den Aufstieg der Zuschauer, die Zelte und das ganze Drumherum, auch den Abstieg am Morgen, großartig aufgenommen hatte, sodass wirklich das Gesamtkunstwerk, das ich beabsichtigte, zur Geltung kam.

Was die Aufführung am Berggipfel selbst betraf, stellte sich heraus, dass das Stück an sich zu wenig zur Geltung kam. Zu übermächtig war die Konkurrenz der Natur (manche schauten lieber dem prächtigen Sonnenuntergang zu als den Schauspielern), zu große Probleme gab es auch mit der Akustik, zu viel musste gestrichen werden,

Über dem »Bühnenbild« der Mond

weil die Zuschauer mehr als 70 Minuten in dieser Kälte nicht aushielten, und viel zu ausgesetzt mussten die Darsteller agieren; all die intimen, leisen Stellen gingen regelrecht verloren.

Das Stück wurde dann erstaunlich oft nachgespielt, bis heute, zuerst aber ausschließlich von Profitheatern. Ingolstadt ließ es sich nicht nehmen, am Dach des Theaters zu spielen, man baute extra eine lange Holztreppe hinauf und sicherte mit Geländern das Dach. Rudi Ladurner inszenierte »Munde« ein zweites Mal, und zwar im Klagenfurter Stadttheater, sogar mit echtem »kaltem« Feuer, was mich sehr erstaunte. Und natürlich waren fast alle Inszenierungen in Theaterräumen besser, weil man eben von der Natur nicht abgelenkt war. Gegen einen echten Sonnenuntergang, gegen Schneehühner und Schafe anzuspielen ist wirklich nicht leicht. Später dann gab es viele Freilichtaufführungen von Amateurgruppen, auch eine von Profis im Waldviertel (Hoftheater), die grandios war.

2016 sah ich eine Aufführung am Wilden Kaiser. Es war die letzte Vorstellung und man konnte mit einem Sessellift hinauffahren. Als Agnes (von ihr wird später ausführlich berichtet) und ich bei der Talstation eintrafen, begann gerade ein heftiger Gewitterregen, und wir flüchteten uns ins Gasthaus. Dort warteten schon die anderen Besucher, die Regisseurinnen Babsi Gröters und Elisabeth Mader, die Darsteller Markus Mader, Bianca Gröters, Klaus Schneider, Oliver Schmidt und Reinhard Exenberger, der den Meister Willi spielte. Reinhard hatte schon ein paarmal in Stücken von mir gespielt, zum Beispiel auch in Niederndorf in einer hervorragenden Aufführung von »Die Wilde Frau«, die Pepi Pittl inszenierte. Alle paar Minuten schaute Reinhard beim Fenster hinaus und sagte: »Des is schnell vorbei, in Bayern werds scho heller!« Das sagte er ungefähr eine Stunde lang immer wieder. Keiner glaubte ihm. Schließlich führte er uns zum Sessellift und sagte: »Mir fahrn jetzt aufi, in Bayern werds eh scho hell.« Also fuhren wir alle hinauf. Es regnete immer noch in Strömen. Der Lift war alt und langsam, wir brauchten 40 Minuten. Und es regnete weiter, hin und wieder war auch ein Blitz am Himmel zu sehen und es donnerte ziemlich nahe. Agnes war nicht gerade gut gelaunt, beide hatten wir keine wasserdichten Jacken. Oben dann gingen wir zehn Minuten zum Spielplatz, einem Hügel mit Gipfelkreuz und darunter aufgestellten Bänken. Wir befanden uns auf 1.270 Metern Seehöhe.

Eine grandiose Aussicht auf den Wilden Kaiser war uns versprochen worden, aber leider gab es die nicht, Wolken und dichter Nebel verdeckten das beliebte Gebirge. Es regnete immer mehr. Wir nahmen alle Platz, Regenkapuzen wurden fester angezogen, Schirme aufgespannt. Tolle Vorstellung, vom Dialog wegen des prasselnden Regens kaum was zu hören. Die Darsteller hielten eisern durch, der Regen lief ihnen oben ins Hemd, schließlich unten wieder heraus. Opferseelen. Das ist Freilichttheater! Nachher wieder schnell zum Sessellift, im strömenden Regen. Das Gasthaus dampfte dann von uns, dass man kaum mehr etwas sah. Ich weiß, liebe Schauspieler, ihr habt für mich gespielt, ihr habt wegen mir nicht abgesagt, deshalb will ich nicht undankbar sein. Einer, der am Gipfel eines hohen Berges, auf 2.592 Metern Höhe, die Uraufführung der »Munde« gewagt hat, darf auf 1.270 Metern nicht zimperlich und undankbar sein, oder gar daran denken, dass einen der tapferen Besucher der Blitz erschlagen könnte.

»Ein Jedermann«, 1991

Als mich Otto Schenk im Herbst 1987 fragte, ob ich für ihn – das Wiener Theater in der Josefstadt – die alte geistliche Moralität »Everyman« neu und im heutigen Gewande schreiben würde (letzter Bearbeiter war 1911 Hugo von Hofmannsthal mit seinem »Jedermann – Das Spiel vom Sterben des reichen Mannes«), stimmte ich sofort begeistert zu, tat es aber erst zwei Jahre später. Die Begeisterung rührte daher, dass ich so ein Unternehmen sehr spannend fand, das nachfolgende ständige Hinausschieben hatte seinen Grund darin, dass ich mich bei näherer Befassung zu fürchten begann. Wie denn heute einen Aufruf zur Umkehr verfassen, ein »moralisierendes« Stück schreiben, ohne den Zuschauern auf die Nerven zu gehen? Zu Recht lieben wir nicht mehr die Belehrung, den Zeigefinger; schon gar nicht den katholischen. (Obwohl wir doch eine Umkehr bitter notwendig haben.) So nahe wie möglich am alten Stoff wollte ich bleiben, mich nicht davor drücken. Aber wie heutzutage »Gott« auftreten lassen? Was tun mit Tod und Teufel, mit Mammon, Werken, Glaube?

Als ich endlich begann (ständige Anrufe von der Josefstadt: »Wo bleibt es denn, das Stück?«), nahm ich mir vor, genau am Hofmannsthal'schen Jedermann entlangzuschreiben, einschließlich sämtlicher seiner Figuren (ausgenommen Gott, vor dem hatte ich einen Spundus) und ebenfalls in Reimen. Glücklos war der Beginn, sogleich wurde es eine Parodie; ich schmiss es weg, so einfach konnte ich es mir nicht machen.

Der Neubeginn fand mit Menschen statt, nicht mit Allegorien, denn Allegorien berühren uns nicht mehr. (Auch nicht in Salzburg; der volle Domplatz hat andere Gründe.) Im alten Jedermann sind selbst die Menschen Allegorien, bei mir sind auch die Allegorien Menschen. Und so konnte ich mich schließlich auch an »Gott« wagen, an Jesus (ohnehin Mensch) und an den »Geist«. (Auch die griechischen Götter durften sich höchst menschlich verhalten.) Gott als Vater, der seinen Generationskonflikt mit dem Sohn auszufechten hat. Der Geist, dem der Körper – die Nabelschnur – fehlt und der darum kein Verständnis für die Menschen hat. Überhaupt – die »Dreifaltigkeit« als Trennungsgeschichte. Gott Vater die Seele (das »Über-Ich«), Gott Sohn der Körper (»Bauch«), Gott Heiliger Geist der Geist (»Vernunft«?). Dass wir trennen, was eins war, hat uns übelgetan.

Und schließlich Jedermann, der wie im alten Spiel ein »Reicher« (Konzernchef) ist (weil einer, der Macht hat, mehr Verantwortung trägt), und dennoch natürlich jedermann. Mein allererster Vorsatz war, ihn zur Hölle zu schicken, nicht wie im alten Spiel davonkommen zu lassen, wo ein bissl Bereuen schnurstracks in den Himmel, ins Paradies führt, wo das Kamel derart leicht durchs Nadelöhr geht. Aber wie's halt immer ist, das Stück beginnt sich mit einem Male selbst zu schreiben, aus Figuren werden wirkliche Menschen, die Eigenleben gewinnen. Auch mein Jedermann kommt schließlich zur »Einsicht« an diesem langen Tag, dem letzten seines Lebens. Und weil in diesem Falle ich selbst, ich, der Autor, Gott und Richter bin, habe auch ich den Jedermann nicht endgültig verdammt, denn wie käme ich dazu, dann müsste ich alle Menschen verdammen, einschließlich meiner selbst.

Die Uraufführung war am 10. Jänner 1991 in der Josefstadt, Regie führte auf großartige Weise Erwin Steinhauer, das erstaunliche Bühnenbild stammte von Heinz Hauser, die Musik von meinem Freund Werner Pirchner. Die Besetzung war hochkarätig. Helmuth Lohner (gest. 2015) spielte den Jedermann (zu dieser Zeit auch Jedermann in Salzburg), seine Mutter Vilma Degischer, die Ehefrau Mercedes Echerer, die Buhlschaft (Chefsekretärin) Jutta Speidel; Eugen Stark war als Guter Gesell (Bundeskanzler) zu sehen, als Schuldknecht (Unternehmer) Fritz Holzer, als Teufel (Troubleshooter) Bernhard Schir, der sanfte, müde Tod (Bürodiener) wurde von meinem geliebten Hannes Thanheiser dargestellt, der Arme Nachbar (Unternehmer) von Albert Rueprecht.

Das Vorspiel im Himmel geriet mir zu ausufernd, was eine radikale Kürzung erforderte, mir später aber mit »Krach im Hause Gott« einen erfolgreichen »Spin-off« bescheren sollte. Kurt Heintel spielte Gott Vater, Elsayed Kandil Gott Sohn und André Pohl den Heiligen Geist.

Eine bedeutende Aufführung, verstärkt durch das Wissen der Zuschauer, dass gerade der 1. Golfkrieg zwischen Irak und Iran stattfand, der – wie immer – allen Waffenlieferanten (auch unserem Jedermann) einen schönen Profit einbrachte. Die Kritiken aber waren verheerend, zwei Tage später sollten im Bayerischen Staatsschauspiel die Proben zur deutschen Erstaufführung beginnen, Michael Degen den Jedermann spielen, aber die Schauspieler knallten dem Intendanten die Wiener Kritiken auf den Tisch und weigerten sich, an so einem miserablen Stück mitzuwirken. Somit war diese Aufführung gestorben.

Das Publikum in Wien entschied anders als die Kritiker. Wie immer setzte die Mundpropaganda ein, was dazu führte, dass es schließlich 70 ausverkaufte Vorstellungen gab. Ko-Direktor (neben Otto Schenk) war zu der Zeit Robert Jungbluth, und dieser rief mich alle zwei Wochen an, um mir mitzuteilen, wieviel ich schon wieder an Tantiemen verdient hätte. Es war tatsächlich sensationell. (Dazu muss festgehalten werden, dass der Autor der einzige am Theater ist, dessen Einnahmen vom Publikumszustrom abhängen, alle anderen haben natürlich ihre Fixgagen. Meine Einnahmen waren immer gut, vielen Dank dem Publikum.)

Das Stück wurde trotz der schlechten Kritiken (die nicht ganz unberechtigt waren; wage sich einer an diesen alten Stoff!) immer wieder nachgespielt, als beste Aufführung ist mir eine in Schwaz/Tirol in Erinnerung, wo vor der Pfarrkirche (ein wahrer Dom, wir sind in der Silberstadt!) gespielt wurde, Regie Markus Plattner. Elmar Drexel war ein unglaublicher Gewerkschaftspräsident (Werke), und der Bundeskanzler (Guter Gesell) kam in einem alten, schwarzen Mercedes, dem Betreiber des Schwazer Bordells gehörend, der ihn auch chauffierte. Die Premierenfeier fand dann ebenfalls in diesem Bordell statt, das sich im Gewerbepark befand. Ein bayerischer Bauernbursch stand neben mir und sagte andauernd: »I mog die Weiber so gern, mogst du sie a so gern?« Und eine der Damen fragte mich: »Chef sagt immer, ich hab brutales Gesicht, hab ich wirklich brutales Gesicht?« Was ich natürlich verneinte, sie wirkte nur etwas verbittert, was man verstehen kann. Es wurde eine lange Nacht, das Angebot des Chefs, mit einer seiner Damen zu verschwinden, nahmen wir nicht an. Der Betreiber und seine Gattin beklagten sich, dass sie von den Schwazer Bürgern gemieden würden, aber der Besuch von auswärts, besonders von Bayern, sei sehr gut. Als in Schwaz noch Silber gefördert wurde und um 1525 an die 20.000 Knappen in der Stadt waren, gab es diese Ressentiments gegenüber den Prostituierten noch nicht.

»Die Wildnis« für die Leinwand

Im Winter 1991/92 drehte Werner Masten im Auftrag der Nova-Film Berlin (Otto Meissner) einen Kinofilm in einem sehr ursprünglichen Dorf in den Schweizer Alpen, eine Art von Thriller, in dem es um die inzestuöse Liebe von Geschwistern ging, was furchtbare Folgen zeitigt. Die Kamera führte exzellent der berühmte Piotr Sobociński, die Besetzung bestand aus deutschen und französischen Schauspielern. Jürgen Prochnow (»Das Boot«) spielte mit coolem Understatement den Polizisten aus der Stadt, unsere Anna (mit 12) seine Tochter. Jürgen Holtz und Wolf-Dietrich Sprenger (der später ein Stück von mir in Wien inszenieren sollte) waren großartig. Trotzdem kommt mir der Film vollkommen misslungen vor, was bestimmt an meinem Drehbuch lag. Das tat mir nicht nur wegen Anna leid, sondern auch wegen der stolzen Axamer »Wampelerreiter«, die da nur deshalb mitwirkten, weil ich sie so dringlich darum bat, bei jedem anderen hätten sie sich wohl geweigert, diesen alten, sehr archaischen und wilden Tiroler Fasnachtsbrauch auswärts aufzuführen. Entschuldigt bitte, Axamer.

Der Tod meiner Adoptivmutter

Im Februar 1992 starb meine Adoptivmutter Juliane Mitterer ganz plötzlich an einem Herzinfarkt. Das überraschte mich, denn trotz ihrer lebenslangen Krankheiten (oder gerade deswegen) hatte ich immer erwartet, dass sie ein hohes Alter erreichen würde. Zäh wie eine Katze war sie mir immer vorgekommen, mit sieben Leben. Sie wurde neben meinem Dati beerdigt und bekam ein würdiges Begräbnis, so schön, wie es in einer Großstadt für einen Menschen aus ihrer Klasse nicht vorstellbar wäre. Viele Dorfbewohner gaben ihr das letzte Geleit, die Musikkapelle spielte auf, einer der Musikanten war mein Pflegebruder Sebastian, Wastl genannt.

In den letzten Jahren hatte ich Mutter und Adoptivmutter mehrmals zusammengebracht, und sie waren wieder Freundinnen, wie früher. Ich besuchte nun meine leibliche Mutter Adelheid immer öfter. Sie war immer noch eine wunderschöne Frau, ich konnte verstehen, dass die Männer sie begehrt hatten. Und im Gegensatz zu meiner Adoptivmutter war sie ein Mensch vollkommen ohne Aggressionen, ohne Zorn, ohne Neid, ohne Verbitterung. Immer

Felix Mitterers leibliche Mutter Adelheid Lamprecht (links) und die Adoptivmutter Juliane Mitterer, 1989

noch voll Freude an der Welt, immer noch ein junges Mädchen, auch mit Männern flirtend. Sie starb mit 92 Jahren am 23. April 2003. Ich konnte leider nicht weg aus Irland, so ging Chryseldis – die ohnehin in Tirol war – an meiner Stelle zum Begräbnis und verlas einen Abschiedsbrief von mir.

Um ihre Kriegerwitwenpension nicht zu verlieren, hatte Adelheid ihren Lebensgefährten nicht geheiratetet und den Namen ihres 1945 verstorbenen Ehemannes Lamprecht behalten. Ihre Kinder trugen – wie ich bis zur Adoption – ihren ledigen Namen Marksteiner. Meine Halbgeschwister hatte ich inzwischen alle kennengelernt, zwei davon auf eher merkwürdige Weise. Nach einer literarischen Preisverleihung in Wörgl – ich war in der Jury – stellte mir der Kulturreferent öffentlich einen Bruder namens Hans-Peter Marksteiner vor, was sich der gewünscht hatte, allerdings nicht vor Publikum. Wir stellten fest, dass wir einander ähnlich sahen, die Mutter schlug bei beiden durch. Ein andermal besuchte ich nach einer Lesung ein Gasthaus in Schwaz, und die Kellnerin, die uns bediente, gefiel mir ausnehmend gut. Nachdem sie mich ein paarmal angelächelt hatte, fragte ich sie, ob wir uns kennen, worauf sie antwortete, sie mich schon, sie habe mich in der Zeitung gesehen, sie sei meine Schwester Agnes.

Neuerlicher Umzug 1992

Unserer Tochter Anna besuchte seit 1990 die Mittelschule der Barmherzigen Schwestern im Innsbrucker Stadtteil Saggen; eine reine Mädchenschule. Dies kam daher, dass Anna in keine gemischte Schule gehen wollte, denn die Buben in ihrem Alter waren ihr zu fremd und zu rüde, jedenfalls die in Hötting. Chryseldis und ich bedauerten das, aber wir gaben nach. Anna war ein ungewöhnliches Mädchen. Seit dem sechsten Lebensjahr trug sie nur Kleider oder Röcke, immer auch einen Hut, wir brachten sie in keine Hose hinein. Selbst Schifahren wäre sie am liebsten mit einem langen Rock gegangen (wie die Damen der Jahrhundertwende), das ließen wir dann allerdings doch nicht zu. In Hötting waren viele Arbeiter- und Bauernbuben gewesen, natürlich hatten die Anna in ihrem seltsamen Aufzug ausgelacht. Sie erwartete, das das in der Mädchenschule besser würde, aber da sollte sie sich getäuscht haben. Auch dort wurde sie ausgelacht, bis ich einmal in die Klasse ging und mit den Mädchen ganz freundlich redete. Wir sprachen einfach über »Außenseiter« und wie schnell das jemand wird, das beginnt schon mit einer anderen Kleidung, die nicht der gerade vorherrschenden Mode entspricht. Es wurde gleich viel besser. Als Anna aber eines Tages mit einem tiefroten Barett auftauchte, mussten doch wieder ein paar kichern. Glücklicherweise kamen bald danach solche Barette in Mode, und auf einmal trugen sie alle so eine Kopfbedeckung. Anna schaute sie nur an, nahm ihr Barett ab und trug es nie mehr wieder. Aber die Kolleginnen hatten dadurch etwas gelernt und lachten Anna nie mehr aus. Außerdem inszenierte sie selbstgeschriebene, lustige Theaterstücke mit ihnen, das machte Spaß und brachte Anna Anerkennung.

Jeden Tag musste ich nun allerdings Anna mit dem Auto in die Schule bringen, weil es keinen Bus gab und der Fußweg zu weit war. Da dies ziemlich umständlich war und Chryseldis außerdem unter starken Rückenschmerzen litt, was das Gehen in den steilen Gassen von Hötting sehr beschwerlich für sie machte, übersiedelten wir 1992 in den Saggen und mieteten dort in der Elisabethstraße 12, nur fünf Minuten Fußweg von Annas Schule entfernt, eine große Wohnung. Gleich gegenüber lagen das Lebensmittelgeschäft »Hörtnagl«, und auch zwei hervorragende Bäckereien und eine Apotheke waren in der Nähe, was uns das Leben sehr vereinfachte. Anna war nun zwölf Jahre alt, hatte von beiden Elternteilen die jeweilige Begabung geerbt oder gelernt, wollte aber unbedingt Opernsängerin werden, was uns Eltern etwas fremd war. Die Wohnung entwickelte sich zu einem Treffpunkt ihrer Schulkolleginnen, die heute noch von den improvisierten Theateraufführungen und Faschingsfesten erzählen, die Anna dort veranstaltete.

»Das wunderbare Schicksal« des Hoftyrolers Peter Prosch

Am 20. Juli 1744 wird im Dorf Ried im Zillertal ein Bauernbub namens Koppen-Peterl geboren, der – frühzeitig verwaist und in großer Not – im Alter von zwölf Jahren träumt, die Kaiserin Maria Theresia habe ihm ein Branntweinhäusl bauen lassen und einen Hut voll Geld geschenkt. Also fährt der Bauernbub auf Inn und Donau nach Wien, wird tatsächlich zur Kaiserin vorgelassen (weil er den kranken Pudel einer Gräfin mit seinem Steinöl heilt), erzählt ihr seinen Traum und erhält das Erträumte. Von nun an geht es wirtschaftlich aufwärts, aber mit dem Menschen Peterl bergab. Er hat bemerkt, dass der Adel Gefallen findet an dem »urwüchsigen Tyroler Naturkind«, und so beginnt er, sich zum Narren zu machen. Jahrzehntelang zieht er als Handschuhmacher und Steinölvertreter von einem deutschen Adelshof zum anderen, lässt sich auf die unglaublichste Weise traktieren, avanciert zum weitum bekannten »Hoftyroler«, wahrscheinlich zum letzten Hofnarren, den die Geschichte kennt. Am Ende ist er ein relativ wohlhabender Mann, aber bezahlt hat er dafür mit seiner Menschenwürde und einer gespaltenen Identität. Draußen in den deutschen Fürstentümern spielt er den Deppen, daheim im Zillertal den erfolgreichen und weltgewandten Wanderhändler.

1789 – im Jahr der Französischen Revolution – erscheint seine, wahrscheinlich mit Hilfe eines Ghostwriters verfasste Autobiographie »Leben und Ereignisse des Peter Prosch« in einem Münchner Verlag. Um keine Schwierigkeiten zu bekommen und den Absatz des Buches nicht zu gefährden, enthält es keine offensichtliche Kritik an den Verhältnissen. Das Buch wird daher von denen, die Peter Prosch traktierten, mit Begeisterung gelesen, gerät zu einer Art frühem Bestseller. 1964 erscheint im Münchner Kösel-Verlag ein Nachdruck, den ich lese, und seitdem geht mir der Peter Prosch nicht mehr aus dem Kopf. Er repräsentiert für mich auch den ersten Fremdenverkehrstiroler. Der Topograf Johann Staffler beschreibt 1842 sehr gut diesen bis heute zutreffenden Umstand: *»Diese Verschmitztheit gibt sich insbesondere bei vielen wandernden Zillertalern in der angewöhnten Manier kund, sobald sie das Ausland betreten, einen jeden, ohne Rücksicht auf Stand und Rang, mit ›Du‹ anzusprechen, und sich als rohe, ganz ungebildete Natursöhne zu verstellen. Dabei* *beabsichtigen diese Leute, durch allerlei lustige Schwänke und Späße oft sehr derber Art, die Aufmerksamkeit an sich zu ziehen, und somit ihr Handelsinteresse zu fördern. Allein diese Sitte gereicht sowohl dem Zillertaler als auch seinem Vaterland nur zum Nachteile.«*

Diente im früheren 18. Jahrhundert diese Verstellung nur als Verkaufswerbung für das jeweilige Handelsprodukt, so kamen dann später die echten Profis, die Tiroler Sängergesellschaften, die sich ausschließlich mit ihrem »Tirolertum« ihr Geld verdienten. Heinrich Heine hörte so eine Gesellschaft in London und meinte: *»Ich habe nicht mitklatschen können.«* Goethe zog sich eleganter aus der Affäre, als ihn einer der Sänger fragte, wie es ihm gefallen habe: *»Da musst du besser Zeisig und Sperling fragen!«* Man kann feststellen, dass sich bis heute daran nichts geändert hat, außer dass neben der »volkstümlichen« Musik das Handelsprodukt nun auch unsere Landschaft ist, die auf diese Weise verkauft wird.

Nach 200 Jahren hatte ich also 1991 aus der Autobiographie des Peter Prosch ein Theaterstück für Telfs gemacht, das nicht anders als bitterbös-komisch werden konnte und nicht nur von uns Fremdenverkehrstirolern handelt, sondern von jedem, der sich mit Haut und Haar verkauft, der eine Rolle spielt, um in der Gesellschaft aufsteigen zu können. Eine Figur kommt in meinem Stück vor, die in Proschs Buch so nicht auftaucht. Es ist eine Tiroler Wanderhändlerin, die in Wahrheit als Wanderprostituierte lebt. Gefunden habe ich diese Figur in einem anderen Buch mit dem Titel »Merkwürdiges Leben einer sehr schönen und weit und breit gereisten Tyrolerin«, erschienen 1744 in Frankfurt und Leipzig. Nach der Lektüre der beiden Bücher entsteht übrigens der merkwürdige Eindruck, dass damals in der gebildeten Welt der »Tyroler« als Synonym galt für einen lustigen Narren, und die »Tyrolerin« als Synonym für die wandernde Prostituierte. Letzteres Image dürfte abgebaut sein, ersteres noch nicht ganz.

Am 13. August 1992 fand die Uraufführung des Stücks in einer leerstehenden und auf ihren Abbruch wartenden Fabrikshalle in Telfs statt. Die Regisseurin Ruth Drexel hatte ich damit vor eine große, eigentlich untragbare Aufgabe gestellt. Denn das Stück besteht aus 69 (!) Bildern, war also eigentlich kein Theaterstück, sondern ein Drehbuch. Außerdem gab es 36 Rollen und zahlreiche Statisten. Aber es gab nichts, was Ruth nicht meistern konnte, so meisterte sie auch dieses »Unding« auf bravouröse Weise und fuhr damit einen großen Erfolg ein. Die Musik stammte natürlich wieder von Werner Pirchner, Karl-Heinz Steck baute eine Bühne entlang der ganzen Fabrikshalle, mit verschieden angeordneten Podien, die sich hydraulisch senkten und hoben, mit Stegen hoch oben an der Decke, zu denen Treppen führten. Zwinki Jeannée machte die Kostüme, jene der bäuerlichen Welt aus grobem Leinen und Loden, jene der höfischen Welt aber aus Papier, was unglaublich teuer aussah, aber wenig kostete. Peter Prosch erlebte man als Kind, als jungen und als älteren Mann, dargestellt vom Buben Stefan Wirtenberger, von Lorenz Gutmann, zuletzt von Hans Brenner. Martin Sperr spielte einen Fürstbischof, Bettina Redlich die »Tyrolerin«, Ruth und Hansls Tochter Cilli die französische Königin Marie-Antoinette, denn sogar nach Paris war Peter Prosch gekommen. Eine unglaubliche Aufführung, eine dramatische Moritat eigentlich, natürlich nie mehr nachgespielt, so einen Wahnsinn tat sich niemand an. Aber das hatte ich auch nicht erwartet. Allerdings nahm Ruth die Aufführung in ihr Münchner Volkstheater mit, und auch die Münchner kamen fleißig. Was kann man sich mehr wünschen?

Theater im Bergwerk

Im Jahr 1990, nach den zwei nervenaufreibenden Projekten in Rumänien und am Berggipfel in Telfs, fuhr ich ins steirische Salzkammergut nach Altaussee (wo das Wort »Sommerfrische« noch tatsächlich zutrifft), um die Regisseurin Karin Brandauer zu treffen, die beim Zweiteiler »Verkaufte Heimat« (Südtiroler Familiensaga 1938 bis 1945) Regie geführt hatte. Nun sollte als Fortsetzung ein weiterer Zweiteiler folgen, der das Schicksal der Südtiroler von 1958 bis 1968 zum Thema hatte.

Am Abend stieß Karins Mann Klaus Maria Brandauer zu uns, und da war's vorbei mit Südtirol, denn Klaus (geboren in Altaussee) hatte gerade im Wirtshaus den Ausseern erfolgreich eingeredet, man sollte im Salzberg ein Theaterstück spielen, den Autor habe er übrigens auch schon zur Hand. Meine vorsichtige Frage nach einem möglichen Bergsturz und der damit verbundenen Begrabung des Publikums beantwortete der im Wirtshaus wartende Betriebsleiter des Salzbergwerks, Hofrat Dipl.-Ing. Hans Wimmer, mit einem fröhlich-beruhigenden Schulterklopfen. Nach ein paar Schnäpsen fand ich die Idee, von der Bergspitze hinein in die Tiefe des Berges zu gehen, geradezu faszinierend. Und ungefährlich.

Am nächsten Tag dann die Besichtigung des geplanten Schauplatzes. Zuerst mit dem Auto hinauf auf den Sandling (so heißt der Altausseer Salzberg), dann zu Fuß durch enge, dunkle Stollen 700 Meter weit hinein ins sogenannte Gumpel- Werk (250 Meter unter Tag). Zum ersten Mal in meinem Leben betrat ich ein Bergwerk, und mir war gar nicht wohl in meiner Haut, hatte mit Platzangst und dem Gefühl zu kämpfen, Millionen von Tonnen Fels und Salz würden gleich über mir zusammenstürzen. Außerdem fröstelte es mich, denn ich war sommerlich angezogen und die Temperatur im Berg ist gleichbleibend ungefähr 10 Grad Celsius.

Wir kamen vorbei an den Kammern, in denen die Nazis ihre in ganz Europa zusammengeraubten Kunstschätze versteckt hatten. 1945 wollte Gauleiter Eigruber das gesamte Bergwerk samt den Kunstwerken in die Luft jagen, »damit diese nicht in die Hände des Weltjudentums gelangen können«, beherzte Salzbergarbeiter verhinderten das aber, womit sie den Genter Flügelaltar und zahlreiche Gemälde von Michelangelo, Breughel, Rubens, Vermeer usw. für die Nachwelt retteten. Sofort beschloss ich insgeheim, das müsse unbedingt zum Thema meines Stückes werden.

Nach mir endlos erscheinenden 20 Minuten gelangten wir zum künftigen Schauplatz des Geschehens. Was mich da erwartete, war wirklich unglaublich. Eine gigantische Höhle mit einem riesigen schwarzglänzenden See tat sich vor mir auf, Salzkristalle glitzerten, die dunkle Decke der Höhle verwandelte sich in nachtschwarzes, unendliches All. Ich war überwältigt und verwarf auf der Stelle die Nazi-Kunstschatz-Idee. Denn hier, an diesem märchenhaften Schauplatz, konnte man nur ein Märchen spielen, irgendetwas Zauberisches, Geheimnisvolles.

Der Handschlag war getan, die Arbeit begann. Hofrat Wimmer baute eine schwimmende Bühne aus Holz mitten in den See, am Ufer entstand in halbrunder, ansteigender Amphitheaterform eine Tribüne für 600 Zuschauer. Und ich erkundigte mich nach den Sagen und Gebräuchen des steirischen Salzkammergutes, nach den Lebensumständen und Traditionen der Bergleute, und schrieb ein Stück mit dem Titel »Salz« (der dann von den Veranstaltern auf »Das Spiel im Berg« abgeändert wurde). Das Stück hab ich inzwischen verloren (PC hatte ich noch keinen), aber Klaus Maria Brandauer veränderte es als Regisseur ohnehin ständig während der Proben (vor allem war es zu lang, mehr als eine Stunde kann das Publikum bei 10 Grad nicht aushalten), außerdem erschien mir das Stück an sich gar nicht so wichtig, faszinierend war es nur als Aufführung an diesem unglaublichen Schauplatz. Abgesehen von zwei Einheimischen, die Bergleute darstellten, hatte Klaus hauptsächlich Studentinnen des Wiener Reinhardt-Seminars engagiert. Die Nixen – glaube ich – hatten nicht viel an und froren schauerlich.

Viel weiß ich nicht mehr vom Inhalt des Stückes. Ausgangspunkt war aber natürlich ein Bergsturz, was sonst? Die Premiere fand im Sommer 1992 statt. Und den Beginn der Aufführung werde ich nie vergessen. Klaus verstand es vorzüglich, auf den Nerven der Zuschauer herumzutrampeln. Zuerst wurde es einmal stockdunkel, zwar nur für drei Minuten, aber dem Publikum (und mir) erschien die Dunkelheit (und absolute Stille) endlos. Dann kam der Bergsturz. Zwar nur akustisch, über Band, dennoch befürchtete ich eine ausbrechende Panik. Sie kam nicht. Das Publikum verharrte regungslos, wenn auch vielen beinah das Herz stehenblieb vor Schreck. Und dann die zaghafte Stimme des ersten Bergmannes, der nach dem zweiten rief, ob der denn noch lebe. Das war die Idee. Zwei Bergleute werden durch einen Bergsturz eingeschlossen und warten auf Rettung. Wir erleben ihre Hoffnungen, ihre Ängste, ihren Hunger und Durst, ihre Erinnerungen und Sehnsüchte, und schließlich folgen wahnhafte Einbildungen. Der Teufel erscheint und versucht, einen gegen den anderen auszuspielen im Kampf ums Überleben, eine Seejungfrau erscheint (in die sich der jüngere Bergmann verliebt und sie gar nicht gut behandelt), ein menschenfressender Riese taucht auf und wird durch List besiegt (Odysseus und Polyphem lassen grüßen). Schließlich findet der jüngere Bergmann seinen Vater, der vor Jahren verschüttet wurde und – konserviert im Salz – genauso ein Jüngling blieb, wie es nun sein Sohn ist. Als schließlich auch noch der Tod in einem Nachen erscheint, glauben sich die beiden Bergleute verloren, doch im letzten Augenblick werden sie doch gerettet (und mit ihnen das Publikum). Im Gedächtnis blieb mir die Musik von Christian Brandauer, der einen faszinierenden Computer-Sound schuf, welcher die zauberische Atmosphäre (zusammen mit dem Licht) noch steigerte.

In der Folge wurde das Stück acht Jahre lang jeden Sommer aufgeführt. Daneben organisierte Klaus Maria Brandauer auch Lesungen prominenter Schauspieler und musikalische Veranstaltungen. Im Jahre 2000 wurde zum letzten Mal gespielt, denn im November dieses Jahres geschah das schreckliche Unglück in einem Zug der Gletscherbahn von Kaprun, bei dem 155 Menschen ums Leben kamen. Daraufhin wurde der Salzberg aus Sicherheitsgründen für Veranstaltungen mit mehr als 40 Personen gesperrt. Im Übrigen wiederhole ich meine Meinung, dass mein Stück gar nicht so wichtig war. Im Grunde hätte es genügt, einen winzigen Stein in den See zu werfen und eine Stunde lang den Wellen zuzuschauen, wie sie sich langsam ausbreiten bis hin zum Ufer. Das wäre genauso schön gewesen.

Ich danke Klaus Maria Brandauer, Bergrat Wimmer, der Saline und allen Bergleuten (ganz zu Recht ein ehrwürdiger, stolzer Berufsstand) für den Einblick in eine mir bis dahin unbekannte, faszinierende Welt. Der Salzstreuer hat für mich seitdem eine andere Bedeutung gewonnen.

Was Felix Mitterer mit Peter Rosegger verbindet

Schon vor »Erdsegen« (1984) hatte ich viele Werke von Peter Rosegger gelesen, nachher so ziemlich alles. 1987 erhielt ich – wohl auf Fürsprache meines Förderers Hans Weigel – den »Peter-Rosegger-Literaturpreis«, und so wurde ich samt Frau und Tochter (und deren

Chryseldis, Anna und Felix Mitterer vor Roseggers Geburtshaus, 1989

Freundin Sofie) im Juli 1993 von der Gemeinde Krieglach und von Hans Reischl, dem Chef des Roseggerbundes, in die »Waldheimat« eingeladen, um dem Peter Rosegger zum Geburtstag zu gratulieren.

Untergebracht waren wir bei Hans Bruggraber, in seinem »Waldheimathof« (Familienhotel) in Alpl, wo wir uns sehr wohlfühlten. Mit Hans Bruggraber – und auch mit Hans Reischl – verbindet mich seither eine Freundschaft. Und so hielt ich denn bei strahlendem Wetter, vor unzähligen Besuchern und Landeshauptmann Krainer, dem Jubilar die Geburtstagsrede. Denn schließlich verbindet den »Maurer-Felix« (Maurer ist unser Hausname in Achenkirch) nicht wenig mit dem »Lenzen-Peterl«.

Rede vom 31. Juli 1993, gehalten vor dem Kluppeneggerhof in Alpl

Liebe Festgäste,

wir stehen hier vor dem Geburtshaus des Dichters und Volksbildners Peter Rosegger und feiern seinen 150. Geburtstag. Wir stehen vor einem Museum. In diesem jetzt wieder so schönen und stattlichen Hof lebt keine Bauernfamilie mehr, die Ställe sind ohne Vieh, die ehemaligen Weideflächen wurden aufgeforstet. Jedes Heimatmuseum macht mich traurig, weil es Zeugnis ablegt von verloren gegangener Heimat.

In einem der Ställe hängt eine Schautafel: 82% der Fläche von Alpl gehören den Großgrundbesitzern, den Bauern nur 16%, das Land Steiermark besitzt den Kluppeneggerhof und hatte es offenbar gar nicht so leicht, ihn zu erwerben und zu bewahren. 26 Vollerwerbsbauern gab es früher, heute nur mehr einen einzigen; vier sind Nebenerwerbsbauern. Das Bauernsterben hält immer noch an; in der Steiermark, in Österreich, in ganz Europa. Die Landflucht geschieht immer noch und immer mehr; auf der ganzen Welt. Die Menschen strömen in Städte; in Asien, in Nord- und Südamerika; überall. Mehr denn je bedrohen auch die Auswüchse unserer Zivilisation die Natur – Luft, Wasser und Erde. Je mehr Zeit verstrich, umso aktueller wurde also Peter Rosegger, umso global gültiger seine Aussagen.

Schauen wir uns seine Lebensgeschichte kurz an. Sie ist allgemein bekannt, besonders Ihnen. Ich schaue auf Rosegger als Schriftstellerkollege, der aus demselben Milieu kommt, als einer, der auch vom Land in die Stadt ging und dann über das Land schrieb. Das geschah zwar 100 Jahre später, trotzdem gibt es viele Parallelen; die Menschheit und der Mensch als solcher verändern sich wenig in 100 Jahren.

Es beginnt damit, dass ein Bauernbub ausbrechen will aus der Bauernwelt. Sie genügt ihm nicht mehr, er hat Fluchtgedanken. Er hat zuerst Tagträume – wie alle – dann beginnt er zu lesen, dann beginnt er zu schreiben. Schon aus seinen Tagträumen wird das Kind gerissen von unduldsamen Erwachsenen; das Lesen und Schreiben gilt als etwas ganz und gar Überflüssiges, Unnötiges, ja, sogar Gefährliches. Der Bauer der Naturalwirtschaft, der autark lebte, musste nicht lesen und schreiben können, um zu überleben. Und Bücher zur Unterhaltung brauchte man keine; die Geschichten erzählte man sich einfach gegenseitig, und man erzählte sie im Dialekt. Geschichten von den Vorfahren, von Katastrophen, Unfällen und Krankheiten, von lustigen Ereignissen, von Sonderlingen und Originalen, Geschichten aus dem Dorf, aus der Region. Und bei diesen Erzählungen war jede Dienstmagd, jeder Bauer, jeder Handwerker ein Fabulierer, ein Dichter, ohne sich dessen bewusst zu sein.

Ganz selten, so kommt es mir vor, kann geschriebene Dichtung die Qualität, die Lebendigkeit der authentischen mündlichen Erzählung erreichen. Es gibt Dichter, die viel besser erzählen als sie schreiben, denn das Schreiben erfordert Kraftanstrengung, Kunstanstrengung, unterliegt einem Anspruch, was alles oft zur Künstlichkeit führt. Kommt hinzu, dass jeder Dialekt der Welt jede Schriftsprache in der Ausdruckskraft weit übertrifft.

Der kleine Lenzen-Peterl fiel also unangenehm auf, weil er sich nicht genügen wollte, weil er lernen und alles über die Welt hier und über die Welt draußen erfahren wollte. Ab nun unterscheidet sich seine von meiner Biographie.

Ich kam wie üblich zur rechten Zeit in die Volksschule und lernte, was zu lernen war. Natürlich, manchmal hieß es zu Hause bleiben, wenn man auf dem Feld gebraucht wurde, aber es waren trotzdem acht Jahre guter Ausbildung. Peter Rosegger fand nur einen verkrachten Wanderlehrer, von dem er insgesamt wohl nicht mehr als zwei Jahre Unterricht erhielt. Er blieb lange Zeit fast ein Analphabet, und zeitlebens sollte er sich schwer tun mit der Orthographie. Der Vater sah schließlich ein, dass sein Ältester vollkommen ungeeignet war für den Bauernberuf, und so wollte man ihn Geistlicher werden lassen. Aber Geld war keines da, und der Dechant von Birkfeld meinte, um Protektion gebeten: »Wenn der Bub sonst keine Anzeichen für den Priesterberuf hat, als dass er schwach ist, soll er etwas anderes werden.«

Bei mir, 100 Jahre später, war die Auswahl schon größer, da gab es schon zwei Vorschläge für den ebenfalls schwächlichen Buben: Pfarrer oder Lehrer. Bei Rosegger kam der Lehrer offenbar noch nicht in Frage, denn das war bei den Bauern kein angesehener Beruf. So ging's schließlich in eine Schneiderlehre, auf die Stör. Von diesen Wanderjahren von Hof zu Hof, wo er so vieles erlauschte und mitbekam vom Leben der Bauern, sollte Peter dann sein Leben lang zehren. Er schrieb und schrieb, eigene Volkskalender stellte er her, las sie der Umgebung vor. Schundheftlartiges schrieb er, genau wie ich als Vierzehnjähriger, Gräuelgeschichten aus alter Zeit bei ihm, Krimis, die in Chicago und Soho spielten, bei mir. Auch hochdeutsche Gedichte verfasste er, meistens emphatischer, überspannter Schmarrn, das sagte er später selber. Aber schon ganz wunderbare Dialektgedichte schrieb er; das konnte ich nicht, weil ich mich in Sprache und Inhalt ganz wegschreiben wollte aus meiner Welt, die mir so eng und unverständig erschien.

Dann plötzlich und ganz schnell widerfuhr dem Peter großes Glück: Die Förderer in Graz traten in sein Leben. Dr. Swoboda von der »Tagespost« verfasste einen Spendenaufruf, der Industrielle Reininghaus zahlte die Miete für ein Zimmer. In reiche bürgerliche Häuser kam er, die ihn wie Paläste dünkten, und nie hatte der arme Waldbauernbub so etwas gesehen. In die Handelsakademie kam er, tat sich blutig schwer. Seine verständnisvollen Lehrer, die den begabten Buben schätzten, verzichteten sogar darauf, ihm eine Note in Mathematik zu geben, weil er so unfähig war, obwohl er sich bemühte.

Und doch zog es ihn aus den Palästen immer wieder nach Hause, zurück in die Armut, zurück in die Waldheimat. Mich nicht. Ich kam zwar nicht in Paläste, aber in die Lehrerbildungsanstalt nach Innsbruck, in ein katholisches Internat. Ich fuhr nur nach Hause, wenn es unbedingt sein musste, denn ich hasste das Land und liebte die Stadt. Rosegger ging häufig ins Theater, ich ins Kino. Er bekam von seinen Gönnern Freikarten, ich erschlich mir unter einem schulischen Vorwand das Geld von meinen armen Eltern.

Die Folge war ein ständiges schlechtes Gewissen; wegen der unnötigen Geldausgaben für Kino und Coca-Cola und auch wegen der schlechten Noten in Latein und Mathematik.

Das schlechte Gewissen sollte auch Peter Rosegger sein Leben lang begleiten. Der elterliche Hof wurde versteigert, während Peter in Graz sich bildete und das Leben genoss. Obwohl er selbst noch abhängig war von seinen Gönnern und von Stipendien, wird er sich wohl sein Leben lang nicht verziehen haben, dass er den Verlust des Hofes nicht verhinderte.

Überhaupt ist das so eine Sache mit den Gönnern. Sie erwarten Dankbarkeit, sie erwarten, nicht auf das falsche Pferd gesetzt zu haben. Das belastet den Waldbauernbuben sehr. Aber er hat wieder Glück. Sein erstes Buch wird bereits ein Erfolg, schlagartig wird er weitum bekannt und kann so schlecht und recht vom Schreiben leben.

Mit 22 Jahren haben wir beide übrigens zum ersten Mal veröffentlicht, er Mundartgedichte in der »Tagespost«, ich Mundarttexte in der Ö3-Musicbox. Vom Schreiben konnte ich aber im Gegensatz zu ihm noch lange nicht leben. In der Schule war ich durchgefallen, konnte nichts, hatte nichts, fand schließlich einen Posten beim Zoll. Wie Rosegger der Schneider später manchmal peinlich war, so mir der Zollbedienstete.

Meine ersten Veröffentlichungen bedeuteten in meiner Heimatgemeinde übrigens genauso wenig wie die von Rosegger in Alpl. Aber immerhin, mein Firmpate, der Bergbauer, sagte: »Also, Büacheln schreiben tuast; naja, is ja nix Schlechtes.«

Heute ist das natürlich anders. Bei Peter Rosegger dauerte es allerdings etliche Jahrzehnte mehr, bis die Bewohner seiner Heimatgemeinde wahrnahmen, was er tat und wer er mittlerweile geworden war. Peters Mutter, die ihn immer gefördert hatte, war erfüllt von Stolz über den Erfolg ihres lieben Sohnes. Leider verstarb sie bald, und der Vater hat wohl nie geschätzt, was der Sohn tat, hat sich auch schwer gekränkt, als es zu Differenzen zwischen der katholischen Kirche und Peter kam. Die Anerkennung des strenggläubigen Vaters, die dem Peter so am Herzen lag, hat er wohl nie errungen.

Dann das Haus in Krieglach, endlich ein eigenes, bürgerliches Heim. Peter verlebt den Winter in Graz, den Sommer in der Villa am Lande. Nicht weit davon entfernt der heimatliche Kluppeneggerhof, mehrmals weiterverkauft, verfallend. Peter heiratet eine glühende Verehrerin, die Hutmacherstochter Anna Pichler, die nach der Geburt des zweiten Kindes stirbt, was Peter in tiefe Verzweiflung stürzt.

Der Kluppeneggerhof wird gekauft vom zukünftigen zweiten Schwiegervater, dem Architekten und reichen Grundherrn, der die Weideflächen aufforsten lässt. Ein weiteres Dilemma. Der Waldbauernbub heiratet die Tochter des Mannes, der den Heimathof verfallen lässt und nur an Wald und Jagd interessiert ist.

Bittet ihn Rosegger, ihm den Hof zu überlassen? Anscheinend nein. Das wird dem Peter dann oft vorgeworfen werden. Da schreibt einer übers Bauernleben in den höchsten Tönen und versucht dann nicht, den Heimathof zurückzuerwerben. Aber es gibt eben keinen Weg zurück. Rosegger war kein Bauer, er war Schriftsteller, Intellektueller. Er war in ein anderes Milieu gewechselt, ebenso natürlich seine Kinder. Nur Bruder Jakob, der in die Fabrik ging, wurde später wieder Bauer, sehr zur Freude und mit Unterstützung seines Bruders.

Das ist eben das Dilemma des Schriftstellers: Er gehört im Grunde nirgends dazu, sitzt immer zwischen allen Stühlen. Er ist kein Bauer, kein Arbeiter, kein Handwerker; wenn er Erfolg hat, kann er ein bürgerliches Leben führen, aber trotzdem gehört er auch nie zu den Bürgern. Er ist letztlich heimatlos. Und mehr als jeder andere Mensch hat er oft Sehnsucht nach Heimat und sucht sich die Heimat schreibend zurückzugewinnen.

Peter Turrini sagt ganz richtig über Peter Rosegger: *»Er ist die Geschichte des hochtalentierten, in Wahrheit von seiner Umgebung missachteten Landkindes, das in die Stadt geht und dort versucht, sich durch das Verfassen von Literatur dem Ort seiner Kindheit wieder zu nähern.«* Das betrifft nicht nur Rosegger, sondern auch Turrini und mich und alle Schriftsteller, die vom Land kommen und darüber schreiben.

Peter Rosegger wurde nun bald einer der berühmtesten Autoren, gefeiert zu Lebenszeiten wie kaum ein Autor vor ihm. Dies hat auch damit zu tun, dass parallel zur Landflucht auf der anderen Seite auch eine Stadtflucht einsetzte. Die Menschen in den Städten empfanden Sehnsucht nach einer heilen Welt, einer heilen Natur, nach Ruhe und Erholung, weg von der Hektik der Stadt. Das Land wurde wiederentdeckt, als Ort der Folklore, der Beschaulichkeit – der Tourismus setzte ein, die Sommerfrische. Der unglaubliche Erfolg hat dem Peter nicht gutgetan, und das in mehrerer Hinsicht.

Er, der immer den Lehrer in sich verspürte, fühlte sich nun zum Lehrer der ganzen Menschheit berufen.

Die Zeitläufte brachten es mit sich, dass seine Förderer und späteren Freunde sogenannte Liberale waren, was damals meistens gleichbedeutend war mit deutschnational. So trat etwas ein, was für uns Nachkommen schwer erträglich ist und unter anderem auch dazu führte, dass zum Beispiel vor 50 Jahren an dieser Stelle Männer in Nazi-Uniformen Roseggers 100. Geburtstag feierten. Das ist ein dunkler Punkt, der mir wehtut, weil der Waldbauernbub das eigentlich nicht verdient hat.

Aber bestätigt durch den Erfolg, bestätigt durch seine nationalen Freunde fühlte er sich berufen – vor allem in seiner Zeitschrift »Heimgarten« – sich zu allem und jedem zu äußern, auch dann, wenn er lieber schweigen hätte sollen. Historisch ungebildet, wie er war, betete er die Vorurteile der Antisemiten nach, behauptete zwar, er vertrete – wenn überhaupt – nur einen wirtschaftlichen, antikapitalistischen Antisemitismus, aber natürlich war es auch ein religiöser und rassischer Antisemitismus, dem er das Wort redete. Nur seine Menschenfreundlichkeit und Toleranz bewahrten ihn davor, den Unmenschen blind nachzufolgen, was ihm dann auch erbitterte Gegnerschaft der Antisemiten eintrug. Zu seiner Entschuldigung kann nur angeführt werden, dass damals offenbar der Antisemitismus derart verbreitet war, dass sogar assimilierte Juden gegen das orthodoxe Judentum (die Zuwanderer aus dem Osten) schimpften, dass man offenbar als Nicht-Antisemit eine seltene Ausnahme darstellte.

Was Rosegger zur modernen bildenden Kunst zu sagen hatte, war großteils von Unverständnis und Konservativismus geprägt; in einem allerdings sahen seine wachen Augen mehr, als die meisten fortschrittlichen Kunstkritiker sehen konnten. Er gestand den Bauern nämlich ein vollkommenes ästhetisches Empfinden zu, welche Aussage von vielen belächelt wurde. Vollkommenheit ist – wie auch Adolf Loos meinte –, wenn eine Architektur oder ein Gegenstand schön und funktionell zugleich ist. Mit dem fortschreitenden Untergang des Bauerntums ist aber leider auch das ästhetische Empfinden vieler Bauern verloren gegangen. Wer erinnert sich nicht an die sechziger Jahre, als die alten Vertäfelungen, die Kachelöfen, die Möbel als alter wertloser Plunder verscherbelt wurden, um Platz zu machen für Plastik, für Resopal, als die riesigen Alu-Kippfenster kamen, ohne Sprossen, wie leere Augenhöhlen. Erst in den letzten Jahren erinnert man sich wieder an die Schönheit der alten Dinge. (Und die Tourismuswirtschaft setzt sie weidlich ein.)

Zur Frauenfrage hat sich Rosegger natürlich auch geäußert und sich dabei nicht ausgezeichnet, aber seine forschen Sprüche können nicht darüber hinwegtäuschen, dass er die Frauen verehrte und schätzte – auch als gleichberechtigte Partnerinnen – nicht zuletzt eingedenk seiner Mutter, die die wahrhaft Starke in der Familie gewesen war und ohne die Peter zugrunde gegangen wäre.

Trotz des großen Erfolges, trotz seiner Berühmtheit erging es Rosegger natürlich nicht anders als jedem anderen Schriftsteller heute auch. Er wurde nie reich, seine Existenz, die Existenz seiner Familie war nie wirklich abgesichert, was ihn immer wieder sehr belastete und zu ständiger Produktion zwang, worunter natürlich manchmal die Qualität seiner Arbeit litt. (Wie bei mir übrigens auch.)

Auch empfand er hin und wieder seinen Heimatdichterstatus als einengend, geradezu als Gefängnis, weil er lieber – wie jeder Autor – weitergegangen wäre, etwas anderes geschrieben hätte, was er ein paar Mal unter einem Pseudonym auch tat, aber es half nichts, der Konsument erwartete weitere Heimatdichtungen, möglichst beschauliche, idyllische.

Auf die Idylle festlegen kann man aber Rosegger ganz bestimmt nicht. Sicher hat sich ihm – wie bei jedem von uns – die Erinnerung an die Welt seiner Kindheit im Laufe der Jahre immer mehr verklärt – und es liegt Geborgenheit im Bauernleben, daran lässt sich bei allen negativen Seiten nicht rütteln. Trotzdem aber blieb und bleibt er ein sozialkritischer Schriftsteller, trotzdem schrieb er immer wieder qualitätsvolle Texte. Nicht ohne Grund wäre ihm 1914 beinahe der Nobelpreis für Literatur zuerkannt worden, hätte seine deutschnational ausgelegte Spendenaktion für die Grenzlandschulen das nicht verhindert. Die Feuilletonisten in den Großstädten erkannten seine literarische Qualität allerdings oft nicht, nahmen ihn nicht ernst, meinten in ihrer Überheblichkeit: »Der Ziegenbock des Schneiders ist ihm kein guter Pegasus.«

Ich glaube, dass der Ziegenbock der beste Pegasus war, den Rosegger finden konnte. Und bei allem, was Rosegger, der sich erst spät Bildung aneignen konnte und vor lauter Schreiben kaum zum Lesen kam, an Verquerem und Borniertem über Gott und die Welt von sich gab, hat er doch Aussagen gemacht, und das in der Hauptsache, die modern und fortschrittlich sind, die auch höchst aktuell sind und manchmal so klug und prophetisch, dass wir auch heute und in Zukunft noch daraus lernen können.

Sein Glaube war zum Beispiel ein Glaube der Liebe, ein ökumenischer Glaube, nicht ohne Grund hat er den Bau einer evangelischen Kirche in Mürzzuschlag initiiert. Er wollte eine Religion der Gottesliebe und nicht der Gottesfurcht, er hielt den Zölibat für unnötig, die Ehescheidung für einen letzten Ausweg, den man nicht verbieten sollte, er wandte sich gegen das Dogma der Unfehlbarkeit des Papstes, war auch der Meinung, dass nichts gotteslästerlicher sei als ein Gesetzesparagraph gegen Gotteslästerung, und er war natürlich für die Trennung von Kirche und Staat und der Meinung, dass Religion Privatsache sei.

Blinden Fortschrittsglauben lehnte er ab und sah die Gefahren der Industrialisierung: »*Ursache an so vielem Elend ist auch hier die Industrie. Die übergroße, gefräßige Industrie. Sie frisst nicht nur die Bauersleute auf, sondern auch ihre Wälder und säuft ihre Wasser aus. Was sie übrig lässt, das verdirbt sie, dass sogar des Wassers urangestammter Bewohner, der Fisch, darin verenden muss. Die Industrie verbraucht Bauholz, Kohlenholz, Papierholz in Unmengen, und was unfern der Essen und Schlote an Wald noch stehen bleibt, das verdirbt, erlischt unter Kohlenrauch. Die Industrie, die unsere politischen und sozialen Verhältnisse von Grund auf verändert, wird auch unser grünes Heimatland verändern, wird eine Mondlandschaft aus ihm machen.*«

Rosegger war auch der Meinung, um den bedrohten Bauern zu helfen, sie sollten sich zu einer eigenen Organisation zusammentun, welche die Produkte vom Erzeuger direkt an den Verbraucher liefert, sei es in Form mobiler Bauernmärkte oder zentral gelegener Absatzstellen. Damit würde der Bauer mehr Einnahmen haben und der Konsument bessere, unverfälschte Produkte. Denn sonst, sagt er, »*bleibt es die alte Geschichte: der Konsument muss die Sachen um sündteures Geld kaufen, und der Produzent hat nichts davon*«.

Auch was die Kindererziehung betriff, hatte Rosegger liberale, menschenfreundliche Ansichten. »*Wer die Liebe seiner Kinder hat, der hat, wenn er will, auch ihren Gehorsam*«, meinte er. Und: »*Für Misshandlung unschuldiger Kinder haben wir noch kein Gesetz, das streng genug wäre. Am empörendsten ist dieses Verbrechen, wenn es unter dem Deckmantel pädagogischer Strenge auftritt, wo es doch nur wüste Brutalität ist, die tiefer steht als alle Rohheit der Tiere. Eltern, die ihr Kind roh misshandeln, sollten für alle Zeit der Rechte an dem Kind verlustig sein. Tierschutzvereine – bravo! Kinderschutzvereine – dreimal bravo!«*

Aus eigener, leidvoller Erfahrung hielt Rosegger eine gute Schulausbildung für etwas ganz Wesentliches, Existenzielles, um in unserer Welt zurechtzukommen. Aber dreißig Jahre brauchte er, um die Alpler von der Notwendigkeit einer Schule zu überzeugen, die dann durch einen Spendenaufruf Roseggers im »Heimgarten« 1902 endlich gebaut werden konnte. Eine beispielhafte Schule, in der man wirklich für das Leben lernte, wo es einen Kräutergarten gab, wo man turnte und auch mit Handwerkzeugen umgehen lernte.

Das materielle Wohl der unterbezahlten und gesellschaftlich wenig geachteten Lehrer lag Rosegger ebenso am Herzen. Der Bauer und der Lehrer schienen ihm die wichtigsten Berufe, und ich bin da ganz seiner Meinung. Was die stillgelegte Waldschule betrifft, hätte Peter Rosegger sicher große Freude, wenn dort wieder Kinder unterrichtet würden, aus Achtung vor ihm und seinem Auftrag und zum Wohle der Alpler.

Obwohl auch Rosegger sich 1914 vorerst in den Kriegstaumel hineinreißen lässt, so wie viele andere große Geister, war er doch im Grunde seines Herzens ein Pazifist und meinte: *»Wenn man mehr für das Vaterland leben würde, wäre es vielleicht viel seltener notwendig, für das Vaterland zu sterben.«* Und weiter: *»Es ist Pflicht, den Frieden zu wollen, zu suchen, zu hoffen. Unsere Generationen können, was wir wollen, nimmer erleben. Die Menschheit muss für diese Idee allmählich präpariert werden, sodass die Nachkommen den Gedanken, die Kriege müssen aufhören, schon mit der Muttermilch trinken.«* Auch schlägt er dann eine Art von Völkerbund vor, der die Streitigkeiten der Welt schlichten soll.

Und obwohl Rosegger so oft nationalistische Töne von sich gab, so sagte er doch auch: *»Man meint, ein Kulturstaat müsste es doch zuwege bringen, dass jedem seine Muttersprache gesichert bleibt. Und man meint, die Leute müssten doch so vernünftig sein, die Sprache der Nachbarn zu lernen, ohne zu befürchten, dass dadurch ihr angestammtes Blut zugrunde geht. Was ist das für ein Nationalismus, der immer darauf aus ist, dem eigenen Volk unter anderen Völkern Feinde zu machen?«*

Zu den Sozialdemokraten hatte Rosegger immer ein etwas angespanntes Verhältnis, weil er sie bezichtigte, den Bauernstand zu entwurzeln, was natürlich ein Vorurteil war, denn die Verhältnisse zwangen die Bauern und Landarbeiter in die Fabriken zu gehen, nicht die Sozialdemokraten, und diese waren es schließlich, die sich für die Rechte der Arbeiter einsetzten. Trotzdem meinte Rosegger: »Die Arbeiter sind die Unseren«, und ging beim Ersten-Mai-Aufmarsch in Graz mit.

Und ein letztes Zitat, weil es programmatisch ist für Peter Rosegger: *»Wenn eine Gasse wäre, rechts stünden die Herrenleute und links das dienende Volk, und ich hätte mich für einen Teil zu entscheiden, ich müsste mich auf die linke Seite stellen. Aber darf denn ein Volksdichter mitten in seinem Volk stehen bleiben? Sollte er nicht gegenüber stehen wie ein Sänger, ein Erzähler, wenn ich nicht gar sagen darf, ein Lehrer? Er darf nicht im Volke aufgehen, aber er darf es auch nicht aus den Augen verlieren.«*

Nun, was würde Peter Rosegger zur heutigen Zeit sagen? Er würde wohl glauben, die Zeit sei stehen geblieben seit seinem Ableben. Die Bauern sterben immer noch, die Natur wird immer noch zerstört. Auf Alpl, glaube ich, wäre Peter Rosegger stolz. Alpl hat ihn nicht vergessen, Alpl nützt ihn aber auch nicht nur touristisch, Alpl – und mit ihm ein großer Teil der Steiermark – hat gelernt von Rosegger und will in seinem Geiste weiter lernen.

Die Bauern helfen sich selber, nehmen die Idee von der Direktvermarktung auf, was ihnen in zukünftigen Zeiten, die noch härter werden mit der Europäischen Gemeinschaft, sehr helfen wird. Ich höre sagen, dass Waldflächen gerodet werden sollen, mit Einverständnis der Großgrundbesitzer, um wieder mehr Weideflächen zu erhalten. Ich höre auch, dass die Bauern einige Flächen ganz bewusst unbestellt und verwildern lassen wollen, um den oft achtlosen Mitmenschen zu zeigen, wie eine Landschaft aussieht, die nicht von den Bauern kultiviert, bearbeitet, gepflegt wird.

So hat sich seit seinem Tode leider vieles nicht zum Besseren gewendet, aber es gibt Menschen, die bereit sind zu lernen, sich zu besinnen, mit gutem Beispiel voranzugehen, und mehr wollte und konnte ein Schriftsteller – auch so ein besonderer wie Rosegger – nicht erreichen.

Lieber, verehrter Peter Rosegger, wir wünschen dir (und uns) alles Gute zu deinem 150. Geburtstag!

»Die Geierwally«, 1993

Der große Publikumserfolg des Protestantenstückes im Zillertal (1987) führte dazu, dass auch andere Gemeinden und Täler Tirols sich ein spezielles Stück von mir wünschten. Aber erst 1991 sprang der zündende Funke wieder über. Die Lechtaler wandten sich an mich und wollten ein Stück über die sogenannte »Geierwally«. Unzählige Theaterstücke und mehrere Filme (1921 mit Henny Porten, 1940 mit Heidemarie Hatheyer, 1956 mit Barbara Rütting) gibt es über diese legendäre Frau, die – was außerhalb Tirols niemand weiß – keine erfundene Figur ist, sondern tatsächlich lebte.

Die »Geierwally« hieß in Wahrheit Anna Knittel, stammte aus dem Lechtaler Dorf Elbigenalp und hob im Jahre 1858, mit 17 Jahren – weil keiner der Dorfburschen es wagen wollte – in einer steilen Felswand unter gefährlichsten Bedingungen ein Adlernest aus. Dazu muss man erstens bemerken, dass Steinadler junge Lämmer rissen und deshalb als Schädlinge galten, zweitens pflegte Annas Vater (ein Büchsenmacher und Bauer) gefangene Jungadler aufzuziehen und an Falkner und Tiergärten zu verkaufen, zum Dritten wurde damals jeder Greifvogel als »Geier« bezeichnet, was erklärt, wie Anna Knittel zu ihrem Übernamen kam.

Claudia Lang als Wally mit dem Darsteller des Adlers, der eine geschnitzte Adlermaske trägt

Angeregt durch mehrere Zeitungsartikel über die Heldentat der jungen Lechtalerin, verfasste die Münchner Schriftstellerin Wilhelmine von Hillern ihren Roman »Die Geier-Wally«, der 1875 herauskam und sofort zum Bestseller wurde. Es handelte sich um die ländliche Variante des Motivs von »Der Widerspenstigen Zähmung«. Es wird eine starke, stolze Frau gezeigt, die gegen ihren patriarchalen Vater kämpft, stärker sein will als alle Männer, schließlich aber doch durch einen starken Mann bezwungen wird und sich ihm demütig – beinahe hündisch – unterwirft, was aber nicht als Tragödie, sondern als Happy End gemeint ist. (Inzwischen habe ich durch einen Briefwechsel erfahren, dass Frau Hillern ein ganz anderes Ende geschrieben hatte, nämlich eines, in dem Wally die Unterwerfung verweigerte. Aber ihr Verleger zwang Frau Hillern, dieses Ende abzuändern, ansonsten würde er den Roman nicht veröffentlichen.) Es folgte bald eine Bühnenfassung des Romans, von Frau Hillern selbst angefertigt, die ebenso erfolgreich war.

Dann geschah etwas Merkwürdiges und Wunderbares. Der italienische Komponist Alfredo Catalani las 1888 die italienische Übersetzung des Romans und wurde dadurch zu einer Oper angeregt, deren Libretto der auch für Puccini arbeitende Dichter Luigi Illica schrieb. Es entstand ein großartiges, hochpoetisches Werk in einer Mischung aus Romantik und Verismo. Die Uraufführung der Oper »La Wally« im Jahre 1892 in Turin unter dem Dirigenten Arturo Toscanini wurde zu einem unglaublichen Triumph. Allerdings auch der erste und letzte Triumph, den Catalani feiern konnte, denn er starb schon ein Jahr später an einem Lungenleiden. Im deutschen Sprachraum wurde diese Oper nie so recht populär, erst die Bregenzer Festspiele feierten 1990 mit der »Vereinsamten im Eis«, mit der »Walküre im Schnee« in einer modernen Inszenierung neuerlich einen großen Erfolg.

Zum weiteren Schicksal der tatsächlichen »Geierwally« ist zu bemerken, dass diese schon mit zwölf Jahren lieber malte, als den Stall auszumisten. Ihr Großonkel war der berühmte Maler Joseph Anton Koch, und überhaupt war den Lechtalern die bildende Kunst nicht fremd, denn sie beschäftigten sich von alters her mit »Herrgottschnitzerei«. Der damals sehr erfolgreiche Tiroler Maler Mathias Schmid (der übrigens ein Bild über die Vertreibung der Zillertaler Protestanten malte) verhalf schließlich der Anna zu einem Studienplatz an einer privaten Kunstschule in München; die berühmte Kunstakademie kam leider nicht in Frage, denn Mädchen waren da nicht zugelassen. Überhaupt hatte sie es recht schwer, denn es fehlte an Geld, Stipendium bekam sie auch keines als Frau, sie frettete sich durch, indem sie für begüterte Lechtaler Porträts, Blumenbild und »Marterln« malte. Und natürlich auch sich selbst beim Adlerausheben.

Geheiratet hat sie dann (gegen den Willen ihres Vaters) ihre große Liebe, den bettelarmen Formator (Gipsformer) Engelbert Stainer, der in Innsbruck einen Laden betrieb, in dem er seine Gipsstatuen und Andenken loszubringen versuchte. Vier Kinder hatten sie in den folgenden Jahren, und Anna malte und malte, wurde immer erfolgreicher, vor allem mit ihren Blumenbildern, die gingen im Andenkenladen weg wie die warmen Semmeln. Fast wohlhabend konnte man die Familie Stainer nennen, aber lieber hätte die »Geierwally« Landschaften gemalt und nicht ewig diese Blumenkränze auf Leinwand, auf Teller, auf Fächer. 1903 starb im Alter von 62 Jahren der geliebte Engelbert, 1915 folgte ihm Anna nach.

Der Wunsch der Lechtaler, mich um ein Theaterstück anzufragen, lag darin begründet, dass sie sich eine »Heimholung« ihrer »Geierwally« wünschten. Wilhelmine von Hillern hatte die Handlung ihres Romans nämlich in das schon damals touristisch bekannte Ötztal verlegt, auch die drei Filme wurden deshalb dort gedreht. Somit war die »Geierwally« zur Ötztalerin geworden, und das sollte ich nun nachdrücklich ändern. Dagegen hatte ich nichts einzuwenden, was mich als Autor aber interessierte, war die Untersuchung einer Figur, die so eine unglaubliche Popularität erlangt hatte, dass sie von der Heldin eines Trivialromans zu einem unsterblichen Mythos aufgestiegen war. Da musste etwas in diesem Roman sein, was die Menschen (vor allem die Frauen/Leserinnen) zutiefst und zu Recht ergriffen hatte. Und das war in der Tat der Kampf einer starken Frau in einer durch und durch patriarchalischen Welt.

Und so benutzte ich also die Romanfiguren der Hillern, um zur Grundsubstanz zu kommen. Ich warf allen trivialen Ballast ab und schälte den archaischen, existenziellen Kern heraus. Zuerst der Kampf gegen den übermächtigen Vater, der die Unbeugsame in die Bergeinsamkeit verbannt (was als Strafe aber nicht funktioniert, da Wally sich dort findet, eins wird mit der Natur), dann das stolze Beharren auf Eigenständigkeit gegenüber dem Geliebten und der gesamten männlich dominierten Umwelt, zuletzt schließlich – als

Wallys verletzter Stolz zur Katastrophe und zum Tode des Geliebten führt – der neuerliche und freiwillige Rückzug in die Bergeinsamkeit.

Wiederum – wie vor sechs Jahren im Zillertal – schlossen sich die Bühnen des Tales zusammen und es entstand eine Idealbesetzung der Figuren. Wie 1987 im Dorf Stumm übernahm auch in Elbigenalp Ekkehard Schönwiese die Regie. Schon lange vor Probenbeginn stimmte Ekkehard in Seminaren die potentiellen Darstellerinnen und Darsteller auf das Thema ein, indem Rollenspiele und Improvisationen durchgeführt wurden, und man den Mythos »Geierwally« anhand des Romans, der Filme, sowie der persönlichen Erinnerungen der Anna Stainer-Knittel untersuchte. Damit nicht genug. Nachdem ich Wallys gezähmten Adler (der ihre Sehnsucht nach Freiheit verkörpert, aber auch ihre Emotionen ausdrückt) unbedingt als ihren ständigen Begleiter auf die Bühne bringen wollte, erklärten sich die Fachlehrer der Schnitzschule Elbigenalp bereit, mit ihren Schülern eine stilisierte Adlermaske samt Flügeln herzustellen, die dann einem schwarzgekleideten Darsteller übergestülpt wurde.

Dieser Darsteller muss übrigens besonders erwähnt werden, weil er – beinah wie ein Schamane – derartig beeindruckend einen »Vogelmenschen« verkörperte, zugleich auch in jedem Moment die psychische Befindlichkeit der Wally in seiner Körperhaltung anzeigte, dass wohl keiner der Zuseher ihn jemals vergessen wird. Er heißt Burkhard Moosbrugger und stammt aus Steeg. Da ich auch um ein Masken-Vorspiel mit Kindern gebeten wurde, um die Zeit bis zur Dunkelheit zu überbrücken, und außerdem im Stück selbst ein Alptraum der Geierwally vorkommt, in dem zahlreiche groteske Gestalten auftreten, wurden auch diese (zum Teil riesigen) Masken in der Schnitzschule hergestellt.

Ganz wichtig war auch der Schauplatz für die Aufführung des Stückes. Dipl.-Ing. Franz Lang, der damalige Organisator, zeigte mir verschiedene Örtlichkeiten in und um Elbigenalp, zuletzt die sogenannte Bernhardstalschlucht (Anna Stainer zeichnete sie), die direkt hinter dem Ort endet. Eine 60 Meter hohe Felswand türmt sich da vor einem auf, mit unglaublichen Strukturen, so ein gewaltiges Bühnenbild wäre gar nicht herzustellen. Das war es, hier musste gespielt werden, hier seilt sich die 17-jährige Anna von ganz oben zum Adlernest ab und hebt das Jungtier aus. Die Veranstalter waren ebenso begeistert von diesem Schauplatz, weniger aber von den zu erwartenden Kosten der Adaptierung. Schließlich konnte aber das

Geld aufgetrieben werden, vor allem mit dem Hinweis darauf, dass die Schlucht zu einem ständigen Veranstaltungsort werden sollte.

Für die Komposition der Musik konnte Toni Knittel gewonnen werden, der ein Urgroßneffe der »Geierwally« ist und als »Bluatschink« gerade auf dem Sprung zu seiner Musikerkarriere war. Diese Musik (sie kam vom Band) hatte dann einen großen Anteil am Erfolg der Aufführung, weil sie die verdrängten, unterdrückten Gefühle dieser kargen Tiroler Figuren auf eine Weise den Zuschauern offenbarte, dass manche bei einem bestimmten Musikeinsatz oder -ausklang in Tränen ausbrachen.

Zu einigen Hauptdarstellern muss noch etwas gesagt werden. Claudia Lang aus Weißenbach, die sich schon seit vielen Jahren als Regisseurin und Schauspielerin mit dem Volkstheater auseinandersetzte, wurde unsere ideale Geierwally. Selten habe ich eine Schauspielerin erlebt, die eine solche Aura um sich verbreitete, ein solches Charisma verströmte. Manchmal erschien sie wie ein weiblicher Jesus, manchmal wie eine Königin, manchmal wie eine Göttin, dann wieder wie ein wildes Tier, das man nicht zähmen, sondern nur töten kann. Und immer verspürte man da eine große Liebessehnsucht und Liebesbereitschaft und auch eine Poesie, die einen als Zuschauer zutiefst ergriff.

Es ist ja eine alte Erfahrung, dass beim sogenannten Amateurtheater alles von der richtigen Besetzung abhängt. Wenn diese stimmt, wenn Darsteller und Figur übereinstimmen, dann können Wunder passieren, die man beim professionellen Theater selten erlebt. Das trifft auch auf den Darsteller des Vaters von Wally zu. Das war Erich Lorenz aus Hägerau. Er brauchte nur aufzutreten und seine ungehorsame Tochter anzuschauen, und schon lief es einem kalt über den Rücken. Er war die absolute Verkörperung des Patriarchats. Willi Feineler wiederum, der den Knecht spielte und für den Wally wie eine Göttin ist, der er die unbedingte Treue hält, griff jedem Zuschauer mit seiner zarten Gestalt, mit seinem feinen, traurigen Gesicht ans Herz. Harald Prechtl (von allen der einzige »Kopf-Schauspieler«), der den verschmähten Liebhaber Vinzenz spielte, meisterte grandios die Gratwanderung zwischen Masochismus und Hass. Und dann muss man noch die beiden »Klötze« erwähnen, denn sie waren die Lieblinge des Abends, sie sorgten für ein heiteres Aufatmen im tragischen Spiel. Wally muss fliehen und kommt ins Ötztal auf die entlegenen Rofenhöfe, wo die Gebrüder

Klotz leben, die nicht mehr jung sind und gerne endlich heiraten würden. Wie die beiden nun um die Wally (vergeblich) werben, sich dabei natürlich auch gegenseitig in die Quere (und in die Haare) kommen, das wurde durch die Darsteller Bernhard Kapeller und Eckard Kärle zu einem beinahe kabarettistischen Glanzstück.

Im Sommer 1993 fand also die Uraufführung statt, sie wurde zu einem großen und verdienten Erfolg der Darsteller. Nicht vergessen darf man dabei den damaligen Bürgermeister von Elbigenalp, Otto Jäger, der es sich nicht nehmen ließ, vor jeder Vorstellung eine nicht gerade kurze Rede an das Publikum zu halten, bei der er meine Wenigkeit abwechselnd als »Dramaturgen« oder »Spielleiter« vorstellte, sodann beinah alle Besucher (das waren nicht wenige) namentlich herzlich begrüßte und in der Folge haarklein den Inhalt des Stücks auf sehr unkonventionelle Weise nach- beziehungsweise vorerzählte, was schließlich zur Überzeugung einiger besonderer Fans der Jäger'schen Ergüsse führte, man hätte die aufwendige Theateraufführung eigentlich gar nicht gebraucht, denn der Auftritt des Herrn Bürgermeisters hätte mit seinem exorbitanten Unterhaltungswert vollkommen genügt und wäre der Gemeinde billiger gekommen.

Wegen des großen Publikumsandranges wurde das Stück im Sommer 1994 wiederholt, dann waren die Darsteller (alle berufstätig und ohne Entgelt spielend) müde und brauchten eine Pause. 1995 inszenierte Ekkehard Schönwiese eine großartige »Stigma«-Aufführung in der Schlucht, 2002 und 2003 gab es eine Neuinszenierung der »Geierwally« von Pepi Pittl zu sehen, 2013 dann eine ganz moderne in der Regie von Thomas Gassner, mit dem jungen Nachwuchs, mit einer besonders wilden Geierwally, die wie ein Punk agierte.

Bis zum heutigen Tag wird nun jeden Sommer in der Bernhardstalschlucht gespielt, wobei die Wally-Darstellerin Claudia Lang als Dramatikerin entdeckt wurde, bereits drei ihrer Stücke (alle mit lokalem Bezug, das wichtigste über die sogenannten »Schwabenkinder«) sind mit großem Erfolg aufgeführt worden. Seit 2013 leitet die Bühne der Schauspieler Bernhard Wolf (auch in Telfs zu sehen), der schon als Kind bei der »Geierwally« und in vielen anderen Stücken gespielt hatte.

Nach der Uraufführung wollten auch andere Volksbühnen im österreichischen und süddeutschen Raum »Die Geierwally« spielen, aber das Stück gehört nun einmal den Lechtalern. Allerdings erlaubten sie 2005 eine Aufführung bei den Luisenburg-Festspielen in Wunsiedel, dem ältesten Freilichttheater Deutschlands (seit 1665), im Fichtelgebirge gelegen, und durch seine Felsenbühne auch der schönste Freilichtspielort, den man finden kann (ausgenommen Elbigenalp). Der Intendant Michael Lerchenberg inszenierte, Barbara Romaner spielte die »Geierwally«, Gerhart Lippert ihren Vater, der Tiroler Toni Schatz war als »Bärenjosef« der Mann, den sie liebt. In Wunsiedel wurde allerdings ein echter Adler eingesetzt, was eine unglaubliche Wirkung hatte. Das Publikum war atemlos, wenn sich der Adler von Wallys Arm in die Lüfte erhob und eine Runde über die Felsen und Bäume (und auch über die Zuschauer) drehte. (2017 gab es übrigens noch eine großartige Aufführung der Volksbühne Hochfilzen, ebenfalls mit einem echten Adler.)

In Wunsiedel wurden auch »Kein Platz für Idioten« und »In der Löwengrube« gespielt, 2018 soll dort ein Andreas-Hofer-Stück von mir kommen, worauf ich sehr gespannt bin.

»Abraham«, 1993

Ich kannte einen Mann in einem Dorf bei Innsbruck, der hatte in den späten 80er Jahren auf seiner Dorfbühne in »Besuchszeit« mitgespielt und war mir als sehr begabt aufgefallen. Eines Tages ließ er mir über einen Dritten mitteilen, er sei homosexuell, habe Aids, würde mir gerne seine Geschichte erzählen, wünsche sich von mir ein Theaterstück darüber. Da viele Menschen sich vom Schriftsteller Erlösung, Rehabilitation, Rechtfertigung und manchmal sogar Rache für ausgestandenes Unrecht erhoffen, häuft sich derartige Post. Man schreibt an die Zeitungen, an den Bundespräsidenten, an den Schriftsteller. Letzterer kann konkret am wenigsten tun, er kann nur im Allgemeinen ein »Rächer der Enterbten« sein, nicht im einzelnen, besonderen Fall. Dann kommt hinzu, dass ich nicht über alles und jedes schreiben kann und mag, dass ich nicht ein gesellschaftliches Problem nach dem anderen auf meiner Werkliste abhaken will. So antwortete ich erst nach Monaten, dass ich kommen werde, sobald es meine Zeit erlaubt. Wieder vergingen Monate, es kam eine Karte: »Ich bin jederzeit für Sie bereit. Nur meine Tage, Wochen, Monate (?) scheinen mir davonzulaufen. Es kann aber auch noch länger dauern.« Zwei Wochen später rief ich endlich an, seine Mutter war am Apparat: »Tut mir leid, Herr Mitterer, vor ein paar Tagen ist er gestorben.« (Dazu muss festgehalten werden, dass Ende der 80er Jahre Aids fast immer mit dem Tod endete, das hat sich heute radikal geändert, denn es gibt gute Medikamente.)

Ich fühlte mich schuldig, war wütend auf mich. Und fühlte mich verpflichtet, jetzt erst recht verpflichtet, das Stück zu schreiben. Ich sprach mit den Eltern. Da sie vom Wunsch ihres Sohnes wussten, gaben sie mir Auskunft. Aber ich merkte, dass sie Angst hatten. Wenn ich zu den Ärzten kam, zu den Krankenschwestern, zu den Freunden, waren jedes Mal schon die Eltern dagewesen, hatten erklärt, sie seien fertig mit den Nerven, könnten nicht mehr schlafen, weil der Mitterer ein Stück über den Sohn schreibt. Ich warf also weg, was ich schon geschrieben hatte, und versicherte den Eltern, dass ich nicht daran interessiert sei, ihr Leid noch zu vergrößern, und dass der Sohn und sie nicht erkennbar sein werden in meinem Stück.

Im Laufe meiner Recherchen stieß ich auf ein Phänomen, das mir in diesem Ausmaß nicht bewusst gewesen war. Die meisten Homosexuellen, die ich kenne – vor allem im Theatermilieu – können zu sich stehen, haben kaum Probleme mit sich und der Umwelt. Überhaupt ist in den Städten die Existenz erträglicher für sie, obwohl man auch dort – außerhalb der Gettos – selten schwule Liebespaare sieht, die sich öffentlich als solche zu erkennen geben, obwohl auch dort die meisten – ob Politiker, Manager, Angestellte – sich aus gutem Grunde hüten, ihre Homosexualität zu offenbaren, sich zu outen. Am Land aber ist die Lage immer noch viel prekärer, viel schlimmer als ich glaubte. Und nicht nur den Druck von außen gibt es, sondern vor allem den Druck von innen, aus sich selbst heraus. Das heißt, ich stellte fest, dass viele Homosexuelle am Land mit großen, übergroßen Schuldgefühlen zu kämpfen haben, dass viele sich selbst für abnormal, für »pervers« halten, dass sie auch dann, wenn sie in die Stadt flüchten, viele Jahre brauchen, um mit sich selbst zu Rande zu kommen. Die Erziehung, die Normen der Kirche, das ganze Weltbild sitzen ihnen schwer und unabschüttelbar im Nacken.

Ich stieß auf einen, der – schon todkrank – die Behandlung in der Aids-Station verweigerte, weil er die Krankheit selbst als Strafe Gottes ansah. Ich stieß auf einen, der den Krankenhauspfarrer, der ihn trösten wollte, wüst beschimpfte und eine Strafpredigt, die Androhung der Verdammnis von ihm verlangte. Ich stieß auf Väter – mehr Väter als Mütter, die Mütter sind verständnisvoller –, deren

Welt zusammenbrach, die psychisch und manchmal auch physisch zugrunde gingen, wenn sie von der Homosexualität des Sohnes erfuhren.

So ist also »Abraham« kein sogenanntes »Aids-Stück« geworden, sondern ein Stück über eine homosexuelle Liebe, und darüber, wie ein Mensch mit sich zu kämpfen hat, der an Gott glaubt und an die Gesetze der Kirche, der seine Veranlagung selbst für eine Sünde hält. Und es ist ein Stück über die Liebe zwischen Vater und Sohn geworden. Trotz dieser Liebe setzt der Vater den Sohn mit allen ihm zur Verfügung stehenden Mitteln unter Druck. Sein Motiv ist Angst. Die Angst, Ansehen, Macht und Ehre zu verlieren, in Schande zu fallen. Das Stück endet in einem Alptraum, in einer biblischen Apokalypse. Der Vater, der den Sohn schon längst auf dem Altar der gesellschaftlichen Konvention geopfert hat, tut dies – und zwar auf Verlangen des Sohnes! – nun auch tatsächlich. Der rettende Engel kann diesmal das Opfer nicht verhindern.

Das Stück war ein Auftragswerk des Linzer Landestheaters, die Uraufführung fand im Rahmen des Festivals der Regionen zum Thema »Das Fremde« an den dortigen Kammerspielen am 23. September 1993 statt. Regie führte Erwin Bigus, Joachim Rathke spielte den schwulen Sohn Peter, Klaus Schöch seinen Vater, Karl M. Sibelius als Max den Freund von Peter. Es war eine unglaublich starke Aufführung, die das Publikum sehr bewegte. Keine Spur von Skandal, worüber ich sehr froh war. Das lag auch an den drei Hauptdarstellern. Klaus Schöch war ein Vater, dessen Liebe zu seinem Sohn immer wieder durchbrach, dessen Verzweiflung ans Herz griff. Die Beziehung zwischen Joachim Rathke und Karl M. Sibelius hatte etwas Magisches, Unbegreifliches, Faszinierendes. Jahre später sprach mich in Graz eine Frau an und erzählte mir, sie sei die geschiedene Frau von Joachim, mit dem sie Kinder gehabt habe. Und während der Probenzeit zu »Abraham« habe sich Joachim tatsächlich in Karl verliebt, der damals schon offen schwul war. Der Peter im Stück aber hatte seine Neigung immer verdrängt, hatte sogar geheiratet und Kinder gezeugt. Und nun gestand er seiner Frau, dass Karl und er ein Liebespaar geworden seien, nicht nur auf der Bühne. Die Ehefrau war offenbar so tolerant, dass sie dies akzeptieren konnte. Es kam zwar zur Scheidung, aber Joachim blieb trotzdem der Papa und konnte seine Kinder sehen, sooft er wollte. Karl und Joachim waren viele Jahre ein Paar.

Das Stück wurde dann viel nachgespielt, auch im Salzburger Landestheater (Regie Michael Worsch) und an den Vereinigten Bühnen Graz (Regie Michael Schilhan). In Telfs gab es ebenfalls eine Inszenierung. Hans Brenner hatte zuerst Angst, dass zu wenig Zuschauer kommen würden, hielt das Thema zu prekär für Tirol. Aber er täuschte sich, wir waren im Zoblanger ausverkauft, im nächsten Jahr wurde die Aufführung im Rathaussaal wieder aufgenommen und war genauso gut besucht. Pepi Pittl führte Regie, Pepi Grießer spielte den Vater, Anders Linder den Peter und Karl M. Sibelius noch einmal seinen Freund Max. Den Karl wollte ich unbedingt dabei haben, da er in Linz so unglaublich gut gewesen war.

Heikle Themen im »Hause Gott«

Wie schon berichtet, schrieb ich 1989 für das Theater in der Josefstadt eine neue Variante des »Jedermann«. Wie im alten »Everyman« und auch bei Hofmannsthal gab es auch bei mir ein Vorspiel, in dem die göttlichen Personen auftreten und über den Untergang von Jedermann beraten. Dieses Vorspiel dauerte etwa zehn Minuten und erschien dem Regisseur Erwin Steinhauer und dem Hauptdarsteller Helmuth Lohner viel zu lang, eigentlich als Stück vor dem Stück, und das eigentliche Stück sollte doch so bald wie möglich beginnen. Ich konnte dem nur zustimmen und kürzte deshalb das Vorspiel um die Hälfte. Irgendwie tat's mir aber doch leid drum, und ich hatte im Hinterkopf vor, irgendwann einmal noch etwas damit anzufangen. Da ich mich aber eher ungern mit einem alten Stoff erneut auseinandersetze (deshalb gibt es zum Beispiel kaum Verfilmungen meiner Theaterstücke), geschah jahrelang nichts.

Letztlich waren es zwei Freunde die den Ausschlag gaben. Charly Rabanser (Schauspieler) und Maurus Mosetig (Regisseur) ließen mir einfach keine Ruhe und meinten, das wäre doch eine Chance, die Menschen auf unterhaltsame Weise mit theologischen Problemstellungen, überhaupt mit den Auswirkungen der monotheistischen Religion vom Ursprung bis heute zu konfrontieren. Einen weiteren Anstoß gab dann Martin Sailer vom ORF Tirol, der endlich wieder einmal ein Hörspiel von mir wollte. Ich baute also das Jedermann-Vorspiel zu einem Hörspiel mit dem Titel »Krach im Hause Gott« aus, das dann 1993 live vor Publikum gespielt und gesendet wurde. Ernst Grissemann (»die Stimme«) sprach Gott und

Kurt Weinzierl brillierte als Heiliger Geist. Der allerletzte Anstoß kam schließlich von Alfred Wopmann, Intendant der Bregenzer Festspiele, der ein Stück für den Martinsplatz in Bregenz suchte und mich nach Lesen des Hörspiels spontan bat, ein abendfüllendes Theaterstück daraus zu machen.

Nun kam in der weiteren Ausarbeitung endlich hinzu, was mir bisher immer gefehlt hatte, was mir schon seit Jahren an der christlichen Religion fehlt, nämlich das Weibliche. Wo ist die Frau? Warum gibt es nur einen Herr-Gott? Brauchen wir nicht sehr notwendig neben dem Vater eine Mutter, wenn wir schon jemanden brauchen, der über uns ist? Ich las die Bibel, wie es notwendig ist, aber ich las nun auch Theologinnen, die sich vor allem mit letzterer Frage beschäftigen. Christa Mulack, Theologin, Soziologin, Pädagogin, half mir am meisten dabei. Ihre Bücher »Maria – die geheime Göttin im Christentum« und »Jesus – der Gesalbte der Frauen« (Kreuz Verlag) öffneten mir die Augen. Ohne Christa Mulack hätte dieses Stück so nicht entstehen können, ich danke ihr sehr dafür.

Am 2. August 1994 fand die Uraufführung in der Regie von Bruno Felix am Martinsplatz in Bregenz statt. Lange hatten wir nach einem modernen Jesus Christus gesucht und nicht gefunden. Da empfahl mir Traude Piwak, Mitarbeiterin meines Bühnenverlags, den jungen Schauspieler Uli Brée. Der war's dann, einen besseren gab's nicht. Natürlich kam er mit dem Motorrad am Martinsplatz an, in einem Plastiksackerl trug er seine Dornenkrone. Klaus Schöch spielte Gott Vater, Helene Mira die Muttergottes (die den Kreis der Herren schon vorher als Punkerin, als Marilyn Monroe und als türkische Putzfrau stört), Kurt Bigger war ein verwehter Heiliger Geist und Kurt Sternik ein teuflischer Satan. Gelungen.

Obwohl eigentlich nur eine theologische Diskussion auf Laienniveau (mehr kann ich nicht), aber immer wieder auf humorvolle Weise, entwickelte sich dieses Stück dann zum Dauerbrenner, wird auch heute noch gespielt. In Innsbruck brachte es Pepi Pittl sogar zustande, das Stück in einer Kirche spielen zu dürfen, allerdings in der evangelischen Christuskirche, in mehreren katholischen Kirchen war er vorher gescheitert. Muss man akzeptieren, denn es gibt schon ein paar »haarige« Aussagen im Stück, aber trotzdem, der evangelische Pfarrer ist zu loben.

Irgendwie kein Mitterer: »Das Fest der Krokodile«

Es war 1993, in Jugoslawien herrschte das Grauen des Krieges, da wandte sich Werner Kantner, ein Freund aus alten Wiener Tagen, an mich und fragte an, ob ich für eine neue Kindertheatergruppe ein Stück über den Krieg (für Kinder ab 9) schreiben könnte. Die Gruppe nannte sich »Theater Schrille Stille« und bestand aus fünf Leuten, die sich schon lange (allein oder zu zweit, nie aber alle zusammen) mit Kindertheater auseinandergesetzt hatten. Da ich ja meinen ersten großen Erfolg mit dem Kinderbuch »Superhenne Hanna« (1977) gehabt hatte und erst wieder 1986 in Telfs mit dem Zaubermärchen »Drachendurst« etwas für Kinder schrieb, fand ich es an der Zeit und auch als große Herausforderung, gerade anhand eines so schwierigen Themas wie Krieg mich erneut auf dem Gebiet des Kindertheaters zu versuchen. Die Gruppe wünschte sich außerdem, das Stück in einem ständigen Diskurs mit mir zu erarbeiten, zudem sollte ich den zwei Schauspielerinnen Eva Billisich und Verena Vondrak, sowie den Schauspielern Andreas Moldaschl, Stephan Rabl und Hubertus Zorell ihre Rollen auf den Leib schreiben. Auch das fand ich eine interessante Herausforderung, weil ich bisher immer (wie jeder Autor) einsam am Schreibtisch meine Geschichten erarbeitet hatte. Ich fuhr also nach Wien und traf mich mit den Leuten. Sie waren mir alle sympathisch, erschienen mir alle sehr begabt und kompetent, und ich empfand die Zusammenarbeit zu Beginn sehr erfrischend und befruchtend.

Anfang 1994 führte die Gruppe in Schulen von Wien und Niederösterreich Gespräche über den Krieg durch und stellte mir die Ergebnisse zur Verfügung. Ich begann zu schreiben. Und langsam, aber sicher wurde die Sache mühselig. Der Grund lag erstens darin, dass ich häufig von meinem Wohnort Innsbruck nach Wien fahren musste, zweitens stellte sich heraus, dass alle fünf Leute etwas anderes wollten, sodass das Sprichwort »Zu viele Köche verderben den Brei« sich zu bewahrheiten drohte. Dann kam der Regisseur, und es ging wieder aufwärts, denn da sprach einer, der eine genaue Vorstellung hatte und auch die Kraft zu besitzen schien, sich durchzusetzen. Es handelte sich um Karl Welunschek, einen der ungewöhnlichsten jungen Regisseure des damaligen Wien, von manchen hochgeschätzt, von manchen aber auch wegen seiner Kompromisslosigkeit sehr angefeindet. Kaum war der Welunschek da, war er aber auch schon wieder weg, bis heute weiß ich eigentlich nicht genau, warum. Wahrscheinlich waren es auch ihm zu viele Köche.

Die Kontakte wurden nun spärlicher, das Stück lieferte ich dennoch termingerecht ab und es wurde am 23. September 1994 (die Regie hatte eine der Schauspielerinnen unter dem Namen Elisabeth Makepeace-Vondrak übernommen) beim Kinderstückfestival »Szene Bunte Wähne« in Horn in Niederösterreich uraufgeführt. Wie mir schien, kam es bei Kindern wie bei Erwachsenen gut an und löste auch die erhofften Diskussionen aus, vor allem über soldatisches »Heldentum«, politische (Ver-)Führer und Hass auf die sogenannten »Fremden«, die vor kurzem noch Nachbarn waren. Es war mir in dem Stück vor allem um Entlarvung gegangen, um Entlarvung der Führer und Entlarvung der Helden, und Entlarvung funktioniert natürlich am besten mit einer absurden, respektlosen Komödie. Alle Darstellerinnen und Darsteller waren übrigens hervorragend.

Bei mir als Autor kam das Stück gar nicht gut an. Ich hatte das Gefühl, etwas ganz Miserables, Misslungenes abgeliefert zu haben, und schwer enttäuscht (von mir) fuhr ich nach Hause. Im November 1994 wurde das Stück dann mehrere Wochen lang im Wiener Künstlerhaus gespielt, begleitet von zahlreichen Rahmenveranstaltungen. Es fanden Diskussionen mit dem Publikum statt, eine Podiumsdiskussion zum Thema »Gibt es ein Erwachsenwerden in der Konfliktfähigkeit«, die Prämierung von Schüleraufsätzen zum Thema Krieg, eine Rauminstallation, Lesungen und pädagogische Spielstunden, eine dreitägige Filmreihe »Kinder und Krieg« mit Mal-Animation und eine Fotoausstellung »Alltag im Krisengebiet«, zuletzt auch noch eine Stadtführung für Kinder mit dem Thema »Wien 1945« durch die Historikerin Timmermann. Das alles war äußerst positiv, und die Gruppe »Schrille Stille« hatte damit großartige, effiziente Aufklärungsarbeit geleistet; besser kann man so etwas gar nicht machen. Mir selbst blieb dennoch das Gefühl, versagt zu haben. Ich ritt natürlich nicht darauf herum und verfiel auch nicht in Selbstmitleid, auch stellte sich keine »Schreibhemmung« ein, gewurmt hat es mich dennoch.

So beschloss ich also, meinen Bühnenverlag zu bitten, das Stück für weitere Aufführungen zu sperren, wie ich es schon 1980 bei meinem misslungenen zweiten Stück »Veränderungen« getan hatte. Mein Verlag akzeptierte dies, wenn auch mit leisem Widerwillen.

Irgendwann aber kam wieder einmal eine Anfrage, die Mitarbeiterin, die gerade das Telefon abhob, wusste nichts von der Sperrung und schickte dem betreffenden Theater das Stück. So kam im Jahre 1998 »Das Fest der Krokodile« im Wiener Theater »Experiment« als Stück für Erwachsene heraus. Meine Verlegerin Kitty Stanek besuchte die Aufführung, war sehr angetan und schlug mir vor, ich solle mich bei meinem nächsten Wienbesuch selbst davon überzeugen, dass das Stück sehr wohl funktioniere. Das tat ich dann, wenn auch mit viel Bauchweh – und siehe, so miserabel war es gar nicht. Aber irgendwie auch kein Mitterer. Aber warum soll ich immer Mitterer schreiben, fix nochamol?! Lossts mi holt amol wos ondas schreibm! Gespielt wurde das Stück allerdings kaum mehr. Jo, i schreib eh glei wieder an Mitterer!

Im Film neue Sicht auf den »Idioten«

Seit das Stück »Kein Platz für Idioten« 1977 herausgekommen war, gab es immer wieder Anregungen, aus dem Stoff einen Film zu machen. Da aber ständig neue Geschichten, neue Themen auf mich eindrangen, raffte ich mich nie dazu auf. 1992, als ein mir besonders sympathischer Redakteur – Dr. Herbert Knopp vom ZDF – wiederum mit diesem Vorschlag kam, machte ich mich endlich an die Arbeit.

Dazu muss man sagen, dass mein erstes Stück dramaturgisch ziemlich holperte, was nichts daran ändert, dass es mir bis heute mein liebstes ist. Das Drehbuch bot mir aber nun doch Gelegenheit, einige Szenen und Figurenkonstellationen zu verändern und auszuweiten, sowie das ganze Beziehungsgeflecht zwischen den Personen enger zu knüpfen. Dem Theaterstück sieht man an, dass es aus einem Hörspiel entstanden ist – kaum Aktion, kaum »Bilder«, hauptsächlich Dialog. Ausgenommen ist natürlich der beim Stück – das sonst zu kurz gewesen wäre – neu hinzugekommene 1. Akt, wo der Junge mit einer Faschingsmaske erscheint, die eine wichtige Rolle spielt. Bald nach der Uraufführung aber hat mich schon gestört, dass der Vater des behinderten Buben nicht auftritt, dass die Mutter nur von ihm erzählt, vom Druck, den er auf sie ausübt, vom Schuldbewusstsein, das er ihr eingeflößt hat. Manchmal ist Zuschauern dadurch die Mutter als zu böse dargestellt erschienen, als zu einseitig gezeichnet. Im Drehbuch nun spielt der Vater, spielen die

Beziehung zwischen Mutter und Vater, zwischen Vater und Sohn eine große Rolle, wodurch die Situation besser verständlich wird. Auch Lois (im Stück nur 1. Gast im Wirtshaus) und der Trinker Adi (2. Gast) treten nun durchgehend auf und sind mehr in die ganze Handlung verquickt. Neu hinzugekommene Figuren sind Seppi, der für den Vater des Buben als Ersatzsohn fungiert, sowie ein Afrikaner (Asylant), der nach dem Unfall des Vaters am Hof arbeitet.

Der Tourismus, der ein wichtiger Anlass für das Schreiben des Stücks war, hat nur mehr geringe Bedeutung, wichtiger, viel wichtiger sind nun die Beziehungen zwischen den Personen geworden. Vor allem die Beziehung zwischen Dati (Plattl-Mich) und dem Buben (Jakob) ist nun in verstärktem Maße das Hauptmotiv des Films geworden. Was man im Theater nur erzählen kann, vermag der Film natürlich auch zu zeigen, nämlich in den Szenen, wo der Dati dem Buben die Schönheit und den Reichtum der Natur vorführt. Auch das Ende ist nun ein anderes geworden, vielleicht ein tröstlicheres, auch wenn der Dati stirbt.

Im Sommer 1994 wurde der Film in Bayern gedreht. Regie führte Gedeon Kovacs, es spielten Johannes Thanheiser (wie wunderbar!) den Dati, Gilbert von Sohlern den Buben (unglaublich berührend), Monika Baumgartner die Mutter, Peter Simonischek den Vater, die Stammtischrunde wurde von Kurt Weinzierl, Hanns Meilhamer

Szene aus der Filmversion von »Kein Platz für Idioten« mit Johannes Thanheiser (Plattl-Mich), Monika Baumgartner (die Mutter) und Gilbert von Sohlern (Jakob)

und Georg Einerdinger verkörpert. Ich war sehr froh über den Film. Als der Haymon Verlag eine neue Buchausgabe von »Kein Platz für Idioten« vorbereitete, regte ich deshalb an, neben der Theaterfassung auch das Drehbuch des Films und Szenenfotos mit aufzunehmen. Nicht zuletzt waren dadurch Vergleiche möglich und konnten der Auseinandersetzung mit dem Stück, das längst zur Schullektüre avanciert war, neue Impulse geben.

Später schrieb ich für die Schlossbergspiele Rattenberg (Sommer 2000), deren »Breitwandbühne« für das kleine Kammerspiel zu groß gewesen wäre, eine eigene Theaterfassung nach dem Drehbuch. Regie führte Pepi Pittl, Klaus Winkler war ein Dati zum Umarmen, Heinz Auer spielte den Buben, Claudia Lugger die Mutter, Werner Klikova den Vater.

Mein erster »Tatort« – ein Fehlschlag

1994 fragte mich der NDR, ob ich nicht einmal einen »Tatort« schreiben wolle. Nämlich für die beiden Kriminalhauptkommissare Paul Stoever und Peter Brockmöller, dargestellt von Manfred Krug und Charles Brauer. Natürlich wollte ich das, ich bewunderte Manfred Krug schon lange, nicht nur als Tatortkommissar, sondern auch in seinen DDR-Filmen, die nun nach und nach auch im Westfernsehen liefen.

Ich schrieb. Und schrieb. Mühsam. War erst Ende '94 fertig. Schickte das Drehbuch nach Hamburg. Sie luden mich gar nicht zu einer Drehbuchbesprechung ein. Schrieben mir nur zurück, dass es so nicht ginge. Noch ein Brief kam. Ein beleidigter, von meinem Idol Manfred Krug. Die Tatort-Reihe sei das Höchste und ich hätte total versagt. Also wenn ich was nicht könne, dann seien das Krimis. Ich war am Boden zerstört. Er hatte ja recht. Und zwar insofern, als ich mir ein Tätermilieu aufgebaut hatte, das ich so spannend fand, dass der Kommissar erst nach 20 Minuten auftauchte. Das stelle man sich einmal vor. Nach zwei Minuten höchstens muss der da sein. Und schon gar ein Manfred Krug.

Vom Inhalt weiß ich leider nichts mehr, alles verdrängt. Jedenfalls kehrt ein Gangster (genannt »der König«) nach vielen Jahren Gefängnis auf die Reeperbahn zurück und will wieder Fuß fassen.

Dann doch die Einladung nach Hamburg zu einem Drehbuchgespräch. Da wir aber schon Mai 1995 haben und wir bald in ein anderes Land ziehen, habe ich keine Zeit mehr und bitte den vorgesehenen Regisseur Michael Gutmann, mein Drehbuch umzuschreiben, er könne die Hälfte meines Honorars haben, von mir aus auch mehr. Der Regisseur ist einverstanden und schickt mir später die Videokassette nach Irland. Ich kann's mir nicht anschauen, geht einfach nicht. Anscheinend aber ging die Sache gut aus, Manfred Krug war nun zufrieden, den zurückkehrenden »König« spielte Gottfried John, der eben von James-Bond-Dreharbeiten zurückgekommen war, er hatte nämlich den Gegenspieler von Pierce Brosnan in »Golden Eye« dargestellt. Ich war erleichtert. Und versprach mir hoch und heilig, ja keinen »Tatort« mehr zu verfassen.

Felix Mitterer hatte zu Beginn der 1990er Jahre einen Höhepunkt seiner Popularität und Anerkennung erreicht und erhielt mehrere Literaturpreise. Auf die zunehmenden Anfragen von Schülern und Lehrern reagierte der Haymonverlag 1995 mit der Herausgabe eines Büchleins mit Materialien (Rezensionen, Interviews, Aufsätze) über den Autor.

IRLAND: SCHREIBEN IM LAND DER DICHTER

1995–2010

Chryseldis hatte schon lange vorgeschlagen, für eine Weile ins Ausland zu gehen, weil wir als Künstler ja frei waren und überall arbeiten konnten. Außerdem ging ihr auf die Nerven, dass ich auf der Straße, in jedem Wirtshaus, auf die »Piefke-Saga« angesprochen wurde, was ein ungestörtes Privatleben tatsächlich erschwerte (mich aber erfreute, ich gesteh's). Da ich eher ungern verreise, und schon gar nicht auf längere Zeit, hatte sich die Angelegenheit verzögert. Tochter Anna, seit ihrem 10. Lebensjahr anglophil, war natürlich sofort für England. Ich bewundere zwar die Engländer, verstehe ihre Mentalität aber bis heute nicht. Einerseits Kolonialweltmacht, andererseits die größten Dichter und Wissenschaftler. Einerseits lange Zeit ein Erziehungssystem, das Kinder so schnell wie möglich in Internate steckte, wo meist die Prügelstrafe drohte, andererseits – jedenfalls für die besseren Klassen – ein unglaublich effizientes Bildungssystem. Oxford und Cambridge – Zauberworte. Jede Gesellschaftsklasse mit Stolz versehen, auch die »working class people«, denen Margaret Thatcher in den 80ern die Fabriken und Kohlengruben schloss. Selbst die Punks anhänglich ans Königshaus, was mich aber nicht störte. Nein, England bitte irgendwie doch nicht, obwohl die einzige Fremdsprache, die ich ein wenig kannte, Englisch war. Chryseldis sprach übrigens auch von Griechenland, sie hatte ja eine Zeit lang auf einer griechischen Insel gelebt und beherrschte die Sprache. Aber wo soll da Anna in die Schule gehen? Außerdem ist es mir im Süden zu heiß.

1988 hatte ich eine Lesetournee durch England und Irland gemacht, in Irland organisiert von Herbert Herzmann, der jahrzehntelang an der Uni in Dublin »German« unterrichtete. Während mir England kaum im Gedächtnis blieb, fand ich Irland unvergesslich. Die gastfreundlichen Menschen, die Pubs, in denen überall musiziert wurde, die grünen Hügel, die braunen Hochmoore, die Felsenküsten, das Meer. Die irische Volksmusik wunderbar, die irischen

Dichter von jeher die besten. Vier Nobelpreisträger hat das Land hervorgebracht, William Butler Yeats, George Bernard Shaw, Samuel Beckett und Seamus Heaney, nicht zu vergessen Jonathan Swift, Oscar Wilde, James Joyce, Bram Stoker. Die Stückeschreiber Sean O'Casey und Brendan Behan waren mir auch schon ein Begriff, andere sollten dann noch dazukommen. Damals, 1995, hatte Irland, das ungefähr so groß ist wie Österreich, etwa 3,5 Millionen Einwohner. Dafür 40 Millionen im Ausland, denn das arme Irland musste viele seiner Töchter und Söhne in ferne Länder schicken. Mitte des 19. Jahrhunderts die große Hungersnot, wegen der Kartoffelfäule. 1,5 Millionen Tote! Währenddessen schickte die britische Besatzungsmacht, die 500 Jahre lang das Land beherrschte, Getreide und Fleisch heim ins Königreich. 1919 bis 1921 ein blutiger Befreiungskrieg, eine eigene Republik ab 1922. Nordirland verblieb beim Empire, denn dort hatten die Briten über die Jahrhunderte viele Protestanten angesiedelt. Übrigens erschienen mir die Irländer nicht unähnlich den Tirolern, katholisch, stur und aufrecht, aber dafür musikalischer (ausgenommen die Zillertaler) und mit mehr (Mutter-)Witz. Ja, die IRA hatte eine andere Mentalität, die schreckte mich, von den vielen Anschlägen wusste ich ja. Trotzdem, ich fragte Chryseldis und Anna, was sie von Irland halten würden. Chryseldis war sofort begeistert, Anna etwas enttäuscht. Ich rief Herbert Herzmann an, was er dazu meine. »Ja, kommt doch, Irland freut sich auf euch!«, rief er ins Telefon. »Und hier zahlt ihr auch keine Einkommenssteuer, weißt du das?« – »Wie bitte?« – »Hier gibt's die ‚Artists Exemption' für Komponisten, Maler, Dichter!« Auch nicht schlecht.

Und so übersiedelten wir im Juli 1995 nach Irland. Wir, das sind Tochter Anna und ich, denn Chryseldis musste sich noch schonen, sie hatte 1994 eine schwere Rückenoperation, die gelang und sie möglicherweise vor dem Rollstuhl bewahrte.

Anna und ich fuhren mit dem Auto (und zwei Fähren) nach Dublin, der LKW mit den Möbeln folgte. Es begleitete uns ein junger Freund namens Raffael aus Wien, 15 Jahre alt, Sohn von Helga Leb, die unser Filmteam in Temeswar so gut betreut hatte. Raffael war ein Computergenie (ist es noch heute, mit eigener Firma), der mich beim Kauf meines ersten Computers beraten hatte. Den wollte er mir nun in Irland anschließen und mich dann weiter daran einschulen.

Im Dubliner Stadtteil Rathmines, in der Palmerston Road, hatte ich ein Haus gemietet, die Schule, die wir ausgesucht hatten, das Alexandra College (wieder eine Mädchenschule, aber interkonfessionell), lag nur 5 Minuten Fußweg entfernt. Im Herbst begann dort ein sogenanntes »Transition Year«, was bedeutete, dass in diesem Schuljahr keine Noten vergeben wurden und die Schülerinnen einen ganzen Monat lang in einen Betrieb gehen konnten, der sie interessierte. Anna wählte das Wiener Theater in der Josefstadt, wo sie in der Kostümabteilung arbeiten wollte, was Otto Schenk und Robert Jungbluth gern erlaubt hatten. Dass in Irland Schuluniformen üblich waren, erleichterte Anna sehr, denn so konnte kein Mädchen wegen seiner Kleidung ausgelacht werden, auch fehlte das fatale Verlangen, genauso toll und modisch gekleidet zu sein wie die anderen. Aber eine Enttäuschung blieb trotzdem nicht aus: Der Elternbeirat hatte den Kindern erlaubt, ab nun Röcke zu tragen, die über dem Knie endeten, beinah Miniröcke also. Nach langem Suchen fand Anna schließlich in einem Schuluniformen-Geschäft noch zwei wadenlange Röcke.

Mit Schreiben war in der ersten Zeit nicht viel los, ich musste mich erst einleben. In Innsbruck hatte ich »Ulysses« von James Joyce zu lesen begonnen, zuerst auf Englisch, was ich schnell aufgab, dann die deutschsprachige Ausgabe, auch diese noch schwer genug. Ich wollte mich auf Dublin vorbereiten, denn Joyce beschreibt ja einen einzigen Tag in der Hauptstadt Irlands, nämlich den 16. Juni 1904. Anna brachte ich in den Süden, ins County Cork, wo sie auf einem Reiterhof einen Englischkurs besuchte und gleichzeitig reiten konnte, wofür sie ein Faible hatte. Ich ging inzwischen mit dem Ulysses durch die Stadt, las abends weiter und war sehr fasziniert, zugleich verwirrt und angestrengt von den Gedankenströmen der Protagonisten. Ich mochte jedenfalls die Hauptfigur Leopold Bloom sehr, identifizierte mich manchmal sogar mit ihr. Dies hinter mich gebracht habend, stellte ich mit Raffael die Möbel auf, packte unsere Kartons aus, ordnete alles ein und brachte das Haus in Schuss. Mein Schulenglisch war kaum brauchbar. Der Installateur und der Elektriker waren meine ersten Lehrer. Raffael flog nach Hause und ich fühlte mich etwas einsam. Als die Schule begann, war ich sehr froh, da ich nun Anna bei mir hatte. Im Gegensatz zu mir lebte sie sich schnell ein, hatte auch in der Schule keinerlei Probleme.

Nach und nach lernten wir Dublin kennen. Zuerst unsere Straße. Wir entdeckten, dass ein paar Häuser weiter Bram Stoker gewohnt hatte und dort einen Zeitungsroman in Fortsetzungen schrieb, der ihn später unsterblich machen sollte, nämlich »Dracula«. Und im nächsten Haus wohnte ein ehemaliger Premierminister (»Taoiseach« genannt, ausgesprochen »Tiaschock«), was deshalb angenehm war, weil im Vorgarten eine Holzhütte stand, bewohnt Tag und Nacht von einem Soldaten, der den alten Herrn zu beschützen hatte.

In der Henry Street gab es einen wunderbaren Fisch- und Gemüsemarkt, auch Textilien und Kitsch wurden verkauft. Die Verkäuferinnen schrien wild durcheinander; zu Weihnachten verkauften sie Christbäume und riefen: »Wan'a tree, love?« Am Eingang der Straße liegt das riesige General Post Office, in dem noch die Einschläge der Kugeln des irischen Aufstandes zu sehen sind. Gegenüber das beste »Fish-and-Chips«-Lokal von Irland. Gibt es heute nicht mehr.

Wir gingen ins Theater und in Konzerte, Herbert Herzmann und seine Frau Ursula, eine Irin, berieten uns. Im Abbey Theatre (das Burgtheater von Irland) besuchten wir mehrere Aufführungen englischer und irischer Stücke, und ich bemerkte, dass man kaum ausländische Theaterstücke spielte. Einmal sahen wir eine spannende Aufführung von »Sechs Personen suchen einen Autor« von Luigi Pirandello, das Theater war katastrophal schlecht besucht. Die Zuschauer kamen einfach nicht bei französischen und italienischen Stücken; deutsche spielte man sowieso nicht. Ich wunderte mich, denn bei uns im deutschsprachigen Raum ist das Gegenteil der Fall. Im privat finanzierten Gate Theatre sahen wir eine großartige Dramatisierung von »Great Expectations« von Charles Dickens und dann ich allein in einem Kellertheater eine unglaublich tragikomische Aufführung eines Stückes, das »The Gay Detective« hieß. Es handelte von einem schwulen Polizisten, dessen sexuelle Ausrichtung von seinem Chef entdeckt wird, worauf er ihn – ziemlich skrupellos – im Schwulenmilieu einsetzt, wo gerade ein Politiker ermordet wurde. Ich traf auch den Autor Gerard Stembridge und wollte das Stück unbedingt ins Deutsche übersetzen. Ich verabsäumte das natürlich wieder einmal, hab das Stück gerade jetzt gegoogelt und gesehen, dass es heute – Ende 2017 – immer noch keine deutsche Übersetzung gibt, nur eine rumänische.

Ich begriff das System hier. Die Originalwerke produzierenden Künstler zahlen zwar keine Steuern, aber die Interpreten tun sich schwer, die Konzerthäuser und Theater werden kaum subventioniert. Darum gibt es auch keine Oper in Irland, nur Gastspiele. Und die Schauspieler treten an einem Tag im Keller auf, am nächsten in einem großen Theater, und die Woche darauf spielen sie eine Nebenrolle in einem amerikanischen Kinofilm. Man nimmt, was man kriegt.

Mir wurde schnell klar, dass Dublin eine Gangsterstadt war. Der Drogenhandel florierte, die Gebiete waren unter Clans aufgeteilt. Im Norden der Stadt befanden sich elende Wohnviertel, von Arbeitslosen bewohnt, viele davon drogensüchtig. Überall Stacheldraht und Glassplitter auf den Mauern, weil dauernd eingebrochen wurde. Struppige, schmutzige Pferde waren vor den heruntergekommenen Plattenbauten an Straßenlaternen angebunden, wurden von Buben ohne Sattel geritten. Ständig wurde in den Zeitungen von »Gangland Shootings« berichtet. Und zu Halloween jagten die Jugendlichen der Nordseite mit gestohlenen BMWs die Polizeiautos und bewarfen sie mit Molotow-Cocktails.

Anna nahm das Gottseidank nicht wahr, sie beschäftigte sich ausschließlich mit ihrer Schule, war überfleißig, spielte in einem Musical mit (»Annie Get Your Gun«), trat auch dem Chor bei, bemalte mit Kolleginnen bei einem »Mini-Company«-Wettbewerb auf magische Weise alte Glasflaschen, die reißenden Absatz bei den Eltern fanden und nicht wenig Geld einbrachten.

Der berühmteste Gangster von Dublin war übrigens Martin Cahill, genannt »The General«, weil er so ein brillanter Stratege war und jeden Coup ungemein genau vorbereitete. Er leitete mehrere Gangs, mit denen er Einbrüche verübte, deren Gesamtbeute einen Wert von über 60 Millionen Pfund ausmachte. Aus der Nationalgalerie ließ er die wertvollsten Gemälde mitgehen. Er trank nicht, nahm keine Drogen und spielte nicht. Er hatte unbändigen Humor, war aber auch sehr rücksichtslos und brutal. Einen Verräter kreuzigte er einmal eigenhändig auf einen Tisch. Im August 1994, ich war gerade auf Haussuche in Dublin-Rathmines, wurde er in der Nähe unserer Straße erschossen, als er zu Fuß von seiner ersten Familie zu seiner zweiten Familie unterwegs war. (Das heißt, er hatte zwei Frauen und mit jeder etliche Kinder.) Plötzlich kam das übliche Motorrad von hinten, der Beifahrer schoss dem General dreimal in den Hinterkopf und er war gewesen. Die Bewunderung für ihn hält bis heute an. Umgebracht haben ihn angeblich nicht Gangster-Konkurrenten, sondern die IRA.

Nachdem in Nordirland Frieden geschlossen worden war, hatte die IRA wenig zu tun und vertrieb sich die Zeit damit, den Drogendealern Dublins Zettel an die Tür zu heften, auf denen nur ein Wort stand: »Go!« Zuerst gingen sie natürlich nicht, aber als die IRA die ersten von ihnen erschoss, brach eine Panik unter ihnen aus. Ein zitternder Dealer, ein Häuflein Elend, der sich in London versteckt hatte, sagte einem Reporter, der ihn aufspürte, er fände diese Vorgangsweise gänzlich unangebracht, denn er müsse doch auch von was leben.

In der Vorweihnachtszeit besuchten Anna und ich eine traditionelle »Christmas Panto«, was eigentlich eine Pantomime suggeriert, aber das Gegenteil davon ist, nämlich meistens ein Musical mit Gesang und Tanz, oftmals dramatisierte Märchen wie »Schneewittchen« und »Aschenputtel«. Im Gaiety Theatre, einem riesigen viktorianischen Theaterraum mit rotem Plüsch, sahen wir aber das Musical »The King and I«, das ich aus der Verfilmung mit Deborah Kerr und Yul Brynner schon kannte. Das war nun etwas ganz anderes. Nämlich ein richtiges Volksfest für die ganze Familie, mit herumgehenden Süßigkeiten- und Getränkeverkäufern, mit Jubel, Getrampel und Mitsingen des Auditoriums. Großartig. In Cork dann sahen wir Jahre später auch eine wunderbare »Christmas Panto«, nämlich im Everyman Palace Theatre »Aladdin« mit seiner Wunderlampe.

Zu Weihnachten kam Chryseldis, aber sie fühlte sich nicht wohl im Haus. Sie meinte, da müsse vor langer Zeit etwas ganz Furchtbares passiert sein, sie habe Alpträume davon. Nämlich von toten Kindern, die anscheinend verhungert waren. »Arme Seelen« eben. Sie reiste bald wieder ab.

Eines Nachts wurde draußen auf der Straße mein Auto halbwegs aufgebrochen, aber nichts sonst war passiert. Wahrscheinlich hatten die Diebe gesehen, dass das Lenkrad auf der falschen Seite war. Allerdings sah ich auch Absplitterungen am Küchenfenster. Da hatte unser Schutzengel wohl die Einbrecher vertrieben. Unser Schutzengel war ein alter Obdachloser mit langen Haaren, langem Bart und langem, dickem Wintermantel, der von den Bewohnern unseres Häuserblocks Tee, Nahrung und etwas Geld erhielt. Dafür marschierte er bis zum Morgengrauen unablässig um den ganzen Block herum, auf seiner Schulter einen riesigen »Ghettoblaster«, aus dem irische Volksmusik ertönte. Wenn er schlecht gelaunt war oder sich nicht genug entlohnt fühlte, drehte er so laut auf, dass alle aus ihren Betten gehoben wurden. Er schlief hauptsächlich tagsüber, und zwar an unterschiedlichen Orten, die ich nicht kannte. Manchmal aber schlief er in einem überdachten Hauseingang gegenüber, und es war irgendwie komisch anzusehen, wenn um 7 Uhr 30 der Hausbesitzer in Anzug und Krawatte, mit schwarz glänzender Aktentasche aus der Eingangstür kam, einen großen, weit ausgreifenden Schritt (»Silly Walk« – die Monty Phythons lassen grüßen) über den Sandler hinweg machte, ohne ihn anzuschauen, und Richtung Bushaltestelle verschwand.

Inzwischen hatte ich die irischen Verhältnisse schon etwas besser kennengelernt. Die Iren sind vom Temperament her keine Nordländer, sondern südliche Inselbewohner. Ihre Neigung zum Feiern beweist das am meisten. Auch das Klima ist ein südliches, die unzähligen Palmen geben dafür ein Zeugnis ab. (Nur die Kamele wollen es noch nicht wahrhaben.) Schon im Januar kommen die Krokusse, Anfang Februar die Narzissen, Ende Februar die Tulpen. Das Gras hört nie auf zu wachsen. Schnee gibt es keinen, auch kein Eis auf den Straßen, höchstens alle fünf Jahre einmal. Dann bricht aber der Verkehr zusammen, da es keine Winterreifen, kein Salz, keinen Streusand gibt. Auch betritt der Ire ab 1. Januar die Straße nur noch im kurzen Leiberl, bzw. die Schulmädchen mit Minirock und Söckchen. Sollte dich bei diesem Anblick frieren, so ist das ein kontinentales Vorurteil. Regen und Nebel haben nur die Briten, die Iren einen niederen Himmel, der alle Stückeln spielt.

Die Iren wirken des Öfteren etwas langsam. Lass dich davon aber nicht täuschen. Beim Kartenspiel wird nichts aufgeschrieben, jeder merkt sich nicht nur seine eigenen Punkte, sondern auch die aller Mitspieler. Ein Handwerker kommt grundsätzlich nur, wenn eine Katastrophe ausgebrochen ist (totale Verstopfung, totale Überschwemmung). Dann aber kommt er auch am 24. Dezember um Mitternacht. Und die Arbeit ist in fünf Minuten getan. Danach bleibt er allerdings bis 3 Uhr früh sitzen, obwohl ihn dann schon x-mal die Ehefrau angerufen hat. Schließlich und endlich: Erinnere dich bitte an den irischen Volkstanz. Er ist der schnellste der Welt.

Betrittst du ein Pub zu späterer Stunde, so wird dort gesungen. Die Iren können alle singen und sie merken sich von einem Lied hundert Strophen. Außerdem erfinden sie aus dem Stegreif Lieder, bei uns Gstanzln genannt. Sie werden dich auffordern, ein Lied aus deiner Heimat zu singen. Sing einfach, auch wenn du es nicht kannst, auch wenn du dich nicht einmal an den Text der ersten Strophe erinnerst. Die Zuhörer werden auf jeden Fall begeistert sein und dir ein verschwitztes Unterleiberl (das sich einer vom Leibe reißt) zum Andenken schenken.

Stehst du an einer Bushaltestelle und es erscheint ein Ire, wird er dir seine Lebensgeschichte erzählen. Erzähl ihm auch deine, er erwartet das. Zeit hast du genug, der Bus kommt ohnehin etwas später. Außerdem ersparst du dir dadurch den Psychotherapeuten.

Die Wegweiser weisen alle in die falsche Richtung. Aber wo immer du auch in Irland hinfährst, du wirst schon am richtigen Ort landen. Und überall willkommen sein.

Das erste in Irland geschriebene Stück

Im Winter 1995/96 schrieb ich das Stück »In der Löwengrube«. Schon vor unserer Übersiedlung, im Sommer 1994, hatte ich Otto Schenk in seinem Sommerhaus am Irrsee besucht, und er hatte mir die Geschichte um den jüdischen Schauspieler Leo Reuss, die sich in der Josefstadt abspielte, ans Herz gelegt. Er selber wollte den Reuss spielen, der von den Nazis rausgeworfen wurde und als Tiroler Naturtalent wiederkehrte. Bei einer Lesung in Tirol hatte er sich einen schönen Schützenhut schenken lassen, den er auf der Bühne tragen wollte. Gegen den Frühling hin war ich endlich einigermaßen zufrieden und schickte das Stück an Otto Schenk. Ich hörte lange nichts.

Natürlich gingen Anna und ich oft am Meer spazieren, das war ja etwas Neues für uns und besonders schön. Wir besuchten auch immer wieder den Killiney Hill, südlich von Dublin gelegen, bewachsen mit vielen Föhren, durchzogen von zahlreichen Wanderwegen. Auch dort waren wir immer wieder und genossen den Ausblick auf die Bucht von Dublin. Nicht weit davon entfernt liegt die »Sorrento Terrace« mit ihren schneeweißen Villen, auf vorspringenden Klippen am Meer gelegen, da kam man sich endgültig wie in Italien vor. Auch die Einheimischen nennen diese Gegend »Dublin Riviera«.

In einer der Sorrento-Villen lebt der Filmregisseur Neil Jordan, der in diesem Jahr 1996 in Dublin seinen Film »Michael Collins« drehte. Collins war ein Anführer des Aufstandes von 1916, Begründer

der IRA und mit dem späteren Präsidenten Eamon de Valera einer der Anführer des Kampfes gegen die Briten. Nach der Befreiung brach ein Bürgerkrieg zwischen Hardlinern und Gemäßigten aus, Collins gehörte zu den Letzteren und wurde in Cork von den eigenen Leuten in einen Hinterhalt gelockt und umgebracht. Liam Neeson spielte Collins, Alan Rickman trat als Eamon de Valera auf. Beide wurden für ihre Darstellung mehrfach ausgezeichnet. Ich habe alle Filme von Neil Jordan gesehen und viel aus ihnen über Irland gelernt, besonders waren das – neben »Michael Collins« – »The Crying Game«, »Butcherboy« und »Breakfast on Pluto«.

Ich erwähnte »Michael Collins« auch deshalb, weil Neil Jordan in den Medien einen Aufruf startete, er brauche an einem Drehtag 100.000 Gratisstatisten in den Straßen von Dublin, angezogen wie ungefähr 1917, also ohne heutige Turnanzüge, dafür aber mit Hüten. Es kamen 200.000. Natürlich aus patriotischen Gründen. Übrigens wird in jedem Pub zur Sperrstunde die Nationalhymne gespielt, jeder steht dabei auf und legt sich die Hand aufs Herz. Ich fand das sehr ungewöhnlich, kannte das ja nur aus dem Fernsehen von den Amerikanern, gewöhnte mich bald daran, kann mir das aber in Österreich nicht vorstellen. Na, vielleicht in Tirol.

Anfang April fuhren wir – auch Chryseldis war dabei – ans andere Ende von Irland, nach Newport im County Mayo. Endlich ein wenig von Irland wollten wir kennenlernen. Wir logierten in einem typisch irischen Landhaus, nämlich im Newport House, deren Eigentümer Kieran und Thelma Thompson uns ans Herz wuchsen; noch lange gab es dann brieflichen Kontakt. Den 16. Geburtstag von Anna am 5. April 1996 wollten wir mit einem Picknick am »Golden Strand« von Achill Island feiern, das war der Wunsch von Anna. (Auf Achill Island hatten sich übrigens Heinrich Böll und seine Frau zu Beginn der 50er Jahre ein Cottage gekauft; dort schrieb er sein berühmtes »Irisches Tagebuch«.) Aus dem Picknick am Strand wurde aber nichts, weil bei wolkenlosem Himmel ein unglaublicher Sturm aufkam, der sich am »Golden Strand« zu einem Sandsturm auswuchs. Also flüchteten wir samt Decke und Picknickkorb und fuhren mit dem Auto Richtung Newport, bis wir unweit der Straße eine hübsche, windstille Lichtung in einem Gestrüpp entdeckten, wo wir dann in Ruhe picknickten und Tee tranken.

Enttäuschung in Wien und die Wende zum Guten

Anna (die schlecht beisammen war) und ich flogen dann nach Wien, Chryseldis zurück nach Tirol. Otto Schenk hatte mich zu einem Gespräch eingeladen. Er sagte, mein Stück »In der Löwengrube« sei eine schwere Beleidigung für »seine« Josefstadt, verteidigte – wenn ich mich recht erinnere – die »österreichischen Nazis« am Theater, die nicht so schlimm gewesen seien wie die deutschen (Robert Valberg und Erik Frey übernahmen im März 1938 in SA-Uniform auf ziemlich ungute Art das Theater), jedenfalls würde er das Stück auf keinen Fall aufführen, ich solle doch damit in ein Kellertheater gehen.

Ich war am Boden zerstört. Anna schwer erkrankt im Allgemeinen Krankenhaus, und nun auch das noch. Ich ging zu meinem Bühnenverlag und erzählte Kitty Stanek von der Ablehnung. Sie war genauso traurig, konnte es ebenso wenig verstehen. »Es ist noch nicht aller Tage Abend«, meinte sie. Und es war tatsächlich noch nicht aller Tage Abend. Schon bald rissen sich zwei Theater um das Recht der Uraufführung, nämlich das Volkstheater und das Burgtheater. Emmy Werner war etwas schneller mit dem Unterschreiben des Vertrages, also erhielt sie den Zuschlag.

»In der Löwengrube« am Wiener Volkstheater

Lange fand Frau Werner keinen passenden Darsteller für die Leo-Reuss-Figur, die bei mir Arthur Kirsch heißt. Eines Tages besuchten Anna und ich im Theater Drachengasse die Aufführung eines Stückes von Michaela Ronzoni. Erwin Steinhauer spielte den nach Hollywood emigrierten Schriftsteller Franz Werfel, und Rupert Henning einen jungen amerikanischen Autor, der aus einem von Werfels Romanen ein Drehbuch machen soll. In einer Szene hängte sich Werfel einen Bart um, sozusagen »den lieben Gott« spielend – da sahen Anna und ich einander an und flüsterten gleichzeitig: »Das ist er!« Sofort nach der Vorstellung fragte ich Erwin, ob er vielleicht die Hauptfigur in meinem neuen Stück am Volkstheater spielen wolle.

Am 24. Jänner 1998 fand die Uraufführung am Wiener Volkstheater statt, Rudolf Jusits führte Regie. Erwin Steinhauer war zum

Erwin Steinhauer (rechts) als Arthur Kirsch alias Leo Reuss und Toni Böhm als Theaterdirektor

Niederknien. Wenn er als Tiroler Naturtalent Benedikt Höllrigl ans Theater zurückkehrte, legte er ein »Tirolerisch« hin, dass selbst Besucher aus Tirol fest daran glaubten, Erwin Steinhauer sei dort geboren. Den hektischen Theaterdirektor spielte Toni Böhm auf genauso unglaubliche Weise. Das Publikum stürmte die Vorstellungen, viele jüdische Besucher empfanden es als großen Befreiungsschlag, als tiefe Freude und Genugtuung, wie da ein Gedemütigter die Nazis grandios an der Nase herumführt.

Die wahre Geschichte des Leo Reuss

Im Sommer 1936 erscheint bei Max Reinhardt in Salzburg in zünftiger Tracht ein Tiroler Bergbauer namens Kaspar Brandhofer und wünscht, vorsprechen zu dürfen, weil er unbedingt Schauspieler werden möchte, das sei ihm in die Wiege gelegt. Amüsiert stimmt Reinhardt zu, und der vollbärtige, urwüchsige Bauer spricht den Monolog des Tell vor. Daraufhin ist Reinhardt derartig begeistert von diesem Naturtalent, dass er es an das Wiener Theater in der Josefstadt weiterempfiehlt. Der dortige Direktor Ernst Lothar hat gerade die Schnitzler-Novelle »Fräulein Else« dramatisiert und ist auf der Suche nach einem Darsteller für die Figur des Voyeurs Dorsday, der das Fräulein Else nackt sehen will. Brandhofer wird nach nochmaliger Vorsprache sofort für diese Rolle engagiert. Bei den Proben gibt es viel zu lachen, da sich der unerfahrene Bauer mit den Gepflogenheiten des Theaters so gar nicht auskennt. Die Presse wird natürlich sofort von diesem ungewöhnlichen Neuzugang informiert, und bald steht Brandhofer im Mittelpunkt des Interesses. Die Premiere gestaltet sich für Brandhofer zu einem Riesenerfolg. Die Kritiker jubeln dem Naturtalent zu, vor allem die nationalsozialistischen Blätter überschlagen sich vor Begeisterung. Die Nachricht über diese sensationelle Neuentdeckung dringt sogar bis zu Joseph Goebbels nach Berlin. Natürlich setzt Lothar sofort den »Wilhelm Tell« auf den Spielplan, mit dem Kaspar Brandhofer beim Vorsprechen so brilliert hatte.

Eines Tages besucht der Schauspieler Heinrich Schnitzler – Sohn des Dichters – die Vorstellung und teilt danach dem Regisseur Hans Thimig in großer Aufregung mit, dieser Brandhofer sei in Wirklichkeit der Schauspieler Leo Reuss, mit dem er im Berliner Staatstheater die Garderobe geteilt habe. Auch einer von Brandhofers Kollegen in »Fräulein Else«, Albert Bassermann, hat ihn erkannt, aber nicht verraten. Mit dem Vorwurf konfrontiert, gesteht Reuss sofort seine Identität ein, Lothar ist tödlich beleidigt (die ebenso beleidigten Nazis, die in Österreich noch nicht an der Macht waren, verlangen seine sofortige Absetzung), entlässt Reuss aber – da die Vorstellungen derart gut laufen – erst im Jänner 1937. Reuss spielt dann noch unter dem Doppelnamen Brandhofer-Reuss im Theater an der Wien und zuletzt am Jiddischen Theater (wozu er blitzschnell Jiddisch lernt) und emigriert Ende 1937 nach Amerika. Als Lionel Royce bekommt er in Hollywood einige kleine Filmrollen (in erster Linie Nazis) und erleidet anlässlich einer Truppenbetreuungstournee im Südpazifik am 2. April 1946 in Manila einen tödlichen Herzinfarkt. (Den der schon lange herzkranke Reuss übrigens bewusst herbeiführte, indem er in der tropischen Hitze so lange in seinem Hotelzimmer auf und ab marschierte, bis er zusammenbrach. Zuvor hatte er eine hohe Lebensversicherung zugunsten seiner neuen – amerikanischen – Familie abgeschlossen.)

Leo Reuss, 1891 in Dolina (Galizien) geboren, hatte in Wien – unter anderem mit Karl Farkas – die Schauspielschule besucht, trat dann nach einem Engagement bei der »Neuen Wiener Bühne« an verschiedenen Theatern in Berlin auf, unter anderem auch im Staatlichen Schauspielhaus. Seine Frau war die berühmte Schauspielerin Agnes Straub. Nach der Machtübernahme durch die Nationalsozialisten wurde der Jude Reuss gekündigt. Er kehrte nach Wien zurück, erhielt aber dort kein Engagement, bei Ernst Lothar nicht einmal einen Termin zum Vorsprechen. Agnes Straub holte ihn daraufhin Ende 1934 wieder nach Deutschland und unternahm mit ihm als Partner und Regisseur ausgedehnte Theatertourneen. Beim Start einer »Hedda-Gabler«-Tournee in Stettin kam es zu einem von der dortigen SA organisierten Skandal. Als Reuss die Bühne betrat, begann ein derartiger Krawall, dass der Vorhang fallen musste. Da auch von prominenter politischer Seite auf Agnes Straub Druck ausgeübt wurde, sich von Reuss scheiden zu lassen, stimmte Leo Reuss dem zu, nahm die beiden Kinder mit und verschwand spurlos. Im Juli 1936 taucht er als Kaspar Brandhofer in Salzburg wieder auf …

Soweit also die authentische Geschichte. In Wiener Schauspielerkreisen wird sie seit damals immer wieder nacherzählt und ausgeschmückt und hat sich inzwischen so sehr zu einer Legende erhoben, dass manche gar nicht mehr glauben, diese in der Tat unglaubliche Geschichte sei wirklich passiert. Viele große Schauspieler träumten schon davon, Kaspar Brandhofer alias Leo Reuss auf der Bühne oder im Film darzustellen. Sogar Hollywood-Produzenten dachten noch während des Krieges an eine Verfilmung, natürlich mit Leo Reuss, kamen aber wieder davon ab, denn wie sollte auf Englisch der Sprachunterschied (Hochdeutsch/Tirolerisch) vermittelt werden, wie der Gegensatz Wiener Schauspieler/Tiroler Bergbauer?

Daniel geht in die Löwengrube

Ich selbst kenne die Geschichte auch schon seit Anfang der 80er Jahre und war sofort fasziniert davon. Ein jüdischer Schauspieler, der mit seinen ureigensten Mitteln, jenen der Komödiantik, die Nazis und ihren unsinnigen, menschenverachtenden Fanatismus bloßstellt, ist natürlich prädestiniert für ein Theaterstück. Prädestiniert vor allem für eine Komödie, und wie schön und genussvoll wäre es doch, einmal einen Sieger zu zeigen, einen Sieger über die Bestien, keinen Verlierer, auch wenn Reuss letztlich natürlich verlor, verlieren musste. Kurz vor seinem Tod notierte er: *»Als ich nach der Premiere allein nach Hause ging, war der kurze Triumph bereits verblasst. Ich fühlte nichts als unendliche Leere und tiefe Einsamkeit. ›Wie viele Aufgaben könnte man sich für ihn vorstellen!‹, schrieb die Reichspost. Und meinte Kaspar Brandhofer. Niemand fragte nach mir, nach Leo Reuss. Den Tiroler Golem ließen sie hochleben, mich aber hatten die Nazis – ohne es zu ahnen – endgültig besiegt. Ihre Gesetze waren stärker als meine List.«*

Wie so oft vergingen viele Jahre, bis ich mich endlich an das Stück wagte. Ohne die Aufforderung durch Otto Schenk hätte ich es wahrscheinlich nie geschrieben. Denn zu messen würde es natürlich an vielen anderen Stücken, Romanen und Filmen sein, die listige Helden im Mittelpunkt haben, an vorderster Stelle natürlich »Der brave Soldat Schwejk« und »Der Hauptmann von Köpenick«. Nicht zu vergessen der wunderbare Film »Sein oder Nichtsein« von Ernst Lubitsch, der eine ähnliche Situation im okkupierten Polen auf die Spitze treibt.

Natürlich wollte und konnte ich kein Dokumentarstück schreiben. Ich verließ mich einzig und allein auf die Grundgeschichte: Ein aus »rassischen« Gründen entlassener Schauspieler kehrt als »Arier« an dasselbe Theater zurück. Denn selbstverständlich war es in Wahrheit der Traum des vertriebenen jüdischen Schauspielers Leo Reuss, als arisches »Tiroler Naturtalent« nach Berlin, in die Höhle des Löwen zurückzukehren und dort den Nazimachthabern ihren Rassenwahn vor Augen zu führen und sie zu desavouieren. Er tat es auch, er fuhr in Lederhose und mit Andreas-Hofer-Bart tatsächlich nach Berlin, wurde aber sogleich von einigen Kollegen erkannt, auch von der Kollegin Elisabeth Flickenschildt, die ihm bestürzt riet, sofort wieder abzureisen, denn man würde ihn bestimmt umbringen, wenn die Nazis von seiner wahren Identität erführen. Also ging er dann nach Wien, wo ihm 1936 nichts passieren konnte. Auch das Burgtheater wollte Kaspar Brandhofer haben, als man hörte, dass Max Reinhardt ihn der Josefstadt empfohlen hatte, aber Leo Reuss entschied sich für Ernst Lothar, der ihn damals – 1934 – nicht einmal hatte sehen wollen. Vielleicht ein kleiner Racheakt. Lothar verzieh ihm das nie. Auch in der Emigration in Amerika nicht. Mein Stück jedenfalls erfüllt den Traum von Leo Reuss. Er geht dorthin zurück, wo man ihn mit Schimpf und Schande davonjagte. Daniel geht in die Löwengrube.

Das Stück wurde oft nachgespielt, 1999 wollte es auch der große Theatermann August Everding im Münchner Prinzregententheater inszenieren, mit Mario Adorf in der Hauptrolle, der schon das Tirolerische auf erstaunliche Weise einstudiert hatte. Leider verstarb Everding ein paar Tage vor Probenbeginn und das Projekt kam nicht zustande. Ruth Drexel brachte »In der Löwengrube« dann in ihrem Münchner Volkstheater heraus, Regie Jörg Hube, mit Markus Völlenklee in der Hauptrolle, Krista Posch (ganz großartig!) als seine Frau Helene und Nikolaus Paryla als Theaterdirektor.

Eine Inszenierung widerlegte dann die Meinung der Hollywood-Produzenten, in der englischen Sprache könne man den Unterschied zwischen dem Hochdeutschen und dem Tirolerischen nicht ausdrücken. In Oxford spielte eine Theatergruppe das Stück auf Englisch (übersetzt von Victoria Martin), und das Publikum erkannte sofort begeistert den Unterschied. Wie das? Arthur Kirsch betrat in Tiroler Tracht und mit Vollbart die Bühne – und sprach mit einem derart urwüchsigen schottischen Akzent, dass die Zuschauer vor Vergnügen johlten.

Im März 2018 wird es am Theater in der Josefstadt ein Geburtstagsgeschenk für mich geben. Herbert Föttinger hat dort »In der Löwengrube« auf den Spielplan gesetzt. Er war der Meinung, das Stück solle endlich dort gespielt werden, wo die wahre Geschichte sich abgespielt hat. Und wo auch der Auftrag herkam. Otto Schenk soll übrigens später gesagt haben, so wurde mir überliefert, er bedaure nur bei zwei Stücken, dass er sie abgelehnt hatte. Das war erstens »Meisterklasse« (von Andrea Eckert dann ewig am Volkstheater gespielt) und zweitens »In der Löwengrube« (ebenfalls einer der größten Volkstheater-Erfolge). Ich bin dir eh nicht bös, Herr Direktor. War es nie.

»Alle für die Mafia« – Mario Adorf ist frustriert, ich ebenso

Der von ORF/NDR/WDR produzierte Zweiteiler handelte von einem Mafiaboss (dargestellt von Mario Adorf), der von einem italienischen Gericht in ein Südtiroler Bergdorf verbannt wird (wahre Geschichte!), wo er zuerst auf erbitterte Ablehnung stößt, dann aber die gesamte Dorfbevölkerung korrumpiert. Eine satirische Komödie, ein »böses Märchen«, wie die Redakteurin vom WDR sagte. Im Vorfeld waren alle Beteiligten begeistert, das Ergebnis aber frustrierte uns alle. Trotz großartiger DarstellerInnen wie Krista Posch, Elisabeth Romano, Christine Neubauer, Tilo Prückner, Ludwig Dornauer und Kurt Weinzierl. Eine einzige Szene blieb mir in Erinnerung, wirklich großartig, es handelt sich um die Begegnung des »Mafiapaten« mit einem älteren Bergwanderer, der sich dann (immer unausgesprochen) als Papst herausstellt, verkörpert von der Legende Martin Benrath. Schwamm drüber.

Übersiedlung nach Castlelyons, County Cork

Von Anfang an war geplant, in Irland aufs Land zu ziehen. Als einer, der vom Land kam, wollte ich gerne aufs Land zurück. Außerdem träumte Anna von einem Garten. Wir gingen nur wegen Annas Schule zuerst nach Dublin, außerdem, um festzustellen, ob wir uns in Irland wirklich wohlfühlten. Das taten wir. Fast das ganze Jahr 1996 fuhr ich immer wieder in Irland umher, um mir Häuser anzusehen; so lernte ich auch das Land etwas kennen. Ich war natürlich immer darauf bedacht, einen Flughafen in der Nähe zu wissen, denn ich musste doch immer wieder zu Besprechungen nach Österreich. Der Westen im County Mayo hätte uns am Anfang besser gefallen, auch der Südwesten im County Kerry, aber diese unglaublich schöne Gegend wurde am meisten von Touristen besucht, was ich vermeiden wollte. (Obwohl die Touristen, die nach Irland kommen, von ganz anderer Art sind als die Ballermann-Besucher in manchen Gebieten Tirols.)

Schließlich fand ich das Haus in Castlelyons, County Cork. Das Dorf war sehr klein, hatte natürlich auch eine verfallene Abtei aus dem 13. Jahrhundert, ein ebenso verfallenes Schloss und einen uralten Friedhof. Die Bewohner waren Handwerker und Bauern, am südlichen Ende hatte es eine riesige Molkerei gegeben, was viele Arbeitsplätze bedeutete, auch eine Wohnsiedlung wurde dort für die Arbeiter errichtet, nun allerdings war die Molkerei schon lange stillgelegt. Es gab drei gutbesuchte Pubs, ein Gemeindehaus für Feste und Theateraufführungen, eine Bäckerei, ein Postamt und den Gemeindearzt. Die Gegend war sehr grün und hügelig, eigentlich

So kahl und nüchtern sah Castlelyons House vor der Renovierung aus und bevor Felix Mitterers Tochter Anna daraus ein Gartenjuwel machte (siehe Foto S. 281).

die fruchtbarste von Irland. Man züchtete Pferde (manche Hengste wurden zur Besamung in arabische Länder ausgeflogen), aber vor allem Schafe und Fleischrinder, hauptsächlich für den Export, ebenfalls in arabische Länder. Castlelyons liegt eine halbe Stunde von der Landeshauptstadt Cork entfernt, zum Flughafen braucht man 40 Minuten, zum Meer ebenso.

Castlelyons House war das schönste und größte Haus in Castlelyons, das drückt schon sein Name aus. Es wurde um 1800 vom anglikanischen Pfarrer erbaut, der auch »Gentlemanfarmer« war. Es ist ein sogenanntes Georgian House mit großen Fenstern, kurz vor unserer Rückübersiedlung nach Österreich gelang es uns noch, das Haus unter Denkmalschutz zu stellen. Die vorletzten Besitzer waren ein russisches Ehepaar, das dann nach Florida übersiedelte, weil den beiden das Klima zu feucht und kalt war. Es gab damals noch keine Heizung, nur die offenen Kamine, und Besucher des Hauses erzählten mir, es sei im Winter furchtbar kalt gewesen, sodass man dick vermummt in Schal, Mütze und im Mantel dinierte. Es gab (gibt) ja keine Doppelfenster, sondern nur einfach verglaste, zum Teil die Scheiben noch aus dem 19. Jahrhundert stammend. Die Russen hatten das Haus an den Nachbarbauern verkauft, der nur an den Feldern interessiert war. Er ließ daher das Haus verfallen, wollte dann sogar das Dach abtragen, was ihn von der Grundsteuer befreit hätte. Bevor das geschah, kaufte in den 60er Jahren ein offenbar wohlhabender Deutscher das Haus mit dem dazugehörigen Park (170 alte Bäume!), der von einer hohen Mauer umgeben ist. Der Deutsche renovierte das Haus vorbildlich, baute auch eine Ölheizung ein. Außerdem war er ein Sammler von antiken Autos, weshalb er die ehemaligen Ställe und Kutschengaragen ausbaute und sogar mit Heizkörpern versah. Auch eine Alarmanlage baute er ein, die uns viele Fehlalarme bescherte, sodass mehrmals die Polizei vor der Tür stand; schließlich bauten wir das Unding ab. Ebenso den roten »Panic Button« im Schlafzimmer.

Der Deutsche war selten da, allerdings wurde das Haus das ganze Jahr über beheizt und der Garten von einem Haushälterehepaar aus der nahen Bezirksstadt Fermoy gepflegt. Die Frau hatte außerdem alle zwei Wochen die Betten zu beziehen, falls der Deutsche überraschend mit seinen – wie üblich – zahlreichen Gästen auftauchte. Ihr Mann (der »Caretaker«) hatte die antiken Autos spazieren zu fahren, damit sie nicht einrosteten. 1996 nahm die Bank of Ireland dem Deutschen das Haus weg, weil er eine Hypothek nicht zurückzahlte. Daraufhin verschwand er spurlos und wurde nie mehr gefunden. Er soll auch in Miami und in Nizza ein Haus besessen haben.

Natürlich zeigte ich vorher das Haus meiner Frau und Anna. Das Kind war begeistert, Chryseldis hielt das Haus für zu groß, was es in der Tat auch war. (Beide schämten wir uns dann vor jedem Besucher für das zu große Haus.) Aber ich hatte die Suche satt, wollte endlich wieder in Ruhe schreiben. Nachdem die Bank nur den Kredit zurückwollte, bekam ich das Haus sehr günstig, erhielt auch bereitwillig einen Kredit, denn ich hatte das Geld ja nicht. Ende 1996, Anfang 1997 ließ ich die weißen Teppichböden herausreißen, die schon ziemlich schmutzig waren. Darunter kam ein wunderschöner alter Riemenboden zum Vorschein. Am Gästehaus (auch das gab es) war ebenfalls noch einiges zu tun. Als ich mit dem Makler das erste Mal vor dem Haus stand, fragte er mich, ob mir etwas auffalle. Es fiel mir nichts auf. Er forderte mich auf, näher hinzugehen, und da sah ich es: Fünf der großen Frontfenster im Parterre und im ersten Stock waren zugemauert. Allerdings hatte man die Fensterrahmen samt Verglasung nicht entfernt, sondern zehn Zentimeter dahinter eine Mauer aufgezogen und schwarz bemalt, sodass man zuerst gar nicht sehen konnte, dass die Fenster zugemauert worden waren. Ja, warum denn das? Der Makler nahm an, der Deutsche hätte so große Möbel gehabt. Später erfuhr ich die Wahrheit. Als ich unseren Nachbarbauern Billy McAuliffe besuchte, der in einem noch älteren Haus wohnt, sah ich, dass an dem auch einige der Fenster zugemauert waren. Er klärte mich auf: Wegen der Fenstersteuer hatte man die Häuser von Beginn an so gebaut. Natürlich bat ich meinen Maurer, er solle die Fenster öffnen, wir wollten ja Licht. Er ließ sich sehr viel Zeit.

Als ich wieder einmal von Dublin nach Castlelyons fuhr, mit dem Auto damals fünf Stunden über die Landstraßen, und die Fenster immer noch nicht aufgebrochen waren, riss mir der Geduldsfaden und ich schimpfte ein wenig mit dem Maurer. Da gestand er mir kleinlaut, er vermute stark, das Haushälterehepaar sei da eingemauert. Wie das? Er berichtete mir, schon vor dem Verschwinden des deutschen Hausbesitzers sei das Ehepaar verschwunden. Eines Abends hätten die Kinder die Eltern in ihrem Häuschen in Fermoy besuchen wollen, da war überall das Licht an, aber von den Eltern fehlte samt Auto jede Spur. Man verständigte schließlich die Polizei, die eine große Suchaktion in die Wege leitete, auch der Garten um Castlelyons Haus wurde mit Spürhunden durchsucht. Keine Spur. Ich ging mit dem Maurer, der nicht aus dem Ort stammte, sofort ins Pub und fragte dort nach, was die Besucher zum verschwundenen Haushälterehepaar zu sagen hätten. Von wegen eingemauert, meinte einer, es sei ganz anders gewesen. Man habe vor zwei Jahren eine neue Straße asphaltiert, die Richtung Midleton führt. Die Mörder hätten mit einem Bagger eine tiefe Grube gegraben, hätten das Auto samt den Leichen hineingeschoben, Schotter und Asphalt drauf – fertig! Blödsinn, meinte ein anderer Pub-Besucher, er hätte letztes Jahr das Ehepaar auf einer Straße in Paris gesehen. Und so weiter, der Theorien gab es viele. Jedenfalls öffnete mein Maurer endlich die Fenster, was eine mühselige Arbeit war, aber wie durch ein Wunder zerbrach er nicht eine einzige der alten Glasscheiben, obwohl er von innen mit schwerem Gerät der Mauer zuleibe rücken musste.

Übrigens erfuhren wir später, das verschwundene Haushälterehepaar sei in Donegal gefunden worden, bei einer Sekte. Ob's wahr ist, steht in den Sternen.

Ein Poet unter lauter Poeten

Im Frühling 1997 übersiedelte ich allein von Dublin nach Castlelyons. Chryseldis war in Tirol und Anna im Krankenhaus. Der Fahrer des Möbeltransporters erzählte mir witzigerweise, er hätte im Juli vorigen Jahres die Möbel des Deutschen von hier nach Dublin in ein Lager gebracht.

Ich besorgte mir einen »Handyman«, das war der alte Dinney, ein Rentner mit Riesenkräften. Mit ihm stellte ich die Möbel auf, dann packte ich wieder alles aus und räumte ein. Anna kam und entwarf eine Küche nach Art der »Shaker«, die wir dann anfertigen und von unserem Tischler einbauen ließen. Der Deutsche hatte nämlich in einem anderen Raum eine kleine Teeküche einbauen lassen. Wenn Gäste kamen, ließ er das Essen liefern. Wir bauten die Küche wieder dort ein, wo sie ursprünglich gewesen war. Beim Aufstemmen der Wand fanden wir die alte Feuerstelle mit mehreren Kaminen, auch einen riesigen Eisentopf für das Kochen der Kartoffeln gruben wir aus.

Die Bewohner von Castlelyons hatten uns übrigens sehr herzlich aufgenommen. Der erste Weg führte uns natürlich ins Pub, wo wir uns vorstellten. »A poet? Welcome! We are poets too.« In der Tat begriffen sich die meisten Dorfbewohner als Poeten, und das waren sie auch – wunderbar! So war ich nichts Besonderes, sondern sogleich einer von ihnen. Wir fanden im Pub unseren Elektriker, den Installateur, den Schmied, wir fanden überhaupt alles, was wir brauchten. Und sie freuten sich von Herzen, dass in Castlelyons House wieder eine Familie wohnte. Es tut mir leid, ich muss es erwähnen: Wenn in Tirol sich ein Deutscher in einem Dorf ansiedelt, das größte Haus kauft, dann braucht er so zirka 50 Jahre, bis er von den Einheimischen angenommen wird. In Castlelyons dauerte es nur fünf Minuten. Sie schimpften nicht einmal über den Deutschen, der sich nie im Pub hatte blicken lassen, sprachen einfach bewundernd über die tollen, alten Autos. Kein Neid, keine Vorbehalte, keine Vorurteile. Vielleicht liegt das auch daran, dass die Iren über die Jahrhunderte hinweg immer auswandern mussten, und froh waren, in der Fremde angenommen zu werden. Jeder Dorfbewohner hatte Verwandte in Australien, in den USA, in Kanada, überall auf der Welt. Und der Kontakt riss nie ab.

Kieran vom Newport House hatte uns an Merrie und Jeremy Green vermittelt, die unweit von uns auf einem Hügel Ballyvolane House besaßen, ein altes Landhaushotel, in dem ich übernachten durfte, solange unten die Handwerker wüteten. Sie brachten uns noch mit anderen Handwerkern zusammen, denn einen Maler suchten wir zum Beispiel auch, der die rosa Wände übermalen sollte.

Das war der großartige Tony Curtin, der seinen Vater noch mit »Sir« anredete. Außerdem veranstalteten sie eine Party, damit wir die Leute aus der Umgebung kennen lernten.

Annas neue Schule

Anna besuchte ab Herbst 1997 St. Angela's College in Cork, eine öffentliche Schule. Sie hätte lieber eine private besucht, weil dort Latein gelehrt wurde, und Anna liebte Latein, aber es gab keinen Platz mehr. St. Angela war alt und ziemlich heruntergekommen. Es gab keinen Turnsaal, eine Schulklasse war einfach dafür umfunktioniert worden. Das Klo lag über dem Hof, und teilweise wurde in Containern unterrichtet. Anna fühlte sich aber sehr wohl dort, wenn es auch eine Ganztagsschule war, die bis 16 Uhr dauerte. Zugleich besuchte sie die Cork School of Music, wo sie Klavier- und Gesangsunterricht nahm. Am Morgen wurde sie im Auto von Arbeitern mitgenommen, die in Cork beschäftigt waren, nach der Schule kam sie mit dem Bus nach Rathcormac (Gemeinde an der Hauptstraße), wo ich sie abholte. Wieder war Anna sehr fleißig, beherrschte die englische Sprache schon perfekt. Vom Unterricht in Irisch (wie man das Gälische nennt) war sie als Ausländerin ausgenommen. Übrigens vergessen die Schüler nach der Matura (Leaving Certificate) sofort die irische Sprache, nur in ein paar abgelegenen Bauerngebieten des Südwestens und Nordwestens wird sie noch im täglichen Leben gesprochen. Um dem abzuhelfen, war ein eigener Radiosender gegründet worden, aus dem nur Erzählungen, Interviews und Lieder auf Irisch zu hören sind. Es hat nichts genützt. Für mich klang Irisch immer wie eine Mischung aus Arabisch und Ötztalerisch, vollkommen unverständlich also. Aber sehr schön und mythisch.

Da Anna nicht auf Latein verzichten wollte, fanden wir nach langem Suchen einen Professor an der Uni in Cork, der dort alte Sprachen unterrichtete. Er hieß John Barry und lebte mit seiner Frau Carmel (ebenfalls an der Uni tätig) in der Nähe von Castlelyons im alten Bauernhaus seiner Eltern. In der Freizeit war er als Schafscherer tätig, schor dann auch unsere Hunde, denen im Sommer mit ihrem dicken Fell zu heiß war. Er war ein wunderbarer Lateinlehrer für Anna.

Die Gärtnerin

In dem zirka drei Hektar großen Park entdeckte Anna die Stelle, wo sich früher die fast fünfzig Meter lange »Herbaceous Border« (das Staudenbeet) befunden hatte. Daraufhin lernte Anna aus Büchern sowie von Merrie und Jeremy Green die perfekte irisch-englische Gärtnerkunst, legte ein neues Staudenbeet an, sogar in genau abgestuften Farbschattierungen, und so, dass vom Frühling bis zum Herbst immer Pflanzen blühten. Auch einen Rosengarten legte sie an, sowie einen großen Gemüsegarten, mit dessen Ertrag wir nicht nur uns, sondern das ganze Dorf versorgen konnten. Mehrmals fuhren wir mit Auto und Fähre nach England zur »Chelsea Flowershow« und auch zur »Hampton Court Flowershow«, um Pflanzen zu besorgen. Obstbäume gab es sowieso, und auch ein Gewächshaus zum Ziehen der Schösslinge. Außerdem pflanzte Anna um das sehr nackte Haus zahlreiche Glyzinien, Hortensien, Clematis, Kletterrosen und Efeugewächse, die dann die Wände hochkletterten und Haus und Wirtschaftsgebäude verschönerten.

Übrigens ist es gar nicht kalt in Irland, sondern immer feuchtwarm, denn es fließt der Golfstrom vorbei, sodass alle Pflanzen geradezu unglaublich wachsen. Die Palmen, die es auch in unserem Garten gab, habe ich schon erwähnt. Minusgrade hat es ganz selten, höchstens im März, wenn eine klare, wolkenlose Nacht war, Schnee haben wir nur zweimal erlebt, nach ein paar Stunden ist er aber schon wieder weggeschmolzen. Manchmal, das muss man sagen, ging uns zu Weihnachten schon der Schnee ab.

Haustiere, Platz ist ja genug

Natürlich legten wir uns auch Hühner, Gänse, Enten, viele Katzen und zwei schneeweiße und überaus freundliche Samojeden-Hunde namens Aljoscha und Cecily zu. Die Katzenjungen erhielten wir von Nachbarn, einmal brachte ein Bauer sogar ein Junges im Plastiksackerl ins Pub mit, ich nahm es ihm ab und wir entdeckten darin eine unglaublich süße Mischung aus Angora- und irischer Bauernkatze. Anna nannte das Kätzchen Felicity, als es Nachwuchs bekam, nannten wir sie allerdings lange Zeit Minimama, weil sie so dünn war. Im Alter wurde sie umgetauft auf Maximama, es machte ihr nichts aus. Sie ist sehr alt geworden, wir haben sie (mit zwei anderen Katzen) bei der Übersiedlung nach Niederösterreich mitgenommen. Leonce und Wendy sind noch putzmunter, Felicity schlief eines Tages ein und ist jetzt unter einem Lindenbaum beerdigt, samt Grabstein.

Das Geflügel erhielten wir übrigens von Hai, aus Saigon stammend, im Vietnamkrieg ein Bootsflüchtling, schließlich in Cork gelandet, wo er die Deutsche Ucki traf, die Quäkerin war, schon 30 Jahre lang in Irland lebte und Hai ehelichte. Sie lebten in einem Landhaus in der Nähe, das früher Angela Lansbury bewohnte, die populäre Darstellerin aus der TV-Endlosserie »Murder, She Wrote« (bei uns »Mord ist ihr Hobby«). Hai hatte einen richtigen Geflügelbetrieb, Ucki kümmerte sich um den Garten und das Gemüse und hatte auch Pferde, auf denen Anna reiten durfte. Hai wollte – wie daheim in Saigon – auch Schweine halten, aber das mochte Ucki nicht so gern. Außerdem machte Hai – der in Vietnam Lehrer gewesen war – am Computer sehr erfolgreich ein Fernstudium.

»The Sound of Music«

Als wir die Dorfbewohner zu einer Housewarming party einluden, standen sie staunend in der großen Halle mit den schwarz-weißen Fliesen. Noch nie waren sie im Castlelyons House gewesen. Als dann Chryseldis in ihrer weißen Kleidung und ihren aufgesteckten Haaren, zusammen mit Anna, ebenfalls ein Kleid tragend, die Wendeltreppe herunterschritt, erstarrten alle hochachtungsvoll. Später erfuhr ich von der Nachbarin Angela Conran, die mit ihrer Tochter Sinéad mir immer das Haus putzte, dass alle Besucher dabei sofort an das Filmmusical »The Sound of Music« gedacht hatten, das für sie Österreich repräsentierte.

Chryseldis hat Heimweh

Chryseldis war immer nur relativ kurz in Castlelyons. Sie, die ja den Vorschlag zum Weggehen gemacht hatte, wurde sofort von einem schrecklichen Heimweh nach Tirol ergriffen. So mietete sie sich im Café Maurer in Mieming ein, malte viel, entdeckte auch die Steindruckerei Stecher in Affenhausen, wo sie begann, Lithographien zu machen. In der Folge hatte sie ein paar sehr erfolgreiche Ausstellungen. In Irland war sie eigentlich nur Besucherin und malte dort nie ein Bild.

Die Köchin

Das Essen in Irland war miserabel. Im Pub gab es höchstens ein Sandwich oder Karottensuppe. Die Iren gingen nur in der Weihnachtszeit essen und zwar mit der ganzen Belegschaft ihrer Firma, und man wählte immer ein Hotel. In Österreich, wenn man übers Land fährt, kehrt man in irgendeinem Wirtshaus ein und bekommt immer etwas Genießbares zu essen. In Dublin war es natürlich anders, da gab es jede Art von Restaurant, ganz vorzügliche waren darunter. Auch in den Touristengebieten im Südwesten isst man gut, vor allem frischen Fisch. Übrigens essen die Iren kaum ihren Fisch, sie exportierten ihn lieber. Die Sache mit dem leiblichen Wohl sollte sich aber bald ändern.

Anna wurde nicht nur zur großartigen Gärtnerin, sondern auch zu einer Spitzenköchin, ebenfalls erlernt aus den besten Kochbüchern über die Wiener Küche beschreibend, die italienische, die französische, die asiatische. In Cork gibt es den altehrwürdigen »English Market«, wo man alle Arten von Fisch und Meeresfrüchten bekommt, vor ein paar Stunden aus dem Meer geholt; frisches Gemüse auch, bestes Fleisch, wunderbaren Schinken, Käse aus

Schnappschuss eines Besuchers:
Anna und Felix Mitterer
in der Küche, 1997

Westcork, Frankreich, Italien, köstliche Rillettes (Brotaufstrich) und natürlich auch das beste Brot von einem französischen Bäcker, knuspriges Landbrot aus Sauerteig, Baguette natürlich, was ich in Mengen besorgte und einfror.

Als dann mit dem Wirtschaftsboom die Polen kamen, die man im Siedlungs- und Straßenbau unbedingt benötigte (selbst irische Auswanderer kehrten zurück), eröffneten diese sofort ihre eigenen Läden, und so bekam ich endlich auch meine geliebten Würstel in hervorragender Qualität, die ich bisher bei Lidl erstehen musste. Natürlich waren Würstel nur erlaubt, wenn Anna in Wien war, sie schätzte eine derartige Kost gar nicht.

Ein Brief an den Bürgermeister von Stainz

Zum Schreiben war Irland ideal. Ich half im Garten, im Gewächshaus, jätete, kümmerte mich um die Tiere, dann setzte ich mich an den Schreibtisch. Kein Besuch, keine Ablenkung, ich konnte mich gut konzentrieren. Ach ja, einen Brief hatte ich zu schreiben.

Felix Mitterer, Castlelyons House, Castlelyons, County Cork, Irland

Herrn
Erzherzog Johann von Österreich
c/o Tourismusverband »Schilcherland«
Erzherzog-Johann-Straße 3
A-8510 Stainz

27. Juni 1998

In sein Steirergwand auf der Felsenwand,
schauts: Erzherzog Johann steht noch dort!
S hoaßt, er war schon tot – o du liawa Gott!
Für uns Steirer lebt er fort und fort!
Hola redl du liri, di ridl du liaa, di ridl du liaa,
di ridl du liaa; hola redl du liri, hola redl du liri,
ridi ridi du liridi redl du liri, di redl du liri,
di rijo di rijo di rijo iri.

Lieber Erzherzog Johann, steirischer Prinz!
Sehr geehrter Herr Bürgermeister!

In einem irischen Dorf lebend, wurde ich in meinem Pub alsbald gezwungen, österreichische Volkslieder zum Besten zu geben. Aus meinem Liederbuch wählte ich aus: »Der Summer is aussi«, »In die Berg bin i gern«, »Zillertal, du bist mei Freud«, »Tirol is lei oans«, »Der Mond ist aufgegangen«, »Es ist ein Schnitter, der heißt Tod« sowie »Zu Mantua in Banden«, »Ach Himmel es ist verspielt« und »Wo i geh und steh«, auch »Erzherzog-Johann-Jodler« genannt. Der Erfolg war ein durchschlagender, wenn ich auch den Jodler in dem Ihnen gewidmeten Lied leider nicht mehr schaffte, weil er so verteufelt schwierig ist.

Natürlich musste ich auch vom Inhalt der Lieder erzählen, so kam dann – über Andreas Hofer – ganz automatisch die Rede auf Sie, Herr Erzherzog. Nachdem die Iren so lange von den Engländern besetzt gewesen waren, hatten sie allergrößtes Verständnis für den Aufstand der Tiroler gegen die Bayern und Napoleon. Diesen Aufstand haben ja damals Sie organisiert und koordiniert und damit die Tiroler in etwas hineingeritten, das letztlich in einem ziemlichen Desaster endete. Das Schicksal Tirols wurde ja nicht am Bergisel bei Innsbruck, sondern auf den Schlachtfeldern und an den Konferenztischen Europas entschieden. Zuerst habt Ihr vom Wiener Hof aus

– ich muss es leider sagen – die Tiroler aufgehetzt und dann zurückgepfiffen. Aber ein Tiroler lässt sich vielleicht aufhetzen, zurückpfeifen lässt er sich nicht, und wenn die Sache noch so aussichtslos ist (davon verstehen auch die Iren etwas). Zur Ihrer Entschuldigung muss man Ihnen zugute halten, daß Sie absolut vernarrt waren in Tirol und die Tiroler und allzugern Ihr Leben dort verbracht hätten. »Es ist nicht Ehrgeiz«, schrieben Sie in Ihr Tagebuch, »aber ich passe am besten zu diesen Leuten. Ich sollte dort sein, wahrlich, ich würde als Erzherzog wie ein Bürger leben, Loden tragen, die Sitten ehren, Land und Leute lieben, für ihr Glück sorgen, einfach wie sie in allem sein und leben.« Das klingt sehr sympathisch, und Ihre Anwesenheit, ihr Wirken hätte den Tirolern sicher sehr gutgetan. Jedoch der Kaiser, Ihr eifersüchtiger Herr Bruder, wollte Sie ganz und gar nicht als Generalgouverneur in Tirol haben, ja, er verbot Ihnen sogar zwanzig Jahre lang, Ihren Fuß in das »heilige Land« zu setzen. So haben Sie sich notgedrungen der Steiermark zugewendet und dort all die wirtschaftlichen und kulturellen Reformen verwirklicht, die ansonsten Tirol zugute gekommen wären. So sind Sie also nicht der erste frei gewählte Bürgermeister einer Tiroler Ortschaft, sondern eben der des weststeirischen Stainz geworden.

Und damit sind wir beim Anlass meines Schreibens. Im Juli 1997 war ich anlässlich des ersten Stainzer Literatursommers zehn Tage lang Gast der Marktgemeinde Stainz. Damit verbunden war (und ist) die Aufgabe, an Sie, Herr Erzherzog, einen Brief zu schreiben. Längst hätte ich es tun sollen, nun endlich, mittels mitternächtlicher Faxe sanft gedrängt durch R. P. Gruber, mache ich mich daran. Der Grund meiner Zögerlichkeit liegt darin, dass ich leider Gottes kein besonders guter Briefschreiber bin. (Auch kenne ich Sie ja nicht persönlich, was die Sache erschwert.) Allerdings schätze ich es sehr, schöne Briefe zu bekommen, und sammle sogar sorgfältig die Briefe von drei Freunden, die diese poetische Meisterschaft noch vollendet beherrschen. Einer ist Maler, der andere Journalist, die dritte Wirtin, alle drei sind sie in Wahrheit Dichter. Wie gern wär ich ein Dichter. Ich liebe ja zum Beispiel auch Gedichte über alles, habe aber selbst noch kein einziges geschrieben, weil ich's einfach nicht kann. Kennen Sie den Theodor Kramer, Herr Erzherzog, oder Christine Lavant, oder Norbert C. Kaser?

Nun gut, ich will endlich zur Sache kommen und Ihnen wenigstens einen kurzen Erlebnisbericht von meinem Aufenthalt geben.

Vorauszuschicken ist, dass ich in kein Bundesland so häufig zu Lesungen eingeladen wurde, wie in die Steiermark. (Nicht ganz unschuldig daran natürlich mein Freund R. P. Gruber.) Auch hatte ich das Vergnügen, zwei bedeutende (und scheinbar gegensätzliche) steirische Preise zu erhalten, nämlich 1980 den Walter-Buchebner-Preis in Mürzzuschlag und etliche Jahre später den Peter-Rosegger-Preis des Landes Steiermark. Letzteres führte zu mehreren Aufenthalten in Alpl (Hans Bruggraber, Johann Reischl und Franz Leitner, seid gegrüßt) und zur Ehre, dem Herrn Rosegger die Glückwunschrede zum 150. Geburtstag halten zu dürfen, an einem wunderschönen Sonntagmorgen, vor seinem Geburtshause, oben am Berg.

In diesem Sommer 1997 durfte ich also nun in die Weststeiermark, dorthin, wo es wärmer ist und wo der Wein wächst und das Leben leichter ist als dort oben in der Waldheimat mit seinem dunklen Tann. Stationiert war ich in einer Gastwirtschaft namens Rauch-Hof im Ortsteil Wald. Das musste so sein, denn im Rauch-Hof war ich schon gewesen, ein paar Jahre vorher, und hatte Tiroler Knödel gekocht. Der Maler Hartmut Urban (leider inzwischen verstorben) hatte Kärntner Nudeln gekocht, Franz Buchrieser Ossobuco, und ich Tiroler Knödel. Noch nie in meinem Leben hatte ich etwas anderes gekocht als Eierspeis, klare Rindssuppe, Wiener Schnitzel und Fleischlaibchen, diesmal waren es Tiroler Knödel. Sie gelangen hervorragend. In Wahrheit verhielt sich das so: Ich konnte erst recht spät von meiner Zwischenstation Innsbruck wegfahren, faxte daher das Rezept an die Wirtin Gretel, diese bereitete den Teig zu, und als ich kam, ziemlich knapp, brauchte ich die Knödel nur mehr rollen und vorsichtig ins Wasser zu geben. So war das. Ich kann nicht kochen, ich kann nicht Briefe schreiben, ich kann nicht Fußball spielen und mein Auto nicht selber richten und auch nicht handwerken, obwohl ich Baumärkte liebe und sehnsuchtsvoll all die wundervollen, edlen Werkzeuge bestaune. Vor allem Chromnickel hat es mir angetan.

Diesmal allerdings stand mir der Sinn nicht nach Stählernem, sondern nach Hanf. In einem steirischen Baumarkt fand ich in der Tat ein vollkommen echtes Hanfseil für unsere Schaukel in Irland. Monatelang hatte ich auf der ganzen grünen Insel nach einem Hanfseil gesucht und nur blaue Nyonseile gefunden und mich geärgert über diesen Kulturverfall. Ich kaufte sogleich eine riesige Rolle mit vierzig Meter Seil und transportierte sie – kostete noch ordentlich Übergepäck – herüber nach Irland. Bei Anbringung der Schaukel wären ich, ein Ire und ein Kärntner fast ums Leben gekommen (die Iren und die Kärtner sind offenbar auch nicht so tolle Handwerker). Heuer im Frühjahr, als sich unsere Tochter zum ersten Mal wieder auf die Schaukel setzte, riss das Seil. Das ist der Grund, warum es in Irland keine Hanfseile zu kaufen gibt. Es ist zu feucht, es regnet zu viel.

Zum Rauch-Hof zurück. Hierbei, Herr Erzherzog, handelt es sich um eine chaotische Großfamilie, die nicht ins Bett will. Irgendwann um zwei Uhr früh beginnt das erste Familienmitglied anzudeuten, es wolle nun liegen gehen. (Wohlgemerkt: liegen, nicht schlafen!) Bis alle liegen, ist es fünf. Das hält ein normaler Nordtiroler (ausgenommen das Zillertal) nicht aus. Weil man liebt, was man nicht aushält (und weil ich in diese Großfamilie vernarrt bin), wünschte ich mir also den Rauch-Hof als Wohnung während dieser zehn Tage. R.P. Gruber, durch Einheiratung Familienmitglied des Clans geworden (und dadurch ebenfalls ständig am Liegengehen gehindert) führte am 11. Juli (ich kam wieder recht spät an, diesmal aus Irland) ein äußerst seriöses Gespräch über dies und das mit mir durch (Gruber als Talkmaster in den ORF!), am nächsten Tag las ich aus dem neuen Stück »In der Löwengrube« (inzwischen am Wiener Volkstheater uraufgeführt – Erwin Steinhauer und Toni Böhm zum Umarmen gut), am Sonntag dann eine Fahrt mit dem Flascherlzug (Signierstunde geheißen – signiere einer in einem wackligen Zug, Herr Erzherzog, meine Unterschrift glich der eines total Besoffenen, der ich aber nicht war, obwohl ich mich sehr geschwind schon – ich muss es zugeben – an den Literaturschilcher vom Lazarus gewöhnt hatte), dann am 16. Juli die »Literarische Landpartie«, und davon muß ich Ihnen genauer erzählen, Herr Erzherzog, denn das war nun wirklich ein außerordentliches Erlebnis. Bei strahlendem Wetter wanderten wir – eine ansehnliche Anzahl von Literatur- und Naturinteressierten samt Kindern und Hunden – vom Schloss über malerische Feldwege (von manchen Grundbesitzern nach langer Zeit zum ersten Mal wieder dem öffentlichen Wohl geöffnet) bis hinüber zum Lazarus, unterbrochen von Kurzlesungen bei verschiedenen Buschenschenken. Die Kurzlesungen wurden immer kürzer, der Aufenthalt immer länger, denn es war so angenehm, unter schattigen Bäumen zu sitzen, zu essen, zu trinken, mit den Leuten zu plaudern. Besonders einer der Mitwanderer, Moritz geheißen, neun Jahre alt, war ein äußerst angenehmer und geistreicher Begleiter. Die einzigen, die es ungemütlich hatten, waren die Leute vom Studio Steiermark, denn ihre Aufgabe war es, die Literarische Landpartie in laufenden Bildern festzuhalten. Am Ungemütlichsten gestaltete sich die Angelegenheit hierbei für den Kameramann, der ungefähr drei Stunden lang rückwärts gehen musste, weil er ja die Leute verständlicherweise von vorne aufnehmen wollte. Am Zielpunkt schlief er deshalb auch auf der Stelle vor Erschöpfung ein. Beim Weinbauern Schriebl gab es übrigens ein sogenanntes »Schmötzi«, eine mit Kernöl auf offenem Feuer zubereitete Eierspeise. Das klingt nach nichts Besonderem, schmeckte mir aber derartig gut, daß es von meinem kulinarischen Gedächtnis gespeichert wurde unter die zehn besten Speisen meines Lebens. Als Nachtisch dann Buchteln, zubereitet von der Frau Hasewend, ebenfalls ein unvergesslicher Genuß.

Am Samstag, den 19. Juli, gab es dann zum Abschluss eine »Irish Night« im Refektorium des Schlosses. Eine Dubliner Gruppe spielte irische Volksmusik, ich selbst las aus einer Satire von Flann O'Brien, bei dem es sich um den irischen R. P. Gruber handelt. Das war ein lustiger Abend, wenn auch beinah das Guinness ausgegangen wäre. Sie hätten gewiss Ihre Freude daran gehabt, Herr Erzherzog, waren Sie doch auch ein Förderer der Volksmusik.

Apropos Volksmusik – eines Abends betrat eine Gruppe von Menschen die Wirtsstube und setzte sich an den Stammtisch. Es handelte sich hierbei um einen jungen, schönen Mann mit einem interessanten, feinen Gesicht und um mehrere »gestandene Manderleut« mit Instrumenten. Die »Manderleut« begannen nun auf hervorragende Weise, und offenbar zu Ehren des jungen Mannes, steirische Volksmusik zu spielen. Auf meine Nachfrage, wer denn dieser junge, interessante Mann sei, erfuhr ich aus einheimischem Munde, hierbei handle es sich um den Meran-Franzi. Das sagte mir nun gar nichts, daraufhin wurde man deutlicher und erklärte mir, das sei Franz Graf von Meran, Ihr unmittelbarer Nachfahre, Herr Erzherzog.

Die musizierenden Manderleut in seiner Begleitung stellten sich als seine Förster und Holzfäller heraus. Solch musikalische Kapazitäten findet man in den Tiroler Wäldern nicht mehr, Herr Erzherzog, da können Sie schon stolz sein. Bei einem weiteren Besuch hatte einer der Begleiter des Grafen sogar eine Basstuba bei sich, deren Töne die Wirtsstube bis weit nach Mitternacht erbeben ließen, sodass auch ohne schädlichen Einfluss des Rauch-Clans an ein Liegengehen nicht zu denken gewesen wäre. Ein wenig, Herr Erzherzog, erinnerte mich Ihr Nachfolger übrigens an den jungen Ludwig von Bayern, den Märchenkönig, gespielt von Helmut Berger. Mehr kann ich Ihnen leider nicht berichten, denn was genau Ihr Nachfolger macht, weiß ich nicht, aber jedenfalls, das kann ich Ihnen zu Ihrer Beruhigung sagen, ist das Schloss samt Umfeld einwandfrei in Schuss. Ich denke, er macht Ihnen gewiss keine Schande. Ein moderner Mensch mit Traditionsbewusstsein, wie auch Sie, Herr Erzherzog.

Meine Abreise war für den 20. Juli geplant, aber daraus wurde nichts. Durch dieses ständige Nicht-Liegen-Gehen-Dürfen war ich dermaßen erschöpft, dass ich noch weitere zehn Tage im Rauch-Hof bleiben musste, um mich einerseits zu erholen und andererseits vollends an das Nicht-Liegen-Gehen zu gewöhnen. Letzteres wurde durch eine grandiose Entdeckung erleichtert. Eines Tages stellte Willi Junior, der Rauchhofwirt, ein seltsames Getränk mit einem altmodischen Etikett auf die Theke. Es handelte sich um einen Schaumwein namens Platscher Perle, den er zufällig bei einem Weinbauern entdeckt hatte, wovon er sehr überrascht war, denn er hatte nicht vermutet, dass es ihn noch gebe. Ich erfuhr nun, dass die Platscher Perle ein sehr begehrtes Getränk in der Nachkriegszeit gewesen war, bis in die 60er Jahre hinein, sehr beliebt bei Jung und Alt, vor allem auch bei Liebespaaren anlässlich der Fünfuhrtees. Wir verkosteten nun einigermaßen skeptisch diese Platscher Perle und fanden sie – vielleicht, weil wir vorher schon genügend Schilcher zu uns genommen hatten, vielleicht, weil uns die Nostalgie packte – zwar etwas gar süßlich, aber irgendwie einfach sensationell süffig. Derart süffig, dass die wenigen Flaschen bald ausgetrunken waren und wir schnell hinunterfahren mussten, zum Hersteller Regele nach Ehrenhausen, um Nachschub zu holen.

Zwischendurch machten wir Ausflüge. Nach Schwanberg zum Brunner'schen Greißlermuseum, hinauf auf den Berg zur Vroni Katona, die verzauberte Wollbilder macht und Keramiken, nach Graz zur Schiele-Ausstellung (Peter Weibel führte uns und eröffnete neue Gesichtspunkte), hinunter an die Grenze zum Zweytick, hinüber zum Gasthof Reinbacher. Dort fand ich einen alten Kinosaal vor, der jetzt als Lager dient, und erfuhr, dass der Wirt nach dem Krieg ein Kino aufgemacht hatte, um die Gäste, die nun an den Wochenenden ins Kino nach Graz strömten, für die Reinbacher'sche Wirtsstube zurückzugewinnen. Das war nun eine höchst erfolgreiche Unternehmung, denn die Besucher konsumierten nicht nur vor und nach der Vorstellung einiges an Getränken und Speisen, sondern auch in der obligaten Pause während der Vorführung. Mitte der Siebziger Jahre beendete das Fernsehen dann leider die Sache. Der leere Kinosaal stimmte mich traurig und es kam mir die Idee, ob man nicht jährlich ein Filmfestival beim Reinbacher veranstalten könnte, zum Beispiel beginnend mit Fuzzy-Filmen, denn die wurden dort in den Fünfzigern natürlich auch vorgeführt. Den Fuzzy werden Sie nicht kennen, Herr Erzherzog, das war ein populärer Westernheld in Schwarz-Weiß, aussehend wie ein steirischer Senner, mit Vollbart und ohne Zähne, die Gegner vorwiegend mit der Bratpfanne erledigend. Werden sehen, ob was draus wird …

In vielen anderen Bauernstuben, Schenken und Gasthäusern von Stainz und Umgebung bin ich eingekehrt und habe stets – und das ist im überlaufenen Tirol leider seltener der Fall – gemütliche Atmosphäre, herzhafte Speisen und bekömmlichen Trank vorgefunden. Wissen Sie, Herr Erzherzog, einer der Gründe, Tirol zu verlassen – zumindest für einige Zeit –, war für mich auch der Massentourismus und seine Auswirkungen auf Mensch und Landschaft, und drei Länder – wenn man so sagen will – standen für mich und meine Familie zur Debatte: Irland, Vorarlberg (genauer gesagt der Bregenzer Wald) und die südliche Steiermark. Dass es Irland wurde, hat mehrere Gründe: Zum einen wollten wir – wenn schon – etwas weiter weg, wollten lernen, dazulernen, Neues erfahren, zum anderen fand ich in Irland (bei einer früheren Reise schon) das verlorengegangene Tirol meiner Kindheit wieder. Kommt aber noch als wichtiger Grund hinzu, dass Irland nach wie vor das Land der Sänger, Tänzer, Poeten, Dramatiker ist und dass es seine Künstler auf einmalige Weise schätzt und fördert. Das Kulturland Österreich sollte sich ein Beispiel daran nehmen.

Drei Jahre seit der Übersiedlung sind nun vergangen, Herr Erzherzog, und ich habe es nicht bereut. Die Menschen sind freundlich und warmherzig und nehmen jeden Fremden ohne Misstrauen mit offenen Armen auf. Was gibt es sonst noch zu berichten? Ja, die Grundpreise in Cork City haben sich im letzten halben Jahr leider verdoppelt, von Dublin gar nicht zu reden, Dublin ist Boomtown, ein unglaublicher wirtschaftlicher Aufschwung findet hier statt, die Auswanderer kommen zurück, weil dringend Arbeitskräfte gebraucht werden, Celtic Tiger nennt sich Irland nun, Straßen werden gebaut auf Teufel komm raus, zu 85 Prozent bezahlt von der EU (so steht's auf den Bautafeln), die Städte und Dörfer ersticken im Verkehr, Überlandstraßen bauen sie statt Umfahrungen, sie machen dieselben Fehler wie wir damals, als es aufwärtsging. Der Hauptgrund übrigens für den phänomenalen Aufschwung gerade der letzten Monate ist ein Medikament namens Viagra, dessen Hauptbestandteil (für Europa) in einer irischen Chemiefabrik hergestellt wird. Auch sonst schlagen sie sich mit ähnlichen Problemen wie Österreich herum, Geistliche und Schwimmtrainer wandern wegen sexuellen Missbrauchs von Kindern und Jugendlichen ins Gefängnis, nur, dass hier nichts vertuscht wird, sondern tatsächlich die Leute (ungeachtet des Standes – und sei's ein Kardinal) zur Verantwortung gezogen werden, auch wenn die Taten Jahrzehnte zurückliegen. Die kranken Bäuerinnen fahren immer noch nach Lourdes, und Padre Pio, der stigmatisierte Italiener, bei uns vegessen, pickt noch immer als Abziehbild auf vielen Autoheckscheiben. Ach ja, die Tour de France kommt nach Irland und sie haben auf der Rennstrecke alle Kanaldeckel auf Straßenniveau gesetzt, damit die Radlfahrer nicht verunglücken, das freut auch die Iren, dass die Kanaldeckel nun nicht mehr zehn Zentimeter herausstehen.

Was in Stainz von mir zurückblieb, lieber Erzherzog, ist meine Schreibhand, von der Glaskünstlerin Grete Faßwald in Kunstharz gegossen, außerdem ein »Sitz-Mal«, ein etwas expressionistischer Stuhl, auf den sich hoffentlich viele müde Wanderer setzen und sich am Anblick der Gemüsefelder des Herrn Willi Rauch Senior erfreuen.

Stainz ist ein schönes, wohlbestalltes Städtchen, Sie können stolz sein auf Ihre Stainzer, der Bürgermeister Fritz Hubmann war ein sehr angenehmer Gastgeber, und ist, so kommt mir vor, ein würdiger Nachfolger.

Sobald wie möglich, Herr Erzherzog, werde ich wieder nach Stainz kommen, einen Schilcher trinken und spätnachts eine Platscher Perle, im Rauch-Hof an der Schilcherweinstraße.

Es grüßt Sie sehr herzlich und hochachtungsvoll
Felix Mitterer, Schreiber

P.S.: Den nächsten Brief erhalten Sie von der Kollegin Barbara Frischmuth, die viel von der Gegend weiß, aus der Ihre liebe Frau, die Anna Plochl, stammt. Sie können sich schon drauf freuen.

»Krambambuli« – Welche Freude!

Anna hatte noch in Innsbruck die Erzählung »Krambambuli« von Marie von Ebner-Eschenbach in der Schule gelesen. Atemlos kam sie nach Hause und sagte zu mir: »Daraus musst du einen Film machen, Papa!« Ich entgegnete, dass es schon viele Verfilmungen gab, ein paar hatte ich sogar selber gesehen, die meisten stammten von Franz Antel. »Aber du machst das anders, Papa! Bitte!«

Ich hatte dann drauf vergessen, aber Anna mahnte mich immer wieder, nun auch in Irland. Also trafen wir beim nächsten Wien-Besuch Frau Kathrin Zechner, damals Programmintendantin. Sie war sofort einverstanden. »Und bitte nicht in den Bergen drehen, sondern im Böhmerwald, wo es tatsächlich spielt«, meine Anna. Kathi war einverstanden. »Und die Stadt muss Krumau sein, in Tschechien, die ist so unglaublich schön!« fügte Anna hinzu. Kathi war einverstanden.

Und so geschah es dann auch. Ich schrieb das Drehbuch, mit allerhand Freiheiten und Hinzufügungen an Personen und Handlung, denn die Novelle ist nur sechs Seiten lang. Die Frau des Jägers wird nur in einem Halbsatz erwähnt, der Hund »Krambambuli« spielt die Hauptrolle. Ich machte ein Dreipersonenstück draus: Jäger, Frau, Wilderer. Der Jäger wird vom Grafen geholt, um endlich den »Gelben« zu erwischen, Anführer einer Wildererbande. Der »Gelbe« (so genannt nach seiner Maske) verkauft im Suff seinen Jagdhund an den Jäger, in der Annahme, dass er ohnehin gleich wieder davonlaufen würde. Das probiert der Hund auch, allerdings vergeblich, und mit der Zeit gelingt es dem Jäger sogar, den Hund an sich zu binden, was den Wilderer verbittert. Und so nehmen die Dinge ihren Lauf. Die einsame und vernachlässigte Frau, die zuerst den Wilderer mit Verachtung straft, verliebt sich dann doch in ihn, wird qualvoll zwischen ihrem Mann und dem Außenseiter hin- und hergerissen, es ergeht ihr genauso wie dem Hund. Das Ende ist abzusehen.

Bei der ersten Drehbuchbesprechung in Wien, mit Kathi Zechner und den Redakteuren Claudia Gladziejewski und Alexander Vedernjak, erlebte ich etwas, was ich noch nie erlebt hatte und auch nie mehr erleben würde. Man hatte am Drehbuch nichts auszusetzen, rein gar nichts. Nicht ein einziger Satz wurde gestrichen, sie waren mit allem einverstanden. Ich konnte es nicht fassen. War aber natürlich sehr froh.

Der Regisseur und begnadete Kameramann Xaver Schwarzenberger drehte den Film als Koproduktion von ORF/BR/SR im Herbst 1998, ausführende Firma war die Satel-Film von Michael Wolkenstein. Man drehte im Bayerischen Wald, im tschechischen Naturpark Steinwald und in Krumau, mit Tobias Moretti als Wilderer, Gabriel Barylli als Jäger, Christine Neubauer als Frau. Es wurde eine Art Western mit unglaublicher Intensität daraus. Wir hatten viele Zuschauer, der Film wurde verdient mit mehreren Preisen ausgezeichnet. Auch Anna war sehr zufrieden. Danke, Anna, danke, Kathrin Zechner.

»Die Frau im Auto« – Hätte ich besser sein lassen

Das Stück entstand 1998, doch ich muss zurückblenden: Es geschah im August 1982. Wir spielten bei den Tiroler Volksschauspielen in Telfs meine Passion »Stigma«. Großer Aufruhr, Anzeigen wegen Blasphemie und Religionsstörung, Bombendrohungen, Demonstrationen. Im Rathauscafé kam ein Mann auf mich zu und sagte, das alles hier sei Blödsinn und uninteressant und des Aufruhrs nicht wert, seine Mutter erleide seit Monaten die wahre Passion und ich solle lieber darüber ein Stück schreiben. Ich fuhr mit ihm in eine kleine Oberinntaler Gemeinde. Am Rande des Ortes befand sich eine Wohnsiedlung aus den 50er Jahren. Dort stand auf der Straße ein Auto. Hinter der Windschutzscheibe war ein Pappschild befestigt: »150 Tage Hungerstreik«. Auf dem Beifahrersitz saß eine alte, dürre Frau, die Mutter des Mannes. Seit 27. Jänner 1982 saß sie in diesem Auto, sieben Monate also schon. Seit 26. März befand sie sich im Hungerstreik. Sie trank nur Fanta.

Was war passiert? Der Mann der Frau war im Krieg geblieben. Die beiden hatten einen Traum gehegt: ein eigenes Haus. Nun war der Mann nicht zurückgekehrt. Die Frau wollte sich den Traum nicht nehmen lassen. Sieben Jahre – von 1945 bis 1952 – arbeitete sie in der Spinnerei im Akkord, gönnte sich nur Kaffee und Butterbrot, stand jedes Wochenende am Bau, baute mit eigenen Händen ihr Haus. Das Haus bedeutete ihr alles, das Haus war ihr Lebensziel, der einzige Lebensinhalt.

Im Jänner 1982 wurde auf Antrag der Gemeinde das Haus versteigert, weil sie Abgaben in der Höhe von 18.000 Schilling nicht bezahlt hatte. Man hatte sie gegen ihren ausdrücklichen Willen an das Kanalnetz angeschlossen, und sowas kostet natürlich Geld. Bei der Versteigerung war nur ein Bieter anwesend: der zweite Sohn der Frau, der »böse« Sohn. Er bekam das Haus sehr günstig. Seine erste Aktion war, der Mutter die Wohnung im ersten Stock zu demolieren. Dann wollte er seine Mutter in den Dachboden übersiedeln. Die Mutter aber wollte nicht in den Dachboden. Also beauftragte der »böse« Sohn die Räumung. Es kam der Gerichtsvollzieher mit zwei Gendarmen und Hund. Die Frau wurde auf die Straße gesetzt, bei 14 Grad Minus, am 27. Jänner.

Die Frau stand nun auf der Straße und war nicht zu bewegen, fortzugehen. Also stellte der »gute« Sohn der Mutter sein Auto als »Wohnung« zur Verfügung. Und da saß sie also, schlief des Nachts mit ihrem dicken Federbett auf dem zurückgelegten Beifahrersitz. Fast ein Jahr lang. Sie erfror fast im Winter, kam fast um vor Hitze im Sommer. Und es nützte ihr alles nichts. Der »gute« Sohn wurde zum Rebellen, gründete eine Partei (Ziel: »Heranbildung von Freiheitskämpfern«), schrieb Flugblätter, protestierte beim Landeshauptmann, beim Bundeskanzleramt, zeigte alle an: das Gericht, den Bruder, den Bürgermeister, den Exekutor, den Amtsarzt, alle. Umgekehrt hagelte es Anzeigen gegen sie und Strafen wegen Ehrenbeleidigung, Körperverletzung (des Bruders), Missachtung des Gerichts etc. Der einzige, der positiv reagierte, war der Landeshauptmann. Er meinte, er könne ein Gerichtsurteil nicht aus der Welt schaffen, aber er sei bereit, der Frau ein Gasthauszimmer zu bezahlen, für einige Zeit. Die Frau antwortete, sie gehe nicht so gerne ins Gasthaus wie der Landeshauptmann, sie wolle ihr Haus zurück, sonst gar nichts.

Das war die Situation. Keine Zeitung schrieb darüber, außer einem kleinen, lokalen Alternativblatt, keine Rundfunkanstalt berichtete. Über Querulanten berichtet man nicht. Auch ich schrieb kein Stück. Ich wusste nicht, wie umgehen damit. Hatte der Bundeskanzler recht, der meinte, der »gute« Sohn wolle seine Mutter sterben lassen, um die Regierungspartei und deren Justiz »Mörder« nennen zu können? Andererseits: diese Frau schien so stark und autark, sie kam mir nicht vor wie ein Manipulationsopfer ihres Sohnes.

Nein, ich schrieb kein Stück. Zu groß waren die Erwartungen. Man erwartete sich von meinem Theaterstück die Errettung aus der Not und die Bestrafung der Bösen. Aber damit kann die Literatur leider nicht dienen. Ich beschränkte mich darauf, an den Landeshauptmann zu schreiben (was nichts half) und ein Wochenmagazin auf den Fall aufmerksam zu machen (welches berichtete, aber auch ohne Wirkung).

Nach 200 Tagen Hungerstreik wurde die Frau ins Krankenhaus eingeliefert. Ihr Schicksal hat mich nie losgelassen. Die »Frau im Auto« blieb immer in meinem Kopf. Nun musste ich ihr doch ein Denkmal setzen. Und das Landestheater Linz erklärte sich zur Uraufführung bereit. Festzuhalten ist dabei, dass es sich natürlich nicht um ein Dokumentarstück handelt, sondern dass ich – wie immer – mit den tatsächlichen Ereignissen und Charakteren frei umging. Wichtig war mir zu zeigen, wie wenig manchmal Recht und Gesetz mit Gerechtigkeit zu tun haben und wie leicht es passieren kann, dass jemand – uninformiert, hilflos um sich schlagend – im Kampf gegen die Behörden untergeht.

Die Sache ging nicht gut aus. Den »guten« Sohn hatte ich zwar gewarnt, dass ich frei mit dem Stoff umgehen müsse, aber das nützte mir nichts. Als er das fertige Stück gelesen hatte, wollte er eine einstweilige Verfügung gegen die Aufführung erwirken. Es gelang ihm nicht. Ich lud ihn zur Premiere nach Linz ein, und sagte ihm, nachher werde er vielleicht anders denken. Als ich am 21. Mai 1998 zum Landestheater Linz kam, waren die Kammerspiele von Polizei umstellt. Ich fragte, was los sei. Die Antwort war, der »gute« Sohn habe telefonische Drohungen gegen das Theater ausgestoßen. Ich wartete bis kurz vor der Vorstellung, aber er kam nicht. Mit einem mulmigen Gefühl ging ich hinein. Eine sehr gute Aufführung, inszeniert wieder von Erwin Bigus. Sehr beeindruckend Eike Baum als Frau im Auto. Aber ich konnte mich nicht wirklich konzentrieren.

Am nächsten Tag rief ich den »guten« Sohn an, und er erzählte mir folgende Geschichte: Zu Mittag sei er von seinem Dorf in Tirol weggefahren. Er habe ein ziviles Auto bemerkt, das ihn offenbar verfolgte. Um sicherzugehen, sei er auf einem Forstweg in den Wald gefahren. Plötzlich habe ihn das Auto halsbrecherisch überholt, habe sich vor ihm quer über die Straße gestellt. Vier Männer in Zivil seien ausgestiegen und hätten sich als Gendarmen der Kriminalabteilung ausgewiesen. Man habe seine Papiere verlangt und per Funk überprüft. Man habe sein Auto genauestens untersucht, richtiggehend zerlegt. Ein paar Rauchpausen dazwischen. Man habe ihn verhört, was er denn vorhabe. Viel Zeit verging, sehr viel. Am Ende habe einer der Beamten auf seine Uhr geschaut und gesagt: »Jetzt is es wahrscheinlich zu spät für Linz, gell?« Es war tatsächlich zu spät. Kaum hatte mir der »gute« Sohn das erzählt, begann er wieder gegen das Stück zu schimpfen und legte dann auf.

Später wollte Ruth Drexel das Stück in Telfs inszenieren, mit Julia Gschnitzer in der Hauptrolle. Aber der »gute« Sohn hatte sich immer noch nicht beruhigt, im Gegenteil. Er drohte mit »großen Problemen«. Also setzten wir das Stück ab. Ich rief den Mann an und sagte ihm das. Er hörte mir gar nicht richtig zu, sondern erzählte mir wieder eine Geschichte. Eine noch viel ärgere. Er sei vor kurzem nach mehrjährigem Aufenthalt aus dem Gefängnis entlassen worden. Und das sei so gekommen: Eines Tages rief mit verstellter Stimme ein Mann die Gendarmerie seines Dorfes an und drohte, er werde die Lebensmittel eines Supermarktes vergiften, wenn von der Supermarktkette oder von der Landesregierung, oder von wem auch immer, nicht eine Million Schilling unter den Fußabstreifer der Friedhofskapelle gelegt würden. Also legte man ein Kuvert unter den Fußabstreifer, der »gute« Sohn kam und wollte das Kuvert abholen, dabei nahm man ihn fest und verurteilte ihn wegen Erpressung. Der »gute« Sohn bestritt nicht nur damals dem Gericht, sondern nun auch mir gegenüber, der Erpresser gewesen zu sein. Man habe ihn in die Falle gelockt. Ein anonymer Anrufer hätte zu ihm gesagt, dass unter dem Fußabstreifer der Friedhofskapelle wichtige Informationen betreffs seiner inzwischen verstorbenen Mutter liegen würden. Und da sei er eben hingegangen. Man möge ihn doch nicht für so dumm halten, eine Erpressung so dilettantisch anzugehen.

Es gab dann doch noch eine Aufführung. Im Jahre 2005 spielte Julia Gschnitzer »Die Frau im Auto« bei den Rittner Sommerspielen in Südtirol. Hier mussten wir den aufgebrachten »guten« Sohn nicht fürchten, denn die italienische Polizei hatte einen Haftbefehl wegen verbotener Südtirolaktivitäten gegen ihn, und so wagte er es nicht, die Grenze zu überschreiten. Mir tut der Mann leid. Seiner Mutter und ihm war gewiss großes Unrecht widerfahren. Durch all die Probleme und Gerichtsverfahren musste er Konkurs anmelden, und auch seine Frau hatte ihn verlassen. Ich sperrte das Stück.

Hans Brenner ist tot, 4. September 1998

Hansl war schon länger krank, aber er passte nicht auf sich auf, auch Ruth konnte ihn nicht bremsen. Im Sommer hatte er noch beim »Hamlet« im Telfer Zoblanger gespielt, im strömenden Regen führte man ihn im Schubkarren zum Auftritt, weil er solche Schmerzen hatte. Auf der Bühne tat er dann so, als sei nichts. In München starb er bald darauf.

Bei seinem Begräbnis in Innsbruck folgte eine endlose Menschenschlange dem Sarg. Die Familie voran, wir vom Theater und vom Film hinterher, die anderen fast alles Jugendfreunde. Wir sangen ihm »Der Summer is aussi«, sein Lieblingsvolkslied, und auch meines. Auf seinem Grab in St. Nikolaus steht: »Johann Brenner, Volksschauspieler.« Das ist ein stolzer Titel, ein auf Hansl zutreffender Titel, niemand verdient ihn wie er. Denn Volksschauspieler heißt nicht nur, dass man vom Volk (vom Publikum) geliebt wird, es steckt auch noch eine andere Dimension dahinter. Hansl hat zwar immer gesagt: »wir Kasperln«, wenn er von den Schauspielern sprach, aber seine Rollen, die er Zeit seines Lebens auf der Bühne spielte, zeigen uns, dass für ihn Theater immer auch eine gesellschaftspolitische Bedeutung hatte, ohne dass er darüber viele Worte verlor. Auch die von Hansl mitbegründeten und bis zu seinem Tode von ihm geleiteten »Tiroler Volksschauspiele« sind diesem Anspruch verpflichtet.

1938 wurde er in der Innsbrucker »Koatlacken« (so wird das damalige Arbeiterviertel St. Nikolaus bis heute genannt) geboren. Aus St. Nikolaus hat Hansl alles geschöpft. All die Menschen, die er als Kind kannte, hat er, der genaue Beobachter, später auf der Bühne dargestellt. Mit zwölf Jahren als »Haflinger Sepp« bereits der erste Film, dann die legendäre Exl-Bühne, dann Schauspielschule in Salzburg, das erste Engagement am Theater für Vorarlberg in Bregenz (einmal im Morgengrauen heimlich mit Kollegen die Asche eines Freundes über den Bodensee verstreut, weil der sich das wünschte). Es folgten Heidelberg, Göttingen, Zürich, Berlin (Schaubühne und Volksbühne, Ruth Drexel kennengelernt), dann München, Kammerspiele. Unvergessen 1969 sein Abram in Martin Sperrs Uraufführung »Jagdszenen aus Niederbayern«, ebenso unvergessen 1971 sein Willy in »Heimarbeit« von Franz Xaver Kroetz. Plötzlich auch ein

Hans Brenner als Peter Prosch in »Das wunderbare Schicksal«

Filmstar im neuen deutschen »Heimatfilm« mit »Mathias Kneißl« von Reinhard Hauff. Dann nach Darmstadt und Düsseldorf, zurück nach München ans Residenztheater. Von 1983 bis 1998 am Volkstheater München, das seit 1988 unter der Leitung von Ruth Drexel stand.

Telfs: Hans Brenner war der Kopf und das Herz der »Tiroler Volksschauspiele«. Er hatte wahrscheinlich in seinem Leben kein anderes Anliegen mehr. Telfs war ihm alles. Anders ist es nicht zu erklären, dass er all die Jahre, in denen es immer wieder Schwierigkeiten gab, immer wieder der einzige war, der uns zum Durchhalten zwang, der nicht bereit war aufzugeben. Telfs war für ihn Heimat, war für ihn Heimkehr zu seinen Leuten. Ich kenne keinen Menschen, der so viele Jahre weg war von seiner Heimat und sich trotzdem so wenig von seinen Wurzeln entfernt hatte. Hansl war – obgleich unzweifelhaft ein Intellektueller – ein proletarischer Mensch im besten Sinne. Er hatte es nicht notwendig, sich bei den Menschen anzubiedern, denn er gehörte ganz selbstverständlich zu ihnen. Keiner von uns saß so oft mit den Telfern beisammen wie Hansl, keiner von uns war so angenommen und akzeptiert und respektiert wie er. Und wie oft ging er verloren, auf dem Weg von Telfs nach

München, weil er in der Koatlacken saß oder in einem Bahnhofsrestaurant in Wörgl oder Kufstein und bei seinen Leuten die Zeit vergaß. Eitelkeit war ihm fremd, Mode (gerade auch modisches Theater) war ihm verhasst.

Viele Rollen hat Hansl in Telfs gespielt, an die wir uns immer erinnern werden, zum Beispiel an den Pfarrer in »Stigma« (seine verzweifelte Zwiesprache mit Christus am Wegkreuz!), an den Gatterer Hans in »Die Räuber am Glockenhof« (sein gespenstischer Dialog mit Franz Mössmer – »He, Gatterermandl!« – in der Kerkerszene), an den Karl Valentin in »Angst & Bang« mit Ruth Drexel, an den Kaspar in »Frau Suitner«, an den Zillertaler Hofnarren Peter Prosch und an all die vielen anderen Rollen.

Hansl hat eine ungeheure Lücke hinterlassen. Als Schauspieler, als Repräsentant und Motor der Tiroler Volksschauspiele, als Träger einer Idee und als Mensch, den wir sehr geliebt haben. Niemand kann diese Lücke füllen. Wir können jetzt nur alle zusammenstehen, zusammenhalten und in seinem Sinne weiterarbeiten.

Der »Tirol-Tatort« – Elf Stücke zwischen 1998 und 2010

Trotz meines Hamburger Fiaskos mit Manfred Krug hatte mich das Thema Krimi nicht wirklich losgelassen. Und zwar deshalb, weil man ein Anliegen, in einen Krimi verpackt, viel leichter an ein großes Publikum bringen kann. Deshalb brach ich das Versprechen, das ich mir selber gegeben hatte. Schon vor längerer Zeit war mir eine Idee für eine Krimi-Serie gekommen, die in Südtirol spielte, mit dem Wunschschauspieler Tobias Moretti als von Mailand nach Bozen strafversetztem Ermittler, mit Krista Posch als einheimischer Polizistin. Stoff für mehrere Folgen hatte ich auch niedergeschrieben. Kathrin Zechner meinte aber, in Südtirol könne der ORF leider keine Serie drehen, ich solle doch die Geschichten nach Nordtirol verlegen, dann könne auch der Tatort-Ermittler des ORF dort auftreten. So machten wir es.

Ich schrieb 1998 die erste Folge (»Passion«), und Harald Krassnitzer wurde als Sonderermittler Moritz Eisner nach Tirol geschickt. Harald kam deshalb sogar einmal nach Irland, um mit mir das Projekt zu besprechen, nebenbei reparierte er auch unseren Wasserhahn und etliches andere. Ich möchte nur drei der Themen ansprechen, die mich aus der Realität angesprungen hatten, und durch den Film dann auch in die Realität hineinwirkten.

»Granit«, 2007

In den 80er Jahren wurde ich von einem Bauern aus einem entlegenen Wipptaler Seitental angeschrieben, ich solle ihn bitte besuchen, er habe etwas Wichtiges mit mir zu besprechen. Ich fuhr zu ihm in sein einsames Bauernhaus und er erzählte mir in der Stube, neben seiner Frau und den vielen Kindern, er habe wertvollen Granit ganz am Talende gefunden, große Stücke abgesprengt, sich einen Bagger auf Kredit gekauft, die Straße ins Tal hinaus verbessert und mit dem Abbau des Granits begonnen, der erste große Auftrag sei die Pflasterung des Domplatzes in Innsbruck gewesen. Er sei aber mit den Kreditraten des Baggers in Rückstand geraten, andere Schwierigkeiten seien hinzugekommen, und nun wolle man ihn samt Familie aus dem Hof werfen und diesen versteigern.

Zum genannten Termin – es war Anfang Dezember und die Gebirgsstraße gefährlich vereist – fuhr ich wieder hinein, und wir warteten gemeinsam auf den Exekutor. Ich hatte ein Aufnahmegerät mitgebracht und bereits eingeschaltet. Und bald kam der Exekutor mit vier Gendarmen und noch einem Herrn. Man erkannte mich, begrüßte mich freundlich, dann wurde dem Bauern das Exekutionsurteil vorgelesen. Plötzlich rannte er aus der Stube und verschwand polternd über die Treppe in den oberen Stock. Die Besucher blickten sich ratlos an, einer der Gendarmen knüpfte die Pistolentasche auf. Wir hörten Getrampel auf dem Balkon, liefen hinaus und sahen den Bauern beim Aufhängen eines Transparentes, auf dem zu lesen stand: »Wallnöfer – Bauernverräter!« Man bat den Bauern wieder höflich in die Stube und der bisher unbekannte Herr stellte sich als Abgesandter eines Landesfonds heraus, der dem Bauern erklärte, das Land werde den Hof noch vor der Versteigerung erwerben und der Bauer könne bis auf Weiteres mit seiner Familie auf dem Hof bleiben. Und man werde außerdem den Bauern beraten, wie er aus seiner finanziellen Misere herauskäme. Die Bäuerin, die schon befürchtet hatte, man werde zu Weihnachten mit den Kindern auf der Straße stehen oder im Obdachlosenheim landen, war sehr erleichtert und überredete ihren Mann, diesem Kompromiss zuzustimmen, was dieser dann schließlich auch tat.

Aus dieser Geschichte machte ich für 2007 den Tatort »Granit«, den Fabian Eder dann verfilmte. Als ich zur Pressekonferenz nach Steinach am Brenner kam, wollte mir die Ausstatterin den Hof zeigen, wo man gerade drehte. Sie finde nämlich, er sei für meine Geschichte so richtig passend, einen besseren könne man gar nicht finden. So war es dann auch. Es handelte sich nämlich um den Hof, den ich damals in den 80ern besucht hatte. (Wohlgemerkt: ich hatte den Hof nicht vorgeschlagen, ich mische mich nie in die Drehortsuche ein.) Da staunte ich sehr. Die Bauernfamilie lebte nach 20 Jahren immer noch dort, die Geschichte war gut ausgegangen. Die Kinder längst erwachsen und aus dem Haus. Die Ausstatterin freute sich über die Überraschung, die sie mir bereitet hatte, denn sie hatte ja bald bemerkt, dass sie genau an dem Hof gelandet war, in dem sich die tatsächliche Vorgeschichte abgespielt hatte. Ich musste daraufhin einige Schnapseln mit den Bauerleuten und mit der Ausstatterin trinken. Zum Wohlsein!

»Baum der Erlösung«, 2008

Der Tatort für 2008 spielte so in die Wirklichkeit hinein, dass es ein paarmal so schien, die Dreharbeiten würden nicht stattfinden. Die türkische Gemeinde in Telfs hatte uns bereits erlaubt, in ihrer Moschee zu drehen, aber die Wiener Zentrale sperrte sich. Also schrieb ich einen Brief:

FELIX MITTERER, CASTLELYONS HOUSE, CASTLELYONS,
COUNTY CORK, IRLAND

An ATIB Union
Sonnleithnergasse 20
A–1100 Wien

Castlelyons, 16. April 2008

Betrifft: »Baum der Erlösung«, ORF-Tatort Tirol 2008
Anmerkungen des Drehbuchautors Felix Mitterer
und Bitte an ATIB Wien

Sehr geehrte Herren!

In Telfs steht seit 2006 ein Gebetsturm, der im Vorfeld die Wogen sehr hochgehen ließ. Bürgermeister Stephan Opperer konnte sich aus Gründen der Bauordnung den Wünschen der islamischen

Gemeinde nicht verschließen, und aus Gründen der Toleranz wollte er den Gebetsturm auch gar nicht verhindern, ganz im Gegenteil. Daraufhin sah er sich gehässigen Angriffen aus Teilen der Bevölkerung ausgesetzt und rechte Parteien versuchten Kapital daraus zu schlagen. Auch eine Bürgerinitiative gegen den Bau des Turmes wurde ins Leben gerufen. Die islamische Gemeinde begnügte sich daraufhin mit 15 Metern Höhe statt der vorgesehenen 20 Meter (der Turm ist daher von der Straße aus nicht mehr sichtbar) und unterschrieb auch mit Grundbucheintrag, dass es keinen Gebetsruf und keine Beschallung geben werde. Inzwischen haben sich die Wogen geglättet und es ist wieder Ruhe eingekehrt.

Die Marktgemeinde Telfs hat 15.000 Einwohner, 2410 davon sind türkische Mitbürger, davon besitzen bereits 1544 Personen die österreichische Staatsbürgerschaft. Schon in den 1970er Jahren wurden zahlreiche Arbeitskräfte aus der Türkei in die Textilgemeinde Telfs geholt. Die türkischen Arbeiter sind somit wesentlich am Aufbau des Wohlstandes in Telfs beteiligt. Nach dem Niedergang der Textilindustrie gelang es der Gemeinde, viele neue Betriebe in Telfs anzusiedeln, die größten davon sind im Moment Liebherr und Thöni, in beiden Werken sind auch zahlreiche Türken beschäftigt.

Telfs (Bürgermeister Helmut Kopp) hat sich schon zu einem Zeitpunkt um Integration, Anerkennung und Förderung der türkischen Mitbürger gekümmert, als davon in anderen Gemeinden noch keine Rede sein konnte.

Andererseits ist auch die türkische Gemeinde, vor allem durch seinen Verein ATIB, um ein friedliches Zusammenleben bemüht. Ein Beispiel dafür ist, dass in letzter Zeit mehrmals Zusammenkünfte zwischen christlichen, islamischen und jüdischen geistlichen Würdenträgern in Telfs stattfanden. Auch hat nun die türkische Gemeinde begonnen, aktiv am Vereinsleben in Telfs teilzunehmen.

Die Reihe »Tatort« ist eine Gemeinschaftsproduktion zwischen ARD und ORF und ist die älteste (seit 1970) und derzeit auch immer noch beliebteste Krimireihe im deutschsprachigen Raum. Die Kommissare der einzelnen Sender sind inzwischen Legenden: Götz George im Ruhrpott, Manfred Krug in Hamburg, Gustl Bayrhammer in München, Fritz Eckhardt in Wien. Das waren die Alten, inzwischen sind Jüngere nachgerückt, Harald Krassnitzer im Wiener Tatort zum Beispiel.

Es hat den »Tatort« von Beginn an ausgezeichnet, dass es nie ausschließlich um reine Krimiunterhaltung ging, sondern immer spielten die Probleme der jeweiligen Zeit hinein, immer stand man auf der Seite der Unterprivilegierten und Schlechtergestellten. Kommt hinzu, dass das jeweilige Lokalkolorit einen hohen Grad an Authentizität mit sich brachte.

Seit 1999 schreibe ich jährlich einen Tatort, bei dem unser Wiener »Kommissar« Moritz Eisner (Harald Krassnitzer) zu einem besonderen Fall nach Tirol gerufen wird. Auch hier versuchten wir wichtige Zeitthemen auf spannende Weise abzuhandeln, zum Beispiel das Thema Trinkwasser in »Der Wächter der Quelle« oder das Thema Flüchtlinge in »Tod aus Afrika«.

Den zehnten Tirol-Tatort betreffend trat der ORF mit der Bitte an mich heran, mich mit dem Thema Integration (der türkischen Mitbürger) auseinanderzusetzen. Da ich seit 1982 jeden Sommer in Telfs Mitveranstalter (und manchmal Autor) der »Tiroler Volksschauspiele« bin, kenne ich die Situation in Telfs ziemlich gut und empfinde diese Gemeinde eigentlich als meinen Heimatort. Schon 1990 haben wir auf dem Gipfel des Telfer Hausberges »Hohe Munde« ein Theaterstück aufgeführt, in dem ein türkischer Gastarbeiter eine der fünf Hauptfiguren war. Dargestellt wurde er von Ibrahim Kalin, der bei Liebherr arbeitet und sich als hervorragender, berührender Schauspieler herausstellte. ORF und NDR zeichneten damals das Theaterstück am Gipfel auf. Es war daher naheliegend, dass ich für den Tirol-Tatort 2008 Telfs als Schauplatz vorschlug.

Inhalt des Drehbuchs:

In jedem Kriminalfilm geht es vordergründig um die Aufklärung eines Mordfalles. Das Opfer ist in diesem Fall eine junge Türkin, die an einem Baum erhängt aufgefunden wird. Zuerst sieht das wie eine Selbsttötung aus, dann aber findet man die Leiche ihres Freundes in einem See, und der aus Wien zu Hilfe geholte Polizeibeamte Moritz Eisner stellt fest, dass beide ermordet wurden. Verdächtig sind der Vater und der Bruder des Mädchens, denn es kommt heraus, dass die Familie mit der Wahl des Freundes ihrer Tochter ganz und gar nicht einverstanden war, obwohl er Türke ist, jedoch einer anderen Glaubensrichtung angehört.

Moritz Eisner trifft auf zwei verfeindete Männer – Kazim und Klaus. Der eine ist ein türkischer Patriarch, der andere – ihm ähnlich wie im Spiegel – ein Tiroler Patriarch. Verfeindet sind sie wegen des Gebetsturmes. Der Tiroler will nicht einsehen, dass man ihm einen islamischen Gebetsturm vor die Nase baut, der Türke besteht auf seinem Recht. Unglücklicherweise stellt sich im Laufe der Handlung heraus, dass Christian, der jüngere Sohn von Klaus, sich in Yasemin, die zweite Tochter von Kazim verliebt hat. Als Klaus das bemerkt, verstößt er seinen Sohn. Als Kazim das bemerkt, will er seine Tochter in die Türkei bringen lassen, um sie dort zu verheiraten. Christian gelingt es, mit Yasemin zu flüchten. Aber er flüchtet mit ihr nicht ins Ausland, sondern hinauf auf die Hohe Munde, wo sein Bruder Georg beim Lawinenverbau arbeitet. Serkan, ein Bruder von Yasemin, nimmt die Verfolgung auf.

Enise, die Frau von Kazim, verzweifelt über den Tod ihrer jüngsten Tochter und mit dem Vorgehen ihres Mannes absolut nicht einverstanden, will sich das Leben nehmen und bringt damit Kazim, der sie liebt, endlich zur Besinnung. Schließlich stellt sich heraus, dass Georg einen krankhaften Hass auf Ausländer hat, ererbt von seinem Vater Klaus. Georg war es, der die Schwester von Yasemin und ihren Freund umbrachte. Moritz Eisner verhaftet Georg, diesem aber gelingt es, in einen Bach zu springen, wobei er ertrinkt.

Am Ende kommt es zur Versöhnung. Kazim legt die Hände seiner Tochter Yasemin in die Hände von Christian, segnet ihre Beziehung. Klaus steht in der Totenkapelle an der Bahre seines Sohnes Georg und weiß, dass er große Schuld auf sich geladen hat. Kazim kniet in der Moschee und betet. Klaus erscheint, kniet sich neben ihn und bittet mit einem Blick um Verzeihung. »Du und ich – wir sind dieselben«, sagt Kazim.

In diesem Drehbuch geht es also einerseits um den Gebetsturm in Telfs und was er ausgelöst hat, andererseits um zwei junge Menschen, die sich lieben, aber nicht lieben dürfen, weil beide Väter – der Tiroler wie der Türke – dagegen sind. Wir kennen solche Fälle aus der Wirklichkeit, ich habe mir nicht erlaubt, etwas zu erfinden. Es war mir aber ganz wichtig, friedvoll und versöhnlich zu enden, keine neuen Gräben aufzureißen, sonst hätte ich das Drehbuch nicht geschrieben. Telfs ist ein gutes Beispiel für ein brüderliches (und schwesterliches) Miteinander der Kulturen und Religionen, das aufzuzeigen ist mir ebenfalls sehr wichtig. Weder die islamische Religion noch die türkischen Mitbürger in Telfs werden in diesem Film schlecht wegkommen, ganz im Gegenteil, wir unterstützen ihren Stolz und ihre Würde.

Im Namen des ORF und der Filmproduktionsgesellschaft bitte ich den islamischen Verein ATIB in Telfs und dessen Vertreter in Wien um Erlaubnis, im August 2008 beim Gebetsturm, im Aufenthaltsraum und in der Moschee drehen zu dürfen und uns auch mit der Beistellung von Statisten zu unterstützen. Natürlich wird für diese Leistungen auch eine finanzielle Entschädigung zur Verfügung stehen.

Ich danke Ihnen.

Hochachtungsvoll
Felix Mitterer

Da keine Reaktion aus Wien kam, flog ich hin und bat die Herren von der ATIB um ein Gespräch, das mir gewährt wurde, und in dem ich ihnen noch einmal das Vorhaben erklärte. Der oberste Vertreter der ATIB in Wien – so hatte ich herausgefunden – war zugleich Botschaftsrat der Türkei, also Diplomat, also ein wichtiger Mann. Er war sehr freundlich zu mir, legte sich aber nicht fest, und als ich das Gebäude verließ, war ich mir sicher, dass keine Chance bestand, in der Telfer Moschee zu drehen. Ich verständigte den ORF und die Produktionsfirma, dann fuhr ich nach Telfs. Bürgermeister Opperer (der als Figur im Drehbuch vorkam) war enttäuscht, wollte aber nicht aufgeben. Er kenne einen Politiker, der Kontakt zum Religionsministerium in Ankara habe, denn letztlich würden die entscheiden, ob wir drehen oder nicht. Und wenn alle Stricke reißen, dann sollen wir doch das Minarett aus Styropor auf eine Wiese hinbauen, die er – der Bürgermeister – uns zur Verfügung stellen würde.

Es ging lange hin und her. Schließlich wollte der ORF das Projekt schon absagen, da kam auf einmal die Zustimmung vom Religionsministerium in Ankara. Aber es war wirklich sehr knapp. Wem wir zu verdanken haben, dass wir schließlich doch die Erlaubnis bekamen, weiß ich bis heute nicht. Ein großer Dank jedenfalls dem unsichtbaren Unterstützer.

Harald Sicheritz drehte dann hervorragend den Tatort, im Herbst war die Premiere im Telfer Rathaussaal vorgesehen, zu der die Telfer Einheimischen und auch die Telfer Türken eingeladen waren. Ich war sehr aufgeregt. Und siehe da: der Rathaussaal war mit 700 Besuchern bummvoll, und fast genau zur Hälfte waren es türkische Mitbürger. Ich stand mit Harald hinten an der Wand und machte mir Sorgen. Das war aber unbegründet, denn alle gingen ohne Störung beim Film mit, am Ende dann Jubel und Beifall von beiden Seiten. Ich war sehr erleichtert. Es gab noch eine kurze Diskussion, bei der auch der FPÖ-Gemeinderat seine Meinung abgab, die ich aber nicht richtig verstand. Als ich etwas hilflos sagte: »Aber sonst hat es Ihnen gefallen?« brach im Saal ein großes Gelächter und Beifall aus.

Nachher feierten wir im Café Istanbul bis in die Morgenstunden. Der Chef Abdullah »Abu« servierte uns köstliche Köfte mit frischestem Salat und Gemüse, und der Raki floss in Strömen. Musiziert wurde natürlich auch, und zwar wurden türkische Volkslieder gesungen, in die auch unsere Darstellerin Emel Heinreich einstimmte, die sehr engagiert in Wien als Regisseurin von Stücken mit türkischen Themen tätig ist, weshalb ich sie bat, bei unserem Film mitzuwirken. Und von unserer Tiroler Darstellerin Bettina Redlich kamen dann Tiroler Lieder, in die aber auch Telfer Türken mit einstimmten.

Übrigens versteckten die Türken einige Jahre später einen Flüchtling im Lokal, der bei ihnen in der Küche arbeiten konnte. Da er bereits lange den Ausweisungsbefehl in der Tasche hatte, ging es ihm psychisch nicht sehr gut. Einmal trank er zu viel, begann zu tanzen, legte dann eine riesige Landkarte von Europa vor sich auf den Boden, kniete sich hin, faltete sie auseinander und zeigte

Bei den Dreharbeiten zum Tatort »Baum der Erlösung« vor dem Minarett in Telfs

Harald Krassnitzer als Sonderermittler Moritz Eisner auf Einsatz in Tirol.

murmelnd und gestikulierend auf verschiedene Länder, in die er morgen aufzubrechen gedachte. Oder auch nicht. Jedenfalls wickelte er sich dann in die Landkarte und schlief trotz lauter Musik ein. Niemand behelligte ihn. Wegen der lauten Musik kamen dann Polizisten herein, sahen den Flüchtling am Boden (sie kannten ihn offenbar) und verließen ohne ein Wort wieder das Lokal. Telfs ist anders.

»Lohn der Arbeit«, 2010

Die tatsächliche Geschichte: Zwölf Männer kamen auf Vermittlung eines Landsmanns aus einem mazedonischen Dorf nach Tirol, um dort – natürlich schwarz und unangemeldet – für eine Baufirma zu arbeiten. Untergebracht wurden sie in zwei Containern bei der Baustelle. Es war offenbar ausgemacht, dass sie ihr Geld erst nach Abschluss des Baus erhalten würden, abgesehen von einem kleinen Taschengeld und von der Verpflegung. Die Männer arbeiteten sehr fleißig und im Akkord. Gekommen waren sie im Frühjahr, im Dezember arbeiteten sie immer noch. In den Containern gab es keine Heizung und die Männer erfroren beinahe. Und plötzlich wurde der Bau eingestellt, der Bauleiter und alle Verantwortlichen verschwanden spurlos. So blieb auch die Lebensmittelversorgung aus. Die Männer waren am Verhungern. Anrainer riefen den Pfarrer, der sie aufnahm und verpflegte. Bald aber kam die Polizei, die Männer wurden sofort nach Mazedonien abgeschoben.

Im nächsten Frühjahr kamen zwei der Männer – Vater und Sohn – zurück. Das ganze Dorf hatte Geld für die Reise gesammelt. Das war sehr schwergefallen, denn diese zwölf Männer waren die Ernährer ihrer Familien, und dass sie ohne Geld zurückgekommen waren, bedeutete eine wirtschaftliche Katastrophe für das ganze Dorf. Der Mann versuchte nun, an das geschuldete Geld zu kommen. Natürlich zuerst beim Bauunternehmer. Dieser hatte aber nichts mit der Anstellung der Mazedonier zu tun, denn er hatte den Bau an einen Subunternehmer weitergegeben, der dann pleitegegangen und mittlerweile spurlos verschwunden war.

Nach zahlreichen Versuchen, etwas zu erreichen, kehren die Mazedonier mit leeren Händen wieder in die Heimat zurück. Erst durch eine Spendenaktion, die von der Tiroler Tageszeitung und vom ORF Tirol gestartet wurde, kamen die Mazedonier schließlich doch zu ihrem Geld.

Da wir uns in einem Krimi befinden, musste auch ein Mord vorkommen, und das war natürlich der Bauunternehmer, als Mörder stellte sich dann am Ende ein Einheimischer heraus, der aus einem ganz anderen Motiv handelte. Bei den Recherchen sprach ich auch mit dem Journalisten, der den Fall in der Zeitung aufgedeckt hatte, und dieser nannte mir den Namen eines Mannes von einer bestimmten Behörde, der mir weiterhelfen könne. Ich traf diesen Mann, und er schien ziemlich am Ende. Er erzählte mir auch, warum. Da er einigen großen, mächtigen Firmen wegen Beschäftigung und Ausbeutung von ausländischen Schwarzarbeitern auf die Zehen gestiegen war, hatte man ihn bereits mehrmals zum Psychiater geschickt, um ihn – so vermutete ich – loszuwerden. Jedenfalls war er zu diesem Zeitpunkt krankgeschrieben. Er hatte vielleicht ein Alkoholproblem gehabt, aber – falls das überhaupt stimmte – dieses längst hinter sich gelassen. Ich erhielt viele Auskünfte von dem Beamten, übrigens auch von einem Fuhrunternehmer vom Balkan, der es ziemlich übel, besonders mit den eigenen Leuten, getrieben hatte, auch in Österreich tätig war, aber nicht überführt und gefasst werden konnte, was den Beamten sehr frustrierte. Spät erhielt er aber eine Nachricht, die ihm Genugtuung bereitete. Einer von den eigenen Leuten, betrogen und ausgenutzt, schoss auf den Gangster, aber mit Absicht nicht tödlich, sondern so, dass er querschnittgelähmt im Rollstuhl landete. Das nennt man Rache.

Aber das wäre eine andere Geschichte, kehren wir zu der mir gerade wichtigen zurück. Ich baute die Informationen des Beamten – sowie auch ihn selber als Person – in das Drehbuch ein. Möglicherweise erfuhr die vorgesetzte Behörde, dass ich den Beamten gleichsam zum Helden meiner Geschichte machte, er wurde nämlich ziemlich schnell rehabilitiert und konnte seinen Dienst wieder antreten. Man merkt, dass ich vorsichtig formuliere. Jedenfalls ist es für einen Autor von großer Genugtuung, wenn sein Schreiben nicht nur in den Köpfen, sondern auch in der Wirklichkeit Positives bewirkt.

Max ist wieder bei mir!

Mein bester Jugendfreund Max, der 1972 mit seinem Leichenwagen bei Düsseldorf verunglückte und nie mehr wiederkehrte, leistete mir nun – nach 26 Jahren – in Irland wieder Gesellschaft, was mich sehr freute.

Natürlich hatten wir all die Jahre immer wieder brieflichen und telefonischen Kontakt, Ende der 70er Jahre war er auch dreimal im März auf Schiurlaub nach Innsbruck gekommen, und Anfang der 90er hatte ich ihn besucht, als ich in der Nähe einen Preis bekam. Nach vielen Freundinnen aus aller Frauen Länder, besonders aus England (zu Hoteltischlerzeiten), lebte er damals mit Helga zusammen (heiratete sie dann auch). Sie tat ihm sehr gut, weil sie ihn vollkommen akzeptierte, so wie er war. Natürlich gingen Max und ich in seine geliebte Düsseldorfer Altstadt, auf eine paar Gläser Altbier.

1998 also rief ich ihn an, ob er mich nicht für ein paar Wochen in Irland besuchen wolle. Gern, aber er habe kein Geld. Ich buchte ihm einen Flug und holte ihn am Corker Flughafen ab. Er sah nicht gut aus, wirkte krank. Zu Hause, bevor wir ins Pub gingen, erzählte er mir seine Geschichte. Da ihn die Hoteltischlerei nicht mehr interessierte und die Arbeit auch schlecht bezahlt war, ging er zur größten Düsseldorfer Bestattungsfirma. Dort war er viele Jahre tätig. Viel Nachtdienst, viel Wochenenddienst, die »Polizeileichen« konnte er lange nicht verkraften, das waren die Selbstmörder (Leichenteile auf Bahnschienen einsammeln), die Brandopfer (schlimm für ihn besonders die Kinder), die alten Leute, die wochenlang schon tot in der Wohnung gelegen waren, bis endlich der Geruch einen Nachbarn alarmierte.

Irgendwann wurde Max von einem Angehörigen der türkischen Botschaft abgeworben, der ein türkisches Bestattungsinstitut gründete. Max sagte wegen des guten Gehalts zu, und da der Türke keine Ahnung von diesem Geschäft hatte, baute Max es ihm auf. Der Türke wurde damit zum Millionär, denn damals wollte jeder Gastarbeiter daheim in der Türkei begraben werden. Das bedeutete für Max lange Fahrten vom Wohnort des Verstorbenen zum nächsten geeigneten Flughafen, auch unendlich viel Papierkram. Manchmal auch große Hektik, wenn die Angehörigen das Begräbnis in der Türkei schon organisiert hatten, schon dort angekommen waren und auf den Leichnam warteten. Da preschte Max mit dem Leichenwagen öfter mit 180 über die deutschen Autobahnen.

Eines Tages hatte Max arges Zahnweh, parkte den Leichenwagen gegenüber einer Kneipe, trank dort einen Kognak und einen Kaffee, dazu einen zweiten Kognak. Als er wieder aus der Kneipe kann, stand ein Polizeiauto neben seinem Leichenwagen, und weil Max im Parkverbot stand, wollte man seine Papiere sehen. Dabei bemerkte einer der Polizisten, dass Max nach Alkohol roch. Er musste ins Röhrchen blasen und es wurde zu hoher Alkoholgehalt festgestellt. Max verlor seinen Führerschein. Nach einem Jahr hätte er zu einem Psychotest antreten müssen, um den Führerschein wieder zu erhalten, das war ihm aber zuwider und er ging nicht hin. Der Türke hatte Max inzwischen in den Innendienst versetzt, Fahrer hatte er inzwischen genug engagiert. Allerdings hatte er sich erwartet, dass Max den Führerschein wieder bekommen würde, und als das nicht der Fall war, kündigte er ihm. Lange Zeit fand Max keinen Job, Hing zu Hause vor dem Fernseher, kümmerte sich um den kleinen Enkelsohn von Helga.

Dann bekam er ein Angebot, nämlich von einem Büdchenbesitzer, bei dem Max in der Nacht öfter sein Bier holte. Der Büdchenbesitzer war schon ziemlich alt und hatte die Plackerei satt. Er versprach Max, wenn er das Büdchen für relativ geringe Bezahlung ein Jahr lang zu seiner Zufriedenheit führe, wolle er es ihm um einen kleinen Gewinnanteil überlassen. Max sagte begeistert zu. Das Büdchen (ein Kiosk) war sehr beliebt und hatte von 5 Uhr früh bis Mitternacht geöffnet. Man konnte dort nicht nur heiße Würstchen, Buletten, frisches Brot und Getränke kaufen, sondern auch Zigaretten und allerhand Lebensmittel. Max stand also jeden Tag (auch am Wochenende) um 4 Uhr früh auf, kaufte am Großmarkt für das

Büdchen ein, stand hinter dem Ausgabefenster bis Mitternacht, legte sich daheim sofort übermüdet nieder und stand nach 3 Stunden Schlaf wieder auf. Er schuftete also ein Jahr lang – natürlich immer stehend – jeden Tag 20 Stunden. Nachdem das Jahr vorbei war, verkaufte der Büdchenbesitzer, dem Max jede Woche die Einnahmen samt genauer Auflistung getreulich übergeben hatte, das Büdchen an jemand anderen. Max war am Boden zerstört und begann immer mehr zu trinken. Einen Job in einem Lagerhaus war er bald los. Er lebte dann von der Notstandsunterstützung und von Helga. Das war die Situation, als ich ihn zu mir holte.

Max blieb nicht nur ein paar Wochen, sondern fuhr überhaupt nicht mehr heim. Helga rief ihn ein paarmal an, und fragte, wann er wieder heimzukommen gedenke. Max wimmelte ab, irgendwann sagte er mürrisch: »Was willste denn? Willste mich verrückt machen?« Nach drei Monaten kam Helga samt Enkelsohn auf Besuch, sah, dass Max glücklich war, sah, dass er wieder gesund und stark wirkte, und ließ ihn bei mir bleiben.

Obwohl Max bei seiner Ankunft nur ein paar Brocken Englisch sprach, liebte ihn bald das ganze Dorf. Jeden Abend pünktlich um 21 Uhr ging er ins Pub (zuerst Cantilon's Pub genannt, beim neuen Besitzer dann Abbey Bar) und kehrte nach Konsumierung von sechs Pints Guinness um Mitternacht zurück, manchmal auch später. Zu Beginn war noch um 23 Uhr gesetzlich vorgeschriebene Sperrstunde, aber es gab ein Warnsystem. Wenn die Polizei unterwegs war, wurde angerufen, dann schaltete man die Außenbeleuchtung und auch das Licht im Lokal aus, wartete, bis der Polizeiwagen langsam vorbeigefahren war, dann ging's wieder normal weiter. Nach ein paar Wochen schon erzählte Max auf Englisch Witze, die Gelächterstürme hervorriefen. Er sang und tanzte mit den Leuten, spielte mit ihnen Dart, Billard und Karten, und wenn um 22 Uhr die Frauen kamen (die vorher ihre Kinder zu versorgen hatten), flirtete er auf derart charmante Weise mit ihnen, dass sie ihm komplett erlagen. Eine von den Frauen brachte er einmal nach Hause mit, aber Chryseldis, die gerade da war, bemerkte, dass beide zu viel getrunken hatten, und warf die Frau hinaus. Die Pub-Wirtin Sheila holte mich beiseite und warnte mich. Der Ehemann sei ziemlich eifersüchtig und würde Max um zwei Köpfe überragen. Ich kannte ihn. Und warnte Max eindringlich. Das half. Ohnehin himmelten ihn auch andere Frauen an. Max ging aber, um keine zu verstören, sowieso mit gar keiner ins Bett. Das machte ihn noch beliebter.

Den größten Erfolg hatte Max mit dem Sparverein. In seiner Düsseldorfer Kneipe war er Mitglied gewesen, und wenn die Kasse geknackt wurde, gab es jedes Mal einen gemeinsamen Flug nach Mallorca, oder woanders hin, und sie hatten viel Spaß miteinander. Max ließ sich aus Düsseldorf dreißig Sparfächer schicken, befestigte sie im Pub an der Wand und klebte einen Zettel darüber: »Abbey Bar Savings Club.« Bei jedem Besuch mussten zwei Irische Pfund eingeworfen werden. Die Iren, die das nicht kannten, waren hellauf begeistert. Sie sparten eher ungern, obwohl sie vollkommen anspruchslos waren, nur den nicht gerade billigen Alkoholkonsum im Pub ließen sie sich nicht nehmen. Wenn jetzt vor Weihnachten das Geld ausgezahlt wurde, waren sie äußerst angetan, denn so konnten sie ohne Probleme Geschenke für die Familie einkaufen, und noch dazu gemeinsam mit dem Bus zum Hunderennen nach Cork fahren. Max wollte ganz Irland mit seinen Sparfächern überschwemmen, aber das gelang nicht, es mangelte an Interesse. Es gab ja nicht in jedem Pub einen Max, der die Leute begeistern konnte.

Ein guter Freund von mir, dann auch von Max, war Matt Lucy, der früher einmal, bevor die Russen und der Deutsche kamen, im späteren Gästehaus eine Schmiede betrieb, dann aber bis zu seiner Pensionierung Briefträger war. Matt Lucy war ein begnadeter Erzähler und auch ein begnadeter Billardspieler, den Max selten bezwang. Leider verstand ich seine Erzählungen nicht, weil er kein Gebiss hatte und so furchtbar nuschelte, aber es war mir eine gewisse Befriedigung, dass ihn auch die meisten Einheimischen nicht verstanden, ausgenommen Sheila und Barney, die Pub-Betreiber. Matt wohnte am Rande von Castlelyons in einem verfallenen Häuschen, dessen Vorgarten von Brennnesseln überwuchert und von Müll übersät war. Die Eingangstür war irgendwann aus den Angeln gefallen und lehnte neben dem Eingang an der Mauer. Ein kleiner, offener Kamin war die einzige Heizung. Wenn sich Besuch vom Kontinent bei uns angesagt hatte – und das war die Idee von Max –, holten wir diesen vom Flughafen ab und fuhren mit ihm zum Haus von Matt Lucy, den wir vorher ins Pub geschickt hatten. Wir führten die Besucher in den kleinen Wohnraum, baten Platz zu nehmen, Max – den ich als taubstummen Iren ausgab – stellte den rußigen Teekessel auf einen Rost übers Kaminfeuer, servierte den Tee in schmutzigen Tassen mit abgebrochenen Henkeln, dazu gab es alte, trockene Haferkekse. Max gelang es immer, ein ernstes Gesicht zu bewahren, ich aber prustete irgendwann los, denn die Gäste waren derartig konsterniert, und hatten derart Mitleid mit mir, dass ich einfach nicht anders konnte. Irgendwann ließen wir das bleiben, weil ich es als unfair gegenüber den Besuchern empfand und sie mir leid taten.

Das zweite, noch größere Original war Billy Buckley. Er war ein ziemlich alter Säufer, der die schönsten Balladen singen konnte. Im Pub saß er immer auf einem Hocker ganz rechts an der Bar und lehnte sich an die Mauer. Meistens schlief er irgendwann ein, bis man ihn zur Sperrstunde aufweckte und jemand ihn mit dem Auto nach Hause brachte. Denn er wohnte noch viel weiter weg als Matt Lucy. Und seine Behausung war schon gar nicht mehr als solche zu erkennen. Eines Tages wählten die Dorfbewohner in geheimer Wahl, aus sechs Kandidaten, Billy Buckley zum »Chieftain«, also zum Häuptling von Castlelyons. Aber nicht, um sich über ihn lustig zu machen, sondern ganz ernsthaft, denn – wie schon gesagt – Billy sang die schönsten Balladen und war gewiss der älteste Einwohner von Castlelyons. Man gab ihm eine »goldene« Krone und einen roten Umhang, und bei jedem gesellschaftlichen Ereignis im Dorf saß er würdig auf seinem Thronsessel. Max und Billy mochten sich sehr, auch ich war Billy zugetan, obwohl ich viel seltener als Max das Pub aufsuchte, weil ich ja ein Nachtschreiber bin, immer war, und da muss man nüchtern sein.

Felix Mitterer mit Billy Buckley, dem »Chieftain« von Castlelyons mit seinem roten Umhang und der goldenen Krone

Eines Abends war dann Billy wieder einmal – an der Wand lehnend – eingeschlafen, und als der Wirt ihn nach der Sperrstunde antippte, stellte sich heraus, dass er gestorben war. Billy wurde nicht – wie ein anderer im Pub Verstorbener – dort in einem offenen Sarg an die Wand gelehnt, sondern in die Totenkapelle des Krankenhauses in Fermoy gebracht, wo die Bewohner von Castlelyons – auch Max und ich waren dabei – einen Rosenkranz beteten und von Billy Abschied nahmen. Ich trat ebenfalls an den Sarg und erschrak nicht wenig. Unser örtlicher Bestatter hatte das Gesicht von Billy derartig auf »schön« geschminkt, dass ich ihn gar nicht mehr erkannte. Keinerlei Falten, Unebenheiten und Verfärbungen mehr, die große, blaurote Nase nun ganz rosig, auch die Wangen; ebenso der Mund übertrieben rot geschminkt. Da wurde ein Mensch bis zur Unkenntlichkeit zugekleistert, das Leben, das sich ihm ins Gesicht gegraben hatte, vollständig ausgelöscht. Eine Puppe. Auch die anderen waren entsetzt. Das hinderte aber die beste Saufkumpanin von Billy nicht daran, ihn lange und fest auf den Mund zu küssen.

Dem Begräbniszug folgten alle Dorfbewohner. Hinter dem Sarg der Pfarrer mit den Ministranten, dann die örtliche Pipe-Band (Dudelsack statt wie bei uns Blaskapelle), dann alle Untertanen des Chieftains von Castlelyons. Er bekam ein Ehrengrab im alten Friedhofsteil, direkt an der Mauer des Mausoleums für einen anderen Herrscher über Castlelyons (und darüber hinaus), nämlich Lord Barrymore, dessen barocker, marmorner Kopf hoch oben im Mausoleum angebracht ist. Die Nase wurde ihm schon vor hundert Jahren abgeschlagen, auch seine Gebeine in der Gruft zertrümmert, denn er war nicht sehr beliebt. Als sich eines Tages eine Mutter bei ihm über ihren faulen Sohn beschwerte, ließ dieser den Faulenzer kurzerhand aufhängen, und war sehr erstaunt, dass die Mutter damit nicht zufrieden war. Allerdings war Lord Barrymore nicht ganz so arg wie James Lynch, Bürgermeister von Galway, der 1493 seinen eigenen Sohn anklagte, als Richter zum Tode verurteilte und als Henker gleich das Urteil am Strang vollzog.

Ich schweife ab. Billys Begräbnis. Alle sangen am offenen Grab, die Pipe-Band spielte, man schüttete ein paar Pints Stoutbier auf Billy hinunter, es folgte natürlich auch eine Stange »Sweet Afton«, die Lieblingszigaretten von Billy. Die Krone und den roten Umhang hatte man schon vorher in den Sarg geschmuggelt, denn der Bestatter hatte es wohl für unschicklich gehalten, Billy die Krone aufzusetzen und ihm den Mantel umzulegen. Nachher wurde im Pub ausgiebig gefeiert und auf Billy angestoßen. Ein würdiges Begräbnis.

Mittlerweile war in Düsseldorf etwas Ungemütliches passiert, es kam nämlich ein Kontrolleur vom Sozialamt ins Wohnhaus von Max. Helga war gerade nicht da, um Auskunft zu geben und eine Ausrede zu finden, dafür eine Nachbarin, die dem Beamten freimütig erzählte, Max sei schon lang in Irland. Da es Arbeitslosen verboten ist, den Wohnort ohne Genehmigung zu verlassen, wurde Max dazu verdonnert, für ein Jahr die Sozialhilfe – die Helga immer entgegengenommen hatte – zurückzuzahlen. Max und Helga waren verärgert und beunruhigt, da überwies ich den Betrag sofort an das zuständige Amt, und veranlasste Max, einen Brief zu schreiben, in dem er ausdrücklich auf die deutsche Kohle verzichtete. Max fühlte sich befreit, ich ebenfalls.

Max war unverzichtbar geworden. Er fütterte die Tiere, mähte den Rasen, jätete die Beete, baute mit alten Steinen sogar Hochbeete, in die wir Rosen und Kletterpflanzen einsetzten. Und wenn niemand da war, kümmerte er sich vorbildlich um alles und versammelte des Nachts alle unsere Katzen und die zwei Hunde in seinem Zimmer um sich, die Katzen am Bett, die Hunde am Teppich. Dass die Katzen sich angewöhnten, unter sein Bett zu machen, was wir lange nicht entdeckten, machte mir nicht viel aus, Anna aber schon.

Ach, wie viele Streiche spielten Max und ich zusammen. Inzwischen hatte er lange Haare und einen langen Vollbart, sah wirklich aus wie damals zu Beginn der 70er unser Innsbrucker Sandler »Bluthand-Joe«. Als ich Helga einmal ein Foto von ihm schickte, war sie entsetzt und bat mich inständig, mit Max den Friseur aufzusuchen, die Haare zu stutzen, den Bart zu entfernen. Max weigerte sich natürlich und ich sann auf eine List. Eines Tages wettete ich mit ihm um eine Flasche Whiskey, ich könnte dafür sorgen, dass man ihn im Pub nicht erkennen würde. Er glaubte es nicht und schlug ein. Als ich mit der Schneiderschere und dem elektrischen Hundescherer ankam, wehrte er sich zwar noch ein wenig, aber dann packte ihn die Neugierde und er stimmte zu. Ich schor ihm den Bart ab, schor ihm eine Glatze, wischte das Blut ab, salbte sein Haupt mit Olivenöl, steckte ihn in Anzug, Hemd und Krawatte, gab ihm Spazierstock, Sonnenbrille und Hut, dann ging ich ins Pub. Ich hätte Besuch von einem Amerikaner irischer Abstammung, er behaupte, Filmproduzent zu sein, müsse aber wohl aus dem Gangstermilieu stammen, weil er an der Schulter eine Pistole trage. Er sei außerdem sehr schweigsam, ich hätte nur aus ihm herausgebracht, dass er den Deutschen suche, der vor uns Castlelyons House besessen habe. Der Mann würde nun also bald hereinkommen, man solle ihn nicht weiter behelligen und ausfragen, das möge er nämlich gar nicht. Stummes Nicken der Pub-Besucher, mancher wandte sich aber mit einem leichten Grinsen ab. Max kam herein, schaute sich um. Alle starrten ihn an, die meisten waren etwas überrascht, weil sie Max erwartet hatten. Dieser setzte ein unwilliges Gesicht auf, weil man ihn so anstarrte, und knirschte zwischen den Zähnen: »You eyeballin' me?« Sein Blick suchte nach mir, fand mich, er setzte sich zu mir an den Tisch, hob das Pint, das ich ihm schon bestellt hatte, und trank es mit einem Zug halbleer. Dann zündete er sich eine Marlboro an, und mit einem Zug brannte die Zigarette zischend auf die Hälfte herunter, mit dem zweiten Zug war sie fertig, er schnippte sie im hohen Bogen weg, auch das Pint war schnell geleert. Nicht schlecht, die Pub-Besucher nickten anerkennend. Max stand auf, ging zur Bar und stellte das leere Glas hin. Die Kellnerin nahm ein neues Glas, wandte sich zum Zapfhahn, stutzte, schaute Max ins Gesicht, Fassungslosigkeit breitete sich plötzlich auf ihrem aus, und sie schrie auf: »Max!!! Fuck! Batter ya!« Max nahm Hut und Sonnenbrille ab, verbeugte sich grinsend. Klatschen, Gebrüll, Gelächter. Gelungen. Wie viele nur uns zu Gefallen darauf »hereinfielen«, weiß ich nicht zu sagen. Aber es war ein Riesenspaß. Ich schickte wieder ein Foto an Helga. Sie war nicht weniger entsetzt.

»Tödliche Sünden«, 1999

Mit den menschlichen Laster beschäftigten sich die Dichter seit jeher. Die Kirche zählt sieben Todsünden auf, früher auch Wurzelsünden genannt, heute Hauptsünden, lat. *vitia capitalia*. Es sind dies: 1. Hochmut (auch Stolz, Hoffart, Ruhmsucht, Anmaßung; lat. *superbia* oder *inanis gloria*), 2. Trägheit (Müßiggang, Faulheit, Überdruss; lat. *acedia* oder *tristitia*), 3. Unzucht (Unkeuschheit, Wollust, Fleischeslust; lat. *luxuria*), 4. Zorn (lat. *ira*), 5. Geiz (Habsucht, Habgier, lat. *avaritia*), 6. Neid (lat. *invidia*), 7. Unmäßigkeit (Völlerei; lat. *gula*).

Die Siebenzahl der Todsünden ist seit Papst Gregor dem Großen (540–604) üblich, früher waren es acht, weil Hochmut *(suberbia)* und Stolz *(inanis gloria)* getrennt gezählt wurden. Die Reihung der Todsünden hat sich im Laufe der Zeit mehrmals geändert, allerdings stand der Hochmut als Urgrund aller Sünden immer am Anfang, die Trägheit *(acedia)* immer am Ende. Die heutige Reihung der Kirche ist Hochmut, Geiz, Neid, Zorn, Unzucht, Unmäßigkeit, Trägheit; sie wurde von mir aus dramaturgischen Gründen geändert.

Im 20. Jahrhundert haben sich zwei bedeutende Dramatiker mit dem Thema »Die sieben Todsünden« auf ihre Weise auseinandergesetzt (ein dritter mit einem kleinen Aperçu). Da ist zuerst der Tiroler Franz Kranewitter (1860–1938), der über zwanzig Jahre lang (1903 bis 1925) an seinem Einakterzyklus »Die sieben Todsünden« und an »Totentanz« arbeitete und ihn als sein Hauptwerk ansah. Wie Kranewitters andere Dramen sind auch die »Todsünden« im Bauern- und Kleinhäuslermilieu seiner Tiroler Heimat angesiedelt, seine Figuren sprechen den örtlichen Dialekt. Zentrum der Auseinandersetzung ist die Familie – »das Haus als Hölle« (Johann Holzner). Anders als sein erfolgreicher Landsmann Karl Schönherr ist Kranewitter – weil seine Stücke härter, kompromissloser waren – kaum jemals außerhalb der Tiroler Grenzen gespielt worden und heute beinah vergessen. Einzig Tiroler Laienbühnen und die professionellen »Tiroler Volksschauspiele Telfs« spielen noch seine Stücke. Ich selbst wirkte 1981 – wie schon erzählt – bei den ersten Tiroler Volksschauspielen in Kranewitters »Die sieben Todsünden« als Moritatensänger mit. Die Aufführung – wegen der Länge verteilt über zwei Abende – hatte überregionales Echo zur Folge und wurde auch vom Fernsehen aufgezeichnet, trotzdem blieb Kranewitter weiterhin ungespielt. Das hat mit seiner Sprache, dem Dialekt zu tun, auch mit dem Milieu, nicht zuletzt aber auch mit einem Blut-und-Boden-Geruch, der Kranewitters Stücken (mehr als denen Schönherrs) anzuhaften scheint, weitgehend zu Unrecht, wie ich meine. Kranewitter ist in eine Reihe zu stellen mit Anzengruber, Schönherr, Thoma und Lorca.

Der zweite Autor ist Bertolt Brecht (1898–1956), der 1933 für Kurt Weill einen Todsünden-Text schrieb, und zwar für eine Ballettaufführung mit Gesang und Orchester. Brecht erfand zwei Schwestern, Anna 1 (Gesang) und Anna 2 (Tanz); im Grunde sind beide ein und dieselbe Person. Den Standpunkt der Familie vertreten zwei Tenöre, ein Bariton und ein Bass. Die Schwestern verlassen das heimatliche Louisiana, weil sie Geld verdienen wollen, damit die Familie ein Haus bauen kann. Auf ihrer siebenjährigen Reise durch Amerika werden die beiden mit den sieben Todsünden konfrontiert. Brecht stellt wie üblich die gewohnte Moral auf den Kopf, dreht die Sünden um. Anna tritt als Nackttänzerin auf, verkauft sich an einen Mann, alles für die Familie. Brecht fordert sie auf, neidisch zu sein auf die Reichen, zornig zu sein auf die, die sie ausbeuten, und auch dazu, genug zu essen, statt für die Familie zu sparen usw. Bei der Pariser Uraufführung der Truppe Les Ballets 1933 sang Lotte Lenya Brechts Text als Anna 1, Tilly Losch tanzte dazu als Anna 2.

Auch Eugène Ionesco schrieb einen Einakter zum Thema, nämlich als Drehbuch für den französisch-italienischen Episodenfilm »Les sept péchés capitaux« (in der deutschen Fassung »Die sieben Todsünden«), den die Regisseure Jean-Luc Godard, Sylvain Dhomme, Philippe de Broca, Edouard Molinaro, Jacques Demy, Roger Vadim und Claude Chabrol 1962 drehten. Ionesco beschäftigte sich mit dem Zorn, und zwar dergestalt, dass eine Fliege in der Sonntagssuppe zuerst Ehekrach, dann Unruhen, schließlich Krieg und endlich den Untergang der Welt auslöst. Durch den Einsatz von sieben Autoren sind die einzelnen Episoden sehr unterschiedlich, es verbindet sie ein leichtfüßig-satirischer Unterton. 1995 hat übrigens noch einmal ein Film das Todsünden-Motiv aufgegriffen, und zwar der amerikanische Thriller »Seven« (mit Brad Pitt, Morgan Freeman, Gwyneth Paltrow, Regie: David Fincher), in dem ein Serienkiller (gespielt von Kevin Spacey) seine Opfer nach dem Schema der sieben Todsünden aussucht und umbringt.

Zu Beginn des Jahres 1997 trat der Schauspieldirektor des Tiroler Landestheaters, Dietrich W. Hübsch, mit dem Ansinnen an mich heran, für Innsbruck einen neuen Einakterzyklus zu diesem Thema zu schreiben Man plane ein Todsünden-Projekt, wobei das Meraner »Theater in der Altstadt« den Kranewitter produzieren soll und ein bundesdeutsches Theater die Brecht-Weill-Variante. Geplant sei, die drei Produktionen untereinander auszutauschen. Dies schien mir ein spannendes Vorhaben. Der Begriff »Sünde« ist ja unschwer herauszulösen aus dem kirchlichen Kontext, und zwar auch ohne Brecht'schen Trick, denn im Grunde ist Sünde ja nichts anderes als ein unsolidarisches Verhalten dem Mitmenschen und der Gesellschaft gegenüber. Und interessant ist: Die eigene Sünde richtet sich auch gegen einen selbst. Der Hochmut, der Zorn, der Geiz – alles richtet sich letztlich gegen einen selbst. Die Bestrafung erfolgt schon hier und jetzt.

Da Kranewitter genau dasselbe Milieu beschreibt, das auch bei mir häufig vorkommt, wollte ich etwas ganz anderes machen, versetzte die Handlung in ein bürgerliches Milieu und zugleich in die Zukunft, eine Art von überhöhter Science-Fiction wollte ich schreiben, angenähert an das absurde Theater. Die handelnden Personen tragen keine Namen, heißen nur »Mann, Frau 1, Frau 2, Kind«. Und ich schlage eine »kleine Anomalie« am Kopf oder im Gesicht vor, eben wie in amerikanischen Science-Fiction-Serien.

Die Uraufführung fand am 25. Februar 1999 in den Innsbrucker Kammerspielen statt. Torsten Schilling hatte die Regie für den erkrankten Dietrich Hübsch übernommen. Die Schauspielerinnen Eleonore Bürcher, Claudia Stanislau und Alexa Wilzek sowie Günter Lieder als »Mann« waren hervorragend. – Ich konnte nichts damit anfangen. Als wär's kein Stück von mir. Die Stimmung war ohnehin flau und das Echo mäßig. Das lag auch daran, dass zwei Tage davor das grauenhafte Lawinenunglück in Galtür passiert war, das 38 Todesopfer und 48 Verletzte forderte, außerdem waren viele Häuser zerstört, das Paznauntal gesperrt, nur mit dem Hubschrauber zu erreichen.

Mein Freund Norbert Hainschek inszenierte wenig später das Stück in seinem »Theater im Keller« in Graz, es folgte im Jahr 2000 die deutsche Erstaufführung im Theater Rampe in Stuttgart (großartig inszeniert von Zeno Stanek), 2004 dann gab es eine Aufführung im Theater Gruppe 80 in Wien (Regie Helmut Wiesner), im selben Jahr erlebte ich die erstaunlichste Inszenierung unter dem Titel »Péchés Mortels« am Pariser »Théatre des Quartiers d'Ivri«, Regie Jean-Claude Fall. Dann war Schluss. Wohl gut so. Obwohl der Ansatz nicht uninteressant war. Ein wenig kam ich mir damals wie Peter Rosegger vor, der auch sein Milieu nicht verlassen durfte. Bei »Johanna oder Die Erfindung der Nation« erging's mir ja ähnlich. Das nächste Stück ist wiederum »in meinem Milieu« angesiedelt, und diese wahre Geschichte hat mich in der Tat viel mehr interessiert als meine frei erfundenen »Tödlichen Sünden«.

»Die drei Teufel«, 1999

»In der Nacht vom 14. auf den 15. Juni 1932 schlugen ungefähr um halb 11 Uhr nachts aus dem Kirchendach gewaltige Flammen empor. Hornsignale und grelle Schreie von Bewohnern erfüllten die stille Nacht. Während die Feuerwehr Hopfgarten unter ihrem Kommandanten Konrad Steiner die Löschgeräte herbeischaffte und Hw. Kooperator Franz Diller das Allerheiligste aus der brennenden Kirche holte, war auf dem Marktplatze und den nächstliegenden Häusern ein Wandern, Schreien und Jammern von Kindern, Frauen und Männern zu vernehmen, die mit den nötigsten Habseligkeiten auf dem Rücken der Feuersgefahr zu entfliehen versuchten. Wie ein dichter Feuerregen flogen die brennenden Schindeln des Kirchendachs über die Häuser, auf dessen ebenfalls schindelgedeckten Dächern die Familien mit Kübeln voller Wasser das Übergreifen zu verhindern suchten. Es war ein schreckliches Bild, als Dach und Türme des ›Brixentaler Domes‹ in roten, prasselnden Feuergarben in den Nachthimmel hineinleuchteten. Drohend und furchtbar neigten sich die Kreuze der Türme, als wollten sie den Markt verwüsten, und fielen unter Getöse glühend und rauchend von den beiden Türmen nieder. Ein trauriger Anblick, wie das Innere der Türme ein Raub der Flammen wurde und die am brennenden Glockenstuhl hängenden Glocken schließlich mit einem infernalischen Dröhnen in das Innere der Türme stürzten, wo sie in der unglaublichen Hitze schmolzen.«

Das ist der Augenzeugenbericht eines Bürgers der Marktgemeinde Hopfgarten im Tiroler Brixental. Der Brand der Pfarrkirche war der Höhepunkt eines unbeschreiblichen Terrors, der seit 1929 die Bewohner von Hopfgarten und Umgebung in Angst und Schrecken versetzt hatte. Unzählige Bauernhöfe waren schon dem Feuer zum Opfer gefallen (die Bauernfamilien schliefen nur mehr angekleidet und mit gepackten Rucksäcken), Raubüberfälle und brutale Morde waren verübt worden. Der Gendarmerie-Postenkommandant Oskar Burtscher war inzwischen verzweifelt und mit den Nerven fertig. Drei Jahre lang hatte er die feste Überzeugung vertreten (mit ihm fast die gesamte Bevölkerung), die Mörder und Brandstifter könnten nur »Auswärtige« sein. Und Auswärtige gab es genug in dieser schweren Zeit der Wirtschaftskrise und Arbeitslosigkeit. Unzählige Bettler, Hausierer, Handwerksburschen und arbeitssuchende

Taglöhner zogen durch die Lande. Doch so viele man von ihnen auch verhaftete und verhörte und auf Grund von meist unhaltbaren Indizien einsperrte, die Untaten hörten nicht auf. So kam Burtscher schließlich zur Annahme, die Bauern selbst hätten ihre Höfe angezündet, um die Brandschadenversicherung zu kassieren. Also verhaftetete er die Bauern, setzte sie brutal unter Druck, sperrte sie ein. Doch die Untaten gingen weiter. Also wurde Burtscher schließlich von seinen Vorgesetzten abgelöst und durch Adolf Felser ersetzt, einen alten Fuchs und hervorragenden Kriminalisten. Ihm gelang es im Juni 1933, die Täter zu überführen und festzunehmen. Es handelte sich um drei einheimische Burschen:

Alois Lechner, genannt »Bubi«, geboren 1909 als außereheliches Kind einer Bauernmagd, die Mutter stirbt bald nach der Geburt, Vater »unbekannt«. Aufgewachsen bei Zieheltern. Sein Ziehvater Alois Leithner ist ein angesehener, wenn auch armer Bürger von Hopfgarten, Sargtischler und Totengräber von Beruf, zugleich Gemeindepolizist, ein sehr freundlicher, weicher Mann. »Bubi« lernt beim Vater das Tischlerhandwerk und ist dann als junger Mann weitum gefürchtet und geachtet als unbezwingbarer »Ranggler« (Ringkämpfer). Eifriges Mitglied und Hornbläser der Feuerwehr. Organisiert mit der örtlichen Theatergruppe Benefizabende für die Brandopfer. Arbeitslos.

Franz Bachler, genannt »Franzi«, geboren 1908, außereheliches Kind einer Magd und Taglöhnerin, Vater »unbekannt«, bei Ziehmutter aufgewachsen, später (zu den Tatzeiten) wieder bei seiner leiblichen Mutter wohnend. Ebenfalls gelernter Tischler. Gilt als ruhig, sympathisch und fleißiger Arbeiter. Arbeitslos.

Anton Clementi, genannt »Toni«, geboren 1907 als Kind einer armen Arbeiterfamilie. Leidet unter den »Fraisen« (Epilepsie). Der Vater stirbt früh, die Mutter ist auf fast fanatische Weise religiös. Gelernter Schuster und Arbeiter im Ziegelwerk. In totaler Abhängigkeit zu Lechner, den er wegen seiner eiskalten Verwegenheit und absoluten Skrupellosigkeit bewundert.

Die Hopfgartner waren schockiert und fassungslos, dass die Täter aus der eigenen Gemeinde kamen. Vor allem der Anführer Lechner war ihnen nun richtig unheimlich, denn schließlich hatte er ihnen vier Jahre lang frech ins Gesicht gegrinst, hatte die Gendarmerie wegen ihrer Unfähigkeit kritisiert und sich auch eifrig an der Jagd nach den »Feuerteufeln« beteiligt.

Am 1. August 1934 wurden Lechner, Bachler und Clementi in Innsbruck zu lebenslangem Kerker verurteilt (die Todesstrafe verpassten sie gerade noch, denn die wurde erst ein paar Wochen später wieder eingeführt). Im Juni 1943 stirbt Bachler im Gefängnis Garsten, im Jänner 1944 stirbt Clementi im Konzentrationslager Mauthausen, die Spur von Lechner verliert sich.

Die Hopfgartner bauten ihre Höfe und die Pfarrkirche wieder auf und versuchten zu vergessen. Aber in der mündlichen Überlieferung des Brixentales wurden die »Feuerteufel« zu einer Art von Legende, zum Mythos fast. Da ich selbst im Brixental (Kirchberg) aufgewachsen bin, habe ich schon als Kind davon erfahren und habe fasziniert die brennenden Höfe vor mir gesehen, die brüllenden Kühe, die dunklen Gestalten der Mörder und Brandstifter am Grat, unbesiegbar, unfassbar.

1991 schlossen sich die Theatergruppen des Brixentales zum »Brixentaler Volkstheater« zusammen (wie zuvor schon die Zillertaler und Lechtaler) und spielten in Kirchberg mein Stück »Kein schöner Land«. Im Vorfeld meinten manche, man solle »den alten Dreck nicht aufrühren«, aber der Hauptdarsteller Melchior Gratt fuhr den Zusehern als Darsteller des verfolgten Juden derartig in Magen und Herz, dass endlich auch in dieser Gegend eine Diskussion über die verdrängte Nazizeit in Gang kam. Zu dieser Zeit fragte mich Heinz Adelmann, Leiter der Brixentaler Bühne, zum ersten Mal, ob ich nicht ein Stück über die »Feuerteufel« schreiben könnte. Wir kamen überein, er solle zuerst lieber in Hopfgarten nachfragen, ob man damit einverstanden sei. Die Hopfgartner waren ganz und gar nicht einverstanden. Trotzdem las ich das 1984 erschienene Buch »Die 3 Teufel von Hopfgarten« des pensionierten Gendarmeriebeamten Hans Brambröck, sowie auch einen älteren Bericht, der in Romanform abgefasst ist.

Als erstes fiel mir auf, dass die »Feuerteufel« aus demselben Milieu stammten wie ich selber. Ich war der uneheliche Sohn einer verwitweten Kleinbäuerin, wie bei Lechner und Bachler war mein Vater »unbekannt«, was einfach bedeutete, dass unsere Mütter den Namen des Vaters nicht preisgeben wollten. Wie Lechner und Bachler wurde ich aus Not »verschenkt«, und zwar an ein Landarbeiterehepaar, und mein Ziehvater war weich und schwach, meine Ziehmutter rigide und stark. Wie Lechner hatte ich als Jugendlicher manchmal kriminelle Fantasien, aber bei mir blieb es bei Kleindiebstählen, mein Aggressionspotential und auch mein Mut waren zu klein. Und außerdem gab es da von Kindheit an den brennenden Wunsch zu schreiben, warum sollte ich den brennenden Wunsch verspüren, ein Haus anzuzünden?

Die Jahre vergingen, und die Theaterleute versuchten immer wieder, die Hopfgartner davon zu überzeugen, dass es besser ist, über die Vergangenheit zu reden, als sie zu verdrängen. Mit der Zeit wurde die Zahl der Ablehnenden immer weniger, dennoch befürchtete die Gemeindeführung, Hopfgarten könnte in einen schlechten Ruf geraten und ein schlechter Ruf sei schädlich für den Tourismus. Die erbittertsten Gegner aber waren die Nachkommen von »Bubi« Lechner, obwohl sie keine »echten« Nachkommen waren, denn sie stammten von seinen Zieheltern ab. Doch sie fürchteten eben die »Schande«, die »schlechte Nachred«. Also fuhr ich selbst eines Tages mit Ekkehard Schönwiese (der die Regie wieder übernehmen sollte) nach Hopfgarten, und wir trafen uns mit den Leuten. Wir versuchten ihnen klarzumachen, dass der Mythos der Hopfgartner »Feuerteufel« ohnehin unausrottbar sei und dass sich die »drei Teufel« in einem Theaterstück ganz von selbst von Sinnbildern des absolut Bösen in Menschen verwandeln würden. In Menschen, die natürlich ihrer gerechten Strafe zugeführt werden müssen, denn derartige Vergehen gegen die Mitmenschen können nicht ungesühnt bleiben. Aber mit der »Verteufelung« hat es dann endlich ein Ende, wenn Menschen statt Ungeheuer auftreten

In einem Theaterstück betreibt man natürlich auch Ursachenforschung. Die politischen und wirtschaftlichen Umstände der Zeit, die Umwelt, das Herkunftsmilieu, die Charaktere können untersucht werden. Aufklärungsarbeit also, wieder einmal. Wer aufgeklärt ist, ist nicht mit Blindheit geschlagen. Nicht gegenüber der Politik und nicht gegenüber den Mitmenschen. Wie sehr ähnelt doch die Geschichte der »Feuerteufel« dem Theaterstück »Biedermann und die Brandstifter« von Max Frisch. Die Brandstifter machen sich im Hause Biedermanns breit, wollen sein Haus anzünden, und er merkt es nicht einmal, hilft ihnen sogar dabei. Politisch wie privat kann man daraus eine Lehre ziehen.

Da ich nun schon einmal in Hopfgarten war, wollte ich auch mit den Opfern sprechen. Und was ich da zu hören bekam, erfüllte mich beinahe mit Ärger gegenüber den »Nachfahren« Lechners, die immerzu nur von der »Schande« sprachen, die sie zu erleiden hätten, wenn das Stück auf die Bühne kommt. Die Opfer hatten Unglaubliches mitgemacht, hatten Haus und Hof und Vieh verloren, hatten Todesängste durchgestanden, und manche von ihnen waren dann auch noch verhaftet und unmenschlich behandelt worden. Jahrelang hielt sich danach bei manchem Bauer der Ruf, er hätte seinen Hof selbst angezündet.

Eines Tages war es dann soweit. Die Organisatoren meinten, nun könne man es wohl wagen. Der Bürgermeister – um seine Meinung befragt – war weder dagegen noch dafür. Ich machte meine letzten Recherchen, sprach mit alten Einheimischen, mit Chronisten (danke Christian Horngacher in Kirchberg, danke Vinzenz Dablander in Hopfgarten), las eine sehr aufschlussreiche Gendarmeriechronik, die mir über einige Dinge – wie über die Aktivitäten der damaligen Nazis – die Augen öffnete, dann schrieb ich das Stück.

Als im Frühjahr 1999 die Proben begannen, wendete sich die Stimmung plötzlich wieder mehrheitlich gegen das Projekt. Sponsoren sprangen ab (ein Kaufmann: »Ich weiß genau, der und der wird dann nicht mehr bei mir einkaufen«), die Stimmung war schlecht. Aber nun gab es kein Zurück mehr. Da der geplante Spielplatz vor der symbolträchtigen Pfarrkirche plötzlich nicht mehr zur Verfügung stand, musste ein anderer gesucht werden und wurde auf einem Hügel gegenüber Hopfgarten auch gefunden. Nun würden die Zuseher nicht nur die Bühne, sondern den gesamten erleuchteten Ort samt Kirche den ganzen Abend vor Augen haben. Die Unkenrufe weiteten sich nun auch auf die finanzielle Seite aus. Man warf der Theatergruppe ein Hasardspiel vor. Und das war es wohl auch. Obwohl insgesamt über 7000 unbezahlte Arbeitsstunden (Bühne, Tribüne, Kostüme, technische Einrichtungen, Werbung) eingesetzt wurden, hatten die Brixentaler Theaterleute über eine Million Schilling im Voraus zu finanzieren. Obmann Heinz Adelmann – der das Hauptrisiko trug – ließ vorsichtshalber sein Eigenheim mit einem Veräußerungsverbot belegen und bat die am Bühnenbau beteiligten Professionisten um provisorische Verzichtserklärungen.

Dann kam am 25. Juni 1999 die Premiere und alles war anders. Ein Bann war gebrochen, ein Akt der Befreiung fand statt. Jubel, Tränen (der Menschen, die das selbst erlebt hatten) und Standing Ovations. Die »Teufel« hatten ein Gesicht bekommen, waren zu Menschen geworden.

Wiederum ein neuer Schock, eine Woche später. Brandstifter waren in der benachbarten Wildschönau unterwegs, ein unheimliches Gefühl beschlich uns alle: »Hat sich da einer ein Beispiel genommen, einer, der das Stück gesehen hat?« Gottseidank hörten die Brandanschläge dann unvermittelt auf, die Täter aber wurden nicht gefasst.

Was sich dann den ganzen Sommer über abspielte, kann man nicht beschreiben. Nicht nur ein Bann war gebrochen, sondern anscheinend auch ein Damm. Die Menschen des Brixentales und der weiteren Umgebung stürmten die Vorstellung. Regelmäßig waren trotz der Ankündigung, dass alles längst ausverkauft sei, mehr als 100 Leute zu viel am Aufführungsort. Zuschauer, die keine Karten mehr ergatterten, warfen einfach das Eintrittsgeld hinter die Absperrung und bahnten sich ihren Weg.

Die Schauspieler freute das natürlich. Und über die muss nun geredet werden, denn nicht nur dem »heißen« Thema, sondern auch ihnen war dieser grandiose Erfolg zu verdanken. Abgesehen davon, dass alle Darsteller mit großem Einsatz dabei waren, passierte bei der Besetzung der Hauptpersonen ein Theaterwunder. Zwei Schauspieler kannte ich schon von »Kein schöner Land«, die wollte ich unbedingt dabeihaben: Seppi Höller als Franz Bachler und

Szene mit Vater (Melchior Gratt, rechts) und seinem Sohn Bubi, einem der drei Feuerteufel, gespielt von Hubert Pacher

Ernst Brugger als Anton Clementi. Ekkehard Schönwiese fand dann nach langem Suchen den ihm geeignet erscheinenden Darsteller für »Bubi« Alois Lechner: Hubert Pacher.

Der Höller Seppi spielte den Bachler, der an seiner Arbeitslosigkeit (also Nutzlosigkeit) zugrunde geht, derart schlicht und überzeugend, dass jeder Zuschauer verstehen konnte, wie man auf die schiefe Bahn kommen kann. Der Brugger Ernsti spielte den epileptischen Mitläufer, dem immer wieder die Angst (vor sich selbst, vor der Mutter, vor Lechner) die Kehle zuschnürt, derart authentisch, dass die Zuschauer glaubten, er sei wirklich so. Dabei ist der Ernsti im wahren Leben das Gegenteil.

Und vor Hubert Pacher als »Bubi« fürchteten sich die Zuschauer. Sie fürchteten sich, waren fasziniert, und kalte Schauer rannen ihnen über den Rücken. Denn Hubert Pacher war ein Elementarereignis. Als ich ihn die ersten Minuten beobachtete, ihn, der noch nie auf einer Bühne gestanden war, bekam ich Magenschmerzen. Und zwar deshalb, weil er immerzu schrie, nie seine Stimme senkte. Auf der Bühne ständig zu schreien ist die Krankheit der Anfänger. Wo kann es dann noch eine Steigerung geben, wo Nuancen, wenn nur geschrien wird? In den ersten Minuten empfand ich Hubert Pacher als Katastrophe, als totale Fehlbesetzung. Doch dann erinnerte ich mich an meine Ziehmutter, die ihr Leben lang geschrien hatte. Auch wenn sie freundlich war, auch wenn sie nur einfach etwas erzählte – sie schrie. Immer auf einem Ton. Das war mit ein Grund, dass ich mit vierzehn Jahren flüchtete. Deshalb bekam ich Magenschmerzen. Hubert Pacher schrie wie meine Mutter.

Und doch – das ist ein Dilettant! Ich schob die Stimme weg und schaute auf seinen Körper. Ständige Anspannung, ständiges Lauern, immer wie ein Panther kurz vor dem Sprung, um der Antilope die Kehle durchzubeißen. Unglaublich. Und dann die Augen. Es waren die Augen eines Wahnsinnigen, eines wahnsinnig Leidenden, eines Ausgestoßenen. »Ich töte so lange, bis ihr mich tötet! Und ich will, dass ihr mich tötet!« Das lag in diesen Augen. Ich hörte wieder auf die Stimme. Ständig weiter auf einem Ton, bellend wie ein verdurstender, verhungernder Hund an der Kette. Selten habe ich einen Darsteller gesehen, der so in eine Rolle schlüpfte, der sich so mit seiner Figur identifizierte wie Hubert Pacher. Profis halten das für Dilettantismus, Profis haben das auch nicht nötig, Profis würden so auch nicht überleben. Aber für Hubert Pacher war das die Rolle seines Lebens, und nie mehr wird er so gut sein (braucht er auch nicht). Diese eine Rolle hat genügt, um ihn (für die 20.000 Menschen, die ihn gesehen haben) in den Theaterolymp zu heben.

Abschließend ist noch zu bemerken, dass durch die hohen Einnahmen das Brixentaler Volkstheater gerettet war, dass 2,5 Millionen Schilling in die Wirtschaft flossen, was man Umwegrentabilität nennt, dass der Bürgermeister die 50 Mitwirkenden zum guten Ende zu einem »gemütlichen Beisammensein« einlud, und dass im Frühjahr 2001 das Bauernhaus niederbrannte, in dem alle Bühnenteile samt Zuschauertribüne gelagert waren.

»Der Held aus dem Westen«, übersetzt aus dem irischen Englisch

Einer der Gründe, eine Zeitlang nach Irland zu gehen, war auch meine Verehrung der irischen Schriftsteller und Dramatiker. Beinah jeder Ire ist ein Poet, ist ein Sänger und Tänzer, in jedem Pub kann man Zeuge werden der Beredsamkeit und Phantasie dieses Volkes, an jeder Bushaltestelle werden einem Geschichten erzählt. Oftmals geht es rau und wild zu, dann wieder taucht eine sehnsuchtsvolle, zarte Poesie auf. Viel Schmerz. Fünfhundert Jahre Besetzung durch die Engländer. Verbot der Sprache und der Religion. Wirtschaftliche Ausbeutung bis zum Hungertod von Abertausenden. 40 Millionen Iren leben außerhalb von Irland. Eine Diaspora, vergleichbar fast mit der der Juden. Diese 40 Millionen sind ein starker Rückhalt für die dreieinhalb Millionen daheim. Dadurch hat sich die irische Kultur über die ganze Welt verbreitet. Ob es sich um Literatur handelt oder um Popmusik oder um Film, Irland ist in jeder Sparte an vorderster Stelle vertreten. Das Erstaunlichste an allem ist wohl der Humor. Je tragischer ein irisches Stück wird, umso komischer wird es gleichzeitig. Warum ist denen das Lachen nicht vergangen, fragt man sich. Die Antwort muss wohl lauten: Weil Humor ein Überlebensmittel ist.

Wie erging es mir, als ich die irischen Stücke nun im Original sehen konnte? Das erste war zufällig »The Playboy of the Western World« von John Millington Synge 1995 im Dubliner Gate Theatre. Zuerst einmal verstand ich hauptsächlich Bahnhof. Das kann ja wohl nicht Englisch sein, dachte ich mir, denn Englisch verstand ich einigermaßen, wenn es auch mit dem Sprechen noch sehr haperte.

Nun, es war auch nicht Englisch, jedenfalls kein Hochenglisch. Es war der sogenannte »Irish brogue«, eine Mischung aus älterem, umgangssprachlichem Englisch und keltischen, gälischen Wörtern, von den Schauspielern außerdem mit dem typischen westirischen Akzent gesprochen und vorgetragen mit einer geradezu atemberaubenden Geschwindigkeit (wer den irischen Volkstanz kennt, weiß, wovon ich rede). Seit wir nun am Land leben, habe ich mich gezwungenermaßen eingehört in die Umgangssprache der Menschen, dadurch verstehe ich auch die Stücke besser.

Der »Playboy« ist natürlich schon oft ins Deutsche übersetzt worden, wobei die meistgespielten Übertragungen von Heinrich Böll und Peter Hacks (im Auftrag Bertolt Brechts) stammen. Bölls Übersetzung ist eine sehr genaue, aber auch etwas eintönige Übertragung ins Hochdeutsche, die von Hacks eine sehr gescheite und eigenständige ins Berlinerische. Der Ansatzpunkt von Hacks war auch meiner, als ich mich zu einer Übersetzung entschloss. Es erscheint mir vollkommen unmöglich, die irischen Stücke in ein trockenes Hochdeutsch zu übersetzen, weil sie dadurch leblos werden und ohne Farbe. Das war übrigens schon dem ersten Übersetzerpaar Charles H. Fisher und Sil-Vara im Jahre 1911 bewusst. Sie schrieben nämlich im Vorwort, nur der Not gehorchend würden sie das Stück ins Hochdeutsche übertragen, am ehesten könnten sie sich stattdessen ein steirisches Deutsch oder Tirolerdeutsch vorstellen, was ihnen aber mangels Kenntnis dieser Dialekte unmöglich sei (kam hinzu, dass die Übersetzung ja von möglichst vielen deutschen Bühnen gespielt werden sollte).

So habe ich versucht, mit meiner Übersetzung ins Tirolerische dem Stück möglichst wenig von seiner Lebendigkeit, von seiner poetischen Kraft und seinem Humor wegzunehmen. John M. Synge schrieb: »In The Playboy of the Western World habe ich, wie auch in meinen anderen Bühnenstücken, nur wenige Worte benutzt, die ich nicht unter dem irischen Landvolk gehört oder in meiner eigenen Kinderstube gesprochen habe, ehe ich noch lesen konnte, und ich bekenne mit Freuden, wie viel ich der urwüchsigen Phantasie dieses prachtvollen Menschenschlages verdanke.« Worte, die auch sehr stark auf meine eigene Arbeit zutreffen.

Der Inhalt: Christopher Mahon kommt auf der Flucht vor seinen angeblichen Häschern in ein Pub, wo er Unterschlupf findet. Als er der Tochter des Pub-Wirts erzählt, er habe im Zorn seinen Vater erschlagen, kann sie ihren Mund nicht halten, und Christopher wird schnell zur Berühmtheit. Und zwar deshalb, weil er seine Tat immer fantasievoller ausschmückt, bis zur Behauptung hin, er habe seinen Vater bis zum Gürtel gespalten. Seinen eigenen Vater kaltblütig umzubringen, das finden alle – besonders die Mädchen – eine gewaltige Heldentat. (Übrigens war die Uraufführung des Stückes am 26. Jänner 1907 im Dubliner Abbey Theatre ein riesiger Skandal, der mit Schlägereien im Publikum endete, woraus sich dann draußen sogar eine Straßenschlacht entwickelte. Ein Großteil des damaligen Publikums konnte einen Vatermord auf der Bühne, auch oder gerade im Rahmen einer Komödie, einfach nicht ertragen.) Christopher wird nun tatsächlich zum Helden, denn bei den sportlichen Spielen am Strand gewinnt er alle haushoch. Doch dann taucht sein totgeglaubter Vater auf, tatsächlich mit Kopfverband, aber sonst sehr gut beisammen und ziemlich wütend auf den Sohn. Die Mädchen sind enttäuscht. Das kann Christopher nicht auf sich sitzen lassen und er erschlägt seinen Vater nun anscheinend wirklich. Die Dorfbewohner sind entsetzt, denn es ist eine Sache, eine tolle Geschichte zu hören, eine andere aber, tatsächlich einem brutalen Mord beiwohnen zu müssen. Die Dorfbewohner fesseln Christopher und wollen ihn zum Richter führen, aber da taucht der Vater schon wieder auf, befreit seinen Sohn und nimmt ihn versöhnt mit sich nach Hause.

Quintessenz: Dass ihn die Bewohner eines Dorfes für einen Helden halten, macht aus einem vom Vater geprügelten und als Idiot gedemütigten jungen Mann wirklich einen Helden. Und natürlich ist es auch ein Stück gegen das Patriarchentum.

Ich darf auf keinen Fall vergessen zu erwähnen, dass es meine Übersetzung gar nicht geben würde, wenn nicht Reinhard Urbach mich gebeten hätte, eine solche für das Theater der Jugend in Wien abzufassen. Dies tat ich gerne, schielte aber schon nach Tirol, ich gestehe es. In Wien wurde – am 24. Jänner 1999 – eine umgangssprachliche Aufführung gespielt, und sie war in der Regie von Hans Escher ausgezeichnet, aber ich wartete natürlich gespannt auf die in Telfs, wofür ich schon gleich nach der österreichisch-umgangssprachlichen Fassung eine im Tiroler Dialekt erstellt hatte. Ruth Drexel inszenierte im sommerlichen Zoblanger eine fulminante Aufführung. Die irische Musik spielten Siggi Haider am Akkordeon, Juliana Haider am Saxophon und Hannes Sprenger am Dudelsack. Markus Völlenklee war der »Held«, Franz Trager sein Vater, Marietta Horwath die Tochter des Pub-Wirts, Elmar Drexel der furchtsame Bauer, den sie heiraten soll, Peter Mitterrutzner ihr versoffener Vater, Gabriele Dossi die Witwe, die sich den »Helden« schnappen will, auch die Spitzenleute der Telfer Volksbühne – Frieda Stecher, Hilde Auer und Helmut Pichler – spielten wieder einmal grandios mit.

Die Aufführung war so erfolgreich, dass sie zwei Sommer lang gespielt wurde (2000 übernahm Pepi Grießer die Rolle des inzwischen leider verstorbenen Franz Trager), und Ruth Drexel nahm sie mit ans Münchner Volkstheater.

»Der Schüler Gerber« – seit 70 Jahren aktuell

Ich hatte den Torberg-Roman in meiner Jugend gelesen und mich sehr mit dem Schüler Gerber identifiziert, dann entschwand er mir aus dem Gedächtnis, bis ich 1981 den wunderbaren Film von Wolfgang Glück sah. Von mir aus wäre ich aber nicht auf die Idee gekommen, den Roman zu dramatisieren, es war Brigitta Thelen, die Leiterin des Schauspielhaus-Jugendtheaters »Next Liberty« in Graz, die 1999 anfragte, ob ich Lust dazu hätte. Nach nochmaligem Lesen fiel mir die Entscheidung leicht. »Der Schüler Gerber« hat seit seiner ersten Veröffentlichung im Jahre 1930 nichts von seiner Aktualität verloren. »Gott Kupfer«, der sadistische Lehrer (abgekupfert Torbergs eigenem Mathematiklehrer) existiert immer noch, keiner erzähle mir, dass das nicht so sei, unsere Tochter hatte einen und die Kinder unserer Freunde auch. »Gott Kupfer« stirbt nicht aus, leider. Machtmissbrauch, Missbrauch der verliehenen Autorität ist etwas sehr Verführerisches, besonders für beschädigte, enttäuschte, sich benachteiligt fühlende Menschen. Daneben gibt es natürlich die Lehrer, die sich aufopfern, die sich bemühen, die Idealisten sind, und die vielen Gleichgültigen, denen die jungen Menschen einfach vollkommen egal sind. Sie alle kommen auch in Torbergs Roman vor, da gibt es kein Klischee und keine Schwarz-Weiß-Malerei.

Und die Eltern, die ihre Kinder moralisch unter Druck setzen, weil die Matura so ungemein wichtig sei – auch die gibt es immer noch. Am schlimmsten sind die, die ihren Kindern ein schlechtes Gewissen bereiten: »Wir opfern uns auf für dich.« Schüler Gerber ergeht es da besonders übel. Sein Vater ist herzkrank und die Mutter redet ihm ein, er würde den Vater töten, wenn er bei der Matura durchfällt. Die Mütter, die – wie in Torbergs Roman – ständig bei den Lehrern sind und ihnen auf die Nerven gehen, sind übrigens heute noch viel zahlreicher als damals.

Und die jungen Leute selbst, die Schüler? Ach, die sind heute noch genauso wie in den 20er Jahren. Dieselbe Interaktion, dieselbe Gruppendynamik: die Streber und die Versager, die Kasperln und die Stillen, und immer gibt es einen, der kaputtgemacht wird, einen Außenseiter, einen »Schwächling«, einen, der nicht Macho spielen mag oder kann. Nicht Macho zu sein oder es vorzutäuschen, ist mit 16, 17 Jahren das allergrößte Zeichen von Schwäche, und schwer muss man dafür büßen. Und – ach, die Liebe, das Erwachen der Erotik, der Sexualität, der Umgang mit dem sogenannten anderen Geschlecht; Torberg beschreibt das unglaublich einfühlsam an Gerber und seinen Kollegen und ganz besonders gut an der Aussteigerin Lisa Berwald. Nichts hat sich geändert in diesen 70 Jahren, das Erwachsenwerden ist nicht leichter geworden, nein, sogar erheblich schwieriger. Abgesehen vom Drogenproblem, das es damals nicht gab: Was muss man heute nicht alles beweisen, um »in« zu sein als junger Mensch, um kein Außenseiter zu sein? Was wird einem nicht alles vorgegaukelt, im Fernsehen, in der Werbung, wie man zu sein hat, welche Konsumgüter man besitzen muss, wie man sich anzuziehen hat, welchen Sport man zu betreiben hat, wie dünn man sein muss als Mädchen (die Models immer noch aussehend wie magersüchtige Drogenabhängige).

Und man halte mir nicht die Schlagzeilen der Boulevardpresse entgegen, jene Schlagzeilen, die von Schülern berichten, die ihren Lehrern Angst einjagen. »Schüler Gerber ist hoffnungslos überholt, Gott Kupfer muss heutzutage Angst haben!« Glaubt es nicht, glaubt kein Wort. Das sind bedauerliche Ausnahmen, das sind Kinder aus sozial deklassierten Familien, Kinder, die keine Chance sehen, denen alles egal ist: »Was kümmert es mich, wenn ich rausfliege …?«. Soziale Ursachenforschung tut da not, nicht der Ruf nach Wiederherstellung verlorener Machtgewalt.

Allerdings, ja, eine neue grauenhafte Qualität ist dazugekommen. Schüler Gerber springt des Öfteren nicht einfach aus dem Fenster, nein, er nimmt die Waffe seines Vaters, marschiert in die Schule und tötet Mitschüler und Lehrer. Aber warum töten Kinder andere

Kinder und töten sich dann selbst oder lassen sich in einem grandiosen Showdown von der Polizei niederknallen? Weil sie so nicht leben wollen, weil sie nur eines wollen, nämlich einmal etwas ganz Tolles, Außergewöhnliches getan haben und nach ihrem Tod auf der ganzen Welt in den Abendnachrichten sein. Und die Freunde werden sagen: »Echt urcool, super!«

Niemand hat Schüler Gerber vor 70 Jahren zugehört, und niemand hört ihm heute zu. Nicht die Eltern, nicht die Lehrer, nicht die Psychologen und auch nicht die eigenen Schulkollegen. Seine Hilferufe verhallen nach wie vor ungehört. Solange wir unseren Kindern nicht in die Augen schauen, solange wir ihnen nicht wirklich zuhören, solange ihre lautlosen Hilferufe nicht unser Herz erreichen, solange wird Schüler Gerber existieren und am Leben zugrunde gehen oder aber überleben und so werden wie wir.

Die Uraufführung inszenierte 1999 mit großem Zuspruch der jungen Besucher Michael Schilhan, der dann selbst Leiter des Grazer Jugendtheaters wurde, noch etliche meiner Stücke dort machte, aber auch in Alpl jenes nach Roseggers »Jakob der Letzte«, und zu einem guten Freund wurde. Im Jänner 2018 kommt noch einmal »Der Schüler Gerber« im Theater Next Liberty.

Annas Studium in Wien, 2000 – 2005

1999 bestand Anna mit Auszeichnung die Matura (Leaving Certificate) und hätte mit ihrem guten Zeugnis am Trinity College Dublin oder in Oxford studieren können. Aber sie wollte eigentlich immer Opernsängerin werden und sich deshalb sofort an der Hochschule für Musik und Darstellende Kunst in Wien bewerben. Wir überredeten sie, sich ein Jahr auszurasten, denn sie hatte unglaublich für die Schule geschuftet. Nach einigem Zögern ging sie dann doch gern auf dieses Angebot ein. Wir buchten für sie einen Gesangskurs in England, den sie dann sehr genoss.

Im Jahr 2000 nahm sie wieder Gesangsunterricht, diesmal bei einem Wiener Professor, und wiederum in einem Kurs. Auf Grund ihrer schwachen Konstitution wurde ihr aber geraten, dieses Vorhaben aufzugeben, denn Singen sei Leistungssport. Daraufhin war sie sehr verzweifelt. Chryseldis riet ihr nun, an der Akademie der Bildenden Künste in Wien die Aufnahmeprüfung zu versuchen, und sich von Klaus Klingler, einem Salzburger Freund von uns, darauf vorbereiten zu lassen, damit sie eine Mappe mit Arbeiten vorlegen konnte. Klaus, ein hervorragender Aquarellist, kam mit seiner Frau Ilse Sprohar, ebenfalls einer großen Künstlerin, in den Ferien zu uns nach Irland, und tatsächlich, Anna (die ja immer schon gemalt und gezeichnet hatte) brachte in Kürze ihre Mappe zusammen und trat dann im September 2000 zur Aufnahmeprüfung an. Sie bestand, und Gunter Damisch wurde ihr Lehrer in seiner Klasse für Grafik und Malerei.

So war sie nun an derselben Akademie, an der auch ihre Mutter studiert hatte. Anna machte große Fortschritte, und das Zusammensein mit den Künstlerkollegen tat ihr gut. Besonders angetan war sie von ihrem Professor, und zwar auch deshalb, weil Gunter Damisch ihr erlaubte, sehr oft zwischendurch nach Irland zu fahren. Der Grund dafür war, dass Damisch uns mit Familie in Irland besucht hatte, Annas unglaublichen Garten sah und ihn zum Kunstwerk erklärte. In den Ferien war Anna ohnehin durchgehend in Irland.

In Wien hatte sie ihren ersten Freund kennengelernt, er hieß Alexander, war Schriftsteller und frankophil, da seine Mutter Französin war. Anna zog mit Alexander zusammen, er verbrachte mehrere Sommer hindurch die Ferien bei uns in Irland, was uns alle sehr bereicherte und erfreute, denn Alex war auf brillante Weise geistreich und witzig.

Im Jahr 2005 machte Anna mit ihrem Kurzfilm »Swann and the Fox« ihr Diplom mit Auszeichnung (sie selber und Alex vor der Kamera agierend). 2006 bekam sie dafür auch noch den Würdigungspreis der Akademie.

Anna bei der Gestaltung des Gartens in Castlelyons

»Mein Ungeheuer«, 2000

Ich habe nie direkt autobiografisch geschrieben, obwohl natürlich das eigene Leben in allem steckt, was man schreibt. »Mein Ungeheuer« ist eine Ausnahme. In diesem Text verbirgt sich das Schicksal zweier Frauen, das meiner leiblichen und das meiner Adoptivmutter, untrennbar miteinander verwoben. Und das tote Kind, das im Schuhkarton von Wirtshaus zu Wirtshaus getragen wird, ist meine Zwillingsschwester, die mir bis heute fehlt.

1993 hatte ich zum ersten Mal für Martin Sailer, Literaturchef des ORF-Landesstudio Tirol, ein Hörspiel geschrieben: »Krach im Hause Gott« (später als Stück bei den Bregenzer Festspielen aufgeführt). Martin wollte eine Live-Produktion machen, vor Publikum, wie zu den Anfangszeiten des Rundfunks. Es kam eine für die Schauspieler, für das Publikum im Saal und die Zuhörer an den Radiogeräten ungemein spannende Aufnahme zustande.

1998 war es dann wieder soweit. Ich schrieb für meine Lieblingsschauspieler Julia Gschnitzer und Peter Mitterrutzner das Hörspiel »Mein Ungeheuer«, begleitet von meinen Lieblingsmusikern Siggi Haider und Hannes Sprenger. Wiederum eine Live-Produktion, die das Publikum auf fast magische Weise in den Bann zog. Es nimmt Teil am Lebensalptraum einer Frau, die sich mit dem Mut der Verzweiflung durch das 20. Jahrhundert gekämpft hat, einen gewalttätigen und trunksüchtigen Mann zur Seite, der ihr die Ehe zur Hölle machte. Sein Feuertod hat das Ehepaar nur vorübergehend geschieden. Er kehrt zurück – als eine Art Untoter, der weiter auf der Welt wandeln muss, als ihr »Ungeheuer«, das sie fast in den Wahnsinn treibt, bis die gemeinsame Vergangenheit in einer »Wortschlacht« aufgerollt und neu erzählt wird, bis zuletzt dann doch so etwas wie eine Annäherung, ein Verzeihen, eine Erlösung stattfinden kann.

Im Jahre 2000 fand die Uraufführung der Theaterfassung bei den Tiroler Volksschauspielen in Telfs statt, in einem mit Unkraut durchwucherten alten Glashaus, mit denselben Darstellern, denselben Musikern. Es gab Vorstellungen, wo die Intensität der Aufführung so stark war, dass manche Zuseherinnen es nicht mehr ertrugen und hinausgehen mussten.

Die Produktion blieb jahrelang am Spielplan und ist inzwischen zur Legende geworden. RAI Bozen hat sie aufgezeichnet und so ist

Julia Gschnitzer und Peter Mitterrutzner in der Uraufführung des Stücks »Mein Ungeheuer« bei den Tiroler Volksschauspielen in Telfs

sie der Nachwelt erhalten geblieben. Außerdem gingen Julia und Peter mit dem Stück auch lange Zeit auf Tournee. Im Haymon Verlag ist auch ein Hörbuch erschienen.

Das Stück wurde kaum nachgespielt, worüber ich eigentlich froh bin; ich weiß nicht, ob man das versteht. Allerdings inszenierte es sehr intensiv und auf ganz ungewöhnliche Weise – wie immer – Markus Plattner in seinem »Theater im Lendbräukeller« in Schwaz, es spielten Claudia Lang und Pepi Pittl.

In der Studiobühne Villach sah ich dann eine Aufführung mit Charly Rabanser und Andrea Händler, inszeniert von Uli Brée. Das Erstaunliche an dieser Aufführung waren – abgesehen von der hohen Qualität – Licht und Bühnenbild. Es gab kein künstliches Licht, dieses kam nämlich von Hunderten von Kerzen. Und das Bühnenbild bestand ausschließlich aus Moospolstern, die Charly in den Bergen seines heimatlichen Neukirchen am Großvenediger gesammelt hatte. 2016 spielte die Sendersbühne in Grinzens das Stück und wurde dafür von der Kulturlandesrätin Beate Palfrader mit dem Tiroler Volksbühnenpreis ausgezeichnet.

2001 endlich »Gaismair«

Schon immer haben mich die zwei bedeutendsten (und sehr gegensätzlichen) Persönlichkeiten der Tiroler Geschichte besonders interessiert – Michael Gaismair und Andreas Hofer. Der eine (offiziell bis 1918, inoffiziell bis in die 70er Jahre) »Vaterlandsverräter und Kirchenfeind«, der andere (für viele seit seiner Hinrichtung im Februar 1810, allgemein seit der zweiten Hälfte des 19. Jahrhunderts) schlicht und einfach »der Tiroler Nationalheld«.

Beide waren Bauernführer, beiden muss man großen Idealismus zugestehen, aber Gaismair kämpfte 1525 gegen den Klerus und gegen die Habsburger für eine Republik, war also ein »fortschrittlicher« Revolutionär, Hofer kämpfte 1809 gegen die Bayern und Napoleon, für Gott, Kaiser und Vaterland, somit für die Wiederherstellung des alten Zustandes, war daher ein »konservativer« Freiheitskämpfer. Über beide habe ich nun endlich geschrieben, wobei Hofer wesentlich einfacher war, denn es handelte sich um einen Film, und dieses Genre eignet sich hervorragend für komplexe historische Erzählungen. Außerdem ist beinahe jeder Tag dieses denkwürdigen Jahres 1809 bis ins Detail dokumentiert.

Gaismair war wesentlich schwieriger, denn es sollte ein Theaterstück werden, und Historie am Theater neigt leicht zum Oberlehrerhaften, ist immer von Langeweile bedroht. Außerdem ist Gaismairs Charakter viel schwerer fassbar, wir wissen sehr wenig von seiner Persönlichkeit. 400 Jahre lang wurde dieser Mann verketzert, verleumdet, verdrängt; erst die Liberalen (und Antiklerikalen) des späten 19. Jahrhunderts entdeckten ihn neu und begannen zu forschen, dann aber fiel er »als edler Kämpfer für Scholle, Volk und Reich« den Nazis in die Hände, die ihn als Vorläufer Hitlers feierten, womit er erneut auf Jahrzehnte desavouiert war. Und noch etwas kam hinzu: es gab kaum Akten über den »Fall Gaismair«. Hatte man sie verbrannt, um den Staatsfeind auf ewig auszulöschen? Nein, die Habsburger verbrannten keine Akten, dafür waren sie zu sehr vorbildliche Beamte.

Der tschechische Historiker Josef Macek, der in den 50er Jahren über Jakob Hutter forschte, den Begründer der protestantischen »Täufer«-Bewegung (auch über ihn schrieb ich ein Stück), fand die Akten endlich, und zwar im böhmischen Schloss Děčín (deutsch Tetschen), wo die Tiroler Grafen Thun große Ländereien besaßen. Sigmund von Thun war Berater von Erzherzog Ferdinand I., Gaismairs Gegenspieler und späterer König und Kaiser. Von Sigmund von Thuns Bruder Cyprian gibt es einen Brief (zehn Tage vor Gaismairs Tod), in dem er schreibt, dass er seit langem nur damit beschäftigt sei, geeignete Auftragsmörder für Gaismair zu finden.

Irgendwann sind offenbar die meisten Gaismair-Akten nach Böhmen verbracht worden, und es ist das große Verdienst von Josef Macek (im Jahre 2000 verstorben), dass er sofort die Bedeutung der Unterlagen erkannte und mit ständig wachsender Begeisterung sein großes, immer noch gültiges Werk über Gaismair schrieb, wobei er natürlich auch die Archive von Innsbruck, Wien, Brixen und Venedig benützte. Mehr sozialistischer Humanist als Parteikommunist, vermied es Macek auch, Gaismair für den Kommunismus zu vereinnahmen, obwohl Gaismair in gewissem Sinn ja wohl so etwas wie ein »Kommunist« war, wenn auch ein christlicher. 1961 erschien Maceks Buch in der Tschechoslowakei, 1965 auf Deutsch in der DDR. Nicht gerade günstig für die Akzeptanz und ein Umdenken in Tirol.

Das Verdienst des Südtirolers Hans Benedikter ist es, dass er auf Grundlage von Maceks Forschungen sein Buch »Rebell im Land Tirol – Michael Gaismair« schrieb, das 1970 erschien, womit endlich auch wieder in der Heimat Gaismairs eine Diskussion über diesen wichtigen Mann in Gang kam. Dabei ist Gaismair keineswegs eine Figur der Lokalgeschichte, seine »Landesordnung«, die uns erhalten geblieben ist, gehört als zukunftsweisendes Gesellschaftsmodell in die Reihe der großen Staatsutopien der Weltgeschichte. Mehr Breitenwirkung als Benedikters Buch hatten publizistische Initiativen von Winfried Hofinger (in der Bauernzeitung) und Michael Forcher (im Kurier).

Es kam zu einer Initiative im Tiroler Landtag betreffend einer »Rehabilitierung« Gaismairs durch das offizielle Tirol und daraufhin zu einem international besetzten wissenschaftlichen Kongress über Gaismair im Volksbildungshaus Grillhof. Michael Forcher, der schon in seinem Buch »Tirol – Historische Streiflichter« erstmals mehrere Seiten den Bauernkriegen und Michael Gaismair gewidmet hatte, brachte zum 450. Todestag Gaismairs im Jahr 1982 eine kurzgefasste Biographie nach neuestem Wissensstand heraus und setzte diesen Schwerpunkt auch wieder in seinem Standardwerk »Tirols Geschichte in Wort und Bild« von 1982, das viele Gemeinden als Jungbürgerbuch verwendeten (und verwenden). Michael Gaismair hat seitdem seinen festen Platz in der Tiroler Geschichte .

1976 wurde die »Michael-Gaismair-Gesellschaft« gegründet (bestehend hauptsächlich aus Tiroler Intellektuellen und Künstlern), die es sich zum Ziel setzte, Gaismairs immer noch gültige und in manchem bis heute unerfüllte Forderungen den Tirolern bewusst zu machen und überhaupt anhand dieser Persönlichkeit für ein Aufbrechen der damaligen verkrusteten politischen Strukturen

Tirols einzutreten. Ab 1980 wurde zu diesem Zweck auch ein »Gaismair-Kalender« herausgegeben, der sich – mit aufklärenden Zielen – an den traditionellen Volkskalendern orientierte. (Auch ich publizierte darin, und Chryseldis gestaltete den ersten Umschlag.) 1988 erschien auf Initiative dieser Gesellschaft endlich auch eine überarbeitete Fassung des Werkes von Macek im Österreichischen Bundesverlag. Die Gaismair-Gesellschaft beschränkte sich allerdings durch die Zusammensetzung ihrer Mitglieder auf einen eher elitären Universitätsbereich.

Deshalb muss hier ein Mann erwähnt werden, der an anderer Front für Gaismair kämpfte und wesentlichen Anteil daran hatte, dass Gaismair in Tirol wieder bekannter wurde, Anteil schließlich auch daran, dass ich dieses Stück endlich schrieb (weshalb es ihm auch gewidmet ist): Ing. Hermann Weber, 40 Jahre lang Leiter des Erwachsenenbildungsheimes Grillhof in Vill bei Innsbruck. Seit den frühen 70er Jahren hat Hermann Weber immer wieder Veranstaltungen zu Gaismair am Grillhof abgehalten, schon 1977 versuchte er mich dazu zu bringen, über Gaismair ein Stück zu schreiben, und beharrlich versorgte er mich in den folgenden Jahren mit Unterlagen und jeder neu erschienenen Literatur. Und 1981, bei den ersten Tiroler Volksschauspielen in Hall, war es Dietmar Schönherr, der mich bat, so bald wie möglich für die Volkschauspiele ein Stück über Gaismair zu schreiben. Ich sagte ja, aber drückte mich dennoch und schrieb »Stigma«. Zum zehnjährigen Jubiläum 1991, wurde ich wieder angemahnt; vergeblich. Vor ein paar Jahren schließlich verloren die Kollegen die Geduld: Entweder endlich zum 20-Jahr-Jubiläum oder gar nicht mehr. So überwand ich schließlich meine Furcht und ging ans Werk.

Um ja der Gefahr des faden Historienstückes zu entgehen, wünschte ich mir einen bestimmten Regisseur: Christian Stückl, der in Oberammergau die Massen beim Passionsspiel bewegte und an den Münchner Kammerspielen (unter anderem) den steirischen Brachial-Dramatiker Werner Schwab uraufführte. Das erschien mir die richtige Mischung. Ich sollte Recht bekommen, Christian inszenierte tatsächlich einen ungeheuer spannenden Bilderbogen, der jeden Zuschauer mitriss und manchmal den Atem raubte.

Anfang Juni 2001 – kurz vor Probenbeginn – fuhren wir alle (Regisseur, Schauspieler, Bühne) auf den Spuren Gaismairs nach Sterzing, Brixen, Padua und Montegrotto. Hermann Weber war unser »Reiseleiter«, was er immer wieder bestritt, da er der Meinung war, die Augen des Reisenden seien seine besten »Reiseleiter«. Da hatte er bestimmt recht, diesmal musste man aber auch die Ohren dazuzählen, denn wir alle lernten viel durch die Erzählungen Webers. Auch von Professor Aldo Stella wollten wir uns etwas erzählen lassen, denn ihm ist die grundlegende Forschung über Gaismairs Exil in Padua zu verdanken, aber leider war er durch einen Krankenhausaufenthalt verhindert. Dafür trafen wir seine Mitarbeiterin Frau Dr. Fiammetta Bada und die wunderschöne Kulturreferentin von Montegrotto, (die unbedingt den Passler-Darsteller kennenlernen wollte, der war aber im Lunapark).

Es war ein merkwürdiges Gefühl, in der milden Abenddämmerung vor Gaismairs Landhaus auf einem der Euganeischen Hügel bei Montegrotto zu stehen und hinunter auf die Felder zu schauen, die Gaismair vor fast 500 Jahren trockengelegt hatte. Die Grillen zirpten, italienische Popmusik schallte aus Kofferradios, Jugendliche kamen mit ihren Vespas gefahren und feierten auf einem Feld über dem Gutshof ein Fest, und auf eine Mauer der Terrasse war auf Italienisch gesprüht: »Das Leben ist schön, aber kurz, darum genieße es«. Guntram Brattia (unser Gaismair-Darsteller) verschwand durch eine der Fensterhöhlen in der Dunkelheit des Renaissance-Hauses, das unbewohnt, aber noch erstaunlich gut erhalten ist, und traf sich dort wohl mit dem Geist Gaismairs zu einem Zwiegespräch. Gregor Bloéb (unser wilder Peter Passler) fuhr lieber im Lunapark mit einem »Puffauto« (er wusste nichts von der schönen Kulturreferentin), während Peter Mitterrutzner (als Pfefferer der treueste Anhänger Gaismairs im Stück) auf dem Prato della Valle in Padua, den 86 Statuen von historischen Persönlichkeiten umringen, vergeblich nach der von Gaismair Ausschau hielt. So etwas nennt man die perfekte Besetzung von Rollen.

Ich selbst suchte dann auf den Stufen des Palazzetto Strozzi in Padua nach Blutspuren des ermordeten Revolutionärs und fand auch welche (bildete ich mir zumindest ein). Bei 42 Messerstichen strömt so viel Blut, dass selbst der Regen von 500 Jahren nicht alle Spuren beseitigen kann.

Die Uraufführung fand dann am 20. Juli 2001 in der riesigen Betonhalle der neuen Landesfeuerwehrschule in Telfs statt, als Bühnenbild gab es nur einen ungemein langen und schweren Tisch sowie viele Lastwagen Erde, die zu einer Hügellandschaft aufgeschüttet wurden. Guntram Brattia war ein ergreifender, hochintellektueller Revolutionär, der an seiner Mission verzweifelt und zu Grunde geht. Der wahre Held für die Zuschauer wurde aber erstaunlicherweise Gregor Bloéb als Räuberhauptmann Peter Passler, der sich nicht unterkriegen lässt. Gregor ist tatsächlich ein »Viech« beim Spielen, damit sollte ich später noch ein paarmal zu tun haben. Er mag das Glatte und Künstliche gar nicht, und so ist es kein Wunder, dass er sich vor der Vorstellung immer hinter der Halle in Dreck, Gras und Erde wälzte, weil ihm das Kostüm zu neu aussah, zu leblos wirkte, ein Kostüm eben.

Trotz des Zuschauerandranges und daher guter Einnahmen wurde die Aufführung durch den Bau der Tribüne, die Ausstattung der riesigen Halle und die unzähligen Mitwirkenden viel teurer als erwartet, was uns in ziemliche Schulden stürzte. Wofür ich mich noch heute sehr entschuldige.

Werner Pirchner. Musiker

Im Sommer 2001, mitten in die Freude und die Aufregung der Volksschauspiele hinein, starb mein Freund und langjährige Wegbegleiter Werner Pirchner. Am 17. August war das Begräbnis am Friedhof in Thaur. Ich hielt die Grabrede:

Liebe Elfie, Stella, Esther, liebe Verwandte, liebe Freundinnen und Freunde von Werner,

es ist mir heute ähnlich schwer ums Herz wie vor drei Jahren, als Hans Brenner gestorben ist. Der Hansl und der Werner waren sich in Vielem sehr ähnlich. Beide sind sie aus dem Volk gekommen, beide sind sie – in jeder Hinsicht – mit ihrem Dialekt, mit ihren Absichten, auch politischen und moralischen Absichten – beim Volk geblieben, ganz ohne Wollen, ganz selbstverständlich. Sie kannten keine Entfremdung in unserer fremden Welt. Und beide wollten Kunst nicht im luftleeren Raum machen, nicht nur Kunst um der Kunst willen, sondern Kunst gegen schlimme gesellschaftliche Zustände, Kunst für eine bessere Welt, in der wir uns nicht mehr umbringen und gegenseitig knechten und den Nächsten ausbeuten und den Fremden – wer immer das ist – außer Landes weisen oder umbringen. Beide haben immer Position bezogen, Hansl mit dem Theater, Werner mit der Musik. Nun bezieht Theater meistens

Stellung, Musik tut das selten, muss es auch nicht. Die Freude an der Musik steht an erster Stelle, ganz legitim. Wenn man die Festnetznummer von Werner wählte, war immer zuerst seine Stimme auf dem Anrufbeantworter zu hören: »Hier Werner Preisegott Pirchner. Pfeifen, singen oder trommeln Sie.« Oh ja, es ist schön zu pfeifen, zu singen und zu trommeln. Es ist schön, mit Musik den Menschen Freude zu bereiten. Viele Menschen haben Werner draufgepfiffen, gesungen und getrommelt. Aber er selber konnte es am besten. Das war ja sein Leben.

Werner ist einen weiten und wunderbaren Weg gegangen. Geboren am 13. Februar 1940 in Hall in Tirol, verspürt er schon als Kind eine unstillbare Sehnsucht nach Musik; die ersten Instrumente eine Kindertrompete und die Knopforgel des Vaters, die erste musikalische Bildung – wie er selbst sagt – durch das Radio, durch einen pensionierten Finanzbeamten, durch einen alten Pater. Trotzdem – als lebenslanger Nachtmensch – mit 11 Jahren Austritt aus dem Kirchenchor, weil es ihm nicht gelingt, die Frühmesse auf den Nachmittag verlegen zu lassen. Dafür gibt es manchmal Besuche bei seinem Onkel »Hausä«, Bergbauer in der Wildschönau. »Der hat einen Plattenspieler gehabt«, erzählt Werner, »und ein paar Jazzplatten. Die hab ich dann auf seinem Akkordeon nachgespielt, und da war der so erstaunt, dass ich nie mehr was am Hof arbeiten hab müssen, was mich natürlich sehr gefreut hat.«

Mit 14 beginnt Werner der Mutter zuliebe eine Schriftsetzerlehre in der Tyrolia-Druckerei in Innsbruck (»katholisches Bleibergwerk«), denn der Mensch muss ja was Vernünftiges lernen. Immer aber den Kopf voller Musik, der Jazz vor allem hat es ihm angetan, aber er sperrt sich auch ins Klo der Schriftsetzerwerkstatt ein, um dort Schönbergs Harmonielehre zu studieren und die Schriften Adornos. Da kein Geld vorhanden ist, bringt er sich die Instrumente selber bei, übt auf Klavieren in diversen Gasthäusern und probiert stundenlang sämtliche Instrumente in den Innsbrucker Musikgeschäften aus, vor allem das Vibraphon fasziniert ihn. Als er 18 ist, am Tag nach der Gesellenprüfung, liegt auf dem Küchentisch der Mutter ein Zettel zum Abschied: »Ich bin Musiker«.

Werner bricht auf in die Städte, spielt Klavier in der Dschungel-Bar in München und im Maxim in Wien, und auch Tanzmusik in Fremdenverkehrsorten. Aber schon mit 22 Jahren spielt er mit unglaublicher Virtuosität das Vibraphon im Oscar-Klein-Quartett, gründet eigene Gruppen, beginnt auch zu komponieren. Den Jazz liebt er auch deshalb so sehr, weil hier, wie er sagt, »keiner anschafft, sondern jeder was zu reden hat«. Und er, der zu Beginn des Krieges geboren war, marschierende Soldaten, mit Schlägen traktierte Zwangsarbeiter gesehen hatte, er meinte außerdem: »Swing war einfach etwas total Unmilitärisches, und das hat mir schon genügt, dass ich verliebt war in Swing.«

1962 lernt er in einem Hotel in St. Gilgen am Wolfgangsee, wo er vier Monate lang als Tanzmusiker arbeitet (um sich den Jazz leisten zu können), seine spätere Frau Elfie kennen und lieben. Nahezu vier Jahrzehnte werden sie gemeinsam durch das Leben gehen, 1965 kommt Stella zur Welt, 1967 Esther. Elfie wird es gelingen, an der Seite von Werner auch ihr eigenes Leben zu leben, auch ihre eigenen Ziele zu erreichen. Die langjährige Volksschullehrerin wird mit der höchsten Auszeichnung zum Doktor in Pädagogik und Psychologie promovieren und wird Psychoanalytikerin werden.

1973 dann Werners Paukenschlag mit »Ein halbes Doppelalbum«, Untertitel: »Was wir über das Leben nach dem Tode wissen & fast 22 andere Lieder«. Es handelt sich dabei um ein Konzeptalbum, um ein musikalisches Ein-Mann-Hörspiel, einmalig und erstmalig in seiner Art, ein Gesamtkunstwerk, der Umschlag von Werner selbst gestaltet und mit Zeichnungen versehen, alle Texte von Werner selbst geschrieben, gesprochen, gesungen, zahlreiche Instrumente spielt er selber ein, begleitet von einigen engen Musikerfreunden wie zum Beispiel Heinz Cabas (E-Bass), Florian Pedarnig (Flügelhorn), Dieter Merth (Fagott), Peter Mayrhofer (Schlagzeug); aufgenommen vom herausragenden Toningenieur Hanno Ströher. Inhaltlich ist das Album die geniale musikalisch-kabarettistische Abrechnung nicht nur mit dem katholisch-konservativen Tirol, sondern mit dem ganzen verkrusteten Nachkriegsösterreich, in dem immer noch »der Schoß fruchtbar ist, aus dem das Ungeheuer kroch«. Der anarchistische Humanist, der pazifistische Menschenliebhaber, der immer auf der Seite der »Verfolgten und Misshandelten« steht, ist mit einem Schlag bekannt, die Schallplatte erhält aber Rundfunkverbot. Der Prolog allein schreckt schon manche Zuhörer ab: »Auf der Platten sing i Liader für die brave Bourgeoisie, für Zivil- und Chauvinisten, Kanzel- und Militaristen, und für klerikale Brüader und vielleicht a paar für Di.«

Dass Werner dann 21 Jahre später den offiziellen Auftrag des ORF zur Gestaltung der Ö1-Signations erhält (und somit zum wohl meistgespielten und meistgehörten Komponisten Österreichs wird), dass er 1986 den Tiroler Landespreis für Kunst bekommt und 1988 den Würdigungspreis der Republik Österreich für Musik, ist ein tröstliches Zeichen dafür, dass die Gesellschaft seither toleranter und offener geworden ist.

1974 dann Werners Nachschlag mit dem satirischen Film »Der Untergang des Alpenlandes« (zusammen mit dem bedeutenden Kameramann und Regisseur Christian Berger), der ebenso für großen Aufruhr sorgt.

Immer mehr sucht Werner die Verbindung von Jazz, Volksmusik und sogenannter E-Musik, arbeitet mit berühmten Jazzmusikern, bildet 1975 mit Harry Pepl das Jazz-Zwio; Die beiden spielen auch bei Austria Drei und beim Vienna Art Orchestra mit, treten bei vielen internationalen Festivals auf, und bald feiert man Werner in der New Yorker Jazzszene genauso wie beim »Steirischen Herbst«.

Werner beschäftigt sich mit Bach und Mozart, aber auch mit den Modernen wie Schönberg und vor allem Schostakowitsch, und beginnt nun auch für klassische Konzertmusiker zu komponieren. Und ist immer wieder erfüllt »von ungläubigem Erstaunen darüber«, wie er selber sagt, »in die Kunsttempel der abendländischen Musik Einlass zu finden«. Der Grund dafür liegt wohl auch darin, dass Werners Musik nie trocken, nie synthetisch, nie wie am Schreibtisch entstanden klingt, dass es ihn überhaupt nicht interessiert, ob das, was er komponiert, »neu« ist, »avantgardistisch« ist; ein frischer Wind fegt mit ihm durch die Konzertsäle. Diesen frischen Wind erkannten auch Komponistenkollegen, wissen ihn zu würdigen, unterstützen Werner. Als Heinz Karl Gruber einmal sagt, die Avantgarde klinge bei allen gleich, hat Kurt Schwertsik darauf geantwortet: »Nur der Pirchner klingt anders.«

Schon 1984 ist der Musik von Werner, der sich selber immer noch als »privilegierten musikalischen Gelegenheitsarbeiter« bezeichnet, das Eröffnungskonzert »Die neue Reihe« im Wiener Konzerthaus gewidmet, auch in die geheiligten Hallen des Musikvereins zieht er ein.

Als Werner zum ersten Mal ein Orchester als Dirigent leitet, bricht er sich einen frischen Zweig als Dirigierstaberl vom Strauch.

Und als seine Kompositionslehrer nennt er Bartok, Bert Breit (der zweite große Tiroler Komponist), Schubert, Kafka, Karl Valentin und Kurt Schwitters.

1982 beginnen seine Theater- und Filmmusiken. Für beinah alle Wiener Theater wird Werner in den Folgejahren komponieren: Burgtheater, Akademietheater (Claus Peymann zieht Werner dabei den Nerv, weil er nie weiß, was er will), Josefstadt, Volkstheater, Ensembletheater; dazu kommen noch das Tiroler Landestheater, die Festspiele Erl, die Bregenzer Festspiele, die Salzburger Festspiele (Musik zum »Jedermann«) und die Tiroler Volksschauspiele. Alles begann 1982 in Telfs im Jahre 1982. Es ist wieder ein unglaublicher Paukenschlag, denn Werner schafft es mit seiner berstenden Vitalität, gleich für zwei unserer Stücke die Musik zu komponieren. Aus Fritz von Herzmanovsky-Orlandos absurder Komödie »Kaiser Josef und die Bahnwärterstochter« (Regie Kurt Weinzierl) macht er ein perfekt durchkomponiertes Singspiel. Witz, Esprit, musikalisches Können auf höchstem Niveau, im Publikum ein Jubel ohnegleichen. Das Lied »Dem Kaiser sei Dirndl bin i«, gesungen vom Nozerl Bettina Redlich, wird in diesem Sommer zum Schlager, den die Bewohner von Telfs auf der Straße pfeifen, wie Weiland bei Verdi in Mailand.

Werner Pirchner bei der Arbeit mit der Regisseurin Ruth Drexel (Telfs, 1982)

Das zweite Stück ist von mir und heißt »Stigma« (Regie Ruth Drexel), es erzählt von einer stigmatisierten Dienstmagd, die sich Christus zum Bräutigam erwählt; manche Tiroler schlucken schwer daran, lassen sich – je nach Gemütslage – zu Wallfahrten oder zu Bombendrohungen hinreißen. Werner schreibt eine Musik für zwei Akkordeons und Teufelsgeige (schon damals übrigens dabei: Siggi Haider, der dann – zusammen mit Hannes Sprenger – ein bedeutender Pirchner-Interpret wurde). Niemand, der 1982 Werners Musik zu »Stigma« gehört hat, wird sie je vergessen. Da steht ein leeres Bett auf der Bühne, die Musik setzt ein, und die Zuschauer, Zuhörer brechen in Tränen aus, bevor ein Mensch auf der Bühne erscheint, bevor ein Wort gefallen ist. Das ist es, was ich an Werner so liebe: seinen Witz und seine Tiefe. Sein Motto war ja: »Wer nur lustig ist, ist dumm. Wer nur traurig ist, ist arm.« Und sein anderes Motto lautete: »Eins, zwei, drei … die Kunst ist frei.«

Werner hat mich dann praktisch durch mein ganzes literarisches Leben begleitet, er hat meine Stücke und Filme veredelt, in die Höhe gehoben und vertieft zugleich. Wir haben das Leben des Wiener Arbeiterdichters Alfons Petzold zusammen verfilmt; die »Sonate vom rauhen Leben« wird als eine der berührendsten Kompositionen der Musikweltliteratur für immer Bestand haben, zu hören ist das Werk auf dem 1986 erschienenen und mit dem Preis der deutschen Schallplattenkritik ausgezeichneten Album »EU«. Unter dem Titel »Kleine Messe um C für den lieben Gott« ist hier auch die Musik zu »Stigma« zu finden. Im Vierteiler »Verkaufte Heimat« haben wir Südtirols Geschichte von 1938 bis 1968 aufgearbeitet; wieder gibt es in diesem Film Momente, wo nichts passiert, als dass ein verzweifelter Mensch durch eine Bauernstube geht, um den aufgebahrten toten Sohn herum, schweigend, versteinert, und es ist ganz still, und plötzlich setzt ein Musikakzent von Werner ein, und es dreht uns allen das Herz um vor Weh.

1988 »Kein schöner Land« am Wiener Volkstheater, wir erzählen die Geschichte eines Tiroler Juden, der im Stich gelassen, ausgeliefert, umgebracht wird – »Kann die Geige weinen? Sing! Tanz! Shalom« heißen die Sätze. Da gingen manche Abonnenten hinein, um das Abonnement abzusitzen, und sie kamen verwandelt heraus, auch durch Werners Musik. Dasselbe bei meinem »Jedermann«-Stück in der Josefstadt, dasselbe bei der »Wilden Frau« im Wiener Ensembletheater am Petersplatz, dasselbe bei

»Das wunderbare Schicksal« (über den Zillertaler Wanderhändler Peter Prosch) in Telfs.

Theater ist selbstverliebt und nutzlos, wenn es nicht verändert, zumindest einen Menschen unter den zweihundert oder siebenhundert Besuchern verändert, zum Nachdenken bringt. Werner hat geglaubt an die Veränderung des Menschen, so wie auch ich, viele halten uns deshalb für naiv. Das sind wir auch.

Nur in seiner Musik, da ist Werner nie naiv, da ist er groß, gescheit, gebildet, ein unglaublicher Könner, einer der Begabtesten unserer Zeit. Und ein gnadenloser Perfektionist dazu. Sucht jahrelang nach dem richtigen Geiger, vorher nimmt er das Stück nicht auf, wirft alle miserablen Tonanlagen aus sämtlichen Wiener Theatern, in denen er arbeitet, ist lästig bei Tonaufnahmen bis zum Gehtnichtmehr; das »halbe Doppelalbum«, 1996 auf CD überspielt, muss natürlich klingen wie das Original-38er-Band (aufgenommen auf zwei Revox-G36-Röhrenmaschinen); seinen Leib-Tontechniker Hanno Ströher schleppt er deshalb durch die Gegend, von Innsbruck bis Bratislava.

Und er liebt seine Musiker, verehrt sie, die Philharmoniker, die Symphoniker, die Leute von den Kontrapunkten, die Jedermann-Bläser, die Haller Stadtpfeifer, alle. Und die Musiker lieben ihn, auch wegen seines Witzes – denn die auffallendste Eigenschaft aller Musiker ist ihr Humor; aber natürlich lieben sie ihn hauptsächlich wegen seiner Begabung.

Nie zuvor – finde ich – hat ein Komponist alles so fulminant auf einen Nenner gebracht, hat gepfiffen auf E und U, hat den Jazz, die Volksmusik, die Klassik, die Moderne so unter einen Hut gebracht, aber auf ganz neue, unverwechselbare Weise, und immer ohne akademische Hochnäsigkeit, denn sich erheben über die Menschen, das wollte Werner nie. Musik für Hirn, Herz und Bauch hat er uns geschenkt, der einzige unter den Modernen, der keine Schwellenangst hervorruft, wo kein Bruch da ist, sondern einfach ein Fließen, eine Einheit, Harmonie.

Das alles kam aus dem Thaurer Fuchsloch heraus und dann von Kapons herunter, wie die dortigen Gegenden am Fuße der Nordkette bei Hall in Tirol genannt werden; und der Mensch in Tirol, und der in Wien, und der in New York hört zu, und denkt und fühlt, und pfeift mit Werner auf E und U, denn es gibt nur eines: gute oder schlechte Musik.

Der Umzug von Hall ins Fuchsloch findet 1977 statt, ziemlich eng ist es dort, wie schon der Name sagt, aber der Bürgermeister erlaubt den Bau einer Dachterrasse, das schafft die nötige Weite, die Werner braucht (wie auch seine Frau Elfriede und die Kinder). In manchen Nächten spielt ein unbekannter Musiker um Mitternacht eine wunderschöne Weise auf seinem Flügelhorn in die Nacht hinaus, und Werner weiß, dass er am richtigen Ort gelandet ist.

1991 wird dann das Paradies in Kapons bezogen, gar nicht weit vom Fuchsloch entfernt; ich kenne noch das graue, etwas deprimierend wirkende Einfamilienhaus; der Freund und Architekt Manfred Pirchner hat für Werner und die ganze Familie ein Schmuckstück daraus gemacht, mit einem Aussichtsturm oben drauf.

Von diesem Turm aus hat Werner – an der Selbstgedrehten paffend – des Nachts in die Berge und in den Sternenhimmel geschaut, hat die Gegend rund ums Haus zentimeterweise erkundet (er nannte das sein »Planquadrat«), ist bis zur Erschöpfung in den angrenzenden Wäldern steil aufwärts gerannt, durch unwegsames Gelände, dann hat er wieder geduldig nach Schwammerln gesucht. Und immer hat er dabei eine Plastikhülle mit extra zugeschnittenen Notenblättern bei sich, die in die Innentasche seiner Wanderjacke passt.

In Kapons fühlte sich Werner so wohl, dass er nicht mehr gerne weggefahren ist. Wenn die Leute etwas von ihm wollten, dann mussten sie zu ihm kommen, und sie verirrten sich auch regelmäßig, im Gewirr der steilen Gassen.

Anlässlich der Präsentation seines Filmes »Nouvelle Vague« sagte der große Filmregisseur und Filmerneuerer Jean-Luc Godard 1990 in Cannes: »Da ist ein Mann namens Pirchner, der in Tirol lebt, für sich arbeitet.

Als ich das eine oder andere Stück dieser Arbeit gehört habe, sagte ich mir: Es muss möglich sein, damit einen Film zu machen.« Und so hören wir in einem bedeutenden französischen Filmwerk Musik von Werner Pirchner. Was für ein Weg!

Zu sagen ist noch, dass Werner nie seinen Dialekt ablegte, nur Floskeln aus der Jazzersprache flossen natürlich ein, dass er den Dialekt liebte und viele seiner Liedtexte auch im Dialekt schrieb. Und zu sagen ist zum Abschluss vor allem, dass Werner gern gelebt hat, gern sehr intensiv gelebt hat, »let's have a smoke, let's have an Obstler«, und sich die Nächte um die Ohren schlug, komponierend oder im Gespräch mit Freunden, Musikern und Regisseuren.

Und so ist Werner am 10. August 2001 eigentlich nicht mit 61 Jahren gestorben, sondern mit 122, und das ist gar kein so schlechtes Alter. Trotzdem fehlt er uns allen ganz furchtbar. Aber seine Musik wird immer bei uns sein, wird uns für immer erfreuen, erfüllen, berühren, und wir alle werden ihn nie vergessen, den Feuerkopf Werner »Preisegott« Pirchner. Pfiat di, Werner.

»Andreas Hofer – Die Freiheit des Adlers«, 2001

Wie schon berichtet, wurde damals, nach dem Weggang von Gerd Bacher, das Hofer-Projekt wieder abgeblasen. Nun war aber Kathrin Zechner da, die mir schon die »Tirol-Tatort«-Reihe und »Krambambuli« ermöglicht hatte, und später noch einmal maßgeblich für ein wunderbares Theaterprojekt verantwortlich sein sollte. Und nun holte sie auch den Hofer-Stoff aus der Schublade, war zuerst ein wenig erschrocken, weil ich ihr sagte, Hofer sei eigentlich ein Antiheld, der keiner Fliege etwas zuleide tun konnte und auch kein guter Stratege war, aber wir setzten uns trotzdem zusammen, strafften die ganze Sache, reduzierten Personen, strichen ein paar überflüssige und teure Schlachten, und das Drehbuch des Films »Andreas Hofer – die Freiheit des Adlers« wurde an Michael Wolkensteins Satel-Film zur Produktion übergeben.

Xaver Schwarzenberger war wieder der Regisseur (einen besseren konnte ich mir dazu nicht wünschen), und schon ging es an die Vorbereitung. Die Innsbrucker Altstadt wurde auf 1809 hergerichtet, zahlreiche Kostüme und Requisiten zusammengetragen und hergestellt, das Wirtshaus von Andreas Hofer getreu nach alten Bildern

Tobias Moretti als Andreas Hofer mit Julia Stemberger als seine Frau Anna

im Südtiroler Ultental nachgebaut, denn der Original-Sandwirtshof im Passeier ist heute ein Gasthaus und eignet sich durch die Umbauten und die vielbefahrene Straße nicht mehr zum Drehen.

Natürlich wurden die besten Schauspieler engagiert, allen voran Tobias Moretti als Hofer, Julia Stemberger als seine Frau Anna, Franz Xaver Kroetz als der fundamentalistische Kapuzinerpater Joachim Haspinger, Martina Gedeck als Marketenderin Mariandl. Gregor Bloéb und Guntram Brattia eilten vom Telfer »Gaismair« nicht etwa gleich zum Hofer-Team, sondern spielten noch schnell in einem Tirol-Tatort mit dem Titel »Elvis lebt!« die Hauptrollen, nämlich zwei notorische Wilderer und Elvis-Fans. Dann aber spielte im Hofer-Film Gregor den Verräter Franz Raffl und Guntram den Kajetan Sweth, den Schreiber Hofers. Die Burschen hatten in diesem Sommer und Herbst 2001 wahrlich genug zu tun.

Ein paar Wochen vor Drehbeginn wurde mir von der Filmfirma mitgeteilt, ich müsse noch mindestens 20 Minuten streichen, denn sonst würde der Film abgesagt, die Kosten seien einfach zu hoch. Nach langem Überlegen nahm ich also blutenden Herzens eine der Hauptfiguren heraus, nämlich Josef Speckbacher, der das Kommando über das ganze Nordtiroler Unterland hatte, und dessen zwölfjähriger Sohn Anderl in bayerische Gefangenschaft kam. Der König von Bayern schätzte den tapferen Buben sehr und wurde sein Firmpate. Tolle Geschichte, aber was soll ich machen? (2009 schrieb ich dann Speckbachers Geschichte für die Schlossbergspiele Rattenberg als Theaterstück nieder. Das war ich dem Speckbacher schuldig.)

Werner Pirchner hatte zugesagt, die Filmmusik zu komponieren, aber daraus wurde ja leider nichts, denn noch vor Beginn der Dreharbeiten starb er. Trotzdem verwendete dann Arthur Lauber, der neue Komponist, zu Ehren von Werner viel von dessen Musik. Danke.

Bei der Uraufführung des Filmes im größten Innsbrucker Kino sahen wir erst die Qualität von Xavers Arbeit. Als einer der besten Kameraleute Europas bestand er nämlich noch immer darauf, nicht mit digitalen Geräten, sondern auf Film und im 35-Millimeter-Format zu drehen.

Übrigens lief der Film in Innsbruck viele Wochen lang und zahlreiche junge Leute schauten mit offenem Mund zu. Denn sie hatten noch nie etwas von Andreas Hofer und vom Aufstand Tirols gegen Napoleon und die Bayern gehört. Einfach baff und hingerissen waren sie. Das freute mich sehr.

Der Film wurde auch im Fernsehen ein großer Erfolg, in Österreich hatte er fast mehr Zuschauer als die »Zeit im Bild«. Obwohl er in der ARD erst um 23 Uhr lief (angeblich wegen zu viel Brutalität), hatte er auch dort viel Publikum. Michael Wolkenstein allerdings zahlte durch die hohen Kosten (trotz meiner Kürzungen) wieder einmal drauf.

Die Reise in die Bukowina

Im Jahr 2000 widmete die Theodor-Kramer-Gesellschaft (Siglinde Bolbecher, Konstantin Kaiser) zwei Ausgaben ihrer Zeitschrift »Zwischenwelt« der Kulturlandschaft Bukowina und ihrer historischen Hauptstadt Czernowitz. Dadurch kam mir wieder mein angeblicher Vater Samson Tichoniuc ins Bewusstsein, der ja, laut endlich entziffertem Meldezettel, in Vinisoara geboren worden war. Im Meldezettel des Bruders Michael stand allerdings ein anderer Ortsname, nämlich Wischen.

Dieses Rätsel lässt sich leicht lösen. Die Bukowina gehörte seit 1774 zum Habsburgerreich, und war dessen östlichste Provinz. Auf einer alten Landkarte der k.u.k. Monarchie fand ich den Ort Wischenka. 1918 kam dieses Gebiet zu Rumänien, und so trug der Ort nun die rumänische Bezeichnung Vinisoara. Nach dem Einmarsch der Roten Armee wurde das Gebiet der Ukraine zugeschlagen, letztlich der Sowjetunion, sodass Vinisoara jetzt Viznicja hieß.

Um 1900 lebten zahlreiche Volksgruppen in der Bukowina. Da waren die angestammte Ruthenen und Huzulen (Bergbauern), weiters gab es Polen, Rumänen, deutschsprachige Österreicher (von Maria Theresia angesiedelt), Russen und Juden. Jeder verstand die Sprache des anderen, in den mehrheitlich von Juden bewohnten Dörfern verständigte man sich auf Jiddisch. In Czernowitz sprach man hauptsächlich Deutsch. Viele berühmte Dichterinnen und Dichter kamen aus der Bukowina, so zum Beispiel Rose Ausländer (was für ein Name!), Selma Meerbaum, Paul Celan und Karl Emil Franzos.

Irgendwie wollte ich doch etwas mehr über meinen angeblichen Vater wissen. Chryseldis, die ihre Vorfahren im Stubaital und im Paznauntal weit zurückverfolgen konnte, bestärkte mich darin. Auch Anna war interessiert, das Land ihres Großvaters kennenzulernen. Also fuhren wir im Sommer 2002 dorthin. Ich hatte mich gut vorbereitet und alles organisiert. Helmut Kusdat, Mitherausgeber des 2002 erschienenen Buches (Theodor Kramer Verlag) »An der Zeiten Ränder« (über die Bukowina), kümmerte sich um eine Wohnung in Czernowitz und um einen Dolmetscher.

Chryseldis, Anna, Alex und ich fuhren also mit dem Zug von Wien nach Budapest, während der Wartezeit wurden von einem Taschendieb alle meine Papiere gestohlen (Führerschein, Bankomat- und Kreditkarte etc.), nicht aber der Pass mit dem Visum, den hatte ich in einer Innentasche, und auch nicht das Geld, das hatte ich vorne in der Hosentasche (nun anders als in Rumänien, danke!). Eigentlich wollten wir uns etwas zum Essen und Trinken für die lange Reise kaufen, aber nun saßen wir ewig auf der Polizeistation und schauten uns Videobilder der Bahnsteige an. Den Dieb entdeckten wir nicht, denn er hatte mich in einem toten Winkel beklaut. Wir stiegen dann in den Moskauexpress und fuhren damit zur ukrainischen Grenze. Zahlreiche Menschen mit riesigen Plastikballen waren in Budapest zugestiegen und lagerten auf den Gängen. Wir aber hatten vorsorglich ein Schlafabteil gebucht.

Es war Mitternacht, als wir am »Terminal Carpati« ankamen, wo wir sitzen bleiben konnten, und riesige Kräne hoben die Waggons auf das sowjetische Schienensystem. Nachdem wir hungrig und durstig waren, ging ich mit Anna zum Restaurantwaggon, aber die Stahlplatten des Übergangs waren hochgeklappt und wir kamen nicht weiter. Zwar sah ich hin und wieder im erleuchteten Waggon Kellner hin- und hergehen, aber sie reagierten nicht auf mein Winken und Rufen, sahen mich vielleicht gar nicht. Nach mehrmaligen Anläufen, es waren jetzt zwei Stunden vergangen, waren endlich die Klappen unten, und wir konnten ordentlich einkaufen. Neben Wasser und belegten Broten nahm ich auch eine Flasche Wodka mit, denn ich hatte einen Frust.

Nachdem wir uns gestärkt hatten, trank ich nach und nach die Wodkaflasche leer. Dann stellte ich mich ans offene Gangfenster und filmte bis zum Tagesanbruch die vorbeiziehende Landschaft und die Dörfer. (Später verwendete Anna die Aufnahmen für ein Kunstprojekt – immerhin.) Irgendwann musste ich mich hinlegen und wurde erst kurz vor Lemberg (heute L'viv oder Lviv) wachgerüttelt. Vollkommen schlaftrunken taumelte ich mit meiner Familie auf den glühheißen Bahnhofsvorplatz hinaus, wo uns schon ein Fahrer namens Sergej mit seinem Kleinbus erwartete. Es war abgemacht, dass er uns die ganze Woche herumfuhr. Wir fanden Sergej – er sprach etwas Englisch – sofort sehr angenehm, er uns auch.

Ich schlief die ganze Fahrt nach Czernowitz. Dort trafen wir die Lehrerin, die uns die Wohnung vermietet hatte. Sie war mit ihren Kindern zu Verwandten gezogen, so stand uns die Wohnung allein zur Verfügung. In Schubladen entdeckten wir unzählige Waffen, bis hin zur Maschinenpistole, aber sie waren alle aus Plastik und gehörten wohl dem kleinen Sohn der Lehrerin. Als Chryseldis das Gas anzünden wollte, gelang das zunächst nicht, dann aber gab es einen Knall und eine Stichflamme, ihre Haare am Vorderkopf wurden zischend weggebrannt. Im Fernsehen amerikanische Actionfilme im Originalton, aber mit russischem Erzähler, der die Dialoge nachsprach. Anstrengend.

Am nächsten Tag besuchten wir Josef Burg, den letzten jiddischen Dichter der Ukraine. Er hatte ein bewegtes Schicksal hinter sich. 1938 studierte er in Wien, und nach dem Anschluss wurde er kurzerhand verhaftet. Da er aber rumänischer Staatsbürger war, musste man ihn freilassen, und er kehrte so schnell wie möglich nach Czernowitz zurück. Sein Vater war in Wischnitz (nahe Wischenka) Flößer gewesen. Dort kommt nämlich der Czeremos vorbei, auf dem

Josef Burg in Czernowitz, »der letzte jiddische Dichter«. Er starb 2009.

früher viel Holz von den Wäldern der Karpaten heruntergeflößt wurde. (Ich dachte an Brandenberg, den Geburtsort meiner Mutter, wo die Brandenberger Ache ebenfalls jahrhundertelang zum Holzflößen diente.) Als die Deutschenkamen und die Juden deportierten, floh Josef Burg tief in die Sowjetunion und wurde dort Deutschlehrer. Als einmal der Schulinspektor kam, stellte dieser fest, dass Burg nicht Deutsch, sondern Jiddisch unterrichtete. Der Inspektor verriet ihn aber nicht, da er selbst Jude war. Sogar bis Samarkand in Usbekistan verschlug es den Lehrer Josef Burg. Nach dem Krieg kehrte er nach Czernowitz zurück, wo er zuerst wieder als Lehrer tätig war, dann eine russische Frau ehelichte und fortan als freier jiddischer Dichter lebte, was nicht einfach war.

Josef Burg meinte übrigens, nur ein jiddischer Dichter dürfe sich als jüdischen Dichter bezeichnen. Ein deutscher Dichter jüdischer Herkunft sei eben ein deutscher Dichter, ein Amerikaner jüdischer Herkunft eben ein amerikanischer. Josef Burg las uns aus seinen Werken vor, und wir verstanden sehr viel davon; manches klang sogar wie aus dem Tiroler Dialekt. (Später habe ich übrigens oft Texte von Josef Burg vorgetragen, allerdings in hochdeutscher Übersetzung. Das Jiddische konnte ich leider doch nicht vorlesen, auch wird es im Original mit hebräischen Buchstaben geschrieben.)

Ich erzählte Josef Burg auch von meinem angeblichen Vater und fragte ihn, ob er wisse, warum dieser geflohen sein könnte. Da sagte Herr Burg, dass 1943 die Rote Armee kam, und das sei wohl der Grund für die Flucht gewesen. Entweder sei Samson ein Faschist gewesen oder er hätte eine »deutsche« Frau gehabt.

Am nächsten Tag fuhren wir nach Viznicja und warteten bei einem Volksfest wie ausgemacht auf unseren Dolmetscher, der Lehrer war. Er kam aber nicht. Da ließ ich ihn ausrufen. Schließlich kam ein Mann auf uns zu, der sich als Freund des Lehrers vorstellte und uns auf Englisch mitteilte, dieser sei gestern nach Amerika ausgewandert. Aber vielleicht könne er uns helfen, sein Freund habe ihn informiert. Wir fuhren also in einen kleinen Weiler ganz in der Nähe und zu einem kleinen Holzhaus. Der Mann rief etwas und eine alte Frau kam heraus. Sie trug Kopftuch und Kleiderschürze und hatte auf einer Wange eine riesige Wucherung, die sie mit einem Kohlblatt – vielleicht zur Heilung – zugedeckt hatte. Dann kam eine weitere Frau heraus, eine etwas jüngere mit Goldzähnen, die auf den Mann einschnatterte und in eine Richtung zeigte. Dann umarmte sie mich strahlend. Mittlerweile war es dunkel geworden, und wir beschlossen, nach Czernowitz zurückzukehren. Es wurde abgemacht, dass uns am nächsten Tag die Frau zur Familie von Samson führen würde.

An der Universität von Czernowitz fanden wir jemand, der Deutsch konnte, und engagierten ihn. Er begleitete uns mit seiner kleinen Tochter nach Viznicja. Die strahlende Frau erhielt eine Bonbonniere von mir, und sie führte uns zu einem Holzhaus, das in der Nähe lag. Wir überquerten dabei ein kleines Bächlein, in dem Hühner saßen und sich abkühlten. Es war wirklich brütend heiß. Am Zaun erwartete uns bereits eine Familie unterschiedlichsten Alters, und begrüßte uns freudig. Einem der Truthähne, die da umherspazierten, wurde sogleich der Kragen umgedreht, und eine Frau verschwand mit ihm in der Küche. Wir setzten uns um einen Tisch im schattigen Garten, dann stellte ich meine Fragen. Leider offenbarte sich nun, dass unser neuer Dolmetscher die deutsche Sprache doch nicht so gut verstand. Man redete auf uns ein und zeigte uns zahlreiche Familienfotos. Aber keines von Samson, von seinem Sohn Andrej (»Andrjuscha«), oder von seinem Bruder Michail (»Mischa«) war dabei. Eigenartig. Jedenfalls fanden wir Folgendes heraus: Samson war mit einer »Deutschen« verheiratet und floh mit ihr und dem Sohn Andrej im Jahr 1943, als die Rote Armee kam, nach Rumänien. Unterwegs verstarb die Frau, die hochschwanger war, und wurde in Rumänien beerdigt. Mit auf der Flucht war auch Michail. – Aber warum flüchteten sie? – Weil die Russen alle Deutschen verschleppten. – Waren Samson und Michail Faschisten? – Ja, wie die Zeit halt so war. – Näher wollten sie nicht darauf eingehen. – Beruf von Samson und Michail? (Der Gemeindesekretär von Achenkirch hatte bei Samson »Resterant« hingeschrieben, was wohl Restaurator heißen sollte, und bei Michail »Landwirt«.) Samson sei Restaurator gewesen (in einem Bergdorf??) und sein Bruder Michail ein Bauer. Ja, beinah vergessen, Samson war 13 Jahre lang Bürgermeister von Wischnitz. (Hatte mir auch meine leibliche Mutter Adelheid erzählt.) Man zeigte auf einen steilen Berghang hinauf, wo einige Mauerreste zu sehen waren. Das sei einmal das Bauernhaus des Vaters von Samson und Michail gewesen, sagte man uns. Im Ersten oder im Zweiten Weltkrieg (genau war das nicht herauszufinden) lag hier die Frontlinie, das Haus wurde zerstört, man baute es im Dorf herunten wieder auf.

Am wenigsten redete übrigens eine Frau, die offenbar die Hausfrau war, aber sie schien sich auf stille Weise über unser Hiersein zu freuen. Sie wirkte wie eine Intellektuelle aus der Stadt, nicht wie eine Bäuerin. Und sie war offenbar die einzige direkte Verwandte von Samson und Michail.

Dann wurde in einer Suppe der zerlegte Truthahn serviert und es gab Wodka dazu. Unser Dolmetscher hatte längst aufgegeben zu übersetzen, wir labten uns erst einmal. Durch das ständige Durcheinanderreden auf Ukrainisch waren wir sehr müde geworden. Aber die Leute erzählten weiter, ich stieß den Dolmetscher an und er tat sein Bestes. Michail sei nach dem Krieg nach Kanada ausgewandert, er habe bis Mitte der 90er Jahre Briefe geschrieben, dann kam nichts mehr, muss wohl gestorben sein. Sie nannten uns den Namen der kanadischen Stadt. Von Samson und Andrej habe man nie mehr etwas gehört, außer dass es von Samson in Österreich ein Denkmal gäbe. »Das Denkmal bin wohl ich«, warf ich ein. Das war's. Der Wodka tat mir bei der Hitze gar nicht gut.

Wir verabschiedeten uns herzlich, einer der Männer, er war so um die Sechzig, Politiker, wenn ich recht verstanden hatte, sagte, wir sollten unbedingt noch den Mesner der Kirche besuchen, das sei auch ein Verwandter von Samson. Dann kaufte er im Dorfladen (glühende Betonkiste) noch ein paar Flaschen Wodka für uns, und wir fuhren zur blechbeschlagenen orthodoxen Kirche. Dort erwartete uns bereits der Mesner, umarmte mich, und Tränen rannen ihm über die Wangen. Er hatte große, breite, abgearbeitete Hände, war wohl Bauer oder Arbeiter. Er zeigte uns die Kirche, die Messgewänder, zog auch sein Messnergewand an, und vor der Kirche zeigte er auf einen Hügel, dort sei der Bergfriedhof, dort lägen meine Verwandten. Wir baten ihn, einzusteigen, fuhren auf den Hügel, dann endete die Lehmstraße, und wir wanderten über die Bergwiesen, die von Blumen übersät waren, zum Friedhof. Der sah allerdings anders aus als unsere Friedhöfe. Viele blau angestrichene Eisenrohre, die zu Kreuzen zusammengefügt waren, ein paar Grabsteine. Wenige Namen drauf, oder verwittert. Überall dazwischen hohes Gras und Bergblumen, auch ein paar Schatten spendende Bäume. Der Mesner führte uns zu so einem Rohrkreuz und sagte, das sei das Grab meiner und seiner Vorfahren. Dann setzten wir uns an den Tisch. Dazu muss festgehalten werden, dass sich bei jedem Grab ein rohgezimmerter Tisch mit zwei Bänken befand. Unter dem Tisch lagen fast überall leere Wodkaflaschen. Unser Mesner zog eine volle hervor und sie machte die Runde. Nur Anna lehnte das ab, sie hatte nie Alkohol getrunken, wollte das auch jetzt nicht. Auch unser Fahrer Sergej trank keinen Tropfen. Beim Abschied rannen dem Mesner wieder Tränen über die zerfurchten, sonnenverbrannten Wangen.

Während der Fahrt nach Czernowitz sahen wir auf der Eisenbahnböschung ein Mädchen, das an einem Strick eine grasende Kuh hielt und gleichzeitig in einem Buch las. Dieses Bild habe ich bis heute nicht vergessen.

Am nächsten Tag fuhren wir ins zuständige Standesamt einer Bezirksstadt. Obwohl Sonntag war, hatte Sergej eine Beamtin organisieren können, die uns bereitwillig die alten Bücher vorlegte. Ich fotografierte die Namen von Samson und den seiner Eltern, und auch die Daten seiner Frau. Die Eltern von Samson hießen Prokop Tichoniuc und Alexandra Bilzau. Samsons spätere Frau Paulina war eine geborene Schatz. Ihre Mutter hieß Gertrude Schatz, eine geborene Exner. Sie lebten in einem Dorf im benachbarten Galizien. Samson und Paulina heirateten am 20. Juli 1919 in der katholischen Pfarrkirche von Wischnitz. (In seinem Meldezettel steht, er sei rumänisch-orthodox.) Als Beruf von Samson ist im Standesregister Bauer und Maler angegeben. Ob ich alle Namen wirklich richtig entziffern konnte, weiß ich nicht. Auch ist alles auf Rumänisch abgefasst, unser Dolmetscher konnte das nicht lesen.

Da wir ziemlich mitgenommen waren von allem, und die Eindrücke verarbeiten mussten (vor allem, dass Samson wohl wirklich ein Faschist gewesen war), schlug Sergej vor, Ausflüge zu machen. So fuhren wir durch die Berglandschaft der ehemaligen Bukowina (was Buchenland bedeutet) und entdeckten viele Ähnlichkeiten mit Tirol. Nur dass hier unzählige Buchen standen und nicht der dunkle Tann. Übrigens bezeichnete man die monarchietreuen Einwohner der Bukowina damals als »die Tiroler des Ostens«. Wir besuchten ein Heimatmuseum, in dem wir das Leben der Huzulen kennenlernten, dann fuhren wir über die Karpaten in ein Dorf an der rumänischen Grenze, das uns Sergej zeigen wollte. Unterwegs hielten wir in einem Berggasthof, der ganz Graf Dracula gewidmet war. Im Inneren Wandgemälde von Vampiren, Werwölfen und anderen finsteren Nachtgestalten. Dann weiter zum besagten Dorf, das ultraorthodoxe Einwohner hatte, deren Vorfahren im 18. Jahrhundert aus Russland verbannt wurden und noch genau so lebten und angezogen waren wie damals. Sie jagten uns aus der Kirche, weil Chryseldis und Anna den Kopf nicht bedeckten, überhaupt mochten sie (verständlicherweise) unseren touristischen Blick gar nicht, wir zogen bald wieder ab.

Es wurde Nacht, Sergej verlor die Orientierung, und wir hielten vor einem Haus, in dessen Garten Leute um ein Lagerfeuer saßen. Sergej fragte nach dem Weg, und wir wurden sofort eingeladen, uns zu den Leuten ans Feuer zu setzen. Sie sangen, lachten, erzählten viel, tischten uns Speis und Trank auf. Um Mitternacht kam endlich der schon lange erwartete LKW mit Betonziegeln und wir brachen auf. Immer wieder gingen zu zweit oder zu dritt junge Mädchen in kurzen Röcken am Straßenrand entlang und machten Autostopp. Eine halbe Stunde später kamen wir an einer Freilichtdiskothek vorbei, und wussten nun, wohin die Mädchen wollten. Auch nach Kamenez-Podolski fuhr uns Sergej, wo wir in einer alten Burgschenke die beste Bohnensuppe bekamen, die wir je gegessen hatten. Am nahe gelegenen Fluss waren unzählige Menschen mit vielen Kindern, die von den Bäumen ins Wasser sprangen und über eine glatte Staustufe herunterrutschten. So gingen auch wir ins Wasser, es war herrlich.

In Czernowitz besuchten wir den Friedhof, zuerst den allgemeinen Teil, mit riesigen, schwarzglänzenden Grabsteinen, auf denen die Fotos der Verstorbenen eingemeißelt waren, zum Teil auch mit ihren Lieblingssachen, wie zum Beispiel einem BMW. Im angrenzenden, verfallenen jüdischen Friedhof suchten wir nach Herrn Zwilling und Frau Zuckermann. 1999 hatte der Regisseur Volker Koepp einen Dokumentarfilm über diese beiden Originale gedreht, jetzt lagen sie hier. Nach langer Suche im hochstehenden Gestrüpp fanden wir sie auch, und legten ein paar Steinchen mit Wünschen hin. Da die Czernowitzer Hauptsynagoge inzwischen ein Kino mit Einkaufszentrum war, wollte Alex unbedingt noch in eine kleine Synagoge, in der angeblich ein Wunderrabbi wirkte. Wir fuhren also hin und trafen einen jungen Rabbi, der uns auf Jiddisch einiges mit leiser ruhiger Stimme erzählte, was ich nicht verstand. Draußen, auf der Wartebank vor der Tür, war ein großer Blutfleck. Wer hatte da wohl warum um Rat gefragt?

Im Zentrum von Czernowitz gab es ein Wiener Kaffeehaus, das Café Museum, da mussten wir natürlich ebenfalls hin. Tatsächlich gab es guten Kaffe und Wiener Bäckereien, aber Alex bevorzugte ein in Brand gesetztes Eis, und als er die Flammen ausgepustet hatte, trank er das Schälchen aus. Es war leider Spiritus. Plötzlich fuhr ein riesiger schwarzer Mercedes durch die (einzige) Fußgängerzone heran, hielt vor dem Café (wir saßen ja im Freien), ein kaum 20jähriger Mann im glänzenden Anzug und mit Goldketterl und eine Frau in dürftigster Kleidung und auf hohen Hacken stiegen aus, nahmen eine Kaffee mit Kognak zu sich und rauschten wieder ab. Das waren welche – wie man uns erzählte – vom Schwarzmarkt unten am Fluss, der einer der größten der Ukraine war, und wo man alle Waren aus aller Welt kaufen konnte, vom Türvorleger mit Tigermotiv bis zum amerikanischen Kampfhubschrauber.

Abschiedsbesuch bei Josef Burg und seiner Frau. Er sprach übrigens ein wunderschönes Deutsch, das aus den 30er Jahren in Wien stammte, denn von 1935 bis 38 hatte er dort Germanistik studiert. Neues Vokabular hatte er seit damals nicht dazugelernt (wie auch?), und das war besonders schön. Wir erfuhren noch, dass er von 1934 bis 1940 drei Bücher herausgebracht hatte, dann erst wieder eines 1980, also 40 Jahre später. Er wohnte übrigens in der Landhausgasse, und Czernowitz schaute überhaupt aus wie Graz oder Temeswar, eine altösterreichische Provinzstadt eben. Am 10. August 2009, im Alter von 97 Jahren, verstarb Josef Burg, der letzte jiddische Dichter.

Wir fuhren wieder mit dem Zug zurück, an der ukrainisch-ungarischen Grenze betraten zwei junge Füchse in Uniform unser Abteil, kontrollierten alles und wollten dann unser »Ausreisevisum« sehen. – Was das sei, nie davon gehört. – »So you cannot leave the Country.« – Erst jetzt begriff ich und ärgerte mich. Deshalb schmierte ich sie auch nicht ab, sondern erzählte ihnen, dass ich Journalist sei, der in einer Wiener Zeitung über diese Reise schreiben würde. Sofort waren die beiden Füchse verschwunden.

Was blieb? Der Schmerz, wohl einen Faschisten als Vater zu haben, der mit den Nazis sympathisierte. Auch Anna war davon sehr mitgenommen, sprach aber nicht darüber, schob es weg. Eigentlich wollte ich noch einmal hinfahren und Genaueres herausbringen, aber ich ließ es bleiben, und jetzt sind wohl alle tot, die etwas erzählen könnten. Ein Jahr später war ich in Kanada und suchte Michail, den Bruder von Samson.

»Johanna oder Die Erfindung der Nation«, 2002

Schon immer hat mich dieses Mädchen fasziniert, das mit 17 aufbrach, Frankreich von der englischen Herrschaft zu befreien, und mit 19 als Hexe verbrannt wurde. Die Geschichte Jeannes klingt wie eine Legende, ganz unwirklich, ganz unwahrscheinlich, und doch gibt es die Akten, die ihre Existenz, ihr Wirken beweisen.

In den Jahren zuvor hatte Michael Worsch am Salzburger Landestheater zwei meiner Stücke (»Abraham« und »Tödliche Sünden«) auf ganz ungewöhnliche und eindrucksvolle Weise inszeniert. Als mich nun Intendant Lutz Hochstraate fragte, ob ich ein Auftragswerk für Salzburg schreiben wolle, mit Worsch als Regisseur, stimmte ich gerne zu und schlug Jeanne d'Arc als Thema vor, was sofortige Zustimmung fand. Da Jeanne eine der meistbeschriebenen historischen Persönlichkeiten ist und bereits zahlreiche Theaterstücke sowie Filme über sie existieren, wollte ich nicht neuerlich ein historisches Stück schreiben, sondern einen Bezug zu unserer Gegenwart herstellen. Das Bindeglied dazu schien mir der Nationalismus. Lange bevor es im eigentlichen Sinne Nationen gab, hat Jeanne sozusagen den Begriff Nation begründet, hat mit der Waffe in der Hand für die französische Nation gekämpft, wurde dadurch zur ersten Nationalheldin, zur Nationalheiligen sogar.

So lebt meine Jeanne heute, und sie lebt gleichzeitig zu Beginn des 15. Jahrhunderts. Ein Mädchen, dem Gewalt angetan wurde, ein Mädchen, das Stimmen hört, die ihm befehlen, die »Fremden« zu vertreiben. So macht sie sich auf die Irrwege ihrer Überzeugung, um jenen Populisten an die Macht zu helfen, die aus der individuellen Katastrophe Profit zu schlagen wissen. Und die Jeanne an die Inquisition ausliefern, als sie unbequem wird, als sie ihren Irrweg zu begreifen beginnt. Was seinerzeit mit Feuer bereinigt wurde, erfüllt heutzutage die Psychiatrie. Die Parallelität der Handlungen kulminiert in der Einsamkeit und im Tod dieses sagenumwobenen Mädchens, das am Ende doppelt geschändet als Opfer seiner selbst und der Politik zurückbleibt.

»Johanna oder Die Erfindung der Nation« ist nach »Tödliche Sünden« mein merkwürdigstes Stück. Beide schlagen sozusagen vollkommen aus der Art, sie scheinen nichts mit den »üblichen« Mitterer-Stücken gemein zu haben. Sie sind wie im Traum entstanden, haben sich praktisch von selbst geschrieben, das passiert. Und manchmal geht das gut aus, manchmal weniger. »Johanna« erreichte nach der Salzburger Uraufführung eine einzige weitere Inszenierung in Graz, dann war Schluss. Vielleicht hatte ich mich auch allzu sehr vom »Privaten« beeinflussen lassen, wie das schon bei »Tödliche Sünden« war. Das sollte man vermeiden. Allerdings – dass »Johanna« auch ein satirischer Kommentar zur damaligen politischen Situation in Österreich war, wurde nicht bemerkt.

Max muss gehen

Seit einigen Jahren brauchte Max das Guinness auch untertags, daheim, nicht erst am Abend im Pub, und ich versorgte ihn regelmäßig mit den Dosen, die er benötigte. Waschen tat er sich kaum mehr, Anna grauste sich, ich brachte ihn dann dazu, einmal in der Woche eine Dusche zu nehmen. Er trank dann weniger Bier, dafür Cola, was mich beruhigte. Ich roch aber eines Tages was, als ich vorbeiging, und ich kostete. Es war hauptsächlich Whiskey, mit ein wenig Cola zur Tarnung. Ich schimpfte ihn, und meinte, das würde er nicht lange überleben. Er trank wieder ausschließlich sein Guinness.

An einem Morgen bemerkte ich, dass sein linker Mundwinkel etwas herunterhing. Und er nuschelte, sodass ich ihn kaum verstehen konnte. Ich rief die Rettung an. Im Krankenhaus stellte man natürlich einen Schlaganfall fest und Max musste ein paar Wochen bleiben. Einmal besuchte ich ihn, da lag er rauchend im Bett und durch das halb offene Türl seines Nachtkästchens konnte ich die Guinness-Dosen sehen. Ich war fassungslos. Da kam auch schon die Schwester und schimpfte ihn. Aber nicht wegen des Rauchens und Trinkens, sondern weil er die Füße übereinandergeschlagen hatte. Schlecht für die Durchblutung.

Alles wurde wieder gut, nichts blieb vom Schlaganfall zurück. Aber im Jahr 2004 fand ich ihn – vom Einkaufen zurückkehrend – in einem Flur ächzend auf dem Boden liegen, neben sich eine schwere Holzleiter, die ihm auf die Hüfte gefallen war. Daneben die leere Guinnessdose. Es war sein Geburtstag, ich hatte ihm untersagt, zu arbeiten, am Abend wollten wir im Pub feiern. Wieder die Rettung, im Krankenhaus wird ein gebrochener Hüftknochen festgestellt und operiert. Langer Aufenthalt. Wieder einmal besuche ich ihn, sein Bett ist leer. »Dead?«, frage ich die Zimmergenossen. Einer steht auf, führt mich zum Fenster und zeigt auf ein Gebäude auf der anderen Straßenseite. Ich verlasse das Krankenhaus und gehe dorthin. Es ist ein Pub. Max sitzt allein drin, hat ein leeres Glas Guinness vor sich, bekommt eben ein volles. Es ist zwar schon Rauchverbot in den Pubs, aber Max lässt sich trotzdem die Zigarette schmecken. »Hast du jetzt komplett einen Vogel?«, frag ich ihn. Seelenruhig erklärt er mir, sein Arzt hätte ihn ins Pub begleitet, hätte ein Bier getrunken und sei dann wieder gegangen, weil er eine Operation vor sich hatte.

Irgendwann war Max wieder daheim, aber er ging auf Krücken, was ihm gar nicht behagte, außerdem spürte er ein schmerzhaftes Ziehen in den Beinen. Auch als die Hüfte verheilt war, hielt dieser Schmerz an, wurde sogar immer schlimmer. Natürlich war an eine Arbeit im Garten nicht mehr zu denken. Ins Pub zu gehen wurde ihm auch zu anstrengend. Er saß den ganzen Tag in seinem Zimmer auf dem Bett, die Hunde und Katzen um sich herum, sprach kaum mehr etwas, rauchte eine nach der anderen, trank Unmengen Bier.

Als seine Frau Helga wieder einmal anrief und fragte, wie es ihm gehe, sagte ich ihr die Wahrheit. Den Schlaganfall und den Hüftbruch hatten wir ihr ja verschwiegen. Helga erschrak sehr und war gleichzeitig aufgebracht. Ich sagte ihr, dass ich Max wohl ins Krankenhaus schicken müsse, denn das mit den Beinen wurde ja immer ärger. Helga bestand darauf, dass Max sofort nach Düsseldorf zu fliegen habe, sie würde sich dort um ein Krankenhaus kümmern. Ich sagte das Max und er fluchte ordentlich, weigerte sich, Castlelyons zu verlassen. Erst als ich ihm versprach, dass er ja wiederkommen könne, wenn es ihm besser ginge, gab er nach. Ich buchte einen Flug, Anna kam gerade aus Wien auf Besuch, sie verabreichte ihm etliche Aspirin, wegen der Thrombosegefahr, dann brachten wir ihn zum Flugzeug. Ich hatte Helga die Ankunftszeit mitgeteilt, aber Max kam nicht mit den anderen Passagieren in die Ankunftshalle am Düsseldorfer Flughafen. Nun machten wir uns alle große Sorgen. Schließlich, nach einer Stunde, der befreiende Anruf von Helga. Max war aufgetaucht. Er hatte irgendeinen versteckten Zugang zum Abflugbereich gefunden, dort schnell zwei Bier getrunken und ein paar Zigaretten geraucht. Adé, Max, war eine schöne Zeit mit dir. Aber du kommst wieder, wär ja gelacht.

Ich war dann ziemlich oft ganz allein, was mich an sich nicht störte, weil ich in Ruhe schreiben konnte. Trotzdem, besonders im Herbst, bei Sturm und Nebel, hätte ich mir manchmal Gesellschaft gewünscht. Ich schrieb meistens bis sechs Uhr morgens, dann setzte ich mich vor den Fernseher und schaute mir auf 3sat das Wetterpanorama an. Die Kameras auf den Bergstationen der Seilbahnen in Tirol zeigten mir meine Heimat. Wenn es wegen dicken Nebels nicht gerade zappenduster war. Im Außerfern trat jeden Morgen ein Mann vor die Hütte, schaute sich um, schaute auch zur Kamera. Einmal musste er mich entdeckt haben, denn er winkte mir. Das tat er dann jeden Tag.

»Wolkenstein«, 2004

Oswald von Wolkenstein hat mich als Persönlichkeit immer schon interessiert und das wunderbare, umfassende Spurensuche-Buch »Ich, Wolkenstein« (1977) von Dieter Kühn erhöhte meine Faszination für den Sänger-Dichter noch. Trotzdem hatte ich nie die Absicht, über Wolkenstein ein Stück zu schreiben, zu komplex schien mir sein Leben, um es auf der Bühne zu gestalten.

Ende der 90er Jahre wandte sich der berühmte Opernsänger Bernd Weikl mit dem Ansinnen an mich, ein Libretto über Wolkenstein zu schreiben. Wir trafen uns in der Kantine der Wiener Staatsoper und es stellte sich erstens heraus, dass Weikl in Gesicht, Statur und Temperament dem Wolkensteiner verblüffend ähnlich war, und dass er sich zweitens mit dem spätmittelalterlichen Sänger vollkommen identifizierte. Bernd Weikl wollte zum Abschluss seiner großen Karriere nur noch ein Letztes auf der Bühne vollbringen: Oswald von Wolkenstein darstellen, sein Leben nachvollziehen, seine Lieder singen. Solch einer Begeisterung kann sich ein Autor natürlich nicht entziehen und so sagte ich zu, obwohl ich mich etwas fürchtete, denn noch nie hatte ich ein Libretto verfasst.

Nun begab sich Weikl auf die Suche nach einem Komponisten und fand ihn in der Person von Wilfried Hiller, der sich ebenfalls schon sein Leben lang für Wolkenstein interessierte und in Südtirol oftmals auf den Spuren des wilden Sängers gewandelt war. Wilfried Hiller ist in Deutschland der meistaufgeführte lebende Komponist von Konzert- und Opernwerken und hat unter anderem – zusammen mit Michael Ende als Textautor – zahlreiche Opern und »Singspiele«

geschaffen, so zum Beispiel »Der Goggolori« (1985) und »Das Traumfresserchen« (1991), beides mit unglaublichem Erfolg beim Publikum, auch bei den Kindern.

Schwieriger gestaltete sich die Suche nach einem Opernhaus, denn Oswald von Wolkenstein schien den Direktoren für die heutige Zeit nicht mehr interessant, obwohl Weikl klarzumachen versuchte, dass der Wolkensteiner der erste individuelle und kompromisslose Künstler war. (Ich selber vertrat und vertrete ohnehin die Meinung: »Wolkenstein ist ein Rolling Stone.«) Endlich, nach mehreren Jahren, fand sich Intendant Wulf Konold vom Staatstheater Nürnberg bereit, eine Wolkenstein-Oper in Auftrag zu geben, finanziell großzügig gesponsert durch den Kleiderfabrikanten Dr. Max-Peter Hirmer. Geholfen hatte dabei auch, dass Wilfried Hiller den Filmregisseur Percy Adlon (»Out of Rosenheim«) aus dem Hut zauberte, auch er ein Wolkenstein-Anhänger früher Stunde, ein Mann mit großer »Menschenzuneigung« und mit unglaublicher Phantasie für beeindruckende Bildwelten im Film wie auf der Bühne.

Bevor ich mich an die Arbeit setzte, machte mich Wilfried Hiller wohlweislich darauf aufmerksam, ich müsse immer im Hinterkopf behalten, dass eine Menge Musik dazukäme. Als ich im Jänner 2002 die erste Fassung ablieferte, teilte mir der Komponist zu meinem Erstaunen mit, die Aufführung dieses Textes würde über fünf Stunden dauern, was nun doch ein wenig zu lang sei. Nun glaubte ich ihm endlich, dass man jede Textseite mit sieben multiplizieren muss, denn so viel Platz nimmt die Musik ein. Da Kürzen aber leichter ist als Dazuschreiben, kamen wir gemeinsam auf eine erträgliche Länge.

Am 6. März 2004 fand dann die Uraufführung in Nürnberg statt, hochpoetisch von Percy Adlon inszeniert, wunderbar musiziert, gesungen und gespielt. Es gibt in der Oper mehrere Sprechrollen, sie wurden ausschließlich mit den besten Darstellern aus Südtirol besetzt, dies aus Organisationsgründen, denn die Aufführung ging anschließend an die Vereinigten Bühnen Bozen, in die Heimat Wolkensteins. Für den Bayerischen Rundfunk verfilmte Percy Adlon schließlich die Oper, und ich glaube, es ist ein filmisches Meisterwerk geworden. Ich danke dem leidenschaftlichen Bernd »Wolkenstein« Weikl, dass er mich zu diesem großen und ganz neuen Erlebnis verführt hat.

Ein paar Informationen zum Wolkensteiner halte ich für notwendig. Er lebte von 1377 bis 1445 und führte ein Leben für drei Leben: Fahrender Ritter und bäuerlicher Edelmann. Politiker und Diplomat. Und Dichter, Komponist, Sänger. So virtuos und reich und vielseitig wie kein anderer zu seiner Zeit. Ein sperriger, ichbewusster, fast barock-pompöser Mensch in einer zerfallenden spätmittelalterlichen Welt. Oft lärmend-brutal in seinen Liedern wie in seiner Existenz, und zugleich überempfindlich, verwundbar, von einer bis dahin unbekannten Intensität des Fühlens. Das schiere Gegenbild zur höfisch-idealen Spiritualität seines einzig ebenbürtigen Vorgängers Walther von der Vogelweide (1170–1230).

Im Gegensatz zu den meisten damaligen Dichtersängern dichtete und komponierte Oswald nicht zum Broterwerb, sondern weil er es konnte und musste. Er brauchte daher auch keine Rücksicht auf die Wünsche eines Auftraggebers oder auf die Empfindlichkeit eines zahlenden Publikums zu nehmen, er konnte seine künstlerische Begabung voll entfalten. Besondere Berühmtheit besitzt Oswald als Verfasser von autobiographischen Liedern, in denen er aufs Eindrucksvollste aus seinem Leben erzählt. So berichtet er beispielsweise, dass er in seiner Jugend 14 Jahre lang ganz Europa und den Vorderen Orient als Landstreicher, Kaufmann, Landsknecht und Räuber durchstreift habe; ferner behauptet er, zehn Sprachen und mehrere Instrumente zu beherrschen. Die Sammlung seiner Werke in den Handschriften A (Österreichische Nationalbibliothek), B (Universitätsbibliothek Innsbruck) und C (Museum Ferdinandeum Innsbruck) enthält 126 Gedichte und 105 Kompositionen, darunter 40 mehrstimmige. (Oswald führte die Mehrstimmigkeit in Deutschland ein.) Seine Musik ist von arabischen bzw. berberischen, böhmischen, iro-schottischen und griechischen Stilelementen beeinflusst.

Die Hutterer in Kanada und in Rattenberg

Historische Theaterstücke werden im deutschsprachigen Raum wenige geschrieben und kaum gespielt, im Gegensatz zu Frankreich und England, wo das ein anerkanntes und beliebtes Genre ist. Dabei lässt sich die Gegenwart nur aus der Vergangenheit verstehen. Wir sind verpflichtet, in unsere Geschichte hineinzuschauen, denn wir haben viel zu lernen. Immer noch nicht ist es uns gelungen, aus dieser unserer Welt einen lebenswerten Platz für alle zu schaffen. Mich selbst hat Geschichte immer fasziniert, natürlich besonders die Geschichte Österreichs und meines Heimatlandes Tirol.

Und nun also Rattenberg. Klaus Winkler, damals Leiter der Bühne, bat mich schon im Jahre 2000, über die »Hutterer« ein Stück zu verfassen. Es ist diese eine religiöse Bewegung, in den Augen der katholischen Kirche eine Sekte, die in den 20er Jahren des 16. Jahrhunderts in Tirol entstand. Sie heißen auch »Wiedertäufer«, weil sie die Kindertaufe nicht anerkannten und die Erwachsenen sich noch einmal taufen ließen. Der Name Hutterer kommt von ihrem ersten Anführer Jakob Huter (oder Hutter) aus St. Lorenzen im Pustertal, der 1536 in Innsbruck wegen seines Glaubens zum Tod verurteilt und vor dem Goldenen Dachl verbrannt wurde. Rattenberg war ein Zentrum der hutterischen Bewegung. Am Schlossberg (später versteckt am Inn) wurden 71 ihrer Anhänger hingerichtet.

Ich versprach Klaus, das Stück zu schreiben. Möglicherweise hätte ich es aber gar nicht getan, wenn ich die Schwierigkeit des Unterfangens richtig eingeschätzt hätte. Denn die Geschichte der Hutterer, die es in Kanada und in den USA immer noch gibt, erstreckt sich über fast ein halbes Jahrtausend. Dann aber starb Klaus Winkler, viel zu früh, und er starb, als gerade Hutterer aus Kanada zu Besuch in Innsbruck waren. Einen Lebenden kann man bitten, auf die Einhaltung eines Versprechens zu verzichten, von einem Toten aber kann man das beim besten Willen nicht verlangen. Und die Obfrau der Schlossbergspiele, Claudia Lugger, drängte mit ihren Leuten sanft, aber bestimmt. So begann ich also wieder einmal zu recherchieren, die ganze Literatur zu lesen, vieles davon in Kanada und in den USA erschienen.

Die Hutterer lehnten – und lehnen – die kirchliche Hierarchie, die Kindstaufe, den Kriegsdienst und das Privateigentum ab, wobei sie ihre Anschauungen aus der Lehre Christi und aus der Apostelgeschichte ableiten und in ihren Brüdergemeinden lebten und leben. In den 30er Jahren des 16. Jahrhunderts wurden über 600 dieser »Urchristen« in Tirol hingerichtet, manche Quellen sprechen von über 1000. Sicher ist, das rund 6000 Tirolerinnen und Tiroler aus Tirol geflüchtet sind oder vertrieben wurden. Ihr Leidensweg führte sie in den folgenden Jahrzehnten und Jahrhunderten nach Mähren, Siebenbürgen, in die Walachei, nach Russland und zuletzt nach Nordamerika. Nach Russland waren sie von Katharina der Großen gerufen worden, weil sie Pioniere auf der Krim brauchte. Als dann der allgemeine Kriegsdienst im Zarenreich eingeführt wurde, übersiedelten sie in die USA, wo sie im Ersten Weltkrieg wieder eingezogen werden sollten, was sie allerdings verweigerten. Das brachte ihnen große Probleme, Einweisung in Lager, Folter, Scheinerschießungen. Also gingen die meisten dann nach Kanada, das sie für immer vom Wehrdienst befreite.

Im Herbst 2002 fuhr ich mit meinem Freund Pepi Pittl, der die Regie übernommen hatte, nach Kanada, um die Hutterer und ihre »christlich-kommunistische« Lebensweise persönlich kennenzulernen. Herlinde Lederer, eine Lehrerin aus Kramsach, die seit Jahren die Hutterer besuchte, hatte uns den Weg geebnet. Und tatsächlich – die Hutterer leben in ihren sogenannten »Bruderhöfen« immer noch nach den alten Glaubensprinzipien und Traditionen und sprechen bis heute den alten Tiroler Dialekt mit kärntnerischen Anklängen (da sich ihnen später Kärntner Protestanten anschlossen), die Jungen allerdings flechten schon ziemlich viele englische Wörter ein.

Immer wenn ein Bruderhof die Personenanzahl hundert überschreitet, wird ein neuer Hof gegründet, damit der Zusammenhalt und der Überblick gewahrt bleiben. Anders als die »Amischen« in den USA, die moderne Maschinen strikt ablehnen, haben die Hutterer jede landwirtschaftliche Maschine, die man sich vorstellen kann. Repariert wird alles selber, denn je nach Begabung kann sich jeder junge Mann seinen Beruf auswählen, ganz gleich ob Mechaniker, Tischler, Installateur, Spengler, Elektriker oder Landwirt. Wenn ein Mann heiratet, bekommt er ein eigenes Haus für seine Familie. Nach der Verheiratung trägt der junge Mann Vollbart und Hut. Taschen in den Hosen und Sakkos gibt es keine, wie schon vom Heiligen Franziskus vorgeschrieben, denn das würde nur dazu führen, etwas einstecken zu wollen, also persönliches Eigentum anzusammeln. Gegessen wird in einem Gemeinschaftsraum, jede Woche wechseln sich ein paar Frauen in der Großküche ab. Das Essen ist wie vor 500 Jahren in Tirol und Kärnten, einfach hervorragend, mit eigenem Fleisch und eigenem Gemüse, absolut nicht zu vergleichen mit den Fast-Food-Restaurants in der nächsten Kleinstadt. Vorher und nachher wird natürlich gebetet, und man muss beim Essen sehr schnell sein, denn wenn der Prediger das Dankgebet anstimmt, müssen alle fertig sein. Ich bin ein langsamer Esser.

Ich stellte allerdings fest, dass es zwischen den Bruderhöfen große Unterschiede gibt. Die »Acadia Hutterite Colony«, wo wir wohnten, ist eine eher konservative, Radio und Fernsehen sind nicht erlaubt. Allerdings erlaubte der Prediger den jungen Leuten, auf einer entfernten Waldlichtung einen Grillplatz einzurichten, wo sie Gitarre spielen und singen durften. In einer anderen »Kolonie« geht es viel moderner zu, dort werden mit lasergesteuerten Maschinen Stallbegrenzungen aus Metall hergestellt, die Chefs haben Computer und wirken eher wie moderne Manager, auch gibt es eine eigene Fernsehstation, von der aus professioneller Schulunterricht in andere moderne Bruderhöfe übertragen wird. Die Bruderhöfe haben die Erlaubnis der Regierung, den Schulunterricht zu Hause abzuhalten, nur die Englischlehrerin kommt von auswärts, vom kanadischen Schulministerium. Sie musste sich erst an die Kleidungsvorschriften gewöhnen, setzte natürlich nie ein Kopftuch auf, aber der Rock, vorher ziemlich kurz, verlängerte sich dann doch bis über die Knie.

Pepi und ich wurden aufgenommen wie Freunde, wie Brüder. Nichts wurde vor uns versteckt, auch nicht die Probleme, mit denen die hutterischen Brüder und Schwestern heute zu kämpfen haben. Manche von den jungen Leute halten den Druck nicht mehr aus, lernen bei Arztbesuchen in der Stadt doch das Leben draußen kennen, sehen die flimmernden Fernseher in den Auslagen, hören die Popmusik, und dann kommt es vor, dass plötzlich ein paar junge Leute aus der Kolonie flüchten. Draußen allerdings warten schon die Vertreter von noch viel fundamentalistischeren Glaubensrichtungen, und mancher junge Mensch kommt damit vom Regen in die Traufe. Viele der Ausreißer kommen wieder zurück, weil sie das Leben draußen nicht gewöhnt sind und auch nicht schaffen. Um zu verhindern, dass die Brüder und Schwestern die verlockende Welt draußen kennenlernen, hat man dann einige Schulabgänger nach Winnipeg zum Studieren geschickt, Ärzte und Lehrer sollten sie werden, aber das ging schief, weil die meisten nicht mehr in die Kolonie zurückkamen.

Die kanadischen Farmer in der Nachbarschaft haben keine Freude mit den Hutterern, denn erstens vermeiden die jeden Kontakt, zweitens verkaufen sie Getreide und Kartoffeln viel billiger, da ja keine Löhne gezahlt werden, nicht einmal Taschengeld gibt es, und darum sind die Hutterer wirtschaftlich viel erfolgreicher als die anderen kanadischen Landwirte.

Übrigens war Pepi ein umsichtiger Reisebegleiter, der beste Organisator und Kommunikator, den man sich vorstellen kann, aber das Autofahren nervte ihn. Einmal fuhren wir wieder über eine endlose, schnurgerade Überlandstraße, da preschte plötzlich mit durchdrehenden Reifen ein Sheriff-Wagen hinter einem Gebüsch hervor, Blaulicht und Sirene wurden eingeschaltet, die Verfolgung aufgenommen. Also hielt Pepi brav am rechten Straßenrand an, der Sheriff blieb hinter uns stehen, kam – mit der Hand an der Pistolentasche – langsam heran und machte nach Kontrolle der Papiere Pepi darauf aufmerksam, dass er statt 80 Stundenkilometer 100 gefahren war. Pepi wollte verhandeln, sagte, wir seien Touristen und Kanada doch ein Land mit unglaublich freundlichen Leuten, da meinte der Sheriff nur, er sei ja eh freundlich, denn er verhafte Pepi ja nicht, stellte einen Strafzettel über 100 Dollar aus und befahl uns, in der nächsten Stadt bei Gericht den Betrag einzuzahlen, sonst müsse er die Fahndung einleiten. Die Daten von Pepi und das Kennzeichen des Mietautos notierte er natürlich sorgfältig. Also fuhren wir in die nächste Stadt, gingen zum Gericht, wurden in den Keller geschickt, wo zahlreiche Angehörige der »First Nation« (wir sagen Indianer dazu) in Handschellen auf irgendeine Aburteilung warteten. Die Richterin ließ uns vor, fragte Pepi, ob er sich »guilty« bekenne, dieser wollte schon wieder verhandeln, die Dame wurde ungeduldig, ich stieß Pepi an, und endlich bekannte er sich »guilty«, wir zahlten und suchten schleunigst das Weite.

Die kleinen Kinder in der Vorschule und dann in der Grundschule schienen noch unter keinem Druck zu leiden, sie waren sehr fröhlich und auch ganz offen Pepi und mir gegenüber, natürlich sehr neugierig, und am Spielplatz ging es turbulent zu, wie auch bei uns in der »Welt draußen.« Natürlich erinnerten mich die kleinen Mädchen mit ihren Kleiderschürzen, Zöpfen und Kopftüchern an meine Kindheit im ländlichen Tirol.

Zum leidigen Rauchen kurz eine Anmerkung. Ich rauchte in meinem Zimmer beim offenen Fenster hinaus, aber das Fliegengitter hatte wohl zu viel Rauch im Raum belassen, jedenfalls, als ich am Morgen die Tür öffnete, prallte ich beinah gegen einen riesigen Ventilator in Körpergröße, der mir heftig ins Gesicht blies. Die Frau des Predigers sprach zwar nicht darüber, deutete aber auf eine Hundehütte in der Nähe des Hauses. Also rauchten Pepi (der dann das Rauchen bald aufgab) und ich von nun an in der Hundehütte oder hinter den Büschen beim Gemüsefeld.

Viele standen unserem Theatervorhaben skeptisch gegenüber, denn Theater gilt ihnen als weltliche Lustbarkeit. Wir konnten sie aber schließlich von der Ernsthaftigkeit unseres Vorhabens überzeugen. Besonders beim Prediger Arnold Hofer und seiner Frau Rhoda von der »Acadia Colony« in Carberry (Manitoba) möchte ich mich für die herzliche Gastfreundschaft bedanken. (Und mich dafür entschuldigen, dass ich heimlich – wie ein Schüler – geraucht habe, während Pepi fleißig mithalf, Dachstühle zusammenzunageln.)

Herlinde Lederer aus Kramsach hatte mir die Adresse einer Ukrainerin aufgeschrieben, die wir besuchen sollten, um ihr Geschenke von Herlinde zu überbringen. Sie hieß Nina und war als junges Mädchen während des Zweiten Weltkrieges als Zwangsarbeiterin am Bauernhof von Herlindes Eltern beschäftigt gewesen. An Selbstbewusstsein mangelte es ihr nicht, denn eines Tages wollte sie zur Gendarmerie gehen, um sich über das schlechte Essen zu beschweren. Die Bauersleute hielten sie mit Mühe davon ab, denn das wäre damals für Nina schlecht ausgegangen. Im Laufe der Zeit fühlte sich aber Nina sehr wohl auf diesem Bauernhof und freundete sich mit den Bauersleuten an, wurde wie eine Tochter für sie. Und Herlinde die beste Freundin. Nach dem Krieg heiratete Nina einen russischen Soldaten und wanderte mit ihm nach Kanada aus. In der Nähe von Winnipeg machten sie eine Gärtnerei auf und lebten ihr ganzes Leben so schlecht und recht davon.

Pepi und ich besuchten also Nina. Sie lebte mit ihrem Mann in einer kleinen Baracke, die wie eine russische Datscha aussah, in der ein unglaubliches Chaos herrschte. Überall russische Souvenirs, überall Dreck und Speck und verschiedenes Ungeziefer. Die Tochter hatte einen Kanadier geheiratet, neben die Datscha hatten sie einen typisch amerikanischen Bungalow hingebaut, aber auf Stelzen, alles sehr edel und sauber, einen größeren Kontrast hätte es nicht geben können. Nina war eine tolle, gastfreundliche Person und freute sich sehr über unseren Besuch. Alle paar Jahre war sie früher zu Herlinde nach Tirol gereist, Herlinde war auch schon oft zu Besuch bei Nina und hatte über sie von den Hutterern erfahren.

Ich erzählte Nina von Michail, dem Bruder von Samson, der nach Kanada ausgewandert war, und bat sie um Hilfe. Nina rief sofort beim Magistrat der von Winnipeg weit entfernten Stadt an (den Namen hab ich vergessen), aus der zuletzt ein Brief von Michail nach Wischenka geschickt worden war. Sie erfuhr, dass er in ein Altersheim gezogen war, man nannte ihr auch den Namen. Nina rief auch dort an und erhielt die Auskunft, dass er schon längst nicht mehr lebte. Nun wollte ich eigentlich in diese Stadt fliegen, um mich nach eventuellen Kindern von Michail zu erkundigen, aber Familienangelegenheiten zwangen mich dazu, den gebuchten Rückflug zu nehmen.

Ziemlich knapp zum 50-jährigen Jubiläum der Schlossbergspiele Rattenberg im Jahre 2004 wurde das Stück endlich fertig. Und ich hatte dem Regisseur Pepi Pittl und den Rattenberger Spielern wahrlich eine große Aufgabe gestellt; so schwierig war es zuletzt nur für Ruth Drexel gewesen, als sie »Das wunderbare Schicksal« in Telfs inszenierte, ebenfalls ein Stück mit unzähligen Bildern, beinahe ein Filmdrehbuch.

Die Handlung beginnt im Jahre 1529 genau dort, wo die Aufführung stattfindet, nämlich vor den Ruinen des Schlosses Rattenberg. Über einen Zeitraum von fast einem halben Jahrtausend begleiten wir die Hutterer auf ihren leidvollen Wanderungen, bis die Odyssee in Kanada ihren Abschluss findet, wo die Hutterer endlich ihr verheißenes Land gefunden haben. Und wir erleben am Ende auch ihre Schwierigkeiten, heute die urchristlichen Anschauungen in unserer modernen Konsumgesellschaft aufrechtzuerhalten. Das Stück ist einerseits Requiem und Passion, denn die Geschichte der Hutterer ist mit Blut und Tränen geschrieben, andererseits aber beschreibe ich auch die unglaubliche Geschichte einer in die Wirklichkeit umgesetzten Utopie, nämlich der Utopie einer gerechten Gesellschaft. Weder Kapitalismus noch Kommunismus waren in der Lage, diese gerechte Gesellschaft zu schaffen. Die Hutterer hingegen sind die einzige Gemeinschaft auf der Welt, wo es kein Oben und Unten gibt, keine Reichen und keine Armen, keine Arbeitslosen, keine Obdachlosen, keine Hungernden, keine abgeschobenen Kinder, Alten und Behinderten. Und keine Einsamkeit. Das »heilige Experiment« ist für diese 50.000 Menschen aufgegangen. »Keine Herren, keine Knechte« – das war und bleibt ihr Motto.

Fast ein halbes Jahr probten die Rattenberger für die Aufführung. Jeder Darsteller hatte bis zu zwanzig verschiedene Rollen zu spielen, quer durch die Jahrhunderte. Wie sie Beruf, Familie und

Volksszene aus dem Stück über die Geschichte der Hutterer (Rattenberg 2004)

Theaterspiel auf einen Nenner bringen, ist für mich ein Rätsel. Noch dazu, wo es nicht einmal eine Gage gibt, alles geschieht aus Idealismus, aus Begeisterung für das Theater. Mit Pepi Pittl hatte ich einen Regisseur, der erstens ein Theaterfanatiker ist, zweitens ein Genauigkeitsfanatiker, drittens ein unglaublich feines Gespür hat für Timing. Und Timing ist am Theater alles, besonders bei einem großen historischen Stück, das aus vielen Szenen besteht. Elfi Pirchner stellte uns die Musik ihres Mannes Werner Pirchner zur Verfügung, das war ein großer Wunsch von uns allen. Werner hätte sich gefreut über diese Aufführung (aber er schaute ja ohnehin zu, aus der Komponistenabteilung da drüben). Und die Schüler der HTL Bau und Kunst, Innsbruck, bauten unter der Leitung ihres Fachlehrers Josef Winner ein riesiges symbolisches Bühnenbild, wie es beeindruckender noch nie an diesem Spielplatz zu sehen war.

Die Aufführung (Premiere am 2. Juli 2004) wurde der größte Erfolg in der Geschichte der Schlossbergspiele Rattenberg. Und dies war nicht meinem Stück zuzuschreiben, sondern den Rattenberger Spielern, die vom Geist der am Schlossberg hingerichteten

»Urchristen« erfüllt schienen. Heinz Auer spielte Jakob Hutter und auch seine Nachfolger; es wirkten außerdem unter vielen anderen mit: Claudia und Johanna Lugger, Heidi Schwarz, Beate Gruber, Tanja Morak, Werner Klikowa, Alois Beck, Daniel Naschberger, Alex Schwarz, Wolfgang Niedermayer (Sohn meines Deutschlehrers an der Innsbrucker Lehrerbildungsanstalt) sowie der Gast Florian Adamski in allen »Herren-Rollen« wie König Ferdinand I., kaiserlicher Hauptmann und Fürst Rumjanzew, aber auch als »Pesticide Jack«, der mit seinem Kleinflugzeug Schädlingsvernichtungsmittel über die kanadischen Getreidefelder sprüht, und einem der Hutterer-Mädchen den Kopf verdreht.

Am Ende kam auch noch ein Hutterer-Ehepaar aus Kanada, Eva und David Kleinsasser; über das große Wasser geschickt, um nachzuschauen, was wir aus dem langen Weg der Hutterer gemacht hatten. Sie schienen manchmal etwas befremdet, auch erschreckt, denn noch nie hatten sie eine Theateraufführung gesehen. Aber sie waren berührt davon, dass wir ihnen mit dieser Aufführung ein »Denk-Mal« in der alten Heimat Tirol gesetzt hatten.

»Die Heilerin« – ein Film für Ruth Drexel

Alles begann damit, dass ich eine Rolle für Ruth Drexel suchte. Seit 1980 kannten wir einander, wir machten jedes Jahr Sommertheater in Telfs, Ruth hat dort und auch am Münchner Volkstheater immer wieder Stücke von mir inszeniert. Aber nie hatte ich eine Rolle für sie geschrieben und beide waren wir der Meinung, dass es dafür endlich an der Zeit sei. Aber erst im Jahre 2004 war es dann endlich soweit. Ich traf in Innsbruck eine alte Freundin wieder, die Heilerin Halfried Siess, ihre und meine Tochter hatten miteinander die Volksschule besucht. Nun verhält sich das bei mir so, dass ich ganz und gar nicht zur Esoterik neige und mich nie besonders für die Tätigkeit von Halfried interessierte. Aber irgendwie hatte ich das Gefühl, hier könnte eine spannende Geschichte und eine außergewöhnliche Rolle für Ruth Drexel zu finden sein. Es folgten tagelange Gespräche mit Halfried Siess, und ich musste dabei zur Kenntnis nehmen, dass sie offenbar tatsächlich in der Lage ist, kranken Menschen zu helfen, die von der Schulmedizin manchmal schon aufgegeben wurden. Selbst Ärzte schickten ihre hoffnungslosen Fälle zu Halfried. Wobei sie sich selber gar nicht als »Heilerin« versteht, sondern einfach der Ansicht ist, dass sie den Kranken neue Kraft zur Selbstheilung geben kann.

Vor allem aber traten in ihrer Biografie unglaubliche Dinge zutage, die mich sehr faszinierten. So sah sie zum Beispiel schon als Kind die »Toten« und ging daran fast zugrunde. Ihr Problem dabei war, dass sie nie wusste, ob da ein lebender Mensch oder eine Erscheinung vor ihr stand. Es war ein Hund, der sie vor der Psychiatrie rettete. Der Hund nämlich reagierte auf die Lebenden, die »Toten« hingegen nahm er nicht wahr. So lernte Halfried zu unterscheiden und seit vielen Jahren schon reagiert sie auf die Anwesenheit der »Toten« mit Gelassenheit, aber bis heute ist stets ein Hund an ihrer Seite.

In meinem Drehbuch ist Halfried die Ehefrau des Gemeindearztes Rudi Seelig (Branko Samarovski), der ziemlich die Nase voll hat von seinem Beruf und lieber fischen geht. Als ein schwerkranker Vertreter auf der Durchreise (Johannes Silberschneider) an die Ordinationstür klopft, vermag Halfried ihn nicht abzuweisen, sondern behandelt ihn mit Handauflegen, obwohl sie Mann und Tochter versprochen hatte, so etwas nie mehr zu tun. Der Vertreter verspürt große Erleichterung, und es spricht sich schnell herum, dass Halfried heilen kann, was einen ziemlichen Ansturm verursacht. Inzwischen kehrt die Tochter Marion (Geno Lechner), ebenfalls Ärztin, aus München zurück, wo sie bei ihrem Mann, einem Schönheitschirurgen, Assistentin war. Sie kann dieses Leben und den untreuen Mann nicht mehr ertragen, möchte wirklich kranken Menschen helfen. Außerdem hatte ihre Tochter Laura (Lea Kurka) im Schweizer Internat große Probleme, man bat Marion darum, sie herauszunehmen. Laura ist ein vereinsamtes und zurückgezogenes Kind, schwierig sozusagen. Marion kennt sich nicht aus mit ihr, dafür aber die Großmutter Halfried. Marion übernimmt die Ordination von ihrem Vater, kommt aber sehr bald mit ihrer Mutter in Konflikt, da sie als Schulmedizinerin diese Art des »Heilens« zutiefst ablehnt. Doch ein dramatisches Ereignis belehrt sie dann eines Besseren.

Den Gemeindearzt Rudi Seelig habe ich übrigens dem »bescheidenen Landarzt« (Selbstbeschreibung) Dr. Hannes Holzmeister nachgebildet. Er lebt in Steinach am Brenner, Sohn Urban hat inzwischen die Ordination übernommen, Sohn Hannes ist mit Computermedizin beschäftigt, die edle Gattin Marion kümmert sich immer noch um alles. Hannes hat in seinem Leben – abgesehen davon, dass er bei uns immer den Nikolaus darstellte – der Umwelt viele Streiche gespielt. Einmal hat er angeblich, aber das ist sicher eine Verleumdung (Hannes, bitte abstreiten, falls die Behörde das liest und bei dir anklopft!), am Ortsbeginn eine Tafel aufgestellt und den ganzen Urlauberverkehr ins Gschnitztal umgeleitet, wo es dann nicht mehr weitergeht, nur ein tirolisches Gebirge ragte da vor den verdutzen Urlaubern auf. Auch pflegte er mit verstellter Stimme Leute anzurufen und ihnen Orden, Medaillen und Auszeichnungen der Landesregierung in Aussicht zu stellen. Als ich einmal nach Nepal fahren sollte, um eine Schule zu eröffnen, gab er mir vor dem Seitenaltar der Pfarrkirche die nötigen Spritzen, weil ich es eilig hatte. Natürlich hab ich ihm auch etliche Themen für meine Krimis und andere Stoffe zu verdanken. Da er mit seinem uralten Ami-Jeep weitum in den Bergen Hausbesuche machte, hatte er vieles erfahren, auch von Mord und Totschlag.

Übrigens, kurz vor der Übersiedlung nach Irland hat Hannes meine Tochter Anna und mich zu den Bergbauern mitgenommen, und das war so schön und beeindruckend, dass ich am liebsten alles wieder abgeblasen hätte. Was wohl der Zweck der Übung war. Als Bergretter (im Hubschrauber), Bergsteiger und Schitourengeher war der Hannes berühmt im ganzen Wipptal. Kunstsammler ist er ebenfalls, aber vom Feinsten. Bei uns in Irland war er dann auch, zum Fischen, da haben wir ihn leider auf einer Flussinsel vergessen. Er nahm es uns nicht krumm. Im Andreas-Hofer-Film ist Hannes übrigens als Chirurgus dabei zu sehen, wie er einem verwundeten Freiheitskämpfer mit dem Fuchsschwanz das Bein absagelt. Wer Hannes anrufen will, braucht im Steinacher Telefonbuch nur unter »Dr. John Woodmaster« nachschauen. Melden wird sich aber ein altes Weiblein.

»Die Heilerin« wurde 2004 als ORF/BR-Produktion vom Produzenten Michael Wolkenstein in Bad Goisern und Hallstatt gedreht, Regie führte Holger Barthel, an der magischen Kamera war Peter von Haller, neben den schon genannten Darstellern spielten begnadet auch Erni Mangold und Hannes Thanheiser sowie Elisabeth Orth und Cornelius Obonya. Zur Pressekonferenz während der Dreharbeiten reiste auch ich an, stieg beim Moserwirt in Bad Goisern ab, und da ging's mir schlecht. Weil es so fein war, ließ ich mir vom Wirt reichlich Zirbenschnaps einschenken, den er selber

Die Heilerin: Der Autor zu Besuch bei den Dreharbeiten, 2004 (Mitte Ruth Drexel, links Geno Lechner, rechts Lea Kurka)

nicht verschmähte. Sehr spät wurde es, und am nächsten Morgen um zehn war die Pressekonferenz irgendwo am Drehort. Mir war derartig schlecht, ich kann's gar nicht sagen. Derweil – erfuhr ich dann – schlief der Moserwirt bis Mittag, was normalerweise mir zusteht. Seither nie mehr Zirbenschnaps! Der Moserwirt entschädigte mich, indem er mir eine afrikanische Holzfigur schenkte, angeblich ein Glücksbringer. Schaut haarsträubend aus mit ihrer Zwirbelfrisur und der grimmigen Miene, aber – wer weiß? Zur Vorsicht halte ich sie in Ehren, steht neben der güldenen Romy. Übrigens weiß ich nun auch, was eine »Goiserer Krawatte« ist. Nichts Gutes.

2005 wurde der Film vom ORF und in der ARD ausgestrahlt und geriet zu einem so großen Erfolg, dass ich den Auftrag für einen zweiten Teil erhielt. Den ich übrigens immer schon in meinem Kopf hatte, denn die Erlebnisse und das Schicksal von Halfried Siess geben Stoff nicht nur für einen einzigen Film. Halfried Seelig, wie die Heilerin im Film heißt, gerät im zweiten Teil in eine große Krise, denn gequält von Erscheinungen nimmt sie Medikamente und verliert dadurch ihre Kraft zum Heilen. Tochter Marion erkrankt schwer und lehnt eine Operation ab. Es dauert lange, bis sie die Hilfe ihrer Mutter annimmt. Laura, die Enkeltochter von Halfried, wird nun zur eigentlichen Hauptfigur des Filmes. Denn sie hat nicht nur die Fähigkeit zum Heilen von Halfried geerbt, sie wird genau wie ihre Großmutter von Erscheinungen aus dem Totenreich verfolgt, denen sie aber fasziniert zu erliegen droht, wodurch sie immer mehr abdriftet. Und dann bemerkt sie etwas ganz Erschreckendes: eine Medaille hat immer zwei Seiten, die Kraft zum Heilen birgt auch das Gegenteil in sich …

Wie die Familie Seelig mit all den Problemen fertig wird, wie Marion mit ihrer Krankheit umgeht, wie Laura schließlich mit Hilfe der Großmutter ihren ganz eigenen Weg findet, davon handelt »Die Heilerin, Teil 2«, gesendet 2008.

Im selben Jahr erscheint im Verlag Ueberreuter ein von Halfried Siess selbst verfasstes Buch, nämlich »Mein Leben als Heilerin«. Danke, Halfried, ich durfte lernen von dir.

»Kreuzweg«, 2004

Im Folio Verlag erschien 2004 ein Buch mit Abbildungen des modernen Kreuzwegs am Hochberg in Perchtoldsdorf, geschaffen vom Vorarlberger Bildhauer Herbert Meusburger. In 75 Granitmodulen entwickelte Herbert anhand der Geometrie des Kreuzes seinen ungewöhnlichen Passionsweg. Auch ein in den Boden eingelegtes Kreuz ist zu sehen, bei dem die Steine aus Mauthausen stammen.

Manfred Horvath schuf die beeindruckenden Schwarz-Weiß-Fotografien, Bischof Erwin Kräutler und der Kunstexperte Gustav Schörghofer SJ verfassten Texte dazu, und auch mich fragte mein Freund Herbert, ob ich etwas schreiben könnte. Ich wählte sechs Passionen von Menschen, darunter auch Franz Jägerstätter und Rudolf Gomperz, deren Schicksal ich schon in Theaterstücken erzählt hatte.

»Die Beichte«, Hörspiel und Stück

Im Jahre 1999 wurde im irischen Fernsehen eine dreiteilige Dokumentarfilmserie mit dem Titel »States of Fear« (Angstzustände) gesendet. Die Dokumentation berichtete über die Zustände in irischen Waisen-, Erziehungs- und Schülerheimen in den letzten vierzig Jahren, wobei alle Heime von kirchlichen Männer- oder Frauenorden geführt, aber vom Staat finanziert wurden. Viele Opfer berichteten in der Fernsehserie freimütig darüber, wie sie als Kinder auf grausamste Weise geschlagen, wie vor allem die Buben sexuell missbraucht wurden.

Die Dokumentation löste in der irischen Gesellschaft ein Erdbeben aus. Am 11. Mai 1999 entschuldigte sich die Regierung offiziell bei den Zehntausenden von Opfern und setzte eine Untersuchungskommission ein. Die betroffenen Orden entschuldigten sich ebenfalls. Es gibt inzwischen vier Opferorganisationen, die die Interessen der missbrauchten Kinder (nun oft schon über fünfzig Jahre alt) vertreten. Eine Organisation heißt »One in Four«, was bedeutet, dass von vier Buben einer sexuell missbraucht wurde.

Um die Täter ihrer gerechten Strafe zuzuführen, hob der irische Staat die gesetzliche Verjährungsfrist auf. Dies hatte zur Folge, dass zum Beispiel im November 2003 ein 71-jähriger Ordensbruder der Christian Brothers zu zwölf Jahren Gefängnis verurteilt wurde, weil er von 1959 bis 1974 nachweislich 25 Buben im Alter von elf bis vierzehn Jahren sexuell missbraucht und sadistisch gequält hatte. Es waren der Opfer natürlich viele mehr, aber diese 25 Männer hatten ihre Scham überwunden und waren bereit, vor Gericht auszusagen. Bis jetzt haben sich über zweitausend Opfer gemeldet und werden von einem aus Juristen und Psychologen bestehenden Ausschuss befragt. Die Regierung und die katholische Kirche haben außerdem ein Abkommen über eine finanzielle Entschädigung der Opfer getroffen.

Alle Opfer hatten ein Trauma erlitten, das sie bis heute nicht überwinden konnten. Viele wurden alkohol- oder drogenabhängig, viele begingen Selbstmord oder versuchten es wiederholt, viele scheiterten im Berufsleben, vielen war es unmöglich, eine funktionierende Partnerbeziehung einzugehen, die meisten eingegangenen Ehen scheiterten. Manche der Opfer wurden selber zu Tätern. Und manche haben bis heute das Gefühl, sie selber seien schuld gewesen am schamlosen Missbrauch, der mit ihnen getrieben wurde.

Als in Irland lebender Autor, all dies jeden Tag in der Zeitung lesend und erfahrend, dass seit einiger Zeit in vielen Ländern der Erde versucht wird, den sexuellen Missbrauch in kirchlichen Heimen aufzuklären, zu ahnden, Wiedergutmachung zu leisten, stellte sich mir schließlich die Frage, ob denn meine Heimat Österreich in dieser Hinsicht wirklich eine »Insel der Seligen« ist. Irgendwann hatte man von einem Kardinal Groër etwas gelesen, hin und wieder erfuhr man von der Versetzung eines Priesters, weil es den Verdacht des Missbrauchs gab, aber das war auch schon alles. Ich war und bin überzeugt davon, dass auch in Österreich in den letzten Jahrzehnten zahlreiche Kinder in der Obhut der Kirche geschändet wurden. Doch das alte Prinzip der Kirche lautet auch hier: unter den Teppich kehren, zudecken, mauern. Und niemand mag daran rühren. Warum eigentlich? Es gibt doch nichts Schlimmeres, als sich an Kindern zu vergehen, die einem anvertraut sind. Noch dazu, wenn die Täter Priester sind, von Berufs wegen dazu angehalten, die enge Sexualmoral der Kirche zu predigen.

Ich erkundigte mich im Tiroler Bekanntenkreis und sehr bald schon hatte ich Kontakt zu zwei Opfern. Ihre Erzählungen bildeten die Grundlage zu einem Hörspiel und dann zum Stück »Die Beichte«. Ein Mann ist mit seinem Sohn im Kofferraum auf der Flucht, betritt eine Kirche, um die Beichte abzulegen, trifft dort nicht zufällig auf den alten Priester, der ihn als Kind missbraucht hat. Und er legt eine Beichte ab, die den Priester am Ende endlich zur Besinnung und zu einem Schuldbekenntnis bringt.

2003 nahm Martin Sailer vom ORF-Studio Tirol (nach »Krach im Hause Gott« und »Mein Ungeheuer«) das Hörspiel auf, wiederum live gesendet vor Publikum. Die Produktion wurde zum »Hörspiel des Jahres« gewählt und erhielt außerdem 2004 den angesehenen »Prix Italia« unter 33 Einreichungen aus 22 Ländern. Ein besonderes Lob endlich auch einmal ganz ausdrücklich für den sensiblen Mann an den Knöpfen, den Tontechniker Jürgen Brunner, der auch die anderen Hörspiele betreut hatte.

Am 24. Juli 2004 fand die Uraufführung der Theaterfassung bei den Tiroler Volksschauspielen in Telfs statt, natürlich in der gleichen Besetzung, mit dem wunderbaren Kurt Weinzierl (Gründervater der Volksschauspiele) als Priester, mit Pepi Pittl als erwachsenes Opfer und Rafael Haider als missbrauchtes Kind; Musik Siggi Haider und Hannes Sprenger, Bühne Karl-Heinz Steck. Regie führte diesmal auch bei der Theaterfassung Martin Sailer, denn warum jemand anderen suchen, wenn man den Besten schon hat.

Im Stück »Die Beichte« hatte Kurt Weinzierl, mit dessen Gesundheit es schon länger gar nicht zum Besten stand, seinen letzten Theaterauftritt. Ich schrieb die Rolle extra für ihn, denn er muss meistens nur im Beichtstuhl sitzen. Das kam ihm entgegen, weil er nicht mehr imstande war, lange zu gehen oder zu stehen. Es ist seiner Gefährtin Veronika Faber (spielte in der »Piefke-Saga« seine Frau) zu verdanken, dass Kurt dann doch noch einige Jahre durchhielt. Seinen Humor verlor er sowieso nie. Als er schon schwer krank im Bett lag, sagte ich ihm, ich bräuchte ihn ganz dringend wieder als Bürgermeister für die »Russen-Saga«, so etwas wie eine Fortsetzung der »Piefke-Saga« (die nicht zustande kam; lag an mir). Kurt antwortete trocken: »Keine Sorge, den spiel i dir auch als a Toter.« Kurt starb am 10. Oktober 2008 in München. Er wird da oben mit dem Otto Grünmandl viel Hetz haben, wie im Leben auch.

Es gab übrigens in unserem Verein Ängste wegen des heiklen Themas, ob das Publikum wohl kommen würde; die Ängste erwiesen sich als unbegründet, die Zuschauer strömten zahlreich in das kontroverse Stück und es wurde eine rege Diskussion ausgelöst. Meine Hoffnung war, dass auch in Österreich die Opfer ihre Scham überwinden und zu sprechen anfangen würden. In einer Zeit, wo Eltern aufpassen müssen, wenn sie ihre Kinder nackt fotografieren,

Kurt Weinzierl (rechts) und Pepi Pittl in der Theaterfassung des ursprünglichen Hörspiels »Die Beichte«, Telfs 2004

weil sehr schnell – zu schnell oftmals – der Verdacht des sexuellen Missbrauchs auftaucht, sollte die Schande des tatsächlichen Missbrauchs, noch dazu durch katholische Priester und Ordensleute, wirklich nicht der Vergessenheit anheimfallen.

In der Tat meldeten sich auch bei uns Missbrauchsopfer. Nicht nur solche, die in kirchlichen Institutionen gewesen waren. Auch aus Einrichtungen von Land und Stadt wurden Fälle bekannt. Abgesehen davon, dass nach dem Krieg oft noch der nationalsozialistische Ungeist bei vielen Schergen in den Erziehungsheimen durchschlug, was Prügel und grausame Disziplinierung zur Folge hatte, war auch dort sexueller Missbrauch verbreitet. Wie auch beim Sport natürlich. Was geschah? Untersuchungskommissionen wurden gebildet, Opfer erneut zu Opfern gemacht, und bald war alles wieder vom Tisch. Verjährt. Wenigstens gibt es inzwischen Bücher darüber, solche von Missbrauchten, auch solche von Sozialwissenschaftlern. Und es kommt immer mehr ans Tageslicht, auch aus jüngerer Zeit.

Die katholische Kirche sollte aus diesem Grunde wieder einmal ernsthaft über das Zölibat nachdenken. Denn was die Kirche nun tut, ist leider verfehlt. Sie versucht nämlich, bei jedem Priesterkandidaten herauszufinden, ob er nicht vielleicht schwul sei. Dazu kann ich nur feststellen, dass ich schwule Priester kennenlernte, die wunderbare Seelsorger waren und nie ein Kind belästigten. Freilich sind früher manche Schwule, um der Ehe zu entgehen, Priester geworden, aber deshalb sind sie noch lange nicht anfällig für sexuellen Missbrauch von Kindern. Es geht hier um krankhafte, kriminelle Pädophilie, aber in der Hauptsache geht es um das Zölibat, darauf beharre ich nach den vielen Recherchen. »*Wer einen von diesen Kleinen, die an mich glauben, Ärgernis gibt, für den wäre es besser, wenn er mit einem Mühlstein um den Hals im tiefen Meer versenkt würde.*« Mt 18,1

Das Stück wurde dann viel nachgespielt. Unter anderen inszenierte es Uli Brée 2006 in Neukirchen mit Charly Rabanser und Werner Friedl; Markus Plattner im selben Jahr in Schwaz mit Ernst Schnöller und Reinhard Forcher; die Grazerin Klaudia Reichenbacher zeigte das Stück mit Alexander Mitterer und Maximilian Achatz auf 14 Bühnen in Österreich, Deutschland und Südtirol. Im Jahre 2007 führte Michael Gampe Regie bei der Aufführung im Wiener Semperdepot, das zur Lagerung von Bühnenbildteilen der Oper erbaut wurde und durch ihre immense Höhe wie eine Kirche wirkt. Gabriel Barylli spielte das Missbrauchsopfer, Ernst Stankovski den Pater und Jim Holderied den Buben. Diese Aufführung wurde vom ORF aufgezeichnet. In Irland, wo die Geschichte ihren Ausgangspunkt genommen hatte, lief »Die Beichte« als Hörspiel; eine hervorragende Produktion.

Chryseldis geht endgültig

Im Jänner 2005 beschloss Chryseldis, endgültig nach Tirol zurückzukehren. Wir hatten uns auseinandergelebt. Was sollte sie noch als seltene Besucherin hier? Bevor wir nach Irland übersiedelten, vor zehn Jahren, hatte sie auf meine Warnung hin, dass in Irland viel getrunken würde, fröhlich und guten Mutes gemeint, wo die Leute viel trinken, würde sie das bestimmt gar nicht mehr tun. Es war anders gekommen. Obwohl sie so tapfer dagegen ankämpfte. War freiwillig in einer privaten deutschen Anstalt für Suchtkranke gewesen, die sie in einem Inserat der Wochenzeitung »Die Zeit« gefunden hatte. Aber der Direktor interessierte sich nur – wie sie mir dann erzählte – für die »Jacht« und den »Fluch«. Wobei ich nicht verstand, ob es da um ein Boot oder um die norddeutsch ausgesprochen »Jagd« ging. Mit »Fluch« war wohl ein Flug gemeint, denn er besaß eine Privatmaschine. Selbst in eine irische Anstalt ging Chryseldis. Aber die war sehr katholisch, man musste den ganzen Tag beten und den Boden schrubben, nach einer Woche holte ich sie wieder ab. Vorher hatte sie dort einem Bauern aus Westcork ihr Geld gegeben, damit er abhauen konnte, denn er litt offenbar sehr und sagte zu ihr verzweifelt: »They dry me out.«

Ich brachte sie zum Flughafen Cork, beiden war uns das Herz sehr schwer. Sie flog zuerst nach Dublin, verpasste aber den Anschlussflug, blieb ein paar Tage am Flughafen, kam aber dann doch noch in Tirol an und meldete sich. Anna (die in Wien war) und ich hatten uns schon große Sorgen gemacht. Chryseldis kam mitten in die Telfer Fasnacht hinein, was nicht gut endete. Ihre geliebten Bücher – sie war immer eine Leserin gewesen – und andere Sachen, darunter ein paar Möbel und unzählige Malfarben, schickte ich ihr mit einer Spedition nach.

Sie blieb noch eine Weile im Café Maurer in Mieming, übersiedelte dann in eine Wohnung nach Affenhausen, später mietete sie sich mit einem Mitbewohner eine kleine Holzvilla aus der Jahrhundertwende, die ganz in der Nähe lag. Der Mitbewohner kam aber mit ihrem Lebensrhythmus nicht zurecht (derselbe wie meiner – Tag und Nacht vertauscht), und er zog bald wieder aus. Anneliese und Günther Stecher, bei denen sie ihre Steindrucke machte, waren zwar in der Nähe und halfen, wo und wie sie konnten, aber sie fühlte sich dennoch einsam. Bald lernte sie einen Mann kennen, der bei ihr einzog, aber es war der falsche, ein schwerer Alkoholiker, mit dem sie immer tiefer hinabsank, der sie ausnützte, sogar die Zeichnungsberechtigung zu ihrem Bankkonto gab sie ihm, was üble Folgen haben sollte. Unser guter Freund, der Glasfenstermacher Reinhold, von uns Holdo genannt, schaute immer wieder nach dem Rechten und redete Chryseldis gut zu, aber sie hing zu lange zu sehr an diesem Mann. Als offenbar wieder einmal jemand hinter ihm her war, ging er freiwillig in eine Anstalt in Vorarlberg (in der sie auch schon gewesen war), sie reiste ihm nach, mietete sich in einem Hotel ein. Er verließ die Anstalt bald wieder, kaufte sich sofort eine Flasche Wein, und sie fuhren zurück nach Mieming. Ihn nicht mehr ertragend und Heimweh nach Landeck/Perfuchs habend, fuhr sie dorthin und wohnte im Hotel Sonne, beim Graber Karl, wo wir 1981 unsere Tauffeier abgehalten hatten. Sie blieb lange dort, ging nie zu ihrem Vaterhaus, das nur hundert Meter entfernt lag, und kam dann ins Krankenhaus Zams. In Mieming war die Polizei regelmäßiger Besucher. Irgendwann gab es einen Verkehrsunfall mit dem Auto, das Chryseldis dem Mann gekauft hatte. Die Polizei vermutete, er sei betrunken am Steuer gesessen und nahm ihn zur Vernehmung mit. Ob er im Gefängnis war oder nicht, ich weiß es nicht. Die Sache endete letztlich damit, dass Chryseldis Angst bekam und der Mann mit Betretungsverbot belegt wurde. Aber er hielt sich nicht daran, worauf Chryseldis eines Tages auszog und nach Hall übersiedelte. Irgendwann entschlossen wir uns zur einvernehmlichen Scheidung, um ein Zeichen zu setzen.

Ich habe mir lange überlegt, ob es richtig ist, darüber zu schreiben. Schrieb es hin, löschte es, schrieb es hin, löschte es wieder, da ich ein schlechtes Gewissen hatte. Aber nun steht es hier abgedruckt, und ich glaube, es muss sein, ich kann es nicht verschweigen. Wenn Chryseldis ihr Alkoholproblem nicht gehabt hätte, wären wir wahrscheinlich heute noch zusammen. Und sie hatte das Problem seit ihrer Kindheit, das sagte sie mir eines Tages selbst. Der arme, traurige Vater ein Alkoholiker, sie folgte ihm nach. Nun ist es so, dass Menschen auf Alkohol ganz unterschiedlich reagieren. Manche werden still, manche werden lustig, manche werden aggressiv. Bei Chryseldis war es der Dr.-Jekyll-Mr.-Hyde-Effekt. Der Alkohol veränderte sie vollkommen, sie wurde zuerst lustig und schlagfertig, dann aber schrecklich böse.

Das ändert nichts daran, dass Chryseldis ein großartiger Mensch war, klug und belesen, gütig zu allen, und auch immer wieder voller Witz und Frohsinn. Und als Künstlerin ist sie eine Magierin, das bleibt, das kann ihr niemand nehmen. Und als Mensch, das muss man festhalten, war sie schon zu Lebzeiten eine Legende. Im Oberland, in Wien, am Mieminger Plateau, in Hall; überall, wo sie auftrat, wo sie ihre Spuren hinterließ. Keiner, der Chryseldis kennenlernen durfte, hat sie und ihr Kunst je vergessen. Ich ebenfalls nicht. Mir tut das alles sehr weh. Besonders das Ende. Für Anna gilt dasselbe.

»Die Jagd nach dem Hohen C«, 2005

1991, unsere Tochter Anna war gerade einmal elf Jahre alt, besuchten wir eine Opernaufführung im Tiroler Landestheater. Schon damals hatte sich unser Kind zu einer Liebhaberin der klassischen Musik und der Oper entwickelt und verbot ihrem Vater das Anhören von rüder Popmusik in Radio Ö3, nur noch Ö1 durfte gehört werden. Nach dieser Opernaufführung teilte mir Anna mit, sie habe eben die Idee zu einem Kinderbuch mit dem Titel »Die Jagd nach dem Hohen C« geboren. Noch am Heimweg erzählte sie mir den ungefähren Inhalt und nahm mir das Versprechen ab, dieses Kinderbuch gemeinsam mit ihr zu schreiben.

Wir schrieben bald einmal auf ihr heftiges Drängen hin die ersten zwanzig Seiten, aber dann war Schluss. Immer wieder vertröstete ich sie aufs Neue, immer mit dem Argument, ich hätte keine Zeit, ich hätte anderes zu tun. Ganz arg. Das ging viele Jahre so, zuerst dachte ich immer wieder mit schlechtem Gewissen an mein Versprechen, aber ich verdrängte es, vergaß schließlich sogar komplett darauf. Inzwischen hatte Anna längst eine Ausbildung als Sängerin begonnen und zugleich an der Akademie der Bildenden Künste in Wien Grafik und Malerei studiert. Und es sah so aus, als würde »Das Hohe C« niemals zwischen zwei Buchdeckeln erscheinen.

Aber 2004 erzählte ich den Leuten meines Kinderbuchverlags G&G die ganze Geschichte und wurde sehr ernsthaft ermahnt, mein Versprechen endlich einzuhalten. Und nun, im Jahre 2005, setzten wir uns endlich zusammen hin und schrieben die Geschichte weiter. Das Erste und Wichtigste, worauf Anna bestand, war: Alle Figuren sind Katzenwesen, keine Menschen. Erstens, weil wir selber viele Katzen hatten, die Anna über alles liebte, zweitens weil – darüber klärte sie mich auf – die ersten Katzen im Spätmittelalter von venezianischen Kaufleuten nach Venedig gebracht wurden, wo sie sich auf unglaubliche Weise vermehrten und eines Tages die Herrschaft übernahmen. So sind die Bewohner von Venedig in Wahrheit keine Menschen, sondern Katzenwesen. Die Illustrationen, die dann Anna zum Buch anfertigte, beweisen das.

Und das ist der ungefähre Inhalt des Buches, kurz zusammengefasst: Die junge Sängerin Zerlina, ein armes Waisenkind, reist im Jahre 1901 zu ihrer Tante nach Venedig, um Gesang zu studieren und eine berühmte Opernsängerin im Teatro La Fenice zu werden. In der Lagune von Venedig entern Mafiosi das Gemüseboot, mit dem

Die Sängerin Caterina Cavalieri und der Leibwächter Jago, zwei Zeichnungen von Anna Mitterer für das Kinderbuch »Die Jagd nach dem Hohen C«, das sie 2005 zusammen mit ihrem Vater schrieb

Zerlina auf dem Brenta-Kanal zu ihrem Traumziel fuhr. Zerlina wird ins Wasser geworfen und verliert durch den Schock ihre Stimme. Verzweiflung ist die Folge. Da hört Zerlina eine Geschichte: Mitte des 18. Jahrhunderts lebte eine berühmte Opernsängerin namens Caterina Cavalieri in Venedig, und sie hatte zwei Verehrer. Der eine hieß Giacomo Casanova, der andere Conte Ricardo Barbaro. Beide waren sie in Caterina verliebt. Da diese aber den grässlichen Grafen abwies, ließ er sie entführen, und befahl ihr, nur noch für ihn allein zu singen. Als sich Caterina weigerte, ließ er sie im Keller an die Wand schmieden. Das Wasser stieg und stieg, aber Caterina gab nicht nach. Kurz vor dem Ertrinken sang sie noch einmal ihr unvergleichliches Hohes C, das der böse Graf in einer Schatulle auffing. Da kam Casanova, mit der Absicht, Caterina zu retten, aber es war schon zu spät. Ein Degengefecht folgte, Casanova tötete den Bösewicht und entfloh mit der Schatulle, die seither verschwunden ist.

Nun macht sich also Zerlina mit Hilfe von ein paar Gassenjungen auf die Suche nach dem Hohen C. Aber sie ist nicht die einzige, denn auch der Mafiaboss Don Sparafucile sucht es. Und zwar deshalb, weil er möchte, dass seine Tochter Dorabella eine berühmte Sängerin wird. Dem ist bisher entgegengestanden, dass Dorabella vollständig unbegabt zum Singen ist und außerdem sowieso Eisverkäuferin werden möchte. Nach vielen Abenteuern findet Zerlina das Hohe C, muss aber auf den Campanile flüchten, weil die Mafiosi sie verfolgen. In diesem Jahr 1902 bricht aber der Campanile zusammen, was er tatsächlich getan hat, bei uns aber deshalb, weil Zerlina die Schatulle öffnet, die Stimme von Caterina Cavalieri einatmet und dann ein derartig gewaltiges Hohes C über Venedig hinausschmettert, dass sämtliche Glasscheiben der Stadt zerbersten und der Campanile einstürzt. Zerlina wird aber von den zahlreichen Tauben gerettet, die sich wie ein Zauberteppich unter die Fallende legen und diese sanft am Markusplatz absetzen. Happy End.

Die wichtigsten Personen in diesem Buch: Zerlina, junge Sängerin und Waisenkind; Paolo, Gassenjunge und Taschendieb; Conte Ricardo Barbaro I., genannt »Graf Silbernase«; Conte Ricardo Barbaro III., sein nicht minder grausamer Nachfahre; Gaetano Dolcetribolo, freundlicher Foltermeister und Opernliebhaber; Gaetano Dolcetribolo, sein Nachfahre, Kraftkutschenhändler; Don Sparafucile, ein Schurke aus Sizilien; Dorabella, seine ungern singende Tochter; Jago, sein Handlanger und Leibwächter; Donna Anna,

Wohltäterin von Zerlina; Caterina Cavalieri, berühmte Sängerin; Sophia Cavalieri, ihre über 100-jährige Tochter; Giacomo Casanova, Abenteurer und Frauenliebhaber.

Gewidmet ist das Buch dem kleinen, mageren, silbergrauen Kätzchen, das wir am 20. April 1993 um 21 Uhr – schon stockdunkle Nacht und niemand außer uns dreien und einem Polizeihubschrauber unterwegs – vor dem »Mission Inn« in Riverside/Kalifornien trafen. Außerdem natürlich all unseren eigenen Katzen, nämlich Mutzi, Muschi, Emily, Moritz, Clarissa, Othello, Felicity, Leonce, Lena, Comeback und allen anderen Kätzchen, die aus ihnen hervorgingen.

Noch im selben Jahr kam das Buch heraus, da wir aber recht spät dran waren, konnten die meisten Zeichnungen von Anna nur noch ganz winzig abgedruckt werden, was sehr schade war. Das Buch ist mittlerweile vergriffen, aber ich werde versuchen, es bei einem anderen Verlag neu aufzulegen, in größerem Format, damit Annas tolle Zeichnungen auch wirklich zur Geltung kommen. Übrigens sind die »guten« Kätzchen genaue Abbildungen unserer eigenen Katzen, die »bösen« zumeist die aus der Nachbarschaft, wobei die nicht wirklich alle derart hässlich waren, da hat Annas Phantasie schon etwas nachgeholfen.

2004 hatte ich auf Drängen des Verlags G&G endlich eine Fortsetzung der »Superhenne Hanna« geschrieben, nämlich »Superhenne Hanna gibt nicht auf«. Außerdem erschien 2006 meine Übersetzung von Charles Dickens' »A Christmas Carol« unter dem Titel »Ein Weihnachtslied«. Dies nicht ganz uneigennützig, denn ich hatte Anna ihre ganze Kindheit und Jugend über immer im Advent diese Geschichte in Fortsetzungen vorgelesen und mir selber eingerichtet, nun sollte sie auch für andere Kinder da sein. 2007 gab es dann noch das Bilderbuch »Superküken Hanna«, mit den reizenden, liebenswerten Illustrationen von Tina Nagel.

Der Kampf gegen die »Housing Bubble«

Irland hatte in den letzten zehn Jahren einen unglaublichen Aufschwung erlebt, war zum wohlhabenden Land geworden, die Grundstückspreise in Dublin gleich hoch wie die in London. Viele wurden dabei sehr reich. Vor allem die Bauunternehmer. Es gibt ein Zeitungsfoto vom Pferderennen in Killarney, da sieht man drei

Hubschrauber in der Luft, die zur Landung ansetzen, jeder will der erste sein. Das waren alles Bauunternehmer. Es wurden unzählige Siedlungshäuser gebaut, abertausende jährlich. Niemand kümmerte sich um neue Kindergärten, Schulen, Spielplätze und Kläranlagen. Einfach 500 Häuser quasi über Nacht auf die Wiese gestellt. Schlecht gebaut natürlich und viel zu teuer. Man warf den jungen Paaren die Kredite nach, sie brauchten keinen Cent eigenen Geldes auszugeben. Auch auf Castlelyons kroch die »Housing Bubble« zu. Anna war die erste, die sich zur Wehr setzte, schließlich schlossen sich ihr immer mehr Dorfbewohner an. Ich selbst war zuerst skeptisch, weil ich als »Ausländer« mich da nicht aufspielen wollte. Aber es war wirklich ein Wahnsinn. Im benachbarten Fermoy baute man sogar ins Überschwemmungsgebiet des River Blackwater hinein, was zur Folge hatte, dass man den Fluss verbauen musste, dafür überschwemmte er dann Fermoy. Ähnliches geschah an vielen Orten. Auch bei uns in Castlelyons wollte man in das Überschwemmungsgebiet unseres Baches hineinbauen. Wir fanden dann heraus, dass die Baubehörde der Landesregierung alle zehn Jahre einen Bebauungsplan machte,

»Anna Housing« Tafel 1 und 2:
Kunstaktion gegen die Verbauung der Felder um Castlelyons
(Crawford Art Gallery, Cork 2005)

aber anhand einer Landkarte, offenbar ohne sich die Gebiete überhaupt anzuschauen, ohne die Orte zu informieren. Das ist nur deshalb möglich, weil es in den Dörfern Irlands keinen Bürgermeister, keinen Gemeinderat gibt, nur ein »Community Council« aus freiwilligen Mitgliedern, die sich vor allem um Soziales kümmern. Wir fuhren ins Bauamt nach Cork, sahen uns die Pläne an, brachten zahlreiche schriftliche Einsprüche ein. Wohlweislich zahlten wir brav die Gebühren, was einer der Bürger von Castlelyons nicht tat, als er förmlich auf den Knien um die totale Verbauung unseres alten Dorfes flehte. Er wurde abgewiesen, weil er vergessen hatte, die Gebühren zu zahlen.

Schließlich war es uns gelungen, in einem Feld in der Nähe die Zahl der neu zu bauenden Häuser von 100 auf 70 zu vermindern. Dann kam die Baufirma zu unserem Nachbarn Billy McAuliffe und wollte ihm um unglaubliches Geld seine angrenzenden Felder abkaufen. Billy aber stieg nicht darauf ein, er sagte, er brauche seine Felder für seine Schafe. Sie waren fassungslos und sagten ihm, sie würden sowieso alle Felder um die seinen herum aufkaufen, dann sei er eben umzingelt. Aber Billy gab nicht nach. Da holten wir das Radio, das Fernsehen, die Zeitungen. Die Schlagzeile lautete »Der Bauer, der nicht reich sein will«, und Billy wurde damit zum Idol und Helden der Widerständigen.

Anna nahm Kontakt zu den irischen »Grünen« auf, besuchte auch andere unabhängige Vereine, die für den Erhalt der Landschaft und der alten Dörfer eintraten. Sie schrieb Leserbriefe, gab Interviews und verfasste sogar einen eigenen Artikel im »Irish Independent«. Gegen ein von Cork genehmigtes Bauvorhaben wollten wir bei der höchsten Baubehörde Irlands (»An Bord Pleanála«) in Dublin Berufung einlegen, aber der Anwalt (»Barrister«), den wir dafür engagiert hatten, riet uns eindringlich davon ab, da sich so ein Verfahren über Jahre hinziehen könnte und unglaubliches Geld kostete, vor allem wenn man vor Gericht verlöre, denn dann könnte das Bauunternehmen Schadenersatz von uns verlangen. Also ließen wir es lieber.

Aber Anna hörte nicht auf zu kämpfen. Als eine neue Autobahn den nördlich von Dublin gelegenen Hill of Tara, ein altes Heiligtum Irlands, durchschneiden wollte, gab es viel Widerstand, dem sich auch Anna anschloss. Er war vergeblich, denn man argumentierte, bei der Abgrabung des Hügels könne man ja Archäologen beiziehen, und was die finden würden, hätte man ohne Autobahn gar nicht gefunden, da das Geld dafür nicht vorhanden gewesen wäre. Das heißt, die Straßenbauer (übrigens zu 80% von der EU gefördert) wurden sogar noch zu Wohltätern und Bewahrern des historischen Erbes.

Übrigens baute man auch in unserer Nähe eine Autobahn, einem Bauern verwehrte man den Durchlass unter der Straße, von einem Feld zum andern, sodass er mit seinen Schafen einen langen Umweg machen musste. Die Volksbühne in Castlelyons spielte daher mein Stück »Weizen auf der Autobahn« mit großem Zuspruch. (Es gibt englische Übersetzungen von vielen meiner Stücke.) Da war ich dann wirklich daheim, fühlte mich auch mit meiner Arbeit angenommen und war sehr stolz.

In Dublin hatte schon bald nach meiner Ankunft ein Profi versucht, »Sibirien« auf die Beine zu stellen, aber es gelang mangels finanzieller Förderung selbst bei diesem Einmannstück nicht. Er spielte dann in London, wo das Österreichische Kulturinstitut die Aufführung sponserte.

Überhaupt muss ich jetzt zu den irischen Volksbühnen etwas sagen. Es gibt in jedem Dorf eine, manchmal sogar zwei (die alte Strömung und die junge). Die Qualität der Stücke sowie die Darstellung sind durchwegs ausgezeichnet. Die Iren sind nun einmal die geborenen Komödianten. Einmal im Jahr gibt es einen Aufführungswettbewerb der Bühnen, immer in einem anderen Dorf, in einer anderen Gegend. Da konnte man sich an mehreren Tagen etliche Aufführungen aus ganz Irland ansehen, ich war sehr angetan und manchmal wirklich hingerissen. Ich habe mir auch sonst viele Aufführungen im Laufe der Jahre angesehen und hab' niemals so einen blöden Bauernschwank erleben müssen, wie sie bei uns immer noch gespielt werden. Obwohl es auch bei uns – ich hab das erwähnt – schon unvergleichlich besser geworden ist. Natürlich spielen auch die Volksbühnen Irlands vorwiegend Komödien (gegen die ich absolut nichts habe), aber alle Stücke sind von großer Qualität. Der beste der zeitgenössischen Volksdramatiker ist allerdings John B. Keane, von dem noch die Rede sein wird.

Die Gegner der »Housing Bubble« konnten einiges verhindern und vermindern, aber letztlich platzte das Ding aus einem anderen Grund, wie wir alle wissen. Und der Knall war ungeheuer. Auch in Irland.

»Fleisch« gesperrt

Das Theaterstück »Fleisch« gibt es nicht mehr. Wie auch »Die Frau im Auto«. Beide aus denselben Gründen, ich habe sie für weitere Aufführungen gesperrt. Der »gute« Sohn, dessen Mutter hungerstreikend im Auto saß, war mit dem Stück, das er von mir unbedingt gewollt hatte, gar nicht zufrieden. Die Auftraggeberin von »Fleisch« war sehr wohl zufrieden, aber ihre Söhne nicht. Ich hätte es wissen müssen, dass auch hier Probleme entstehen. Warum werde ich nicht klüger? Aber der Reihe nach.

Sie war die erste Fleischermeisterin von Österreich, übernahm nach dem frühen Tod des Vaters den Betrieb und machte ein wirklich gutes Geschäft damit. Unglaublich tüchtig war die Frau, unglaublich fleißig. Und sie wurde im Laufe der Jahre sehr reich. Ehelichte einen Mann, das heißt, der Mann heiratete in ein florierendes Geschäft ein, und sein Stolz wurde immer mehr verletzt, weil sie die Chefin war, auch für die Kunden. Zerwürfnisse. Die Fleischermeisterin begann heimlich zu trinken, stand aber am nächsten Tag hinter der Budel, als wäre nichts gewesen. Drei Söhne, sie häufte das Geld weiter an. Verliebte sich in einen Mann. Da waren die Söhne schon groß und drohten dem Liebhaber der Mutter, seinen Kopf in die

Auslage zu stellen. Alles ging schief. Die Söhne, als Nachfolger gedacht, taugten in den Augen der Mutter nicht viel, sie interessierten sich nicht für das Fleischergeschäft, die Mutter steckte bald verlorenes Geld in ihre ehrgeizigen Projekte, und der Lieblingssohn, dem sie das Fleischwarengeschäft übergab, vermietete die teure Altstadtlokalität für sehr viel Geld an eine Souvenirkette. Einer der Söhne aber setzte sich frühzeitig ins Ausland ab und wurde dort mit einer anderen Tätigkeit weltberühmt.

Ich gestehe, ich habe den Inhalt weitgehend verdrängt. Es war die Fleischermeisterin, die mich darum bat, ein Stück über ihr Leben zu schreiben. Damit den Zuschauern gezeigt wird, wohin es führt, wenn jemand alles seinem Geschäft aufopfert. Von der Gier sollte das Stück handeln. Und möglicherweise, so dachte ich mir nachher, wollte sie auch, dass ich ihren Söhnen über das Theater die Leviten lese.

Die Uraufführung fand im Jahre 2005 an den Vereinigten Bühnen Bozen statt. Thomas Seeber, der Intendant, hatte mir den Auftrag gegeben. Erich Innerebner, Doyen des Südtiroler Theaters, der schon viele Stücke von mir inszeniert hatte, führte wieder Regie. Julia Gschnitzer spielte die auf ihr Leben zurückschauende Fleischermeisterin Hilde Selos, Angelica Ladurner ihre Figur als junge Frau, Peter Drassl ihren Mann Erwin im Alter. Den jungen Erwin verkörperte Florian Adamski, für die in der Gegenwart spielenden Szenen war er Hildes Sohn Stefan. Den zweiten Sohn (Siegfried) spielte Karl-Heinz Macek, der auch in der Rolle von Hildes Bruder auftrat. Unter den sonstigen Mitwirkenden sind vor allem Rita Frasnelli (Mutter von Hilde) und Lorenz Marsoner (Vater von Hilde) zu nennen. Eine hervorragende Aufführung, das Bühnenbild (Johanna Maria Burkhart sehr gelungen, wir befanden uns in einem Kühlhaus. Die Musik stammte von Werner Pirchner

Die Fleischermeisterin im wirklichen Leben, inzwischen eine gütige, helfende Frau geworden, fand die Aufführung in ihrem Sinne, war mir dankbar. Monate später erhalte ich von einem ihrer Söhne – in Innsbruck lebend – einen Brief. Er habe sich heimlich in Bozen die Aufführung angeschaut und sei daraufhin so fertig mit den Nerven gewesen, dass er psychotherapeutische Hilfe in Anspruch nehmen musste. Ich entschuldigte mich und sperrte das Stück. Ich schreib' doch nicht, damit Menschen sich in psychologische Behandlung begeben müssen!

Felix Mitterer und der vielseitige Volkstheatermann Pepi Pittl

Pepi Pittl hat Geburtstag

Meinem lebenslangen künstlerischen Begleiter in Sachen Volkstheater, Pepi Pittl, gratulierte ich bei einem Fest im Kramsacher Wirtshaus Rohrerhof, organisiert von den Rattenbergern, mit folgenden Worten zum runden Geburtstag:

Mein Freund Pepi Pittl feiert am 20. März 2006 seinen 60. Geburtstag. Pepi hat wirklich einen ungewöhnlichen Lebensweg genommen. Geboren 1946 in Mils bei Hall, vom reichen Vater nicht als leiblicher Sohn anerkannt (obwohl er ihm später wie aus dem Gesicht geschnitten war), daher aufgewachsen in Waisenhäusern, wo er geschlagen wurde, aber nicht sexuell missbraucht (»I war zu schiach«, sagt Pepi). Er trank aus der Klomuschel Wasser, weil man glaubte, das Bettnässen sei durch Wassertrinkverbot zu verhindern. Später wurde Pepi Fernfahrer (davon wird noch die Rede sein) und zuletzt Fahrlehrer (brachte alle Trottel beim Führerschein durch, auch mich), was bis zum Jahre 2000 auch sein Brotberuf blieb. Seine Leidenschaft war aber immer das Theater. Von 1975 bis 1990 hat er an der Volksbühne Blaas an die 100 Rollen gespielt, 1977 war er bei der Uraufführung von »Kein Platz für Idioten« dabei. Seither haben sich unsere Wege eigentlich nicht mehr getrennt. Pepi legte die Schauspielprüfung ab, hat in etlichen Filmen von mir mitgewirkt (»Verkaufte Heimat«, »Andreas Hofer« etc.), hat auch im Kellertheater, im Tiroler Landestheater und in Telfs gespielt, und entwickelte dann das Bedürfnis, selber zu inszenieren. Es stellte sich dabei heraus, dass Pepi Pittl tatsächlich ein großes Regietalent besitzt. Er ist von einer unglaublichen Genauigkeit, hat ein natürliches Gefühl für Spannung, Pausen, Timing und kann hervorragend mit Laien umgehen. Er hat 1992 »Kein Platz für Idioten«, 1993 »Munde«

und 1994 »Die Wilde Frau« an der Volksbühne Blaas inszeniert, alle drei Aufführungen waren ein unglaublicher Erfolg beim Publikum. 1993 hat er in Telfs die »Kindertragödie« von Schönherr und 1996 »Abraham« von mir inszeniert. 1998 kam als Produktion des Stadttheaters Innsbruck mein »Krach im Hause Gott« in der evangelischen Christuskirche in Saggen heraus. Dann wurde Pepi »Hausregisseur« in Rattenberg: 1999 »Erde«, 2000 meine Freilichtfassung von »Kein Platz für Idioten«, 2001 »Frau Suitner«, 2003 »Der Brandner Kaspar«, 2004 meine Chronik »Die Hutterer«, 2006 »Der Name der Rose«. Zwischendurch hat er 2002 in Elbigenalp »Die Geierwally« neu inszeniert und in Niederndorf »Die Wilde Frau«. Pepi ist außerdem wohl der einzige Regisseur auf der ganzen Welt, der bei jeder Aufführung seiner Inszenierungen anwesend ist. Dies tut er, um sicherzugehen, dass die Aufführung nicht an Qualität verliert. Anfangs wurde das von den Schauspielern zum Teil mit Amüsement, zum Teil mit leichtem Unverständnis aufgenommen, inzwischen haben sich längst alle daran gewöhnt und wollen ihn gar nicht mehr missen. Seine schauspielerische Qualität konnte Pepi jüngst wiederum beweisen, als er in Martin Sailers Inszenierung von »Die Beichte« und in Markus Plattners Inszenierung von »Mein Ungeheuer« auftrat. Pepi ist ein Mensch, der eine sehr harte Kindheit und Jugend hatte, im Theater aber sein Lebensglück fand. Was kann man Schöneres von einem Menschen berichten?

Zum Mozartjahr »Die Weberischen«

Oh, jetzt kommt etwas für mich ganz Erfreuliches, Überraschendes, mein Dank an die Fügung! Das Schicksal war mir wieder einmal gut gesinnt. Im Jahre 2004 fragte mich Peter Marboe, Intendant des »Wiener Mozartjahres 2006«, ob ich mir vorstellen könnte, ein Stück zum Thema zu schreiben. Nun verhielt es sich so, dass ich vor Jahren bei Recherchen zu einem im Wien des 18. Jahrhunderts spielenden Film, der nie gedreht wurde, auf die Familie Weber gestoßen war, die mich ungemein faszinierte und mir ein toller Stoff für eine Komödie zu sein schien.

1778 lernt der 22-jährige Mozart in Mannheim die Familie Weber kennen. Sie besteht aus Vater Fridolin, Mutter Cäcilia und den vier Töchtern Josefa, Aloisia, Konstanze und Sofie. Vater Fridolin kann als Musiker und Notenkopist die Familie kaum ernähren. Die vier Töchter sind ebenfalls musikalisch begabt und alle ausgebildete Sängerinnen. Mutter Cäcilia ist eine Matriarchin, die auf Grund der miserablen finanziellen Situation ihre Töchter so schnell und gut wie möglich unter die Haube bringen will. Mozart verliebt sich in die 19-jährige Aloisia und will mit ihr nach Italien reisen, um sie dort zum Star zu machen, sein Vater Leopold zwingt ihn aber, die geplante Reise nach Paris anzutreten. Als Mozart recht erfolglos aus Paris zurückkommt, weist ihn Aloisia ziemlich kühl ab, denn sie ist mittlerweile an der Münchner Oper ein angehender Star. 1781 kündigt Mozart dem Fürstbischof von Salzburg den Dienst auf und sieht sich in Wien obdachlos auf der Straße stehen. Doch bald schon findet er ein Zimmer, und zwar bei den Weberischen, denn diese sind mittlerweile nach Wien gezogen. Der Hofschauspieler Joseph Lange hatte sich hoffnungslos in Aloisia verliebt und Mutter Weberin setzte einen Ehekontrakt auf, der es in sich hatte. Gleich nach der Hochzeit wird Aloisia als Erste Sängerin ans Hoftheater engagiert. Ihre Schwester Josefa bekommt ebenfalls ein Engagement, und zwar im Freihaustheater von Emanuel Schikaneder. Und Mozart heiratet schließlich gegen den Willen seines Vaters Konstanze. Sein ganzes weiteres Leben lang ist Mozart in die Weberischen verstrickt, sie werden ihm ganz und gar zur eigenen Familie. Mutter Cilly zieht die Fäden, Josefa und Aloisia treten in seinen Opern auf, die vier Töchter liefern sich Eifersuchtsgefechte um ihn, lassen ihn bis zum Tode und darüber hinaus nie mehr los.

Peter Marboe war sofort begeistert von meinem Vorschlag, über die fünf weberischen Frauen eine Komödie zu schreiben. Meine Idee war dabei, Mozart selbst niemals vorkommen zu lassen (außer als Leiche), sein Leben sollte sich in den fünf weberischen Frauen widerspiegeln. Und es würde Theater am Theater sein, die Aufführung würde quasi einige Wochen nach dem Tod von Mozart im Theater von Schikaneder stattfinden, sozusagen als Benefizvorstellung für die arme Witwe Konstanze.

Bald danach meldete sich bei mir Kathrin Zechner, nun Intendantin der Vereinigten Bühnen Wien. Ich kannte sie schon als Programmdirektorin des ORF und aus der beruflichen Zusammenarbeit (meine Drehbücher betreffend) hatte sich eine Freundschaft entwickelt. Kathi fragte mich, ob ich mir nicht eine Art Musical vorstellen könnte, wenn ja, würde sie in Kooperation mit dem

Mozartjahr die Produktion auf die Beine stellen. Bei »Musical« erschrak ich zuerst ein wenig, denn ich bin nicht wirklich ein Anhänger dieser Musiktheaterrichtung. Meine Antwort war also, dass ich mir natürlich zusätzliche, nicht nur von Mozart stammende Musik vorstellen könnte, aber es müsste etwas ganz Besonderes sein.

Und dann fiel es mir wie Schuppen von den Augen. Meine Frau und meine Tochter Anna hatten ein paar Jahre zuvor bei den Wiener Festwochen die Aufführung »Shockheaded Peter« (»Struwwelpeter«) von den »Tiger Lillies« gesehen, und Anna hatte mich hellauf begeistert in Irland angerufen und gebeten, mir Musik der Tiger Lillies zu besorgen. Das tat ich denn auch und war ebenso angetan. Die »Tiger Lillies« bestehen aus Martyn Jacques, der alle Lieder schreibt und komponiert, aus dem Kontrabass-Spieler Adrian Stout und dem Schlagzeuger Adrian Huge. Es ist schwer, Martyn Jacques einzuordnen. Man könnte seine Lieder eine Art von Punk-Balladen-Bänkelsang nennen, sie erzählen mit oft makabren Details von Zuhältern, Prostituierten, Drogenopfern, Seemännern, Gangstern, Tod und Teufel, sogar von Jesus Christus. Jedenfalls sind die Heldinnen und Helden der Lieder durchwegs Underdogs und Loser. Und Martyn Jacques liebt sie alle.

Als ich Kathrin Zechner den Vorschlag machte, den Londoner Bänkelsänger die Musik zum geplanten Stück schreiben zu lassen, und nicht nur das, Martyn Jacques könnte vielleicht sogar selber mit seinen Tiger Lillies auftreten, erwartete ich mir nicht das, was nun sofort als Antwort kam. Erstens zeigte Kathi sich begeistert von meinem Vorschlag, sie fand es ganz naheliegend, dass ein Bänkelsänger im Theater von Schikaneder auftritt, im damals berühmtesten Volkstheater Wiens. Zweitens hatte sie ohnehin schon bei den »Tiger Lillies« angefragt, ob die sich einmal eine Art von Kooperation mit den Vereinigten Bühnen Wien vorstellen könnten. Es dauerte keine zwei Wochen und wir trafen Martyn Jacques in der berühmten Künstler-Bar des Londoner Hotels Savoy, umgeben von Fotografien englischer Theaterstars. (Hier pflegten übrigens Richard Harris und Peter O'Toole – zwei Iren – ihre täglichen Zusammenkünfte.)

Martyn war sofort vom Thema gefesselt. Auch hatte er beim »Shockheaded Peter« bemerkt, dass sein schwarzer Humor gerade in Wien offene Ohren fand. Hinzu kam als magischer Moment, dass die Tiger Lillies ihre ersten großen Erfolge in den Kneipen von Mannheim gefeiert hatten, wo ja unsere weberische Geschichte ihren Ausgang nimmt. Martyn schlug also ein. Und gleich danach erzitterte ich. Geht das überhaupt auf? Martyn Jacques singt ja in englischer Sprache und die Londoner bezeichnen ihn als »Punk«, nicht wie ich als »Bänkelsänger«. Passt seine Musik in irgendeiner Weise zur Musik von Mozart?

Viel musste noch recherchiert werden über Mozart und die weberischen Frauen. Gar böse schrieben viele Biografen und Musikwissenschaftler über Cilly Weber, sie hassten sie geradezu und bezeichneten sie als selbstsüchtiges Ungeheuer. Mir imponierte sie auf der Stelle. Gar böse schrieben die Biografen auch über Konstanze, die Mozart später zur Frau nahm. Sie sei seiner nicht würdig gewesen, außerdem eine miserable Sängerin, hätte ihn ständig im Stich gelassen, sogar am Totenbett. Ich mochte sie sogleich. Alle mochte ich sie.

Als das Stück fertig war, kam auf wiederum magische Weise die Regisseurin Stephanie Mohr hinzu, die immer wieder am Theater in Mannheim inszenierte. Und wenn schon Mannheim, dann richtig: auch die Bühnenbildnerin Miriam Busch sowie die Lichtdesignerin Nicole Berry wurden aus der weberischen Heimatstadt geholt.

»Die Weberischen« standen unter einem derart guten Stern, wie es mir selten zuvor passiert ist. Das beginnt mit der Dramaturgin Michaela Ronzoni, die Ungeheures geleistet hat, um alles unter einen Hut zu bringen, zugleich war sie für mich die Musikfachfrau. Zum ersten Mal wurde mir anhand ihrer Arbeit bewiesen und ich verstand es endlich, dass Dramaturgie wichtig ist. Das setzte sich fort mit der Austropop-Legende Christian Kolonovits, der nicht nur das 20-köpfige Orchester leitete, sondern auch alle Arrangements schrieb sowie die Musik der Tiger Lillies mit Mozarts Musik koordinierte.

Am 28. Juli 2006 fand die Uraufführung als Produktion der Vereinigten Bühnen Wien und des Mozartjahres in der Halle E des Museumsquartiers statt und rief unglaublichen Jubel hervor. Die Regisseurin Steffi Mohr hat eine fugenlose, sensible, wirbelnde Inszenierung geschaffen Schräg, wild, komisch und traurig, manchmal blieb einem das Lachen im Halse stecken und ein Würgen begann. Dann wieder so viel Leichtigkeit und Humor. Genial das Bühnenbild von Miriam Busch, nein, nicht 18. Jahrhundert, sondern irgendwas

Robert Meyer (Schikaneder/Cilly) und Martyn Jacques (Bänkelsänger) in der Uraufführung des Stücks »Die Weberischen«, Wien 2006

Abgefucktes aus den 1960er Jahren oder so, mit ein paar winzigen Rokoko-Einsprengseln. Genial auch die Kostüme von Alfred Mayerhofer, nein, nicht 18. Jahrhundert, irgendwas Retro, ebenfalls aus den letzten Jahrzehnten bis heute.

Und – natürlich das Wichtigste – die Darstellerinnen waren auf den Punkt richtig besetzt, wahrlich zum Niederknien. Allen voran Robert Meyer, der (als Schikaneder) Mutter Cilly spielte. Da gab's keine Klamotte, kein auf Teufel komm heraus »Frau« spielen wollen – nach wenigen Minuten hatte man vergessen, dass da ein Mann auf der Bühne stand, nein, ging, und zwar mit ziemlich hohen Stöckelschuhen. »Wie bringt der das zustande?« fragte sich da manche Zuschauerin. Eva Maria Marold war die bescheidene Josefa, Anne Weber die heftige Aloisia, Tanja Schleiff die sich so gern vergnügende Konstanze und das Nesthäkchen Sofie wurde fulminant von Ruth Brauer-Kvam gespielt. Und die Tiger Lillies waren zum Anbeten: böse, schräg, poetisch, komisch, herzergreifend. Viele, die bei den Aufführungen in der Halle E des Museumsquartiers dabei waren, haben bis heute die Melodien von Martyn Jacques im Ohr. Die »Tiger Lillies« übertrafen alle unsere Erwartungen, nun sind sie Kult auch in Wien.

Was schon bei »Wolkenstein« der Fall war, trat natürlich auch bei »Die Weberischen« ein: Die Musik füllte und bereicherte den Text mit unglaublichen Emotionen. Ganz am Schluss sagt Konstanze den Satz: »Er (Mozart) hat genug geschrieben, es reicht!«

Damit ist der Text zu Ende, aber nicht das Stück, die Aufführung. Mozart liegt tot auf der Bahre, die weberischen Frauen sind um ihn versammelt. Die Tiger Lillies treten auf und Martyn Jacques singt »What does it mean? Nothing«. Der Inhalt des Liedes sagt uns, dass Ruhm absolut vergänglich ist, dass er nichts bedeutet. »Deine Zukunft ist mit Gold gepflastert, ich seh' deine Zukunft, ich seh' dein Grab. Was bedeutet es schon? Nichts! Gar nichts!«

Die Zuschauer schlucken, manche haben Tränen in den Augen, aber sollen sie mit diesem Gefühl, dass »alles nichts ist und nichts bedeutet«, nach Hause gehen? Nein, so entlassen wir sie nicht. Das Bühnenbild verschwindet samt den Darstellern, ganz hinten erscheint erhöht ein Musiker und spielt die ersten Takte des letzten Werks von Mozart, das Klarinettenkonzert A-Dur, KV 622. Und mit dieser unfassbar schönen, tröstlichen, sehnsuchtsvollen Musik heben die Zuschauer ab in den Himmel. Ja, mag sein, dass Ruhm nichts bedeutet, aber was uns bleibt, was uns niemand nehmen kann, ist die göttliche Musik von Mozart.

Wenn das nun keine Frauenpower-Produktion war?! Danke, Kathi, danke, Michaela Ronzoni, danke Steffi, Miriam, Nicole und alle anderen. Ach, wie waren wir traurig, als im Herbst 2006 die Spielserie zu Ende gehen musste, denn die Halle E war halt nur für eine bestimmte Zeit gemietet worden. Und so viele Zuschauer wären noch gekommen! »Nicht traurig sein«, trösteten wir uns gegenseitig, »es war doch so schön, und alles nimmt halt einmal ein Ende.«

Nahm es aber nicht. Denn der Herr Direktor Emanuel Schikaneder/Robert Meyer wurde Direktor der Wiener Volksoper und ein Schikaneder-Direktor will spielen. Also wurden »Die Weberischen« 2008 in der Volksoper wieder aufgenommen und dort auch vom Fernsehen aufgezeichnet (danke, Wolfgang Lorenz).

Das Stück wurde wenig nachgespielt, denn ohne die Tiger Lillies geht das auch schwer. Zehn Jahre später durfte laut Vertrag das Stück nun auch ohne die Songs der Tiger Lillies gespielt werden, und diese Aufführung fand 2016 erstmals bei den Tiroler Volksschauspielen in Telfs statt. Regie Susi Weber (schon wieder dieser Name!), der Komponist Christian Wegscheider schuf eine grandiose Musik, Klaus Rohrmoser spielte mit brüchiger Stimme eine verschlampte Mutter Cilly, die Damen Petra Alexandra Pippan, Julia Zangger, Lisa Hörtnagl und Daniela Bjelobradic waren als Töchter ebenso hervorragend.

»Superhenne Hanna« – das Stück, 2006

Michael Schilhan fragte mich darum, und ich tat es gerne, fertigte endlich eine eigene Dramatisierung meines ersten Kinderbuches an. Es war eine reizende Aufführung, die Kinder (und auch die Eltern) liebten sie sehr. Pepi Pittl inszenierte es 2007 mit »meinem« ORF-Hörspielmann Martin Sailer (als Fuchs Bartl) und mit dessen Bruder Christoph (Hahn Alex) für die Kolpingbühne in Hall; die zum Mitsingen animierende Aufführung ging dann im Sommer auch nach Telfs. Auch weitere Inszenierungen gab es.

Wer war John B. Keane?

Da gleich von meiner Übersetzung des irischen Volksstücks »Sharon's Grave« von John B. Keane die Rede sein wird und von dessen Aufführung 2006 in Telfs (»Höllenritt«), will ich etwas über diesen großartigen Autor erzählen, den bei uns leider kaum jemand kennt.

Als Sohn des Volksschullehrers William Keane und der Bauerntochter Hannah wird John B. Keane am 21. Juli 1928 in Listowel im County Kerry geboren. Hannah gibt ihren Beruf als Verkäuferin in einem Textilgeschäft auf und bringt insgesamt zehn Kinder zur Welt. In dem kleinen Haus in der Church Street wohnen auch mehrere Verwandte, sodass es ziemlich eng wird. Wann immer möglich, besonders im Sommer, werden einige der Kinder zu Verwandten in die Stack's Mountains geschickt, so auch John B., der dieses freie Leben genießt. Vater William ist ein zurückgezogener Büchermensch, der seine Freizeit mit Lesen verbringt und seiner Frau die Bewältigung des Alltags überlässt. Geld ist äußerst knapp, ein Volksschullehrer verdient wenig.

Schon mit zehn Jahren beginnt Johneen – wie ihn Familie und Freunde liebevoll nennen – zu schreiben, vor allem Gedichte. Aber auch komische Sketche schreibt er und führt sie mit Freunden auf einem Dachboden auf. Von den Erwachsenen wird Eintritt verlangt, auf dem Plakat steht: »In aid of the Listowel EPA«, wobei Letzteres die Abkürzung von »Empty Pockets Association« (»Leere-Taschen-Vereinigung«) war, die Einnahmen gingen also in die eigene Tasche. John B. spielt aber auch begeistert Gaelic Football und ist als Junge schon ein unschlagbarer Pokerspieler.

Nach der Volksschule besucht er die einzige Mittelschule in Listowel, die von einem Priester geleitet wird, der »mit seinen Fäusten« Griechisch und Englisch unterrichtet. John B. vertritt als Klassensprecher sehr vehement die Interessen seiner Schulkameraden. Als eines Tages – John B. ist 16 – die Schüler aufgefordert werden, ein Gedicht aufzusagen, trägt John ein Poem vor, das »The Street« heißt und das der Schuldirektor nicht kennt. Als John sagt, er habe es selber geschrieben, und die Straße sei die Church Street, wird er vom Lehrer brutal zusammengeschlagen. Wahrscheinlich war er der Annahme, John B. hätte das Gedicht gestohlen. Heute ist es in den Schulbüchern, auch in denen seiner alten Mittelschule.

Nach der Matura muss sich John B. eine Arbeit suchen, ist zeitweilig Straßenkehrer, Barmann in einem Pub, Gehilfe eines Wildgeflügelhändlers, dann wird er als Lehrling in einer Apotheke aufgenommen. Bei einer Tanzveranstaltung lernt er Mary O'Connor kennen, eine Bauerntochter aus dem nahe gelegenen Dorf Knocknagoshel. Als sie zwei Jahre alt war, verlor sie ihre Mutter, mit zwölf den Vater. Sie musste die Schule aufgeben, kümmerte sich um ihre Geschwister, die Farm, die Kühe. Als die Brüder groß genug waren, trat sie eine Lehre als Friseurin an. John B. und Mary verlieben sich ineinander, an Heirat ist aber nicht zu denken, weil beide zu wenig verdienen. So beschließt John B., nach England zu gehen, so wie viele seiner Altersgenossen, denn die wirtschaftliche Lage Irlands ist sehr schlecht.

Im Jänner 1952 verlässt John B. mit der Fähre seine Heimat, bekommt Arbeit in einer Fabrik in Northampton und steht dort zwei Jahre lang in fürchterlicher Gluthitze am Hochofen. Es gibt Pubs und Unterkünfte in Northampton, wo am Eingang ein Schild hängt: »No dogs, no Irish«. Die Iren werden als »Paddies« bezeichnet (weil viele Patrick heißen) oder als »Bogpeople« (Sumpfleute). Sie haben Heimweh, trinken zu viel, sind oftmals in Schlägereien verwickelt. Auch John B. fühlt sich fremd, aber er lernt auch eine neue Freiheit kennen, die er zu Hause vermisste. In England gibt es den moralischen Druck nicht, den die katholische Kirche in Irland auf die Menschen ausübt. Und vor allem gibt es in England keine Bücherzensur, die John B. immer wieder in Rage versetzt. Zwar besucht auch er die irischen Pubs in Northampton, aber hauptsächlich verbringt er seine Freizeit mit Schreiben. Er schickt seine Erzählungen und Gedichte an irische Zeitschriften, sie werden zum Teil abgedruckt, was ihn glücklich macht.

Ende 1954 kehrt John B. nach Listowel zurück, heiratet Mary und kauft mit seinem ersparten Geld und einem Kredit das Pub »The Greyhound Bar« in der King William Street. John B. ist ein hervorragender Erzähler und Sänger, der winzige Gastraum deshalb immer überfüllt. Wenn er wieder einmal beginnt, Freirunden auszugeben, wird Mary ungehalten, denn die Kreditraten sind hoch. Vor manchen irischen Pubs hängt ein Schild: »No dogs, no Tinkers«. Die »Tinkers« sind die fahrenden Pfannenflicker, heute politisch korrekt »Travellers« bezeichnet, von den Sesshaften oftmals verachtet (wie bei uns in Tirol die »Karrner«). John B. liebt die Tinkers, denn sie sind die besten Geschichtenerzähler.

Nach der Sperrstunde pflegt John B. bei zwei, drei Gläsern Stout zu schreiben, die ganze Nacht durch – Stücke, Romane, Erzählungen. Mary glaubt ganz fest an seine Begabung und daran, dass er es eines Tages schaffen wird, deshalb hält sie ihm den Rücken frei, kümmert sich um die drei Söhne John, Conor, Billy und die Tochter Joanne. Seine Themen findet John B. natürlich in seinem Pub. Es sind oft sehr tragische und harte Geschichten, aber immer mit dem wunderbaren irischen Humor durchwirkt. Das erste Theaterstück heißt »Sive« und handelt von einem jungen Mädchen, das einen Tinker liebt, aber an einen alten Farmer verkauft wird. John B. schickt das Stück an das Abbey Theatre in Dublin. Das Abbey ist das Nationaltheater von Irland, wer dort aufgeführt wird, der hat es geschafft.

Aber das Abbey lehnt ab und »Sive« wird 1959 von der Amateurtheatergruppe in Listowel uraufgeführt. Und es passiert etwas Unglaubliches. Die Aufführung wird von den Besuchern gestürmt und beim Theaterfestival der Amateurbühnen zum besten Stück Irlands gekürt. Es folgen wochenlang ausverkaufte Aufführungen in den größten Theatern in Cork, Limerick und Dublin. Es muss Polizei eingesetzt werden, weil Besucher ohne Karten die ausverkauften Säle stürmen wollen. Auf Grund des öffentlichen Drucks sieht sich das Abbey gezwungen, »Sive« für ein einwöchiges Gastspiel ins Nationaltheater einzuladen, sämtliche Vorstellungen sind binnen ein paar Stunden ausverkauft. Die Kritiker reagieren mäßig freundlich bis gelangweilt.

Ermutigt schickt John B. sein zweites Stück ebenfalls zuerst an das Abbey. Es heißt »Sharon's Grave« (»Höllenritt« in meiner Mundartübersetzung ins Tirolische) und handelt von einem lahmen Krüppel namens Dinzie, der auf dem Rücken seines Bruders reitet und mit allen Mitteln seiner Cousine ihr Haus abjagen will. Denn nur so, glaubt er, wird er eine Frau zum Heiraten finden. Es handelt sich um eine der gewaltigsten und unglaublichsten Figuren der Theaterliteratur, von wahrhaft Shakespeare'scher Größe. Das Abbey lehnt wieder ab. Die Uraufführung findet 1960 in Cork statt, die hier beheimatete Southern Theatre Group hat schon »Sive« aufgeführt und wird ab nun John B. viele Jahre die Treue halten. Die semiprofessionelle Truppe holt sich für die Rolle des Dinzie einen Bruder von John B., Eamonn Keane, der inzwischen als Profischauspieler in England Karriere gemacht hat. Bei der Premiere herrscht eine Atmosphäre wie bei einem Fußballendspiel, die Aufführung ist viele Wochen lang ausverkauft. Es folgt ein Gastspiel im riesigen Dubliner Olympia Theatre, wieder mit einem unglaublichen Publikumsandrang. Die Kritiken sind durchwegs Verrisse.

John B. schreibt in der Küche hinter dem Pub ein Stück nach dem anderen. In Dublin hat er eine besessene Theaterfrau gefunden, Phyllis Ryan vom Gas Company Theatre, die seine Stücke liebt und ab nun, abwechselnd mit der Southern Theatre Group von James N. Healy in Cork, die Uraufführungen von John B. Keane auf die Bühne bringt. Die Dubliner Theaterbesucher stürmen die Stücke nach wie vor, aber für die Kritiker ist und bleibt er der naive »Countryboy«, der unintellektuelle Autodidakt. Sie hassen seinen Erfolg beim Publikum regelrecht. Das Abbey kommt um John B. nicht mehr herum, zwei Stücke werden von ihm produziert, 1962 »Hut 42«, handelnd von irischen Arbeitern in einer Bauhütte in England, 1963 dann »The Man from Clare«, mit einem alternden Fußballer im Zentrum des Geschehens. Volles Haus, schlechte bis lauwarme Kritiken.

John B. ist zur öffentlichen Person geworden, die Anhänger pilgern zu seinem Pub, auf dem nun nicht mehr »The Greyhound Bar« steht, sondern – veranlasst von seiner Frau Mary – »John B. Keane«. Das Fernsehen ist ins Land gekommen, John B. wird immer wieder in die – bis heute berühmte – »Late Late Show« von Gay Byrne eingeladen. Auf seine eigene, immer humorvolle Weise äußert er sich zu den Problemen der Zeit. Er wirft der Regierung Unfähigkeit vor, weil immer noch viele Iren keine Arbeit finden und auswandern müssen, er kritisiert die Zensur, er setzt sich für die Möglichkeit der Ehescheidung ein (in Irland erst seit 1997 möglich), er kritisiert die Kirche mit ihrer engen Sexualmoral. Sogar gegen die heilige

Kuh, die GAA (Gaelic Athletic Association) geht er vor, weil diese »fremde, ausländische Spiele« wie Soccer (unser Fußball) und Rugby verbietet. Und er wendet sich auch gegen den Zwang, Prüfungen in der gälischen Sprache ablegen zu müssen, selbst wenn man sich nur um einen Bademeisterposten bewirbt. Das führt dazu, dass er – der selbst fließend gälisch spricht und schreibt – beinah von einem aufgebrachten, nationalistischen Mob in Dublin gelyncht wird.

John B. Keane hat schon lange ein Stück in der Schublade, das »The Field« heißt. Es basiert auf einem wahren Vorfall. In einem Dorf nahe Listowel wurde in einem feuchten Graben ein Mann ermordet aufgefunden, offenbar das Opfer einer Auseinandersetzung um ein Stück Land. Der Mörder konnte nicht überführt werden. Das ganze Dorf kannte den Täter, aber die Leute schweigen. Das Stück lag deshalb in der Schublade, weil Mary sich Sorgen machte, es könnte Probleme mit dem Mörder oder seiner Familie geben.

Brandon Kennelly, ein junger Dichter aus der Gegend, nun Professor für Englisch am Trinity College in Dublin, bringt schließlich John B. dazu, das Stück aufführen zu lassen, denn er empfindet es als ein einmaliges und wichtiges Werk für Irland. Die Hauptfigur ist der Bauer Bull McCabe, der von einer Witwe ein kleines Grundstück pachtet, das er in mühsamer Arbeit von Steinen säubert und in ein fruchtbares Feld verwandelt. Nun aber will die Witwe das Feld versteigern, weil sie Geld braucht, um die Gegend zu verlassen. Bull ist bereit, einen hohen Preis zu zahlen, aber es kommt ein Fremder, und der will das Feld unbedingt haben, um einen Steinbruch daraus zu machen. Er war in England mit Betonziegeln für die Bauwirtschaft reich geworden, in Irland will er damit noch reicher werden. Bull, der nicht zulassen will, dass man »sein« Feld vernichtet und zubetoniert, geht schließlich mit Gewalt gegen den Fremden vor. Und das Dorf schweigt.

Phyllis Ryan stellt eine professionelle Truppe zusammen, mietet das Olympia Theatre in Dublin und bringt am 1. November 1965 die Uraufführung des Stücks auf die Bühne. Die Figur von Bull McCabe nimmt den Zuschauern den Atem, der Erfolg ist überwältigend. Und zum ersten Mal schreiben die Dubliner Kritiker wirklich gut über ein Stück von John B. Keane. »The Field« wird – ohne Ausnahme – von jeder Dorfbühne in Irland nachgespielt, so, wie es auch mit »Sive« geschah und später mit »Big Maggie« (eine Frau erwacht nach dem Tod ihres Mannes zum Leben) sein wird.

Die Ausstrahlung von »The Field« im irischen Fernsehen bringt die höchste Einschaltquote in der Geschichte des Senders. 1990 verfilmt der irische Regisseur Jim Sheridan »The Field« mit einem geradezu biblisch wirkenden Richard Harris in der Hauptrolle, zwei Oscar-Nominierungen für »Bester Film« und »Bester Darsteller« und volle Kinosäle auf der ganzen Welt sind die Belohnung. »The Field« ist visionäre und prophetische Theaterliteratur und inzwischen längst zum irischen »Nationalstück« geworden. Und Bull McCabe selber zu einer mythischen Figur, zum Abbild des »alten Irland«, das der neuen Zeit weichen muss, das zubetoniert wird. Denn nun, im neuen Jahrtausend, im Jahre 2006, ist Irland eines der reichsten Länder der Welt, die Betonierer haben gesiegt, das alte Irland liegt am Sterbebett.

Zwischen seinen Stücken schreibt John B. Keane neben zwei Romanen mehrere Bücher, die heute in jedem Haushalt Irlands zu finden sind. Es handelt sich um fiktive Briefe, manchmal unglaublich komisch, manchmal aber auch ziemlich melancholisch: »Briefe eines liebeshungrigen Bauern«, »Briefe eines irischen Pfarrers«, »Briefe eines erfolgreichen Abgeordneten für die Sumpfgebiete«, »Briefe eines Heiratsvermittlers«.

Im Jahre 1980 übernimmt ein neuer Intendant das Dubliner Abbey Theatre, er heißt Joe Dowling. Und er kann es nicht fassen, dass vom berühmtesten Dramatiker Irlands seit 17 Jahren kein einziges Stück mehr am Nationaltheater aufgeführt wurde. Das ändert sich nun grundlegend. Zu dieser Zeit ist das Abbey in großen finanziellen Schwierigkeiten. Und so kommt es ironischerweise dazu, dass das Theater, das John B. Keane so lange die kalte Schulter zeigte, nun durch den Besucherandrang bei seinen Stücken vor dem Ruin gerettet wird.

Als John B. Ende der 60er Jahre heimlich eine Vorlesung an einer Dubliner Universität besuchte, sprach der Professor gerade über ein Theaterstück, das er nicht sonderlich mochte, und er meinte abschließend, es sei »wie ein John-B.-Keane-Stück eben«. Dreißig Jahre später wird John B. an eben dieser Universität die Ehrendoktorwürde verliehen. Er wird auch zum PEN-Präsidenten gewählt, und – so populär ist er inzwischen – man bietet ihm sogar an, für das Amt des Staatspräsidenten zu kandidieren. Aber John B. tritt vor den Spiegel, schaut hinein und meint trocken: »Da schaut kein Präsident heraus.«

John B. blieb sein Leben lang Pubwirt in seiner Heimatstadt Listowel, geliebt und verehrt von seinen Leuten. Im Alter von 74 Jahren starb er am 30. Mai 2002 – umringt von seiner Familie – im Schlafzimmer über dem Gastraum an Prostatakrebs. Er ist bis heute der meistgespielte Dramatiker in Irland und trägt den Ehrentitel »Playwright of the people« – also Stückeschreiber des Volkes.

John B. Keanes Frau Mary und Sohn Billy (im Hauptberuf Sportjournalist) betreiben immer noch das Pub, Tochter Joanne (eine Lehrerin) leitet das von ihrem Vater mitbegründete und inzwischen im angelsächsischen Raum berühmte Literaturfestival »Writers' Week«, das jedes Jahr Ende Mai stattfindet. Im deutschsprachigen Raum ist John B. Keane bis heute völlig unbekannt, im Gegensatz zum Beispiel zu Martin McDonagh (»Leenane Trilogy«) und Marina Carr (»Woman and Scarecrow«), die beide großartig sind, die es aber ohne John B. so nicht geben würde.

Am Grabstein von John B. Keane steht ein Zitat aus seinem Gedicht »The Street«:

A golden mallow peace forever clings
Along the little street.
There are so very many lasting things
Beyond the wall of strife
In our beleaguered life.
There are so many lovely songs to sing
Of God and His eternal love that rings
Of simple people and of simple things.

Ein golden sanfter Frieden breitet sich aus
Entlang der kleinen Straße.
Da sind so viele bleibende Dinge
Jenseits der Mauer der Zwietracht
In unserem beschwerlichen Leben.
Da sind so viele liebreizende Lieder zu singen
Von Gott und seiner ewigen Liebe,
Von einfachen Leuten und einfachen Dingen.

Markus Plattner, John B. Keanes Witwe Mary und Felix Mitterer vor Keanes Pub in Listowel

Eine Reise zu John B. Keane

Im Herbst 2006 kommt Markus Plattner zu mir nach Castlelyons. Er wird »Höllenritt« im nächsten Sommer in Telfs inszenieren. Wir fahren zusammen nach Listowel, um die Witwe von John B. Keane zu besuchen. Ich will endlich den Lebensort von John B., seine Witwe und das legendäre Pub kennenlernen, denn ich hatte ihn selber leider verpasst, weil er so plötzlich verstarb. Außerdem brauchten wir ja die Erlaubnis, das Stück aufführen zu dürfen. Und Tantiemen mussten auch gezahlt werden. Als ich den Agenten John B. Keanes, der in den Textbüchern angeführt ist, in Dublin angerufen hatte, verstand er einfach nicht, was ich wollte, legte nach einer Weile auf. Witwe Mary, die uns mit Tochter Joan gespannt erwartet hat, klärt mich auf. Der Agent sei 90 Jahre alt und stocktaub. Natürlich würde sie uns die Erlaubnis geben, meine Übersetzung von »Sharon's Grave« aufzuführen. Dass die Stücke ihres Mannes noch nie im deutschen Sprachraum gespielt wurden, darüber hat sie gar nicht nachgedacht. Wir zeigen ihr auch ein Foto vom Bühnenbildmodell, das Charly Steck schon angefertigt hat. Mary und Joan sind sehr angetan.

Wir schauen uns natürlich im Pub um, betrachten die vielen Fotos und Plakate, trinken ein paar Pints, lassen uns von Frau und Tochter erzählen, suchen das kleine »John-B.-Museum« auf und wandern dann am Flussufer entlang zum Gedenkstein von John B. Keane. Joan deutet auf ein Gebäude mit hohem Schlot auf der anderen Flussseite und sagt, das sei die Molkerei, ihr Mann würde dort an führender Stelle arbeiten. Auf einmal gibt es einen ungeheuren Knall, so laut, als ob knapp über uns ein Flugzeug die Schallmauer durchbrechen würde. Alle drei werfen wir uns zu Boden, schauen in die Höhe, aber da ist nichts. Allerdings hatte ich beim Niederwerfen aus den Augenwinkeln gesehen, dass aus dem Fabriksschlot eine meterhohe Stichflamme emporschoss, dann folgte, ebenso heftig ausgestoßen, weißer Dampf. Dann ist Stille, nichts mehr. Wir rappeln uns auf, Joan ruft sofort am Handy ihren Mann an, dieser beruhigte, nichts sei passiert, jemand habe nur vergessen, das Ablassventil zu betätigen.

Nach einem schönen Abend im Pub suchen wir eine Pension auf, übernachten dort und wandern am nächsten Tag bei strömendem Regen zu »Sharon's Grave«. Das ist ein riesiges Loch auf einer Klippe über dem Meer. Das Loch führt bis zum Wasserspiegel, man sieht unten die Wellen hereintosen. Und dies zur Erklärung: Sharon war eine Prinzessin im antiken Irland, ihr Vater ein mächtiger Stammeshäuptling im Norden. Eines Tages sollte Sharon im Süden an einen Prinzen verheiratet werden, den sie schon gesehen und sich sehr in ihn verliebt hatte. Zusammen mit ihrem Hoffräulein Shiofra und einigen Kriegern als Begleitschutz ritt sie also in den Süden. Shiofra war sehr eifersüchtig auf ihre Herrin. Sie vergiftete die Krieger und flüsterte dem Pferd von Sharon etwas ins Ohr. Daraufhin sprang dieses in ein Loch über einem Kliff. Im Angesicht des Todes erwischte Sharon ihre Mörderin am Gürtel und zog sie mit sich in die Tiefe. Seitdem wird dieses Loch »Sharon's Grave« genannt. Des Nachts hört man die Stimme Sharons klagend nach ihrem Prinzen rufen. Erlösung gibt es erst, wenn zwei Männer in das Loch springen, einer klein und böse, der zweite groß und edel.

Soweit die Sage, die den Ausgangspunkt für das Stück von John B. Keane darstellt. Sein reiner Tor Neelus glaubt ganz fest an diese Sage. Am Ende des Stückes, als der starke Jack vom Dachdecker Peadar im Faustkampf besiegt wird, zwingt der Krüppel Dinzie den Neelus dazu, ihm ab nun als Reitpferd zu dienen. Worauf sich dieser mit Dinzie in das Loch der Klippe hinunterstürzt. Sharon ist endlich erlöst. Und geht wohl mit Neelus ein in die Seligkeit. Dinzie wird sich, so nehmen wir einmal an, zu Shiofra gesellen.

Am Nachmittag fuhren wir wieder nach Castlelyons zurück. Bis in die Morgenstunden sprachen wir über John B. Keane, unseren Besuch in Listowel und über »Sharon's Grave«. Um 6 Uhr 30 schaute Markus auf die Uhr, sagte, in Österreich sei es jetzt eh schon 7 Uhr 30, rief jemanden an und schaltete das Handy auf Lautsprecher. Es meldete sich mürrisch der Bühnenbildner Charly, und Markus sagte ihm, es sei alles in bester Ordnung, wir dürften das Stück spielen, die Witwe hätte nur einen kleinen Einwand. – »Ja, was denn?« – Nun, die Witwe, etwas altmodisch, könne das ihr zu modern erscheinende Bühnenbild nicht akzeptieren, das müsse anders werden, sonst würde sie ihre Erlaubnis wieder zurückziehen. – Einen Augenblick Schweigen, dann noch mürrischer: »Du, i bin grad am Weg zu mein' Therapeuten, weil mir's Knia so weh tuat!« – Das hielt ich nun nicht mehr aus, nahm das Handy und erklärte Charly, es hätte sich nur um einen Scherz gehandelt. »Deppen!« antwortete Charly und legte auf. Wir riefen noch ein paar Leute an.

John B. Keanes »Höllenritt«, Übersetzung aus dem irischen Englisch

Im Sommer 2007 findet die Uraufführung meiner Übersetzung des Stücks bei den Tiroler Volksschauspielen in Telfs statt. Markus Plattner inszeniert ganz wild und zugleich ganz zart im grandiosen Bühnenbild von Karl-Heinz Steck, das eine steile Klippe mit Öffnung darstellt. Eigentlich ein Kunstwerk, ein beeindruckendes Objekt, das auch ohne Menschen darauf seine Wirkung hat.

Zuerst muss ich die hervorragenden Telfer Mitspieler nennen: Hilde Auer, Helmut Pichler, Ossi Nairz, Franz Winkler, Franz Schöffthaler und Thomas Gspan. Wenn man Letzteren anrief, war auf seinem Anrufbeantworter zu hören: »Da isch der Laninger-Hundefänger von Telfs, bittschian ruaf mi zruck!« Leider ist Thomas im Gaistal dann beim Viehabtreiben im unwegsamen und nebligen Gelände 70 Meter abgestürzt, lag mit zerbrochenen Knochen lange im Krankenhaus, ist aber mittlerweile längst wieder pumperlg'sund. Einen »Laninger-Hundefänger« kann nichts so leicht umbringen.

Alexander Mitterer (in meinem »Tatort« der Tiroler Kollege von Harald Krassnitzer) spielt den Dachdecker Peadar Minogue, der dem bösen Spiel ein Ende setzt, Florian Adamski den reinen Toren Neelus

Conlee, dem der Quacksalber Pats Bo Bwee, gespielt von Alexander Virgolini, mit dem Messinghammer zusetzt, Monika Falbesoner ist die Lehrerin Miss Dee, Anja Pölzl Trassie Conlee, der das Haus abgejagt werden soll, und dann kommen die zwei unglaublichsten Figuren: Der lahme Dinzie wird von Edwin Hochmuth dargestellt, und der riesige Bruder Jack, auf dem er zu reiten pflegt, ist Ernst Schnöller, der Lechtaler Bildhauer und Schauspieler. Die beiden – und auch Florian Adamski – sind derart grandios, dass dem Publikum der Atem stockt. Auch in der Freizeit rührt das Trio in Telfs kräftig um, sodass sie bis heute in den Wirtshäusern unvergessen geblieben sind. Um fünf Uhr früh geht's dann (einmal war ich mit Markus Plattner dabei) zur Bäckerei, denn da gibt es in der Backstube frische, duftende Semmeln, Butter und Kaffee.

Joan, die Tochter von John B. Keane, hatte zwar versprochen zu kommen, aber sie schaffte es nicht. Dafür kamen andere Iren, die in Österreich und Deutschland arbeiten, um ihrem Landsmann die Ehre zu geben. Was für ein Sommer, John B. hätte seine Freude daran gehabt!

Markus Plattner – Der junge Wilde aus Schwaz

Der Tischlersohn wurde schon 1986 – im Alter von 10 Jahren – ständiges Mitglied der legendären »Werksbühne Tyrolit« in Schwaz, wo er von Gottfried Singer und Herbert Wernard das Handwerk als Schauspieler und Regisseur erlernte. Als eine Art von »Abschlussarbeit« inszenierte er 1997 mein Stück »Die Kinder des Teufels« und entschloss sich im gleichen Jahr, eine professionelle Ausbildung in Schauspiel und Regie bei Walter Sachers (Forum Schauspiel Tirol) zu absolvieren. 1999 begründete er sein Theater im Schwazer Lendbräukeller, das er heute noch leitet.

Im selben Jahr begegnete ich ihm zum ersten Mal, auf einer Wiese, im strömenden Regen. »Stigma« war das, und ich kam mit keinen großen Erwartungen. Aber an diesem Abend durfte ich den Aufbruch eines großen Talents miterleben. Ich fühlte mich in einen Breitwandfilm versetzt, in ein großes Epos in Technicolor. Was Markus Plattner da mit seinen Amateurdarstellern auf die Freilichtbühne brachte, war leidenschaftlich, gewalttätig, suggestiv und hochpoetisch. Da inszenierte einer vollkommen aus dem Bauch heraus, mit ganz eigenen, noch nie gesehenen Bildwelten. Birgitt

Jäger war die stigmatisierte Dienstmagd Moid, und was aus ihr hervorbrach, hatte ich an einer sogenannten Laienbühne noch nie in meinem Leben gesehen, auch selten bei den Profis. (Ein wenig mangelte es noch an Ökonomie, manche Szenen und die gesamte Aufführung waren viel zu lang, aber das änderte sich bald, Markus lernte schnell.)

Seither hat Markus sage und schreibe 43 Stücke inszeniert, von Shakespeare bis Slawomir Mrozek, von Nestroy bis Yasmina Reza, von Molière bis Kroetz, von Anton Tschechow bis Dario Fo. Und natürlich auch Karl Schönherr und den »Todsünden«-Zyklus von Franz Kranewitter. Ein unglaubliches Pensum, bei dem der Theaterfanatiker sich im Laufe von zehn Jahren zusätzlich zu seiner natürlichen Begabung ein großes professionelles Können aneignete, vor allem Timing und Präzision. Auffallend ist, dass bei allen Inszenierungen von Markus die Musik eine große Rolle spielt. Noch bevor er zu proben beginnt, hat er bereits einen eigenen »Soundtrack« zusammengestellt.

Meine Stücke hatten es ihm offenbar am meisten angetan. Zweimal hat er »Sibirien« inszeniert, einmal in einem Bergwerksstollen, einmal in einem Bundesheerbunker bei Schwoich. Der Darsteller im Bunker war Sebastian »Wastei« Ritzer, ich werde das Gesicht dieses Mannes und seine Darstellungskunst nie mehr vergessen. »Kein schöner Land« war wieder eine filmreife Masseninszenierung am Friedhof der Schwazer Pfarrkirche, »Ein Jedermann« fand vor dem Hauptportal der Kirche statt und war zehnmal aufregender als der Salzburger »Jedermann«. Dann »Mein Ungeheuer« mit Claudia Lang und Pepi Pittl, eine wahre Berserkeraufführung, bei der man Angst haben musste, dass die Darsteller in diesem Psychothriller ihren Verstand verlieren. 2006 schließlich »Die Beichte«, ebenso expressiv und formal ungewöhnlich über Liebe und Gewalt erzählend.

In Telfs ist Markus Plattner bisher »nur« als Schauspieler zu sehen gewesen: 2001 in »Die Teufelsbraut« von Franz Kranewitter (Regie Ruth Drexel), 2003 in »Oh What a Lovely War« (Regie Susi Weber und Cilli Drexel), 2006 dann die Hauptrolle in »Der Judas von Tirol« von Karl Schönherr (Regie Markus Völlenklee). Und 2007 ist Markus Plattner endlich auch als Regisseur in Telfs angekommen. Für das wilde irische Stück »Höllenritt« erschien er uns die einzig richtige Wahl.

Ein Brief von Tatjana Fedjaewa

Lange schon stand Tatjana Fedjaewa, die russische Literaturwissenschaftlerin und Übersetzerin, mit mir in brieflichem Kontakt. Sie hatte Stücke und auch die »Superhenne Hanna« ins Russische übersetzt. Ende der 90er besuchte ich sie auch in St. Petersburg und war von ihrer Wärme und Güte berührt. Natürlich wurde ich wunderbar bewirtet, so sehr, dass ich mich fast schämte. Ihr Mann Juri ist Lehrer, vom Sohn Aljoscha weiß ich nicht, was er macht. Jedenfalls sei er beruflich nun sehr erfolgreich, aber wolle nicht heiraten. Ich tröstete Tatjana damit, dass bei uns erst viel später – wenn überhaupt – geheiratet wird. Jedenfalls sah ich eine Schulaufführung der »Superhenne«, wohnte in einem Tonstudio der Aufnahme von »Sibirien« bei, und die russische Sprache beeindruckte mich sehr. (Auch eine Aufführung von »Besuchszeit« erreichte sie dann, aber ich fuhr nicht hin.) Natürlich besuchte ich auch die Eremitage und den Winterpalast. Ich durfte noch die russischen Ostern in einer überfüllten Kirche erleben (keine Bänke oder Stühle, die Leute wandern herum) und sah auch in einem Eck ein offen aufgebahrtes altes Weiblein. Ich sah Geldtransporte, die von schwarz gekleideten Männern mit Schrotflinten überwacht wurden. Und es gab auch eine Demonstration gegen den Kapitalismus mit roten Fahnen. Schön war es, und kalt war es.

Hier einer von Tatjanas Briefen:

St. Petersburg, am 17. Januar 2007

Lieber Felix!

Ich danke Dir sehr für Dein Schreiben und will etwas ausführlicher mein Vorhaben darlegen. Wollen wir nicht schon heute laut über ein Buch sprechen, sondern über eine Reihe von Studien zu Deinem Schaffen. Die sind als streng wissenschaftlich gedacht, anders kann ich nicht schreiben. Zum Forschungsgegenstand werden nur Deine Werke, keine Rettungsideen für die ganze Welt. Andererseits kann der Literaturwissenschaftler ohne Auseinandersetzung mit den weltanschaulichen Fragen nicht auskommen. Der Inhalt dieser Fragen ist eben für mich sehr wichtig. Ich ziehe vor, mich mit Autoren zu befassen, deren Ideen und Wertvorstellungen mir nahe liegen. Die letzten davon waren Wittgenstein und M. Bachtin,

»Brenner«-Autoren Th. Häcker und F. Ebner, Tschechow, Canetti und Michail Bulgakow.

Deine Schreib- und Denkweise ist meiner Meinung nach Tschechow sehr nahe, weil Du über die Menge der in der Gesellschaft verstreuten stillen, verborgenen Schmerzen und Leiden schreibst, die nicht jeder Schriftsteller sieht und versteht. Du gibst diesen schweigenden Menschenleiden Deine Stimmen – ohne darüber direkt und mit Pathos zu sprechen. Es ist mir egal, ob Du dabei gläubig oder nicht gläubig bist. Wichtig ist nur eines – dass Deine Werke ein echtes Mitleidsgefühl wecken.

Ich bin aber sicher, dass Dein Schaffen gute Gründe gibt, über Glaubensprobleme zu sprechen. Das Bewusstsein der eingeborenen Tiroler ist bekanntlich eng mit dem bäuerlichen Volksbewusstsein und dadurch mit den in Tirol noch lebendigen religiösen Volksvorstellungen verbunden. Dafür sprechen die mächtigen Traditionen der Volksstücke und des Volkstheaters. Nicht zufällig haben auch die Autoren des »Brenner«-Kreises so viel über Glaubensfragen (immer mit den Projektionen auf die Literatur und Poetik) und über die Philosophie der Liebe geschrieben. Dein Schaffen, glaube ich, setzt diese Traditionen fort.

Die rebellische Form Deiner Überlegungen über die Religion widerspiegelt nicht nur die Krise des Glaubens, sondern – so scheint es mir – auch die Suche nach dem Glauben, ohne den die Liebe zum Nächsten (ich meine nicht das Gefühl, sondern die Liebe als Tätigkeit) nicht vorstellbar ist. Das so vielseitige Problem der Liebe und die sozusagen Poetik der Liebe würde ich als Grundfragen in der Betrachtung Deines Schaffens bezeichnen.

Einige meiner Schriften über Wittgenstein und den Brennerkreis hat Prof. W. Methlagl gelesen und auch herausgegeben, er kann Auskunft darüber geben.

Es freut mich, dass Du nach Tirol zurückkehren willst. Nostalgiegefühl ist mir gut bekannt.

Ich würde mich auch sehr freuen, wenn ich mit diesem Brief einige von Deinen Zweifeln gestillt hätte. Oder?

Mit allen herzlichen Grüßen, Tatjana

Agnes

Ende Februar 2007 traf ich Agnes im Wiener »Café Schottenring«. Und gestand ihr endlich, dass ich mich im November 2001 in sie verliebt hatte. Sechs Jahre hatte es gebraucht, bis ich mich überwand. Wusste ja nicht, ob sie mein Gefühl erwidert, wollte ihr auch meine Umstände ersparen.

Damals, Ende 2001, kam ich gerade aus Südtirol, wo ich beim letzten Drehtag des Hofer-Filmes zugeschaut hatte, der Kampf beim Sandwirtshof, tiefer Schnee schon im Ultental. Und nun besuchte ich im nasskalten Wien eine Buchpräsentation mit Bilderausstellung. Stand vor einem Aquarell, das sich »Going Home« betitelte. Agnes war die Künstlerin, sie stellte sich neben mich. Und es traf mich wie ein Blitz.

Dann gibt sie mit mir zusammen Barbara Rett in Ö1 ein Interview, dann fahr ich schon wieder zum Flughafen.

Und jetzt, sechs Jahre später, sag ich ihr das, ich habe es mir gar nicht vorgenommen, es passiert einfach. Sie antwortet nichts darauf, schaut mich nur an. Und ich kann in ihren Augen lesen, dass es ihr ebenso ergeht. Später erzählt sie mir, dass sie zu ihrer Tochter Lisa ging und ihr sagte: »Stell dir vor, der Felix ist verliebt in mich.« Und Lisa: »Hab ich doch gleich gewusst.«

Im Dezember 2007 der erste schüchterne Kuss. Nach viel zu kurzen wenigen Stunden, wandernd durch die Innenstadt von Wien, verwirrt und nicht wissend, wohin wir eigentlich gehen sollen. Dann der schwere Abschied, vorm Haustor der Wiener Wohnung meiner Tochter Anna. Wenige Stunden später bin ich wieder im Flugzeug nach Irland.

Freilich gab's nach 2001 immer wieder einmal ein Wiedersehen. Wenn ich in Wien war, trafen wir uns im Kaffeehaus. Im Sommer

2003 organisiere ich eine Ausstellung ihrer Bilder in Telfs. Tschulie Haider und Frajo Köhle machen Musik zur Eröffnung. Chryseldis ist auch da, und freundlich zu Agnes, aber sie vermutete damals schon, wir hätten eine Liebesbeziehung miteinander. Hatten wir auch. Aber nicht so.

Agnes und Lisa wohnten bei Angelika Neuner im Spacklerhof in Mösern. Angelika ist Bäuerin und Lehrerin, hat Europäische Ethnologie, Kunstgeschichte und Germanistik studiert. Agnes und Angelika hatten sich gegenseitig sofort erkannt, ohne ein Wort darüber zu verlieren. Seelenfreundinnen. Schon früher ist Agnes immer wieder zu Angelika geflüchtet, in ihrer Sehnsucht nach Tirol. Und zum ersten Mal ist sie nun mit ihrer 14-jährigen Tochter Lisa hier. Diese fühlt sich auch sehr wohl bei Angelika.

Ich muss zurück nach Irland, zu Anna. Vor dem Spacklerhof die Verabschiedung. Ich küsse Agnes auf die Wange, unwillkürlich ist meine Hand kurz an ihrer Hüfte. Werde ich nie vergessen.

2006, Max ist nicht mehr da, bitte ich Agnes, bei Anna zu sein, während ich bei den Volksschauspielen in Telfs bin. Fliege vor der Ankunft von Agnes weg, komme erst nach ihrem Abflug zurück. Geh ihr aus dem Weg, weil ich ihr das immer noch ersparen will, weil ich sonst vor Sehnsucht nicht mehr aus und ein weiß.

Agnes ist ein tiefgründiger, unglaublich süßer Mensch. Und kann so fröhlich sein. Trotz eines schwierigen Lebens ist sie nicht verbittert. Sie bezieht ihre Kraft aus ihrer inneren Stille, ihrer selbst erarbeiteten Spiritualität und auch aus ihrer Liebe zur Natur. Bezaubert alle, erfreut alle. Besonders mich. Ich kannte das bisher nicht. Ab 2008 ist sie immer wieder – wenn auch nur kurze Zeit – bei bei mir in Irland. Wir sind glücklich. Anna versucht zu tolerieren, tut sich schwer.

Fritz Muliar zum Bühnenjubiläum: »Der Panther«

Am 15. Juli 1937 stand Fritz Muliar zum ersten Mal auf einer Bühne, und zwar im »Lieben Augustin«, der Kleinkunstbühne im Keller des Wiener Cafés Prückel. Somit feiert der legendäre Schauspieler im Jahre 2007, sein 70-jähriges Bühnenjubiläum. Er feiert es mit einem Stück von mir, das hat er sich gewünscht, und ich fühle mich sehr geehrt.

1990 verschaffte mir Fritz Muliar den größten Theatererfolg meines Lebens. Im Wiener Akademietheater spielte er »Sibirien«, in der Regie von Franz Morak. Muliar verkörperte den alten Mann, der im Pflegeheim um einen würdigen Tod kämpft, derart eindrücklich und erschütternd, dass es zu einem überwältigenden Publikumsansturm kam. Der große Komiker, der »Darsteller des kleinen Mannes«, hatte sich in den Charakterdarsteller verwandelt, der er immer schon gewesen war. Er widerlegte damit eindrucksvoll seine eigene Aussage, eine Rolle wie der »König Lear« würde ihm ganz und gar nicht liegen, »höchstens in einer Musicalfassung«. Denn natürlich spielte er einen König Lear, einen alten Mann, der abserviert und im Stich gelassen wird. Über 150 Mal trat Muliar in »Sibirien« auf, nicht nur am Akademietheater, sondern auch in Salzburg, in Berlin und Hamburg.

Dies in kurzen Worten sein Lebensweg: Fritz Muliar wird als uneheliches Kind am 12. Dezember 1919 in Wien geboren. Sein leiblicher Vater, ein Tiroler k.u.k. Offizier, kümmert sich nicht um ihn und wird später Nationalsozialist. Seine Mutter Leopoldine dagegen, die als Sekretärin bei der Österreichischen Kontrollbank arbeitet, ist eine überzeugte Sozialdemokratin. 1924 lernt sie den russisch-jüdischen Juwelier Mischa Muliar kennen und heiratet ihn. Mischa adoptiert den kleinen Fritz und unterweist ihn im jüdischen Glauben und in der hebräischen Sprache. Das spätere Talent, auf unnachahmliche Weise jüdische Witze zu erzählen, hat Fritz Muliar also seinem Adoptivvater zu verdanken. Und das Beispiel seiner Mutter ist sicher ein Mitgrund, dass Fritz Muliar sein Leben lang bekennender Sozialdemokrat war und sich auch sonst kein Blatt vor den Mund nahm.

Im März 1938 flieht Mischa Muliar vor den Nazis in die USA. Fritz Muliar wird im April 1940 eingezogen, tingelt zwecks Truppenbetreuung mit einer Theatergruppe durch Frankreich und reißt dabei Witze über Hitler und Konsorten. Wegen »Wehrkraftzersetzung« und Betätigung zur Wiederherstellung eines freien Österreich verurteilt man ihn zum Tode. Nach sieben Monaten Haft wird er aber zu fünf Jahren Zuchthaus begnadigt. Um dieser langen Gefängnisstrafe zu entgehen, meldet er sich zu einer Strafkompanie nach Russland. Nach dem Krieg fängt Muliar als Sprecher bei Radio Klagenfurt an, geht dann als Schauspieler und Regisseur nach Graz und kehrt 1949 nach Wien zurück. Zuerst tritt er am Raimundtheater auf, von 1952 bis 1965 spielt er an der Seite von Karl Farkas und Ernst Waldbrunn im Kabarett »Simpl«.

Zu Beginn der 70er-Jahre kommt dann der große Durchbruch im Fernsehen: »Die Abenteuer des braven Soldaten Schwejk« von Jaroslav Hašek, in 13 Teilen verfilmt von ORF/ZDF in der Regie von Wolfgang Liebeneiner. Mehr als 100 Filme und Serien folgen nach. Fritz Muliar wird Mitglied des Burgtheaters, tritt aber ebenso am Volkstheater, in der Josefstadt und natürlich bei den Salzburger Festspielen auf.

1990 geht der Professor und Kammerschauspieler höchst offiziell in Pension, kann es aber dennoch nicht lassen, wofür wir ihm sehr dankbar sind. Seit 1994 ist er wieder festes Ensemblemitglied der Josefstadt. Der Komödiendependance Kammerspiele beschert er mit seinem komischen Talent – wie auch schon in früheren Jahrzehnten – regelmäßig ein ausverkauftes Haus.

Zahllos sind seine Rollen, keiner, der ihn sah, vergisst ihn zum Beispiel als Sancho Pansa in »Der Mann von La Mancha« in der Volksoper, als das hohe Alter in »Der Bauer als Millionär« im Volkstheater, als Mr. Green in »Der Besuch bei Mr. Green« in der Josefstadt, und, natürlich, als Papst in »Der Tag, an dem der Papst gekidnappt wurde« in den Kammerspielen.

Ach, Fritz, siebzehn Jahre hat es nach »Sibirien« gebraucht, bis ich endlich wieder ein Stück für Dich zusammenbrachte, ich hoffe, Du verzeihst mir die lange Wartezeit.

Dem Josefstadt-Direktor Herbert Föttinger danke ich dafür, dass er mir mit dem Stückauftrag endlich den nötigen Tritt verpasste. Überhaupt: Fünf Uraufführungen in einer Saison (Turrini, Franzobel, Barylli, Vögel, Mitterer), das hat bisher noch kein Theaterdirektor zu Stande gebracht. Übrigens verhielt es sich mit dem Auftrag so: 70-jähriges Bühnenjubiläum, das ist schon was. Also bitte im großen Haus der Josefstadt. – Ich: Nein, bitte nicht, ich möchte die Kammerspiele, das Komödienhaus. Schreib nämlich eine Komödie für Fritz Muliar. – Der Herr Direktor: Bitte, wie du möchtest.

Schickte die erste Fassung an Fritz, dieser ruft mich an: »Was, das soll eine Komödie sein?« Ich erschrecke, kann gar nicht antworten, gleich tröstet er mich: »Du, wir machen das schon.« Und schlägt mir für die Rolle des geldgierigen Neffen Michael Dangl vor, der das dann ganz hervorragend hektisch und verschwitzt spielt. Wolf-Dietrich Sprenger führt Regie, der Schauspieler, der damals bei

Fritz Muliar und Elfriede Ott in »Der Panther«

meinem missglückten Kinofilm »Die Wildnis« so beeindruckend einen Polizisten dargestellt hatte. Wie schön, wenn man einander auf diese Weise wiedersieht.

Premiere am 8. November 2007. Im Stück geht es um den Gedächtnisverlust eines alten Herrn. Er kommt zu einer Frau, die seine Gattin ist. Oder auch nicht. Glücklich macht es mich, dass eine zweite Wiener Theaterlegende beim »Panther« mit dabei ist: Elfriede Ott. Hans Weigel, ihr Lebensmensch, hat mich schon früh entdeckt und gefördert, seiner Fürsprache habe ich auch manchen Literaturpreis zu verdanken. Lieber, verehrter Hans, der Du uns fehlst, halt uns die Daumen und schau bitte zu.

Fritz Muliar tanzte auf der Bühne zur Musik von Maurice Chevalier wie ein Junger. Das Publikum jubelte. Am 4. Mai 2009 starb Fritz Muliar im Alter von 90 Jahren. In der Theatergarderobe, wie es sich gehört.

»Franziskus – Der Narr Gottes«, 2008

Im Jahre 2005 meldete sich ein Unbekannter bei mir, Gerhard Franz Brucker, und zwar aus dem badischen Dörfchen Ötigheim, von dem ich nie zuvor gehört hatte. Ich erfuhr, dass sich dort die »Volksschauspiele Ötigheim« befinden, mit 4.000 Zuschauerplätzen die größte Freilichtbühne Deutschlands, gegründet im Jahre 1906 von einem jungen, theaterbegeisterten Pfarrer namens Josef Saier, dessen Motto war: »Volk spielt fürs Volk.«

Das Ansinnen: »Schreiben Sie uns bitte ein Stück über Franz von Assisi.« Oh ja, den armen Bruder Franz mochte ich schon immer. Diesen sanften, demütigen Rebellen, diesen radikalen Aussteiger, der nicht mehr und nicht weniger wollte, als wahrhaft die Botschaft Christi zu leben und damit die reiche und mächtige Kirche (nicht nur) seiner Zeit schwer verunsicherte.

Flog ich also im Juni mit Ryan Air von Cork/Irland nach Karlsruhe/Baden-Baden, einem kleinen Flugfeld, ehemals Militärflughafen der Franzosen. Der Bürgermeister holte mich im himmelblauen BMW ab und brachte mich zuerst einmal nach Baden-Baden, um mir das berühmte Spielcasino zu zeigen, wo schon Dostojewski sich ruiniert hatte. Und tatsächlich – am frühen Vormittag schon waren die Spieltische gut besucht von gut betuchten Russen, die dem Beispiele ihres berühmten Landsmannes mit stoischen Mienen nachfolgten.

Als wir nach einem schönen Mittagessen im historischen Bäderviertel ins Dorf Ötigheim kamen, eine ausgedehnte flache Ansammlung von Reihenhäusern, fielen mir als erstes die Straßenbezeichnungen auf, lauter Theaterfiguren, vornehmlich aus »Wilhelm Tell« von Schiller. Zweitens schien Ötigheim unbewohnt zu sein, denn man sah nicht einen einzigen Einwohner. Des Rätsels Lösung fand sich in einer ehemaligen Sandgrube am Rande des Dorfes, genannt Tellplatz. Dort befindet sich nämlich die gigantisch zu nennende Bühne. Und dort hielten sich die Dorfbewohner auf – vom Kleinkind bis zum Greis –, um sich für die nachmittägliche Vorstellung vorzubereiten. Mindestens 500 rüsteten sich zum Auftritt, über 100 hatten hinter der Bühne zu tun, dann gab (und gibt) es noch das Ballett, das Orchester, mehrere Chöre sowie die Reiterei mit über zwanzig Pferden. Ein beliebtes und immer wieder aufgeführtes Stück ist »Ben Hur«, inklusive Wagenrennen, das dem des legendären Films in keiner Weise nachsteht. Natürlich wirken auch Kühe, Schafe und Ziegen mit, zum Beispiel bei der Almabfahrt im »Wilhelm Tell«, aber auch Kamele – wie bei »Josef in Ägypten« – sind schon aufgetreten.

Das Hauptgebäude in der Mitte der Bühne ist aus Beton und wird für das jeweilige Stück verkleidet. Bei Shakespeares »Julius Cäsar« stellt es zum Beispiel einen römischen Tempel in Originalgröße dar, jetzt, im Juni 2005, war es ein Gebäude der Rennbahn in Ascot, denn es wurde das Musical »My Fair Lady« gegeben. Die Aufführung war grandios, war nichts weniger als hochprofessionell, nachher gab es eine fulminante Feier, und ich besprach mich mit den Vorstandsmitgliedern, mit Pfarrer Penka und natürlich mit Gerhard Franz Brucker (ebenfalls schon von Kindesbeinen an dabei), dem Schauspieler, Sänger und Regisseur, der das Franziskus-Stück inszenieren sollte.

Ich bemerkte, dass so manche Angst hatten vor dem Franziskus-Thema, es gab nämlich die Befürchtung, dass sich gewiss keine 4.000 Zuschauer pro Vorstellung für den armen Franz interessieren würden. Die Befürworter allerdings überwogen und ich erhielt den Auftrag. Einzige Auflage: »So viele Rollen wie möglich.« Da staunt der Autor, denn üblicherweise heißt es am Theater: So wenige Rollen wie möglich.

Am 15. Juni 2008 flog ich mit Agnes zur Premiere ein. Es war eine schöne, berührende, bewegende Aufführung. Hauptdarsteller Ronald Spiess, der sich selbst als »Rampensau« bezeichnete, wuchs über sich hinaus, nämlich zu ungewöhnlicher Bescheidenheit und Demut. Er meinte, das Stück, diese Figur habe etwas mit ihm gemacht, habe ihn verändert.

Natürlich hatte ich auch das Ballett, das Orchester, die Chöre und die Reiter eingebaut – ein Leichtes bei einem Stück, das im Mittelalter spielt. Und die 4.000 Zuschauer waren da. Ötigheim verwandelte sich in einen Wallfahrtsort. Insgesamt kamen in diesem Sommer 41.000, um Franziskus und sein Anliegen kennenzulernen. Mit dem Regisseur Franz Brucker bin ich seitdem befreundet. Und es wird wohl wieder eine Zusammenarbeit mit Ötigheim geben, geplant war 2017, im Luther-Jahr.

Die österreichische Erstaufführung des Franziskus-Stücks fand im Sommer 2012 bei den Schlossbergspielen im Tiroler Rattenberg statt. Das hatte ich mir so gewünscht, weil ich die Rattenberger sehr schätze. Auch hier gilt: »Volk spielt fürs Volk.« Claudia Lugger und Werner Klikova haben das Theater in neue, ungeahnte Höhen geführt, dank auch des Regisseurs Pepi Pittl, der – wie zuvor schon bei »Kein Platz für Idioten«, »Die Hutterer« und »Speckbacher« – auch beim Franziskus Regie führte. Dies war nun eine »abgespeckte« Version, was aber nicht schadete, im Gegenteil. Ganz nahe war dieser Franziskus dem Publikum. Heinz Auer spielte ihn, nun schon zum vierten Mal mein Hauptdarsteller; immer faszinierend anders, immer ganz bei sich. Auch mit Rattenberg wird die Zusammenarbeit weitergehen.

Anna dreht in Irland: »Die Sonate«

Anna, die als halbes Kind schon den ganzen Proust gelesen hatte, dessen »Auf der Suche nach der verlorenen Zeit« eine Art Bibel für sie geworden war, drehte mit Peter Pulker als Kameramann auf 16 mm ihren Kurzfilm »Die Sonate« in unserem Haus in Castlelyons. Es handelt sich dabei um die fiktive Sonate eines ebenso fiktiven Komponisten namens Vinteuil, die sich als Leitmotiv durch das Werk von Proust hindurchzieht. Alexander Wagendristel schuf die nicht existierende Sonate, wie er und Anna sie sich vorstellten, und Anna drehte nach dieser Musik den Film, der natürlich die Zeit zum Thema hat. Die Möbel des Wohnraums in Castlelyons wurden dafür von uns mit weißen Leintüchern komplett abgedeckt, Anna trat als Odette auf und ihr Freund Alexander als Swann. Großartiges Werk. Und wir haben eine filmische Erinnerung an Castlelyons House.

Anna Mitterer und Alexander Emanuely bei den Dreharbeiten zum Kurzfilm »Die Sonate«, 2008

Wie man eine Realsatire zu einem Drehbuch verarbeitet

In Irland lebend hatte ich von der Geschichte um den Bären Bruno ganz und gar nichts mitbekommen. An einem Junitag im Jahre 2006 landete ich am Flughafen Schwechat bei Wien und die Zeitungstitel schrien es mir entgegen: »Bruno von bayerischen Jägern kaltblütig abgeknallt!«

Im Taxi las ich die diversen Artikel. Und es kamen vor:

Ein halbwüchsiger Bär, der zwischen Tirol und Bayern hin- und hergejagt wird und sich an ein paar Bienenstöcken und Schafen vergreift. (Ja, zugegeben, bei einem bayerischen Berggasthof genehmigt er sich auch eine Maß Bier.)

Ein Tiroler Agrarlandesrat, der den Schießbefehl geben will, aus Angst, Bruno könnte einen oder mehrere Touristen auffressen.

Ein Tiroler Landesjägermeister, Bruder des Agrarlandesrates, der den Schießbefehl als edler Waidmann verweigert und seinem Bruder das Du-Wort entzieht.

Ein Tiroler Landeshauptmann, der hofft, der Bär würde in Bayern abgeknallt werden. Ein bayerischer Ministerpräsident, der das Wort »Problembär« erfindet und hofft, der Bär würde in Tirol abgeknallt werden.

Eingeflogene finnische Bärenjäger mit finnischen Bärenhunden, die im Gebirge ganz und gar nicht zurechtkommen und ihren Frust in Wodka ertränken.

Ein »Bärenanwalt«, der Bruno mit einer Röhrenfalle fangen soll.

Tierschützer, die ankündigen, sich in Bärenverkleidung in die Wälder begeben zu wollen, um Bruno zu schützen.

Diverse Wilderer auf beiden Seiten, die Bruno den Garaus machen wollen.

Ein Zoodirektor, der seine liebessehnsüchtige Bärin in die Wälder schicken will, um Bruno zu finden.

Ein bayerischer Indianer, der Bruno gütlich zureden will, sich von menschlichen Behausungen fernzuhalten.

Nach etwa zwanzig Minuten in Wien angekommen, war das Drehbuch zum Film »Der Bär ist los« eigentlich schon fertig. So leicht hatte es mir die Wirklichkeit noch nie gemacht. Ich bedanke mich sehr. Was für eine herrliche Komödie. Xaver Schwarzenberger führte Regie, Harald Krassnitzer spielte den Zoodirektor, Fritz Karl den »Bärenanwalt«, Nadeshda Brennicke die eifrige Tierschützerin, die beiden in die Quere kommt. In den Bergen hoch über dem Achensee war eine wunderbare Kulisse dafür.

»Der Patriot«, 2008

Ich wollte nie über Franz Fuchs schreiben. Zu abstoßend, zu widerwärtig, zu obskur war mir seine Gedankenwelt (dargelegt in den »Bekennerbriefen«), waren mir seine heimtückischen Untaten. Schon bevor er verhaftet wurde, wollte man von mir ein Drehbuch über das »Bombenhirn«. Das war im Frühjahr 1997 und der Polizeipsychologe Thomas Müller hatte die meisten Ermittlungsbeamten und den Sicherheitsdirektor davon überzeugt, dass es sich um einen Einzeltäter handelte.

Der geplante Film war möglicherweise – wie auch das Zeitschriftenbuch »Der Briefbomber ist unter uns« – Teil der polizeilichen Strategie, den Täter zu verunsichern und in die Enge zu treiben. Ich lehnte ab, auch aus Angst, diesen verabscheuungswürdigen Menschen und seine Lebensumstände nicht richtig zu erfassen und nach der Festnahme des Täters blamiert zu sein. Kurz darauf wurde Fuchs tatsächlich festgenommen und es stellte sich heraus, dass das »Täterprofil« von Müller verblüffend genau gestimmt hatte.

Wieder bekam ich ein Angebot, jetzt ein Stück zu schreiben. Ich lehnte wiederum ab, denn ich wusste ganz genau, dass ich mich eines gewissen Mitgefühls nicht würde erwehren können, wenn ich begänne, in Fuchs, in diesen einsamsten aller Menschen, hineinzuschauen. Und ich wollte absolut kein Mitgefühl mit Fuchs verspüren müssen, dieses gehörte ausschließlich den Bombenopfern.

Fuchs wurde zu lebenslanger Haft verurteilt, in eine Anstalt für »geistig abnorme Rechtsbrecher« in Graz gebracht und erhängte sich im Februar 2000 in seiner Zelle.

Die Jahre gingen ins Land, aber dieser Franz Fuchs ließ mich nicht los, verfolgte mich immer wieder in meinen Gedanken. »Nein, über dich schreib ich nicht, diesen Gefallen tu ich dir nicht!« Es bedurfte der Theaterdirektorin Anita Ammersfeld, dass ich mich schließlich doch überreden ließ. Frau Ammersfeld hatte 2005 ein mittelgroßes, feines Theater in der Wiener Walfischgasse eröffnet und sprach mich 2006 auf Franz Fuchs an. »Nein, bitte nicht!« Doch, es sei wichtig, über ihn zu schreiben. Denn, so meinte sie, seine fremdenfeindliche Gedankenwelt lebe ja weiter in Österreich, werde weiter von den rechten Parteien geschürt, habe sich in den Herzen und Hirnen eines Teiles unserer Bevölkerung festgesetzt wie eine Krankheit.

Also schrieb ich das Stück. Und ich konnte es nur schreiben, weil Dr. Reinhard Haller, der Gerichtspsychiater von Franz Fuchs, mich in jeder Hinsicht unterstützte, mir in langen Gesprächen erschöpfend Auskunft gab (denn Fuchs vertraute Dr. Haller als einzigem Menschen), mir sein umfangreiches Gutachten (das auch alle Bekennerbriefe und Verhörprotokolle enthielt) zur Verfügung stellte. Dafür bedanke ich mich bei Dr. Haller sehr herzlich. Dank auch an Heinz Sichrovsky und Susanne Zobl von der Kulturredaktion des Magazins »News«, die mir alle Berichte der österreichischen Printmedien über Fuchs ausheben ließen.

Die Uraufführung fand am 13. November 2008 im Stadttheater Walfischgasse statt. Thomas Kamper vom Volkstheater spielte Franz Fuchs, Regie führte Werner Schneyder. Ein paar weitere Aufführungen gab es noch, eine in Graz mit Alexander Mitterer, eine aufsehenerregende in Villach (mitten im Fasching) mit Heinz Weixelbraun, eine in Telfs, auf die ich gleich Bezug nehmen werde.

Erledigt ist die Sache deshalb für mich noch lange nicht. Franz Fuchs wird mich – und wohl uns alle – nie mehr loslassen. Der Mann ist die zum Alptraum gewordene Stimme der schweigenden Mehrheit. Das bestätigt auch Reinhard Haller in seinem Nachwort in der Buchausgabe des Haymon Verlags:

Das Bombenhirn Franz Fuchs

Kann man ein Verbrechen, das zu den außergewöhnlichsten der Kriminalgeschichte gehört, mit künstlerischen Mitteln überhaupt bearbeiten, ist es möglich, eine einzigartige Verbrecherpersönlichkeit mit allen ihren abnormen Zügen, ihrer intellektuellen Extraklasse, ihren neurotischen Ängsten und ihrem hasserfüllten Denken durch einen Schauspieler darstellen zu lassen?

Kann man eine an der Grenze zwischen Fanatismus und Wahnsinn angesiedelte Tatmotivation auf der Bühne sichtbar machen und ist es zu schaffen, eine krankhaft-delinquente Lebensentwicklung in ein Zwei-Stunden-Stück zu zwängen?

Die Taten des Franz Fuchs, des »Bombenhirns«, haben nicht nur Kriminalisten, Juristen und ein Heer von Sachverständigen vor schwierigste Aufgaben gestellt, sondern bedeuten auch eine enorme Herausforderung für jene, die sich aus der Sicht des Künstlers, des Schriftstellers oder des Dramatikers dem Fall des destruktiven Eremiten nähern wollen. Man mag den Attentäter und sein verbrecherisches Werk aus unterschiedlichen Perspektiven, aus jener des Historikers, des Psychiaters oder des Kriminologen betrachten, es entsteht immer ein unbegreifliches, ein unerfüllbares und unfassbares Bild. Ein sachlich-kühler Chronist würde die Geschichte des österreichischen Bombenterrors wohl folgendermaßen beschreiben: Der damals 49-jährige Techniker Franz Fuchs aus Gralla/Steiermark wurde im März 1999 von einem Schwurgericht in Graz schuldig erkannt, von Dezember 1993 bis Dezember 1996 in Österreich und Deutschland sechs Briefbombenserien initiiert und drei Sprengstoffattentate verübt zu haben, welche insgesamt fünfunddreißig Verletzte und vier Todesopfer forderten. Zu den Anschlägen, die durchwegs gegen Personen und Institutionen mit Engagement in Ausländerfragen gerichtet waren, hatte sich damals in zahlreichen Schreiben eine Gruppierung namens BBA (=Bajuwarische Befreiungsarmee) bekannt. Als Motiv für die Verbrechen wurden die angeblich drohende »Überfremdung« Österreichs und die Gefahr des Niedergangs der deutschsprachigen Volksgruppe genannt. Der wahre Täter wurde scheinbar zufällig festgenommen. Während einer abendlichen Polizeikontrolle versuchte ein Pkw-Lenker, sich durch eine Rohrbombe selbst zu töten, verlor dabei beide Hände und verletzte die einschreitenden Beamten. Bei der Einvernahme zeigte sich der Verhaftete – Franz Fuchs – sehr kooperativ, gab eine Fülle von (selbstbezichtigendem) Insiderwissen preis, deklarierte sich als Mitglied der BBA, ließ allerdings bis zuletzt offen, ob er als Einzelperson oder Bandenzugehöriger gehandelt habe.

Der Teilnahme an der Schwurgerichtsverhandlung entzog sich der Angeklagte durch anhaltendes Brüllen ausländerfeindlicher Parolen, was seinen Ausschluss von den Sitzungen zur Folge hatte. Das Gericht, das von einer Einzeltäterschaft ausging, verurteilte ihn zu lebenslanger Haft und wies ihn in eine Anstalt für geistig abnorme Rechtsbrecher ein. Die Geschichte der BBA und des Bombenterrors in Österreich endete mit dem Suizid des Franz Fuchs am 26. Februar 2000. Trotz Amputation beider Unterarme und fehlender prothetischer Versorgung schaffte es der verbrecherische Alleskönner, sich in der bestüberwachten Zelle unseres Landes mit

Hilfe eines Stromkabels an einem Wasserkasten zu erhängen. Für die Vorbereitung und Durchführung der Suizidhandlung standen ihm gerade zwanzig Minuten Zeit zur Verfügung. Der große Verbrecher hatte, wie die Zeitungen schrieben, sein letztes Meisterwerk geschafft. Die Gerichtspsychiater, die professionellen Analytiker und Motivforscher diagnostizierten bei Fuchs eine schwere Persönlichkeitsstörung mit paranoiden, fanatischen und narzisstischen Anteilen, sowie eine später hinzugekommene Wahnerkrankung.

Der schon als Kind einzelgängerische, extrem intelligente Mann hatte sich nach zahlreichen beruflichen und privaten Enttäuschungen völlig zurückgezogen und richtete sein ganzes Leben auf die überwertige Idee aus, Österreich vor drohender Überfremdung schützen zu müssen. Er entwickelte einen psychodynamisch auch als Selbstbestrafung zu interpretierenden Verfolgungswahn, der letztlich zur Verhaftung führte. Als besonders bemerkenswert bezeichneten die Psychiater die destruktive Kraft der fanatisch-paranoiden Gedanken des Attentäters, die sich zunächst gegen eine Minderheit, später gegen die gesamte Gesellschaft und schließlich gegen die eigene Person richteten.

In die Kriminalgeschichte wird Fuchs als jener Verbrecher eingehen, der alle Rollen eines großen Verbrechens, vom Gejagten bis zum Jäger, vom Täter zum Richter, ganz allein gespielt hat. Er war Ideologe, Planer und Frontsoldat in einem, und ebenso Elektroniker, Chemiker und Bombenbauer. Er hat in sich die Rolle des Historikers und jene des Sprachrohrs und Logistikers vereinigt. Die Einzelperson Franz Fuchs war die ganze Terrorgruppe, die Österreich jahrelang in Angst und Schrecken versetzt hat. Er allein war jene Bajuwarische Befreiungsarmee, von der man trotz der intensivsten Fahndungsmaßnahmen unserer Republik nie eine Spur gefunden hat. Später hat er sich in seinem Wahn selbst die Verfolger geschaffen, hat sich selbst gejagt und schließlich zur Strecke gebracht. Für seine Verbrechen hat er sich bestraft, indem er sich durch eine Bombe – gleich den Verletzungen seiner Opfer – die Hände amputierte. Nachdem er dem Prozess erfolgreich fernbleiben konnte, hat er sich selbst verurteilt und sich letztlich gerichtet. Wie ist es Felix Mitterer gelungen, dieses verbrecherische Gesamtkunstwerk auf der Bühne darzustellen und das Drama des gekränkten Genies auf die Rolle des Patrioten zu übertragen?

Wer eine außergewöhnliche Persönlichkeit beschreiben will, muss zunächst wohl selbst ein außergewöhnlicher Beobachter sein. Nur ein hervorragender Phänomenologe wird die Fähigkeit besitzen, einen abnormen Charakter mit all seinem Misstrauen, seiner Ängstlichkeit, seiner Pedanterie und seiner Kränkbarkeit zu zeichnen. Die pathologischen Verdrängungen, die neurotischen Verschattungen und die psychotischen Abgründe kann nur jemand begreifbar machen, der seelische Nöte kennt und auch mit extremen Formen menschlichen Seins vertraut ist. Und niemand ist imstande, die Motive eines grandios schrecklichen Verbrechens zu erhellen, wenn er nicht selbst tiefe Empathie besitzt. Nur einem psychologisch Begabten wird es gelingen, die Grenze zwischen Genie und Wahnsinn, zwischen dem Kranken und dem Bösen ausloten zu können.

Ein Dichter muss also ein Psychologe sein und Felix Mitterer, der Dramatiker, ist Analytiker und Psychopathologe durch und durch. Der von ihm gewählte Weg, die Gestalt und Geschichte des Franz Fuchs über ein Ein-Mann-Stück zu transferieren, wird der Einzigartigkeit von dessen Person und Verbrechen gerecht. Wie der hochbegabte Terrorist keine Helfer gebraucht hat, benötigt das Stück keine zweite oder dritte Rolle. Die Überlegungen eines Menschen, der sich von der Gesellschaft verbittert zurückgezogen, die sozialen Kontakte zunehmend gemieden und immer mehr in seiner autistischen Welt der Rache gelebt hat, finden nur in Monologen ihre Entsprechungen.

Der Fall des österreichischen Bombenterroristen war ja auch das kriminologische Ein-Personen-Stück schlechthin. Durch die Verwendung von vielen Originalzitaten und die Beschränkung auf unsichtbare Dialogpartner ist es Mitterer gelungen, jene unvergleichliche, bedrückende Atmosphäre zu schaffen, wie ich selbst sie in den vielen Stunden in der Zelle des Franz Fuchs erlebt habe. Nach der ersten Lektüre des Dramas hatte ich das Gefühl, all das, was ich als Psychiater untersucht habe, noch einmal zu hören und die Ergebnisse in emotional und rational logischer Form präsentiert zu bekommen, ich habe plötzlich gespürt: »Genau so ist es gewesen.«

Das Werk Felix Mitterers ist die Geschichte eines schizoiden Einzelgängers, eines menschenscheuen Neurotikers und gefährlichen Sonderlings, der in narzisstischer Überhöhung seiner eigenen Rolle das deutschsprachige Volk mit allen Mitteln retten wollte.

Wir sehen im Bombenhirn eine tragische Figur, die all unsere egozentrischen, kaltherzigen und bösartigen Projektionen aufnimmt, und – nachdem er als »Verrückter« deklariert worden ist – sogar aufnehmen muss. Seine fanatischen und krankhaften Ideen offenbaren sich als Verdichtungen der in der Bevölkerung vorhandenen Ressentiments und Ausgrenzungswünsche. In seinen Verbrechen erkennen wir die fokussierte Intoleranz und den krankhaften Hass unserer Gesellschaft. Auch wenn »der Patriot« gestorben und sein Fall abgeschlossen ist, haben wir allen Grund, beunruhigt zu sein.

Reinhard Haller besucht die Aufführung in Telfs

Pepi Pittl spielte 2009 den Briefbombenattentäter Franz Fuchs sehr eindrücklich in Telfs. Reinhard Haller kam auf Besuch und war höchst angetan, auch etwas irritiert, weil erstens Pepi mit Fuchs wie identisch war, auch im Aussehen, und zweitens, weil der Briefbombenattentäter Franz Fuchs ja bei mir allein ist, aber ständig die verhörenden Polizisten, den Untersuchungsrichter und den Psychiater im Zuschauerraum anspricht. Diese Zuschauersitze blieben immer frei, die Namen der Betreffenden klebten an der Sitzlehne. Und nun saß Haller tatsächlich an seinem Platz, war wirklich da, und wurde natürlich auch von Pepi angespielt.

Zum letzten Mal Max

Max kam wieder zurück. Er war so richtig von Herzen froh darüber, auch Anna und ich freuten uns, nicht minder die Hunde und Katzen. Agnes freundete sich sofort mit Max an, erfreute auch dessen Herz. Am Flughafen hatte er es kaum vermocht, einen Fuß vor den anderen zu setzen, in Castlelyons ging es aber gleich besser. Er besuchte wieder jeden Abend das Pub, wurde dort mit großem Hallo begrüßt. Gesund war er nicht. Man hatte ihm irgendwie die Arterien an den Beinen durchgebürstet, aber ganz der Alte war er nicht mehr. Ende 2009 musste er wieder zurück, vier Jahre schaffte er es noch, am 28. Dezember 2013 verstarb er. Ich flog zum Begräbnis nach Düsseldorf, viele Freunde und Freundinnen waren gekommen, wir ließen Max ein letztes Mal hochleben. Ich vermiss dich, Kartnerbua.

»Speckbacher«, 2009

Gedenkjahr 2009, vor 200 Jahren der Tiroler Aufstand gegen die bayerische Besatzung und damit gegen Napoleon. Claudia Lugger, Leiterin der Schlossbergspiele Rattenberg, fragt mich schon 2007, ob ich für Rattenberg ein Stück zum Gedenkjahr schreiben könnte. Und sofort sage ich mit Dankbarkeit zu. Warum?

Man erinnert sich, dass ich Josef Speckbacher samt Familie 2001 beim Andreas-Hofer-Film rausnehmen hatte müssen. Was mich schmerzte, denn Speckbacher war im Jahre 1809 eine entscheidende, wichtige Figur, der einzige wirkliche Stratege unter den drei Anführern. Mit ihm selbst musste ich automatisch auch alles streichen, was von Innsbruck abwärts im Tiroler Unterland in diesem Jahr passierte, also zum Beispiel die Schlacht von Wörgl mit ihren Folgen, der Brand und das Massaker von Schwaz, die kampflose und dadurch die Zerstörung verhindernde Einnahme von Rattenberg (weil der bayerische Kaminkehrer heimlich die Tore öffnet), der versuchte Angriff von Speckbacher und Haspinger auf Salzburg, wo gerade Napoleon residierte. Und die Geschichte vom Anderl, dem 14-jährigen Sohn Speckbachers, der gegen den Willen der Mutter von zu Hause fortlief, um mit seinem Vater zu kämpfen, von den Bayern gefangen und vom bayerischen König auf die rührendste Weise gut behandelt wurde. All das weg. Ging nicht anders. So – und nun fragt mich Claudia Lugger von der Schlossbergbühne in Rattenberg, im Tiroler Unterland gelegen, nahe von Wörgl, ob ich ein Stück zum Thema hätte. Aber natürlich – Speckbacher! Und natürlich Pepi Pittl als Regisseur.

Heinz Auer wieder in der Hauptrolle, er spielt überzeugend Speckbacher, der lieber Wilderer war, als einer geregelten Arbeit nachzugehen, eine solche erst annahm, als er von der Schmiederer-Bäuerin in Rinn abgewiesen wurde, deren Tochter Marie er heiraten wollte. Auch Schreiben und Lesen lernte er widerwillig, damit er die Marie bekommt. Tanja Morak ist seine Frau, Claudia Lugger ihre Mutter, Werner Klikova ist Andreas Hofer und der »Sageler« Andy Moser aus Inneralpbach ein grandioser Pater Joachim Haspinger, wofür er sogar Pustertalerisch lernt.

Das Geburtshaus – verschwunden

Am Rückweg zum Flughafen München fahren wir an meinem Geburtsort Achenkirch vorbei. Ich schaue von der Bundesstraße hinunter zum Bauernhaus, in dem ich zur Welt kam, will Agnes darauf hinweisen, aber es ist verschwunden. Ein paar Minuten später stehen wir vor dem leeren Fleck. Mein Geburtshaus wurde also Stück für Stück abgetragen. Agnes merkt, wie sehr mich das trifft. Nimmt mich bei der Hand und sagt: »Wie in früheren Zeiten, da haben sie auch den Revoluzzern die Häuser abgetragen.« In der Tat wurde gegen die Aufständischen in Tirol so vorgegangen. Man verbrannte ihre Häuser nicht, das wäre ja Materialverschwendung gewesen. Man trug sie Stein für Stein, Balken für Balken ab, verkaufte alles, zog noch Profit daraus.

So blieb nur noch ein leerer Fleck, bald von Gras und Büschen überwuchert. Als hätten das Haus und seine Menschen nie existiert. Ausgelöscht. Eine besonders perfide Schmach. In meinem Fall wurden wohl die Deckenbalken und das Getäfel der Räume in irgendeinem Hotel oder Gasthaus eingebaut, denn man hat ja inzwischen erkannt, dass die Fremdengäste das schätzen und heimelig finden. Agnes nimmt still ein noch dort liegendes Brett, legt es ins Auto, ich sehe die Kränkung in ihren Augen.

Ruth Drexel in memoriam

Am 26. Februar 2009 starb Ruth Drexel, die neben Hans Brenner, dem »Gründervater« der Volksschauspiele, 1998 schon verstorben, sozusagen unser aller Mutter war. 30 Jahre lang inszenierte sie in Telfs, brachte unsere Produktionen auch nach München. Inzwischen hatte sie sich im Fernsehen berühmt gemacht, durch ihre Rolle als »Mama« im »Bullen von Tölz«. Das ging ihr manchmal auf die Nerven. Allerdings war sie schon von Anfang an gefragt bei Film und Fernsehen, arbeitete mit Rainer Werner Fassbinder, mit Helmut Dietl und Franz Xaver Bogner. Und doch hatte sie im Grunde immer ein Misstrauen diesem Medium gegenüber. So ist es eine Ironie des Schicksals, dass sie im Alter ein TV-Star wurde.

Geboren wurde sie 1930 im bayrischen Vilshofen, wuchs aber in Trostberg auf. Ihr Vater fiel im Krieg, die Zeit war schwer, eine »höhere« Ausbildung, die sich die Mutter gewünscht hätte, war nicht möglich. Aber Ruth wusste ohnehin, was sie wollte. Nach ihrer Ausbildung an der Otto-Falckenberg-Schule in München erhielt sie schon bald ein erstes Engagement an den Münchner Kammerspielen. Therese Giehse war wie eine Mutter zu ihr. 1956/57 ging es schon an das berühmte Berliner Ensemble von Bertolt Brecht, dann an die Schaubühne am Halleschen Ufer, über weitere Stationen an das Düsseldorfer Schauspielhaus und schließlich ab 1976 an das Bayerische Staatsschauspiel. Aber sie verstand sich immer mehr als kritische Volksschauspielerin, mochte bei den Regisseuren keine Manierismen und keine intellektuelle Überheblichkeit. Und so kam es auch zur Gründung der Tiroler Volksschauspiele, in der Heimat von Hans Brenner, der nach ihrer ersten Ehe 1969 ihr Lebenspartner wurde. Schon von 1983 an inszenierte sie im Münchner Volkstheater, das sie dann von 1988 bis 1998 mit großem Erfolg leitete und wo sie endlich – als Chefin – ihre Prinzipien durchsetzen konnte.

2007 musste sie wegen ihrer Krankheit die Arbeit einstellen, was ganz schrecklich für sie war. Cilli, die gemeinsame Tochter von Ruth und Hans, war seit ihrer Kindheit bei uns in Hall und Telfs, spielte mit, verlegte sich dann auf die Regie und inszenierte auch bei uns. Auch die anderen Kinder, ob die von Ruth oder die

Ruth Drexel mit Hans Brenner in Karl Schönherrs »Frau Suitner«

von Hansl, spielten fast alle bei uns in Telfs. (Nur Moritz Bleibtreu vermied bis zum Tod von Hansl jeden Kontakt zu ihm, denn sein Vater hatte seine Mutter Monica Bleibtreu schon verlassen, als Moritz erst ein Jahr alt war. Am Sterbebett gab es dann doch eine Versöhnung.)

Liebe Ruth, ohne dich wird's schwierig. Schon Hansl hat eine Lücke hinterlassen, die bis heute nicht zu füllen ist. Und jetzt bist du auch noch weg. Wir sind offenbar ohne euch nicht in der Lage, eine klare Linie beizubehalten. Kritisches Theater für das Volk (das wir alle sind), zu den Leuten hin, aber trotzdem nicht populistisch sein – eine schwere Aufgabe. Wo kam denn das her, das Volkstheater? Zuerst vom sich emanzipierenden Bürgertum, eigene Theaterhäuser schufen sich die Bürger, um sich abzusetzen vom adligen Hoftheater – das Münchner Volkstheater und das Wiener Volkstheater sind Beispiele dafür. Dann kamen die Nazis und desavouierten den Begriff, kauften sich das Volk, das Volkstheater ein, mit »Blut und Boden«, mit »Kraft durch Freude« – welch ein raffiniert schöner Ausdruck; blöd waren die nicht. Natürlich ist, was draußen am Land passiert, wo ich mein Leben lang leidenschaftlich dabei war, wenn die Dorfbewohner für Dorfbewohner spielen, die Sprache der Darsteller mit denen im Zuschauerraum identisch; natürlich und ganz ohne Zweifel ist das »Volkstheater«. Aber wie verhält es sich, wenn sozusagen »professionell« Volkstheater gespielt wird? Nicht die Zuschauer unterschätzen, meinte Ruth, aber auch nicht unverständlich sein und sich über sie erheben. Kritisch die Geschichte anschauen, und die Zeit, in der wir leben. Einen Versuch ist es immer wert, und wenn es Kunst ist, aber nicht künstlich, dann ist es gut.

»1809 – Mein bestes Jahr«, 2009

Natürlich wollten wir auch bei den Tiroler Volksschauspielen in Telfs an den Tiroler Freiheitskampf von 1809 erinnern. Was mich betraf, hatte ich aber für diesen Anlass schon ein Stück für die Schlossbergspiele Rattenberg über Josef Speckbacher geschrieben. Also in Telfs eben nichts, muss ja nicht sein. Ist eh schon zu viel, das ganze Jahr über.

Da meldete sich Ende 2008 der Telfer Historiker und Journalist Dr. Stefan Dietrich und erzählte mir von seinem Ururgroßonkel

Nikolaus Dietrich, genannt »Metzger Klaus«, der als Schütze der Hörtenberg-Kompanie im Jahre 1809 ziemlich waghalsige Aktivitäten entfaltet hatte, die aber des Öfteren nicht ganz uneigennützig gewesen waren. Dr. Dietrich hatte schon jahrelang akribische Recherchen betrieben und stellte mir umfangreiche Unterlagen zur Verfügung.

Der Typ begann mich zu interessieren. Hier konnte ich einmal die andere Seite der Medaille zeigen. In Rattenberg der letztlich tragisch gescheiterte Held, und in Telfs der reuelose, skrupellose Renegat. Einer, dem das Hemd (der Eigennutz) näher ist als der (Schützen-)Rock, der eigentlich nur den Kampf für die Heimat erlaubt.

Der »Metzger-Klaus«, man muss es sagen, war hauptsächlich als Räuber unterwegs, mit seinen Kumpanen, im Jahr 1809. In Bayern draußen nahmen sie sich die Bauern und die Kassen der Gemeindeämter vor, überfielen sogar das königliche Gestüt von Schwaiganger, entführten wertvolle Rassepferde.

Freilich, auch ein paar uneigennützige Heldentaten hat der »Metzger-Klaus durchgeführt. In Telfs zum Beispiel die Innbrücke mit ein paar Mann gegen einen ganzen Trupp berittener Bayern verteidigt. Und in seinem Bericht über die Erstürmung der Höttinger Innbrücke in Innsbruck schreibt der Priester Andrä Ennemoser, Klaus sei ein *»damals bekannter und wegen seiner Courage, Stärke und Munterkeit allgemein berühmter Bursch«* gewesen.

So also doch ein Stück zum Thema für Telfs. Natürlich nicht allein und dokumentarisch über den »Metzger« Nikolaus Dietrich. Ich habe zwar getreulich alle mir bekannt gewordenen Aktivitäten des Metzger-Klaus eingebaut, aber zusätzlich auch andere Ereignisse beschrieben, die während des Aufstandes stattfanden und in den Geschichtsbüchern manchmal schamhaft verschwiegen oder heruntergespielt werden, wie zum Beispiel die Plünderungen der Schützen und Landstürmer in Innsbruck, vor allem auch die Gewalttaten an Frauen und an den jüdischen Bürgern der Landeshauptstadt.

Zusätzliche wichtige Informationen lieferten mir das Tagebuch des bayerischen Infanteristen Josef Deifl, der mit seiner Truppe ebenfalls durch Telfs zog, sowie die Aufzeichnungen des Vintschgauer Priesters Josef Daney, der zuerst ein Vertrauter von Andreas Hofer war, im November aber von diesem zum Tode verurteilt

Markus Plattner als »Metzger-Klaus«
auf einer Probe des Stücks »1809 – Mein bestes Jahr«
im Kranewitter-Stadl

wurde, weil Daney ihn aufforderte, den nun sinnlosen Kampf endlich aufzugeben. Daney überlebte nur, weil seine Gefängniswachen vor den anrückenden Franzosen flohen. Nach dem Krieg weigerten sich sowohl die Bayern als auch die Österreicher, diese Aufzeichnungen zu drucken, aus gutem Grunde, beide kamen nicht gut weg, mit Heldengeschichtsschreibung hatte der Zeitzeuge nämlich nichts am Hut.

Etwas Besonderes ließen wir uns betreffs des Aufführungsortes einfallen. Nachdem der Metzger-Klaus immer wieder die Wirtshäuser aufsuchte, um dort mit seinen Abenteuern anzugeben, spielten wir das Stück (neben Aufführungen im Kranewitter-Stadl) tatsächlich in zahlreichen Wirtshäusern in Telfs und Umgebung. Am 25. Juli 2009 fand die Uraufführung statt, Christian Himmelbauer führte Regie, die Musik kam von Thomas Köll, Mathias Steixner, Martina und Theresa Seiwald sowie vom Schwegel-Trio Pedarnig.

Als Glücksfall erwies sich die Besetzung: Markus Plattner – mein Wunschdarsteller – verkörperte derart authentisch und wild den Metzger-Klaus, dass es dem Publikum kalt über den Rücken lief.

Allerdings muss eingestanden werden, dass manche im Publikum diesen »wilden Hund« auch von Herzen bewunderten – wie halt damals im richtigen Leben auch. Da hat der Autor nichts zu melden, will es auch nicht.

»Stigma« im Silberwald, 2010

Zehn Jahre nach seiner ausufernden Inszenierung auf einer freien Wiese in Schwaz versuchte sich Markus Plattner noch einmal an »Stigma«. Diesmal weit oben im Silberwald, eine ganz reduzierte, konzentrierte Aufführung, das Bühnenbild besteht nur aus einem riesigen Holzkreuz (Lichtdesign: Ralf Wapler). Anja Pölzl spielt barfuß in Kälte und meist strömendem Regen die Dienstmagd, die die Passion Christi erleidet. Sie spielt sich die Seele aus dem Leib. Die Zuschauer sitzen regungslos, als schwarze Silhouetten, auf den Bänken. Keiner raschelt mit einem Umhang, keiner hantiert mit einem Regenschirm, sie sind vollkommen gebannt. Eine Aufführung, die ich nie vergessen werde. Das Meisterstück von Markus Plattner.

In beeindruckender Einfachheit:
»Stigma« im Silberwald

WIEDER ZURÜCK IN ÖSTERREICH

2010–2017

Als wir 1995 nach Irland übersiedelten, wollten wir eigentlich nur ein paar Jahre bleiben. Aber man braucht fünf Jahre, um sich einzuleben, dann erst wird es schön. So wurden es schon einmal zehn Jahre. Ab da wandten sich meine Gedanken immer wieder heimwärts. 2005 war Chryseldis endgültig gegangen. Anna hatte hier die Schule besucht und im Garten Pionierarbeit geleistet. Sie war am meisten verhaftet. Lebte abwechselnd in Wien und Castlelyons, wollte unter keinen Umständen auf Irland verzichten. Aber ich hatte bemerkt, dass sich meine deutsche Sprache verlor, dass mir immer wieder deutsche Wörter nicht einfielen. Man redet ja mit den Leuten dort Englisch, man schaut fern, man liest die Zeitungen, irgendwann begann ich auf Englisch zu denken. Das war prekär. Und dann das Heimweh. Ich kann es nicht anders nennen. Chryseldis drängte auch darauf, das Haus zu verkaufen, denn sie wollte in Tirol eine Wohnung erwerben. 2007 war nach zehn Jahren der Kredit für das Haus abbezahlt, und ich eröffnete Anna, dass ich das Haus verkaufen und nach Österreich zurückkehren wolle. Es traf sie schwer, sie äußerte große Ablehnung. Die Zeit verging. Zu viel Zeit verging.

Plötzlich die Weltwirtschaftskrise, ich hatte zu wenig drauf geachtet. Auch in Irland krachte alles zusammen. Man hatte im Westen des Dorfes begonnen, ein paar hundert Siedlungshäuser zu bauen. Plötzlich waren die Arbeiter verschwunden. Sogar ein paar Bagger blieben zurück. Durch die leeren Fensterhöhlen drangen die Vögel ein, und auch andere Tiere. Der Elektriker Eamon, unser Nachbar, Einmannbetrieb, Subunternehmer, verlor plötzlich seine Arbeit. Verlor den Großteil seiner Privatpension, die man verspekuliert hatte. Ich musste schnell handeln, übergab den Hausverkauf an eine Maklerfirma. Es kamen nicht sehr viele Interessenten. Manche durcheilten das Grundstück und das Haus im Schnellzugtempo, ohne überhaupt hinzuschauen. Ich verlor aber einstweilen den Mut

Der »Münichhof«, ein alter Weinlesehof des Stifts Melk im niederösterreichischen Dorf Ravelsbach, sollte Felix Mitterers neues Zuhause werden.

nicht. So ein schönes Haus, das Dorf daneben, und 35 Minuten zum Flughafen.

Schon lange hatte ich nach einem Haus in Österreich gesucht, eines, das auch ein Ersatz für Anna sein konnte, ein Ersatz für Castlelyons House. Zuerst Südtirol. Aber jede Ruine kostet dort ein Vermögen. Und der Weg nach Wien ist im Grunde umständlicher als der Weg von Irland nach Wien. Obwohl mir die Flüge schwer auf die Nerven gingen. London Heathrow der Horror. Dann gab's Dublin-Wien von Aer Lingus. Aber mittlerweile war der Flugverkehr zwischen Cork und Dublin eingestellt. Im Internet unzählige Häuser in ganz Österreich angeschaut. In der Nähe von Wien sollte es aber sein, denn Anna hatte eigentlich in Wien ihren Lebensmittelpunkt, zuerst als Studentin der Akademie, dann für ihre künstlerische Arbeit. Ich fand schließlich den alten »Münichhof« (Grundmauern von 1490) im Weinviertel, in Ravelsbach. Auf dem

Foto im Internet ein Steilhang mit Schafen, darunter das Haus. Wie in Tirol am Berg. Das gefiel mir. Hatte dem Stift Melk gehört, wurde aber schon im 19. Jahrhundert verkauft, an einen Herrn Teufel, der Bürgermeister und Gründer der örtlichen Sparkasse war.

Der letzte Besitzer, den ich dann im sogenannten Schnapskammerl antraf, ein Herr Wagner, der das Haus von seinem Bruder geerbt hatte, es aber nicht bewohnte. Eigentlich seit 30 Jahren leer, in einzelnen Räumen immer wieder kurzfristig ein paar Untermieter. Mit provisorischen Einbauten. Keine Zentralheizung. Aber ähnlich wie das Haus in Irland ebenfalls knapp beim Dorf gelegen und doch abgeschlossen. Mit dem Auto in 50 Minuten in Wien, mit dem Zug von Ziersdorf in 40 Minuten. Zeigte Anna das Haus. Sie fand es beeindruckend. Erste Verhandlungen mit Herrn Wagner in einem ehemaligen Stall im Untergeschoss. Aus dem Obst am Grundstück brannte er Schnaps und schenkte den Besuchern ordentlich ein. Aber er wollte zu viel Geld, das Haus deshalb seit vielen Jahren am Markt, die Makler verzweifelt, er wechselte vom einen zum anderen. Eine Frau und drei Töchter hatte er, für jede wollte er gern so 100.000. Ein wenig ließ er noch mit sich handeln, ich gab schließlich nach, nahm einen Kredit bei meiner Bank in Innsbruck auf, kaufte das Haus. So hatte ich auf einmal zwei Häuser, denn für das in Irland interessierten sich nur noch wenige.

Am Ende, da hatten wir schon 2010, kam ein Wirtschaftsprofessor aus Cork, mit seiner Frau, einer Psychotherapeutin. Und der Wirtschaftsprofessor klärte mich über die wirtschaftliche Lage auf. Ich musste auch hier nachgeben. 2005 hätte ich noch das Doppelte bekommen, dann wäre sich die Renovierung des Hauses im Weinviertel leicht ausgegangen. So aber … Ich unterschrieb und bekam das Geld. Überwies den Anteil von Chryseldis an sie. Wohnung war da keine mehr drin.

Während Anna mit Daniel beim »Electric Picnic« war, im September 2010, schaffte es Agnes noch, mich zum Storyteller-Festival auf Cape Clear Island zu bringen, indem sie einfach kurzerhand zwei Karten buchte. Obwohl ich seit Jahren dorthin wollte, hatte ich es doch nie gemacht; wie so Vieles. Cape Clear Island ist eine kleine Insel vor der südlichen Küste Irlands. Dort fuhren noch abenteuerliche Rostschüsseln aus den 60er Jahren herum, ohne Nummerntafel, denn sie kamen ja nie aufs Festland. Agnes hatte mich inzwischen gelehrt, dass man nicht immer jäten und pflanzen und am Schreibtisch sitzen muss, sondern dass man sich auch einmal auf eine Decke im Garten legen kann. Und sich entspannen. Hatte ich in diesen 15 Jahren nie gemacht. Anna auch nicht. Erstaunlich. Und nun die Storyteller. Aus der ganzen Welt waren sie gekommen und erzählten ihre Geschichten. Wunderbar, ein Erlebnis. Toni Wille aus Nufels, von dem noch die Rede sein wird, jubelten die Besucher freilich am meisten zu.

Im Oktober 2010 packten Agnes und ich alles zusammen. Viel zu wenig war sie dagewesen. Am Ende räumten wir, die ganze Nacht durch, die Unterlagen meines Arbeitszimmers in Kartons. Die beiden Samojeden-Hunde waren inzwischen an Altersschwäche gestorben, die mussten sich die Übersiedlung nicht antun. Ein paar von unseren Katzen liefen weg, die wollten anscheinend auch nicht fort von hier. Zuletzt kam Anna aus Wien, wir packten ihr Zimmer zusammen. Die letzte Nacht schlief sie auf einer nackten Matratze, mit Kerzenlicht. Sie tat uns beiden unendlich leid. Um fünf Uhr früh stand der LKW auf der Straße draußen, der Container wurde von den Packern befüllt. Anna nahm noch Stecklinge von Bäumen, von Pflanzen, Dinny half ihr, sie mit Erde in Töpfe zu setzen. Dann fuhr der LKW los, zum Hafen in Cork.

Unsere drei letzten Katzen – Felicity, Leonce und Wendy – hatten wir schon vorsorglich eingefangen und in Körben untergebracht. Auch geimpft waren sie, hatten Chips im Ohr und einen blauen EU-Pass. Die Nachbarn kamen und nahmen Abschied von uns. Angela sagte, da sei nun eine Ära zu Ende gegangen. Der alte Dinny konnte längst schon nicht mehr arbeiten, darum war der junge Dinny gekommen, hatte Tränen in den Augen und sagte gar nichts. Ach, ist Abschiednehmen schwer. Ein paar Wochen später war der alte Dinny nicht mehr am Leben.

Der junge Dinny (Mitglied des Harley Davidson Clubs) fuhr uns mit meinem Auto zum Flughafen nach Dublin. Denn nur die Lufthansa war bereit, Katzen zu transportieren. Das Auto, ein praktischer Citroén Berlingo, hatte ich an unseren Nachbarn Eamon verkauft, es gehörte nicht mehr mir. Das Lenkrad an der falschen Seite, das wollte ich mir nicht wieder antun. Am Flughafen mussten wir die Katzen aus den Körben nehmen und mit ihnen durch die Sicherheitsschleusen gehen. Sie reagierten panisch, Leonce wäre uns beinah entkommen. Die Security-Leute stöhnten genervt, denn jeden Tag entkamen hier Katzen, verschwanden im Flughafengelände und waren nicht mehr aufzufinden. Wir schafften es. Allerdings waren nur zwei Katzen in der Kabine erlaubt, die dritte musste in den Flugzeugrumpf. Da Leonce so wütete, hatte er dieses Opfer zu bringen. (Und – erstaunlich – er, der immer so viel gejammert und geraunzt hatte, war offenbar durch das Tosen und Gerüttel im Flugzeugrumpf derartig geschockt, dass er sich ab da nie mehr beschwerte.) Von Dublin nach Frankfurt, von dort nach Wien. Bis das Haus in Ravelsbach renoviert war, durfte ich mit den Katzen bei Anna wohnen, das ging sich aus, denn Alex und Anna waren nicht mehr zusammen. Agnes ging vorläufig in ihre Wohnung zurück.

Schon im Herbst 2010 begannen die Renovierungsarbeiten. Ich hatte eine Bauleiterin, die alles überwachte. Die Professionisten nahm ich alle aus Ravelsbach, ich wollte keine Auswärtigen holen, das fand ich nicht richtig. Der Baumeister, der Elektriker, der Dachdecker, der Installateur, alle von hier. Im Dachfirst steht in römischen Ziffern, dass das Haus im Jahre 1876 renoviert wurde. Wir erfuhren, dass das 1976, also 100 Jahre danach, noch einmal der Fall war. Aber 1976 war in Wirklichkeit das Haus ruiniert worden. Die Kastenfenster herausgerissen, stattdessen Isolierglas. Die Kehlheimer Platten in den Fluren herausgerissen, dafür orangen Klinker verlegt. Die alten Türen alle raus, dafür dünnes Fichtenglumpert eingehängt. Die klösterlichen Kreuzgratgewölbe in den Fluren so morsch, dass man den Finger reinstecken konnte. Der Holzboden überall billigst erneuert, daher jetzt schon komplett kaputt. Im Wohnzimmer war der Boden sogar angebrannt, offenbar hatte da jemand ein wärmendes Feuer gemacht. Also mussten wir sämtliche Böden herausreißen und neue verlegen.

Der Hang oberhalb des Hauses war über die Jahre auf die Hausmauer heruntergerutscht, fast zwei Meter über dem ursprünglichen Niveau, alle Abflüsse verstopft, daher die ganze Mauer nass, drinnen an den Wänden wucherte das Moos, saßen die Schnecken. Viel zu tun.

Im Advent dann die Einladung zu einem Künstlertreffen im Brandlhof in Radlbrunn. Der Landeshauptmann persönlich lud ein. Ich hatte nicht gewusst, dass Erwin Pröll in Radlbrunn wohnte, dass es seine Heimatgemeinde war, nur zehn Autominuten von uns entfernt. Als wir in den Innenhof des uralten, behutsam renovierten Bauernhofes kamen, waren wir sehr erstaunt. Es lag ein Meter hoch Schnee, überall staken brennende Fackeln, ein Weihnachtsbaum stand da, die Turmmusik spielte adventliche Weisen. Es war wie eine Tiroler Bergweihnacht. Es begrüßten uns der Landeshauptmann mit Gattin Sissy sowie auch Dorli Draxler und Edgar Niemeczek von der Abteilung Volkskultur, die den Brandlhof betreibt. Die anderen Künstler trafen ein. Ich kam aus dem Staunen nicht heraus. Peter Turrini und Silke Hassler, Götz Spielmann, Dieter Berner, Hermann Nitsch, Erwin Wurm, Karl Korab, Marianne Mendt, Erni Mangold, Elfriede Ott, Andrea Eckert, Roland und Andrea Neuwirth, Erwin Steinhauer, Inge Maux, Daniel Spoerri, Arnulf Rainer, Jazz Gitti und ihre Tochter Shlomit Butbul, Michael Haneke mit Frau Susi, Ulrich Seidl und Veronika Franz, und noch viele andere. Niederösterreich ist ein Künstlernest, ich hatte das nicht gewusst. Erwin Pröll ein großer Förderer von Kunst und Kultur, ich hatte auch das nicht gewusst. Ganz ungezwungen ging es zu, keine Fotografen waren da, Volksmusik wurde gespielt und gesungen, es war ein wunderschöner Abend. Einen besseren Einstand im Weinviertel konnte ich mir gar nicht vorstellen. Ein Geschenk. Dorli und Edgar wurden zu Freunden, sie waren mir von Beginn an ganz nahe.

Die Renovierung ruiniert mich, 2011

Das ganze Jahr über dauerten die Renovierungsarbeiten. Der Bruder der Bauleiterin erkrankte an Krebs und starb bald danach. Die Bauleiterin erkrankte selbst an Krebs und verlor dadurch die Übersicht. Sie schickte mir einen befreundeten Architekten, Wolfgang Tillich. Und der lud mich zu einem ernsten Gespräch, legte mir die Abrechnungen vor und meinte, wenn wir alles so machen würden wie geplant, dann wären wir bei 650.000 Euro. Wahnsinn. Alles Geld nämlich von der Bank, kein eigenes, durch den schlechten Hausverkauf in Irland. Notbremse, wo noch möglich. Der Eichenstamm lag schon, für den Riemenboden. Danke, nein, günstiger Ersatz muss her. Keine Kastenfenster. Und so weiter, ich will nicht langweilen. Die Türen aus der Barockzeit hatten wir längst gesucht, gefunden, gekauft, das ließ sich nicht mehr ändern. Dafür sind sie unglaublich schön. Auch zwei bemalte Renaissancetüren aus Südtirol, von der Restauratorin nur behutsam gereinigt – zwei Schönheiten!

Als ich einem Künstlernachbarn auf seine Nachfrage hin erzählte, dass ich vorher keine Kostenvoranschläge von verschiedenen Baufirmen eingeholt hatte, schüttelte er den Kopf. Und als ich ihm sagte, dass ich für den Maurer 41,– Euro in der Stunde zu bezahlen hatte, fragte er mich, ob ich denn legasthenisch sei. Er habe für die Maurerstunde 14,– Euro bezahlt, natürlich Polen, aber keine Schwarzarbeiter, alles angemeldet. Ich antwortete, ich wollte eben, dass die hiesigen Firmen etwas davon haben. Er hielt mich für einen Deppen. Der ich auch bin. Nun gut, das Jahr ging vorüber, im Wiener Volkstheater war die nächste Premiere.

»Du bleibst bei mir«: Ein Stück für drei Gerechte unter den Völkern

Hier geschieht etwas sehr Ungewöhnliches, noch nie Dagewesenes. Ein Theater – das Wiener Volkstheater – ehrt eine Schauspielerin, die an diesem Haus viele Jahre lang gewirkt hat, mit einem eigenen Theaterstück. Direktor Michael Schottenberg und die Dramaturgin Susanne Abbrederis hatten die Idee.

Es ist immer eine große Herausforderung, eine wahre Geschichte zu erzählen – ein Drahtseilakt; man kann leicht auf die eine oder die andere Seite abstürzen. Die große Schauspielerin Dorothea Neff versteckte von 1941 bis 1945 ihre jüdische Freundin Lilli Wolff, Modeschöpferin aus Köln, in der Wohnung Annagasse 8 im 1. Bezirk. Die Neff hat das nach dem Krieg nie hinausposaunt, im Gegenteil, sie hat es eher verschwiegen, nur Insider wussten davon. Und die Öffentlichkeit hätte nie Genaueres darüber erfahren. So wäre dieses Stück nie geschrieben worden, hätte nicht im Jahre 1978 die Journalistin Nadine Hauer davon gehört. Diese überredete die Neff zum ersten Interview, das Ende 1978 gleich mehrmals publiziert wurde – in der katholischen Wochenzeitung »Die Furche«, im jüdischen Wiener Blatt »Die Gemeinde« und in der Schweizer Wochenzeitung »Jüdische Rundschau«. Letzteren Artikel las der israelische Botschafter in Wien, und er war es dann, der Yad Vashem vorschlug, die Neff zu ehren. Nach eingehenden Recherchen und mehreren Briefen von Lilli Wolff, die das Geschehene bestätigte, wurde Dorothea Neff am 21. Februar 1980 im Wiener Akademietheater der Titel »Gerechte unter den Völkern« verliehen. Da war sie schon blind. Trat trotzdem noch eine Weile am Theater auf. Später gab sie Schauspielunterricht, sie hatte die Ohren, ihre Freundin Eva Zilcher die Augen. Sie war eine strenge Lehrerin, hörte jede Unechtheit, jeden Misston.

Nach der Ehrung hat Peter Kunze das große Lebensinterview mit der Neff geführt und 1983 in seinem Buch »Dorothea Neff – Mut zum Leben« veröffentlicht. Ohne dieses Buch hätte ich das Stück nicht schreiben können. Gedankt sei für Auskünfte auch Hilde Sochor, die nach dem Krieg mit der Neff gespielt hat, gedankt sei für seine aufrichtigen Skype-Gespräche besonders Klaus Driessen, Sohn von Martha Driessen, die in Dallas/Texas mit Lilli Wolff den Modesalon weiterführte. Auch Martha Driessen und Meta Schmitt, die Mitarbeiterinnen in Köln und ab 1943 Mitbewohnerinnen in der Annagasse, wurden von Yad Vashem geehrt. Und nicht zuletzt hat sich durch Archivrecherchen herausgestellt, am Ende auch durch das Buch von Paulus Manker über seinen Vater Gustav, Bühnenbildner während des Krieges am Volkstheater, dass das Volkstheater damals – samt seinem Direktor Walter Bruno Iltz – eine tapfere Haltung gegen die Nazis einnahm. Was man von anderen großen Theatern in Wien nicht behaupten kann.

Es gab bei meinem Stück einen Konfliktpunkt mit dem Theater. Ich wollte weitererzählen, wie es Lilli Wolff in der Emigration in Dallas/Texas erging. Denn mit dem Kriegsende, mit dem Ende des Nazi-Regimes, mit der Auswanderung in das freie Amerika, war für Lilli der Schrecken noch lange nicht zu Ende. Nun, als die Bedrohung weg war, fühlte sie sich erst recht bedroht. Der Schrecken saß tief und quälend in ihr und ließ sie nicht los. Die SS, die Gestapo standen vor ihrem Bungalow in Dallas, unbedingt wollte man sie verhaften und umbringen. Sie trat zum christlichen Glauben über, wurde ganz

Andrea Eckert (links) und Martina Stilp in »Du bleibst bei mir«, Wiener Volkstheater 2011

und gar fundamentalistisch christlich, um sich vor den Häschern zu schützen. Es nützte ihr nichts. Internierung in der Psychiatrie, Elektroschocks waren die Folge. Sie fand keinen Frieden. Und dann die große Chance: Jackie Kennedy hatte sich angesagt, anlässlich ihres Besuches mit ihrem Mann, dem Präsidenten, in Dallas. Ein festliches Kleid sollte sie für Jackie machen. Und wäre damit saniert gewesen, den Rest ihres Lebens. Aber es fielen zwei Schüsse, und Jackie kam nicht.

Natürlich hatten die Theaterleute recht, dramaturgisch gesehen. Wir müssen die Geschichte der Dorothea Neff weitererzählen, an ihr dranbleiben. Kommt hinzu, dass Andrea Eckert auf wundersame Weise die Neff verkörperte, mit ihr eins wurde; auch daher rührend, dass die Eckert Schülerin der Neff gewesen war. Aber mir ging dieses Mittelpunktdenken zu weit; sogar das Kaddisch (das jüdische Totengebet), den Lilli Wolff bei Kriegsende vor dem jüdisch-russischen Offizier aufsagte, um zu beweisen, dass sie Jüdin war, wurde der Hauptfigur Neff zugeteilt, obwohl Neff als Nichtjüdin das Kaddisch gar nicht kennen konnte. Die amerikanischen Szenen kamen dann irgendwie doch in der Aufführung vor, aber nur als unzusammenhängende, dem Publikum unverständlich bleibende Bruchstücke, dargeboten von bisher nicht aufgetretenen »Schauspielschülerinnen«.

Am 9. September 2011 war die Uraufführung im Volkstheater und wurde zu einem großen Erfolg. Trotzdem vermisste ich meine Lilli in Texas. Schade, denn die Aufführung von Michael Sturminger war ansonsten schön, bewegend, in ihrem Rhythmus sehr musikalisch und geliebt vom Publikum.

Weihnachten 2011 in Ravelsbach

Kurz vor Weihnachten zogen wir in Ravelsbach ein. Die übliche Mühe mit dem Aufstellen der Möbel, dem Auspacken des Hausrats, der Bücher, der Arbeitsmittel. Anna hatte schon im Vorfeld einen genauen Plan vom Aufstellungsort der Möbel gemacht, daher auch – noch in Irland – alle Steckdosen richtig eingezeichnet. Die für Castlelyons maßgeschneiderte »Shaker«-Küche passte auf den Zentimeter in den dafür vorgesehenen Raum in Ravelsbach; ein Glück, ein gutes Vorzeichen. Ich öffnete die Katzenkörbe in der Küche, und Felicity spazierte schnurstracks zu dem ihr bekannten

Korb unter dem Waschbecken und schlief sofort ein. Die drei Katzen lebten sich überhaupt schnell im Haus ein, allerdings wagten sie es vorerst nicht, ins Freie zu gehen. Dann aber fanden sie schließlich doch das Katzentürl und machten sich im Garten vorsichtig auf Erkundungstour. Alles funktionierte fabelhaft, auch die Pelletsheizung. Die Ravelsbacher freuten sich, dass wir da waren und luden uns ein. An Arbeit war allerdings längere Zeit nicht zu denken.

Über meinen Freund Hans Jäger

Im Garten von Hans Jäger (»Raffls Hans«) in Oetz hatte ich vor einiger Zeit eine Lesung abgehalten, die wohl die dramatischste in meinem bisherigen Leben war. Der heiße Julitag hatte sich noch nicht geneigt, aber plötzlich wurde es dunkel, schwarze Wolken türmten sich am Himmel, nur in der Wand des Acherkogels stand ein tieforanger Fleck, den die sonst gänzlich verschwundene Sonne dorthin warf. Ich las eine Erzählung des Czernowitzer Autors Josef Burg, des letzten jiddischen Dichters der Ukraine. Die Erzählung handelte von einem sanftmütigen jüdischen Waldhüter, den die faschistischen Mörder umbringen wollen, worauf er sie in einem urplötzlichen Ausbruch von Wut und Schmerz mit seiner Axt tötet. Über Hans Jägers Garten blitzte und donnerte es, genauso wie es in der Erzählung blitzte und donnerte, und dann begann es wie aus Kübeln zu schütten. Aber niemand verließ den Garten, alle blieben sitzen, bis die Erzählung zu Ende war.

Hans Jägers Garten ist immer ein magischer Ort gewesen. Ebenso sein altes Bauernhaus. Dort hat er seit vielen Jahren gesammelt, was andere für alten Krempel hielten und nicht interessierte. Alte Bauernmöbel, alte Bilder, alles bezogen auf das heimatliche Ötztal. Auch eine »Galerie zum alten Ötztal« betrieb er im Haus und im Heustadel. Man hat Hans Jäger lange belächelt. Manche haben sich auch geärgert über ihn, weil er viel schimpfte. Über den Ausverkauf, über die Unkultur, über die Ignoranz. Manche haben ihn für einen Querulanten gehalten. Das war er auch manchmal, wie könnte es anders sein. Wenn man zu Mauern redet, wird man zum Querulanten. Aber selbst im ärgsten zornigen Zustand hatte Hans Jäger mehr Eloquenz, mehr Witz und Verstand und Weitblick als tausend andere. Er hat sich um das Tal gekümmert. Um dessen Geschichte, Tourismusgeschichte, Volkskultur. Der Bauernbub

Hans Jäger ist ein Privatgelehrter mit unglaublichem Wissen geworden. Einmal sind wir mit ihm nach Prag gefahren. Nicht nur wegen der Plastiken des aus dem Ötztal stammenden Matthias Bernhard Braun. Hans Jäger war der beste Reiseführer, den man sich nur überhaupt vorstellen kann. Mit ihm Prag, seine Besonderheiten und seine Menschen entdecken zu dürfen, war ein Erlebnis. Als ich in Irland war, bedauerte ich es, an den Kulturausflügen mit Hans Jäger nicht mehr teilnehmen zu können. Allein schon seine von ihm verschickten Ankündigungen, seine vorauseilenden Reisebeschreibungen zu lesen, war ein seltener Genuss, wie aus einer anderen Zeit.

Leben tat Hans von seinem Campingplatz, hinten am Bach. Er hatte viele Stammgäste, die ihn schätzten, ihm wegen seiner Persönlichkeit und Originalität die Treue hielten. Manchmal kamen auch neue Gäste. Einmal eine Familie, deren Oberhaupt sagte: »Wir heißen Becker, wie der Boris.« Und Hans antwortete trocken: »Den kenn ich wieder nicht.« Zwei sehr alte Tanten hatte Hans, die mit ihm das Bauernhaus bewohnten. Sie stritten manchmal miteinander und einmal meinte eine, sie werde jetzt in ein Altersheim gehen, dann habe sie Ruhe. Sagte die andere: »Ja, geh lei, dann tian sie di weg!«

Hans Jäger war nun endlich anerkannt. Die Menschen, die seine unermüdliche kulturelle Arbeit schätzten, waren in den letzten Jahrzehnten immer zahlreicher geworden. Auch das offizielle Tirol nahm ihn wohlwollend zur Kenntnis. Sogar die Ötztaler selbst taten es. Der krönende Abschluss war zu Beginn der 2000er Jahre die behutsame Renovierung eines uralten Hauses, aus dem das Turmmuseum Oetz entstand, mit der Sammlung Hans Jäger und auch mit Ausstellungsgalerie für zeitgenössische Künstler und solche aus früheren Zeiten. Im Mai 2012 hat Hans uns leider verlassen. Christian Nösig leitet nun das Turmmuseum ganz in seinem Sinne, selbst die Ausflugseinladungen klingen nach ihm.

Felix spielt nach 30 Jahren wieder

1909 beobachtete Franz Kafka den Auftritt eines dressierten Schimpansen in einem Varieté in Prag. Daraus entstand seine Erzählung (zugleich Monolog) »Ein Bericht für eine Akademie«, die 1917 in Martin Bubers Zeitschrift »Der Jude« erstveröffentlicht wurde und

1920 im Erzählband »Ein Landarzt« Aufnahme fand. Der von einer Expedition in Afrika gefangen genommene Affe Rotpeter erzählt den gelehrten Herren einer Akademie (uns, dem Publikum), wie er es schaffte, dem Käfig zu entkommen. Ganz einfach, und ganz furchtbar schwer: Er verwandelte sich durch absolute Selbstverleugnung, durch perfektes Nachahmen und durch manisches Lernen in einen Menschen und wurde ein umjubelter Varietékünstler. Es ist die Geschichte einer selbst auferlegten Assimilation, kann aber auch als ein Gleichnis der Entwicklungsgeschichte des Menschen gelesen werden.

Viele Schauspieler rezitierten von 1917 bis heute diesen ungeheuerlichen Text über Schmerz und Wut einer totalen Anpassung. 1963 wurde damit der deutsche Schauspieler Klaus Kammer schlagartig berühmt. In den 70er Jahren sah ich diese Aufführung im Fernsehen und konnte sie nie mehr vergessen. Und wollte den Affen unbedingt eines Tages selbst auf der Bühne verkörpern. Damals spielte ich aber als erste Rolle 1977 den angeblich geistig behinderten Buben in »Kein Platz für Idioten«. Und schob Kafkas Affen viele Jahrzehnte vor mir her. Bevor es zu spät war, wollte ich ihn endlich machen, Sommer 2012 in Telfs. Die Kollegen waren sofort mit meinem Vorschlag einverstanden.

2011 hatte ich bereits bei einer Benefizvorstellung in der Remise in Bludenz (»Kultur-Leben«, Maria Müller) den Text und seine Wirkung ausprobiert. Es begleitete mich das Duo AkkoSax (Siggi Haider und Hannes Sprenger) mit Improvisationen. Eine provisorische Maske war schnell aufgetrieben, bei H&M kaufte ich mir noch schnell einen schwarzen Anzug mit zu kurzen Ärmeln und zu kurzen Hosenbeinen. Nach der Vorstellung verließ das Publikum wortlos und vollkommen niedergeschlagen den Saal. Nein, das wollte ich nicht. Sollte ich den Text wirklich spielen wollen, musste ich erstens auf die komischen Elemente des Textes mehr eingehen, zweitens mir noch etwas dazu einfallen lassen.

Es fiel mir dann was ein. Bei Kafka erfahren wir ja nicht, welche Art von Kunststücken der Affe Rotpeter im Varieté denn aufführt. Jonglieren kann ich nicht, am Trapez herumturnen auch nicht – aber, fiel mir ein, ich hatte doch einmal leidlich gesungen, 1981 in Hall, trotz Eiseskälte. So beschloss ich, zwischen dem Vortrag an die Akademie immer wieder ins Varieté zu springen und dabei Lieder vorzutragen. Welche aber? Da fiel es mir ein: Schlager der

Felix Mitterer als Affe Rotpeter
in Kafkas Monolog »Ein Bericht für eine Akademie«

20er und 30er Jahre müssen es sein. Ich hörte mir eine Unmenge an und suchte dann acht Lieder aus, die mir am besten gefielen und auch jeweils am besten zum Text passten. Unzählige Male hörte ich mir die Lieder auf der CD an, sang sie mit, sang sie nach. Ich war nicht sonderlich angetan. Aber Siggi würde mir helfen.

Im Frühling 2012 fuhr ich zu Siggi Haider nach Axams, wir gingen in den Musikkeller und Siggi, dem ich die Lieder schon geschickt hatte, sagte zu mir: »Iatz sing amol.« Er begann auf seinem Akkordeon zu spielen. Ich probierte es, aber ich konnte es nicht. Schrecklich. Probierte wieder. Es ging nicht. Ich war verzweifelt. Ich Depp, ich Angeber, ich glaub wohl, ich kann alles.

So ging das lange dahin, bis ich heiser war. Denn Technik hatte ich ja auch keine. Wir machten Pause. Am nächsten Tag probierte ich es wieder. Ging nicht. Da bat ich Siggi, er solle mich so singen lassen, wie ein Affe das singen würde. Da ging es auf einmal. Siggi arrangierte die Lieder sofort für Akkordeon und Saxophon, das machte es mir noch leichter.

In Telfs schuf Bühnenbildner Karl-Heinz Steck ein geniales Vortragspult aus Metall, das zugleich Käfig und Turngerät ist. Arthur Thöni, Aluminiumkönig, sponserte den Bau des Gerätes. Dann, bei den Proben, entwarf Kostümbildner Klaus Bruns ein tolles Kostüm für mich: Dicker schwarzer Gehrock, aus schottischer Wolle eine

Weste und eine Hose mit tiefem Affenschritt. Zylinder und Spazierstock natürlich. – Und das Affengesicht? – Aus einem Faschingsgeschäft in Berlin brachte er eine Gorillamaske mit, zeigte sie mir. Ich war fast beleidigt. Eine Faschingsmaske soll ich mir aufsetzen? Er nahm eine Schere und schnitt das Gorillagesicht weg. Dann entfernte er die Haare fast vollständig. Genial. Der Affe verliert als erste Zivilisationerscheinung sein Haupthaar. Eigentlich wie eine Badehaube, leicht aufzusetzen. Der Rest war ein wenig Gesichtsschminke. Das machte dann Juliana Haider, die Tochter von Siggi, die nun das Saxophon spielte. Tschulie, wie wir sie nennen, hat an der Musikhochschule in Wien Saxophon und Tanz studiert, ist eine hervorragende Musikerin und Schauspielerin. Und das brauchte es hier auch. Beide, Siggi und Tschulie, waren ja dann im Varieté nicht nur Musiker, sondern auch Schauspieler.

Während der Proben entwickelten wir die Aufführung selber, brauchten keinen Regisseur. Der Affe hat ja schon mindestens

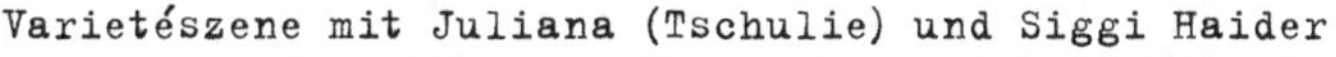

Varietészene mit Juliana (Tschulie) und Siggi Haider

200-mal gespielt, mag eigentlich nicht mehr auftreten, was für die Musiker einen Verdienstentgang bedeuten würde. Also zwingen sie manchmal regelrecht den Affen dazu, weiterzumachen. Noch etwas fiel mir am Ende ein. Die Vorstellung findet immer (deutlich gemacht durch eine emporgehaltene Zeitungsschlagzeile) am 30. Jänner 1933 statt, am Tag von Hitlers Machtergreifung. Was bedeutet, der Affe kann sich anpassen wie er will, sie werden ihn umbringen.

Ich fürchtete mich sehr vor der Premiere, denn ich war ja seit 1983 nicht mehr auf der Bühne gestanden. Aber die Vorstellung wurde ein erstaunlicher Publikumserfolg. Die Lieder lockerten den schweren Text auf, brachten Witz und Esprit, gleichzeitig aber vertieften sie den Text auch, machten ihn noch tragischer. Das Publikum war berührt, litt mit dem Affen, musste hellauf lachen, erlebte ein Wechselbad der Gefühle.

Wir spielten drei Sommer in Telfs, wochenlang im Stadttheater Walfischgasse in Wien, dann auch auf Tournee. Agnes war mir immer eine treue Begleiterin, die sich um mich kümmerte. Am 6. Februar 2018, an meinem 70. Geburtstag, spiele ich die Rolle zum letzten Mal. Am Theater in der Josefstadt. Die erste Rolle ein »Idiot«, die letzte »ein alter Aff'«, das hat doch was. Für mich jedenfalls. Beides durfte ich leben. Und nachfühlen.

»Exit Zero«: Wieder ein Hörspiel für Martin Sailer

Schon lange versprochen, wieder einmal zu spät dran, einen Tag vor der Live-Aufführung erst wirklich der Text fertig. Siggi Haider und Frajo Köhle machen die Musik. Am 15. November 2012 ist die »Premiere« vor Publikum im Studio 3 des ORF Tirol. Die Musik ist hervorragend, begleitet das Hörspiel mit großer Hingabe, treibt aber auch die Geschichte furios weiter. Martin Sailer führt wie immer einfühlsam Regie.

Pepi Pittl spielt den LKW-Fahrer, Bettina Redlich seine verloren gegangene Liebe. Pepi erzählt im Hörspiel seine eigene Geschichte als junger Fernfahrer und Autovertreiber in den Nahen Osten. Und Bettina erzählt das Leben von Maria Schiegl, die die erste Fernfahrerin Tirols war. Georg Madersbacher, der heute mit dem Truck unterwegs ist, berichtete mir von den schwerwiegenden Veränderungen in dieser Branche. Und nicht zuletzt wird hier vom Bruder

Kurt Weinzierls erzählt, der sein Leben lang Fernfahrer war und am Ende langsam erblindete. Trotzdem fuhr er weiter, bis es zum Unfall kam.

Der Höhepunkt als Volkstheaterautor: »Passion« Erl, 2013

Als ich ein Kind war, nach dem großen Krieg, im Tiroler Unterland, bastelte ich mit meinem Adoptivvater, dem Bauernknecht, eine Krippe aus einem verwitterten Wurzelstock, rundum eine Landschaft aus Rinden, bedeckt mit Moos. In die Aushöhlung des Wurzelstocks kam dann die kleine Krippe, mit etwas Stroh, und ich legte ehrfürchtig das Jesuskind hinein. Josef und Maria kamen hinzu, Ochs und Esel, und dann waren auch schon die Hirten da, mit ihren Lämmern. Das bedeutete mir sehr viel. Das war mir sehr nah. War ich doch selber ein Hirte, ein Hüterbub. Und wir waren genauso arm wie die Heilige Familie, die kein Bett in einer der zahlreichen Frühstückspensionen gefunden hatte, mit fließend Wasser, kalt und warm.

Über der Krippe hing der gekreuzigte Herr Jesus. Ein nackter, junger Mann, durch die Handflächen ans Holz genagelt, blutend aus zahlreichen Geißelwunden, mit der Dornenkrone am Haupt. Ein Gefolterter, ein Gehenkter. Alt war das Kindlein also nicht geworden. Und hingerichtet wurde es zur Vergebung unserer Sünden, aufgeopfert hat sich Jesus für uns schändliche Menschen, erlöst hat er uns. Das war mir unheimlich. War ich ein so böses Kind, dass sich Jesus für mich töten lassen muss?

Später, viel später, las ich das Heilige Buch, die Evangelien. Und da fand ich Jesus, den Sozialrevolutionär, fand ich Jesus, der sich bedingungslos auf die Seite der Armen, Kranken, Ausgestoßenen stellt; Jesus, der sich gegen die Mächtigen und Reichen stellt; Jesus, der mit Fischern, Bauern und Frauen übers Land zieht und die Liebe predigt.

Von der Institution wandte ich mich bald ab, sympathisierte mit der Befreiungstheologie, deren Vertreter von der Institution im Stich gelassen, manchmal gar ausgestoßen wurden. Sympathisierte mit Franz von Assisi, der mit seinem Leben der mächtigen, reichen Kirche – ganz sanft und ganz radikal zugleich – ein tiefer Dorn im Fleische war; auch er ein Befreiungstheologe.

Hineingeboren in eine katholische Bauernwelt, in eine Tiroler Bauernwelt, bleibt man immer Katholik, ob man es will oder nicht. Und der Volksglaube, mit all seinen magischen Bräuchen und hilfreichen Nothelfern, oft aus dem »Heidentum« herüberreichend, von der katholischen Kirche klug und wohlwollend zugelassen, hat mir immer viel bedeutet.

So gab es in meinem Schaffen einige Stücke, die sich mit der Institution Kirche und mit der Religion kritisch auseinandersetzen: »Stigma«, das Stück in Telfs über die stigmatisierte Dienstmagd, die zwischen Kirche, Staat und Wissenschaft aufgerieben wird; »Verlorene Heimat«, sich mit der Vertreibung der Zillertaler Protestanten im Jahre 1837 befassend; »Krach im Hause Gott«, wo darüber gestritten wird, ob man den unbelehrbaren Menschen nicht doch eine endgültig vernichtende Sintflut schicken soll; ein Stück über die evangelischen Hutterer, die Privatbesitz und Kriegsdienst konsequent von 1500 bis heute ablehnen; und natürlich auch eines über den Heiligen Franz, den »Narren Gottes«. Und abgesehen davon: Fast alle meine Stücke sind Passionen, auch das ebenfalls 2013 uraufgeführte über Franz Jägerstätter, den oberösterreichischen Bauern, der 1943 wegen Kriegsdienstverweigerung hingerichtet wurde.

Und nun war da das Angebot aus Erl, die Passion Christi neu zu schreiben, die Passion der Passionen, »die größte Geschichte aller Zeiten«. Einem Gelöbnis aus der Pestzeit folgend, spielen die Erler schon seit 400 Jahren das Leiden unseres Herrn Jesus Christus nach, seit 400 Jahren prägt das Heilige Spiel die kleine Gemeinde. 600 von den 1.400 Seelen stehen auf der Bühne, viele andere wirken hilfreich im Hintergrund. Als Kleinkinder treten die Erler schon im Volk auf, spielen dann Jesus oder Petrus oder Kaiphas oder eine der drei Marias, und wenn sie alt sind, kehren sie wieder ins Volk zurück.

Mein Leben lang hat mir das Volkstheater viel bedeutet. Ich hatte und habe das Glück, dass auch die großen und kleinen Profibühnen draußen in den Städten meine Stücke aufführen, aber ohne das sogenannte Amateurtheater wäre mein Leben nicht so erfüllt gewesen. Die Passion für Erl, das wusste ich, würde der Höhepunkt meiner Laufbahn als Volkstheaterautor sein. Mehr kann man nicht erreichen.

Also sagte ich zu. Und tat mich so schwer wie noch nie. Wie denn umgehen mit diesem großen Stoff? Die Worte der Schrift sind doch einzementiert. Oder doch nicht? Darf ich finden, erfinden? Darf ich meine Meinung einbringen? Darf ich herausarbeiten, was mir wichtig ist? Heilige Abziehbilder will ich jedenfalls nicht auf der Bühne haben, die bekannten Sprechblasen aufsagend, sondern Menschen, auch und vor allem den Menschen Jesus. Es begann mit Studium. Monate über Monate. Bücherberge. Über niemanden gibt es so viele Bücher wie über Jesus Christus. Spekulationen über Spekulationen. Fundamentalistisch bis esoterisch. Konservativ, kirchentreu bis aufrührerisch, revolutionär. Auch eine feministische Bewegung – Göttin sei Dank.

Dann Lesen über die Zeit – historische Werke, archäologische, soziologische, theologische. Wie lebte das jüdische Volk? Wie war das mit der römischen Besatzung? Wer war Pilatus, wer Herodes, wer Kaiphas und Hannas? Endzeiterwartung. Der Messias kommt. Es kamen mehrere. Wer war der echte, der wahre? Apokryphe Schriften, also Überlieferungen, die nicht in das Neue Testament aufgenommen wurden; die sogenannten verbotenen Evangelien. Zum Teil wirres, befremdliches Zeug, zum Teil ganz wichtig, zum Beispiel die Evangelien von Maria Magdalena und von Thomas.

Studium der kanonisierten Evangelien. Wort für Wort. Viele Überraschungen. Denn wer von uns Christen liest schon genau die Bibel? Ich musste es nun tun. Viermal dasselbe. Und doch immer wieder etwas anderes. Auslassungen, Hinzufügungen. Johannes ein Schwafler. Matthäus und Markus wunderbar. Ganz karg und lakonisch. Widersprüche bei Jesus: »Kauft euch ein Schwert.« Gleich danach: »Nieder mit dem Schwert.« Seine Angst, seine Qual, seine Zweifel. Staunen: Wie wichtig und bedeutend die Frauen beschrieben sind. Hallo, Kirche! Liest von euch niemand mehr die Evangelien?

Also, was will ich erzählen? Nicht nur die Leidensgeschichte, die Folter, die Qual, den Tod. Auch wenn die Auferstehung folgt, die folgen muss, sonst wäre alles umsonst, sonst würde uns die Schuld erdrücken bis zum Ende aller Tage. Die Botschaft Christi muss vorkommen. Sein Aufruf zur Liebe, zur Solidarität, zur Gerechtigkeit.

Der Antisemitismus, seit Jahrhunderten Bestandteil jeder Passionsaufführung, muss endlich radikal entfernt werden. Seit der Nachkriegszeit bemüht sich Erl darum, und es ist sehr schwer. Denn der Antisemitismus ist sogar aus einigen Stellen des Evangeliums herauszulesen; z. B.: *»Sein Blut komme über uns und unsere*

Kinder.« Seit Jahrhunderten hat die Kirche den religiösen Antisemitismus gefördert, ist also mitverantwortlich für die Verfolgung und Ermordung der Juden. Besonders in Tirol war der religiöse Antisemitismus sehr verbreitet. »Die Juden haben unseren Herrn Jesus Christus umgebracht.« Dass Christus selber Jude war, hat man förmlich aus dem Gedächtnis der Gläubigen ausgelöscht.

Wie sollte sich der Hohe Rat verhalten? Früher wurde er vom Volk gewählt, nun von den Römern ernannt. Man muss kollaborieren, zum Schutz des Volkes. Jesus lästert Gott, Jesus könnte das Volk zum Aufstand gegen die Römer anführen. Das wäre dann das Ende, wie 40 Jahre später tatsächlich passiert, als die Römer den großen Aufstand niederschlugen und den Tempel in Jerusalem zerstörten.

Judas, der größte Verräter aller Zeiten, das Sinn- und Inbild des Verräters überhaupt, muss endlich rehabilitiert werden. Judas, der sich erwartet, dass Jesus die Römer aus dem Heiligen Land hinauswirft. Alles Widerstandskämpfer, alles Partisanen gegen die römische Besatzung: Judas, Barabbas, linker und rechter Schächer.

Die Frauen. Sie sind nicht nur die Dienerinnen, die das Essen zubereiten und sonst brav den Mund halten. Jesu Umgang mit den Frauen ist den patriarchal geprägten Schriftgelehrten eine ungeheure Provokation. Frauen dürfen nicht lernen, und schon gar nicht lehren. Da ist zum Beispiel Maria Magdalena. Papst Gregor I. setzte sie im Jahre 591 gleich mit der namenlosen Sünderin, die Jesus die Füße wäscht. Und aus der Sünderin wurde eine Prostituierte. Und als Folge gab es zum Beispiel in Irland bis 1996 Erziehungsanstalten, sogenannte »Magdalenenheime«, wo junge Frauen, die im Pub erwischt wurden oder ein lediges Kind bekamen, jahrelang unter schlimmsten Bedingungen eingesperrt wurden und die Wäsche für Krankenhäuser und kirchliche Heime waschen mussten. So tradiert sich eine Verleumdung viele hundert Jahre weiter.

Wer stand unter dem Kreuz? Alle Apostel, außer Johannes, hatten sich aus Furcht versteckt. Unter dem Kreuz standen Johannes, die Mutter Jesu und Maria Magdalena. Sonst niemand. Und wer begegnet als Erste Jesus, dem Auferstandenen? Maria Magdalena. »Trage meine Botschaft weiter.« In der Urkirche wurde Maria Magdalena als »Apostelgleiche« verehrt und bekam den Ehrennamen »Apostelin der Apostel«. Die katholische Kirche hat das alles ausradiert, hat im Gegenteil die Frauen als Hexen verbrannt und erklärt, sie sei dem Manne untertan. Jesus Christus weint bittere Tränen. An seinem Altar steht die Frau gleichberechtigt mit dem Mann. Kirche, höre.

So schrieb ich, was ich zu schreiben hatte. Und hoffte, damit durchzukommen. Denn die Erler, das muss man wissen, sind die mutigste Passionsspielgemeinde Europas. Seit Jahrzehnten wird immer wieder ein Autor beauftragt, eine Neufassung der Passion zu schreiben; die letzten vor mir waren Karl Lubomirski und Ekkehard Schönwiese. Alles ganz unterschiedliche Passionen. Das passiert woanders nicht, dort geht es meistens nur um Kosmetik.

Meine erste Fassung löste bei vielen in Erl erfreute Zustimmung aus, vor allem beim künstlerischen Vorstand, bei manchen im Dorf aber auch Unruhe. Vor allem bei denen, die den Text noch gar nicht kannten, nur gerüchteweise davon gehört hatten. Der Bischof von Salzburg bekam unter der Hand ein Exemplar zugesandt. Es folgte ein Gespräch mit ihm, von meiner Seite etwas unwillig. Und im Verlauf dieses Gespräches und im folgenden Nachdenken darüber lernte ich etwas. Erstens: die Passionsspielgemeinde will und kann sich nicht mit ihrem Bischof überwerfen. Zweitens, und noch viel wichtiger: In Erl wird nicht – wie in einem Profitheater – dieses Stück als eines unter vielen aufgeführt, sondern seit 400 Jahren ausschließlich die Leidensgeschichte Christi. Sie ist den Erlern heilig. Sie bestimmt ihr ganzes Leben. Und jeder der 600 Mitspieler muss einverstanden sein mit dem Text. Ich kann keinem Spieler zumuten, einen Dialog zu sprechen, mit dem er persönlich nicht einverstanden ist. Dem Bischof und den Erlern wurden also von meiner Seite Zugeständnisse gemacht, es wurden Sätze und Stellen herausgestrichen. Und worum ging es? Einzig und allein um die Frauen, hier stellvertretend um Maria Magdalena. Das machte mich traurig, aber ich akzeptierte es, um des lieben Friedens willen. Soll sich eine Passionsspielgemeinde wegen mir zerstreiten? Sollen sich Lager für und wider bilden? Will ich haben, dass ganze Familien aussteigen? Nein, das wollte ich nicht, auf keinen Fall.

Doch es kam anders. Es wendete sich alles zum Guten. Zu verdanken ist das bestimmt den Frauen in Erl, zu verdanken ist es dem künstlerischen Vorstand, zu verdanken ist es einem Pfarrer, dessen Namen ich nicht nennen möchte, weil ihm das schaden würde, zu verdanken ist das aber hauptsächlich einem jungen Mann, dem es gelang, ein Feuer der Begeisterung, der Leidenschaft in den Erler

Spielern zu entzünden; ein Feuer, das so hell brannte und brennt wie noch nie zuvor: Markus Plattner, Regisseur der Passion 2013. Sein inszenatorisches Konzept ist so neu, so modern im besten Sinne, so revolutionär, dass ich mir zu Beginn schwer vorstellen konnte, dass es durchgehen würde. Das, was man heute unter »Regietheater« versteht, unter dem viele Schauspieler zu leiden haben; künstlich übergestülpte Konzepte, um möglichst originell zu sein, um einen Shakespeare zu machen, wie er noch nie gemacht wurde, dieser überflüssige Wettbewerb eitler Regisseure an den Staatstheatern – dieses Regietheater kann auch etwas absolut Positives sein, wenn es nicht nur aus dem Kopf, sondern auch aus dem Herzen und aus dem Bauch kommt. Und das machte Markus Plattner in Erl. Zeitgenössisches Theater für die Menschen von heute, auf höchster Ebene, mit großer überzeugender Qualität und Kraft. Und das überzeugte die Erler, und sie gingen begeistert diesen schwierigen, abenteuerlichen Weg mit ihrem Regisseur. Hatte das »Volk« 400 Jahre lang nichts anderes zu tun als dekorativ in antiken Gewändern auf der Bühne herumzustehen, am Anfang »Hosianna« rufend, und am Ende »Kreuzige ihn«, sind nun alle 600 Spieler ständig in Bewegung, ständig in Spannung, bilden einen wichtigen Teil der Aufführung, vollführen unter der Anleitung von Markus Choreografien, die jedem Profitheater Ehre machen würden. Und die Hauptdarsteller sprechen nicht nur so laut wie möglich ihre Texte, sondern spielen sich die Seele aus dem Leib, berühren uns, rühren uns im tiefsten Inneren an. Kommen natürlich das neue Bühnenbild von Annelie Büchner dazu, die Kostüme von Lenka Radecky, das wundervolle Licht von Ralf Wapler, die hervorragende Musik von Wolfram Wagner. Ein Gesamtkunstwerk. Eine Passion, wie es sie noch niemals gab und auch nicht mehr geben wird.

Diese Begeisterung, dieses Vertrauen in Markus führte dann auch dazu, dass mir besonders wichtige Textstellen, die gestrichen waren, wieder aufgemacht wurden. Und so gibt es die »Apostelin der Apostel« nun doch in der Erler Passion. Natürlich wurden vom Regisseur dennoch viele Striche gemacht, die zum einen mit doch allzu kontroversen Textstellen zu tun haben, auf die ich um des Friedens willen verzichtet habe, zum anderen wurden sie aus Gründen der Länge getätigt oder weil sie den Fluss, den Ablauf und den Rhythmus der Inszenierung beeinträchtigt hätten. Schauen ist etwas anderes als Lesen.

Szene aus der Erler Passion

Im Mai 2013 war die festliche Premiere. Auch der Salzburger Bischof kam, und ich machte mir etwas Sorgen. Aber er zeigte sich beeindruckt. Wie ich dann vernahm, war er etwas schwerhörig. Auch Hans Peter Haselsteiner kam mit Gattin Ulrike und Gustav Kuhn, dem Dirigenten und Chef der »Tiroler Festspiele Erl«. Haselsteiner hatte eben dem Maestro ein modernes Opernhaus neben das Passionsspielhaus hingebaut. Wie weiland König Ludwig II. dem Tonsetzer Richard Wagner. Die Aufführung endete unter großem Jubel der Zuschauer. Christus ist auferstanden – Hosianna!

Die neue Erler Passion war besucht wie ein Rockkonzert. Ich sage dies deshalb, weil besonders viele junge Leute kamen. Und die waren in den letzten Jahrzehnten immer weniger geworden, die Rentnerbusse überwogen. Und nun war jede Altersschicht im riesigen Passionsspielhaus, das 1500 Zuschauer fasst.

2019, nach sechs Jahren, werden die Erler wieder meine und Markus Plattners Passion aufführen. Vielleicht ist dann ein weiterer Schritt möglich. Der damals nicht getan wurde, was mich als Einziges verstörte und störte. Denn beim letzten Abendmahl senken sich zwei Kreise von der Decke und innerhalb dieser stehen Jesus und seine Apostel, brechen das Brot miteinander. Und die Frauen stehen wieder draußen. Einer Bühnenbildidee geopfert. Markus, Erler, die Frauen müssen in den inneren Kreis!

»Kein Platz für Idioten«, 2013 in Telfs

2012 war eine unglaubliche Inszenierung von »Kein Platz für Idioten« (die große Freilichtfassung) in Wunsiedel zu sehen; Regie Christoph Zauner. Arthur Brauss, der 1982 (damals ein Filmstar) bei uns in Telfs in »Glaube und Heimat« in der Regie von Dietmar Schönherr den »Wilden Reiter« gespielt hatte, war hier nun der gütige alte »Dati«. Und so einen wie den Darsteller vom »Wastl«, dem angeblich behinderten Buben, hatte ich noch nie gesehen. Das war Moritz Katzmair, der einen atemberaubenden Autisten spielte – ich war hin und weg. Und brachte die Inszenierung 2013 nach Telfs, wobei natürlich auch Arthur Brauss und Moritz Katzmair auftraten, die anderen Schauspieler kamen aus organisatorischen und anderen Gründen aus unseren Reihen. Es spielten Bettina Redlich (Mutter), Pepi Pittl (Vater), Alexander M. Virgolini (Stänkerer), weiters wirkten mit: Jolanda Krismayr, Peter Wolf, Luis Auer, Franz Schöffthaler und andere. Danke, Arthur und Moritz, dass ihr gekommen seid.

»Die Jagd nach dem Hohen C« auf der Bühne

2013 inszenierte der treue Michael Schilhan im Next Liberty in Graz eine bezaubernde Dramatisierung unseres Kinderbuches, die seine Mitarbeiterin Dagmar Stehring hergestellt hatte. Kostüme und Bühnenbild ebenso zauberhaft; Anna und ich waren begeistert. Ihre Zeichnungen wurden in großformatigen Drucken (danke, Günther Stecher!) im Foyer ausgestellt.

Gregor Bloéb kommt mit einem Ansinnen

Mein Freund Gregor war zu dieser Zeit Intendant und Hauptdarsteller beim Theatersommer in Haag/Niederösterreich. Zusammen mit Gerti Drassl inszenierte er 2011 mein Zaubermärchen »Drachendurst«, in dem er bei der Uraufführung 1986 in Telfs den blinden

Knappen gespielt hatte. Aufführungsort war der Tierpark, es spielten viele Kinder und fünf Senioren. Tschulie Haider kümmerte sich um die Musik und die »Gschrappen«. Natürlich fuhr ich hin und war entzückt.

Und da kam Gregor mit einem Vorschlag, zu dem ich nicht gleich ja sagte. Ein Stück über Franz Jägerstätter sollte ich ihm schreiben, er wolle diesen 2013 in Haag spielen, da sei er den letzten Sommer als Chef hier. Jägerstätter, der »schwermütige Kathole«? Irgendwie war mir der nicht geheuer. Begann aber zu recherchieren.

Dann wirklich: »Jägerstätter«

Ende Februar 1943 geschieht in der oberösterreichischen Kaserne Enns etwas sehr Ungewöhnliches. Der aus der kleinen Gemeinde Sankt Radegund im Bezirk Braunau stammende Bauer Franz Jägerstätter verweigert aus Gewissensgründen den Wehrdienst. Er wolle nicht mitkämpfen und Menschen töten, damit das gottlose NS-Regime siegen und immer mehr Völker unterjochen könne. »Wenn es tatsächlich um die Befreiung des russischen Volkes vom Bolschewismus ginge, dürften Erze, Ölquellen und ein guter Getreideboden keine Rolle spielen.« Vorher hatte Franz Jägerstätter lange mit sich gerungen, hatte sein Vorhaben im Familien- und Freundeskreis diskutiert; mit allen Mitteln versuchte man ihn abzubringen, Hochmut und Ungehorsam wurden ihm vorgeworfen, aber selbst der Linzer Bischof, bei dem er Rat suchte, und der ihm absprach, als einfacher Bauer eine Meinung darüber haben zu dürfen, ob dieser Krieg gerecht oder ungerecht sei, konnte ihn nicht überzeugen. »Keiner irdischen Macht steht es zu, das Gewissen zu knechten.«

Niemand versteht Franz, absolut niemand. Auf Wehrdienstverweigerung steht die Todesstrafe. Franz hat eine Ehefrau und drei kleine Töchter. Wie kann er seine Familie im Stich lassen, wie kann er ihnen das antun? Natürlich versucht anfänglich auch Franziska Jägerstätter ihren Mann umzustimmen. Als sie aber bemerkt, dass er unendlich allein dasteht mit seiner Entscheidung, stellt sie sich auf seine Seite: »Wenn ich nicht zu ihm gehalten hätte, hätte er gar niemanden gehabt.«

Es folgen zwei Monate Haft im Wehrmachtsuntersuchungsgefängnis im Linzer Ursulinenkloster. Er verschweigt der Familie, was ihm alles angetan wird. Im Mai wird er nach Berlin überstellt.

Auch dort Schikanen und Folter. Und auch gutes Zureden von allen Seiten. Aber er gibt nicht nach. Franziska schickt ihm ein Foto mit den drei Töchtern. »Lieber Vater komm bald«, steht auf ein Leintuch gemalt, das die Kinder halten. Franz kommt beinah um vor Qual. Aber er gibt nicht nach, er kann nicht mehr zurück, er würde sich als Feigling fühlen. Im Juli wird er von den Militärrichtern zum Tode verurteilt. Aber man setzt das Urteil noch aus, der Anwalt schreibt ein Telegramm an den Pfarrer von Sankt Radegund, er möge so schnell wie möglich mit Franziska nach Berlin kommen. Es geschieht, der Pfarrer und auch Franziska bitten Franz, seine Verweigerung zurückzunehmen. Er tut es nicht, ist aber glücklich, seine geliebte Frau noch einmal auf dieser Welt zu sehen.

Am 9. August 1943 wird Franz um 16 Uhr in Brandenburg/Havel enthauptet. Zuhause geht das Martyrium für Franziska weiter, jahrzehntelang geht es weiter. Man macht sie verantwortlich für den Tod ihres Mannes, man behauptet, sie hätte ihn da hineingetrieben. Vor allem die Mutter von Franz ist zur verbitterten Feindin geworden.

Nach dem Krieg wollen Mitarbeiter der Kirchenzeitung an den Opfertod von Franz erinnern. Der Bischof verbietet es, man würde dadurch die heimkehrenden Soldaten vor den Kopf stoßen, man dürfe doch die Schäfchen, die nun wieder zur Kirche zurückkehrten, nicht belasten. Doch 2007 – die meisten überlebenden Weltkriegssoldaten sind tot – wird Franz Jägerstätter seliggesprochen. Eine späte Genugtuung für Franziska, die fast 70 Jahre lang dafür gekämpft hat, dass der heldenhafte Widerstand von Franz endlich seine Würdigung erfährt.

Nun also, 2011, die Anfrage von Gregor in Haag. Nein, im ersten Moment war ich nicht wirklich begeistert von dieser Idee. Zum einen gibt es den wunderbaren Film von Axel Corti, ein Dokudrama aus dem Jahre 1971, das endlich das Schweigen über den Fall Jägerstätter zu brechen vermochte; ebenfalls mit einem guten Freund von mir in der Hauptrolle, nämlich mit Kurt Weinzierl. Zum anderen erschien mir dieser Fall so tragisch, so aussichtslos, und der sture Betbruder so unverständlich, dass ich mich eigentlich lieber davor drücken wollte. Wer soll sich das anschauen wollen? Ich würde da jedenfalls nicht hingehen. Kam noch ein Bedenken dazu: Ist Gregor – der fröhliche Abenteurer, der wilde Kerl – wirklich die richtige Besetzung? Dann aber sagte ich ihm doch zu. Er war doch ein grandioser Schauspieler! Schon einmal hatte ein Komödiant eine tragische Figur von mir auf unglaubliche Weise gespielt, nämlich Fritz Muliar in »Sibirien«. Man unterschätze die Komödianten nicht.

Bei meinen Recherchen entdeckte ich dann noch ein paar Dinge, die meine Meinung über Franz Jägerstätter sehr rasch änderten.

Erstens: Franz war kein sturer, depressiver »Betbruder«, kein Sonderling und Außenseiter, für den ich ihn gehalten hatte. Franz war ein fröhlicher, aufrechter, tatkräftiger Mensch. Als erster Radegunder besaß er ein Motorrad, als erster schob er den Kinderwagen durch das Dorf, und bis zu seiner Gewissensentscheidung war er außerordentlich beliebt. Und damit war auch Gregor die genau richtige Besetzung.

Zweitens: Ich entdeckte eine große Liebesgeschichte, die zwischen Franz und Franziska, das bewegte mich, das half mir sehr. Auch 70 Jahre nach seinem Tod dauert diese Liebesgeschichte immer noch an. Das strahlende Lächeln von Franziska werde ich nie vergessen, so wie viele; auch sie ein froher Mensch. Zwölf Tage nach ihrem 100. Geburtstag (4. März 2013) – Gregor und ich durften ihr noch gratulieren – nahm Franziska Abschied und ging heim zu ihrem Franz. Wie hat sie einmal über ihr Leben gesagt? »Es war ein langer Karfreitag, aber jetzt bin ich wohl schon näher am Ostermorgen.«

Drittens: Immer hat man behauptet, dass sein Opfer letztlich vollkommen sinnlos war, denn er konnte dadurch ja nichts verändern. Auch das stimmt nicht. Der amerikanische Soziologe Gordon C. Zahn hat nach dem Krieg das erste Buch über Jägerstätter geschrieben, was zur Folge hatte, dass Franz zum Vorbild zahlreicher Kriegsdienstverweigerer in der ganzen Welt wurde. Vor allem auch während des Vietnamkrieges haben sich viele auf ihn berufen. Und es ist seinem Opfertod zu verdanken, dass im 2. Vatikanischen Konzil die Katholische Kirche endlich das Recht auf Kriegsdienstverweigerung anerkannte. »Pax Christi«.

Danken möchte ich Franziska, den Töchtern und der ganzen Familie Jägerstätter für das Vertrauen. Ich bin sehr erleichtert darüber, dass sich die Familie vorbehaltlos mit meinem Stück einverstanden erklärte, obwohl dadurch das alte Herzeleid wieder aufgerissen wurde. Danken möchte ich Erna Putz, die viele Bücher über Franz geschrieben hat, die im Grunde ihr ganzes Leben dem heldenhaften Verweigerer widmete; ohne ihr Werk hätte ich über Franz nicht schreiben können. Auch dem damaligen Innsbrucker – aus Oberösterreich stammenden – Bischof Manfred Scheuer, der im Seligsprechungsprozess, der sich viele Jahre hinzog, sozusagen der Anwalt von Franz war, danke ich für seine Unterstützung. Ebenso Josef Steinkellner, dem Pfarrer von Sankt Radegund, ein Seelsorger, wie man ihn sich nur wünschen kann.

Danken will ich den Verantwortlichen vom Theatersommer Haag, die so mutig waren, diesen schwierigen Stoff zuzulassen. Wir hätten es allerdings kaum geschafft, wäre nicht ein außerordentlicher Glücksfall eingetreten. Herbert Föttinger, Direktor des Wiener Theaters in der Josefstadt, erklärte sich auf die Bitte von Gregor hin bereit, das Stück in seinem Hause uraufzuführen, was die Produktion des Stückes in jeder Hinsicht – besonders kostenmäßig – sehr erleichterte und Franz Jägerstätter dadurch auch dem Wiener Publikum nahebrachte. Die Südtiroler Schauspielerin Gerti Drassl, an der Josefstadt zum Star aufgestiegen, konnte für die Rolle der Franziska gewonnen werden. Als ich die Fotos der jungen Franziska anschaute, drehte sich mir das Herz um, denn ich vermeinte, ein Porträtfoto von Gerti Drassl zu sehen. Dass meine Lieblingsregisseurin Stephanie Mohr, die im Mozartjahr 2006 mein Stück »Die Weberischen« zum Triumph geführt hatte, nun auch den Jägerstätter inszenierte, erfüllte mich ebenfalls mit großer Dankbarkeit und Zuversicht.

Und danke, Gregor, ohne Dich wäre mir dieser frohe, tapfere Märtyrer fremd geblieben, ohne Dich würde Franz weiterhin nur einer kleinen, katholischen Minderheit bekannt sein, so aber erfahren viele Menschen von ihm. Denn Franz Jägerstätter gehört der ganzen Welt.

Am 20. Juni 2013 war die Uraufführung des Stückes in der Josefstadt. Gregor war unglaublich. Er rührte in seiner hölzernen Art, um Franziska zu werben, man schmunzelte, wenn er sich in der Kirche vor dem Kreuz wegen einer Schlägerei rechtfertigte; und seine Zerrissenheit, ob er dem Gewissen folgen und Frau und Kinder im Stich lassen oder nachgeben soll, zerriss allen Zuschauern das Herz. Gerti Drassl war ihm ebenbürtig. Wenn der Vorhang aufging, sah man sie langsam einen Brief aufheben und der Familie vorlesen. Es ist die Nachricht vom Berliner Gefängnispfarrer, dass Ihr Franz hingerichtet wurde. Wie sie das vorliest, bricht dem Publikum

Gregor Bloéb als Franz Jägerstätter

schon nach den ersten paar Zeilen das Herz. Elfriede Schüsseleder als Mutter Jägerstätters und Michaela Schausberger als erste Liebe, die ein lediges Kind von ihm bekommt, beeindrucken ebenso zutiefst. Und was da unter Anleitung des Musikers Stefan Lasko in der Hochofen-Szene mit Schaufeln, Ketten und Kübeln für rhythmische Geräusche vom ganzen Schauspielerteam produziert werden, ist mittlerweile Theatergeschichte.

Nach der Uraufführung übersiedelte das ganze Team in die Stadt Haag, wo am 3. Juli am Stadtplatz die Premiere stattfand. Die drei Töchter von Franz und Franziska kamen in die Vorstellung und sahen das Schicksal ihrer Eltern auf der Bühne, sahen sich selbst als kleine Mädchen. Ich weiß nicht, warum sie überhaupt kamen und sich das antaten, ich weiß nicht, wie sie das ertragen konnten. Es drehte ihnen bestimmt das Herz im Leibe um, aber sie fühlten sich wohl verpflichtet, denen beizustehen und die Ehre zu geben, die hier an das Schicksal ihres Vaters erinnerten.

Die Befürchtungen der Haager Verantwortlichen – und auch meine –, dass nach den vorhergehenden Sommerkomödien die Zuschauer bei so einem ernsten Stück ausbleiben würden, erfüllten

Aufführung des Stücks »Jägerstätter« im Innenhof des Brandlhofs von Radlbrunn mit Christoph Stich als Jägerstätter und Julia Stanek als seine Frau Franziska

sich nicht, im Gegenteil. Es gab einen regelrechten Publikumsansturm, gerade auch aus Oberösterreich, dem Heimatbundesland von Jägerstätter. Zusätzlich zu den 20 geplanten Vorstellungen mussten noch 6 weitere eingeschoben werden, um der Nachfrage einigermaßen gerecht zu werden. In Wien wurde das Stück von September 2013 bis November 2014 immer wieder auf den Spielplan gesetzt, am Ende waren das 60 ausverkaufte Vorstellungen, außerdem noch zwei in Innsbruck und zwei in Bozen. Wir waren alle sehr glücklich darüber. Am Ende bekam Gregor Bloéb den NESTROY-Preis als bester Hauptdarsteller. Den hatte er sich mit seinem Herzblut redlich verdient.

Hatte ich geglaubt, kein Theater würde das Stück nachspielen, war ich auch da einer Täuschung erlegen. Bereits 2014 spielte die Bühne Weinviertel »Jägerstätter« im Innenhof des Brandlhofs von Radlbrunn, großartige Aufführung mit Christoph Stich als Jägerstätter und Julia Stanek als seine Frau Franziska. Es folgten 2015 die oberösterreichische Grenzlandbühne Leopoldschlag (Regie Helmut

Boldog), 2016 die Laienspielbühne in Mettmach (wie immer unglaublich intensiv von Markus Plattner inszeniert), im selben Jahr das Landestheater Linz (Regie Markus Völlenklee), und viele andere. Die letzte Inszenierung sah ich im Sommer 2017 in Rankweil, am Kirchplatz der Basilika. Regie führte Brigitta Soraperra, Sepp Gröfler war Jägerstätter, Andrea Zimmermann seine Franziska. Es wirkten viele junge Leute mit, selbst Kinder, es gab neben dem Schauspielerchor auch einen Gesangschor, die Live-Musik kam von Arno Oehri. Tanz und Bewegung (Ursula Sabatin) spielten ebenfalls eine große Rolle. Ein Gesamtkunstwerk, ich war froh, es gesehen zu haben.

Peter Roseggers »Jakob der Letzte«

Schon Jahre mehrmals hatte mich Hans Reischl, Obmann des Roseggerbundes in Krieglach, gefragt, ob ich nicht eine Dramatisierung von Roseggers »Jakob der Letzte« für Krieglach schreiben könnte. Da mich mit Rosegger viel verbindet (Bruder im Geiste, »Erdsegen«, der Preis), und Hans Reischl längst zum Freund geworden war, sagte ich ihm und seiner Frau Roswitha zu, als sie mich 2011 in Telfs besuchten. Über einen Aufführungsort redend, schlug ich sofort den Kluppeneggerhof in Alpl vor, das Geburtshaus von Rosegger, inzwischen längst Museum. Hans war ganz dafür, befürchtete aber, dass wir damit nicht durchkommen würden. Auch im Sommer würde es in Alpl manchmal sehr kalt sein und häufig regnen. Nach langen Verhandlungen kamen wir aber doch damit durch, zu verdanken ausschließlich der Bürgermeisterin von Krieglach, Frau Dipl.-Ing. Regina Schrittwieser.

»Jakob der Letzte« handelt vom Bauernsterben. Alle, gar alle Bauern verkaufen Haus und Grund an einen reichen Herrn aus der Stadt, ziehen weg. Nur Jakob Steinreuter bleibt zurück, will nicht verkaufen, nicht nachgeben, wird samt Familie unzähligen, zermürbenden Schikanen ausgesetzt. Das Ende ist kein gutes. Jakob schießt auf einen seiner Peiniger und ertränkt sich im Bergsee. Ein düsterer und bis heute so wahrer Roman, der auf den ersten Blick gar nicht nach Rosegger klingt. Aber er hat ihn geschrieben. Täuscht euch in Rosegger nicht! *»Der Jakob ist nicht mehr gekommen. Der ist gelegen in dem tiefen grünen See und hat sich langsam um sich selbst gedreht.«* Nobelpreiswürdig.

Eine Holzbühne und eine Zuschauertribüne wurden vor den Kluppeneggerhof hingebaut, am 28. Juli 2013 fand die Premiere statt. In diesem Jahr war Roseggers 170. Geburtstag und zugleich sein 95. Todestag.

Man geht eine halbe Stunde zu Fuß bis zum Hof, aber es gab einen Shuttlebus für alte Leute und solche, die sich beim Gehen schwer taten. Der Ansturm war größer als erwartet. Es inszenierte mein Freund Michael Schilhan, der nicht nur das Jugendtheater Next Liberty in Graz leitet, sondern auch sonst ein gefragter Opern- und Theaterregisseur ist. Die eindrucksvolle, in die Landschaft hinausragende Bühne entwarf Alexia Redl. Der aus Film und Fernsehen bekannte Schauspieler August Schmölzer spielte die Titelfigur stolz, stur und unsentimental, neben ihm erfahrene Publikumslieblinge wie Maximilian Achatz und Daniel Doujenis, dazu ein 40-köpfiges Ensemble aus theaterbegeisterten Laien aus Krieglach und Umgebung.

Wie vermutet war die Naturkulisse gewaltig. Auch das Wetter spielte mit, keine der Vorstellungen fiel aus. Ja, einmal fiel der Nebel

Uraufführung der Bühnenfassung von Roseggers Roman »Jakob der Letzte« auf einer in die Landschaft hinausragenden Holzbühne vor Roseggers Heimathof in Alpl

ein und man sah die Darsteller kaum, aber das machte das Spiel noch beeindruckender, noch magischer, denn die Scheinwerfer verdoppelten in diesem Nebel die Menschen auf der Bühne, warfen Riesenschatten über die Landschaft. Alle Vorstellungen waren restlos ausverkauft, und wenn man den Mut gehabt hätte, von vorneherein mehr Aufführungen anzusetzen, wäre das Defizit, das die Bürgermeisterin zu tragen hatte, geringer ausgefallen.

Lenzen-Peterl, Du hast dem Maurer-Felix so viel gegeben, ich hoffe, ich konnte Dir mit meiner Dramatisierung Deines großen und wichtigen Romans eine Freude machen. Danke, Hans Reischl, für das schöne Erlebnis, das Du mir mit Deinem Anstoß bereitet hast.

Salzkammergut Festival Gmunden 2014: »Ein Fest für Felix Mitterer«

Jeden Sommer wird von diesem Festival eine Autorin, ein Autor geehrt, diesmal war ich dran. Julia Gschnitzer und Peter Mitterrutzner spielten »Mein Ungeheuer«, Robert Dornhelm zeigte »Requiem für Dominic«. Ich spielte mit Siggi Haider und seiner Tochter Juliana den Kafka-Text »Ein Bericht für eine Akademie«. Pepi Pittl gab den »Patrioten«, Reinhard Haller sprach dazu. Erwin Steinhauer und ich lasen aus meiner »Asterix«-Mundartübersetzung »Obelix und 's groaße Gschäft«, wobei ich die Römer im Wiener Dialekt sprach, er die Gallier im tirolischen. Hatte sich so eingebürgert, seit Erwin im Stück »In der Löwengrube« als Tiroler auftrat, was er kolossal gut machte. Franz Schuh schwebte als Schirmherr über allem und führte auch Gespräche mit dem eingeladenen Ehrengast und anderen. Um nicht in Kultur zu ertrinken, brauchten wir auch was zu essen (und anderes zu trinken), bei dieser Tätigkeit trafen wir den Architekten und Designer Ing. Wolfgang Gebetsroither, der mir sogleich irgendwie sehr ans Herz wuchs, was man dort als »Gspon« bezeichnet. (Kann nicht niedergeschrieben werden, da Dialektwort.) Nachher bedankte ich mich mit folgenden Zeilen:

Liebe Damen Jutta Skokan, Helene Habacher und alle:!

Oh, was für Vorbereitungen, bis so ein Programm steht!
Scheint nicht aufzuhören. Aber irgendwann – geschafft!
Dann der See, dieser unvergleichliche Gebirgssee.

Und das Stadttheater natürlich; rund um die Uhr.
Franz Schuh! Franz Schuh! Franz Schuh! Franz!
Selber gelacht bei den Obelix-Gschichteln mit Erwin S.
Julia Gschnitzer, die verehrte, und Mitterrutzner Peater.
Der kluge Reinhard Haller, der erbarmend uns anschaut.
Den Affen wieder gemacht mit Siggi und Tschulie.
Hunger am Abend. Und Durst. Hat da nix mehr offen?
Doch, das Weinhaus Spies! Mit Südtiroler Stuben.
Da wird man auch spät noch gelabt, in jeder Hinsicht.
Einen dort getroffen, der sofort zum Gspon wurde.
Großvater hat Hemingway das Fliegenfischen gelehrt.
Aber ohne Seefahrt fahr ich da bestimmt nicht weg!
Also fährt uns am letzten Tag der Gspon über den See.
Das war Urlaub, das war in der Tat Sommerfrische!
Mit Kultur. Wie damals. Aber ganz heutig. Danke!

Na, i glabs ja nit! Im selben Moment, als ich Obiges hinschreibe, am 4. Dezember 2017 um 04:21 Uhr am Morgen, kommt ein SMS vom Gspon herein, und ich lese:

»Du Depp, du Trottel, wirf aussi, siagst den Hund nit steh? Gangi (wohl Wolfgang gemeint), i glaub, mir sand zvü Vögelfonga gonga.« Nach dem seinem elendigen Sterben (Hemingway?) wollten alle Fliegenfischer sein, aber die letzten Jahre haben mir gehört, dem Opa und mir; alle wollten dazugehören, nix war's, Geld war net gfragt, der Handschlag war's. Felix, eine Frage und Bitte, drah an richtigen Füm übern Opa, sei so gsponig. Liebe Grüß, der Gspon. Jetzt will i di wieder mal sehn, mit deinem lieben Gschirr! (Gmundner? Oder falsche Berichtigung vom Rechtschreibprogramm?)

Meine Antwort:

»Du, Gspon, i muass grod a Büachl fertigschreiben, dann meld i mi. Dein Gspon.«

»Der Boxer«, 2015

2003 erfuhr ich über das deutsche Fernsehen von der Existenz des Sinto-Boxers Johann »Rukeli« Trollmann. Der »Bund deutscher Berufsboxer« hatte ihm endlich – posthum – den Meisterschaftstitel, der ihm 1933 von den Nazis wegen »undeutschen Boxens« aberkannt worden war, wieder zuerkannt und übergab den Meisterschaftsgürtel symbolisch an seine noch lebenden Verwandten Louis und Manuel Trollmann.

Vor allem eine von den Medien berichtete Szene ließ mich nicht mehr los: Nachdem die Nazis Rukeli mit Konsequenzen drohten, wenn er beim nächsten Kampf sein »zigeunerisches Herumgeflitze« nicht bleiben lasse, betrat er den Ring mit blond gefärbten Haaren und mehlbestaubtem Körper, stellte sich flachfüßig in den Ring und gab die Parodie eines »aufrechten deutschen Faustkämpfers«. Was folgte, war das Grauen, war der Tod. Ich war wieder auf einen Unbeugsamen gestoßen, auf einen, den die Verbrecher, die Massenmörder nicht besiegen konnten. So wie Leo Reuss, den Schauspieler, der als Jude das Theater verlassen musste und als arisches Naturtalent Kaspar Brandhofer wiederkehrte, gefeiert von den Nazis, bis sie merkten, dass sie da einer grandios an der Nase herumgeführt hatte (»In der Löwengrube«).

Ich musste unbedingt über Rukeli schreiben. Und begann nachzuforschen. Der Maler, Satiriker und aufrechte Antifaschist Hans Firzlaff aus Hannover, der Heimatstadt von Rukeli, selbst Boxer in seiner Jugend und großer Verehrer von Rukeli, begann schon in den 1960er Jahren zu recherchieren. Niemand interessierte sich, und so gab er schließlich sein Buch 1997 im Eigenverlag heraus. 2012 verstarb er. Danke, Hans Firzlaff!

Es folgte im Jahre 2000 das Buch »Kampftage – die Geschichte des deutschen Berufsboxens« von Knud Kohr und Martin Krauß, in dem Rukeli ausführlich vorkommt. Und dann der Durchbruch, der Rukeli endgültig einem größeren Publikum bekannt machte: »Leg dich Zigeuner – die Geschichte von Johann Trollmann und Tull Harder« von Roger Repplinger (Piper 2008), wo wir nicht nur wichtige, neue Erkenntnisse über Rukeli erfahren, sondern wo der Autor dem Sportler und KZ-Häftling Johann »Rukeli« Trollmann einen anderen Sportler gegenüberstellt, nämlich den berühmten Fußballer Tull Harder, der Wächter im KZ Neuengamme bei Hamburg wurde, im selben KZ, in dem auch Rukeli inhaftiert war, zum Boxen gezwungen wurde und letztlich starb. Dank an Roger Repplinger!

Ich hatte schon 2005 zu schreiben begonnen, ein Drehbuch, denn Boxen am Theater schien mir ein Ding der Unmöglichkeit. Mein Vorfühlen beim Fernsehen, bei Filmproduzenten war nicht erfolgreich. Ich ließ es wieder bleiben.

2013 dann der Erfolg mit »Jägerstätter« am Theater in der Josefstadt. Hauptdarsteller: Gregor Bloéb. Der Mann, der mit dem Motorrad Paris-Dakar fährt, der auch am Theater seinen Körper so einsetzt wie Robert de Niro den seinen im Film. Gregor, Regisseurin Stephanie Mohr, Theaterdirektor Herbert Föttinger und ich setzten uns zusammen. Wie soll es mit uns weitergehen? Was machen wir als Nächstes? Never change a winning team! Ich schaute Gregor an, der mir immer (mitsamt seinen Brüdern) wie ein »Karrner« vorgekommen war, so nennt man bei uns in Tirol die »Jenischen«, die Fahrenden. Menschen, die – wie die Sinti und Roma – gesegnet sind mit großer Lebensfreude, mit großem Lebensmut, Menschen, die sich nicht unterkriegen lassen, so widrig auch die Umstände sein mögen. Da fiel es mir wie Schuppen von den Augen: Gregor muss Rukeli spielen!

Allgemeine Zustimmung: »Machen wir! Schreib das Stück!« – Boxen am Theater? Wie soll das gehen? Das schob ich beiseite. Steffi Mohr wird einen Weg finden. Tat sie auch schon beim »Jägerstätter«. Da gab es auch Regieanweisungen, Szenen von mir, die unmöglich eins zu eins umsetzbar waren. Steffi fand eine Umsetzung.

Und so schrieb ich das Stück. Wichtig war mir: über Rukeli erzählen heißt auch, dem Publikum Genaueres über die Verfolgung der Sinti und Roma zu erzählen. Aus diesem Grund habe ich einen Teufel in Menschengestalt zu einer der Hauptfiguren erwählt: Dr. Robert Ritter, Leiter der »rassenhygienischen Forschungsstelle« im Reichsgesundheitsamt in Berlin. Ritter beschäftigte sich geradezu obsessiv mit den Sinti und Roma in Deutschland, und nach dem Anschluss auch in Österreich. Das sogenannte »Zigeunerbuch« der Münchner Polizei vom Jahre 1905 als Vorbild und Grundlage nehmend, das bereits über 3.000 Personenbeschreibungen enthielt, begutachtete Ritter mit seinem »fliegenden« Team 24.000 Sinti und Roma, indem er sie vermaß, ihnen Blut und Fingerabdrücke abnahm, sie fotografierte, Namen, Geburtsort, Heimat, Beruf und körperliche Kennzeichen aufschrieb. Seine pseudowissenschaftlichen bis irrwitzigen Gutachten bildeten die Grundlage für die Zwangssterilisation und Vernichtung tausender Sinti und Roma. Nach dem Krieg wurde er (wie so viele andere) für seine Untaten nicht zur Verantwortung gezogen. Zwar erstatteten einige überlebende Opfer Anzeige gegen ihn, aber er verteidigte sich erfolgreich mit dem Argument, die Zeugen seien »asoziale Elemente und zu jeder Unwahrheit bereit«, beweisbar durch seine damaligen Gutachten. Große Karriere machte Ritter keine mehr, aber immerhin schaffte er es bis zum Medizinalrat, leitete ab 1947 in Frankfurt die »Fürsorgestelle für Gemüts- und Nervenkranke« sowie die Jugendpsychiatrie der Stadt.

Eine Besonderheit, die wohl noch nicht ausführlich genug erforscht wurde, bilden die in den KZs abgehaltenen Boxkämpfe. Die meisten fanden offenbar in Auschwitz statt und dienten zur Belustigung der Kommandanten und SS-Männer. Auch immer höhere Wetten auf die Kämpfe wurden abgeschlossen. Der Verlierer wurde meistens sofort erschossen, außer es handelte sich um eine Berühmtheit, von der man noch höhere Wettprämien erwarten konnte. Die Boxer, meistens Juden, kamen aus ganz Europa. Hier zum Gedenken einige der Namen:

Victor »Young« Perez, im französischen Tunesien geboren, Weltmeister im Fliegengewicht, 1943 aus Paris nach Auschwitz deportiert, nach vielen Boxkämpfen erschossen am 22. Jänner 1945.

Noach Klieger aus Straßburg, 1943 als 17-Jähriger nach Auschwitz deportiert. Überlebte 22 Boxkämpfe, überlebte den Todesmarsch, wurde einer der Kommandanten des legendären Schiffes »Exodus«, das Juden nach Palästina brachte.

Leendert »Leen« Josua Sanders wurde mit der gesamten Familie 1941 nach Auschwitz deportiert. Die Familie wurde ermordet, Leen Sanders überlebte durch Boxen.

Der Italiener Leone »Lelleto« Efrati verlor 1938 knapp gegen den amerikanischen Weltmeister Leo Rodak. 1940 kam er nach Auschwitz und musste gegen wesentlich schwerere Gegner boxen, die er alle bezwang. Am 19. April 1944 verteidigte er seinen Bruder, der von Wachleuten schwer misshandelt wurde. Das kostete ihn das Leben.

Der Grieche Salamo Arouch wurde 1941 mit 17 Jahren Balkanmeister im Weltergewicht. Nachdem die Wehrmacht Griechenland besetzt hatte, kam er mit der gesamten Familie nach Auschwitz. Insgesamt absolvierte er 208 Kämpfe, keinen einzigen verlor er. Kurz vor Ende des Krieges wurde er nach Bergen-Belsen gebracht, wo er die Befreiung erlebte.

Jacko Razon, Freund von Salamo Arouch, 1939 mit 18 Jahren griechischer Meister der Amateure, wurde ebenfalls nach Auschwitz deportiert, überstand ungefähr 120 Kämpfe, landete am Ende auch in Bergen-Belsen, sollte dort gegen seinen Freund Salamo boxen, aber die Befreiung des Lagers durch die britische Armee im Mai 1945 verhinderte das.

Der Pole Tadeusz »Teddy« Pietrzykowski lernte das Boxen erst mit 20 Jahren, wurde zuerst Warschauer, dann polnischer Vizemeister im Bantamgewicht. 1939 half er mit, Warschau zu verteidigen, wollte dann nach Frankreich fliehen, wurde aber verhaftet und nach Auschwitz gebracht. Nach etwa 40 Boxkämpfen wurde er in das KZ Neuengamme bei Hamburg verlegt, wo er noch einmal etwa 20 Kämpfe absolviert haben soll. Ob er in Neuengamme auch gegen Johann »Rukeli« Trollmann kämpfte, wissen wir nicht.

»Kid Francis« war der Spitzname eines in Frankreich lebenden Italieners namens Francesco Buonagurio. 1925 wurde er französischer Meister im Bantamgewicht, 1931 begeisterte er im New Yorker Madison Square Garden bei einem Schaukampf gegen Fidel LaBarba. Als die Wehrmacht Paris besetzte, wurde er nach Auschwitz deportiert, wo er viele Boxkämpfe absolvierte. 1943 erschoss man ihn.

Hertzko Haft ist neben Johann »Rukeli« Trollmann wohl der berühmteste KZ-Boxer. Protegiert von einem SS-Mann, lernte der Pole erst im Auschwitz-Nebenlager Jaworzno boxen, absolvierte siegreich unzählige Kämpfe und entkam Ende des Krieges bei einem Todesmarsch. In Amerika wurde er zu einem bekannten Boxer und verlor am 18. Juli 1949 gegen den späteren Schwergewichtsweltmeister Rocky Marciano durch K.o. in der dritten Runde. Erst gegen Ende seines Lebens brach er sein Schweigen und erzählte seinem Sohn Alan Scott Haft sein schreckliches Schicksal. 2006 erschien das Buch »Harry Haft – Survivor of Auschwitz, Challenger of Rocky Marciano« in Amerika, 2009 in deutscher Übersetzung beim »Verlag die Werkstatt« unter dem Titel »Eines Tages werde ich alles erzählen – die Überlebensgeschichte des jüdischen Boxers Hertzko Haft«.

Es folgte 2012 vom Zeichner Reinhard Kleist eine Graphic Novel unter dem Titel »Der Boxer – Die wahre Geschichte des Hertzko

Haft« beim Carlsen Verlag, in deren Anhang sich der Artikel »Boxen im KZ« des Berliner Sportjournalisten Martin Krauß befindet, dem alle von mir zitierten Boxer-Schicksale entnommen sind. Dank auch an die Familie Trollmann, die mich bei meinem schwierigen Vorhaben unterstützte.

Ein weiteres, großes Problem hatte ich beim Schreiben dieses Stückes. KZ kann man nicht darstellen. Weder im Film noch auf der Bühne. Im Film engagiert man 500 möglichst abgemagerte Statisten, schert ihnen die Haare, schminkt sie noch abgehärmter, steckt sie in dreckige, zerschlissene Häftlingskleidung. Es hilft alles nichts, die Peinlichkeit bleibt. Ich half mir damit, dass wir in meinem Stück nur zwei Häftlinge sehen, nämlich Rukeli und seinen Bruder »Stabeli«, alle anderen bleiben unsichtbar. Und doch fehlte mir etwas von dem abgrundtiefen Grauen, das KZ bedeutet. Da erinnerte ich mich an einen Dokumentarfilm, den ich 2005 gesehen hatte und den ich nie vergessen werde. Er heißt »Unter den Brettern hellgrünes Gras« und stammt von der Filmemacherin Karin Berger. Viele Jahre lang hat Karin Berger die österreichische Romni Ceija Stoijka besucht, begleitet, interviewt, wurde schließlich zur vertrauten Freundin. Aus den Gesprächen entstanden mehrere Bücher und Filme. Und ganz am Ende, im letzten Film, öffnet sich Ceija Stoijka plötzlich ganz und gar. Sie beginnt zu sprechen, wie im Traum, und erzählt, was sie erlebt hat, als kleines Mädchen, gegen Ende des Krieges, in Bergen-Belsen. Tausende von toten Häftlingen liegen herum, Seuchen grassieren, es gibt keinen Nahrungsmittelnachschub mehr, die Häftlinge verhungern, die SS überlässt die Todgeweihten ihrem Schicksal, lässt sich nicht mehr blicken. Und Ceija erzählt vom grünen Gras, das sie und ihre Mutter unter Brettern finden, und es schmeckt wie Zucker, und erzählt vom bernsteinfarbenen Harz, das aus einem kleinen Baum kommt, und es schmeckt wie das pure Leben, und erzählt von den Leichen, von denen sich viele Häftlinge ernähren, nicht aber die Sinti und Roma, die sterben lieber als Menschenfleisch zu essen; nein, Ceija macht etwas ganz anderes: sie spricht zu den Toten, sie macht sich ganz vertraut mit ihnen, und dann schlüpft sie hinein in eine der toten, ausgehöhlten Frauen, dort drinnen ist es warm und angenehm und man erfriert nicht.

Und so hört nun Rukeli (Dank an Karin Berger für die Erlaubnis!), schon nicht mehr wirklich da, kurz vor seinem Ende, auch kurz vor dem Ende seines großen Gegners, die Stimme dieses Mädchens Ceija Stoijka, das ihm und uns vom Grauen erzählt, aber auch von der Hoffnung und von der Lebensfreude ihres wundervollen Volkes.

Ungefähr eine halbe Million Roma und Sinti aus dem Deutschen Reich und den besetzten Ländern wurden ermordet. Nach dem Krieg wurden sie sehr schnell zu den »vergessenen Opfern«. In Deutschland und Österreich lehnte man eine Wiedergutmachung jahrzehntelang mit der Begründung ab, man habe die »Zigeuner« nicht aus »rassischen« Gründen umgebracht, sondern, weil sie als »Asoziale« galten. »Der Boxer« erinnert an die ermordeten Sinti und Roma und gibt ihnen und uns einen Helden, der sich von den Nazis niemals unterkriegen ließ, auch wenn sie ihn am Ende töteten.

Rukeli lebt

Die Uraufführung des Stückes war am 29. Januar 2015 im Theater in der Josefstadt. Stephanie Mohr inszenierte wieder unnachahmlich, eine Meisterinnenleistung. Und – wie schon festgestellt – ich hatte keine Ahnung, wie man Boxkämpfe auf der Bühne darstellen, simulieren könnte. Steffi fand aber mit ihrem Bühnenbildner Florian Parbs einen Weg, ich hatte nichts anderes erwartet. Es kamen zwei Boxsäcke vom Schnürboden, und die Kämpfer schlugen nicht aufeinander ein, sondern wuchtig auf die Boxsäcke. Diese hatten Mikros eingebaut, sodass die Schläge mit dumpfen Geräuschen im ganzen Zuschauerraum zu hören waren. Einfach genial. Natürlich reagierten die Darsteller so, als ob sie wirklich getroffen würden. Damit aber nicht genug. Zur rechten Zeit kamen unzählige Boxsäcke vom Schnürboden herunter, dienten auch als Bäume im Wald, und zu Boden gesenkt waren es tote Kriegsopfer oder KZ-Häftlinge.

Gregor Bloéb spielte nicht den Sinti-Boxer Rukeli Trollmann, er war es. Ein Anderer hätte das gar nicht machen können. Welcher Schauspieler steht – abgesehen davon, dass eine Rolle zu spielen ist – so viele Boxkämpfe innerhalb von zwei Stunden durch? Gregor ging natürlich Monate vorher in einen Box-Club und ließ sich vom Meister Ernst Dörr trainieren. Zur Premiere sah Gregor aus wie ein Profi-Boxer, verhielt sich auch so. Rukeli Trollmann hatte beim Boxen getanzt, Gregor tanzte. Und spielte die Rolle mit einer Kraft, die unglaublich war. Zuerst lockerer Sonnyboy, dann im KZ das Tier, das überleben will.

Plakat der Uraufführung am Theater in der Josefstadt, Wien 2015

Raphael von Bargen spielte den Boxer Reinhard Wolf, der vor dem Krieg gegen Rukeli schmählich verliert und nun als Lagerkommandant Rache nimmt, indem er sich Boxer aus allen Konzentrationslagern zusammenholt und gegen Rukeli kämpfen lässt. Der Verlierer wird erschossen. Rukeli gewinnt immer. Aber dann erschlägt ihn auf Geheiß von Wolf der ehemalige Polizist und nunmehrige Lageraufseher Heinz Harms. Heinz, der draußen beinah ein Freund der Familie Trollmann war, ihren Mitgliedern geholfen hat, und dafür nun zur Strafe als Aufseher endet, bleibt innerlich zerstört als Einziger übrig. Peter Scholz spielt ihn ganz wunderbar schnoddrig und zugleich ganz tief.

Hilde Dalik ist Olga Bilda, die deutsche Frau von Rukeli, die ihn über alles liebt; Elfriede Schüsseleder die weise Mutter »Pessie«, Michael König Vater »Schnipplo«, der anpasslerisch im Trachtenanzug herumläuft; die Brüder »Carlo« (der es bei der SA versuchte) und »Stabeli« (der seine Geige versetzen muss) werden von Ljubiša Lupo Grujčić und Matthias Franz Stein dargestellt.

Die Aufführung war genauso erfolgreich wie »Jägerstätter«. Bei der Premiere schon waren Verwandte von Rukeli aus Hannover gekommen, waren fassungslos und erschüttert. Bei der letzten Vorstellung erschien noch, wie ein Engel, aus Berlin kommend, die 80-jährige Tochter Rita von Rukeli und Olga. In der Kantine klebte sie wie ein kleines Mädchen an Gregor, hatte nur Augen für ihn, er schien für sie tatsächlich der wiedererstandene, leibhaftige Vater zu sein. Am Ende aber schob sie Gregor heimlich 50 Euro zu, weil er es so gut gemacht hatte.

Hannes Thanheiser (1925–2014)

Am 22. Februar 2015 hielt ich im Wiener Jazzlokal »Porgy&Bess« eine Rede zum Gedenkan Hannes Thanheiser, der bei so vielen Stücken und Filmen von mir mitgewirkt hat und zu meinen Lieblingsschauspielern gehörte:

Liebe Vivienne, liebe Söhne Albert und Sebastian und alle anderen anwesenden Familienangehörige, liebe Musikfreundinnen und -freunde.

Wir erinnern heute an unseren Freund Hannes Thanheiser, der uns im Juni vorigen Jahres verlassen hat. Dass wir gerade hier im Porgy&Bess seiner gedenken, hat einen besonderen Grund. Im Jahre 1954 hat er an diesem Ort das Jazzlokal »Studio 1« gegründet, in dem viele Größen wie Joe Zawinul und Friedrich Gulda aufgetreten sind. Später ist er zum Petersplatz übersiedelt und hat mit Hans Weigel, Gulda und dem Dichter Konrad Bayer den »Verein der österreichischen Jazzfreunde« gegründet. Das Lokal hatte einen hervorragenden Ruf. Nach ihren Konzerten sind berühmte Kollegen und Kolleginnen in den Keller gekommen und haben weitergespielt, weitergesungen, Größen wie Ella Fitzgerald, Lionel Hampton, Duke Ellington.

Angefangen hat alles 1945, nach dem Krieg, da hat Hannes von einem russischen Offizier ein schönes Akkordeon bekommen, ist damit im Revuetheater »Auge Gottes« aufgetreten, hat in Kinos vor dem Hauptfilm die Besucher unterhalten, war Bühnenmusiker in verschiedenen Theatern, auch in der legendären »Scala.« War mit Fritz Muliar und Johannes Heesters unterwegs, hat so nebenbei mit Rosemarie Isopp (später berühmte Radiovorturnerin) die 1. Wiener Kinderbühne gegründet.

1952 dann die große Theaterkrise, Hannes hat nach seinem Lebensmotto gehandelt: »Was man gemacht hat, wird bedeutungslos gegenüber dem, was man noch alles machen könnte.« Studiert Innenarchitektur und Bühnenbild, macht die Dekorationen für die Horst-Winter-Revue, gestaltete Ausstellungen, ist unterwegs mit Fritz Hundertwasser, Helmut Qualtinger, Peter Weck. Über Jahre tingelt er durch die Jazzlokale, dann geht er für einige Zeit nach München und richtet Wohnungen ein. 1979 entdeckt ihn Dieter

Berner als Schauspieler für die »Alpensaga« von Peter Turrini und Wilhelm Pevny. Das ist der Startschuss für unzählige Rollen im Film und am Theater. In über 120 Filmen war Hannes zu sehen, hat Theater gespielt in Wien und Deutschland, in Bonn hat er in »Die letzten Tage der Menschheit« von Karl Kraus gleich 16 Rollen gespielt und zum Teil die Bühnenmusik gemacht. 1990 Federico-Fellini-Preis für die Hauptrolle im Film »Erdenschwer«. 2008 ist der Götz-Spielmann-Film »Revanche«, in dem Hannes eine der Hauptrollen spielte, für den Oscar nominiert worden,. Der Gockelhahn daheim hieß zu der Zeit übrigens ebenfalls Oscar.

So vieles hat Hannes in seinem Leben gemacht. Über 250 alte Akkordeons gesammelt und restauriert, in Melk das erste und einzige Akkordeonmuseum gegründet; in einem alten Straßenbahnwaggon die erste Straßenbahngalerie eröffnet; zwei alte Gebäude liebevoll eigenhändig renoviert, restauriert, für die Familie manchmal nicht einfach, so lange ohne Strom, Heizung, Wasser. In Hafnerbach bei St. Pölten ist ein alter Rittersitz ständige Heimstatt geworden, mit vielen Scheunen, einem Glashaus und anderen Nebengebäuden, umwuchert fast von einem Dschungel, ein Ort wie aus einem Traum. Im uralten Wehrturm hat HC Artmann geschrieben.

Ich selbst habe Hannes im Jahre 1983 kennengelernt, da hat er bei unserem Theatersommer in Telfs als Musiker mit der Geige mitgewirkt, Regie Dietmar Schönherr. Und dann hat Hannes im Laufe der Jahre in etlichen meiner Filme und Theaterstücke gespielt. Ich mochte ihn sofort, auf der Stelle – als Mensch und als Schauspieler. Weil er so leicht war wie eine Feder, als Mensch und als Schauspieler. Er spielte auch nicht, er war einfach da. Er hat uns ja alle bezaubert mit seinem Wesen. Wir haben seinen Humor geliebt, seine Schalkhaftigkeit, seine Schlagfertigkeit, seine frohe Weisheit. Er war fröhlich und ohne Angst, immer. Ein Zauberer, irgendwie, in dessen Gegenwart man sich aufgehoben und angenommen, einfach wohl fühlte. Bei den meisten Interviews, die ich kenne, saß übrigens eine Katze auf seinem Schoß und begleitete mit ihrem Schnurren seine klugen und witzigen Antworten.

Über 30 Jahre lang ist Hannes mit seiner Jazzcombo »Café Schmalz« unterwegs gewesen. Die Burschen spielen jetzt zu seinen Ehren.

»Rossgrind« – Zum Ableben von Wolfgang Pfaundler

Am 20. April 2015 ist Wolfgang Pfaundler von Hadermur (so steht's am Partezettel) im Ötztaler Weiler Piburg verstorben. Vor einigen Jahren schon hat er sich hierher zurückgezogen, aufopfernd gepflegt von seiner Gefährtin Herlinde Menardi, der Volkskundlerin. Drei Tage lang wurde er in der Stube des alten Bauernhofs aufgebahrt, wie es immer der Brauch war, aber eigentlich nicht mehr erlaubt ist. Die Kinder haben es einfach gemacht. Die Piburger und die Oetzer kamen zum Rosenkranz. Pfaundler stand hoch in ihrer Achtung.

Neben dem legendären Landeshauptmann Eduard Wallnöfer gilt wohl nur noch Wolfgang Pfaundler so sehr als Inbegriff des Tirolers, des Tirolertums, des Tiroler Patrioten. Aber das war ihm nicht in die Wiege gelegt. (Und das Meiste, was nun in diesem Absatz folgt, wusste ich selber nicht, habe es erst nach dem Begräbnis von den Kindern erfahren.) Denn Pfaundler wurde nicht in Tirol, sondern am 1. Jänner 1924 in Wien geboren, ist dort aufgewachsen und zur Schule gegangen. Piburg – das war nur der Sommersitz der Familie. Sein Vater hieß Hermann Pfaundler und war als Jurist Sektionschef im Bundeskanzleramt. Die Mutter hieß Gertrud Schönfeld und stammte aus einer jüdischen Budapester Familie. Als 14-Jähriger sieht Wolfgang, wie die Wiener Nazis jüdische Nachbarn zwingen, auf Knien die Gehsteige zu bürsten. In der Schule wird Wolfgang als »Saujud« beschimpft. Dann fordern die Nazis Vater Hermann auf, sich von der jüdischen Frau scheiden zu lassen. Der Vater weigert sich, verliert seine hohe Beamtenstelle und muss die Familie den ganzen Krieg hindurch mit der Erteilung von Nachhilfestunden ernähren. Das alles prägt Wolfgang und wird dazu führen, dass er als 20-Jähriger den Widerstand im Ötztal organisiert und in den waldigen Felshängen über Piburg Flüchtlinge und Deserteure versteckt.

Am Freitag, den 24. April 2015, so um 14 Uhr, stehe ich vor einer alten Grabplatte, die in die Friedhofsmauer von Oetz eingelassen ist. Dr. Meinhard von Pfaundler (1872–1947) ist hier begraben, Ordinarius für Kinderheilkunde in München, derart berühmt als Kinderarzt, dass man ihn sogar an den Zarenhof holte. Das ist ein Bruder von Wolfgangs Vater. Auch er liebte Piburg sehr und baute sich in den 20er Jahren ein schönes Haus direkt über dem See, der ihm gehörte und den er der Gemeinde Oetz schenkte. Die Pfaundlerischen waren also Tiroler, die in die Welt hinausgingen, um dort was zu werden. Der junge Wolfgang Pfaundler kam aber zurück, um in Tirol was zu werden. Der uralte Bauernhof, von dem ich immer geglaubt hatte, die Pfaundlerischen seien spätestens seit dem Mittelalter fest und stolz darauf gesessen, war noch gar nicht lange im Besitz der Familie, Wolfgang hat leidenschaftlich um ihn gekämpft und ihn behutsam hergerichtet.

Die Oetzer Kirche steht hoch oben auf einem Felsen über dem Dorf und der Aufstieg ist steil, sehr steil. Man fragt sich, wie alte, gebrechliche Menschen das über die Jahrhunderte schafften. Viele nehmen Abschied von Wolfgang Pfaundler. Ganz Oetz, ganz Piburg, das ganze Ötztal nimmt daran teil, und von weit her sind die alten Freunde gekommen. Viele von ihnen kommen nicht, denn sie sind bereits vor Pfaundler gegangen, wie auch der beste all seiner Freunde, Paul Flora. Auch Schützenkompanien sind da, auch eine aus Südtirol, mit ihnen Eva Klotz, die Tochter von Georg Klotz, dem »Partisanen« unter den Südtirolkämpfern. Salut wird nicht geschossen. Das wird den Pfaundler ein wenig geärgert haben.

Später das Totenmahl im Gasthof Piburger See, der gegenüber dem Pfaundlerhof liegt. Man trifft Menschen, die man ewig nicht gesehen hat. Und wundert sich, wie alt die geworden sind. (Über sein eigenes Alter schaut man ja gern hinweg.) Drüben bei der Kirche war es brühheiß, hier auf der Schattenseite ist es fast schon zu kühl, um im Freien zu sitzen. Wir erzählen uns gegenseitig vom Pfaundler. Ausgenommen den Filmemacher Caspar, den ich immer wieder in Wien traf, bin ich den Pfaundler-Kindern nur noch selten begegnet: Jakob, der als Fotograf in Piburg lebt, Sebastian als Neurologe in der Schweiz, Milena als Künstlerin in Innsbruck.

Anfang der 70er Jahre war ich zum ersten Mal im Pfaundler-Hof eingeladen. Und lernte zum ersten Mal Tiroler Künstler kennen – Schriftsteller, Maler, Komponisten, auch Architekten. Norbert C. Kaser, Walter Nagl, Peter Thurner zum Beispiel. Ebenso Menschen von der Uni wie die Germanisten Walter Methlagl und Michael Klein.

Pfaundler hatte mich entdeckt und Texte von mir in seiner legendären Halbjahreszeitschrift »das Fenster« veröffentlicht. Pfaundler hat in seiner aktiven Zeit fast alle Tiroler SchriftstellerInnen entweder entdeckt oder aber zumindest sehr gefördert. Der große Südtiroler Dichter Norbert C. Kaser, damals in seiner Heimat noch verkannt und verfemt, wurde von Pfaundler und Flora ganz besonders unterstützt. Nicht alle haben Pfaundler die Förderung gedankt, manche wurden geradezu zu seinen Feinden, distanzierten sich von ihm, denunzierten ihn auch. Aber Vatermord muss wohl sein, im patriarchalischen Tirol.

Ich selbst traute ihm als junger Mensch ja auch nicht ganz über den Weg. Ich ehemaliges Landarbeiterkind, gescheiterter Mittelschüler und nun notgedrungener Zollbediensteter, der zu den 68er-Revoluzzern in der BRD aufschaute, »pardon« und »konkret« las, hatte keine Ahnung vom Tiroler Kulturleben und seinen Persönlichkeiten. Ich wusste von Pfaundlers Existenz nichts, bevor er mich fand. Als ich erfuhr, wer mich da förderte, nämlich ein sogenannter »Südtirolextremist«, den man in Abwesenheit zu 20 Jahren Kerker verurteilt hatte, war ich einigermaßen konsterniert. Für mich als junger Mensch waren die »Bumser« alles Rechtsradikale, mit denen wollte ich nichts zu tun haben. Die »graue Eminenz« von Tirol sei er, hieß es, der »Kulturpapst«, man komme nicht an ihm vorbei, wolle man was werden. Und das Jungbürgerbuch, an dem er so viel verdiene, obwohl er ganz und gar nicht der alleinige Verfasser sei … und so weiter und so fort. Außerdem fürchtete ich mich vor ihm. Er schien mir streng und hart und autoritär, und bissig und schadenfroh, und eifersüchtig auf jeden, der in »seinem Revier« wilderte.

So suchte ich nach Rechtfertigung, seine weiter andauernde Förderung guten Gewissens annehmen zu dürfen. Als erstes blickte ich auf seine Ehefrau, die edle, feine Gertrud Spat (gest. 2010), aus gutem, holländischem Hause, die hervorragende Pianistin, die aufopfernde Mutter seiner vier Kinder, seine engste, dabei bescheiden im Hintergrund agierende Mitarbeiterin, die hochgebildete Verfasserin des »Tirol Lexikons«, die wunderbare Gastgeberin. Würde diese Frau einen Mann zum Gatten nehmen, wenn er so ist, wie viele ihn beschreiben?

Und dann: Kann einer, der Paul Flora zum Freund hat, so sein, wie die Feinde sagen und wie ich selber befürchtete? Hat so einer Freunde wie Arthur Koestler und Manès Sperber? Na gut, die waren einst Kommunisten und hatten sich nun bekehrt. Aber: große Dichter waren sie vorher und blieben es auch jetzt. Aber: was soll ich von Sperbers Bemerkung halten: »Der Pfaundler ist mein Lieblingsterrorist«? Die Erlösung war, als ich erfuhr (nicht von ihm), dass er als Widerstandskämpfer gegen die Nazis sein Leben riskiert hatte. (Natürlich hatte man ihn vorher zur Wehrmacht eingezogen, als 17-Jährigen, in Georgien wurde er durch Granatsplitter verletzt, erkrankte zusätzlich an Ruhr und Typhus, schaffte schließlich doch die Heimkehr nach Österreich.)

Was Südtirol anbetraf, änderte ich meine Meinung erst Jahre später, als ich vom ORF den Auftrag bekam, einen Vierteiler über Südtirol von 1938 bis 1968 zu schreiben, dafür über zwei Jahre recherchierte, in Archiven saß, mit vielen Zeitzeugen sprach. Erst da begriff ich, dass für die Durchsetzung wenigstens der Autonomie Südtirols der aktive Widerstand notwendig gewesen war, auch wenn die Rechtsradikalen, die da später als Trittbrettfahrer aufsprangen, für Jahrzehnte diesen Widerstand desavouierten.

Dann machte ich die Augen auf, wendete mich dem Fotografen zu und schaute mir seine großartigen Schwarz-Weiß-Bilder an, von Menschen, von Landschaften, von Friedhöfen; schaute mir seine volkskundlichen Filme an, wie zum Beispiel den über das Wampelerreiten in Axams; unvergessliches, wildes Dokument (Kamera Christian Berger) eines wilden, echten Volksbrauchs, ganz und gar nichts für zartbesaitete Touristen wie viele der Volksbräuche sonst. Nach Oetz fuhr ich mit ihm, sah dort eine unglaubliche Aufführung von Schönherrs »Erde«; er setzte durch, dass der ORF eine Aufzeichnung machte bzw. die Aufführung dokumentierte, denn niemand außerhalb des Ötztals verstand, was da auf der Bühne im tiefsten/höchsten Dialekt geredet wurde.

Ende 1981 schrieb ich »Stigma« für die Volksschauspiele Hall, man wollte das Stück dort nicht (»Pornographie, Blasphemie!«), die Kollegen solidarisierten sich, wir mussten gehen, niemand nahm uns auf, auch Innsbruck nicht. Pfaundler veröffentlichte den Text im »Fenster«, wurde dafür angezeigt.

Pfaundler schickte uns zum Bürgermeister Helmut Kopp nach Telfs, der nahm uns auf, ohne Wenn und Aber. Auch er wurde angezeigt und samt seiner Familie mit dem Erschießen bedroht. Da auch bei mir daheim die Drohanrufe nicht aufhörten, stellte uns Pfaundler sein Häuschen in Alpbach zur Verfügung. Nach der Premiere war der unnötige Wirbel vorbei und wir konnten wieder aus der Versenkung auftauchen.

Pfaundler und ich kamen uns immer näher, das heißt, ich kam ihm immer näher, denn er, das bemerkte ich erst recht spät, hatte mich nicht nur als Schriftsteller, sondern auch als Mensch immer sehr gemocht und geschätzt. Der wilde Kerl, der begeistert erzählte, wie ein Jagdkamerad beim Anblick eines kapitalen Hirschs ihm, dem Pfaundler, vor Aufregung – und um nicht zu schreien – tief in die Schulter biss, dieser wilde Mann konnte ganz sanft und liebevoll sein, vollkommen frei von den sonstigen Boshaftigkeiten und Eitelkeiten, die ihn so oft umtrieben.

In der ausgebauten Scheune des Piburger Hofs schrieb ich »Die Piefke-Saga«, immer den Acherkogel vor mir, der dann prominent im Theaterstück »In der Löwengrube« auftauchte. Der Filmemacher und Schriftsteller Georg Stefan Troller – in Paris lebend – wurde über »das Fenster« auf mich aufmerksam (in allen Botschaften und Kulturinstituten der Weltstädte lag die Zeitschrift auf) und drehte mit mir im Jänner 1990 eine Folge seiner berühmten ZDF-Doku-Reihe »Personenbeschreibung«.

Der Förderer Pfaundler war mir über die Jahrzehnte zum Freund geworden, und dann wurde er mir ein Vater. Er, der in Wien geborene und aufgewachsene Halb- oder Vierteltiroler, Halb- oder Vierteljude, oder was auch immer, ist für mich der letzte, große Tiroler gewesen. Und zwar deshalb, weil er einerseits Tirol über alles liebte, auch mehrfach sein Leben für dieses Land riskierte, zugleich aber ganz und gar weltoffen war. Heimatliebe allein genügt nicht. Wenn nicht die Weltoffenheit dazukommt, führt das zu nationalistischer Verblödung.

Wolfgang Pfaundler (ganz links),
Bürgermeister Helmut Kopp (als Mafioso verkleidet),
Felix Mitterer und Georg Stefan Troller, der einen Film über Felix Mitterer dreht, beim Telfer Schleicherlaufen im Februar 1990

Als ich ihn im Sommer 2014 zum letzten Mal besuchte, auf seinem Hof in Piburg, saß er auf der Hausbank, sehr gebrechlich, sehr eingeschrumpft, sagte nichts und bedeutete mir, ich solle mich neben ihn setzen. Und drückte kurz meine Hand. Da saßen wir nun. Und das Herz tat mir weh. Zwei Touristen kamen vorbei, schauten erstaunt auf den Pferdeschädel unterm First, und fragten, was das wohl sei. »Des isch a Rossgrind!« sagte Pfaundler. Verdutzte Blicke. »Des isch a Rossgrind!« wiederholte er. »Und jetzt verschwindets, sinsch hol i mei Büchs.« Da war er ganz heimgekehrt nach Piburg, gehörte ganz da her.

Pfaundler in Irland

Eine Erinnerung an Wolfgang Pfaundler möchte ich noch erzählen, sie geht auf das Jahr 1998 zurück, als ich endlich 50 wurde. Ich hatte mir meinen ersten Förderer als Geburtstagsgast in unserem Hause in Irland gewünscht.

Natürlich wurde bald die Großbildkamera ausgepackt. Das erste Verlangen des reisenden Wolfgang Pfaundler ist immer der Friedhof. Und so wanderten wir zum uralten Kirchanger des Bauerndorfes, in dem wir leben. Die vielen Grabsteine, die beiden Mausoleen und die Katafalke zeugen von großartiger Steinmetzarbeit und von edelstem Geschmack. Hier ruhen Katholiken und Protestanten friedlich nebeneinander, etwas sehr Ungewöhnliches für Irland. Auf den zwei ältesten Grabsteinen steht geschrieben: »Here lyeth Jane Thomas buried July the 7th 1689« und »Here lyed buried the body of Sylvestra Jessup who departed this life December 16 1689 – Also her daughter Sara-May who was buried 2nd day of October 1690«. Viele der Inschriften sind leider schon unlesbar, weil der Zahn der Zeit und die Moosflechten gründlich ihre Arbeit getan haben. Ich liebte diesen friedlichen Ort sehr, wenn auch die Ruhe einmal ziemlich heftig gestört wurde. Katholische Nordiren auf der Durchreise zerstörten die Gruft der Earls of Barrymore, die offenbar ziemliche Ausbeuter und Tyrannen waren. Der marmornen Büste des Oberausbeuters fehlt seither die Nase.

Dann brachen wir auf in den Westen, denn auch Dolmen und Menhire sollten aufgenommen werden. Wolfgang schleppte mich in abgelegene Urwaldgebiete, wo wir tatsächlich auf alte, kultische Steine trafen. Keine Ahnung, wie er dort hingefunden hatte, Iren hatten sich bestimmt schon jahrelang keine mehr hinverirrt. Doch leider, es war Anfang Februar, Regen und Nebel herrschten vor, das Licht reichte einfach nicht für eine gute Aufnahme. Weit im Westen, in der archaischen Landschaft des Burren, baum- und strauchlos, eine endlose Steinwüste, da fand sich endlich ein urtümlicher Dolmen, der sich bereitwillig ablichten ließ. (Ich Dolm wurde dann am Strand abfotografiert, mit einem Gesicht wie vierzig Tage Regenwetter, was auch den Tatsachen entsprach.)

Ich habe die Abbildungen der Grabsteine, Steinmandeln, Kultstätten, Götterfiguren und Erdpyramiden von Wolfgang Pfaundler immer sehr bewundert. Er ist ein Lichtzauberer, einer der letzten, die mit Schwarz und Weiß (und all den unzähligen Schattierungen) umgehen können. Und diese Abbildungen erzählen auch so viel von uns Menschen. Nur Wolfgang Pfaundler hat sich die Mühe gemacht, einen Grabstein zu fotografieren, auf dem steht: »Hier ruhen aus / die abgemüdeten Gebeine der Bauersleute der Familie Sagmeister«.

»Glanzstoff«, 2015

Bettina Hering, die damalige Intendantin des Niederösterreichischen Landestheaters in St. Pölten (jetzt Schauspielchefin bei den Salzburger Festspielen) betrieb neben ihrem professionellen Theater auch ein Amateurtheater-Projekt, das sich »Bürgertheater« nannte. Also Volkstheater, nur mit städtischem Namen. Und sie fragte mich, ob ich ein Stück über die berühmte Glanzstoff-Fabrik in St. Pölten schreiben könnte, die von 1906 bis 2008 der größte Arbeitgeber der Stadt gewesen war. Glanzstoff war eine Viskosefaser, Textil-Rayon genannt, die man auf verschiedenste Weise, nicht nur für Kleiderstoffe verwenden konnte. Auch zur Herstellung von Autoreifen diente es später, wurde sogar die größte Einnahmequelle der Fabrik. St. Pölten war übrigens bis zum Einbau einer Abluftanlage berüchtigt für den Gestank, der bei der Erzeugung dieser Chemiefaser durch die Schornsteine ausgestoßen wurde. In der ganzen Stadt roch es schwefelig nach faulen Eiern. Aber die Arbeiter mehrerer Generationen waren zu Recht immer sehr stolz auf die Glanzstoff Austria.

Das interessierte mich, das war mein Metier. Ich schaute mir mit der Regisseurin Renate Aichinger, dem Dramaturgen Matthias Asboth und einem Mitarbeiter des jetzigen Besitzers Dr. Cornelius

Grupp, das Gelände an. Viele Gebäude der Fabrik waren bereits abgerissen oder aus Sicherheitsgründen nicht betretbar, aber es gab noch genug Hallen, in denen wir spielen konnten. Es wurde an ein Stationentheater gedacht, wo die Zuschauer von Halle zu Halle wandern.

Ich machte mich an die Recherchen, bei denen ich von Matthias Asboth sehr hilfreich unterstützt wurde. Viele Archivdokumente waren zu studieren, Stöße von Bänden der jahrzehntelang herausgegebenen »Glanzstoffzeitung« waren zu lesen, natürlich auch Bücher über St. Pöltens Geschichte im 20. Jahrhundert und über die Gastarbeiter der Glanzstoff Austria. Das Wichtigste aber waren die persönlichen Gespräche mit Zeitzeugen:

- Die Schauspielerin Maria Urban ist die Enkeltochter des Erfinders und Firmengründers Johann Urban.
- Erich Strasser, langjähriger Mitarbeiter, dann SPÖ-Angestelltenbetriebsrat und am Ende Personalchef.
- Heinrich Kleinbauer, 40 Jahre lang KPÖ-Arbeiterbetriebsrat und Kämpfer für den Erhalt der Fabrik bis zum Ende.
- Sepp Gruber, Betriebsseelsorger.
- Lydia Enigl – ihr Vater war in leitender Position, als die Fabrik einem holländischen Konzern gehörte.
- Mehmet Mercan – kurdischer Alevit, Geistlicher, sein Vater kam schon 1970 in die Glanzstoff, holte dann seine Familie nach.
- Ekrem Arslan, kurdischer Alevit, der seinem Vater Kamer Arslan in die Glanzstoff nachfolgte.
- Die Tunesier Farhat Fethi, Abdul Hamid Essed und Bechir Ouargui.

Manfred Wieninger vom St. Pöltner Stadtarchiv hatte am meisten über die »dunklen Seiten« St. Pöltens geforscht und geschrieben, unterstützte mich ebenso mit informativer Literatur.

Am Ende hatte ich wieder einmal unfassbar viele Informationen und musste etwas daraus machen. Eine sehr spannende Geschichte war das. Die Glanzstoff Austria spiegelt die Geschichte Österreichs im 20. Jahrhundert wider. Der Hungerstreik 1918, als infolge des Krieges die Lebensmittel immer mehr rationiert wurden. Die große Depression von 1930. Mit dem »Schwarzen Freitag« in Amerika krachte die ganze Weltwirtschaft zusammen. Die Glanzstoff wird für ein paar Jahre geschlossen. Der Bürgerkrieg 1934 spielt sich auch in der Glanzstoff ab. Die Arbeiterin Maria Emhart (die »Mutter

Courage von St. Pölten«) und die Arbeiter Franz Käfer und Hubert Jani werden beinahe von Heimwehrleuten erhängt. Der Firmengründer Urban rettet sie. Sie wandern »nur« ins Gefängnis. Innerhalb der Fabrik, deren Eigentümer nun das Deutsche Reich ist, bildet sich im Zweiten Weltkrieg eine Widerstandsgruppe. Am Ende des Krieges verhindern Nina Sharikowa, ukrainische Zwangsarbeiterin, und ihr Freund Franz Laimer die Sprengung der Fabrik durch die SS. Dreizehn Mitglieder der Widerstandsgruppe werden am 13. April 1945 von der SS mit Genickschüssen ermordet. Nina Sharikowa kann flüchten, sie kehrt in ihr Heimatdorf zurück.

Der Oktoberstreik 1950. Aufgrund eines schlechten Lohn-Preis-Abkommens für die Arbeiter treten 120.000 von ihnen in den Ausstand. Auch die Glanzstoffarbeiter wollen aus Solidarität den Streik unterstützen. Aber die Glanzstoff wurde von den Sowjets beschlagnahmt und ist jetzt ein USIA-Betrieb. So wird der Streik verboten. Er bricht ohnehin in ganz Österreich schnell zusammen. 1970 werden die Gastarbeiter geholt. Zuerst aus Tunesien, denn die Arbeiter dort haben eine gute Ausbildung. Aber die Fabrik braucht immer mehr Arbeiter, das Geschäft floriert. Also werden die Türken geholt, meist kurdische Aleviten, die sich schnell anpassen und Deutsch lernen.

1977 die Krise. Die Besitzer wollen schließen. Bundeskanzler Kreisky kommt in die Fabrik, erinnert sich an »Mitzi« Emhart, die man 1934 aufhängen wollte, verhindert die Schließung mit staatlichen Subventionen. 1994 übernimmt Dr. Cornelius Grupp die marode Glanzstoff und führt sie zu neuen Höhen. 2006 bricht aber der Reifenmarkt zusammen. 2008 schlägt die Weltwirtschaftskrise durch. Dann der Großbrand in der neuen Abluftanlage, die den Gestank beseitigte. Die Glanzstoff beginnt wieder zu stinken. Umweltverträglichkeitsprüfungen für eine neue Anlage ziehen sich endlos hin. Die Glanzstoff will niemand mehr, auch Kanzler Gusenbauer interessiert sich nicht, es gibt nicht einmal einen Termin mit ihm. Im Dezember 2008 wird der Betrieb eingestellt. Die Geschichte der Glanzstoff ist nach 103 Jahren zu Ende.

Das wurde nun wirklich ein Dokumentarstück, ohne eine einzige Erfindung, zusammengesetzt aus den Berichten der ehemaligen Mitarbeiter und den gedruckten Informationen. Manchmal war ich in den Szenen viel zu lang, aber Renate Aichinger machte schon die notwendigen Striche. Ich bin aber froh, dass mein vollständiger Text erhalten ist, denn es geht ja hier um wichtige Zeitgeschichte.

Am 29. April 2015 war die Premiere. In drei Gruppen zu je 40 Leuten (25 waren geplant) wurden die Zuschauer von Schauplatz zu Schauplatz geführt. Da sich ja das Publikum meistens auf demselben Bodenniveau wie die Darsteller befand, wurde die Sicht bei mehr als 35 Personen eher schwierig. Auch viele ehemalige Mitarbeiter der Glanzstoff spielten mit, auch Tunesier und Kurden. Manchmal mussten zwei, drei Darsteller sehr schnell laufen, weil sie auch in der nächsten Szene dabei waren. Und manchmal musste die Wartezeit für die Zuschauer durch Erzählungen einer ehemaligen Mitarbeiterin überbrückt werden. Sie heißt Heidi Mondl und war dabei so schlagfertig und witzig, wie ich es mit meinem Text gar nicht hätte sein können.

Viele Zuschauer warteten vergeblich auf Karten, denn die Vorstellungen waren immer ausverkauft. Nicht einmal alle interessierten ehemaligen Glanzstoff-Mitarbeiter konnten das Stück sehen. Ich habe viel lernen dürfen bei der Erarbeitung dieses Stücks. Und habe spannende, großartige Menschen kennengelernt. Regisseurin Renate Aichinger erhielt den NESTROY für die beste Bundesländerinszenierung. Wir Glanzstoffler klatschten ihr alle zu.

»Märzengrund«, 2016

1985 hatten mich Heinz Tipotsch und Friedl Wildauer vom Theaterverein Stumm im Zillertal gefragt, ob ich nicht ein Stück über die Vertreibung der Zillertaler Protestanten im Jahre 1837 schreiben könnte. Im Sommer 1987, das beschämende und zugleich gesetzeswidrige Ereignis jährte sich zum 150. Mal, fand dann die Uraufführung des Stückes »Verlorene Heimat« in der Regie von Ekkehard Schönwiese am Dorfplatz in Stumm statt. Natürlich versicherten wir uns gegenseitig, dass wir bald wieder ein Projekt zusammen machen würden. Es sollte aber 29 Jahre dauern, bis es endlich soweit war.

2005 schrieb mir Heinz Tipotsch nach Irland, er kenne einen Einsiedler, der sich 1968 – weil er die Zivilisation nicht mehr aushielt – in ein Almgebiet namens »Märzengrund« zurückgezogen hatte und nie mehr zurückkehrte. Ob ich mit dem reden wolle, ob das nicht ein Thema sei. Ich hatte meine Zweifel. Warum sollte ein Mensch, der sich vollständig von der Gemeinschaft abgewandt hatte, mit mir reden? Was für ein Interesse sollte er an einem Theaterstück haben, mit ihm als Hauptfigur? Und wie könnte ich überhaupt eine mir vollkommen unbekannte Welt beschreiben, die nur er mit seinen Augen sieht, mit seinen Sinnen wahrnimmt?

2008 kam eine neue Nachricht von Heinz. Der Einsiedler lebe nun in einem Altersheim, erzwungen von einer Krankheit, ob ich nicht jetzt mit ihm reden wolle? Ich zögerte erneut. Leider zu lange. Denn nach drei Monaten musste ich erfahren, dass der Einsiedler sich das Leben genommen hatte. Nach 40 Jahren in der Natur war das Altersheim nicht erträglich für ihn. Ich teilte Heinz mit, dass es mir sehr leid tue, dass ich wieder einmal etwas verabsäumt hätte, und dass ich nun erst recht kein Stück schreiben könne. Außerdem sei der Stoff – wenn überhaupt – nur für einen Film geeignet, denn die Natur, in der Elias lebte, müsste doch mit ihm die Hauptrolle spielen.

Aber Heinz ließ mir keine Ruhe. Und ich dachte mir, vielleicht wünscht er sich ebenfalls manchmal, sein kleines Hotel, seinen Betrieb, all den Stress und die Sorgen hinter sich zu lassen und im Märzengrund zu verschwinden. Wohin er sich ja immer wieder zum Fischen zurückzog und wo er auch den Einsiedler mehrmals getroffen hatte.

Und es stellte sich heraus, dass der Mann, den ich nun Elias nenne, sich in meinem Kopf festgesetzt hatte und nicht mehr hinauswollte. Im Sommer 2015 machten wir uns auf den Weg. Trafen Verwandte und Jugendfreunde von Elias, trafen Almhirten, Wilderer und Jäger, die mit Elias im Märzengrund in Kontakt gewesen waren. Und auch den Heimleiter, der großes Verständnis für Elias hatte, mit ihm sogar einmal einen Ausflug in den Märzengrund unternommen hatte. Beinah wäre er ihm nicht wieder ins Auto gestiegen, wollte natürlich bleiben. Aber da war der Katheder.

Natürlich besuchten wir auch den Märzengrund, wo Elias gewesen war. Sprachen mit etlichen der Almhirten, sahen auch den Milchtanker der Sennerei Fügen, der da auf engsten Schotterstraßen hoch auf die Almen hinauffuhr, um ein paar Kannen Milch einzusammeln. Gefährliche Arbeit; immer wieder stürzt einer dieser Milchwagen ab. Wir trafen auch den Almhirten und Wilderer Sepp, der schon als ganz junger Bursch mit Elias eine Alm bewirtschaftete. Vom Wildern erzählte Sepp lieber als von Elias. Einmal kamen die Gendarmen und wollten ihn mitnehmen. Er aber sagte, er gehe schon mit, zuerst müssten sie ihm aber einen »Oiwerer« besorgen, das Vieh könne ja nicht allein bleiben, die Kühe müssten gemolken werden. Die Gendarmen meinten, das sei ihnen wurscht und forderten Sepp strikt auf, mitzukommen. Da sprang er in die Jauchegrube und rief ihnen zu, sie sollten ihn doch herausholen. Sie zogen murrend ab.

Am Ende traf ich auch die jüngere Schwester von Elias, die mir einen aufrichtigen Lebensbericht gab und mit Gerüchten und Halbwahrheiten aufräumte. Dass Elias ein hervorragender Schüler gewesen sei, erzählte sie, auch dann in der landwirtschaftlichen Fachschule. Wie der Vater zutiefst enttäuscht war, als der Hoferbe plötzlich auf den Hof verzichtete und sich in den Märzengrund zurückzog. Elias saß nun nicht mehr nur in meinem Kopf, sondern auch in meinem Herzen.

Im Herbst 2015 gab mir Ludwig Glaser, der damalige Obmann des Festivals »Stummer Schrei«, 2003 gegründet vom Schauspieler Roland Silbernagl, nun geleitet von Thomas Gassner, den Stückauftrag. Und ich begann mit großen Ängsten und Zweifeln zu schreiben. Wie konnte ich dem Einsiedler Elias, der mir mittlerweile fast zu einer mythischen Figur geworden war, wie konnte ich diesem Menschen, der 40 Jahre ausschließlich in der Natur, im Gebirge gelebt hatte, in irgendeiner Weise gerecht werden?

Getreulich verarbeitete ich alle Informationen und Erzählungen über Elias, von seiner Kindheit bis zum bitteren Ende. Verarbeitete die Begegnungen mit den Bauern, Jägern und Almhirten. Aber was macht der Einsiedler, wenn er allein ist? Und das war er die meiste Zeit in diesen 40 Jahren, besonders im Winter. Ich selbst habe ja nie allein im Gebirge gelebt, wie soll ich das nachvollziehen können, wie soll ich beschreiben, was er erlebte? Freilich war ich als Kind jedes Jahr mit meiner Adoptivmutter auf der Alm, aber ich war nie allein, ich saß nicht tagelang – wie Elias – auf einem Felsen oder am Bach, versunken in Betrachtung der Natur und all der Wesen, die in ihr existieren.

Ich ging aus mir heraus und kroch in Elias hinein. Und es gelang einiges, ich konnte manches mit seinen Augen sehen. Aber es reichte mir nicht, es war mir nicht genug, ich fühlte einen furchtbaren Mangel. Ich wollte aufgeben, ich wollte absagen.

Aber da erinnerte ich mich an einen Mann, der in der ersten Hälfte des 19. Jahrhunderts in Massachusetts gelebt hatte, der ein großer Dichter war und als solcher die Bibel aller Naturschützer und Zivilisationskritiker schrieb. Es handelt sich um Henry David

Thoreau, der den zivilen Ungehorsam predigte, der geflüchteten Sklaven weiterhalf, der sich 1845 am Waldensee nahe der Ortschaft Concord eine Blockhütte baute, zwei Jahre dort lebte und sein berühmtes Buch »Walden« verfasste. Wie Elias im Gebirge, saß Thoreau dort im Wald oder am See und schaute; stundenlang, tagelang, wochenlang.

Und so machte ich etwas, das ich noch nie gemacht hatte, aber es war der einzige Ausweg: ich »lieh« mir von einem anderen Autor einige seiner Beobachtungen. Die Theaterzuschauer, die Leserinnen und Leser, die Thoreau noch nicht kennen, mögen sein Buch in die Hand nehmen und es studieren. Es lohnt sich, besonders in der heutigen Zeit, denn die Ansichten Thoreaus sind heute wichtiger und dringlicher als zur Entstehungszeit des Buches vor 166 Jahren.

Elias ist 40 Jahre geblieben, Thoreau hat die Einsamkeit nach zwei Jahren wieder verlassen, aber dennoch sind sie Brüder. Thoreau, der Dichter aus Massachusetts, hat sich mit seinem Buch selbst ein Denkmal gesetzt, ich setze mit meinem Stück eines für Elias, den Bauernsohn aus dem Zillertal.

Heinz Tipotsch – wer sonst – spielt ihn im Juli 2016 bei der Uraufführung in Stumm. Schauplatz ist ein riesiger Heustadel, der gut zum Stück passt. Immer wieder werden Filmszenen eingeblendet: Elias unterwegs im Märzengrund. Heinz Tipotsch versetzt sich ganz und gar in den Einsiedler, schaut ihm furchterregend ähnlich. Konrad Hochgruber vom Innsbrucker Westbahntheater führt einfühlsam Regie. Die atmosphärische Musik von Christoph Stock wird live gespielt. Alle sind Laiendarsteller, alle vollkommen authentisch. Es sind 19 Rollen, schon im Vorfeld hatte ich Heinz gesagt, dass natürlich Doppelt- und Dreifachbesetzungen möglich, vielleicht sogar notwendig sind. Aber das wollten sie nicht, die 19 DarstellerInnen waren schnell gefunden.

Ich hatte das fertige Stück an die beiden Schwestern von Elias geschickt, und da nach vier Wochen immer noch keine Rückmeldung kam, rief ich die jüngere an, die mir Auskunft gegeben hatte. Nein, sagte sie, meinen Brief mit dem Manuskript hätte sie ungeöffnet ins Eck geschleudert. Die Schwester hätte ihr schon erzählt, was in dem Stück vorkam. Dass die Mutter ein Geizhals gewesen, dass Elias verrückt gewesen sei. – Bitte lesen, sagte ich, das Stück ist ein Denkmal für Elias. Alle falschen Gerüchte würden darin widerlegt. Und sie selbst, die Schwester, komme im Stück besonders gut weg, da sie ja Elias immer wieder besucht hatte und ihm zuletzt (nicht ganz zuletzt) auch das Leben rettete. – Nein, sie wolle nicht, dass über die Familie schlecht geredet werde. Sie wolle nicht, dass das Stück aufgeführt wird. Wisse aber, sie könne es nicht verhindern, hätte sich bei einem Anwalt erkundigt. Ich rief auch die ältere Schwester an, sie lehnte das Stück ebenso ab. Wieder einmal war es also passiert. Schrieb ich eine wahre Geschichte, hatte das Konsequenzen. Diesmal aber tat es mir nicht leid. Obwohl ich mir so sehr wünschte, die Schwestern hätten sich die Aufführung angesehen. Alle Ablehnung hätte sich in Luft aufgelöst. Kann man nichts machen.

Ich verspürte große Angst vor der Premiere, wie das wohl aufgehen würde. Ich hatte nämlich kein wirkliches Theaterstück geschrieben, sondern eine Spurensuche, bei der die Darsteller wiedergaben, was mir von den Leuten über Elias erzählt wurde. Unmöglich eigentlich. Ich befürchtete Schlimmes.

Irrtum. Nach der zweiten Vorstellung ist die ganze Aufführungsserie ausverkauft. Die Zuschauer waren zutiefst beeindruckt. Das war für viele kein Theater, sondern die Wirklichkeit. Und alle liebten Elias, alle. Manche mussten nachher wortlos gehen. So sehr waren sie mitgenommen. Auch der Heimleiter ertrug es kaum. Am Ende beschwerten sich die Zillertaler, dass sie keine Karten bekommen hätten. Also waren die meisten Besucher von auswärts gekommen; ich war fassungslos.

Im Sommer darauf, 2017, wurde daher die Aufführung wieder aufgenommen. Agnes und ich fuhren mit Heinz Tipotsch, Hannes (der als Jäger Elias versorgt hatte) und Elisabeth Kerschdorfer sowie Günther Holaus (von ihm stammen die einzigen Fotos von Elias) in den Märzengrund und stiegen zur »Schacht« hinauf, die höchste Alm in der Gegend, in der Elias gelebt hatte. Das hatten wir im letzten Sommer zeitmäßig nicht geschafft, weil die Alm sich so weit im Gebirge oben befindet. Kaum noch Gras hier, unzählige Steine, sehr steil. Die schindelgedeckten Steingebäude aussehend wie Relikte einer vergangenen Zeit.

Wie in Tibet oder Nepal kam ich mir vor. Im Wohnraum überall Spuren von Elias. Draußen auf den Felsen immer noch seine Kleidung, die er vor zehn Jahren nach dem Waschen dort zum Trocknen ausgelegt hatte. Alles schien nun bereits mit dem Stein verwachsen zu sein, Moos hatte sich darübergelegt.

Felix Mitterer (Mitte) mit Agnes (rechts von ihm), Hannes und Elisabeth Kerschdorfer (1. und 2. von links) und Heinz Tipotsch (ganz rechts) auf dem Weg vom Märzengrund zur »Schacht« (Sommer 2017)

Es war mein Wunsch, dass die Aufführung in Stumm die einzige bleibt. Eindrücklicher als diese, am Fuße des Märzengrunds, konnte eine andere nicht sein. Aber Sepp Grundbacher vom Irschenberger Theater kam nach Stumm und wollte unbedingt das Stück mit seinen Leuten spielen. Da konnte ich nicht nein sagen. Bei der letzten Vorstellung erschien, aus Wien kommend, der Filmproduzent Michael Cencig (Metafilm) mit seiner Frau. Michael ist der Mann, der mit Rupert Henning »Mein Ungeheuer« als Film machen möchte. Beide waren beeindruckt von der Aufführung, von Elias. Michael schrieb mich an: »Das ist doch ein Filmstoff!« Sagte ich ja immer. Wir werden sehen. Jedenfalls habe ich schon einmal ein Hörspiel daraus gemacht, Martin Sailer produziert es 2018. Da kann die Natur im Kopf des Hörers entstehen.

Dies Anfang und Ende des Stückes:

ELIAS: *Dann is es dunkel worden und die ersten Donner warn zu hörn. Der Himmel kohlschwarz und schwefelgelb. Und i hab mi greckt und bin gwachsen, wia die Farne im Wald bin i gwachsen. Die Blitz sein kreuz und quer übern Himmel zuckt. Immer nachender iss kemmen, immer nachender, der Abstand zwischen Blitz und Donner immer kürzer. Und i bin grennt, i bin grennt, eini ins Gewitter. Dort kriag i Schutz, unter die Gewitterwolken kriag i Schutz! Hab den Kleiderkasten hinter mir lassen, hab des Zimmer hinter mir lassen, und den Gemeinschaftsraum, und des Altersheim; aussi bin i bei der Tür, und eini in' Märzengrund. Und der Bussard is über mir gflogen, und Reach und Fuchs sein neben mir glaffen und die Schlang hat sich um mein Hals gringelt, und i bin Bussard gwesen, und Reach und Fuchs und Schlang. Links und rechts, vor und hinter uns ham die Blitz eingschlagen, und gleichzeitig hats getuscht und gekracht als ob die Welt untergang. Und i hab gschrian vor Freud, gschrian hab i vor Freud! Und der Regen hat mi wachsen lassen, immer mehr wachsen; über die Baam aussi bin i gwachsen, i, der Wilde vom Märzengrund! Und dann war i oben in die Berg, in die Felsen! Endlich frei, endlich frei, endlich ganz frei!*

Toni Wille und der »Sommernachtsmord«

Anton Wille lebt im Weiler Nufels im Kaunertal. Das Haus steht zwischen zwei Lawinenstrichen. Toni ist Organist in der Wallfahrtskirche Kaltenbrunn, die nur 500 Meter von ihm entfernt liegt. Aber er ist auch Klavierspieler, Holzkünstler und Bauer (seine Kühe haben noch die Hörner). Schon mit fünf Jahren spielte er die Ziehharmonika, saß auf der Treppe zum oberen Stock und spielte, tagaus, tagein. Die Fremdengäste – die Mama vermietete ein paar Zimmer – gaben ihm einen Schilling, damit er aufhöre. Dann fing er nach einer Weile wieder an und bekam – von einem anderen Gast – wieder einen Schilling. Das setzte er später in einem Gasthaus fort. Und verdiente gar nicht schlecht damit.

Als die Eltern nicht mehr waren, führte er allein den Hof weiter. Erwarb einen Flügel, brachte sich das Klavierspielen bei. Und dann begann er, alte, kaputte Konzertflügel zusammenzukaufen und restaurierte sie. Ein berühmter deutscher Pianist namens Ernst Gröschel kam, wollte zwei Wochen auf Urlaub bleiben, bemerkte das Talent von Toni und blieb zwei Monate. Brachte Toni bei, wie man wirklich gut Klavier spielt. Auch die Noten lernte er natürlich.

Heute besitzt Toni 50 Konzertflügel aus allen Epochen und hat für sie 1998 ein eigenes Haus gebaut. Und zwar in Form eines Konzertflügels; ein riesiger Felsen, der immer schon da war, ist in das Haus integriert. Da lernte ich Toni kennen. Und erfuhr, was er sonst noch so produzierte. Und staunte. Riesige Holzfenster in »maurischer« Form, aber kein Glas drin, sondern hauchdünne Holzscheiben, die das Licht durchlassen. Schaut wie Bernstein aus. Aber mit der Holzmaserung. Die Fenster sind eigentlich für eine Kathedrale gedacht, so groß sind sie.

Eine eigene Orgel wollte er bauen. Aber mit Pfeifen aus Holz. Nach Brescia fuhr er, weil dort die besten Orgelbauer sind. Lernte das Handwerk, kehrte heim, begann die Pfeifen zu bauen. Heute sind es 5.000 aus 50 verschiedenen Holzarten. Von 22 Meter lang bis 7 Millimeter kurz gibt es jede Größe. Die Langen dröhnen ganz dumpf und mächtig, wenn man in sie hineinbläst, die Kleinsten hört nur noch der Hund.

Der Traum von Toni ist seit vielen Jahren ein Orgelturm für seine Pfeifen. In Form einer aufsteigenden Schnecke. Schien mir unerfüllbar. Ihm nicht. Und vielleicht hatte er recht. Denn nun trat Annemarie Obergmeiner in sein Junggesellenleben. Freilich hatte er auch vorher schon Anhängerinnen und Anhänger gehabt, vor allem drüben am Sonnenplateau Ladis-Fiss-Serfaus. Dort spielte er in einem Hotel für die Gäste Klavier, um sich etwas Geld zu verdienen. Man fand Toni originell, aber nahm ihn wohl nicht wirklich ernst. Das änderte sich mit Annemarie. Sie erkannte seine geniale Begabung und wollte ihm helfen. Räumte das Haus mit ihm auf, denn in jedem Raum lagerten unzählige Orgelpfeifen. Im Stadel die Holzfenster und Klavierteile hinterm Heu, unzählige Tastaturen vor allem. Die ganz langen Orgelpfeifen, an Halterungen eingehängt, mussten natürlich bleiben. Annemarie brachte Ordnung in das Chaos von Toni. Es wurde sauber und heimelig. Die beiden blieben zusammen.

2007 hatte dann Annemarie die Idee, Orgelpatenschaften zu organisieren. Je nach Pfeifengröße kann man ab 50 Euro Pate einer Orgelpfeife werden und wird mit dem Namen auf der Pfeife verewigt. Sie holte kompetente Leute. Dipl.-Ing. Ingo Ballmann entwarf professionell den Orgelturm. Gerhard Fuchs kümmerte sich um Werbung, entwarf einen Prospekt, arbeitete auch am Gebäudedesign und am Raumkonzept mit. Sieben Organisten gleichzeitig können die

Orgel bespielen. Die großen Pfeifen bilden zugleich die Innenwände. Das Publikum befindet sich inmitten der Orgel. Lange wurde ein Grundstück für den Orgelturm gesucht und dann auch eines gefunden. Gratis von einer großzügigen Förderin zur Verfügung gestellt. Jetzt braucht es »nur« noch das Geld für den Bau des Turmes. Viel Glück, Toni. (Wer sich für das Projekt interessiert, möge anrufen: +43 (0) 676/638 2477, Toni Wille, Nufels 10, 6524 Kaunertal)

Toni gibt auch Konzerte in seinem Flügelhaus, Annemarie macht die Einführung. Und Toni erklärt, welche Flügel sich am besten für Bach oder Mozart oder Liszt eignen. Bevorzugte dürfen sich unter den Flügel legen, denn dort hört man die Musik am besten, sagt Toni, sie wird zur Klangtherapie.

Die Faszination, die Toni auf die Menschen ausübt, muss noch näher erläutert werden. Toni ist ein begnadeter Erzähler, ein »Storyteller«. Er kann so witzig über sein Leben und über all die Menschen, denen er im Kaunertal begegnet ist erzählen, dass die Leute von Ladis ihn 2016 baten, im dortigen Kulturzentrum aufzutreten. Man nannte die Veranstaltung dann »Die Kabarett-Premiere von Anton Wille«, aber es war viel mehr als das. Man kann es eigentlich nicht beschreiben. Toni redet auf der Bühne genauso, wie er auch daheim am Küchentisch redet; nicht anders. Man kann einfach nicht aufhören, ihm gebannt zu lauschen. Und biegt sich vor Lachen. Vielleicht liegt es auch daran, dass Toni so ein frohes Herz hat und nie aufgibt.

Was hat das alles mit einem »Sommernachtsmord« zu tun? Der ORF machte in jedem Bundesland einen sogenannten Landkrimi, ich sollte die Tiroler Folge schreiben. Also fragte ich Toni, ob ich ihn als Vorbild für meine Hauptfigur nehmen dürfte. Toni ließ sich mit Freuden drauf ein. 2016 wurde der Fernsehfilm von Harald Sicheritz gedreht, Gregor Bloéb spielte die Toni-Figur, Gerti Drassl seine Verlobte, Katharina Strasser die haarige Polizistin, außerdem agierte auch mein anderes Lieblingspaar, nämlich Julia Gschnitzer und Peter Mitterrutzner. Martin Leutgeb (schon großartig in »Baum der Erlösung), Roland Silbernagl (»Stummer Schrei«) und Bernhard Wolf (Geierwally-Spiele in Elbigenalp) waren auch furios dabei. Und ganz grandios Clemens Schick als deutscher Spekulant, der sein Geld in der Sparkasse des Bergdorfes bunkert.

Das war's. Bitte, es muss Geld her für Tonis Orgelturm!

Chryseldis

Am 28. Februar 2017, gegen 17 Uhr, hetzt Christian Pirkner die Treppen hinauf, sperrt die Wohnungstür auf, geht sofort auf die Knie, weil er als ehemaliger Feuerwehrmann weiß, was zu tun ist. Er stößt die Tür auf, dichter schwarzer Qualm und furchtbare Hitze kommen ihm entgegen. Er kriecht hinein, schlägt die Tür hinter sich zu, denn es darf keine Zugluft geben. Dann kämpft er sich durch zum Arbeitszimmer. Dort kniet benommen Chryseldis.

Anna ruft in diesem Moment aus Ravelsbach das Handy von Christian an, weil sie sich Sorgen um ihre Mutter macht. Das Handy liegt im Café Birgit, diese hebt ab und sagt Anna, bei der Mamma oben sei ein Brand ausgebrochen, aber Christian sei schnell hinaufgerannt, um ihr zu helfen. Außerdem komme jeden Moment die Feuerwehr. Birgit legt auf. Anna ruft schockiert sofort noch einmal an, aber es nimmt niemand mehr ab.

Christian hebt Chryseldis auf, will mit ihr Richtung Wohnungstür, aber da kommt schon ein Flammensturm daher. Christian zieht Chryseldis zum Fenster, reißt es auf, lehnt Chryseldis hinaus, damit sie frische Luft bekommt. Und er deckt sie mit seinem Körper gegen die näher kommenden Flammen ab. Da beginnt am Rücken seine Kunststoffjacke zu schmelzen und er wendet sich zur Seite. Der Feuerwehrkorb kommt am Kran herauf, Christian hilft den zwei Feuerwehrmännern, Chryseldis in den Korb zu heben, wird dann selbst geborgen.

Agnes und ich kommen eben vom Einkaufen zurück, Anna steht schon am Tor und sagt uns, was passiert sei. Ich rufe Birgit auf ihrem Handy an und frage, wie es stehe. Beide gerettet, meint sie, halbwegs gut ausgegangen. Wir sind etwas erleichtert. Trotzdem schockiert und sehr besorgt. Ich rufe die Krankenhäuser an. In der Innsbrucker Klinik sagt man mir, eben sei eine Frau mit Brandwunden eingeliefert worden, man kenne ihre Identität aber nicht. Ich spreche mit dem zuständigen Arzt und gebe ihm die Daten von Chryseldis. Wie geht es ihr? Er könne zum jetzigen Zeitpunkt nicht wirklich was sagen, ich soll später anrufen.

Ich rase mit Anna nach Innsbruck. Wir kommen in die Intensivstation. Ärzte und Schwestern warten im Vorraum schon. Keine Hoffnung, sagt man uns, zu viel Haut am Rücken verbrannt. Wir werden an ihr Bett geführt. Sie lebt noch, ist aber ohne Bewusstsein.

Im Gesicht nichts passiert. Schaut aus, als wäre sie nicht in den Flammen gewesen. Alles wohl am Rücken. Wir reden mit ihr, nehmen ihre Hände, streicheln sie. Ein Seelsorger kommt, fragt wegen der »letzten Ölung«, wir stimmen zu. Bleiben lange bei ihr. Sie atmet ruhig, ist warm. Das sind die Maschinen. Dann gehen wir, die Maschinen werden abgeschaltet. Wir können bei Monika Falbesoner und Erich in Telfs übernachten. Irgendwann der Anruf von der Klinik, dass Chryseldis gestorben ist.

Das Begräbnis in Landeck. Landeshauptmann Günther Platter, ein Imster, Chryseldis kannte ihn schon, als er noch lange nicht in der Politik war, hält eine Rede über sie. Siggi Haider spielt Pirchner an ihrem Grab. Unzählige Menschen sind gekommen, aus allen Windrichtungen, Künstlerfreundinnen und -freunde, Wegbegleiter. Viele natürlich vom Oberland, von Perfuchs.

Martin Sailer, der in Hall lebt und öfter mit Chryseldis zusammentraf, spricht ebenfalls:

Wie Wurzeln im Grund
Ein Bild für Chryseldis

I

Ja, es hatte wirklich so ausgesehen, als hätte Chryseldis, der ihre vielen Ortswechsel immer so schwer fielen, endlich wieder Wurzeln geschlagen, als sie vor einigen Jahren nach Hall gezogen war und schon bald zum Stadtbild gehörte. Chryseldis, die stets in Weiß gekleidete Frau mit dem wunderschön blühenden Haar, dem sanften, offenen Gesichtsausdruck, die so aufmerksam schauen und zuhören konnte. Chryseldis, die dem, was sie betrachtete, von ihrer Zeit gab, sodass es sich zu entfalten vermochte unter ihren Blicken, die eine Art von Streicheln waren, ein lächelndes Wachrufen der Seele. Sodass auch ihr Publikum spüren konnte, was ihr Dasein ausmachte.

II

Da sitzt und schaut sie in unseren Gedanken, die Weißgewandete. Und lauscht aufmerksam dem, was ihr vom Immerschon herübergeflüstert wird, dort auf der Bank am Haller Stiftsplatz. Den sie so gern aufsucht, weil sein südlich-barockes Ambiente ihr so behagt.

Vor sich hat sie die Stiftskirche, die Herz-Jesu-Basilika, im Rücken den dazugehörigen Magdalenenbrunnen, benannt nach jener Erzherzogin, die vor Hunderten von Jahren für ihresgleichen das noble Damenstift begründet hatte, das jetzt von weiß gekleideten Schwestern eines anderen, bescheidenen Ordens bewohnt wird, ob ihrer Tracht von den Hallern seit jeher liebevoll die »Weißen Tauben« genannt. »Ich bin ja selber fast eine«, sagt Chryseldis, und lacht ihr warmes Lachen, und schon sind wir drinnen in der Kirche der entrückten Zeit, wo die Antlitze der Schwestern hinter Schleiern nur ahnbar bleiben, wissend von einer anderen Welt.

III

Vieles aus solchem Ungefähr flüstert Chryseldis in ihren Bildern zu uns herüber. Es sind wunderbare Zwiegespräche, die sich derart mit ihnen ergeben, denn Chryseldis' Arbeiten schlagen keine lauten Töne an. Man darf die Augen ruhen lassen auf ihrem Werk.

IV

So schlendert nun Chryseldis in unseren Gedanken in der Haller Altstadt, die sie lieben gelernt hat, in der sie sich wohl und geborgen fühlt, endlich wieder. Dann sehen wir sie im Gras eines Hanges sitzen, nahe jener Werkstatt in Wildermieming, wo sie mit Meistern des Steindrucks ihre so wundertiefen Lithographien schuf.

Ihren Berg, die Hohe Munde, hat Chryseldis jetzt beschützend im Rücken, vor sich dort unten das Afrakirchlein, für das sie Glasfenster gestaltet hat, ein überirdisches Gespräch des Dankes, ihrer ganz persönlichen und tiefen Gläubigkeit.

V

Die Heilige Afra, zu deren Ehren das Kirchlein in Affenhausen geweiht wurde, gehört wie Notburga und Franzens Heilige Klara zu den großen Frauen, denen und deren Geschichten sich Chryseldis gewidmet hat, sie, die selbst eine so große Erzählerin und Deuterin war. Wie niemand sonst hat sie Stücke Felix Mitterers zu beantworten gewusst, das zeigt ihr Zyklus zu seinen Dramen. Und so gehört auch die Moid aus Stigma zu jenen Frauen. Diese innig vertrauende Dienstmagd, die dem Herrn ihr Monatsblut opfert in einer der zartesten, liebevollsten und in ihrer Schlichtheit am tiefsten berührenden Theaterszenen, die es gibt.

Dieses Finden von mutiger Schlichtheit war eine der ganz besonderen Gaben der Chryseldis. Sie war und ist eine kluge Verführerin zum Wahr-Nehmen hin – auch jener Fragen, die weit über unsere Welt hinausweisen.

VI

Ja, und so sitzt sie in unseren Gedanken da und nimmt auf, was um sie ist, neigt den Kopf zurück, lockert ihr ockergelbes Schultertuch, das ein Widerglanz der Sonne in dieser Stunde ist, und blickt hinauf zu den Wolken, die mir allesamt und mein Leben lang Geschöpfe von Chryseldis bleiben werden, seit ich das Lebensglück habe, diese weise Frau, ihre Anna und ihren Felix zu kennen.

VII

Jedes Mal habe sie Heimweh gehabt, erzählte Chryseldis, wenn sie wieder einmal übersiedeln, ein Vertrautgewordenes habe aufgeben müssen. Und so war die Kunst ihr unverlierbares Daheim, hier lagen ihre Lebenswurzeln. Aus diesen heraus ist sie uns zugewachsen mit all ihrem Humor, ihrer Freude an der Begegnung, an Musik und Literatur, auch am Glück Anderer. Und so können wir empfinden, was uns Chryseldis auf Papier, auf Leinwand, Glas und Stein erzählt: Von sich selbst, von Leid und Schmerz, Glück und Sehnsucht, über Mensch und Natur, über die Liebe mit ihren Brüchen, Entfernungen und ihrer größten Intimität. Ja, das ist das richtige Wort: Intimität. Denn immer wohnt den Arbeiten der Chryseldis etwas unverstellt Persönliches inne, etwas Geheimnisvolles und Magisches.

VIII

So, wie ihrem Namen Chryseldis, den ihr die Mutter geschenkt hatte und den sie so sehr liebte. Die Bedeutungen Reinheit und Gold verbergen sich darin; Chryseldis kann man auch als »Die nach dem Besten Verlangende« übersetzen.

Wer in ihrem Herzen Wurzeln schlagen durfte, der erlebte dieses Reine, dieses Beste. So warmherzig war Chryseldis, so sanft, so treu und nah.

IX

Und so klingen jetzt Worte nach, die man gewechselt hat oder auch nur gedacht und nicht ausgesprochen, leise Gedanken allemal. Wie den, dass verlorene Zeit nie wiedergefunden werden kann; dass hingegen, wie Chryseldis sagte, »geronnene Zeit oft gewonnene Zeit ist. Weil man praktisch die Möglichkeit hat, die Zeit anzuschauen.«

Ja, in der Arbeit über die Zeit hatte sich Chryseldis zuletzt und glücklich eingerichtet in ihrem Daheim, in Hall, in der Kunst. Beflügelt hatte sie Studien über die Zeit begonnen, mit Bleistift: Leicht, zart und schwebend. In eine neue Welt hinein.

X

Und jetzt ist Chryseldis ein letztes Mal woanders hingezogen. Ihre Liebe und die unendliche Zeit, geborgen in ihrem Wesen und damit in ihrer Kunst, die bleiben uns, alles überdauernd, alles überstehend – wie Wurzeln im Grund.

***

Christian Pirkner, der Mann, der Chryseldis unter Lebensgefahr retten wollte, hat überlebt. Das ganze Jahr 2017 über wurde er behandelt, wurden ihm Hautflecken vom Oberschenkel auf den verbrannten Rücken transplantiert. Sehr langwierig und schmerzhaft alles. Seinen Beruf (er war Pfleger) kann er nicht mehr ausüben, er wurde in Frühpension geschickt. Seit Chryseldis in Hall war, hat er sich um sie gekümmert, Einkäufe erledigt, Besorgungen gemacht, ihr Gesellschaft geleistet. Danke, Christian, tapferer Mann.

Anna kann es – wir haben Ende 2017 – immer noch nicht fassen, steht eigentlich nach wie vor unter Schock. Oft hatte sie ihre Mutter in Hall besucht, verbrachte viel Zeit mit ihr. Wenn sie telefonisch nicht erreichbar war, und das kam oft vor, so setzte sich Anna voller Sorge in den Zug und fuhr zu Chryseldis. Anna macht sich Vorwürfe, dass sie nicht dort war, als es passierte. Glaubt, sie hätte es verhindern können. Kann man aber nicht.

Die Landecker Freunde schenkten uns immer wieder ihren Trost. Doris Henzinger, Brigitte und Gerald Nitsche, Angelika Scheiber; Sturm Seppl, Huaber Fuzzy (eigentlich Friedrich-Karl Huber) und seine Frau Herma in Perfuchs, Haueis Seppl im Postgasthof Gemse in Zams, bei dem wir wohnen durften.

Im Sommer 2017, während der Tiroler Volksschauspiele in Telfs, organisierte Ruth Haas, die Kulturfrau der Gemeinde, zusammen mit Anna, eine Ausstellung der Plakate von Chryseldis, die sie lange

Jahre für die Volksschauspiele gemacht hatte. Auch die Originale dazu fanden sich. Jakob Pfaundler (Sohn von Wolfgang, hervorragender Fotograf) half mit, steuerte auch das schöne Foto von Chryseldis bei. Agnes Büchele, einst die beste Freundin von Chryseldis, kam aus Köln und hielt die beste Ansprache von allen. Ich machte eine Lesung im Ausstellungsraum in der Schindlervilla, Siggi Haider und Tschulie musizierten.

Es fehlen die Worte.

Eines der Plakate,
die Chryseldis für die
Tiroler Volksschauspiele
in Telfs schuf

»Galápagos«, 2017

In diesem Sommer hatte ich gerade angefangen, ein neues Theaterstück zu schreiben. Es geht darin um eine unglaubliche Geschichte, die sich in den Jahren ab 1929, dem Jahr der weltweiten Finanzkrise, auf dem fernen Galápagos-Archipel zutrug. Schon 2009, im Jahr der neuerlichen Weltwirtschaftskrise, hatte mir Michaela Rathbauer (Produzentin) einen kurzen Zeitungsartikel zugeschickt, der sich damit befasste. Das fand ich spannend und ich begann zu recherchieren.

Der Berliner Zahnarzt und Philosoph Dr. Friedrich Ritter wandert mit seiner Gefährtin Dore Strauch im Herbst 1929 auf die unbewohnte Galápagos-Insel Floreana aus, um der ihm verhassten Zivilisation zu entfliehen und in vollkommener Welt-Entrücktheit sein philosophisches Hauptwerk zu schreiben. Durch neugierige Millionäre, die mit ihren Jachten auf Floreana anlegen, erfährt die Welt von diesem ungewöhnlichen Paar, und bald werden sie zum »famous nudist couple«, dessen wahre und angebliche Erlebnisse von Millionen Zeitungslesern auf der ganzen Welt begierig verschlungen werden. Leider ist Dr. Ritter eitel genug, um selber in etlichen amerikanischen Boulevardzeitungen Anekdoten aus dem Inselleben zu berichten. Das hat unangenehme Folgen. Denn dadurch kommen viele Aussteiger aus der ganzen Welt nach Floreana, die dem Beispiel des berühmten Paares folgen wollen. Sie alle scheitern kläglich und kehren der unwirtlichen Insel nach kurzer Zeit schon wieder den Rücken.

Im August 1932 kommt der Kölner Heinz Wittmer mit seiner schwangeren Ehefrau Margret und dem 12-jährigen Sohn Harry nach Floreana. Die Wittmers wollen der deutschen Wirtschaftskrise entkommen und hier am Ende der Welt als Farmer ihr Glück versuchen. Außerdem erhoffen sie sich im salzigen Meeresklima Heilung für ihren Sohn, der an einer Lungen- und Augenkrankheit leidet. Ritter ist über die Ankunft der Wittmers nicht begeistert. Die beiden sind aber sehr tüchtig und scheitern nicht. Im Gegenteil.

Im Oktober 1932 nimmt alles die überraschende Wendung, die zur Katastrophe führen wird. Die angebliche Wiener Baronin Eloise Wagner de Bousquet inszeniert mit ihren beiden Geliebten Robert Philippson und Rudolf Lorenz ihren großen Auftritt auf Floreana. Sie will für die Millionäre, die von Ritter und seiner Gefährtin Dore angelockt wurden, ein Luxushotel errichten. Bald übernimmt sie mit Pistole und Reitpeitsche das Kommando, ernennt sich selbst zur »Kaiserin von Floreana«, terrorisiert die Bewohner ebenso wie Besucher, schießt Hunde und Menschen an, lanciert in der Weltpresse Sensationsartikel über sich, die, je übler sie ausfallen – »The lust-mad empress of Galapagos« – ihr umso besser zu gefallen scheinen. Am Ende schreibt sie sogar unter männlichem Reporter-Pseudonym, die Kaiserin habe einen Aufstand auf Floreana mit Gewalt niedergeschlagen und Dr. Ritter in Ketten gelegt.

1934 ist das Jahr des großen Sterbens. Die Baronin und Robert Philippson verschwinden spurlos. Rudolf Lorenz und ein norwegischer Fischer werden als mumifizierte Leichen auf einer kleinen, unbewohnten Insel aufgefunden. Und der Vegetarier Friedrich Ritter stirbt im November an einer Fleischvergiftung. Dore verlässt Floreana im Dezember 1934 Richtung Deutschland und stirbt im Alter von 41 Jahren im Mai 1943 in Berlin an Herzversagen. Nach einem anderen Bericht starb sie bereits 1942 in einer Berliner Nervenheilanstalt.

Und was geschah weiter? Der mittlerweile blinde Wittmer-Sohn Harry ertrinkt 1951 vor Floreana bei einem Bootsunglück. Vater Heinz stirbt 1963 an den Folgen eines Gehirnschlags. Mutter Margret Wittmer betreibt in der Folge ein Hotel auf Floreana und stirbt hoch geehrt im März 2000 im Alter von 96 Jahren. Sie wurde zur wahren Königin von Floreana. Die Kinder und Enkelkinder verheiraten sich mit Frauen und Männern aus Ecuador, so wird die Familie Wittmer weiterbestehen bis in ferne Zeiten, so wie sich das Margret und Heinz Wittmer immer erträumt hatten.

Was für eine Geschichte, dachte ich. Die muss doch niedergeschrieben werden! Das passiert heute, das passiert alles doch jetzt! Aufregend war noch dazu, dass es von drei der Hauptpersonen Bücher über die Ereignisse auf Floreana gibt. Der Neffe von Dr. Ritter veröffentlichte 1935 eine Sammlung der Briefe, Aufsätze und Schriften von Friedrich Ritter (»Als Robinson auf Galapagos«, Grethlein & Co., Leipzig). Margret Wittmer fuhr ebenfalls 1935 auf eine ausgedehnte Vortragsreise nach Deutschland und berichtete vor übervollen Sälen aus ihrer Sicht über die Geschehnisse. 1959 brachte sie dann ihr eigenes Buch heraus (»Postlagernd Floreana«, Verlag Heinrich Scheffler, Frankfurt am Main). Dore Strauch veröffentlichte ebenfalls 1935 in London ein Buch (»Satan Came To Eden«, Jarrolds Publishers).

Dore und Friedrich ließen in ihren Büchern durchblicken, die Wittmers hätten zusammen mit Rudolf Lorenz die Baronin und Rudi Philippson umgebracht. Margret Wittmer wiederum behauptete, Ritter und Lorenz seien die Mörder, und außerdem hätte Dore ihren Gefährten Friedrich Ritter absichtlich vergiftet. Ausreichende Motive hatten sie alle.

Ich fand lange niemanden, der sich für diesen Stoff interessierte. Aber Herbert Föttinger, Direktor des Wiener Theaters in der Josefstadt, der mir schon die Stücke »Jägerstätter« und »Der Boxer« ermöglicht hatte, sagte auch diesmal sofort ja; ich danke ihm sehr dafür. Und ich danke auch meiner Lieblingsregisseurin Stephanie Mohr, die wiederum die Regie übernahm.

Als ich zu schreiben begann, interessierte es mich natürlich zuerst, die Wahrheit herauszufinden, diesen komplizierten Kriminalfall vielleicht aufzuklären. Aber dieses Interesse trat immer mehr in den Hintergrund, bis es sich schließlich ganz auflöste. Wie klug und weise hatten doch die ecuadorianischen Behörden gehandelt, als sie wenig Interesse an der Aufklärung der Todesfälle zeigten. Es waren menschliche Tragödien, wen soll man da noch verfolgen und bestrafen? Was wir da vor uns haben, ist eine wahre und exemplarische Geschichte darüber, wie der Mensch sich selbst nicht entkommen kann, gehe er, wohin er wolle. »Am Ende bleibt der nackte Mensch mit all seinen Ängsten, Begierden, Sehnsüchten und Beschädigungen.« (Georg Hasibeder, damals Programmleiter des Haymon Verlags.)

Am 16. März 2017 war die Uraufführung im Theater in der Josefstadt. Steffi Mohr inszenierte das raffinierte Spiel mit seinen vielen Lügengespinsten bravourös. Das Bühnenbild von Miriam Busch bestand nur aus Papierfetzen, die spitzen Lavasteine und zugleich Ritters weggeworfene Seiten seines philosophischen Werkes darstellend. Ein paar Sessel kamen dazu, das war's dann. So wenig braucht man, so geht's auch. Raphael von Bargen und Eva Mayer waren Dr. Ritter und seine Gefährtin Dore Strauch; beide den Vorbildern zum Verwechseln ähnlich. Sie spielten atemberaubend. Ebenso das zweite und sehr »solide« Paar Heinz und Margret Wittmer, dargestellt von Peter Scholz und Pauline Knof. Ruth Brauer-Kvam (schon bei »Die Weberischen« damals dabei) genoss sichtlich ihre Rolle als Hochstaplerin Eloise Wagner de Bousquet. Man musste diese Figur einfach mögen (was mir wichtig war), obwohl die

Szene aus »Galápagos«,
Uraufführung am Theater in der Josefstadt
(v.l.n.r.: Scholz, Knof, Mayer, Grujčić,
von Bargen, Schmelzer, Brauer-Kvam, Stein)

Baronin das ganze Unheil auslöst. Roman Schmelzer und Matthias Franz Stein waren ihre grotesk leidenden Geliebten. Extra für Ljubiša Lupo Grujčić hatte ich die Rolle des ecuadorianischen Polizisten Felipe geschrieben, dem die verschiedenen Versionen der Geschichte aufgetischt werden und der am Ende nichts unternimmt. Danke, Lupo, großartig!

Der Dramaturg Matthias Asboth ist, nach dem Weggang von Bettina Hering von St. Pölten, ans Theater in der Josefstadt engagiert worden. Bin ich aber froh, dich wieder zu haben, Matthias.

»Luther«, 2017

Bald einmal nach »Franziskus – Der Narr Gottes« war ich von den Ötigheimern gefragt worden, ob ich nicht ein Stück über Martin Luther schreiben könnte. Ich sagte sofort zu, weil mich der Mann interessierte und ich mehr über ihn erfahren wollte. Ich las wieder einmal unzählige Bücher und nahm es mir bald übel, dass ich so schnell zugesagt hatte. Wenn ich vorher gewusst hätte, dass er so ein vehementer Antisemit gewesen war, würde ich den Auftrag abgelehnt haben. Seine Frau, Katharina von Bora, war auf diesem

Gebiet noch viel schlimmer, außerdem so abergläubisch, dass Luther sich manchmal über sie lustig machte. Es war Schwerstarbeit. Den Antisemitismus thematisierte ich überhaupt nicht, drückte mich davor. Was blieb, war, dass einer wie Luther kommen musste, anders ging es nicht, denn die katholische Kirche war zu sehr verkommen und verrottet. Und zog mit den Ablassbriefen dem armen Volk die letzten Groschen aus der Tasche. Allerdings lernte ich auch viel, vor allem über die Verflechtungen von Kirche, Landesfürsten, Königen, Kaisern und Handelskonzernen. Geld und Macht, darüber lernte ich sehr viel. Dass deshalb auch der Bauernkrieg unvermeidlich war. Irgendwann einmal hat das Volk die Nase voll. Luther schlug sich in dieser Sache auf die Seite der Mächtigen, denn ohne deren Unterstützung hätte ihn Rom unweigerlich auf den Scheiterhaufen gebracht. Ein Mann zwischen den Stühlen. Aber auch ein Volksdichter. Wir verdanken ihm die Übersetzung der Bibel in eine lesbare und poetische deutsche Volkssprache. Das bedeutet viel.

Da mich das Thema so nervte, tat ich nicht weiter, und der Obmann der Bühne, Pfarrer Erich Penka, musste mich immer wieder ermahnen, endlich das Stück abzuliefern. Mein Freund Joch Weißbacher aus der Wildschönau hat mir erklärt, wie das heißt, woran ich immer wieder leide: Prokrastination. Endlich weiß ich es: das (krankhafte) Hinausschieben von Dingen, die erledigt werden müssen.

Regie führte Rebekka Stanzel, die Aufführungen fanden im Sommer 2017 statt, und Ötigheim hatte wieder alles aufgeboten, was es hatte. Chor, Orchester, Tanzgruppe, Reiterei, 400 Leute auf der Bühne. Die zahlreichen Schauspieler waren alle sehr gut, besonders auch Simon David Grossenbacher, der Darsteller Luthers. Trotz derselben Befürchtungen wie beim Franziskus-Stück, nämlich, dass zu wenig Zuschauer kommen würden, trat das auch diesmal nicht ein. Sicher auch deshalb, weil 2017 das sogenannte Luther-Jahr war und dem Mann allerorten viel Aufmerksamkeit erwiesen wurde. Die er verdiente, sei's wie's sei. Und unsere evangelischen Mitbrüder in Christo verdienen es auch; sind lange genug gepiesackt worden von uns Katholiken.

Den Franziskus hab ich dennoch viel lieber geschrieben.

Anna macht wieder einen Film

Anfang Oktober 2017 spielte ich auf Wunsch von Anna in ihrem neuen Film den englischen Kunst- und Gesellschaftskritiker John Ruskin, über den sie schon einmal in Irland ein Video gedreht hatte. Damals allerdings hatte sie selber den einsamen Rufer Ruskin auf einer leeren Autobahn dargestellt. Außer mir waren diesmal die professionellen Schauspielerinnen Sylvia Rotter und Alexandra Cwen dabei. Wir drehten mit freundlicher Erlaubnis der Familie Huck im verfallenen Schloss Ladendorf. Philipp Windsor-Topolsky und Jakob Pfaundler waren die wunderbaren Kameraleute, Patrick Schabus machte das Catering und spielte ebenfalls mit. Schon im Frühling hatte Sturm Seppl uns auf den Pitztaler Gletscher gebracht, wo Anna atemberaubende Aufnahmen von der Bergwelt machte, die John Ruskin so liebte. Auch oberhalb von Fließ und am Venet filmte sie.

Felix Mitterer als John Ruskin
in Annas Film 2017

Zum guten Ende

Kurz zur Entstehungsgeschichte dieses Buches: Dorothea Zanon vom Haymon Verlag teilte mir zeitgerecht mit, man wolle zu meinem 70. Geburtstag ein Buch über mein Leben herausbringen. Da ich nicht gleich ansprang, sagte sie mir dann, Michael Forcher könnte das ja machen, ob ich einverstanden sei. War ich. Dachte nicht wirklich darüber nach. Und zögerte die Sache wieder hinaus, indem ich im Sommer vorgab, keine Zeit zu haben, mich mit Michael zu treffen. Im Herbst kam dann aber Michael zu mir nach Ravelsbach. Nach wenigen Minuten war die Sache erledigt. Michael sagte, so ginge das doch alles nicht. Ich sei doch der Schriftsteller, ich müsste das selber schreiben. Er hatte ja recht. Gesprochenes Wort, das man vom Aufnahmegerät abschreibt, ist etwas anderes als geschriebenes Wort. Außerdem kann man nachdenken beim Schreiben, kann auch nachschauen, was war. Zugleich kommt mit dem Schreiben die Erinnerung. Also schrieb ich diesen Lebenslauf nun doch selber. Und Michael betreut mich als Lektor. Danke Michael, dass du meine Prokrastination zunichte gemacht hast.

So Vieles wäre noch zu berichten, aber ich muss zum Ende kommen, der Verlag wartet schon ganz dringend. 1969 war ich in Salzburg beim Bundesheer, das hatte ich vergessen; war auch kein bedeutsames Erlebnis. Außer, dass den Drill manche nicht ertrugen, und ich mich durchschwindelte. Von Werner und Günther Hörtner wollte ich erzählen, die nach dem Tod der Brüder von Chryseldis ihre Ersatzbrüder wurden; auch von mir sehr gemocht. Von meinen Halbgeschwistern hätte ich gerne mehr erzählt, und von Georg Stefan Troller hätte ich gerne mehr berichtet. Von Haueis Seppl, dem wichtigsten Oberländer Wirt und Meisterkoch. Von der Grafikerin und Fotografin Christine Ljubanovic. Von Monika und Margit im Gasthof Taube in Bizau. Von Franz Metzler und der Theaterbühne in Bizau, die meine Stücke auf »Wälderisch« spielten. Und vom Vorsäß in Schönenbach, wo wir mit Anna und ihren Freundinnen schöne Sommer verbrachten. Von Franz Michael Felder, dem Bauern und Schriftsteller aus dem Bregenzer Wald. Von Edith Khuen-Belasi, Heinrich Mörl und Jul Bruno Laner. Von den Malern Michl Höllrigl und Christian Stecher. Von Johannes Fragner-Unterpertinger, Apotheker und Schriftsteller im Vinschgauer Ort Mals, der mit Freunden dafür sorgte, dass Mals nun die erste pestizidfreie Gemeinde ist.

Felix Mitterer mit Verwandtschaft im Juli 2017, von rechts: Hans-Peter Marksteiner (Halbbruder), Resi Marksteiner (Halbschwester), Mitterer, Christian Marksteiner (Sohn von Resi), Helga Marksteiner (Frau von Hans-Peter), Cindy Marksteiner (Frau von Christian; aus Kolumbien, hochschwanger, im August ist ein Sohn namens Andres auf die Welt gekommen).

Vom Maler Wassil Dimow, der der letzte Briefschreiber ist; ich sammle seine Briefe wie Kostbarkeiten. Von Iris und Lois Krug in Leutasch, das durch die beiden zu einer zweiten Heimat für Agnes und mich wurde. Und natürlich vom »Küahtl« Andreas Neuner mit seiner Martina. Vom Freund Ewald Sommerer. Von Alfredo Bauer, der nach Buenos Aires emigrieren musste, dort Armenarzt und Schriftsteller wurde. Vom Dichter Arthur West. Vom Zauberer André Heller (»Wean, du bist a Taschenfeitl«). Von Colum McCann und César Kauz beim »Sprachsalz« in Hall. Von der Schriftstellerin und Freundin Susanna Kubelka. Vom »Kellerwirt« und seiner edlen Mutter in der Wildschönau. Von Walter Methlagl und Michael Klein. Von den Musikern Gottfried Jaufenthaler und Maria Zeisler (Maria Ma). Von Roland Neuwirth und seiner Andrea. Vom Dichter Franz Joseph Huainigg, der den Literaturwettbewerb »Ohrenschmaus« begründete. Vom Internetprojekt über die rätselhafte Inschrift am Goldenen Dachl in Innsbruck, das Christian Ide Hintze von der Wiener »Schule für Dichtung« initiierte (Haymon 2012). Von

Agnes wollte ich auch mehr erzählen; ohne sie hätte ich die letzten zehn Jahre nicht überstanden. Auch von ihr erscheint demnächst ein Buch, nämlich bei Richard Pils, Bibliothek der Provinz. »Rückwärtsbuch« ist es genannt, geheimnisvoll in Tirol spielend, die Ziegen von Angelika Neuner kommen prominent vor, die Hauptgoaß heißt Perle. Und natürlich wollte ich von meinen LieblingsdichterInnen berichten, von Christine Lavant, Anita Pichler, Selma Mahlknecht, Norbert C. Kaser, Theodor Kramer, Georg Paulmichl (Haymon Verlag!), Viktor Noworski.

Wenn ich einen Wunsch frei hätte, würde ich mir wünschen, dass endlich mein Drehbuch »Angelo« verfilmt würde, das schon im Jahr 2000 fertig war und nie realisiert wurde. Es geht hier um den sogenannten »Hofmohren« Angelo Soliman, als Kind in Afrika von Sklavenhändlern entführt, von einer Gräfin in Sizilien auf den Namen Angelo getauft, später an einen Wiener Fürsten verschenkt und dann dessen Kammerdiener, Freund von Mozart, gefördert von Kaiser Josef II. als Beispiel dafür, was Aufklärung und Bildung vermag, deshalb auch in eine Freimaurerloge aufgenommen. Er spricht sieben Sprachen, ist Schachmeister und versteht viel von der Ingenieurskunst. Er ist von großer Schönheit und daher angebetet von vielen Frauen und auch Männern; das »Exotische« spielt dabei natürlich eine große Rolle, Angelo erkennt das. Als er eine Wienerin heiratet, wird er vom Fürsten hinausgeworfen, weil der die Verheiratung seiner Angestellten nicht duldet. Macht aber nichts, denn Angelo hat bei einem Kartenspiel in Frankfurt unglaublich viel Geld gewonnen. Das junge Ehepaar bekommt eine Tochter namens Josefine. Dann stirbt Angelo eines mysteriösen Todes und wird vom Nachfolger Kaiser Josefs ausgestopft und ins Naturalienkabinett gestellt. Die Tochter kann sich ihren Vater im Glaskasten anschauen. Bei mir bleibt es nicht dabei, es endet tröstlicher. Auch von meinem Stück »In der Löwengrube« gibt es übrigens ein Drehbuch, das niemand verfilmt, weil es angeblich zu viel im Theater spielt. Woody Allen, schau oba (»Bullets Over Broadway«).

Das war also ungefähr und in groben Zügen mein bisheriges Leben. Manches mag für manche exotisch scheinen, aber es ist ganz und gar nichts Ungewöhnliches dran, denn so wie ich sind abertausend andere auch aufgewachsen, am Land, nach dem Zweiten Weltkrieg. Ungewöhnlich mag nur sein, dass ich Schriftsteller geworden bin, dass ich gerettet wurde.

Schließen will ich mit großem Dank an alle, die mir beigestanden sind; ich kann sie nicht aufzählen, die Liste wäre zu lang, außerdem wird sich (hoffentlich) jeder im Buch wiederfinden. Besonders danken möchte ich aber den beiden Verlagen Kaiser und Haymon, den Bühnen, die mich gespielt haben und spielen, vor allem den vielen Volksbühnen. Und ein ganz inniger, aufrichtiger Dank gilt meinem treuen Publikum.

Es ist der 8. Dezember 2017, Mariä Empfängnis.
Ich verabschiede mich.

May the road rise to meet you,
may the wind be ever at your back.
May the sun shine warm upon your face,
and the rains fall soft upon your fields.

Felix Mitterer beim Schreiben seiner Autobiographie, Ravelsbach, 5. Dezember 2017

Anhang

Felix Mitterer Werkverzeichnis

(Stand Jänner 2018)

Die Seitenzahlen unter den Titeln verweisen nur auf Erwähnungen, die über das jeweilige Stück (Hörspiel, Film) etwas aussagen, bloße Nennungen in Aufzählungen oder in anderem Zusammenhang sind nicht aufgenommen.

THEATERSTÜCKE

1. **Kein Platz für Idioten**
   95–97, 99f., 103, 249, 256ff., 393f., 458
   UA 15. September 1977 Volksbühne Blaas Innsbruck, Regie Josef Kuderna. Aufzeichnungen ORF, NDR, RAI, Verfilmungen SRG, ZDF.
2. **Veränderungen**
   97f., 104f.
   UA 1980 Theater in der Josefstadt Wien, Regie Zoltán Pataky. Aufz. ORF. Dieses Stück wurde vom Autor zurückgezogen.
3. **Stigma**
   113–122, 248, 300, 346, 410f., 435
   UA 18. August 1982 Tiroler Volksschauspiele Telfs, Regie Ruth Drexel. Aufz. ORF.
4. **Karrnerleut 83**
   123f., 163, 190
   UA 9. August 1983 Tiroler Volksschauspiele Telfs, Regie Gunnar Klattenhoff. Aufz. ORF. Dieser Einakter wurde nur für Telfs geschrieben und später zum abendfüllenden Stück »Heim« ausgearbeitet.
5. **Besuchszeit**
   141ff., 145, 155, 164, 176f.
   UA 16. April 1985 Theater Die Tribüne Wien, Regie Oskar Willner. Aufz. RAI/BR/ORF, Verfilmungen BBC Wales, ZDF.
6. **Drachendurst**
   145ff.
   UA 7. August 1986 Tiroler Volksschauspiele Telfs, Regie Kurt Weinzierl. Aufz. ORF.

Dieses Porträt und das auf Seite 520 wurden im Juni 2016 von Martin Lugger im Brunecker Stadttheater des Mitterer-Weggefährten Klaus Gasperi aufgenommen.

7. **Die Wilde Frau**
148–153
• UA 16. September 1986 Innsbrucker Kellertheater/Altinnsbrucker Bauerntheater im Gasthof Bierstindl, Verfilmung ORF, Regie Josef Kuderna.

8. **Kein schöner Land**
153–157, 323
• UA 12. April 1987 Tiroler Landestheater Innsbruck (als Koproduktion mit dem Südtiroler Ensembletheater), Regie Erich Innerebner. Aufz. ORF.

9. **Verlorene Heimat**
157–160, 487
• UA 1987 Zillertaler Volksschauspiele Stumm, Regie Ekkehard Schönwiese. Aufz. ORF. Für andere Bühnen gesperrt.

10. **Heim**
163f.
• UA 26. September 1987 Landestheater Linz, Regie Leopold Huber.

11. **Die Kinder des Teufels**
173–176
• UA 8. April 1989 Schauburg-Theater der Jugend München, Regie Rudolf Seitz.

12. **Sibirien**
176–179, 411, 416
• UA 6. August 1989 Tiroler Volksschauspiele Telfs, Regie Rudi Ladurner. Aufz. ORF, Verfilmung ORF, Aufz. RAI.

13. **Munde**
190–220
• UA 3. August 1990 Tiroler Volksschauspiele Telfs (auf dem Gipfel der Hohen Munde, 2.592 m), Regie Rudi Ladurner. Aufz. ORF/NDR.

14. **Ein Jedermann**
221ff., 252
• UA 10. Jänner 1991 Theater in der Josefstadt Wien, Regie Erwin Steinhauer.

15. **Das Spiel im Berg**
229–232
• UA Sommer 1992 Salzberg Altaussee, Regie Klaus Maria Brandauer. Aufz. ORF.

16. **Das wunderbare Schicksal**
227ff.
• UA 13. August 1992 Tiroler Volksschauspiele Telfs, in Koproduktion mit dem Münchner Volkstheater, Regie Ruth Drexel.

17. **Abraham**
249–252
• UA 23. September 1993 Landestheater Linz, Regie Erwin Bigus. Aufz. ORF der Aufführung des Salzburger Landestheaters.

18. **Die Geierwally**
243–249, 394
• UA Sommer 1993 Geierwally Freilichtspiele Elbigenalp, Lechtal, Regie Ekkehard Schönwiese.

19. **Das Fest der Krokodile**
254ff.
• UA 23. September 1994 Theater Schrille Stille Wien, im Rahmen des Internationalen Kinder- und Jugendtheaterfestivals »Szene Bunte Wähne«, Regie Elisabeth Makepeace-Vondrak.

20. **Krach im Hause Gott**
252f.
• UA 2. August 1994 Bregenzer Festspiele am Martinsplatz, Regie Bruno Felix.

21. **In der Löwengrube**
151f., 249, 267, **269–274,** 288, 510
• UA 24. Jänner 1998 Volkstheater Wien, Regie Rudolf Jusits. Aufz. ORF.

22. **Die Frau im Auto**
294–297
• UA 21. Mai 1998 Landestheater Linz, Regie Erwin Bigus.

23. **Tödliche Sünden**
316–320
• UA 25. Februar 1999 Tiroler Landestheater, Regie Torsten Schilling.

24. **Die drei Teufel**
321–328
• UA 25. Juni 1999 Brixentaler Volkstheater Hopfgarten, Regie Ekkehard Schönwiese. Für andere Bühnen gesperrt.

25. **Der Schüler Gerber,** *nach dem Roman von Friedrich Torberg*
331ff.
* *UA 1999 Theater Next Liberty Graz, Regie Michael Schilhan.*

26. **Mein Ungeheuer**
335f.
* *UA 29. Juli 2000 Tiroler Volksschauspiele Telfs, Regie Elmar Drexel. Aufz. RAI-Bozen.*

27. **Gaismair**
336–341
* *UA 20. Juli 2001 Tiroler Volksschauspiele Telfs, Regie Christian Stückl.*

28. **Johanna oder Die Erfindung der Nation**
360f.
* *UA 12. Jänner 2002 Salzburger Landestheater, Regie Michael Worsch.*

29. **Wolkenstein**
(Libretto für eine Oper über den Minnesänger, Musik Wilfried Hiller)
363ff.
* *UA 6. März 2004 Staatsoper Nürnberg, Regie Percy Adlon. Aufz. BR.*

30. **Die Hutterer**
365–373, 452
* *UA 2. Juli 2004 Schlossbergspiele Rattenberg, Regie Pepi Pittl.*

31. **Die Beichte**
377–382
* *UA 24. Juli 2004 Tiroler Volksschauspiele Telfs, Regie Martin Sailer. Aufz. ORF der Wiener Aufführung.*

32. **Fleisch**
391f.
* *UA 2005 Vereinigte Bühnen Bozen, Regie Erich Innerebner. Vom Autor für weitere Aufführungen gesperrt.*

33. **Superhenne Hanna**
(nach dem gleichnamigen Kinderbuch des Autors)
400
* *UA 2006 Theater Next Liberty Graz, Regie Michael Schilhan.*

34. **Die Weberischen**
(Musik Martyn Jacques/ The Tiger Lillies)
394–399
* *UA 28. Juli 2006 Vereinigte Bühnen Wien, Auftragswerk Mozartjahr, Regie Stephanie Mohr. Aufz. ORF der Wiederaufnahme in der Volksoper Wien 2008.*

35. **Der Panther**
415–418
* *UA 8. November 2007 Theater in der Josefstadt/Kammerspiele Wien, Regie Wolf-Dietrich Sprenger. Aufz. ORF.*

36. **Franziskus – Der Narr Gottes**
418ff.
* *UA Sommer 2008 Volksschauspiele Ötigheim BRD, Regie Gerhard Franz Brucker.*

37. **Der Patriot**
423–428
* *UA 13. November 2008 Stadttheater Walfischgasse Wien, Regie Werner Schneyder.*

38. **Speckbacher**
429
* *UA 3. Juli 2009 Schlossbergspiele Rattenberg, Regie Pepi Pittl.*

39. **1809 – Mein bestes Jahr**
432–435
* *UA 25. Juli 2009 Tiroler Volksschauspiele Telfs, Regie Christian Himmelbauer.*

40. **Du bleibst bei mir**
442ff.
* *UA 9. September 2011 Volkstheater Wien, Regie Michael Sturminger.*

41. **Die Jagd nach dem hohen C,** *nach dem Kinderbuch, gemeinsam mit Tochter Anna.*
384ff., **458**
* *UA 2013, Next Liberty Graz, Regie Michael Schilhan.*

42. **Passion Erl**
451–458
* *UA Sommer 2013 Erl, Regie Markus Plattner. Für andere Bühnen gesperrt.*

43. **Jägerstätter**
458–465
• UA 20. Juni 2013 Theater in der Josefstadt Wien, Regie Stephanie Mohr.

44. **Jakob der Letzte,**
nach dem Roman von Peter Rosegger
465ff.
• UA Sommer 2013 Roseggerfestspiele Krieglach/Alpl, Regie Michael Schilhan. Für andere Bühnen gesperrt.

45. **Der Boxer**
469–475
• UA 29. Jänner 2015 Theater in der Josefstadt Wien, Regie Stephanie Mohr.

46. **Glanzstoff**
484–487
• UA 29. April 2015 Landestheater Niederösterreich, »Bürgertheater« in der Glanzstoff-Fabrik, Regie Renate Aichinger. Für andere Bühnen gesperrt.

47. **Märzengrund**
487–493
• UA Sommer 2016 Festival Stummer Schrei in Stumm/Zillertal, Regie Konrad Hochgruber.

48. **Galápagos**
502–505
• UA 16. März 2017 Theater in der Josefstadt Wien, Regie Stephanie Mohr.

49. **Luther**
505f.
• UA Sommer 2017 Volksschauspiele Ötigheim BRD, Regie Rebekka Stanzel.

50. **Vomperloch**
• UA 7. Oktober 2018 Tiroler Landestheater Innsbruck, Regie Thomas Krauß.

ÜBERSETZUNGEN

Der Held aus dem Westen (The Playboy of the Western World)
von John Millington Synge
328–331
• UA 24. Jänner 1999 Theater der Jugend Wien, Regie Hans Escher. – Tiroler Fassung Juli 1999 Tiroler Volksschauspiele Telfs, in Koproduktion mit dem Münchner Volkstheater, Regie Ruth Drexel.

Höllenritt (Sharon's Grave)
von John B. Keane
407ff., **409f.**
• UA Sommer 2007 Tiroler Volksschauspiele Telfs, Regie Markus Plattner.

HÖRSPIELE

alle für ORF Tirol

Kein Platz für Idioten
64
• 1975, Regie Franz Hölbing

Besuchszeit
141
• 1983/84, Regie Franz Hölbing

Krach im Hause Gott
252f.
• 1993, Regie Martin Sailer

Mein Ungeheuer
335f.
• 1998, Regie Martin Sailer

Die Beichte
377ff.
• 2003, Regie Martin Sailer

Exit Zero
450f.
• 2012, Regie Martin Sailer

Mit Ausnahme von Exit Zero sind aus allen Hörspielen Theaterstücke entstanden.

DREHBÜCHER

1. **Schießen**
   61–64
   • ORF 1977, Regie Lucky Stepanik

2. **Egon Schiele**
   98ff.
   • Drehbuch mit Wolfgang Georg Fischer und Titelrolle, ORF/ZDF 1979, Regie John Goldschmidt

3. **Die 5. Jahreszeit**
   101, **105ff.**
   • 6 von 9 Folgen der Serie, NDR/SR 1980/81, Regie Reinhard Schwabenitzky und Franz Gottlieb

4. **Der Narr von Wien – Peter Altenberg**
   122f.
   • ORF/ZDF 1982, Regie John Goldschmidt

5. **Erdsegen**
   123
   nach dem Rosegger-Roman, • ORF/ZDF 1984, Regie Karin Brandauer

6. **Das rauhe Leben**
   123
   nach dem Petzold-Roman, • ORF/ZDF 1985, Regie Heide Pils

7. **Verkaufte Heimat**
   164–172
   • Vierteiler, ORF/NDR/BR/RAI 1989/94, Regie Karin Brandauer, Gernot Friedel

8. **Die Piefke-Saga**
   179–184
   • Vierteiler, NDR/ORF 1989/92, Regie Wilfried Dotzel, Werner Masten

9. **Requiem für Dominic**
   184–190
   • Kinofilm, Drehbuch mit Michael Köhlmeier und Hauptrolle, Terra-Film/ORF 1990, Regie Robert Dornhelm

10. **Die Wildnis**
    224
    • Kinofilm, Nova-Film/ZDF 1992, Regie Werner Masten

11. **Kein Platz für Idioten**
    256–258
    nach dem Stück, • ZDF 1994, Regie Gedeon Kovacs

12. **Der König kehrt zurück**
    258f.
    • »Tatort«, NDR 1995, Regie Michael Gutmann

13. **Alle für die Mafia**
    274f.
    • Zweiteiler, ORF/NDR/WDR 1997, Regie Gernot Friedel

14. **Krambambuli**
    293f.
    • Kinofilm nach Ebner-Eschenbach, Satel-Film/ORF/BR/SR 1998, Regie Xaver Schwarzenberger

15. **Passion**
    300f.
    • »Tatort«, ORF 1999, Regie Ilse Hofmann

16. **Böses Blut**
    • »Tatort«, ORF 2000, Regie Peter Sämann

17. **Elvis lebt!**
    350
    • »Tatort«, ORF 2001, Regie Peter Sämann

18. **Andreas Hofer – Die Freiheit des Adlers**
    348–351
    • ORF/BR/RAI Bozen 2001, Regie Xaver Schwarzenberger

19. **Tödliche Souvenirs**
    • »Tatort«, ORF 2002, Regie Peter Sämann

20. **Der Wächter der Quelle**
    • »Tatort«, ORF 2003, Regie Holger Barthel

21. **Die Heilerin**
    373–377
    • ORF/BR 2004, Regie Holger Barthel

22. **Der Teufel vom Berg**
•»*Tatort*«, *ORF 2004, Regie Thomas Roth*

23. **Ein Tod aus Afrika**
•»*Tatort*«, *ORF 2005, Regie Andreas Prochaska*

24. **Das Geld des Volkes**
•»*Tatort*«, *ORF 2006, Regie Wolfgang Murnberger*

25. **Die Heilerin, Teil 2**
376f.
•*ORF/BR 2006, Regie Holger Barthel*

26. **Granit**
300–302
•»*Tatort*«, *ORF 2007, Regie Fabian Eder*

27. **Der Bär ist los!**
422f.
•*ORF/BR/NDR 2008, Regie Xaver Schwarzenberger*

28. **Baum der Erlösung**
300f., **302–308**
•»*Tatort*«, *ORF 2008, Regie Harald Sicheritz*

29. **Lohn der Arbeit**
300f., **308ff.**
•»*Tatort*«, *ORF 2010, Regie Erich Hörtnagl*

30. **Sommernachtsmord**
493ff.
•»*Tiroler Landkrimi*«, *ORF 2016, Regie Harald Sicheritz*

BÜCHER

Superhenne Hanna
59–61, 133, 254, 387, 412
•Kinderbuch, Jugend & Volk, Wien 1977, nun Verlag G&G, Wien

An den Rand des Dorfes
71
•Erzählband, Jugend & Volk, Wien 1981, nun Haymon Verlag

Superhenne Hanna gibt nicht auf
387
•Kinderbuch, G&G, Wien 2004

Die Jagd nach dem hohen C
385–387
•gemeinsam mit Tochter Anna, Kinderbuch, G&G, Wien 2005

Ein Weihnachtslied
387
•nach »A Christmas Carol« von Charles Dickens, G&G, Wien 2006

Superküken Hanna
387
•Kinderbuch, G&G, Wien 2007

Die meisten Theaterstücke (darunter eine fünfbändige Gesamtausgabe) und mehrere Drehbücher beim Haymon Verlag, Innsbruck.

AUSZEICHNUNGEN

(Auswahl)

1980

- Walter-Buchebner-Preis

1987

- Peter-Rosegger-Preis des Landes Steiermark

1988

- Kultur-Preis des Landes Tirol

1991

- Österreichischer Würdigungspreis für Literatur.
- Österreichischer Volksbildungspreis für *Egon Schiele, Das rauhe Leben, Verkaufte Heimat.*
- Adolf-Grimme-Preis und »Romy« für *Die Piefke-Saga*

2001

- Ernst-Toller-Preis in Anerkennung der literarischen Leistungen im Grenzbereich von Literatur und Politik

2004

- wurde *Die Beichte* zum Hörspiel des Jahres gewählt, erhielt den Preis der österreichischen Erwachsenenbildung und den Prix Italia.

2005

- Ehrenzeichen des Landes Tirol und der Marktgemeinde Telfs

2009

- »Romy« für »Bestes Drehbuch« für den Tatort *Baum der Erlösung*

2013

- Ödön-von-Horváth-Preis

2015

- Ehrenzeichen für Kunst und Kultur der Stadt Innsbruck

Personenregister

Anna Mitterer und Chryseldis Hofer-Mitterer sind nicht ins Register aufgenommen. Erwähnungen im Anhang sind nicht aufgenommen.

A

Abbrederis, Susanne 442
Abendstein, Hans 150
Achatz, Maximilian 381, 466
Achleitner, Fritz 90
Adamski, Florian 373, 392, 409f.
Adelmann, Heinz 323, 325
Adlon, Percy 364
Adorf, Mario 274
Aichinger, Renate 484, 486f.
Aigner, Sebastian 56
Alas, Tuncay 198
Albrich, Silvia 200
Altenberg, Peter 123
Ammersfeld, Anita 423
Ander, Otto 67, 95, 103, 141
Anderka, Else 181
Asboth, Matthias 484f., 505
Auer, Heinz 258, 373, 420, 429
Auer, Hilde 331, 409
Auer, Hubert 194, 201
Auer, Luis 458
Ausländer, Rose 351

B

Bacher, Gerd 171, 182, 349
Ballmann, Ingo 494
Barthel, Holger 375
Barylli, Gabriel 294, 382, 417
Baumgartner, Monika 142, 257
Bayrhammer, Gustl 142, 303
Beck, Alois 373
Beelitz, Günther 150
Beil, Hermann 200
Benrath, Martin 275
Bergelt, Siegmar 152, 176f.
Berger, Christian 101, 344, 481
Berger, Helga 114
Berger, Tristan 173
Berlinger, Joseph 69
Berner, Dieter 441, 477
Bigger, Kurt 253
Bigus, Erwin 251, 296
Billisich, Eva 254
Birkner, Heidi 125
Blaas, Helene 64
Blaha, Paul 115f.
Bleibtreu, Monica 432
Bleibtreu, Moritz 432
Bloéb, Gregor 121, 145, 147, 150, 181, 200, 202, 340f., 350, 458–464, 470, 474f., 495
Böck, Wolfgang 143
Bogner, Franz Xaver 430
Böhm, Toni 270, 288
Bolbecher, Siglinde 351
Boldog, Helmut 465
Bramböck, Hans 323
Brandauer, Christian 231
Brandauer, Karin 139f., 167f., 171, 229
Brandauer, Klaus Maria 171, 229–232
Brattia, Guntram 149f., 340f., 350
Brauer, Charles 258
Brauer-Kvam, Ruth 398, 504f.
Brauss, Arthur 458
Brée, Uli 151, 253, 336, 381
Brehm, Friedl 68–70
Breicha, Otto 60
Breit, Bert 107, 112, 125, 345
Brenner, Hans »Hansl« 109f., 112, 120, 122, 124, 127, 134, 136–139, 143, 147, 161, 194, 204, 229, 242, 298f., 341, 430f.
Brennicke, Nadeshda 423
Brucker, Gerhard Franz 418, 420
Brugger, Ernst 327
Bruns, Klaus 448
Brustellin, Alf 110, 113
Büchner, Annelie 456
Buchrieser, Franz 142, 287
Bünker, Bernhard C. 69
Bürcher, Eleonore 320
Bruggraber, Hans 233, 287
Burghart, Tamara 150
Busch, Miriam 397, 504
Butbul, Shlomit 441

C

Cabas, Heinz 343
Cencig, Michael 492
Cirolini, Francesco 150
Clarin, Hans 106
Corti, Axel 105, 460
Costa, Othmar 126
Cruso, Sabine 181
Cwen, Alexandra 507

D

Dablander, Vinzenz 325
Damisch, Gunter 334
Dangl, Michael 417
Danler, Herbert 83f., 133
Danneberg, Hedy 126
Degischer, Vilma 222
Dellago, Lothar 147, 151, 155f.
Deutinger, Erika 152
Dietl, Helmut 430
Dietrich, Stefan 432f.
Dimow, Wassil 100, 509
Dohm, Gaby 142
Donner, Otto 166f.
Dornauer, Ludwig 143, 155, 167, 181, 275
Dornhelm, Robert 173, 184f., 188, 201, 467
Dossi, Gabriele 331
Dotzel, Wilfried 181f.,
Doujenis, Daniel 466
Drassl, Gerti 458, 462, 495
Draxler, Dorli 441
Dreissinger, Sepp 198f., 205, 207, 212, 214, 217

Drexel, Cilli 229, 411, 431
Drexel, Elmar 223, 331
Drexel, Ruth 112f., 117–120, 124, 136–139, 147, 153, 161, 163, 193f., 200, 204, 228f., 274, 297–300, 330f., 345, 371, 373, 430f.
Driessen, Klaus 443
Driessen, Martha 443
Dux, Ferdinand 181

E

Eberl, Veronika 200, 203
Echerer, Mercedes 222
Eckert, Andrea 274, 441, 443f.
Egerer, Hedda 200f.
Egg, Thomas 95, 119
Einerdinger, Georg 258
Eisenberger, Sylvia 143
Elkins, Charles 147
Engl, Anna 168
Engl, Josef 168
Erdmann, Brigitte 163
Escher, Hans 330
Eschke, Elfi 105
Everding, August 274
Exenberger, Reinhard 220

F

Faber, Veronika 380
Falbesoner, Monika 410, 497
Fall, Jean Claude 320
Fankhauser, Alexander 150
Fantasia, Louis 177f.
Farkas, Karl 272, 417
Fassbinder, Rainer Werner 430
Faudon, Curt 199
Fechner, Heinz 151
Federmann, Reinhard 53
Feer, Linda 103
Feineler, Willi 247
Felix, Bruno 253
Fenz, Pine 143
Ferlesch, Isolde 143, 155f.
Firzlaff, Hans 469
Fischer, Jürgen 109
Fischer, Wolfgang Georg 98f.
Fißlthaler, Ulli 151, 176
Flora, Paul 198, 479f.
Foidl, Gerold 55
Forcher, Christine 70
Forcher, Michael 70, 155, 197, 338, 508
Forcher, Reinhard 381
Forster, Heidy 106
Föttinger, Herbert 274, 417, 462, 470, 504, 510
Franz, Veronika 441
Frasnelli, Rita 143, 155f., 167, 392
Freund, Silvia 147
Friedl, Gernot 114, 161, 171
Friedl, Werner 381
Frühling, Monika 125
Fuchs, Franz 423–428
Fuchs, Gerhard 494

G

Gaismair, Michael 150, 172, 336–340, 350
Gampe, Michael 381
Gasperi, Klaus 143
Gassner, Thomas 248, 489
Gatterer, Claus 168
Gebetsroither, Wolfgang 467
Gedeck, Martina 350
Gitti, Jazz 441
Gladziejewski, Claudia 293
Glaser, Ludwig 489
Glück, Wolfgang 331
Godard, Jean-Luc 319, 348
Gögele-Spitaler, Linde 143, 167
Goldmann, Hanna 168
Goldner, Doris 105, 147, 181
Goldschmidt, John 98, 99, 122f., 126
Gomperz, Rudolf 153–156, 377
Gottlieb, Franz Josef 106f.,
Grass, Robert 148
Gratt, Melchior 157, 323, 326
Greger, Lothar 193f., 202
Grießer, Pepi 181, 200, 203, 207, 252, 331
Grigolli, Olivia 121, 147
Grissemann, Ernst 252
Grissmann, Werner 105
Gröfler, Sepp 465
Gröschel, Ernst 493
Grossenbacher, Simon David 506
Gröters, Babsi 220
Gröters, Bianca 220
Grothum, Brigitte 181
Gruber, Beate 373
Gruber, Heinz Karl 344
Gruber, Max 48–52, 310–317, 361f., 415, 428
Gruber, Reinhard P. 61, 286–289
Grujčić, Ljubiša Lupo 475, 505
Grundbacher, Sepp 492
Grünmandl, Otto 67, 108f., 161, 380
Grupp, Cornelius 484, 486
Gschnitzer, Julia 111f., 147, 297, 335f., 392, 467f., 495
Gutmann, Lorenz 229
Gutmann, Michael 259

H

Haas, Ruth 500
Hacks, Peter 329
Haeussermann, Ernst 97
Haid, Hans 147, 204
Haidacher, Helmut 166, 168
Haider, Juliana (»Tschulie«) 330, 415, 449, 459, 467f., 501
Haider, Rafael 379
Haider, Siggi 120, 330, 335, 346, 379, 447–450, 467f., 497, 501
Hainschek, Norbert 320
Haller, Reinhard 424, 428, 467f.
Haller, Richard 105, 112, 118
Händl, Klaus 202
Händler, Andrea 336
Haneke, Michael 441
Haneke, Susi 441
Hasibeder, Georg 504
Hassfurther, Helfried 151
Hassler, Silke 441
Hatzer, Markus 70

Hauer, Nadine 442
Hauff, Reinhard 299
Hauser, Hans 114
Hauser, Heinz 109, 117, 146, 155f., 161, 194, 222
Hauser, Paul 134, 176
Hausner, Rudolf 84, 89
Haußmann, Leander 150
Hawlicek, Hilde 214
Heinreich, Emel 307
Heintel, Kurt 222
Heller, Professor 38
Henning, Rupert 269, 492
Henzinger, Doris 500
Hering, Bettina 484, 505
Herzmann, Herbert 260f., 263
Hessing, Gustav 84, 88
Hetfleisch, Gerhard 198
Hiessl, Rudolf 143, 155f.
Hiller, Wilfried 363f.
Himmelbauer, Christian 434
Hirmer, Max-Peter 364
Hirschberger, Jeannette 100
Hirzenberger, Hakon 150
Hochstraate, Lutz 360
Hölbing, Franz 55, 64, 143
Holderied, Jim 382
Höller, Seppi 326f.
Holtz, Jürgen 224
Holzer, Fritz 143, 222
Holzmeister, Hannes 374f.
Holzner, Johann 110, 318
Homschak, Claus 121, 156, 175
Horngacher, Christian 325
Horvath, Manfred 377
Horwath, Marietta 331
Hube, Jörg 274
Huber, Friedrich-Karl 500
Huber, Herma 500
Hübsch, Dietrich W. 319f.
Hueber, Josef 201
Humer, Martin 117f., 121f.

I

Iltz, Walter Bruno 443
In der Maur, Wolf 108f., 112–115, 118, 161
Innerebner, Erich 143, 151, 154f., 392

J

Jäger, Hans 445f.
Jäger, Otto 248
Jeannée, Zwinki 229
John, Gottfried 259
Jordan, Neil 267f.
Jungbluth, Robert 223, 262
Jusits, Rudolf 269

K

Kainzner, Gerhard 150
Kaiser, Konstantin 351
Kalin, Ibrahim 197f., 200, 203, 304
Kammer, Klaus 447
Kamper, Thomas 424
Kandil, Elsayed 222
Kapeller, Bernhard 248
Karl, Fritz 423
Kärle, Eckard 248
Katona, Vroni 290
Katzmair, Moritz 458
Keller, Max 109, 162, 202f., 207, 209, 214
Kerber, Evi 143
Kerpic, Hasan 199
Kilga, Peter 198f.
Kirch, Leo 123
Kirschl, Wilfried 125
Klattenhoff, Gunnar 124, 145
Klein, Michael 479, 509
Klein, Peter 55, 97, 100
Klikova, Werner 258, 373, 420, 429
Klingler, Klaus 333
Klotz, Eva 479
Kluibenschädel, Peter 149
Knittel, Toni 247
Knof, Pauline 504f.
Knopp, Herbert 256
Köhle, Frajo 415, 450
Köhlmeier, Michael 55, 61, 184
Kohr, Knud 469
Köll, Thomas 434
Kollross, Otto 109
Kolonovits, Christian 179, 397
Komorr, Ralf 181
Konold, Wulf 364
Konzett, Alfred 161, 194
Kopp, Helmut 115f., 118, 123, 146, 194, 196, 303, 481f.
Korab, Karl 441
Kovacs, Gedeon 257
Krassnitzer, Harald 300, 303f., 308, 409, 423
Kraus, Karl 76, 477
Krauß, Martin 469, 473
Krimbacher, Burgl 20
Krimbacher, Sebastian »Wast« 20, 30, 55
Krismayr, Jolanda 458
Kroetz, Franz Xaver 65, 121, 159, 175, 298, 350, 411
Kronthaler, Gregor 150
Krottendorf, Ida 142
Krug, Manfred 258f., 300, 303
Kuderna, Josef »Joschi« 109, 116, 149, 151, 181, 202, 204
Kummeth, Horst 105
Kunze, Peter 443
Kurka, Lea 374, 376
Kusz, Fitzgerald 162

L

Ladstätter, Emil 115f., 118
Ladurner, Rudi 143, 175ff., 194, 201ff., 219
Lami, Monika 93, 107, 133
Lamprecht, Adelheid *(siehe auch Marksteiner, Adelheid)* 224f.
Lang, Franz 246
Lange, Hellmut 106
Lasko, Stefan 463
Lauber, Arthur 350
Lautsch, Ina 213, 215
Leb, Helga 185, 261
Leb, Raffael 216, 261f.
Lechner, Geno 374, 376
Lefor, Peter 112f., 177
Leiter, Helmut 60, 71
Leitner, Franz 287
Lerchenberg, Michael 249
Leutgeb, Martin 495
Liebeneiner, Wolfgang 417
Lieder, Günter 320

Lindenberg, Aap 152
Linder, Anders 252
Lippert, Gerhart 249
Lippl, Anderl 200
Lohner, Helmuth 222, 252
Lorenz, Erich 247
Löwitsch, Klaus 119f.
Lubomirski, Karl 455
Lugger, Claudia 258, 366, 373, 420, 429
Lugger, Johanna 373

M

Mader, Elisabeth 220
Mader, Markus 220
Madersbacher, Georg 450
Magagna, Paolo 166, 168
Makepeace-Vondrak, Elisabeth 255
Malinga, Joe 177
Mangold, Erni 375, 441
Manker, Gustav 443
Manker, Paulus 104, 443
Marboe, Ernst Wolfram 160ff.
Marescotti, Ivano 166, 168
Mariani, Bernhard 201
Mariani, Stefan 205, 210
Marksteiner, Adelheid 9–11, 13, 16, 58
Marksteiner, Christian 509
Marksteiner, Hans-Peter 225, 509
Marksteiner, Resi 509
Masten, Werner 183, 224
Mattausch, Dietrich 181
Maux, Inge 441
Mayer, Eva 504f.
Mayr, Christine 151, 155f., 166f.
Mayrhofer, Peter 343
Meichsner, Dieter 98, 101, 105f., 179–182, 200
Meilhamer, Hanns 69, 257
Meinhart, Helga 60
Meissner, Otto 224
Menardi, Herlinde 478
Mendt, Marianne 143, 441
Menzel, Walfried 98, 105, 179f., 182
Merkatz, Karl 105
Merth, Dieter 343
Mertz, Peter 115, 139, 165, 168
Messner, Reinhold 172
Methlagl, Walter 413, 479, 509
Meusburger, Herbert 377
Mich, Rosa 155
Mira, Helene 253
Mitterer, Alexander 381, 409, 424
Mitterer, Juliane (»Julie«) 10–14, 16, 18, 21, 23f., 25f., 29ff., 34, 37, 41ff., 45, 48, 55–59, 68f., 71, 75, 97, 107, 157, 224f., 489
Mitterer, Michael 11, 13, 15, 18–21, 23f., 24, 27, 31ff., 36, 42f., 45, 48, 55, 58f., 69f., 96, 73, 142, 224, 451
Mitterrutzner, Peter 143, 151, 154f., 167, 331, 335f., 340, 467f., 495
Mohr, Stephanie 101, 153, 397, 462, 470, 474, 504
Mojto, Jan 123, 160
Moldaschl, Andreas 254
Mondl, Heidi 487
Morak, Franz 179, 416
Morak, Tanja 373, 429
Moretti, Tobias 124, 140f., 145, 147, 181, 190, 200, 202, 204, 207f., 210f., 214–217, 294, 300, 349f.
Moser, Andy 429
Mosetig, Maurus 176, 252
Mössmer, Didi 147
Mössmer, Franz 95, 103, 112, 119, 124, 147, 300
Mrkwicka, Kurt 123, 139
Mühlhauser, Paul 96, 103
Mulack, Christa 253
Muliar, Fritz 178f., 200, 415–418, 461, 476
Müller, Erwin 118
Müller, Maria 447
Müller, Thomas 423
Müllner, Wolfgang 152

N

Nagiller, Rudi 195
Nagl, Heinz 174
Nagl, Walter 133–136, 479
Naschberger, Daniel 373
Nathan, Alfred 139
Neff, Dorothea 442ff.
Neubauer, Christine 275, 294
Neubauer, Ilse 143
Neuner, Angelika 415, 510
Neurauter, Rudolf 143
Neuwirth, Andrea 441, 509
Neuwirth, Roland 441, 509
Niedermayer, Wolfgang 373
Niemeczek, Edgar 441
Nitsch, Hermann 441
Nitsche, Brigitte 94, 500
Nitsche, Gerald 85, 94, 133, 500
Nösig, Christian 446

O

Obleitner, Karl 149
Obleitner, Ursula 149
Obonya, Cornelius 375
Oehri, Arno 465
Opperer, Stephan 302, 306
Orth, Elisabeth 375
Ott, Elfriede 418, 441

P

Pacher, Hubert 326f.
Pantner, Ivan 150
Parton, Dorothea 97, 105
Paryla, Nikolaus 274
Pataky, Zoltán 98, 101, 104, 200f., 208–211, 218
Paulmichl, Georg 510
Pedarnig, Florian 343
Peintner, Elmar 133
Penka, Erich 420, 506
Pepl, Harry 344
Perktold, Oswald 133
Petritsch, Barbara 139
Pevny, Wilhelm 115, 477
Peychär, Albert 64, 66f., 96
Peymann, Claus 345
Pfaundler, Wolfgang 53f., 115–118, 478–484
Pfeiffer, Gottfried 143
Philipp, Fritz 126
Picha, Adelheid 143
Pichler, Helmut 331, 409
Pils, Heide 123
Pircher, Anna 167
Pirchner, Elfi 372

Pirchner, Manfred 348
Pirchner, Werner 55, 118, 120, 134, 136, 152, 155f., 171, 198, 222, 229, 341–350, 372, 392, 497
Pirkner, Christian 496, 500
Pirnat, Helmut 167, 179
Pittl, Pepi 67, 149f., 168, 181, 220, 248, 252f., 258, 336, 367–372, 379f., 393f., 400, 411, 420, 428f., 450, 458, 467
Piwak, Traude 253
Platter, Günther 497
Plattner, Markus 223, 336, 381, 394, 407, 409ff., 434f., 456f., 465
Platzgummer, Winfried 202f.
Pohl, André 222
Pölzl, Anja 410, 435
Pongratz, Peter 85
Posch, Josef 109, 113ff.
Posch, Krista 112, 119f., 274f., 300
Prantl, Gerhard 204
Prechtl, Harald 247
Prestele, Toni 147
Prochnow, Jürgen 224
Pröll, Erwin 440f.
Pröll, Sissy 441
Prückner, Tilo 275
Pümpel, Nobert 133

R

Rabanser, Charly 151, 176, 252, 336, 381
Rabensteiner, Josef 164, 169
Rabl, Stephan 254
Radecky, Lenka 456
Radlecker, Kurt 142
Rainer, Arnulf 83, 441
Randl, Hansjörg 213
Rathbauer, Michaela 502
Rathke, Joachim 251
Rauner, Elisabeth 203
Redlich, Bettina 229, 307, 345, 450, 458
Reichenbacher, Klaudia 381
Reischl, Hans 233, 465, 467
Reischl, Johann 287
Reischl, Roswitha 465
Reitz, Edgar 114
Relin, Marie Theres 159
Repplinger, Roger 469f.
Reyer, Walther 110, 112
Richter, Hans 181
Rietzler, Hubert 76, 107
Ringel, Franz 85
Rohrbacher, Christoph 208
Rohrmoser, Klaus 105f., 124, 150, 161, 204, 399
Romaner, Barbara 249
Romano, Elisabeth 275
Ronzoni, Michaela 269, 397, 399
Rosendorfer, Herbert 148
Rotter, Sylvia 507
Rueprecht, Albert 222
Rufinatscha, Theo 143, 155f., 168

S

Sabatin, Ursula 465
Sailer, Martin 252, 335, 379, 394, 400, 450, 492, 497
Samarovski, Branko 374
Sattler, Regina 105
Saurer, Franz 118
Schabus, Patrick 507
Schatz, Albert 198
Schatz, Toni 249
Schausberger, Michaela 463
Scheday, Michaela 152f.
Scheffler, Arno 196
Scheiber, Angelika 500
Schenk, Otto 221, 223, 262, 267, 269, 273f.
Scheutz, Wilfried 176
Schiegl, Maria 450
Schilhan, Michael 252, 333, 400, 458, 466
Schilling, Torsten 320
Schindel, Robert 85
Schir, Bernhard 222
Schmelzer, Roman 505
Schmidt, Oliver 220
Schmitt, Meta 443
Schmölzer, August 185, 466
Schneider, Klaus 220
Schneyder, Werner 424
Schnöller, Ernst 381, 410
Schöch, Klaus 251, 253
Schöffthaler, Franz 409, 458
Scholz, Peter 475, 504f.
Schönfeld, Gertrud 478
Schönherr, Dietmar 481, 105, 108ff., 112f., 116ff., 125, 136, 161, 163, 190, 339, 458, 477
Schönwiese, Ekkehard 158, 160, 246, 248, 324, 327, 455, 487
Schörghofer SJ, Gustav 377
Schottenberg, Michael 442
Schrittwieser, Regina 465
Schröder, Katja 206
Schrott, Yvonne 214f.
Schubert, Viktoria 185
Schuh, Franz 467f.
Schüsseleder, Elfriede 463, 475
Schütz, Angelica 185
Schwab, Werner 339
Schwabenitzky, Reinhard 105ff.
Schwardtmann, Friedrich 98, 105
Schwarz, Alex 373
Schwarz, Heidi 373
Schwarzenberger, Xaver 294, 349, 422
Schwertsik, Kurt 344
Seidl, Ulrich 441
Seitz, Rudolf 175
Seiwald Martina 434
Seiwald, Theresa 434
Selikovsky, Hans 188
Setzwein, Bernhard 69
Sibelius, Karl M. 251f.
Sicheritz, Harald 306, 495
Sichrovsky, Heinz 424
Siegl, Dietrich 139, 142
Siess, Halfried 373f., 376f.
Silbernagl, Roland 489, 495
Silberschneider, Johannes 374
Simonischek, Peter 257
Singer, Maria 105

Sinkel, Bernhard 114
Slezak, Brigitte 142
Sobociński, Piotr 224
Sochor, Hilde 443
Sojer, Herbert 28, 30, 46, 133
Sölderer, Ossi 69
Soppelsa, Markus 151, 155f.
Soraperra, Brigitta 465
Sowinetz, Kurt 123
Spat, Gertrud 480
Spatzek, Christian 140
Speidel, Jutta 222
Sperr, Martin 138, 229, 298
Spielmann, Götz 441, 477
Spiess, Ronald 420
Spiss, Johann 168
Spitzer, Bernd 105
Spoerri, Daniel 441
Sprenger, Hannes 330, 335, 346, 379, 447
Sprenger, Wolf-Dietrich 224, 417
Sprohar, Ilse 334
Stadler, Johann 151
Stampfer, Bernd 118
Stanek, Julia 464
Stanek, Kitty 67, 256, 269
Stanek, Zeno 67, 320
Stanislau, Claudia 320
Stankovski, Ernst 382
Stanzel, Rebekka 506
Stark, Eugen 222
Stecher, Frieda 331
Stecher, Günther 383, 458
Stecher, Reinhold 38f., 118
Steck, Karl-Heinz 161, 177, 202, 229, 379, 407, 409, 448
Stehring, Dagmar 458
Stein, Matthias Franz 475, 505
Steinacker, Eberhard 84
Steinhauer, Erwin 222, 252, 269f., 288, 441, 467
Steinkellner, Josef 462
Steinlechner, Michael »Stoani« 202f., 205ff., 211, 215
Steixner, Mathias 434
Stemberger, Julia 349f.
Stembridge, Gerard 263
Stepanik, Lucky 61, 63
Sternik, Kurt 253
Stibr, Jiri 171
Stich, Christoph 464
Stock, Christoph 490
Stöckler, Magdalena 176
Stögmüller, Alfred 121
Strasser, Katharina 495
Strobele, Alexander 105
Ströher, Hanno 343, 347
Stückl, Christian 339
Stümpel, Stefanie 203
Sturm, Seppl 500, 507
Sturminger, Michael 444
Synge, John M. 328f.
Szyszkowitz, Gerald 97

T

Tanzer, Hans 203f.
Tausig, Otto 100, 177
Thanheiser, Albert 476
Thanheiser, Johannes (Hannes) 125, 143, 222, 257, 375, 476f.
Thanheiser, Sebastian 476
Thanheiser, Vivienne 476
Thelen, Brigitta 331
Thöni, Arthur 208, 448
Thöni, Hans 153, 155
Thöni, Thomas 194, 196, 201f., 205
Tillich, Wolfgang 441
Tipotsch, Heinz 157, 160, 487, 490ff.
Trager, Franz 331
Traxl, Reinhold 133
Treu, Wolfgang 100
Troller, Georg Stefan 196f., 482, 508
Trummer, Gudrun 139
Tschaikner, Peter Paul 116, 161
Turrini, Peter 115, 237, 417, 441, 477

U

Uray, Peter 156
Urbach, Reinhard 330
Urban, Hartmut 287
Urban, Johann 485f.
Urban, Maria 485

V

Vedernjak, Alexander 61, 293
Vilnai, Peter 96
Virgolini, Alexander M. 410, 458
Vogel, Nick (Nikolas) 185, 189f.
Volgger, Franz 143
Völlenklee, Markus 112, 119f., 136f., 161, 274, 331, 411, 465
von Bargen, Raphael 475, 504f.
von Einem, Gottfried 400
von Haller, Peter 375
von Sohlern, Gilbert 257
von Walther, Franz 165, 168
Vondrak, Verena 254

W

Wachtveitl, Udo 106
Wagner, Alexander 139
Waldbrunn, Ernst 417
Wapler, Ralf 456
Weber, Barbara 166f., 181
Weber, Hermann 339f.
Weber, Susi 161, 399, 411
Wechselberger, Silvia 161, 194, 201f., 204, 206, 208, 212, 214f., 217
Wegscheider, Franz 110
Weibel, Peter 290
Weigel, Hans 121, 232, 418, 476
Weikl, Bernd 363f.
Weiler, Max 83f., 89
Weinzierl, Barbara 147
Weinzierl, Kurt 61, 63, 107–110, 112, 117f., 124, 138, 147, 161, 181, 194, 253, 257, 275, 345, 379f., 451, 460
Weißbacher, Joch 506
Weixelbraun, Heinz 424
Weizenbaum, Joseph 98
Werner, Emmy 269
Wieland, Guido 97, 105
Wieninger, Manfred 485
Wierer, Margit 159
Wieser, Nuži 163
Wiesner, Helmut 320
Wildauer, Friedl 157, 487
Wilhelm, Rolf A. 107
Wille, Anton 439, 493ff.
Willner, Oskar 142
Wilzek, Alexa 320

Wimmer, Hans 229f., 232
Windsor-Topolsky, Philipp 507
Winkler, Klaus 258, 366
Winner, Josef 372
Wipplinger, Claudia 143
Wirtenberger, Stefan 229
Wittmann, Josef 69
Wlasak, Helmut 62
Wolf, Bernhard 248, 495
Wolf, Hermann 201, 205
Wolf, Hubert 152
Wolf, Peter 458
Wolff, Lilli 442ff.
Wolkenstein, Michael 106, 182, 294, 349, 351, 375
Wopmann, Alfred 253
Worsch, Michael 252, 360
Wurm, Erwin 441
Wustinger, Heinz 152

Z

Zagler, Luis 193
Zahn, Gordon C. 461
Zanon, Dorothea 508
Zauner, Christoph 458
Zechner, Kathrin 293f., 300, 349, 395f.
Zeisler, Karoline 100
Zeppel-Sperl, Robert 85
Zilcher, Eva 442
Zimmermann, Andrea 465
Zimmerschied, Sigi 141
Zobl, Susanne 424
Zoderer, Joseph 183
Zorell, Hubertus 254
Zwicker, Otto 115

Bildnachweis

Leider war es nicht in allen Fällen möglich, Rechteinhaber der Abbildungen ausfindig zu machen. Berechtigte Ansprüche werden selbstverständlich im Rahmen der üblichen Vereinbarungen abgegolten.

Privat: 8–66 (17×), 71, 77, 102, 108, 131, 225, 232, 276, 281, 284, 314, 334 (2×), 353, 407, 414, 421, 437, 492, 507, 509, 511
Heinz Adelmann: 326
Bernhard Aichner/*www.fotowerk-aichner.at*: 393
Stefan Dietrich: 434
Petro Domenigg: 166 (2×), 167
Schlossbergspiele Rattenberg: 372
Sepp Dreissinger: 195, 209, 216, 219
Günther Egger: 449
Andreas Fischer: 336
Jan Frankl/*Theater in der Josefstadt*: 475
Thomas Frohnwieser: 376
Christa Fuchs/*picturedesk.com*: 443
Oliver Hadji: 398
Norbert Kössler: 96
Iris Krug: 448
Rupert Larl: 119, 120, 124, 145, 243, 299, 434
Martin Lugger/*martinlugger.com*: 514, 520
Jeff Mangione/KURIER/*picturedesk.com*: 2
Anna Mitterer: 388, 389
Roland Mühlanger/*picturedesk.com*: 307
Erich E. Niedermayer: 113, 345
ORF-Bildarchiv: 181
ORF/*Cultfilm*/Bernhard Berger: 308
Passionsspiele Erl/R. Potykanovicz: 457
Winfried Rabanus: 270, 431
Joseph Gallus Rittenberg: 178
Andreas Hofer – Die Freiheit des Adlers, Satel Film GmbH, 2001: 349
Kathrin Schäfer: 380
Moritz Schell: 463
Moritz Schell/*Theater in der Josefstadt*: 505
Ali Schafler/First Look/*picturedesk.com*: 418
Nick Vogel: 189
Ralf Wapler: 435
Barbara Witzany: 464
Dietmar Wolf: 156
Gery Wolf: 466
ZDF/Erika Hauri: 257